陕西省普通高等学校“一流专业”项目：经济学
西北大学“双一流”建设项目

2017 年教育部 经世济民 雏凤清音

“国家经济学基础人才培养基地”优秀论文集

西北大学经济管理学院
“国家经济学基础人才培养基地”／编

中国经济出版社
CHINA ECONOMIC PUBLISHING HOUSE
北京

图书在版编目（CIP）数据

经世济民　雏凤清音：2017年教育部“国家经济学基础人才培养基地”优秀论文集/西北大学经济管理学院“国家经济学基础人才培养基地”编．—北京：中国经济出版社，2018.8

ISBN 978-7-5136-5282-7

Ⅰ.①经…　Ⅱ.①西…　Ⅲ.①经济学—文集　Ⅳ.①F0-53

中国版本图书馆CIP数据核字（2018）第163409号

责任编辑　贺　静

责任印制　马小宾

封面设计　华子设计

出版发行　中国经济出版社

印 刷 者　北京金明盛印刷有限公司

经 销 者　各地新华书店

开　　本　787mm×1092mm　1/16

印　　张　30.75

字　　数　710千字

版　　次　2018年8月第1版

印　　次　2018年8月第1次

定　　价　78.00元

广告经营许可证　京西工商广字第8179号

中国经济出版社　**网址** www.economyph.com　**社址** 北京市西城区百万庄北街3号　**邮编** 100037

本版图书如存在印装质量问题，请与本社发行中心联系调换（联系电话：010-68330607）

编委会

前　言

中国特色社会主义进入了新时代，面对新情况，需要新思想、新理念与新战略。党的十九大的召开，习近平总书记在哲学社会科学工作座谈会与“7.26”等会议上的系列重要讲话精神，以全新的视野深化了政治经济学的发展。国家经济学基础人才培养基地的建设，更需要立足新时代，注重继承性、发展性与创新性。2017年11月11日，由西北大学教务处与西北大学经济管理学院主办的“2017年全国高校国家经济学基础人才培养基地建设工作会议暨第十六届学生学术交流会”在西北大学召开。来自教育部经济学教学指导委员会的专家，以及北京大学、中国人民大学、复旦大学、南开大学、南京大学、武汉大学、厦门大学、上海财经大学、西南财经大学、吉林大学、辽宁大学、福建师范大学、西北大学等高校13个“国家经济学基础人才培养基地”的负责人、教师代表和学生优秀论文获得者代表约200人参加了会议。

本次会议以“新时代中国特色社会主义政治经济学教学研究”为主题。开幕式由教育部长江学者、西北大学经济管理学院院长任保平教授主持。在会议开幕式上，西北大学校长郭立宏教授，西北大学党校办副主任、教务处前副处长周超，以及基地负责人代表、教育部长江学者、南京大学经济学院院长安同良教授分别致辞。郭立宏校长向参会代表表示热烈的欢迎和诚挚的问候，并指出西北大学历来重视“国家经济学基础人才培养基地”的建设，长期以来坚持马克思主义经济学主导地位，以“加强基础、强化应用，注重融合、提高素质，突出创新、体现特色”为人才培养指导思想，在引领人才培养模式创新、推广经济学教育优秀经验等方面进行了积极探索。西北大学党校办副主任、教务处前副处长周超介绍了近年来西北大学在本科教学、人才培养方面的经验和成果。基地负责人代表、教育部长江学者、南京大学经济学院院长安同良教授概述了“国家经济学基础人才培养基地”的发展历程与成果，以及在人才培养中的交流与合作，希望十三个“基地”进一步深化合作取得丰硕成果。

“基地”建设工作会议分别由辽宁大学基地教育中心主任、长江学者林木西教授，南京大学经济学院副院长、长江学者安同良教授，以及武汉大学发展研究院院长曾国安教授、复旦大学经济学院田素华教授主持。13 所高校“基地”负责人按照“新时代中国特色社会主义政治经济学”的要求，贯彻落实教育部经济学类专业教学指导委员会制定的《经济学类本科专业教学质量国家标准》，围绕“新时代中国特色社会主义政治经济学”教育教学改革和人才培养模式创新，从经济学科“基地”平台建设、课程体系、教学方法与国际化人才培养模式等方面展开了充分交流与深入讨论，以进一步推动“基地”建设与发展，实现资源共享与协同创新。

与“基地”建设工作会议同时举行的第十六届全国高校“基地”学生学术交流会，共收到13 所高校“基地”推荐的30 余篇优秀本科生论文，其中28 篇论文分6 个小组在本届学术交流会上进行了宣讲与讨论。辽宁大学周健副教授、吉林大学赵新宇教授、北京大学郝煜助理教授、西南财经大学吴垠副教授、南京大学孙宁华教授、厦门大学李嘉楠助理教授、上海财经大学冒佩华副教授、武汉大学刘峻老师、复旦大学高帆教授，以及西北大学经济管理学院吴丰华副教授、岳利萍副教授、王聪副教授分别担任学术交流会的主持人与论文点评人。学生学术交流会论文选题丰富，研讨范围涉及国企混合所有制改革、环境规制与技术创新、自贸区建设、农村土地问题、金融市场等现实热点难点问题。通过点评老师与学生代表们对不同研究课题面对面的热烈讨论，提升了理论认识并增进了学术交流。

学好用好马克思主义政治经济学、构建中国特色社会主义政治经济学理论体系需要长期坚持不懈的探索与研究。从1998 年教育部在全国13 所高校创建“国家经济学基础人才培养基地”以来，全国13 所高校“基地”在坚持马克思主义经济学主导地位、经济学人才培养模式创新等方面取得了重要的进展。本书将此次会议的优秀论文集结出版，正如本书书名“经世济民 雏凤清音”所示，虽然学生的相关研究可能仍尚显稚嫩，但是体现了围绕中国问题刻苦钻研的研究精神。

西北大学经济管理学院“国家经济学基础人才培养基地”

2018 年7 月

目　录

虚拟商品、虚拟资本、虚拟的价格形式与价值范畴

冯 达

（北京大学经济学院）

［摘　要］关于如何对虚拟商品/资本的运动作出合理解释，如何理解虚拟商品/资本与价值范畴的关系，使之与马克思主义政治经济学的硬核相适应，发展其理论体系，尚有相当的争论。本文尝试给出一种基于对虚拟商品/资本如何得以交换、如何得以形成价格这两个问题的回答的解释，并且强调价值分配与价值分配所体现出的虚拟商品/资本的背后的社会关系的视角。

［关键词］虚拟商品；虚拟资本；虚拟的价格形式；价值分配；劳动价值论

一、引言与综述

虚拟商品，是指被商品化的非劳动产品或自然资源；虚拟资本，则是指被资本化的非资本品或权利。虚拟商品和虚拟资本取得商品或资本的形式都是通过价格实现的。不同于商品或资本的价格，由于虚拟商品和虚拟资本都不包含有物化劳动的成分，也即不具有价值量，虚拟商品和虚拟资本的价格并不是交换价值的表现，它们的价格是一种虚拟的价格形式。虚拟的价格形式的存在，就成为一种价格形式和价值偏离的形式，并且是一种性质上的偏离。现实中，虚拟商品和虚拟资本十分常见，并且随着生产关系的发展，相比于马克思所处的时代，在现代经济中虚拟商品和虚拟资本的种类更加丰富，其自身的运动也变得更加复杂，尤其是现代的虚拟资本由于金融需求的快速扩张和金融市场的快速发展，正在呈现出更复杂的运动形式和对经济更大的影响力，越来越成为资本主义经济体系的一个重要部分。马克思主义政治经济学的发展，也要在其硬核——生产关系和历史唯物主义理论的基础之上，通过保护带的辅助理论的主动调整来对新的经济现象进行解释。这也是本文希望对虚拟商品、虚拟资本和虚拟的价格形式在政治经济学的框架内加以解释的原因。

虚拟商品、虚拟资本和虚拟的价格形式很早就在商品货币经济中出现了，并且它们所表现出来的价格和价值的偏离很早就引起了政治经济学学者的注意。早期的收入价值论也曾以虚拟商品的价格及其带来的所有权报酬收入作为不恰当的论据来支持收入价值论，反对劳动价值论。这种早期的论争，是基于对价格和价值概念的不正确理解，马克思已给出过针对性的解释。因此，本文的解释也是以劳动价值论作为基本出发点的，也即之后的解释都不应

违背虚拟商品和虚拟资本因为没有物化劳动所以没有价值的基本观点。

但也正是虚拟商品和虚拟资本本身没有价值的性质,使基于马克思主义政治经济学对虚拟商品和虚拟资本现象作出解释存在新的问题。因为不具有价值,它们的交换过程和价格形式都不能直接以劳动价值论对商品运动的解释逻辑加以解读。解释虚拟商品和虚拟资本的交换为何得以发生、价格为何得以形成,乃至价格量的确定以何者为基础成为新的问题。本文所研究的问题,也就是在于对这几个问题作出逻辑一致的回答,并且使之能够与马克思主义政治经济学的硬核相适应。

早先的研究者也已关注到这一问题,并且对其作出了自己的解释和探讨。首先,学者们对虚拟商品和虚拟资本的内涵和特征作出了更细致的分析。陈永志[1](2001)分析了虚拟资本的本质特征和其在市场经济中的作用。徐茂魁等[2](2006)分析了虚拟资本的具体形态及借贷货币资本积累与现实资本积累的一般关系。谢永添[3](2012)讨论了现代虚拟资本必须具备的条件,以及展现出来的新特征。其次,也有学者对虚拟商品和虚拟资本为何得以交换、为何得以形成价格这一问题作出了解释。于开红、赵磊、易森[4](2012)等对这一问题展开过争论。赵磊[5](2010)讨论了"天生苹果"问题,假设存在一个自然的苹果,这个苹果未经过任何劳动而形成(也就是没有价值),但是这个苹果的占有者可以在市场上交换这个苹果而获得收入。这实质上就是在讨论虚拟商品问题,这个"天生苹果"就是被商品化的某种自然资源。作者对这种虚拟商品的交换和价格给出的解释是,"天生苹果"现象是罕见的,并非社会生产体系下的主流情况,因此其价格是一个伪命题。但是这种解释的问题在于,被商品化的自然资源的现象并非非常罕见的现象,最初未经改造的土地就是一个例子。并且以不常见作为理由来避免解释虚拟商品的交换和价格,在本文看来,是保护带的退缩,并不利于马克思主义政治经济学的进化,因此不是一个很好的解释。另一种对虚拟商品和资本的交换和价格问题作出解释的思路是"资本化"。这类观点在坚持虚拟商品/资本不具有价值的基础上,认为其价格的形成源于它们带来的未来收入的"资本化",价格是其未来收入的当期表现[4][6](鲁保林,2012;赵磊,2015)。进一步地,有学者开始追溯其未来收入的实质,并认为未来收入本身仍然不能脱离价值,并且认为这种对未来收入的价值属性的追溯是解释虚拟商品和虚拟资本的必要部分。代表性的观点来自赵磊[6](2015),他认为应该用"收入资本化"来解释虚拟商品/资本的交换为何得以发生、价格为何得以形成,并且还要追溯被资本化的收入所代表的跨时的价值,以这个跨时的价值作为虚拟商品/资本的交换和价格发生的最终根源,也即解释虚拟商品和虚拟资本的交换和价格基于劳动、价值、价格的先后顺序(也就是劳动价值论的直接逻辑),并且应该从这3个环节出发对虚拟商品/资本的交换和价格作出解释。本文认为,这种解释思路也是有问题的:第一个问题在于,用资本化来解释交换得以发生或价格得以形成本质上是一种同义反复,因为商品化(或资本化)本身就是描述虚拟商品/资本取得价格形式从而取得商品/资本形式的全过程,描述的是使虚拟商品/资本被"化为"商品/资本,获得类似商品/资本运动的过程,用这一过程来解释这一过程为何得以发生,是循环论证。第二个问题在于,本文认为要解释虚拟商品和虚拟资本,没必要对跨时收入进行价值的追溯。以追溯价值为基础来解释虚拟商品/资本的交换和价格,是一种有些机械化地套用劳动价值论解释商品运动的逻辑的做法。就劳动价值论本身而言,其解释的对象就是商品运动,虚拟商品/资本本质上作为一种非商品/非资本,不是劳动价值论所关心的范围。将虚拟商品/资本强行纳入劳动价值论的解释逻辑里,反而可能带来混乱。虚拟商品/资本之所以特别,就在于相当一部分的虚拟商品/资本可以通过后期与劳动结合形成生产资料,或者形成真正的资本,从而(转化后的生产资料和资本)获得榨取劳动、榨取剩余价值的能力,而对虚拟商品/资本所代表的原初经济资源的占有,就构成了对转化后的生产资料和资本的占有,从而获得了剩余价值的索取权。价值创造过程,不发生在虚拟商品/资本自身上,而发生在其转化后的生产资料和资本上,本质上是"另一个范围"的过程,与虚拟商品/资本已经不具有直接关系。劳动价值论着眼于解释的,正是这个"另一个范围"内的事情,其已经与虚拟商品/资本没有直接关系了,因此,追溯价值在本文看来是一种不必要的做法。虚拟商品/资本的交换和价格形成的本质,就在于价值分配过程,价值分配过程也是虚拟商品/资本得以参与社会关系联接的最重要环节。只有虚拟商品/资本进行价值分配,从社会劳动与分工体系中索取价值,它们背后的社会关系意味才被揭示出来。本文认为,这才是理解虚拟商品和虚拟资本何以交换、何以形成价格的关键。本文的第三部分将对这一解释思路作出详细的说明。

本文的结构如下:第二部分是对马克思关于虚拟商品/资本与虚拟的价格形式的论述的分析和解读,第三部分是对虚拟商品/资本与虚拟的价格形式的解释思路和分析,第四部分是总结。

二、马克思关于虚拟商品/资本与虚拟的价格形式的论述与解读

马克思对于商品化以及其对应的虚拟的价格形式从两个角度作过解释:第一卷的商品和货币分析角度和第三卷的资本主义生产关系下的虚拟资本角度。从商品和货币的角度来分析,商品化本质上是价格形式和价值偏离的一种可能性,虚拟商品——被商品化的非劳动产品或自然资源,本身不是商品,但是通过它们的价格取得了商品的表现形式。在资本主义生产关系下,考虑一种特殊的虚拟商品:虚拟资本,这里被商品化的是某种能够带来收入(分配)的"所有权证书",虚拟资本本身不具有价值,但是其通过价格形式取得了资本的表现形式,其被虚拟为资本,或者说是被"资本化"了。两种解读的差别就在于其解释是基于一般的商品经济的背景还是资本主义生产关系的背景。它们本质的逻辑是一致的,都是非商品或资本的事物凭借价格外衣,获得了商品或资本的表现形式。

在《资本论》第一卷第三章中,马克思在分析价格形式时,提到了价格和价值量不一致的可能性,这种可能性既包括价格与价值量的数量上的不对等,也包括性质上的可能的不一致。后者这种性质上的差异,就是我们所关心的虚拟的价格形式,也即脱离了价值量而出现的价格。

价格形式不仅可能引起价值量和价格之间即价值量和它的货币表现之间的量的不一致,而且能够包藏一个质的矛盾,以致货币虽然只是商品的价值形式,但价格可以完全不是价值的表现。有些东西本身并不是商品,如良心、名誉等,但是也可以被它们的所有者出卖以换取金钱,并通过它们的价格,取得商品形式。因此,没有价值的东西在形式上可以具有价格。在这里,价格表现是虚幻的,就像数学中的某些数量一样。另外,虚幻的价格形式——如未开垦的土地的价格,这种土地没有价值,因为没有人类劳动物化在里面——又能掩盖实在的价值

关系或由此派生的关系。①

如马克思所说,货币表示的价格是商品的价值被表现出来的形式,但是价格却不总是价值的表现。同时,虚拟商品由于没有包含人类劳动的内容,是不具有价值的。本质上,这类非劳动产品和自然资源的所有者通过交易获取的并非交换价值,而是某种意义上的要素报酬或所有权报酬,这种收入的正当性的直接来源就是所有权。因此,这种交易及所有者获得的收入是一种价值分配的结果,而不是价值交换的结果。这种收入是站在社会劳动分工体系之外的,凭借对要素所有权的垄断,向社会劳动分工体系索取的价值分配。虚拟商品没有价值,所有者获得的价格是价值分配的结果,是我们后面开展相关讨论的基础。

人们把虚拟资本的形成叫作资本化。人们把每一个有规则的会反复取得的收入按平均利息率来计算,把它算作是按这个利息率贷出的资本会提供的收入,这样就把这个收入资本化了。例如,在年收入 = 100 镑,利息率 = 5% 时,100 镑就是 2000 镑的年利息,这 2000 镑现在就看作每年有权取得 100 镑的法律证书的资本价值。对这个所有权证书的买者来说,这 100 镑年收入实际代表他所投资本的 5% 的利息。因此,和资本现实增殖过程的一切联系就彻底消灭干净了。资本是一个自行增殖的自动机的观念就牢固地树立起来了……即使是债券——有价证券,不像国债那样代表纯粹幻想的资本的地方,这种证券的资本价值也纯粹是幻想的。这种证券就是代表这种资本的所有权证书。②

在《资本论》第三卷第五章中,马克思分析了资本主义生产关系下的虚拟资本。类比虚拟商品的逻辑,虚拟资本可以被描述为被资本化的非资本物品或权利。同样的,它们是一种"所有权证书",本身不具有价值。在根本逻辑上,虚拟资本与虚拟商品相类似,出售虚拟资本的一方获得的收入同样是一种所有权报酬,而不是交换价值,是从社会劳动分工体系中获取价值分配的结果。但是虚拟资本的独特之处在于,它通过价格外衣取得了资本的形式。因此,虽然虚拟资本本质上不是资本,但是它的运动隐含了资本运动的内容。

马克思提出过股票的例子。本文将股票的例子加以详细分析,以解释虚拟资本相对于虚拟商品的独特之处。股票本身是一种对于公司资产的所有权证书,其价格就源于这个所有权。但是在企业内部,企业将从股票发行中获得的货币资本投入生产过程,成为在这个企业中实际已经投入或将要投入的资本③。从股票发行中获得的货币资本投入到生产过程,成为生产资本,这部分资本通过与劳动的结合榨取剩余价值。股票持有者凭借所有权凭证索取一定数额的剩余价值。纵观全过程,可知最初股票的交易实际上应该理解为两个部分:第一个部分是企业资产的所有权的交易,交易的内容是真实的资本,是包含有死劳动的物化的价值的资本;第二个部分是凭借资产所有权而取得的剩余索取权,这部分交易的内容则是虚拟资本,是被资本化的未来收入(未来可以索取到的剩余价值),不是真实的资本,也不具有价值。虚拟资本仅仅指后者。马克思对这一问题作出过特别的说明:

这个资本不能有双重存在:一次是作为所有权证书即股票的资本价值,另一次是作为在这些企业中实际已经投入或将要投入的资本。它只存在于后一种形式,股票只是对这个资本

① [德]马克思.资本论:第1卷[M].北京:人民出版社,2004:123.
② [德]马克思.资本论:第3卷[M].北京:人民出版社,2004:528.
③ [德]马克思.资本论:第3卷[M].北京:人民出版社,2004:529.

所实现的剩余价值的相应部分的所有权证书。A 可以把这个证书卖给 B,B 可以把它卖给 C。这样的交易并不会改变事情的本质。这时,A 或 B 把他的证书转化为资本,而 C 把他的资本转化为一张单纯的对股份资本预期可得的剩余价值的所有权证书。①

股票的全部价格也因此包含了两部分内容:真实资本的价格和虚拟资本的价格。从权利的角度来看,全部价格代表的是企业一部分资本的所有权以及凭借这一所有权获得部分剩余价值的权利,是两种不同层面权利的复合。发行股票的一方获得的收入则由交易真实资本(所有权)带来的交换价值及未来剩余价值索取权利的报酬这两部分组成。这里包含了两种权利的概念——真实资本(生产资料)所有权以及凭借这一所有权而取得的剩余价值索取权,这两种权利发生在两个完全不同的时点,发生在完全不同的层面上。

第一个层面下,交易的所有权是企业一部分“即将投入的”资本的所有权,是企业的一部分生产资料(也就是真实资本)的所有权,出售股票者交换生产资料所有权,从购买者处获得交换价值。第二个层面下,交易的内容是对“即将投入的”资本在之后的生产过程中榨取的剩余价值的索取权。这里交易的内容则不再是真实资本了,而是一种虚拟资本。因为用于交易的这种权利是一种获得价值分配的权利,其本身不包含任何劳动的成分,仅仅是凭借占有生产资料而获得的索取剩余的权利,是一种所有权报酬。因此,股票出售者通过交易股票的虚拟资本的部分,本质上获得的是所有权报酬,而非交换价值,是站在社会分工体系外获取社会剩余价值的分配的结果。

在股票这种形式下,虚拟资本的交易有赖于真实资本的交易,因为剩余价值索取权是依附于生产资料所有权而存在的,如果没有后者的存在,虚拟资本就不具有意义(对于股票而言,不能只买企业的预期收益)。但是对于债券而言,利息(事实上是利息背后的获得价值分配的权利)是可以被单独资本化的,从而虚拟资本可以独立存在(对于一些债券,可以只购买某期的利息)。

虚拟资本不同于虚拟商品的独特之处之一,就在于虚拟资本背后隐含了参与资本运动的内容,是资本运动的支持(虽然其本身并不具有资本运动)。对于虚拟商品而言,通过虚拟商品的价格获得的货币收入并不一定参与到生产过程中,价格也与这笔收入之后的用途无关。但是虚拟资本却会凭借其价格为出售者带来货币资本,再进入生产过程,榨取剩余价值。榨取剩余价值的权利随着初始所有权的转移而转移到了最初的股票购买方,虚拟资本价格也就被所有权带来的剩余索取权确定。虚拟资本背后隐含对于资本运动的支持,以及虚拟资本的价格中包含的“新的”剩余价值索取权的内容,是被虚拟资本这种形式本身所决定的,表现出来就是有价证券——股票、债券作为企业融资手段和投资者投资手段的性质以及与之对应的它们在契约上的规定。要特别说明的是,虽然在逻辑上(生产资料)所有权先于剩余索取权,但是剩余索取权才是购买方所真正看重的,类比虚拟商品,是剩余索取权构成了有用性(例如,股票购买者购买企业资产的一部分不是为了购买资产本身,而是为了获取收益、占有利润。而利润索取权利需要凭借对企业部分资产的所有权来取得)。

马克思还对虚拟资本的价格运动作了分析。

这些所有权证书——不仅是国家证券,而且是股票——的价值的独立运动,加深了这种

① [德]马克思. 资本论:第3卷[M]. 北京:人民出版社,2004:529.

假象，好像除了它们可能有权索取的资本或权益之外，它们还构成现实资本。这就是说，它们已经成为商品，而这些商品的价格有独特的运动和决定方法。它们的市场价值，在现实资本的价值不发生变化（即使它的价值已增殖）时，会和它们的名义价值具有不同的决定方法。一方面，它们的市场价值，会随着它们有权索取的收益的大小和可靠程度而发生变化……这种证券的市场价值部分地有投机的性质，因为它不是由现实的收入决定的，而是由预期得到的、预先计算的收入决定的……它的价值始终只是资本化的收益，也就是一个幻想资本按现有利息率计算可得的收益。①

马克思在解释虚拟资本的价格运动时，实际上已经引入了利息率和类似风险的概念，其中的一些对定价方式的讨论，已经非常类似于今天的证券理论。马克思也强调，虚拟资本具有投机的性质，其价格依赖于剩余价值索取权，更具体的，是依赖行使剩余索取权所能获得的预期未来收入。虚拟资本价格的实质，就是资本化的预期收入，或者说是预期剩余价值。

三、虚拟商品、虚拟资本、虚拟的价格形式的一种解释思路与分析

（一）虚拟商品/资本与价值范畴的直接不相关

如前所述，本文讨论的虚拟的价格形式，本质上是价格形式和价值偏离的一种可能性，是相对于“量的矛盾”而言的一种“质的矛盾”。以这一认识为出发点，可以避免陷入一些逻辑上的错误。讨论虚拟的价格形式，一定是基于性质上的差异而言的，而不再是数量上价格不能准确表现价值量的问题。事实上，就价格和价值偏离的现象本身，这一问题很早就有争论。本文希望讨论的是那些自身完全没有价值依附的虚拟商品和虚拟资本（纯粹的非劳动产品，如没有被劳动改造过的自然资源，以及纯粹的非资本品，如前文所述的有价证券），而不是事实上有物化劳动，而被忽略了或者被错误地理解了其中价值量的商品（如实际上包含有劳动的金刚石）。

那么虚拟商品/资本与虚拟的价格形式和价值范畴的关系是怎样的？一个最根本的回答是，没有任何直接关系，因为虚拟商品/资本本身并不包含任何劳动，根据劳动价值论中劳动是价值的唯一来源，虚拟商品/资本本身也就不包含任何价值量。就社会经济史观的方法层面而言，虚拟商品/资本由于没有包含任何劳动，也就不包含生产的社会性的内容，没有进入社会劳动和分工体系，也就与社会劳动和价值创造没有直接关联。从这一角度来说，就足以反驳收入价值论的相关观点。

（二）解释虚拟商品、虚拟资本与虚拟的价格形式：交换何以达成，价格何以形成

本文关注的问题是，虚拟的价格形式作为一种价值和价格的背离，作为一种商品货币经济中的现象，如何对其作出合理的解释？一个自然的思路是，将其纳入劳动价值论的框架，将劳动价值作为虚拟的价格形式得以存在的某种间接的根源。但是，从逻辑上，将虚拟商品/资本纳入劳动价值论的解释框架下，并不是一件必要的事情。劳动价值论关注的是商品，即用

---

① ［德］马克思．资本论：第3卷［M］．北京：人民出版社，2004：531．

于交换的劳动产品，劳动价值论的意义就在于给商品运动——占有、生产、交换、分配提供一种一致的逻辑和理论基础。价值范畴的引入为剖析商品背后的社会关系提供了可能性。那么虚拟商品/资本本质上并不是商品或资本，逻辑上它们并不是劳动价值论所关注的、希望解释的对象，并且，由于虚拟商品/资本本质的非劳动产品的特性，不能直接套用劳动价值论的逻辑。因此，直接从劳动价值论去理解虚拟商品/资本的价格和交换，反而有可能因为逻辑的不相容而得出与劳动价值论矛盾的结论。因此，对于虚拟的价格形式这种现象的理解和解释，不应该直接从价值角度出发，而应该由其交换行为和交换过程中呈现的价格作为讨论的出发点。虚拟的价格形式，实际上包含了交换和价格两个层面的内容，虚拟商品/资本何以被交易、被买方接受，本质上是交换为何得以发生的问题；价格为何存在、价格大小如何被确定，本质上则是价格为何得以形成与被确定的问题。对于这两个问题的回答又必须依托于一定的生产关系的基础。

交换为何得以形成，换句话说，就是为什么卖方得以出售虚拟商品和虚拟资本，而买方愿意购买。就交换这一种行为的形式而言，这与商品的交换是一样的，但是交换的本质内容则有根本的差别。就交换得以发生的基础而言，虚拟商品/资本的交换依赖于占有，是占有的正当性规定了交换的正当性。这在现实中的反映就是表明对交换物名义上占有的产权使交换的契约得以发生，当然，名义上的占有根本上还是依赖于生产关系规定下的占有关系。因此，就解释交换作为虚拟商品/资本运动的一个环节的形式的正当性，无须涉及价值范畴，只需要先前的占有关系的支撑，是所有权的归属所规定的。因此，交换过程中发生的从买方流向卖方的货币资本，本质上也就是一种所有权报酬或要素报酬，是所有权的占有使其拥有了索取价值分配的能力。这笔索取而来的价值，就表现为货币资本，形成了其被货币表现出来的价格形式。价格的形成，就依赖于价值分配的发生，以价值分配为基础。价值分配的数额大小，就形成了价格的大小，因为这个价格不过是这笔价值的货币表现(价值分配的数额大小，又与所有权以及其带来的好处有关。这些具体形态的所有权带来的好处通过一定的形式确定价值分配的一定数额)。至此，我们就回答了虚拟商品/资本的交换何以达成和价格何以形成两个层面的问题。

那么买方为何愿意接受这笔交易，并同意让渡一部分货币资本，也就是说让渡一部分价值给卖方呢？一个最直接的回答是：有用性，这种所有权及其带来的其他好处对于买方而言具有有用性，对于大部分自然资源而言，其有用性就在于能够在劳动的作用下转化为生产资料，从而为吸收将来的剩余价值提供了可能，或者说提供了一种权利，这种权利的获得又依托于对生产资料的占有。回溯到自然资源尚作为一种非劳动产品被交易时，购买者实际上让渡一部分货币资本就是为了获得这种跨时的未来索取剩余价值的权利。对于虚拟资本而言，本质上也是一样的，购买者支付给卖方一部分货币资本也是为了获得未来的索取剩余价值的权利；只不过对于将要形成生产资料的自然资源而言，索取的是自然资源转化而来的生产资料所新榨取的剩余价值，而对于虚拟资本，如就生息资本而言，索取的是未来的从外部获取剩余价值分配的权利，这种分配追根溯源，又始终会落脚到某个资本家榨取劳动的剩余价值的过程，虚拟资本的复杂性也就仅在于此。马克思把虚拟商品的形成称为商品化，把虚拟资本的形成称为资本化，描述的也就是虚拟商品/资本在交换中取得价格形式的过程本身。

(三)虚拟的价格形式与价值分配

人们把每一个有规则的会反复取得的收入按平均利息率来计算,把它算作是按这个利息率贷出的资本会提供的收入,这样就把这个收入资本化了。例如,在年收入 = 100 镑,利息率 = 5% 时,100 镑就是 2000 镑的年利息,这 2000 镑现在就看作每年有权取得 100 镑的法律证书的资本价值。①

此处需要特别说明的是,马克思在讨论生息资本时所说的将利息的收入“资本化”,实际上描述的也是这样的价格形成过程本身,是所有权及其带来的好处通过一定的形式(在这里是利息率)确定当期价值分配数额的大小,从而确定价格:“看成是……法律证书的(货币)资本价值。”从而资本化根本上描述的是一个价格形成过程,是虚拟的价格形式得以产生,从而使虚拟资本得以取得资本的形式的过程。因此,赵磊[6](2015)以收入资本化来解释虚拟的价格形式存在的做法,在本文看来是一种同义反复,是用现象解释现象的做法。因为资本化本身就描述了价格的具体形成过程,用价格形成过程来解释虚拟的价格形式存在的原因,没有注意到更本质的支持价格形成过程的价值分配。是价值分配使之与社会劳动和分工体系发生关系,从而成为社会关系的一部分,而不是价格的具体形成。如果只有价格的具体形成,而没有价值分配,那虚拟商品/资本也就无从实现自身,无从取得商品/资本的形式。银行家按照市场公允的方式自己确定某种证券的价格(假定与上文马克思文本中所描述的方式无异),那么从利息收入向货币资本的转化,在银行家的想象和计算中已经虚幻地完成了。但是无人购买,银行家就无法获得所有权报酬,从而无法获得价值分配。那么这个价格就不能真正地形成,就无法完成真正的“资本化”,虚拟资本也就无法实现,无法取得资本的形式。虚拟商品也是一样,当虚拟商品被所有者按公允方式定价后,如果无人购买,价值分配无法实现,那么虚拟商品就不能真正地取得价格形式,从而不能完成真正的商品化。因此,用商品化、资本化来解释虚拟的价格形式存在,不是一种有信息量的解释。

此外,以价值分配解释虚拟的价格形式的优点还在于,它不依赖于具体的价格数量确定方式的存在或者有用性的追溯。对于生息资本而言,其利息收入可以通过利息率的方式被资本化,形成价格,但是对于一些物品而言,我们很可能找不到一种确定的价格数量的确定方式,如本文第二部分引用的马克思的论述中的良心、名誉,我们找不到一种确定良心、名誉价格的方式,但是并不意味着它们不能被在某次具体的交易中被定价,从而它们获得了价格形式,成为虚拟商品。并且本文认为,要解释虚拟的价格形式,也不需要依赖于有用性的追溯,有用性来源于权利形式,无论是转化自然资源使之成为生产资料榨取剩余价值,从而凭生产资料的初始所有权索取剩余价值的权利,还是购买生息资本获得索取剩余价值分配的权利,而权利带来的好处如何实现、权利如何被使用是高度个人化的事实,我们不必为了解释虚拟的价格形式得以存在而去解释这些个人化的事实,也就不必尝试着将这些权利带来的好处全部归结到价值的解释,以期不违背劳动价值论的判断。虚拟商品/资本本质的自身的社会关系联接,就发生在价值分配,从社会劳动分工体系中索取价值的那交易过程的一瞬间,交易之后虚拟商品/资本如何被使用,这些虚拟商品/资本之后又如何通过与劳动结合间接地支持了

① [德]马克思. 资本论:第3卷[M]. 北京:人民出版社,2004:528.

生产活动的开展，是“另一个范围”内发生的事情。之所以不必将有用性全盘最终追溯到价值，也在于这样的追溯很可能是没有尽头的，也因为即使追溯和解释了再多，也脱离了最初使虚拟商品/资本取得商品、资本形式的最重要的社会关系联接。而这也不意味着对劳动价值论的违背，在那些商品和资本运动的领域内，劳动价值论依然发挥着其自身的解释力，而不与虚拟商品/资本的存在构成冲突。当虚拟商品/资本通过与劳动的结合真正成为商品或资本（如初始自然资源转化为生产资料），此时它们就是作为真正的商品或资本受到劳动价值论所阐述的逻辑支配的。这就又一次强化了劳动价值论的适用范围的含义。

四、总　结

马克思所讨论的虚拟商品、虚拟资本和虚拟的价格形式问题在今天看来仍然非常具有洞见，但是关于如何对虚拟商品/资本的运动作出合理解释，如何理解虚拟商品/资本与价值范畴的关系，使之与马克思主义政治经济学的硬核相适应，发展其理论体系，尚有相当的争论。因此，本文尝试给出一种基于对虚拟商品/资本如何得以交换、如何得以形成价格这两个问题的回答的解释，并且更加强调价值分配与价值分配所体现出的虚拟商品/资本的背后的社会关系的视角。本文认为，交换的正当性，在于先前的占有关系的支撑，在于所有权归属的规定。交换能自愿地发生，源于所有权的不同形态的有用性。这种有用性可能是通过与劳动结合转化为生产资料/资本，从而凭据所有权索取剩余价值的权利，也可能是其他形态所表现出来的有用性。而价格的形成，依赖于价值分配的发生，以价值分配为基础。理解虚拟商品/资本的运动，本质上应基于价值分配和价值分配背后体现出的虚拟商品/资本所包含的社会关系，也即对社会劳动和分工体系内的价值的索取。基于此，本文认为，对未来收入的价值追溯在解释虚拟商品/资本运动上是不必要的，并且这也不与劳动价值论构成冲突，因为它们实际上针对的是不同范围内的问题。

参考文献

[1]陈永志. 略论虚拟资本及其在我国的发展[J]. 中国经济问题，2001(6):29－34.

[2]徐茂魁，李宝翼. 马克思虚拟资本理论的现代阐释[J]. 教学与研究，2006(4):30－35.

[3]谢永添. 关于虚拟资本与虚拟经济研究的几个理论问题[J]. 经济科学，2003(6):37－43.

[4]赵磊，等. 劳动价值论之辩[J]. 郑州轻工业学院学报(社会科学版)，2012(6):45－47.

[5]赵磊. “天生苹果”驳倒了马克思吗？[J]. 西南交通大学学报(社会科学版)，2010，11(5):86－91.

[6]赵磊. “虚拟价格”何以可能——关于马克思土地价格理论的重大分歧[J]. 学术月刊，2015(11):49－55.

[7][德]马克思. 资本论:第1卷[M]. 北京:人民出版社，2004.

[8][德]马克思. 资本论:第3卷[M]. 北京:人民出版社，2004.

[9]赵锦辉. 马克思论述虚拟资本的双重思路及其对界定虚拟经济的启示[J]. 当代经济研究，2006(10):12－15.

[10]马艳，李韵. 自然资源虚拟价值的现代释义——基于马克思经济学视角[J]. 马克思主义研究，2008(10):80－85.

[11]易培强. 马克思虚拟资本理论与国际金融危机[J]. 当代经济研究，2009，161(1):1－6.

[12]王璐. 从马克思的虚拟资本到虚拟经济——兼论虚拟经济的起源与本质[J]. 南京社会科学，2003(9):6－12.

基于财政与货币交互机制的明代钞法考察与博弈论分析

李逸恺　梁义钦

（北京大学经济学院）

［摘　要］明代钞法在中国货币史上具有重要地位，本文将明代钞法置于财政货币体制的框架中进行考察，试图说明明代钞法的财政导向性、财政货币机制交互性两大特点，及其内在矛盾如何导致明代钞法最终崩溃，并运用博弈论进行分析。在当今货币发行与财政联系紧密、政府控制货币发行的制度下，如何处理好货币与财政二者的关系，明代钞法崩坏的历史教训值得我们反思。

［关键词］明代钞法；财政货币体制；博弈论

一、引言与文献综述

明代钞法在中国货币史上具有重要地位，当前学界对明代钞法的研究相对充分且成果丰富，涵盖钞法的缘起、内容、特点、实质、崩溃原因等诸多方面。乔晓金[1]（1983）将大明宝钞的流通划分为稳定期、波动期、崩溃期和末期4个阶段，就明代钞币制度的特点及理论进行了探讨；唐文基[2]（2000）通过对宝钞发行初期、贬值期、废用期3个阶段的梳理，指出宝钞政策的制定与出台是服务于国家财政需要而非立足于经济发展的考量，最终结果只能是官民受害，干扰正常的社会经济活动；孙兵[3]（2003）通过对洪武宝钞印造与支出的梳理，指出洪武皇帝实施钞法是以一种隐匿的方式达到聚敛财货的效果。黄阿明[4]（2008）探讨了明代发钞的真实动机和目的，并以此为基础考察了大明宝钞的贬值、救钞手段及利弊。

大明宝钞的发行动机及实质与钞法最终崩溃密切相关，这是当前学界对明代钞法问题的共识。黄仁宇[5]（1974）指出洪武皇帝大量发行宝钞的通货膨胀政策，实质上是为应付政府巨额财政支出的一种新的税收形式；王纪潮[6]（1985）通过讨论大明宝钞废弛的情况与原因，指出封建社会国家发行货币是出于国家财政角度考虑而非基于社会市场的商品流通量，因而宝钞废弛是必然的结局；王玉祥[7]（1997）通过对钞法内容、缺陷、敛钞手段、实施效果的考察，指出明朝实行钞法主要是为了聚敛财富，钞法的迅速崩坏与这种动机密切相关；陈昆、李志斌[8]（2013）运用财政压力——政府行为的分析框架来剖析大明宝钞崩坏的制度根源，指出明代财政压力促成了宝钞制度设计，并最终导致货币超发、宝钞制度崩溃；张彬村[9]（2015）运用现代的货币数量说和通货竞争、通货替代理论，从新的角度诠释了大明宝钞制度的崩溃原因。

基于以上研究,我们可以觅得一条重要线索,即明代财政与货币两大经济领域之间的交互作用。一方面,大明宝钞的发行以国家财政需求为导向,是一种财政型的货币制度和政策,宝钞过度发行源于政府财政危机;另一方面,宝钞发行与回笼以财政收入与财政支出政策为形式,财政与钞法处于一种相互作用的动态变化过程。

在现有研究中,前人更多地集中在对大明宝钞制度缘起、内容、特点、实质、崩溃原因等的梳理,对该问题缺乏系统的讨论。陈昆、李志斌[10](2013)运用财政压力——政府行为的分析框架论证了明代财政压力对宝钞制度设计的促成作用,但缺乏对问题的第二个方面,即货币政策与财政政策的交互作用的梳理;唐文基[11](2000)对宝钞通过财政支出单一渠道强制发行和通过增税、罚款等手段回笼的过程进行了梳理,但对明代财政、钞法如何在统一目标下、统一系统内运作的考察仍显不足。且上述研究更多地集中于材料整理与逻辑梳理,对经济学理论与方法的运用则略显不足。

本文试图将明代的财政与钞法纳入一个完整的逻辑框架中进行分析,并提出如下假设:大明宝钞制度本身的财政性质以及明代的财政货币交互机制,是导致明代钞法崩溃的根本原因。本文着重考察了财政压力与宝钞制度的确立和货币与财政政策交互机制的运行,并建立了一个博弈论模型,以便为上述假设提供理论与事实层面的支持。

本文论证的框架如下:

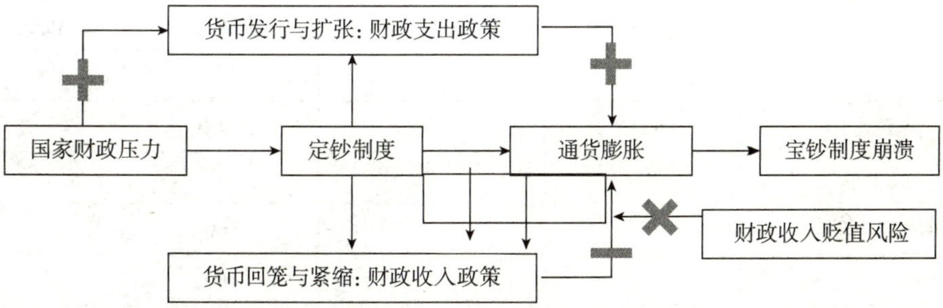

其中,"+"表示正向促进作用,"-"表示负向抑制作用,"×"表示财政收入贬值风险对货币回笼政策的继塞。

本文的结构安排如下:第一部分为引言与文献综述,同时提出了本文的假设与逻辑框架;第二部分概述了明代钞法建立→危机→挽救→解体的过程;第三部分通过考察明朝初年国家财政状况,说明明代钞法的财政导向,即财政压力对宝钞制度确立与货币超发的促成作用;第四部分梳理宝钞发行与扩张、回笼与紧缩政策,指出明代货币政策与财政政策互为表里、相互作用,其内在矛盾最终导致了大明宝钞制度的崩溃;第五部分运用博弈模型对明代钞法崩溃的原因作进一步说明;第六部分是本文的结论。

二、明代钞法概述

元明之交,由于元朝纸币制度崩溃,各地恢复了铜钱流通,起义军建立的地方政权均曾铸造铜钱。朱元璋建立明王朝后,于洪武元年颁行洪武通宝钱制,铸造洪武通宝钱[12];洪武八年发行大明宝钞,恢复建立了纸币流通制度[13]。

据《明史·食货志五·钱钞》所述,大明宝钞制度的基本框架包括以下几点:

(1)钞面以钱文计,宝钞分六等:一贯、五百文、三百文、二百文、一百文[14],后来还曾加发五十文以下的小钞[15]。

(2)政府发钞不备金、银本钱,禁止民间私易金银,只允许人民持金、银向政府换易宝钞[16];金、银的法定官价是:钞一贯等于银一两,四贯等于金一两[17]。

(3)钱钞兼行,但铜钱支付能力有限。洪武十年规定:百文以下交易支付专用铜钱,而商税的输纳,则以钞七钱三为原则[18]。

(4)宝钞久用昏烂,军民商贾可持旧钞赴行用库换易新钞,政府量值收工墨费[19]。

与前朝纸币制度比较,大明宝钞制度具有以下特点:无发行准备金且不可兑换;大明宝钞形制为定制且始终未曾更改;纸币制度为钱钞兼用,纸币为主,铜钱为辅。

由于宝钞是政府强制发行的不可兑换纸币,且发行数量又无节制,日积日多,收少出多,流通中纸币充斥,宝钞贬值愈演愈烈,明初的纸币流通,仅二十年间便趋于败坏。彭信威(1943)在《中国货币史》中,对大明宝钞价值变化进行了系统整理(见表1),我们可以从中窥得大明宝钞前后价值变动。

表1 大明宝钞价格

年份	官价(每贯值银钱数)		市价(每贯值银钱数)	
	钱数/文	银数/两	钱数/文	银数/两
洪武九年	1000	1	1000	1
洪武十九年	200	0.2		
洪武二十五年			160	
洪武二十七年			160	
洪武二十八年	100	0.1		
洪武三十年	71	0.07153		
永乐五年	12	0.0125		
永乐十一年	47	0.0476		
宣德元年		0.0025		
宣德四年	10	0.01		
宣德七年	10	0.01		
正统元年				0.0009
正统十三年			1~10	
景泰三年	2	0.002		
成化元年	4	0.005		

续表

年　份	官价(每贯值银钱数)		市价(每贯值银钱数)	
	钱数/文	银数/两	钱数/文	银数/两
成化三年	4	0.0005		
成化六年	2	0.00025		
成化七年			2~3	
成化十三年	4	0.005		0.00045
成化十六年	4	0.005		
成化二十三年	20	0.00025	0.9	
弘治元年	1~2	0.001428~0.003		
弘治六年	2.1	0.003		
弘治十四年	0.3~0.4375	0.000444~0.000625		
正德二年	0.311			
正德六年		0.00143		
嘉庆四年	2.1	0.003		
嘉庆六年		0.001143		
嘉庆七年	1.57	0.009		
嘉庆八年	2.1	0.003	0.24	0.0008
嘉庆十九年		0.00032		0.0001
嘉庆四十五年		0.002		
隆庆元年		0.0006		
万历四十六年			0.1	0.00018

资料来源:彭信威.中国货币史[M].上海:上海人民出版社,1958:671-672.

根据表1绘制的折线图使我们得以更加直观地认识大明宝钞的贬值。

据表1、图1、图2可知,宝钞从一开始就持续贬值,且下跌不止,直至最终崩坏。

为维护纸币制度,明政府采取了诸多措施,包括停用铜钱、申严金银之禁、实行“户口食盐法”,罚赃输钞,以至于添加各种苛税等货币回笼举措。但由于其禁用金银铜钱的命令未能得到有效贯彻,且以税收方式回笼纸币,依然是收少出多、增发不已,因而收效甚微。纸币贬值的趋势无法遏制,纸币流通范围更加缩小。孝宗弘治年间的钞关,钱、钞皆折银收取,纸币流通已然名存实亡,在经济生活中已无意义。明中叶以后,宝钞事实上已不行用,商业交易及民间日常支付均使用白银或铜钱,政府印钞发钞主要是作为保存祖制的一种象征性措施。

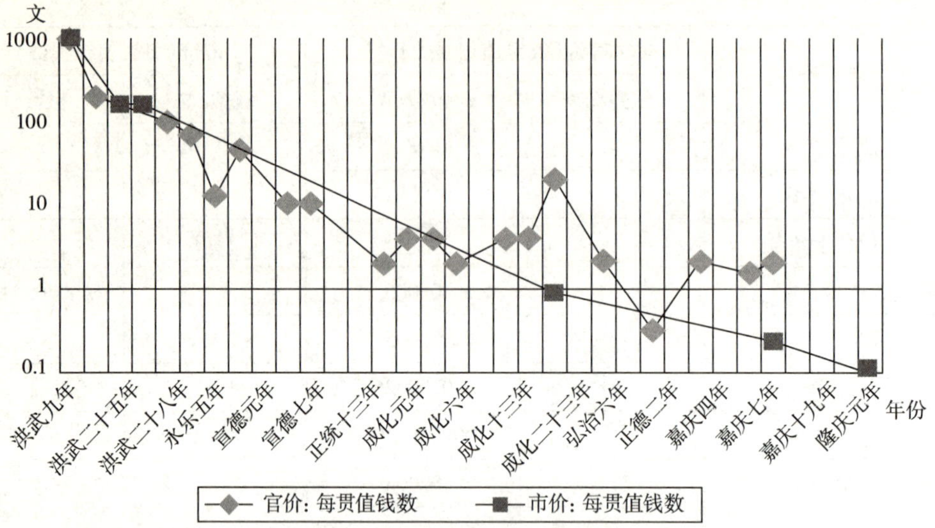

图 1 大明宝钞兑钱价格

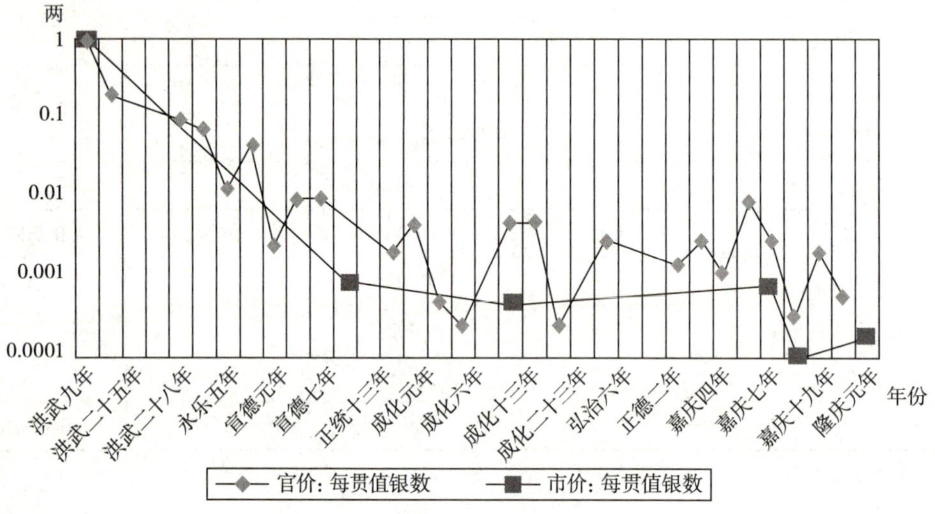

图 2 大明宝钞兑银价格

三、明代钞法之财政导向

《国朝典汇·钞法》中，对大明宝钞发行动机有所记载：

“洪武八年三月，诏造大明宝钞。时中书省及在外各行省皆置局铸钱，有司责民出铜，民间皆毁铜器输官鼓铸，甚劳，奸民多盗铸。又商贾转易，钱重道远，不便。上以宋有交会法，而元时亦尝造交钞，及中统至元宝钞易于流转，可以去鼓铸之害，遂诏中书省造之。”①

由此观之，太祖令中书省造大明宝钞的原因主要有二：一是宝钞便于携带，利于流转，可以有效避免“钱重道远”的不便，促进商品交易与货币流通；二是可以有效避免“鼓铸之害”，

① （明）徐学聚，撰. 国朝典汇·卷九十四·户部八·钞法[M]. 明天启四年徐兴参刻本：1289.

在减轻铜器输官给百姓带来的负担的同时,有效抑制奸民盗铸现象。除以上原因外,明朝时下国库空虚、金银匮乏、财政窘迫对大明宝钞发行的作用更为关键,明太祖显然未曾明言。

明初,明太祖即指出:“以朕观之,宽民必先阜民之财,息民之力。不节用则民财竭,不省役则民力困,”故应“其赋重者,悉宜减也”①。据此,明朝实行了低税政策,田赋税率差异大,但总体赋税较低。据黄仁宇[20](1974)的统计,明代的税收与宋代相比明显偏低,按可比价值计算,明代每缗铜钱与一石粮食相抵。依据宋代记载,到 11 世纪中期,每年的预算已经达到 12600 万缗到 15000 万缗之间,而明代平均田赋仅有 2700 万石,我们可窥得其中的巨大差距。除此之外,明太祖重视田赋的减免。边俊杰(2011)据《明史 · 太祖本纪》不完全统计,明太祖在位期间曾 40 多次下令免除各地田租。各地如发生水旱等自然灾害,一律免除田租,对地瘠民贫者,经地方呈请减免一部分或大部分田赋。《明史 · 食货志》载:“太祖之训,凡四方水旱辄免税。丰岁无灾伤,亦择地瘠民贫者优免之。凡岁灾尽蠲二税。”“洪武时,勘灾既实,尽与蠲免。”②以上都从一定程度上说明了明初低税收的基本事实。

明初的低税收与膨胀的财政支出需求形成了矛盾。对于明代的财政支出,唐文基[21](2000)、黄阿明[22](2008)、陈昆和李志斌[23](2013)从不同角度进行了详细梳理。将明朝财政支出分为经常性和临时性支出两类,经常性支出包括宫廷支出、宗室俸禄、官吏俸禄、军兵月盐和盐户工本,临时性支出包括赏赐文武官员、士兵、内外使者、工匠,以及赈灾、采购粮食、马匹等。其中,临时性支出占主要份额。宝钞被大量地用于军费支出和赈灾备荒支出。明初战事频繁,王朝对元朝残余和边远地区割据势力(如敦煌、云南、汉北等)的征战付出了很大的代价,各地灾荒也都需要大量支钞。面对财政危机,政府发行不兑换性纸币显然是一种满足财政开支需求与缓解财政危机的手段。我们也可据此推知,明代钞法从建立之日起即带有明显的财政导向色彩。

明太祖统治期间又确立了税收定额制度。洪武十年,明太祖分遣各部官员、国子监生和宦官巡视一百七十八个税课司局以固定其税收额度;洪武十八年,明太祖下令将各省各府税粮课程一岁收用之数刊刻于石板并树立在户部厅堂中;洪武二十六年,明太祖宣布北方各省新开垦田地永不起科。自此各地定额税收作为不成文的法律被固定下来,后期虽有微调,但基本定额从未被摒弃。

明太祖虽然降低并固定了田赋,但国家职能却是刚性的,其财政需求不能因此减少或固定,这便形成了与年俱增的支出需求与固定的收入之间的矛盾。永乐年间军事行动仍然持续,明王朝征伐挞粗、瓦剌、安南,每次出兵都有数十万乃至百万之众;而规模巨大的营建工程更是耗费了巨大的人力、物力和财力。永乐四年北京城开始营建,历时十五年才最终建成,其间动员的工人达一百万人,还从山西移民万余户。据《明史 · 食货志》记载,营建两京“采木,陶甓工匠,造作”③耗费约亿万两,工程一直持续至洪熙、宣德年间[24],而当时政府每岁的财政收入仅有二百万两。明英宗朱祁镇两次登极,多大兴土木[25],且又有缅甸、土木之役,都极其耗费钱财。而明太祖的税收定额制度使政府财政收入不可能有大的增长,两下相较,政府

① (清)夏燮,编. 明通鉴 · 卷一[M]. 清同治刻本:91.

② (清)张廷玉. 明史 · 卷七十八志第五十四[M]. 清乾隆武英殿刻本:835.

③ (清)张廷玉,撰. 明史 · 卷八十一志第五十四[M]. 清乾隆武英殿刻本:834.

面临的财政压力可见一斑。

由于正常的税收不足以弥补支出，必要项目开支就要通过其他各种方式来解决。洪振快[26]（2008）提出了“亚财政”的概念，即伴随正式财政制度变迁的非正式财政制度。最初民众负担的仅仅是“明税”，但随着政府财政压力不断扩大，民众承担的“税外之税”“赋外之赋”则越来越重，这就是所谓的“亚财政”。而大肆发行大明宝钞，其效果便是向民众征收通货膨胀税，是一种“亚财政”的手段。国家在无准备金的情况下发行宝钞，可以零成本获取大笔财富；宝钞金银单向兑换，用宝钞兑换民间金银，使国家的金银储备大增；同时，通过发行大明宝钞来隐蔽地获取财政收入，化解财政危机，百姓不易察觉，有利于维护统治者的“圣君”形象和王朝统治。因此，尽管明洪武年间大明宝钞业已发生了严重的通货膨胀，且历朝君王中意识到钞法壅塞究其根源在于散出太多者也不乏其人，并采取了一系列货币回笼措施，但最终都未能克制继续增发宝钞的冲动，宝钞贬值非但未能被制止反而更加严重。

综上所述，我们可以窥得，大明宝钞的发行并非基于商品经济发展的需要而是基于国家庞大的财政需求。大明宝钞诞生伊始即带有财政导向性，而该性质恰使以财政为国家经济政策中心的封建君主与专制政府，具有无限制发钞的激励，最终引发货币贬值、钞法崩溃。可以说，明代钞法的财政导向性从一开始就注定了其最终失败。

四、明代钞法之财政货币交互机制

发行与回笼主要采取财政支出与财政收入的手段，是明代钞法的显著特征。下文将考察这种财政货币交互机制的内在矛盾如何导致大明宝钞的持续贬值与明代钞法的最终崩溃。

大明宝钞主要以政府支出的方式流向市场。据上文所言，明代政府财政支出主要包括经常性支出与临时性支出两大类，与之对应的货币发行方式也包括经常性财政支出方式和临时性财政支出方式两类。其中经常性财政支出方式主要包括：

（1）宫廷支出。其中最主要的部分为光禄寺用于祭、享、宴、劳、酒、醴、膳、馐的费用[27]。

（2）宗室俸禄。明朝宗室受封，男性受封亲王、郡王直至奉国中尉共六级，女性封公主至乡君共六级。受封宗室都要支取一定数额的宝钞[28]。

（3）官吏俸禄。宝钞发行后，洪武九年宣布，官吏俸禄以米、麦、钞兼支；洪武十八年又宣布文武官员以钞代禄米。

（4）军兵月盐。明朝前期采取征兵制和军户世袭制，规定按月另给军兵菜盐，又称月盐。军兵月盐部分或悉数折钞[29]。

（5）盐户工本。明朝沿续历代国家垄断食盐产销政策，给予盐户一定工本，收取盐户的产盐。洪武十六年令盐户工本米改领宝钞[30]。

除以上经常性财政支出方式外，使用宝钞赏赐文武官员、士兵、内外使者、工匠，以及赈灾、采购粮食马匹等，属于临时性财政支出方式。总而言之，大明宝钞的发行源于政府的财政需求，因而其发行方式也以财政支出为主要形式。

与之相似，明代的宝钞回笼政策，同样是以财政收入政策为手段达到紧缩货币的目的。

面对宝钞的严重贬值，当政者逐渐意识到个中原因。永乐二年，都察院左都御史陈瑛指出："比岁钞法不通，皆缘朝廷出钞太多，收敛无法，以致物重钞轻。"①永乐二十二年，仁宗即位伊始，即向户部尚书夏元吉言："钞法滞，盖由散出太多。宜设法广敛之，民间钞少，想自通。"②洪熙元年，夏元吉等讨论纸币问题时，也指出："钞多则轻，少则重。朝廷敛散适中，则自无弊。今民间钞不通，盖缘朝廷散出太多。宜为法敛之。"③

在古代中国，紧缩货币的通常办法有二：一是增加商品投放量；二是以贵金属金、银回购宝钞。但明王朝手中既无足够商品可供投放，对后者又断然拒绝[31]，最终选择以增加税种、税额和各式罚款的财政收入手段，以零成本达到货币回笼的目的，具体方式如下所述：

(1)征收"户口盐钞"。永乐二年，都御史陈瑛建议"暂行户口食盐之法"，全国官民计口配盐纳钞，成祖准行。大口月配盐一斤，纳钞一贯，小口折半，称为"盐钞"[32]。

(2)增收门摊税。门摊税即店面税，在明初业已存在[33]。洪熙元年下令增收门摊税四十倍。宣德元年以增收四十倍太重，降为增收五倍，并规定只在顺天、应天等府以及除云南、贵州之外的各行省中三十三个城市增收[34]。

(3)征收蔬地果园种植税。宣德四年六月，规定京师、南京军民种植蔬果贩卖者，蔬菜每月计亩纳钞，果树每岁计株纳钞[35]。八月，该税又推及浙江、江西、山东、山西、河南、陕西等地，但税额稍减[36]。宣德六年又将蔬菜地种植税减半[37]。

(4)增收塌房、库房、店舍税。宣德四年六月始征，每间每月纳钞[38]。同年，对油坊、磨坊、砖瓦窑等征收数额不等税钞[39]。宣德六年以后，税额有所降低[40]；正统四年塌房等税减半[41]。

(5)开征驴车、骡车运输税。宣德四年六月，规定凡受雇装载货物车辆，每辆依岁纳钞[42]。七月，还开征牛车、小车运输税[43]。

(6)设钞关，征船料。宣德四年六月，在从北京至南京的运河沿线的主要城镇都县、临清、济宁、徐州、淮安、扬州和南京上新河设立七个钞关，征收船料[44]。

(7)罚钞。明代罚钞名目多样，如宣德元年十月，实施笞杖、流徙赎钞[45]，同时又宣布罚钞赎脏例，金每两赎钞8万贯，银每两赎钞2000贯，铜、锡、铁、铅、纻丝、罗、棱、官棉布等各有赎钞标准。

以上财政收入政策，均是朝廷用以疏通钞法的手段，在一定程度上减少了流通中的货币数量，在纸币回笼和收支平衡方面取得了一定成效，黄阿明[46](2008)对此有详尽考证。但以上举措未能阻止大明宝钞的不断贬值，无法挽回钞法解体的命运。这与货币回笼政策以财政收入政策为其形式是分不开的，这种形式从一开始便注定了其难以贯彻到底，失败具有必然性。

财政收入政策形式的货币回笼政策，天然便具有双重性质和功效，一方面致力于挽救宝钞贬值；另一方面是朝廷获取财政收入的重要手段。宝钞贬值恰使国家面临财政收入贬值的风险。

在实际操作过程中，钞法受国家财政状况影响较为严重。在财政紧张的状况下，朝廷为

---

① (清)张廷玉.明史·卷八十一志第五十七[M].清乾隆武英殿刻本:859.

② (清)傅维鳞.明书·卷八十一志二十[M].清畿辅丛书本:813.

③ (明)徐学聚.国朝典汇·卷九十四·户部[M].明天启四年徐兴参刻本:1290.

满足政府支出需求，又持续发行大明宝钞，这种边收边发、收少发多情况的最终结果，依然是流通中宝钞总量不断增长、宝钞不断贬值。而在宝钞贬值的情况下，若继续贯彻宝钞回收的货币紧缩政策，必将给国家财政状况造成极大的负面影响，加大国家的财政金融风险。其原因在于，在政府没有任何预算盈余来保证宝钞币值稳定的情况下，宝钞不断贬值使得国家所掌控的货币实际价值远远低于其名义价值，以宝钞形式获取的赋税，在很大程度上面临成为毫无购买能力且不被社会所接纳的"废纸"，以宝钞形式获取的税收在总税收中所占的份额越大，财政所面临的贬值风险也就越大。这种风险使得财政收入形式的宝钞回笼政策很难长期贯彻下去。事实上，早在洪武时期，社会上虽严禁用银，但是为保障财政收入的实际价值，金银同样作为财政税收货币在缴纳。朝廷实则在以宝钞为法定支付手段的同时，还以金银为流通货币在征收赋税，且以金银征收赋税的比例随着时间的推移在不断增大，并最终将宝钞从税收支付手段中挤出。

综上所述，财政收入政策形式的货币回笼政策本身即面临巨大的矛盾。税收是国家收入最重要的来源，使用面临贬值风险的宝钞缴纳，很难保证宝钞能够在国家急用之时有效转化为具体实物，因此，国家很难将这一政策贯彻执行。选择收取价值稳定的白银或铜钱，是政府避免财政风险的合理选择。财政货币体系的内在矛盾，必然导致货币回笼政策失效、大明宝钞贬值趋势难以有效遏制，明代钞法的最终崩溃也在所难免。

五、基于博弈论的明代钞法崩溃的原因分析

（一）政府纸币超发的囚徒困境

我们首先试图构建一个简单博弈模型，对政府滥发宝钞的原因进行分析。博弈的双方为政府与民众。在财政货币机制中，政府的核心目标有二：一为通过货币超发、征收通货膨胀税以获取财政收入；二为稳定宝钞制度以维持正常的经济交易秩序。其中，政府获取财政收入的动机要高于维持宝钞制度的动机，具有更小的成本和更大的收益。民众的目标同样有二：一为提高个人收入；二为避免个人财富缩水。

基于上述分析，我们构建了如下 2 × 2 支付矩阵：

政府 \ 民众	不接受	接受
超发	(1,1)	(4, -1)
不超发	(-1,4)	(3,3)

(1)政府滥发宝钞，民众拒绝接受宝钞进行交易。短期内政府可获得通货膨胀税，民众拒绝接受宝钞进行交易，可以防止宝钞贬值带来的财富损失，最终导致宝钞制度崩溃，支付为(1,1)。

(2)政府滥发宝钞，民众接受宝钞进行交易。一方面，政府获得通货膨胀税；另一方面，维系了宝钞制度，而民众则需要承担个人财产的不断缩水，支付为(4, -1)。

(3)政府不滥发宝钞,民众拒绝接受宝钞进行交易。民众认为政府不可信,预期宝钞贬值,引发物价上涨,生产者与商人可从中获益,同时也规避了个人财富缩水的风险,但政府需要承担宝钞制度崩溃的损失,支付为(-1,4)。

(4)政府不滥发宝钞,民众接受宝钞进行交易。政府无法获得通货膨胀税,但维持了宝钞制度和物价稳定,民众利用宝钞进行交易,同时避免了宝钞贬值带来的财富损失,支付为(3,3)。

综上所述,最后的纳什均衡是政府滥发宝钞,民众拒绝接受,宝钞进一步贬值,宝钞制度崩溃。政府滥发宝钞、民众拒绝使用、宝钞制度崩溃,形成一个囚徒困境。

那么,是否存在机制能使政府和民众走出纸币超发的囚徒困境呢?事实上,各朝统治均具有一定的连续性,尤其是在明代前期与中期,社会相对安定,矛盾并不突出,统治者和民众对王朝延续具有较强的预期,这一博弈更接近于无限期重复博弈。通常情况下,当贴现因子较大时,在冷酷策略下,双方是有激励维持合作的。我们假定贴现因子为δ,双方均采取冷酷策略,即一旦在任何一轮博弈任何一方选择背叛,对方即采取冷酷策略,合作就此瓦解。使冷酷策略有效的贴现因子需满足以下条件:

$$\sum_{n=0}^{\infty} 3\delta^{n} > 4 + \sum_{n=1}^{\infty} \delta^{n}$$

但事实上,中国历代纸币制度的最终结果通常是王朝滥发纸币、宝钞制度崩溃。

问题在于,对于政府而言,面对现实中边境少数民族的威胁、自然灾害救济和君主个人享乐需要,对缓解短期财政压力的诉求远远高于对维持宝钞制度的重视。同时,明代专制集权强化,滥发货币除了导致钞法崩溃外,由于存在铸币、金银等作为替代品,钞法崩溃是一个渐进的过程,对民众的直接伤害较为隐蔽,也不会导致经济的剧烈动荡,不易激发民变。因此,政府对未来钞法崩溃的担忧远远小于对当前边患、自然灾害和个人享乐所引发的财政危机的担忧。因此,这一贴现因子δ足够小,未来更加不被重视,合作必然难以维持。最终结果依然是政府滥发宝钞、民众拒绝接受、宝钞进一步贬值、宝钞制度崩溃。这是一个难以走出的囚徒困境。

(二)宝钞回笼政策的失败:一个博弈模型

1. 单次博弈

为了稳定币值,明政府试图以税收为手段达到回笼货币的目的,部分税收需以宝钞形式缴纳。这就使得超发纸币对政府财政收入具有双重影响:一方面,超发货币使政府获得通货膨胀税;另一方面,超发纸币引发的通货膨胀也将导致政府以宝钞形式征收的这部分税收贬值,带来税收损失。本部分在第一部分博弈模型的基础上,将政府超发纸币带来的税收损失纳入考察,通过构造博弈模型进一步解释明代钞法的崩溃。

前文中我们已经指出,政府关心的核心目标是最大化长期政府财政收入和稳定宝钞制度,其中,获取财政收入的动机高于维持宝钞制度的动机。政府财政收入由两部分组成:正常的税收收入和通过超发货币获得的通货膨胀税。明代早期的税制规定,上缴的税款须部分以金属货币和实物的形式上缴,部分以宝钞的形式上缴。因此,过度的通货膨胀势必导致正常税收收入的损失。明朝的统治者们显然也意识到了这一点:朝廷通过改革税收制度将宝钞从税收支付手段中去除以消除通货膨胀对税收收入的不利影响,但税制改革也会导致民众对宝钞彻底失去信心,因为此时超发货币对政府再无负面作用。

相对而言,民众关心的目标则比较简单。提高个人收入、避免个人财富缩水是普通百姓的主要目标。一方面,民众可以选择相信政府发行的宝钞,接受和使用宝钞作为支付手段,但如果政府超发货币,民众的财产将会严重缩水。另一方面,民众也可以选择不相信宝钞,在平常的交易中使用实物交换或金属货币、抵制宝钞,这样将会避免财产缩水的风险,但抵制宝钞也会造成额外的成本,如交易成本的增加或公然抵制政府法定货币面临的惩罚等。

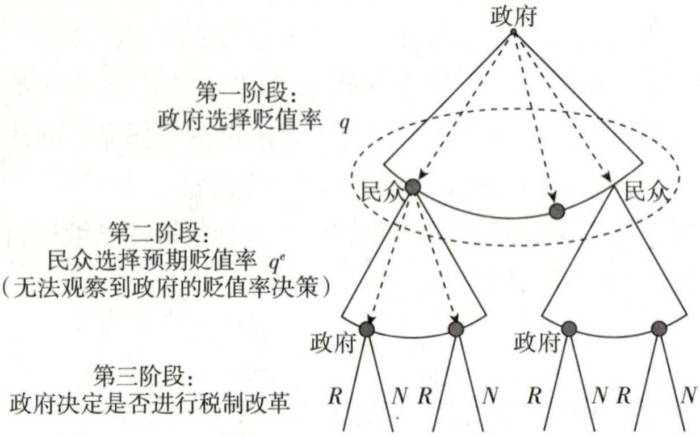

图3 模型的博弈树

基于上述分析,我们建立了一个博弈模型,对明代宝钞制度的维持和崩溃过程加以简要说明。该博弈共分为3个阶段:

在第一阶段中,政府设定宝钞的贬值率,即政府希望宝钞贬值的程度。根据设定的贬值率,政府可以确定超发货币的数量。货币的超发将以通货膨胀税的形式剥夺民众的个人财产。宝钞的发行量越大,贬值幅度就越大,通货膨胀税带来的政府收入也就越多。

这里,我们采用期末与期初每贯宝钞值银钱数的比值作为贬值率的度量标准。也就是说,如果时期末的一贯宝钞实际上只相当于时期初的 x 贯宝钞,则贬值率等于 x。例如,洪武九年一贯宝钞值一两银,而洪武十九年一贯宝钞仅值0.2两银,所以这一时期内的宝钞贬值率为0.2。鉴于大明宝钞几乎一直在发生持续的通货膨胀,我们设贬值率 q 为 $[0,1]$ 内的一个数值,其中 q 越小则表明通货膨胀情况越严重。由于时期末宝钞发生了贬值,民众的财富也相应地缩减到了原先的 q 倍,因此,政府通过超额发行货币征收了数额为 $1-q$ 的通货膨胀税。

在第二阶段中,民众可以设定预期宝钞贬值率,也即市场中实际的宝钞贬值程度。在政府作出货币发行决策之后,民众不可能立刻了解货币的发行情况,而只能根据经验进行猜测和估计。民众整体的预期将影响宝钞的实际购买力。如果民众普遍相信宝钞没有超发,非常乐于按照原先价值接受宝钞,则短期内宝钞的购买力将不会发生剧烈变化。而如果民众对宝钞普遍抱有强烈的怀疑态度,拒绝接受和使用宝钞,那么宝钞的贬值速度将快于政府设定的贬值率,导致宝钞购买力严重下降。这种预期效应将具体在民间市场中宝钞与金属货币的兑换价格中体现出来。

模型中,我们利用和贬值率相近的方式设定民众预期贬值率 q^e,即民众认为时期内宝钞会发生的贬值幅度。类似的,我们设定 q^e 为 $[0,1]$ 内的一个数值。若 $q^e = 1$,即民众愿意按面值接受宝钞,则民众时期末将受到政府超发货币的影响,效用为 q。若 $q^e < 1$,即民众对宝钞表示不信任、拒绝按面值接受宝钞,而只愿意以价格 q^e 接受 1 单位宝钞,此时民众的财富缩水程度将被减轻为 q/q^e,但这会带来额外的交易成本和对抗政府的成本 c。为了使模型更加合理,我们规定 $q/q^e \leqslant 1$(预期调整本身不可能无限制地提高效用)。综上,$q^e < 1$ 时,民众的效用为 $\min\left\{q/q^e,1\right\}-c$。

在第三阶段中,政府可以决定是否进行税制改革。政府可以观察到宝钞此时的实际购买力 q^e,据此决定是否仍然继续设定税额部分由宝钞形式缴纳。继续接受宝钞为税收支付手段将导致税收收入受到影响。而如果进行税制改革,规定全部税收均需以实物形式上缴,会提高当期税收收入,但会使民众严重丧失对宝钞体系的信心,影响下一阶段中民众对宝钞贬值情况的预期。

政府在这一阶段中有两个选择:改革 R 和不改革 N。设额定税收收入为 t,若进行改革,则确实获得税收收入 t;若不进行税收改革,则以宝钞形式支付的税赋将发生贬值。我们不妨以商税钞七钱三为参考,则税收收入为 $0.3t + 0.7q^e t$。

综上,我们可以得到政府和民众的支付(政府设定贬值率为 $q \in [0,1]$,民众预期贬值率为 $q^e \in [0,1]$,政府选择改革 R/不改革 N):

(1)民众相信宝钞($q^e = 1$),政府不进行税收改革:$(1-q+t, q)$;

(2)民众相信宝钞,政府进行税收改革:$(1-q+t, q)$;

(3)民众不相信宝钞,政府不进行税收改革:$\left(1-q+0.3t+0.7q^e t, \min\left\{q/q^e,1\right\}-c\right)$;

(4)民众不相信宝钞,政府进行税收改革:$\left(1-q+t, \min\left\{q/q^e,1\right\}-c\right)$。

通过支付函数我们可以发现,设定 $q=0$ 和进行税收改革是政府的弱优势策略。此时,民众的最优反应是 $q^e = 0$,双方的效用为$(1+t, 1-c)$。也就是说,单期博弈中的纳什均衡是政府进行恶性通货膨胀获得最大程度的通货膨胀税,同时进行税收改革保证税收收入不贬值,民众则完全不相信宝钞以最大限度地避免个人财产损失。

2. 无限期重复博弈

前文已经指出,由于朝代内部的政策具有延续性,政府的目标也是最大化长期财政收入,尤其是在明代前期与中期社会相对安定、统治者和民众对王朝延续具有较强预期的情况下,该博弈更接近于无限期重复博弈,而非单次博弈。

将上述博弈转化为无限期重复博弈几乎不会对模型设定产生影响。一个需要修正的细节是,当政府设定的贬值率与民众预期贬值率不一致时(即 $q_1 \neq q_1^e$ 时),流通中的宝钞的名义总量变为 $1/q_1$,实际总购买力变为 q_1^e/q_1,此时再设定下一期期初的宝钞实际总量为 1 就不太合适了。也就是说,民众的预期造成宝钞的购买力与实际发行量发生了偏差(实物和金属货币升值或贬值了),在继续发行宝钞时,实际的贬值效果会受到这种偏差的影响。例如,政府可能在某时期内设定贬值率目标为 0.5,并开始超发货币。在正常情况下,货币发行量需提高一倍才可以达到这一目标。但由于民众在前一时期内已经不再以面额接受宝钞,宝钞的购买力将更快地下降,使政府在将货币发行量提高一倍之前即达成贬值率目标，从而削弱了通货膨胀税的实际效力。

经过计算可得贬值效果 q_2^* 与政府设定贬值率 q_2 之间的关系：$q_2^* = q_2 \cdot q_1 / q_1^e$。这种偏差将会影响政府的通货膨胀税——民众的预期宝钞的贬值情况越严重，通货膨胀税的效果就越差。这样，$1 - q_n / A_n$ 就是第 n 期博弈的通货膨胀税①，A_n 项与民众的预期贬值率成正比。支付的其他部分（民众的财富状况及政府税收收入）没有受到影响，因而将上述支付表达式中的 $1 - q$ 替换成 $1 - q_n / A_n$，即第 n 期双方的支付。

如果政府进行恶性通货膨胀、采取税收改革，民众将会完全失去对宝钞的信任，宝钞体系将于下一时期彻底崩溃，博弈结束。但在长期利益的驱使下，政府将选择不进行税制改革，以避免民众对宝钞体系丧失信心，同时设定贬值率 q 以使得 $q^e = 1$，令民众相信宝钞体系。也就是说，令 $q > min\left\{q / q^e, 1\right\} - c$。因此，冷酷策略下的合作均衡为 $q = 1 - c$，$q^e = 1$，不进行税制改革，此时双方的长期收益为$[\ (c + t)/(1 - \delta)\ ,\ (1 - c)/(1 - \delta)\ ]$。

通过这一均衡结果，我们可以发现，当贴现因子不是太小时，在冷酷策略下双方是有激励维持合作的。合作均衡中，民众将忍耐政府进行的相对较温和的货币超发，且双方的福利水平与金属货币的交易成本和政府对于不使用法定货币的惩罚力度有密切的关系。然而实际上，这种均衡并不能长期维持，最终的结果通常是王朝滥发纸币、宝钞制度崩溃。

如上一部分所分析的那样，政府对未来的担忧远远小于对当前边患、灾害和个人享乐的财政危机的担忧。因此，当这一贴现因子 δ 足够小时，合作必然难以维持。而一旦民众对宝钞制度丧失信心，想要恢复民众的信心就十分困难。最终结果依然是政府滥发宝钞，民众拒绝接受，宝钞进一步贬值，最终导致宝钞制度崩溃。

---

① 可以计算得通货膨胀税为 $1 - q_n / \prod_{i=1}^{n-1} q_i^e$。但由于式子过于复杂且没有使用的必要，以 A_n 代替即可。

证明如下：

第 n 期初，流通中的宝钞的总量为 $1/ q_{n-1}^*$。

前 $n-1$ 期的民众的通货膨胀预期使宝钞实际总购买力下降为 $\prod_{i=1}^{n-1} q_i^e / q_{n-1}^*$。

所以第 n 期的实际贬值效果 q_n^* 为

$$q_n^* = \frac{q_n \cdot q_{n-1}^*}{\prod_{i=1}^{n-1} q_i^e} \tag{1}$$

整理可得

$$\frac{q_n^*}{q_{n-1}^*} = \frac{q_n}{\prod_{i=1}^{n-1} q_i^e} \tag{1a}$$

时期末的货币总量为 $1/ q_n^*$，而时期初的货币总量为 $1/ q_{n-1}^*$。

因此，第 n 期的通货膨胀税 T_n 等于

$$T_n = \frac{1/ q_n^* - 1/ q_{n-1}^*}{1/ q_n^*} = 1 - \frac{q_n^*}{q_{n-1}^*} \tag{2}$$

将公式(1a)代入公式(2)即可得到待证明的结论

$$T_n = 1 - \frac{q_n}{\prod_{i=1}^{n-1} q_i^e} \tag{3}$$

六、结 论

国家财政是国家运用其政治、财产的权力，取得、分配和使用一部分社会资源，为实现其职能服务的资源配置行为。国家财政收入的取得、使用、分配，涉及政治、经济、军事、文化、社会的各个方面，关乎国家职能的顺利实现，也关乎社会各阶层的生产生活与社会经济的稳定发展。而货币作为商品经济的“润滑剂”，对商品流通与经济运行具有不可替代的作用。两者既相互关联同时又存在内在矛盾冲突，本文正是将明代钞法纳入财政与货币交互机制中去考察，以期获得关于财政货币体制的一般性规律。

通过考察明代钞法建立→危机→挽救→解体的全过程，我们可以窥得中国古代纸币制度中所含规律。中国古代纸币发行由国家控制，政府常常会忽略货币流通规律，选择滥发纸币作为化解财政危机的手段，而因此引发的恶性通货膨胀，会使政府财政陷入恶性循环、纸币体系壅塞崩坏，最终影响经济的持续、健康发展。

在中国封建社会，财政是国家经济政策的中心。国家机器运行、国家职能行使都需要以财政收入为保障，以财政支出为手段。在中国古代的财政货币体系中，货币体系天然从属于财政体系，服从和服务于国家财政需要。不独立的货币体系，使得强悍的封建君主与政府有动机也有能力去忽略和抛弃货币流通规律，以超发货币的方式满足财政需求。

今日中国，财政与货币体系的复杂性与封建社会绝不可同日而语，财政收支与货币供需受到更多、更加复杂的因素的影响，但不可否认的是，财政收支与货币发行依然有不可分割的联系，财政与货币交互机制依然存在并以不同形式发挥着其作用。同时，掌握国家货币发行的中国人民银行作为中央人民政府的下属机构，依然从属于政府，货币发行权依然被政府所掌控。一方面，这有利于更好地发挥货币对宏观经济的调控作用，实现国家职能；另一方面，却更容易诱发政府的短视行为与财政冲动，危害经济社会稳定与长远发展。处理好财政体系与货币体系之间的关系，一方面，建立更加独立、规范的货币发行机制，强化货币供给约束；另一方面，健全财政体制，使财政更好、更健康地发挥作用，这是明代钞法带给我们的现实性启示。

参考文献

[1]乔晓金. 明代钞币初探[J]. 中国货币,1983(2).

[2]唐文基. 论明朝的宝钞政策[J]. 福建论坛(文史哲版),2000(1).

[3]孙兵. 明洪武朝宝钞的印造与支出探微[J]. 江西社会科学,2003(8).

[4]黄阿明. 明代货币与货币流通[M]. 上海:华东师范大学出版社,2008.

[5]黄仁宇. 十六世纪明代中国之财政与税收[M]. 北京:三联书店,2015:60.

[6]王纪潮. 论明代钞法的废弛[M]//中国钱币论文集. 北京:中国金融出版社,1985.

[7]王玉祥. 明朝钞法论述[J]. 甘肃社会科学,1997(5).

[8]陈昆,李志斌. 财政压力、货币超发与明代宝钞制度[J]. 经济理论与经济管理,2013(7).

[9]张彬村. 明朝纸币崩溃的原因[J]. 中国社会经济史研究,2015(3).

[10]陈昆,李志斌. 财政压力、货币超发与明代宝钞制度[J]. 经济理论与经济管理,2013(7).

[11]唐文基. 论明朝的宝钞政策[J]. 福建论坛(文史哲版),2000(1).

[12]（清）张廷玉，撰．明史・卷八十一志第五十七:858，清乾隆武英殿刻本:“即位，颁洪武通宝钱，其制凡五等，曰当十、当五、当三、当二、当一，当十钱重一两，余递降至重一钱止。各行省皆设宝泉局与宝源局，并铸而严私铸之禁。”

[13]（清）张廷玉，撰．明史・卷八十一志第五十七:858，清乾隆武英殿刻本:“七年，帝乃设宝钞提举司，明年始诏中书省造大明宝钞，命民间通行。”

[14]（清）张廷玉，撰．明史・卷八十一志第五十七:859，清乾隆武英殿刻本:“以桑穰为料，其制方，高一尺，广六寸，质青色，外为龙文花栏，横题其额曰‘大明通行宝钞’，其内上两旁复为篆文八字，曰‘大明宝钞，天下通行’。中图钱贯，十串为一贯，其下云‘中书省奏准印造大明宝钞与铜钱通行使用，伪造者斩，告捕者赏银二百五十两，仍给犯人财产。’若伍佰文，则画钱文为五串，余如其制，而递减之。其等凡六:曰一贯，曰五百文、四百文、三百文、二百文、一百文。”

[15]（清）张廷玉，撰．明史・卷八十一志第五十七:859，清乾隆武英殿刻本:“二十二年诏:更造小钞，自十文至五十文。”

[16]（清）张廷玉，撰．明史・卷八十一志第五十七:859，清乾隆武英殿刻本:“民间不得以金银物货交易，违者罪之。”

[17]（清）张廷玉，撰．明史・卷八十一志第五十七:859，清乾隆武英殿刻本:“每钞一贯，准钱千文，银一两;四贯准黄金一两。”

[18]（清）张廷玉，撰．明史・卷八十一志第五十七:859，清乾隆武英殿刻本:“铸小钱与钞兼行，百文以下止用钱，商税兼收钱钞，钱三钞七。”

[19]（清）张廷玉，撰．明史・卷八十一志第五十七:859，清乾隆武英殿刻本十三年:“以钞用久昏烂，立倒钞法，令所在置行用库，许军民商贾以昏钞纳库易新钞，量收工墨直。”

[20]（清）张廷玉，撰．明史・卷八十一志第五十四:834，清乾隆武英殿刻本:“所在筑城濬陂，百役具举，迄于洪宣，郊坛仓庾犹未迄工。”

[21]（清）张廷玉，撰．明史・卷八十一志第五十四:834，清乾隆武英殿刻本:“正统、天顺之际，三殿两宫、南内离宫次第兴建。”

[22]洪振快．亚财政:制度性腐败与中国历史弈局[M]．北京:中信出版社，2014.

[23]（清）张廷玉，撰．明史・卷六十九志第五十七:880，清乾隆武英殿刻本:“光禄寺……掌祭享宴劳酒醴膳羞之事。”

[24]（明）赵用贤，撰．大明会典・卷三十八・户部二十五:479－480:“圣祖封藩，初拟亲王五万石，既以官吏军士俸给弥广，因监唐宋之制定为万石，后令米钞兼支，有中半者，有本多于折者，其则不同。今天潢日蕃而民赋有限，势不能供，且冒滥滋多，奸弊百出。故嘉靖间更定条例，万历十年复颁要例宗禄皆有限制详列于后。禄米额数:亲王米一万石、郡王米二千石、镇国将军米一千石、辅国将军米八百石、奉国将军米六百石、镇国中尉米四百石、辅国中尉米三百石、奉国中尉米二百石、公主及驸马米二千石、郡主及仪宾米八百石、县主及仪宾米六百石、郡君及仪宾米四百石、县君及仪宾米三百石、乡君及仪宾米二百石。”

[25]（明）赵用贤，撰．大明会典・卷四十一・户部二十八:530:“洪武二十六年定，凡内外大军关支月盐，有家小者月支二斤，无家小者月支一斤……其在外卫所军士，月盐亦有支钞，去处每盐一斤，折钞一百文，照例行移有司于官钱内支给，如有事故一体扣除。”

[26]（明）陈子龙，辑．皇明经世文编:1687，明崇祯平露堂刻本:“灶丁办盐，每引四百斤给工本钞二贯五百文。”

[27]（清）嵇璜，撰．续文献通考・卷十・钱币考:188，清文渊阁四库全书本，“英宗正统元年三月少保黄福请出银收钞”:“福言，洪武间银一两当钞三五贯，今银一两当钞千余贯，钞法之坏莫甚於此，宜量出官银，差人于两京各省人烟辏集处，照彼时直，倒换旧钞，年终解京。俟旧钞既少，然后量出新钞，换银解京。奏下，户部不行。”

[28]（清）嵇璜，撰．续文献通考・卷二十・征榷考:390，清文渊阁四库全书本，“成祖永乐二年八月行户口食盐纳钞法”:“食盐纳钞始于洪武三年，令民于河南开封等处输米以佐军食，官给盐偿之，每户大口月一斤，小口半之……都御史陈瑛言，比岁钞法不通，皆因出钞太多，收敛无法，以致物重钞轻。莫若暂行户口食盐之法，通计天下人民，不

下千万官军,不下二百万家,计口收钞,钞必可重。乃命定大小口岁食盐斤,如元年所定,每斤纳钞一贯。”

[29](明)陈子龙,辑.明经世文编:1877,明崇祯平露堂刻本:“若门摊一节,则祖宗已有成法,至今行之……祖宗之法,止税店面。”

[30](明)赵用贤,撰.大明会典·卷三十一·户部十八:389,明万历内府刻本:“四年,令顺天、应天、苏松、镇江、淮安、常州、扬州、仪真,浙江杭州、嘉兴、湖州,福建福州、建寧,湖广武昌、荆州,江西南昌、吉安、临江、清江,广东广州,河南开封,山东济南、济寧、德州、临清,广西桂林,山西太原、平阳、蒲州,四川成都、重庆、瀘州共三十三府州县市镇店肆门攤税课加五倍,候钞法通止。”

[31](明)赵用贤,撰.大明会典·卷三十一·户部十八:389,明万历内府刻本:“又令榜谕两京军民官员人等,菜园果园及塌房车房店舍,停塌客商物货者,不分给公自置,凡菜地每亩月纪旧钞三百贯,果树每十株歲纳钞一百贯,房舍每间月纳钞五百贯。差御史同户部官各一员,按月催收送库。如有隐瞒不报及不纳钞者,地亩树株房舍没官,犯人治罪。其园地自种食用,非发卖取利者不在纳钞之例。”

[32](明)赵用贤,撰.大明会典·卷三十一·户部十八:389,明万历内府刻本:“又令浙江、江西、山东、山西、河南、陕西等都司并直隶卫所军职官及各处镇守内外官家,下开垦由上,每亩岁纳旧钞三十贯,菜地每亩、果树每十株岁纳旧钞五十贯,候钞法通止。”

[33](明)赵用贤,撰.大明会典·卷三十一·户部十八:390,明万历内府刻本:“六年,令各处地亩菜园,钞皆减半,每亩止纳钞一百五十贯。”

[34](明)赵用贤,撰.大明会典·卷三十一·户部十八:389,明万历内府刻本:“又令榜谕两京军民官员人等……停塌客商物货者,不分给公自置……房舍每间月纳钞五百贯。”

[35](明)赵用贤,撰.大明会典·卷三十一·户部十八:389,明万历内府刻本:“又令油房、磨房每座逐月连纳门攤钞五百贯,堆卖木植烧造砖瓦,逐月连纳门攤钞四百贯。”

[36](明)赵用贤,撰.大明会典·卷三十一·户部十八:390,明万历内府刻本:“令各处,见收税课及船车门攤地亩果木等项,一应钞,除正额但为钞法加增之数,以十分为率减四分。”

[37](明)赵用贤,撰.大明会典·卷三十一·户部十八:389,明万历内府刻本:“四年,令塌房及车辆钞皆减半征收,其自己房屋与人寄筐柜者免纳钞。”

[38](明)赵用贤,撰.大明会典·卷三十一·户部十八:389,明万历内府刻本:“又令民间行使驴羸车装载物货者,每辆纳钞二百贯,牛车五十贯。”

[39](明)赵用贤,撰.大明会典·卷三十一·户部十八:389,明万历内府刻本:“牛车受雇装载货物者,纳钞五十贯,小车十贯。”

[40](明)赵用贤,撰.大明会典·卷三十一·户部十八:389,明万历内府刻本:“又令受雇装载船,自南京至淮安,淮安至徐州,徐州至济寧,济寧至临清,临清至通州俱每百料纳钞一百贯;其北京直抵南京,南京直抵北京者,每百料纳钞五百贯。若止载柴草粮米及空船回还者,不在纳钞之例。”

[41](明)赵用贤,撰.大明会典·卷一百七十六·刑部十八:1663,明万历内府刻本:“宣德二年,定笞杖罪囚,每一十赎钞二十贯;其徒流罪名,每徒一等折杖二十三,流並折杖一百四十,其所罰钞悉如笞杖所定。”

“榜样的力量”是无穷的吗
——来自一项公共品实验研究的证据

张皓辰
(北京大学经济学院)

[摘　要] 本文在经典的公共品自愿捐献实验中加入了领导者示范机制,基于实验数据对社会偏好、领导机制以及两者对公共品捐献绩效的影响进行了分析。从个体层面,将个体的偏好类型划分为四种:搭便车、条件性合作、驼峰形偏好和其他形式的偏好。同时,加入领导机制的影响,考察领导者的示范作用。研究领导者的产生方式对公共品投资绩效的影响,并将个体的社会偏好和领导者的产生方式联系起来考察,得出不同偏好类型的个体在不同的领导机制下的反应情况。

[关键词] 社会偏好;领导机制;公共品;实验经济学

一、导　言

在现实社会中,私人投资公共物品、改善社会整体福利的行为是一种普遍的现象。公共选择理论就致力于对私人投资公共品机制的研究。奥尔森[1](1968)在《集体行动的逻辑》一书中指出了“搭便车”行为的存在性,而科斯[2](1974)则以灯塔为例,说明了公共品私人供给的有效性。近年来,随着行为经济学和实验经济学的兴起和发展,人们越来越多地采用实验的手段来考察这一问题,并将社会偏好这种非纯粹经济动机的因素引入这一问题的分析范式。

公共品私人供给(Voluntary Contribution Mechanism,VCM)实验是行为经济学和实验经济学中的重要话题。实验局设计的基本框架是,小组内每个成员有一定的初始禀赋,他们选择将其中一部分投入资金池中,这部分资金作为公共资产可以增值,增值额在组内成员之间平均分配。

通常情况下,在传统的博弈论框架中,为了达到自身收益最大化,被试者的均衡选择为不投资公共品。但诸多的实验显示,人们往往会投资于公共品,而且这不能单纯地由对占优策略的学习有一个过程这种理论来解决,于是社会偏好及其异质性被引入分析框架。同时,在实验中加入奖惩机制、领导者示范机制、差异化的边际收益、差异化的组的规模等因素,可以对被试者合作倾向的影响因素进行多方位的考察。

最早的实验设计可追溯至20世纪70年代,如Marwell和Ames[3](1979)从组的规模和分配方式角度对"搭便车"行为进行了分析,后来实验方法不断改进,但始终围绕人们合作倾向的影响机制的分析,Ledyard[4](1994)对早期的公共品实验研究进行了一个综述。90年代以来,随着行为经济学的兴起,人们越来越关注社会偏好的存在性、分类和影响机制。Andreoni[5](1995)提出了"爱心"还是"错误"的问题,并发现平均约一半的合作行为是理解"搭便车"但仍然出于善良而选择合作。对于社会偏好的划分,Fischbacher 等[6](2001)根据个体在不同条件下的捐献意愿将个体的偏好划分为四类:"搭便车"、条件合作、"驼峰形"偏好和其他形式的偏好。Ashley 等[7](2010)给出了在公共品实验环境中检验社会偏好的另一套计量方法,并分类为纯粹利他、互惠利他、光热效应以及公平偏好。陈叶烽[8](2009)也设计了"四合一"的行为经济学实验来检验社会性偏好的分类。

此后,人们将更多因素加入实验设计,并考察这些因素对私人捐献意愿的影响,包括信息披露、交流、自愿惩罚机制、成员同质性等。Fischbacher 和 Gächter[9](2010)将"信念"引入分析框架,用于解释因不完美的条件合作造成的"搭便车"行为的动态调整过程;再如,周业安和宋紫峰[10](2008)通过分析公共品覆盖人群大小、个体投资于公共品的边际收益、初始禀赋和社会关系(公开信息、大家评价是否公平)对于其公共品自愿供给的影响,并将之与已有的源自不同国家的相似实验研究进行对比,说明经济个体的社会偏好的某些固有稳定性。又如,张元鹏和林大卫[11](2015)研究了社会偏好的划分、社会偏好和奖惩机制对公共品有效供给的交叉影响,通过描述性分析划分被试类型,并加入对奖惩机制影响的分析。

随着研究的深入,研究者们将经济学中重要的领导机制的问题引入了公共品实验研究,通过对实验数据的分析,发现领导者对跟随者的捐献有显著的促进作用。如 Güth 等[12](2006)在研究一般的领导作用的同时,还发现有驱除跟随者权力的领导者能发挥更大的作用,并区分了固定和轮流两种领导机制,同时分析了小组就是否需要领导者而进行的投票。Levati 等[13](2007)侧重考察了不同初始禀赋条件下领导者的作用。Haigner 等[14](2010)则在实验设计中引入了内生的领导机制,由被试自己选择是否担任领导者,考察这一意愿对公共品捐献的影响。McCannon[15](2015)则从领导者自身进行考察,发现同一被试担任领导者时的捐献额要显著高于作为跟随者时的捐献额。

本文在参考领域内现有文献的基础上,将个体的社会偏好与领导者产生机制联系起来考察,将个体偏好划分为四种("搭便车"、条件性合作、"驼峰形"偏好和其他类型),并外生地设定三种领导者产生机制(随机产生、轮流担任、投票选举);既考察了社会偏好和领导机制各自对公共品捐献额的影响,也进一步地考察了不同偏好类型的个体在不同的领导机制下的捐献表现,进而得出关于领导机制和社会偏好对公共品供给的影响机制的结论。需要指出的是,本文中所研究的领导者,只是起到了"榜样"的作用,即只能释放信号,发挥示范效应,而没有对其他成员进行管理(如奖惩、限制活动等)的权力。

本文采用实验得到的面板数据,经过统计检验和回归分析,发现有领导相比于无领导,对公共品的捐献有显著的促进作用;而在有领导的条件下,轮流担任和投票选举带来的捐献效果要明显优于随机产生先行者;条件性合作和"驼峰形"偏好的成员捐献绩效优于"搭便车"者;民主选举产生领导者的方式有助于纠正"搭便车"者的投机倾向。

本文的结构安排如下:第一部分为导言,介绍研究背景及总体框架;第二部分为公共品博弈的理论框架与实验设计,介绍实验的理论基础,以及具体的实验流程;第三部分为对实验数据的整理和描述,从中划分社会偏好类型,进行描述性统计,得出相关假说;第四部分通过回归分析,以及相关的稳健性检验和分样本回归,对第三部分提出的假说进行验证;第五部分为结论。

二、公共品博弈的理论框架与实验设计

(一)公共品自愿供给的理论框架

假设在一个社会中,公共品由社会成员自愿供给,社会成员对公共品的投资会发生增值,得到的收益在社会成员之间平均分配。给定每个小组的成员个数为 n ,组内每个成员的初始禀赋都相同,设为 e ,个体可以选择将其中的一部分投入资金池中,本文将个体 i 进行的投资额度记为 c_i ,其中 $0 \leqslant c_i \leqslant e$ 。所有社会成员的投资都将进入公共资金池中,资金池中的资金会自动增值,增值率为 r 。增值后的公共资金在小组成员之间平均分,即每个成员在一期博弈中得到的收益 π_i 为初始禀赋减去对公共品的投资再加上公共资金增值带来的收益,即

$$\pi_i = e - c_i + \frac{1}{n}(1 + r)\sum_{i=1}^{n} c_i \tag{1}$$

组内成员的决策就是要通过调整自己的捐献额 c_i ,来最大化自己的收益 π_i ,用一阶条件刻画如下

$$\max_{c_i} \pi_i = e - c_i + \frac{1}{n}(1 + r)\sum_{i=1}^{n} c_i \tag{2}$$

$$\frac{\mathrm{d}\,\pi_i}{\mathrm{d}\,c_i} = \frac{1 + r}{n} - 1 \tag{3}$$

从一阶条件中可以发现,如果 $r < n - 1$,则 $\frac{\mathrm{d}\,\pi_i}{\mathrm{d}\,c_i} < 0$ 恒成立,此时只有角点解,即决策者的最优决策就是不投资公共品,即 $c_i = 0$ 。而如果 $r \geqslant n - 1$,则意味着公共资金池中的资金额度会至少翻 n 倍,只有这时决策者才会进行正的投资,但在现实中 n 往往较大,如此高的投资回报率在现实经济生活中几乎是不存在的。也就是说,从理性人最大化收益的角度考虑,$c_i = 0$ 通常是这个博弈的均衡解。

这样博弈的结果是,每个人都不会对集体做出贡献,而个人除了初始禀赋之外,也无法获得收益的增加,即导致囚徒困境。

而领导机制的引入,在理论上能否解决这一囚徒困境?我们将其抽象成两阶段博弈来考察,即领导者先给出捐献额,发挥示范作用,接下来跟随者看到领导者的行为之后,进行自己的捐献决策。

根据上面的分析,此处跟随者在决定自己的最优捐献额时,并不会把领导者的捐献额纳入其一阶条件,按照最优化原则,跟随者的最优决策依然是捐献数额为零。领导者预期到跟随者会选择“搭便车”,他如果捐献额为正,则必然在本期中亏损,因此,领导者也会给出为零的捐献额。由此可见,加入领导机制,并没有使囚徒困境得到改善,在理论上,领导者的存在是无效的。

(二)公共品自愿供给的实验设计

在理论框架下得出的公共品私人投资为零的结论,在一定程度上与社会经济现实不符,也与现有的实验研究结果不符。本文的实验,一方面是进一步验证公共品私人捐献的存在性;另一方面是研究公共品私人供给背后的影响因素,考察个体的社会偏好类型、领导机制等因素在其中的作用,从而形成关于促进公共品私人投资的政策建议。

本文所采用的实验数据,是2016年10月30日和11月5日进行的共三场公共品自愿捐献实验中收集的数据,三场实验在环境、流程等方面是同质的,本文将三场实验得到的数据合并使用。三场实验中,第一场实验在10月30日晚上进行,有32人参加;第二场和第三场实验在11月5日晚上进行,分别有40人和24人参加。参加实验的96名被试都是经济学院的在读学生,其中有51名本科生,45名研究生;96人中有4名留学生,92名中国学生。

实验的基本设定为,每个小组4人($n=4$),投资的回报率$r=0.6$。每场实验开始前,主试会详细介绍实验的流程、收益的计算方法等内容,并告知被试者,实验后每个人的收益,会与其所修课程的部分成绩相挂钩,以此给予被试足够的激励,以保证实验的效果。实验收益得到成绩的折算,依据的是被试者个人在本场实验中的收益排名,而非在本小组内的收益排名。

每期实验开始前,每名被试都会拥有20单位货币的初始禀赋,总共进行21期的决策,21期实验结束之后将被试每一期的收益加总得到总收益。这21期实验,共分5个阶段,具体如下:

第一阶段(第1期):对个体社会偏好的测试。首先,被试者无条件地填写一个捐献额(0到20);其次,被试者被要求填写一张表格,其内容是,当小组内的另外三个人捐献的平均额度为0,1,2,…,20时,自己愿意捐献的额度;最后,电脑随机抽取组内的一名被试作为被动者,将另外三人的无条件捐献额实现,选出被动者在此条件下的意愿捐献额作为其实际捐献额度,进行收益核算,完成本期实验。

第二阶段(第2~6期):无领导的实验阶段。在第1期后重新分组,四个被试者同时作出决策,计算每期收益,重复进行5期。

第三阶段(第7~11期):随机产生先行者的阶段。重新分组,由电脑随机抽取一名被试作为先行者,先行者给出自己的捐献额,另外三人作为跟随者,看到先行者的捐献额之后再给出自己的捐献额,每一期实验中先行者都会被重新抽取,重复进行5期。

第四阶段(第12~16期):轮流担任先行者的阶段。重新分组,由电脑抽取第12期中的先行者,之后由4名被试轮流担任先行者,其余与第三阶段相同,重复进行5期。

第五阶段(第17~21期):投票选举先行者的阶段。重新分组,每一期的投资开始之前,都先由组内成员投票选择先行者,如出现票数相等,则由电脑随机抽取,每期后每个个体的捐献额会被公开,作为投票的依据,其余与第三阶段相同,重复进行5期。

被试者在第1期中填写的不同的组内其他人均值的条件下自己的捐献意愿,反映了个体的社会偏好类型,成为本文进行偏好类型划分的重要依据。在此基础之上,在后续的实验中考察不同偏好类型的个体在不同领导机制下的合作倾向的变化。每个实验局开始前要重新分组,以降低组内成员相互熟悉而产生的合作效应对实验结果造成的偏差。

三、数据的整理与描述

(一)对个体社会偏好的划分

社会性偏好是行为经济学中研究的重要问题,在公共品实验框架下,研究者将所有的被试个体划分为不同的偏好类型。本文根据实验第1期中个体在不同条件下的捐献意愿,将其社会偏好的类型进行划分,得到每一个个体的偏好类型。沿用以组内其余三人的平均捐献额作为自变量,以所考察的个体的捐献额作为因变量,对每一个个体的捐献意愿的表现作图,在此基础上,观察每个被试的捐献意愿的特征,沿用Fischbacher等[6](2001)给出的分类方法,将所有的被试划分成四种偏好类型,分别为"搭便车"、条件性合作、"驼峰形"偏好,以及其他形式的偏好。具体如下:

(1)"搭便车"。将10个个体归为"搭便车"者,在组内其他人捐献额为0到21时,这些个体大多数全部捐献0,个别人在极个别条件下捐献数额不为零,但依然数值很小,且捐献额非零的次数不超过5次,本文也归为"搭便车"者。

"搭便车"者的行为与前文在经典的博弈论框架下得到的结果相符合,即无论他人如何进行捐献,"搭便车"者都采取不合作的态度,以实现自身利益的最大化。

(2)条件性合作。64个个体可以归为此类,占总体的2/3。他们在不同条件下的捐献额在图上表现为对角线或类似对角线的形状,即随着组内其他人平均捐献数额的上升,自己的捐献数额也随之上升。个别个体存在偶尔降低捐献数额的现象,但不影响捐献额上升的总体趋势。

条件合作者的条件捐献意愿表现出明显的互惠倾向,即对他人给出的公共品投资有正的反馈,在他人捐献较多时,自己也随之捐献较多;他人捐献较少时,自己也捐献较少,以避免出现亏损。

(3)"驼峰形"偏好。14个被试在不同条件下的捐献意愿反映出这种偏好,表现为在一个通常在10左右节点之前,个体捐献额随小组其他人平均捐献额的增加而增加,其后则转为下降的趋势。

"驼峰型"偏好的个体表现出互惠合作和"搭便车"的双重倾向,在他人捐献较少时,他愿意增加自愿供给、扩大公共资金池,而当他人捐献较多,他就表现出"搭便车"倾向,这样既能因他人捐献较多保证公共品供给的数量,又能实现自身利益最大化。

(4)其他形式的偏好。8个被试的偏好被归为其他形式,其中的2个始终将捐献额保持在大于零的常数水平上,一个是4,另一个是10;还有6个被试的捐献额,随着小组其他人捐献额均值的上升而表现为无规律的上下波动。

对于这4种偏好类型分布的比例,本文与相关的国际研究进行了对比,得出与在美国(Kocher等[16],2007)和瑞士(Fischbacher和Gäther[9],2010)进行的同样的实验得到的分布没有显著的差异(卡方检验,$p > 0.05$)。

(二)关于个体社会偏好的数据描述

为了更直观地显示不同类型的个体在不同的其他人平均捐献额条件下的捐献意愿的变化,

本文将不同类型的个体在类别内部取条件均值,得到分属于四种偏好类型的四个条件均值序列,将其显示在图1中。在图1中,不同类型的个体在类别内取均值的表现形式一目了然,这反映了该偏好类型的总体特征。

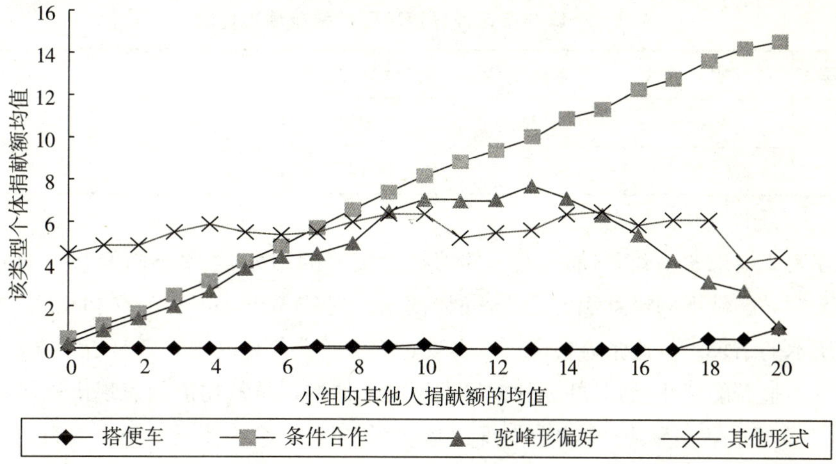

图1 面对不同的条件,不同类型个体的类别内均值

在对不同偏好的被试个体的偏好测试进行考察之后,本文对这些偏好类型的个体在后面第2期到第21期的实际捐献表现进行了考察,做出描述性统计的结果如表1所示。

表1 不同偏好类型的个体在第2~第21期内的捐献情况

偏好类型	被试个数	百分比	捐献额均值	捐献额标准差
“搭便车”	10	10.4%	5.51	5.51
条件性合作	64	66.7%	6.96	5.75
“驼峰形”偏好	14	14.6%	6.94	5.81
其他	8	8.3%	8.46	5.85

可以发现,在首期偏好测试中,表现为“搭便车”倾向的个体,在后面的实际捐献中,平均的每期捐献额相比于0有一定的提高,但仍然低于其他类型的个体的捐献额均值。本文假设,在后续的实验中,领导者的示范效应对捐献额的提升起到了积极作用,以下对这一情况进行描述性统计分析。

(三)关于领导方式的数据描述

首先,为了考察领导者的存在对捐献额是否有影响,本文将所有被试平均每人每期的捐献情况,在有领导和无领导的条件下进行计算,并对被试在两种条件下的捐献均值差异性进行检验,使用配对的 Wilcoxon 符号秩和检验方法,得到如表2所示的结果。可以发现,有领导情况下个体的捐献额均值要显著高于无领导条件下的均值,即领导者的存在可以在一定程度上改善社会公共品私人供给的绩效。① 本文在此处得到的结论，与前人的一些研究结论相似，如 Güth 等[12]（2006），Levati 等[13]（2007），McCannon[15]（2015）等都通过公共品实验数据证明领导者的存在能够显著提高捐献绩效。

表 2 个体在有无领导情况下的捐献情况比较

有无领导	对应实验期次	捐献额均值	捐献额标准差	z－值	p－值
无领导	2～6	5.26	4.05	4.27	0.000
有领导	7～21	7.49	6.14		

如果在表 2 结果的基础上，加入对个体的社会偏好的划分，考察不同偏好类型的个体在有领导与无领导条件下的捐献额的变化，同样使用配对的 Wilcoxon 符号秩和检验，则可以得到如表 3 所示的结果。从这张表格中可以发现，“搭便车”者无论领导者是否存在，其捐献额均值没有发生显著的变化，而另外三种偏好类型的个体的捐献额均值则表现出不同程度的提高，且都在 5% 的水平上显著。② 由此发现，“搭便车”者的不合作倾向并不会因为领导者的存在而有明显的改变，对于“搭便车”者而言，榜样的示范效应没有起到显著的正向作用。而对于其他几种类型的个体，则可以看到其捐献额度在领导机制的示范效应之下产生了明显的改变，领导机制能够促进这些人合作意愿的提升。

表 3 不同偏好类型的个体对有无领导者的反应情况比较

偏好类型	无领导捐献均值	有领导捐献均值	z－值	p－值
“搭便车”	6.14	5.30	0.76	0.445
条件性合作	5.36	7.49	－3.40	0.001
“驼峰形”偏好	4.10	7.89	－2.86	0.004
其他	5.45	9.47	－2.24	0.025

此外，在表 2 的基础上，还可以加入领导方式的分类，考察在不同的领导方式下，被试者总体的均值有无显著的变化。直观地，将不同的领导方式所对应的 5 期实验得到的实验结果进行绘图，得到不同的实验阶段中被试的每期捐献额均值走势，如图 2 所示。

从图 2 中也可以发现，投票产生和轮流担任先行者产生的捐献结果，明显好于无领导以及随机产生领导者的领导方式。更加精确地，以下对四种领导方式下的捐献效果进行描述和检验，结果如表 4 所示。

对于 4 种不同的领导机制（无领导、随机产生先行者、轮流担任先行者和投票选举先行者），本文使用 Kruskal－Wallis H 检验，考察四种领导方式下的捐献情况之间有无显著差别。

① 在此处，本文还使用了 t 检验的方法来比较两种情况下的均值差别，得到了与 Wilcoxon 检验相同的结论，由此可以验证领导机制作用的稳健性。

② 在此处，本文还对各种偏好类型个体的捐献变化分别进行了 t 检验，得到的结论与 Wilcoxon 检验相同，验证了关于领导机制对不同偏好类型个体作用的结论的稳健性。

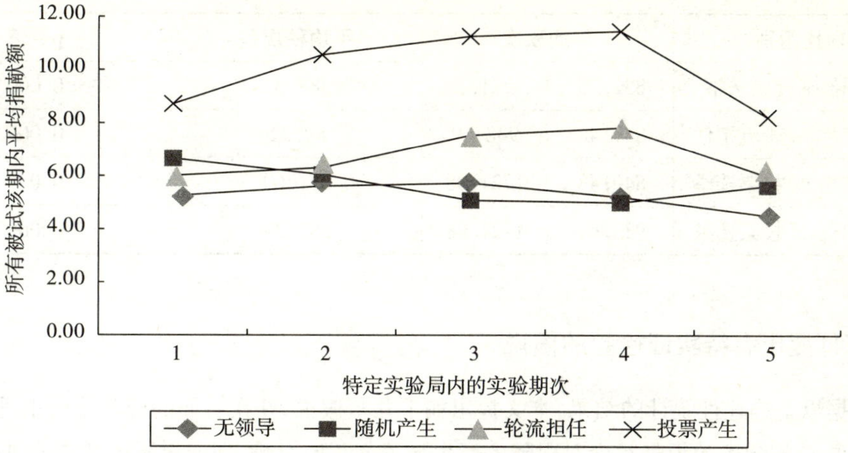

图2 不同的实验阶段中，被试的每期捐献额均值走势

首先做总体检验，即检验各领导方式之间是否有差异，原假设是各领导方式下捐献额的分布都相同。检验结果显示，卡方值为151.52，对应的p值为0.000，能够显著地拒绝原假设，说明不同领导方式对捐献绩效确有不同的作用。与此同时，本文还对不同领导方式下的捐献效果进行了两两比较，结果呈现在表4－B中。① 从表4－B中可以看出，除了无领导与轮流担任没有显著差别之外，其他的领导方式两两之间都有显著差别。根据统计检验的结果，就各种领导方式下产生的捐献绩效而言，投票选举最优，轮流担任次之，随机产生和无领导最次。本文在此处检验得到的结果，与国外的相关研究结论相一致。把随机产生和轮流担任先行者看作是外生领导机制，而选举为内生领导机制，Haigner等[14]（2011）的研究表明，内生领导机制带来的捐献效果优于外生领导机制。

表4 不同领导方式下的捐献情况比较

表4－A 不同领导方式下的捐献情况描述

领导产生方式	对应实验期次	捐献额均值	捐献额标准差
无领导	2～6	5.26	4.05
随机产生	7～11	5.68	5.02
轮流担任	12～16	6.74	5.78
投票选举	17～21	10.04	6.65

表4－B 各种领导方式下捐献情况的两两比较（Kruskal－Wallis H检验）

对比组别	平均秩次		平均秩次差	p－值
无领导 vs 随机产生	832.75	849.48	16.73	0.320
无领导 vs 轮流担任	832.75	938.69	105.94	0.002

① 此外，本文在这里还使用了t检验，对不同的领导方式进行两两比较，得到的结论与Kruskal－Wallis H检验得到的结论相一致，这进一步证明了关于不同领导方式作用的结论的稳健性。

续表

对比组别	平均秩次		平均秩次差	p－值
无领导 vs 投票选举	832.75	1221.08	388.33	0.000
随机产生 vs 轮流担任	849.48	938.69	89.22	0.006
随机产生 vs 投票选举	849.48	1221.08	371.60	0.000
轮流担任 vs 投票选举	938.69	1221.08	282.38	0.000

（四）提出有待实证检验的假说

根据以上描述性统计的结果，本文提出如下几个假说，并在后面的回归分析中进行检验：

假说1：领导者的捐献额会对跟随者产生显著的正向影响，即通过示范效应改进公共品捐献绩效。

假说2：个体的不同偏好，对捐献额度会产生显著的影响，“搭便车”者的捐献效果次于其他偏好类型。

假说3：不同的领导方式下，被试者的捐献额度不同，随机产生先行者的方式下产生的捐献效果，次于轮流担任和投票选举。

假说4：不同偏好类型的个体，面对不同的领导方式，会有不同的捐献反应，投票选举领导者，有助于改善作为跟随者的“搭便车”者的捐献行为。

四、回归方法与结果分析

（一）基本回归模型的设定与分析结果

本部分考察个体 i 在第 t 期实验中的捐献额的影响因素，着重考察领导机制的作用，选取实验第三阶段到第五阶段的面板数据（有领导的阶段的数据），即 $7 \leqslant t \leqslant 21$ 。本文构造的基本的回归模型如下

$$contribution_{i,t} = \alpha + \beta \cdot leadercontri_{i,t} + \gamma \cdot preference_i + \theta \cdot leaderway_t + \varphi \cdot controls_i + u_{i,t} \quad (4)$$

其中，$contribution_{i,t}$ 作为因变量，代表个体 i 在第 t 期实验中的捐献额。主要的自变量包括：组内领导者在第 t 期的捐献额 $leadercontri_{i,t}$；代表个体偏好类型的向量 $preference_i$，其中包含3个虚拟变量 $concooperator_i$，$humpshaped_i$ 和 $others_i$，分别表示条件合作、“驼峰形”偏好和其他类型的偏好，将“搭便车”的偏好作为截距项；领导方式的向量 $leaderway_t$，其中包含两个虚拟变量 $inturn_t$ 和 $vote_t$，分别表示轮流担任和投票选举，将随机产生先行者的方式作为截距项。另外，本文从被试者在参与实验后填写的问卷数据中，得到关于被试基本信息的指标作为控制变量，包括 $male_i$（1为男性，0为女性），$graduate_i$（1为研究生，0为本科生），$urban_i$（1为城市户口，0为农村户口），$minority_i$（1为少数民族，其中包括留学生，0为汉族），$province_i$（各省份的虚拟变量，包括外国）。下文中，为方便起见，这些有关个体信息的控制变量统一用

向量 $controls_i$ 来表示。由于本文中所用的数据都是面板数据，且因变量的取值范围为 $0 \leqslant contribution_{i,t} \leqslant 20$，需要使用归并回归的受限因变量模型。因此，本文采用面板 tobit 模型对所有的回归模型进行估计。

首先，只考察领导者捐献额对捐献额的影响，接下来在此基础上依次分别加入偏好类型的虚拟变量和领导方式的虚拟变量，得到的结果在表 5 中的第(1) ~ 第(3)列中显示。其次，在对领导者捐献额做回归的基础上，同时加入偏好类型的虚拟变量以及领导者产生方式的虚拟变量，得到表 5 第(4)列所示的回归结果。在第(4)列的回归的基础上，再加入关于被试者个人相关信息的控制变量，得到第(5)列的回归结果。

分析回归结果，可以发现，随着模型中控制变量的增加，主要变量的回归系数和显著性水平都没有大幅的变化，这反映了回归结果的稳健性。之前提出的假说 1 到假说 3 得到了验证：

第一，分析领导者对跟随者的示范效应。领导者捐献额的系数在 1% 的水平上显著为正，且稳定在 0.7 左右，即领导者的捐献额每提高 1 个单位，跟随者捐献额平均会提高 0.7 个单位。领导者作为"榜样"的示范效应，在这里得到了显著的体现。假说 1 得到验证。这种示范效应也在已有文献中得到广泛支持，如 Levy 等[17](2011)和 McCannon[15](2015)等的研究，都通过公共品实验数据验证了领导者作为"榜样"的带动作用。

第二，分析个体的偏好类型对捐献额的影响。由于其他类型的偏好没有一致的规律可循，本文只关心"搭便车"、条件合作和"驼峰型"偏好这三种偏好类型之间的比较，其中"搭便车"者在回归中被作为截距项。可以发现，在控制领导者捐献额的回归，以及控制其他条件不变的回归中，条件合作者和"驼峰型"偏好者的捐献绩效均显著高于"搭便车"者。假说 2 得到验证。此外，从回归系数上看，条件性合作者的捐献额平均要小于"驼峰型"偏好者，对此，在第(5)列的回归模型中，检验 $concooperator_i$ 和 $humpshaped_i$ 的回归系数是否相等，原假设为两者系数相等，做线性约束检验，得到的 p 值为 0.418，无法拒绝原假设，即条件性合作者的捐献额与"驼峰型"偏好者相比，对捐献效果的影响在统计上没有显著差别。

第三，分析领导机制的不同对捐献额的影响。本文以随机产生先行者这种方式作为截距项。可以发现，在只控制了领导者的捐献额之后，在轮流产生先行者和投票选举先行者两种领导者产生方式下的公共品捐献效果，要显著地优于随机产生先行者的捐献水平($p < 0.01$)。假说 3 得到验证。此外，为了检验轮流与投票两种领导方式对跟随者捐献额的作用有无差异，我们对表 5 中第(5)列的回归模型进行线性约束检验，原假设为 $inturn_t$ 和 $vote_t$ 两者的系数相同，结果得到的 p 值为 0.313，无法拒绝原假设，轮流担任与投票选举的领导方式相比，对跟随者的捐献额的影响在统计上没有显著差别。

进一步地，考虑到个体的决策行为具有一定的延续性特征，即前一期的捐献额会影响后一期，我们在回归中加入被试者本期捐献额的一阶滞后项 $contribution_{i,t-1}$，同时保留原有的主要自变量和其他控制变量，得到如下回归模型

$$contribution_{i,t} = \alpha + \beta \cdot leadercontri_{i,t} + \gamma \cdot preference_i + \theta \cdot leaderway_t + \varphi \cdot controls_i + \delta \cdot contribution_{i,t-1} + u_{i,t} \quad (5)$$

这个模型的结果呈现在表 5 的第(6)列当中。新加入的变量 $contribution_{i,t-1}$ 的系数显著为正，说明跟随者前一期的捐献额确实对当期的捐献额有正向影响。同时，加入了滞后项之

后，之前的模型中主要的回归系数和显著性水平都没有发生明显的变化，这进一步地验证了对假说1、假说2和假说3的验证的稳健性。

表5 关于捐献额影响因素的面板 tobit 回归结果

	(1)	(2)	(3)	(4)	(5)	(6)
$leadercontri_{i,t}$	0.700***	0.703***	0.675***	0.680***	0.680***	0.632***
	(0.027)	(0.027)	(0.029)	(0.029)	(0.029)	(0.036)
$contribution_{i,t-1}$						0.194***
						(0.038)
Preference						
$concooperator_i$		3.826***		3.905***	2.487**	2.172**
		(1.074)		(1.088)	(0.973)	(0.840)
$humpshaped_i$		4.280***		4.333***	3.230***	2.968***
		(1.292)		(1.311)	(1.227)	(1.053)
$others_i$		5.740***		5.670***	3.908***	3.546***
		(1.486)		(1.506)	(1.308)	(1.128)
Leading ways						
$inturn_t$			2.202***	2.203***	2.199***	1.989***
			(0.373)	(0.373)	(0.373)	(0.405)
$vote_t$			1.875***	1.841***	1.793***	1.204***
			(0.402)	(0.402)	(0.402)	(0.448)
Controls						
$male_i$					−0.712	−0.742
					(0.663)	(0.567)
$province_i$					Yes	Yes
$graduate_i$					2.363***	2.049***
					(0.657)	(0.564)
$urban_i$					−0.338	−0.227
					(−0.765)	(0.652)
$minority_i$					1.204	0.851
					(0.951)	(0.817)
constant	0.183	−3.515***	−0.954**	−4.706***	−2.494*	−3.160**
	(0.421)	(1.042)	(0.466)	(1.075)	(1.433)	(1.251)

续表

	(1)	(2)	(3)	(4)	(5)	(6)
N of Observations	1080	1080	1080	1080	1080	1008

注:表中汇报的是回归系数,括号里是标准误。***、**、*分别代表1%、5%和10%的显著性水平。

(二)根据不同偏好类型进行分样本回归

为了将个体的社会偏好与领导机制联合起来考察,检验不同偏好类型的个体对领导机制的变化是否有相同的反应,本文根据个体的偏好类型分类,来进行分样本的回归。由于"其他类型"的偏好个体没有一致的特点和规律,本文在这部分将其舍去不作考察,从而按照"搭便车"、条件合作和"驼峰形"偏好三种偏好类型进行分类。分类之后,沿用此前的回归模型,加入领导者的捐献额 $leadercontri_{i,t}$ 、跟随者捐献额的一阶滞后项 $contribution_{i,t-1}$ 、领导产生方式的向量 $leaderway_t$ 、所有关于个体信息的控制变量 $controls_i$,形成如下回归模型

$$contribution_{i,t} = \alpha + \beta \cdot leadercontri_{i,t} + \theta \cdot leaderway_t + \varphi \cdot controls_i + \delta \cdot contribution_{i,t-1} + u_{i,t} \tag{6}$$

将此模型对不同偏好类型的个体所对应的样本范围进行回归,得到如表6所示的回归结果。

表6 根据不同偏好类型进行的分样本回归

	(1) "搭便车"	(2) 条件性合作	(3) "驼峰形"偏好
$leadercontri_{i,t}$	0.561*** (0.149)	0.640*** (0.036)	0.756*** (0.803)
$contribution_{i,t-1}$	0.057 (0.158)	0.227*** (0.042)	-0.0344 (-0.892)
Leading ways			
$inturn_t$	3.245 (2.048)	1.810*** (0.452)	2.105** (0.910)
$vote_t$	5.863** (2.478)	0.721 (0.493)	2.508** (1.013)
Controls			
$male_i$	-5.499 (3.523)	0.169 (0.602)	0.992 (2.125)
$province_i$	Yes	Yes	Yes

续表

	(1) "搭便车"	(2) 条件性合作	(3) "驼峰形"偏好
$graduate_i$	0 (.)	2.030*** (0.560)	0 (.)
$urban_i$	0 (.)	0.157 (0.592)	-4.553 (2.852)
$minority_i$	0 (.)	-0.553 (0.829)	0 (.)
constant	-5.848** (2.770)	-1.129 (0.970)	4.753 (3.287)
N of Observations	96	685	150

注:表中汇报的是回归系数,括号里是标准误。***、**、*分别代表1%、5%和10%的显著性水平。

根据表6得到的回归结果,可以发现,三种偏好类型的人都受领导者捐献额的显著的正向影响,这与前文对总体回归所得的结果相吻合。关于各回归中滞后项的系数,只有条件合作者的捐献额一阶滞后项的系数显著为正,表现出行为的延续性特征,而另外两种偏好类型的个体在统计上没有表现出决策的延续性。本文重点关注领导者产生方式与偏好类型的交互影响,根据对偏好类型分样本进行回归的结果,在控制了领导者捐献额、个体上一期的捐献额以及与被试个人信息有关的相关变量之后,"搭便车"者在投票选举情况下的捐献额要显著高于随机产生和轮流担任先行者的情况,而随机和轮流两种方式对"搭便车"的捐献额者来说没有统计上的差别。由此,假说4得到验证。从政策建议来看,投票选举的方式对"搭便车"者的投机行为具有一定的纠正作用。

再看另外两种偏好类型的个体:对于条件合作者而言,则是轮流担任领导者的效果好于投票产生领导者和随机产生领导者。"驼峰形"偏好者在轮流担任和投票选举先行者时的捐献表现都显著优于随机产生先行者时。这里,"驼峰形"偏好者的表现在统计上与总体相同,而条件合作者之所以在轮流担任先行者时会产生更高的捐献额度,根据Fischbacher和Gächter[9](2010)的分析,一个可能的解释是,条件性合作者互惠行为表现为根据对下一期当中其他成员捐献额均值的预期,来作出自己下一期的捐献决策。在轮流坐庄的领导者产生机制下,每个人都有相同的机会担任领导者,随机的因素最小,人们对未来的预期也就最稳定,而这几种偏好类型的个体当中,条件性合作者的特征是实际捐献额与对他人捐献表现的心理预期最为符合,因此在相对稳定的预期下,他们有了更多的捐献额。而条件性合作者所表现出的行为的延续性,则也可以用这种理论使其得到解释。

五、结 论

本文的主要贡献在于,在公共品博弈实验的框架下,将个体的偏好进行划分,并将个体偏好类型与领导者的不同产生方式联系起来考察,得出相关的政策建议。经过前文的回归以及稳健性检验,基本可以得出结论,即本文在描述性统计之后提出的四条假说可以得到验证:

(1)领导者的捐献额会对跟随者产生显著的正向影响,即示范效应会改进公共品私人供给绩效。如果领导者发出积极的信号,多进行公共品投资,则跟随者也会相应增加公共品投资,实现双赢;而如果领导者选择“搭便车”,则跟随者同样会减少公共品的投资。这说明,在公共选择的问题上,榜样的力量是重要的,榜样积极发挥正向的示范效应有利于提升整体福利。

(2)个体的不同偏好,会对捐献额度产生显著的影响,“搭便车”者的捐献效果次于其他偏好类型。条件性合作者体现互惠的偏好原则,明显强于“搭便车”者的不合作特征。而“驼峰形”偏好者,则在他人投资较少的阶段表现出互惠倾向,而在他人投资较多的阶段表现出不合作的投机倾向,这样的做法既在一定程度上保证了公共品供给的有效性,又有助于实现自身利益的最大化。由于“驼峰形”偏好者只在平均捐献额较高阶段采取投机行为,所以他们的捐献的平均额度也高于“搭便车”者。这说明,加强对社会成员利他性的社会偏好的引导,有助于在公共选择中促进社会整体福利的提升。具体到社会实际,就是要加强文化建设,搞好宣传教育,使得热心公益、服务社会的思想逐渐深入人心;同时在政策中做好机制设计,实现个人与集体的双赢,对社会成员的奉献行为形成正向激励。

(3)不同的领导方式下,被试者的捐献额度不同,随机产生先行者的方式下的捐献效果次于轮流担任和投票选举。如果先行者是轮流担任的,则每个人至少有一次担任领导的机会,个体会形成较为稳定的预期,同时希望通过自己作为跟随者时积极的表现得到信任,促进自己作为领导者时的捐献绩效的提升;在投票选举中,组内成员根据每个人的捐献表现,投票选出领导者,这时候领导能得到跟随者的信任,从而更敢于进行较大额度的投资,对跟随者也有较强的带动作用。相比之下,随机抽取先行者的方式,难以让成员形成稳定的预期,领导者也较难取得跟随者的信任,从而捐献绩效相对较差。这说明,在现实生活中,领导者的选择至关重要,好的领导机制,要能给社会成员以稳定的预期。轮流机制就是让每个人都有确定的机会当领导,也有确定的机会作为跟随者,这样的设计最大限度地降低了投资者面对的不确定性,使他们做出更稳健的公共品投资决策,在一定程度上降低了投机倾向。而投票选举是激励成员通过努力做贡献,得到他人的信任之后能够当领导,当上领导后继续发挥示范效应,能够实现个人与集体的双赢,这样的机制也能激励社会成员投资公共品,并且在投票选举中,领导者的产生是民意的反映,有利于使公共决策达到“取之于民,用之于民”的效果。

(4)不同偏好类型的个体,面对不同的领导方式,会有不同的捐献反应,投票选举领导者,有助于改善作为跟随者的“搭便车”者的捐献行为。在有关公共品捐献的政策设计中,最需要考虑的问题就是如何有效激励“搭便车”者增加公共品投资,从而改善社会总体福利。在投票选举的情况下,“搭便车”者本身也参与投票,他的意志得到了反映,使领导者得到更多的来自其他成员的信任,这时组内他人捐献额也较多,“搭便车”者基于对领导者的信任,以及对组内其他人积极表现的回应,可能增加投资额。这说明,在社会中发扬民主,增加社会成员的社会参与,赋予其更多参与公共选择事务的权利,也有利于提升个体的合作倾向。

参考文献

[1] Gerald Marwell. and Ruth E. Ames. Experiments on the Provision of Public Goods. I. Resources, Interest, Group

Size, and the Free - Rider Problem [J]. *American Journal of Sociology*. Vol. 84, No. 6. 1979:1335 - 1360.

[2]J. O. Ledyard. *Public Goods: A Survey of Experimental Research*[M]. Handbook of Experimental Economics Results, Princeton: Princeton University Press. 1995.

[3]James Andreoni. Cooperation in Public - goods Experiments: Kindness or Confusion? [J]. *American Economic Review*. Vol. 85, No. 4. 1995. 891 - 904.

[4]U. Fischbacher. S. Gächter. and E. Fehr. Are People Conditionally Cooperative? Evidence from A Public Goods Experiment [J]. *Economics Letters*. Vol. 71, No. 3. 2001. 397 - 404.

[5]R. Ashley, S. Ball, and C. Eckel. Motives for Giving: A Reanalysis of Two Classic Public Goods Experiments[J]. *Southern Economic Journal*, Vol. 77, No. 1. 2010. 15 - 26.

[6]U. Fischbacher and S. Gächter. Social Preferences, Beliefs, and The Dynamics of Free Riding in Public Good Experiments [J]. *American Economic Review*, Vol. 100, No. 1. 2010. 541 - 556.

[7]W. Güth, M. V. Levati, M. Sutter and EVD Heijden. Leading by Example With and Without Exclusion Power in Voluntary Contribution Experiments[J]. *Journal of Public Economics*. Vol. 91, No. 5. 2006. 1023 - 1042.

[8]M. Vittoria Levati, Matthias Sutter, and Eline van der Heijden. Leading by Example in a Public Goods Experiment with Heterogeneity and Incomplete Information [J]. *Journal of Conflict Resolution*. Vol. 51, No. 5. 2007. 793 - 818.

[9]Stefan D., Haigner, and Florian Wakolbinger. To Lead or Not to Lead: Endogenous Sequencing in Public Goods Games [J]. *Economics Letters*, Vol. 108, No. 1. 2010. 93 - 95.

[10]Bryan McCannon. Leadership and Motivation for Public Goods Contributions [C]. Department of Economics Working Paper Series. West Virginia University. No. 2015. 15 - 24.

[11]Martin G. Kocher, Todd Cherry, Stephan Kroll, Robert J. Netzer, and Matthias Sutter. Conditional cooperation on three continents[C]. University of Innsbruck. Working Papers in Economics and Statistics. 2007.

[12]David M., Levy, Kail Padgitt, Sandra J. Peart. Daniel Houser. and Erte Xiao. Leadership, Cheap Talk and Really Cheap Talk [J]. *Journal of Economic Behavior & Organization*, Vol. 77, No. 1. 2011. 40 - 52.

[13][美]曼瑟尔·奥尔森. 集体行动的逻辑[M]. 上海:上海三联书店,上海人民出版社,1995.

[14][美]罗纳德·哈里·科斯. 经济学中的灯塔[M]. 论生产的制度结构. 上海:上海三联书店,1994.

[15]陈叶烽. 亲社会性行为及其社会偏好的分解[J]. 经济研究,2009(12).

[16]周业安,宋紫峰. 公共品的自愿供给机制:一项实验研究[J]. 经济研究,2008(7).

[17]张元鹏,林大卫. 社会偏好、奖惩机制与公共品的有效供给——基于一种实验方法的研究[J]. 南方经济,2015(12).

环境规制对技术创新的影响分析
——基于2011—2015年我国省级面板数据的实证检验

李晴川
（福建师范大学经济学院）

［摘　要］传统的新古典经济学理论认为，严格的环境规制会提高污染治理成本，挤占技术创新活动的资金，对技术创新产生“挤出效应”。而“波特假说”认为长期内合理的环境规制政策会刺激企业开展技术创新活动，从而弥补因规制额外增加的成本费用，产生环境规制的“创新补偿效应”，有助于实现环境保护与经济发展的双赢。环境规制政策的实施不仅会通过“挤出效应”“补偿效应”等直接途径影响企业的技术创新，还会通过FDI、企业规模和人力资本水平、创新研发投入等间接渠道对企业的技术创新产生影响。本文利用2011—2015年中国省级面板数据，构建模型进行回归检验，创新性地从直接效应与间接效应两个角度剖析环境规制对技术创新影响的机理，并将中国划分为东、中、西三大区域，分别考察环境规制对技术创新影响的空间异质性，最后提出相应的政策建议。

［关键词］环境规制；技术创新；双重效应；空间异质性

一、问题的提出

环境问题逐渐成为全球关注的焦点，政府的环境规制政策虽然在解决污染难题上发挥了重要作用，但是会影响技术的创新及扩散。而技术创新在促进一国或地区经济长期可持续发展中扮演着重要角色，因此，各国政府在制定环境政策时必须将生态环境与技术创新的关系纳入考虑范围。由于环境问题自身所拥有的负外部性及“公共产品”的性质，难以界定其产权归属，从而致使市场机制难以解决环境问题，导致“市场失灵”，为弥补此缺陷，政府制定并实施相应的环境规制政策显得尤为必要。我国面临经济发展与环境保护两者间的权衡，政府实施环境规制政策是否会推动企业成本提高、阻碍技术创新活动的开展，是否会降低企业的经营绩效，甚至拖累经济发展，成为政策制定者与学术界广泛关注的问题。

二、文献综述

环境规制与技术创新的关系是近年来学术界广泛关注的问题。新古典经济理论认为环境规制会提高生产成本、挤占R&D资金，从而给产业绩效带来直接影响，但“波特假说”却支持政府实施合理的环境规制政策，认为它能够激励企业开展技术创新活动，从而产生创新补偿作用，不仅可以使环境规制带来的成本得到弥补，甚至还带来了额外的收益。对于环境规制和技术创新两者间的关系，国内外学者进行了广泛而深入的研究与探讨，主要观点大致可总结为以下三种：

第一种观点肯定了环境规制对技术创新的积极作用，支持“波特假说”。Lanjouw 和 Mody 通过考察 20 世纪 80 年代美国政府的环境规制与技术创新、技术传播之间的联系，得出加强环境规制政策实施力度能够有效促进技术创新活动的开展这一结论①；Wilcoxen，Zeeuw 和 Xepapadeas 等提出创新在合理情境下存在减少甚至完全弥补环境规制所带来的成本的可能②。Cohen 和 Brunner Meier 通过实证方法分析了美国环境规制对制造业技术创新的影响，得出治污成本与环境专利数间存在显著的正相关关系的结论③。现今国内以黄平④、刘志彪⑤、沈能、刘凤朝⑥和张成⑦等为代表的学者普遍支持“波特假说”。

第二种观点认为环境规制会阻碍技术创新与企业绩效，反对“波特假说”。Gray 通过研究 1958—1980 年美国 450 个制造业数据，发现环境规制给生产率的增长率带来年均 0.57% 的下降⑧；Barbera 和 McConnell 通过考察美国化工、钢铁、金属与非金属制品以及造纸业等行业，发现其绩效下降主要归因于环境规制提高了污染治理投资⑨。

第三种观点则认为，环境规制与技术创新间不存在显著相关关系。Lanoie，Patry 和 Lajeu - nesse 通过对 1985—1994 年加拿大魁北克地区制造业数据的研究，得出环境规制对生产率的长期影响为正、短期影响为负的结论，认为这种影响存在时期差异⑩。Boyd 和 McClelland 通过考察 1988—1992 年美国的纸浆和造纸业数据，发现环境规制不仅存在使潜在产出发生损失的情况，也存在使产出增加的情况⑪。演化经济学认为，并非所有环境规制都存在促进企业进行技术创新的作用，同时，并非所有技术创新都受益于环境规制，这是因为企业异质性的存在使其无

---

① Lanjouw，J. O.，Mody，A. Innovation and the International Diffusion of Environmentally Responsive Technology[J]. *Research Policy*，1996，25（4）：549 - 571.

② Wilcoxen，P. Environmental Regulation and Investment in Manufacturing[R]. Mimeo，University of Texas at Austin，1998.

③ Brunner，M. S. B. Cohen M. A. Determinants of Environ - mental Innovation in US Manufacturing Industries[J]. *Journal of Environmental Economics and Management*，2003，45（2）：278 - 293.

④ 黄平，胡日东. 环境规制与企业技术创新相互促进的机理与实证研究[J]. 财经理论与实践，2010（1）：99 - 103.

⑤ 黄德春，刘志彪. 环境规制与企业自主创新——基于波特假设的企业竞争优势构建[J]. 中国工业经济，2006(3)：100 - 106.

⑥ 沈能，刘凤朝. 高强度的环境规制真能促进技术创新吗？——基于“波特假说”的再检验[J]. 中国软科学，2012(4)：49 - 59.

⑦ 张成，陆旸，郭路，等. 环境规制强度和生产技术进步[J]. 经济研究，2011(2)：113 - 123.

⑧ Gray W. B. The Cost of Regulation：OSHA，EPA and the Productivity Slowdown[J]. *American Economic Review*，1987，77（5）：998 - 1006.

⑨ Barbera，A. J.，Mc Connel V. D. The Impact of Environmental Regulations on Industry Productivity：Direct and Indirect Effects[J]. *Journal of Environmental Economics and Management*，1990，18（1）：50 - 65.

⑩ Lanoie，P.，Patry，M.，Lajeunesse R. Environmental Regulation and Productivity：New Findings on the Porter Hypothesis[R]. Working Paper，2001.

⑪ Boyd，G. A.，Mc Clelland，J D. The Impact of Environmental Constraints on Productivity Improvement in Integrated Paper Plants[J]. *Journal of Environmental Economic sand Management*，1999，38(2)：121 - 142.

法遵循同一个行为准则。目前学术界对环境规制与技术创新间的关系还没有统一的结论。

综上所述,国内外学者们已对环境规制与技术创新之间的关系进行了大量的研究,并且获得了许多重要成果。然而技术创新作为一个多要素互动的过程,不仅会受环境规制的直接影响,还会受到研发的基础设施、创新投入、制度和文化等多种因素的影响作用。当处于环境规制约束下时,这些要素与环境规制的共同作用会改变其对技术创新的影响程度甚至方向。因此,除了研究环境规制如何直接影响技术创新,它的间接影响效应也值得探讨。以上文献的研究多以发达国家作为研究对象,而针对发展中国家环境规制问题研究的文献还较少,并且多以全国为单位,忽视了环境规制给技术创新带来的影响效应在空间上的异质性。

因此,本文的创新点在于研究技术创新对环境规制影响的机理的时候,采取了直接影响效应与间接影响效应两条分析路径,以中国为研究对象进行实证分析,并将31个省级行政区划单位划分为东、中、西三大区域(见表1),分别考察环境规制对技术创新影响的空间异质性,并据此提出相应的政策建议。

表1 东、中、西三大区域划分

区域	个数	省级行政单位
东部	11	北京、天津、河北、辽宁、山东、江苏、上海、浙江、福建、广东、海南
中部	8	黑龙江、吉林、山西、河南、湖北、湖南、安徽、江西
西部	12	四川、重庆、贵州、甘肃、云南、宁夏、广西、新疆、西藏、青海、陕西、内蒙古

三、现状分析

本部分主要对中国科技创新情况、环境污染与治理3个方面的现状进行分析。

(一)科技创新现状分析

近十年来,我国在科学研究上的投入逐年攀升,并且具有极大的增长幅度。用于研究与试验发展上的经费支出从2006年的3003.1亿元增长到2015年的14169.88亿元,增长了近3倍。而研究与试验发展人员全时当量则从2006年的150.25万人增加到2015年的375.88万人,增幅极大。在社会各方的共同努力之下,我国创新驱动的发展战略得以深入实施,整个社会创新的激情与活力被充分激发,大众创业、万众创新蓬勃发展。

一个地区的创新能力可以用专利的申请受理量以及授权量来衡量。在我国,专利被划分为发明、实用新颖与外观设计专利。发明专利指对生产的产品以及生产的方法,或者对其流程与方法的改进所提出的一种新的技术型方案;而实用新型专利是指那些对产品的形状、结构或者是结合方式所提出的一种更为实用的新式技术型方案;另外,外观设计专利是指针对产品的外形、图案的色彩或者其结合的整体所做出的一种富有美感并适合在工业实际应用中采用的新型设计。相对于发明专利来说,后两种专利所含的技术元素比较少,比较容易被学习模仿。因而可知,一个地区的发明专利的申请受理以及授权量是最能体现其技术创新水平的。

我国专利申请受理量和授权量总体呈上升趋势,专利申请受理量从2006年的470342项增

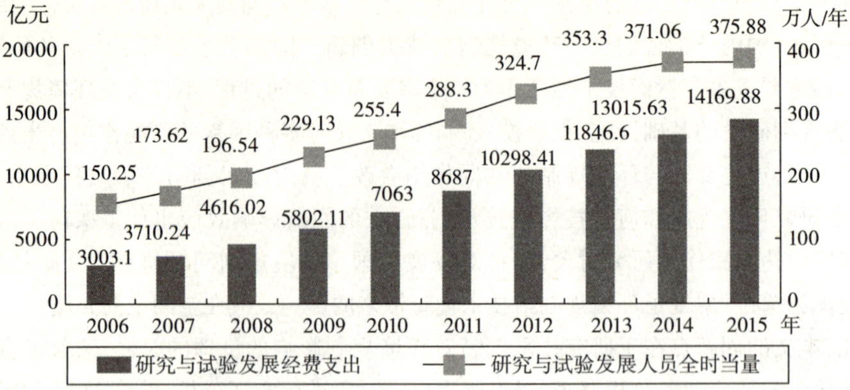

图1 研究与试验发展经费支出与人员全时当量

数据来源:国家统计局数据库。

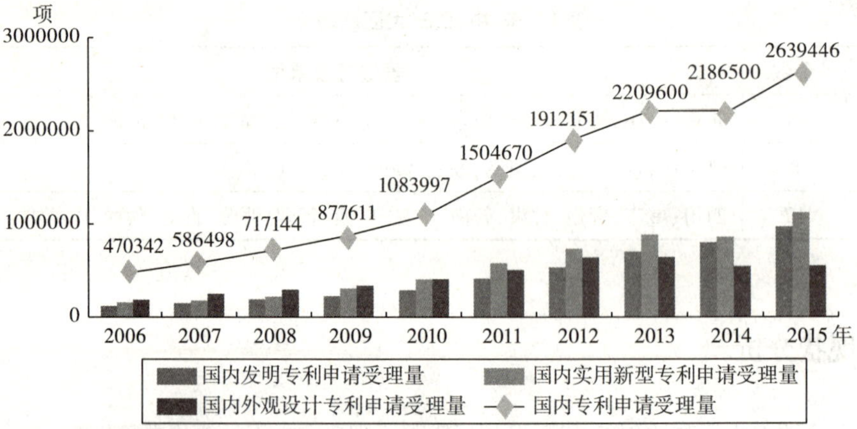

图2 国内专利申请受理量

数据来源:国家统计局数据库。

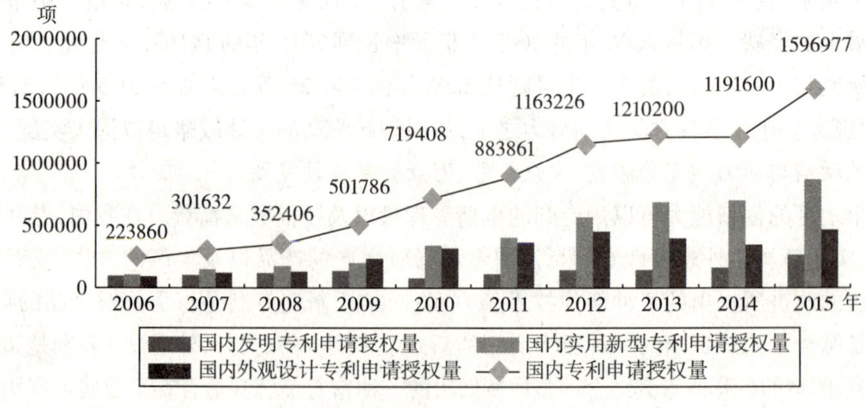

图3 国内专利申请授权量

数据来源:国家统计局数据库。

长到2015年的2639446项,增长了4.61倍,专利申请授权量则由2006年的223860项增长到1596977项。然而在2012—2014年,专利申请受理量和授权量呈现出停滞现象。从不同专利种类申请受理量看,发明专利申请和授权量逐年攀升,实用新型专利申请受理量和授权量与全国变化趋势相似,总体上升,但在2012—2014年趋于停滞。发明专利、实用新型专利、外观设计专利申请受理量所占比重大体相似,外观设计专利申请受理量从2013年开始占比逐渐减小。而从不同专利种类申请授权量来看,发明专利授权量占比极小。

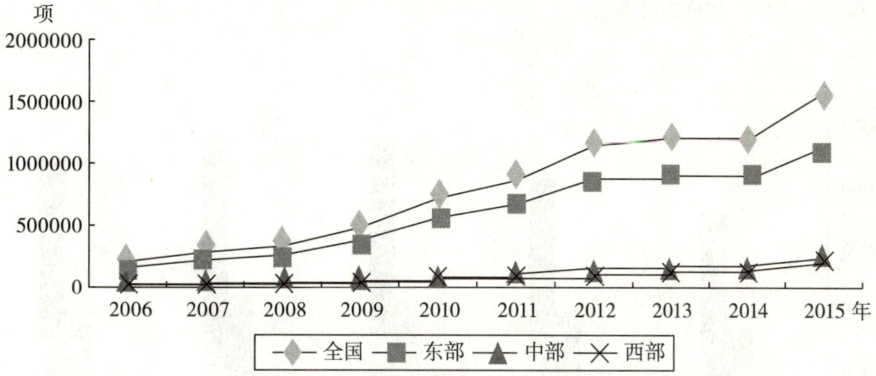

图4 国内专利申请授权量分区域变化情况

数据来源:国家统计局数据库。

专利授权数量表示这种创新成果通过了国家认证,发挥了作用。从我国专利授权量变化趋势来看,2006—2015年总体呈上升趋势,由208761项增长到1578241项,但在2012—2014年出现停滞。东部专利授权量较大,与全国变化趋势相似,中部和西部专利授权量较少,虽呈现上升态势但幅度不大,且中西部授权数量极为接近。这说明中国技术创新水平虽呈上升趋势,但全国的技术创新主要是东部地区贡献的,中西部技术创新远赶不上东部,区域差异明显,两极分化严重。

(二)中国环境污染与治理现状

改革开放以来,中国坚持以经济建设为中心,逐步踏入社会主义工业化阶段,工业渐渐成为中国的支柱产业,在迅速发展的同时,也带来环境污染的难题。由图5可以看出,2000—2015年中国工业废气排放量上升趋势明显,由2000年的13814.5立方千米上升至2015年的68519立方千米,但在2011年后趋于平缓,可能是规制抑制了废气排放量的上升。从图5中可以看出,SO_2排放量占废气排放总量的绝大部分,环境规制对SO_2排放量的减少并未起到很好的效果。工业废水的排放总量趋势平稳,但工业固体废弃物排放量呈下降趋势,从2000年的3186.2万吨下降到2015年的55.8万吨,也从一个侧面说明了环境规制有效遏制了固体废弃物的排放。但从污染的总体情况来说,污染物的排放量是上升的。

从图6中可以看出,中国环境污染治理投资总体呈现上升趋势,从2011年的7114亿元上升至2015年的8806.4亿元,5年间峰值出现在2014年,总投资9575.5亿元,2014—2015年略有下降。东、中、西三大区域变化趋势与全国大体一致,从分布来看,东部环境污染治理投资总额远大于中部和西部。从图7中可以看出,中国环境治理设施当年运行费用除2011—

图5 工业污染物排放量变化情况

数据来源:《中国环境统计年鉴》。

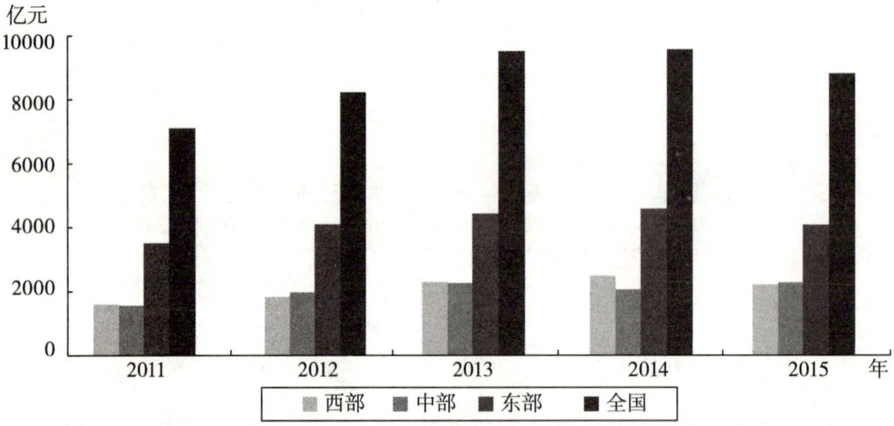

图6 环境污染治理投资总额

数据来源:**2011—2016** 年《中国环境统计年鉴》。

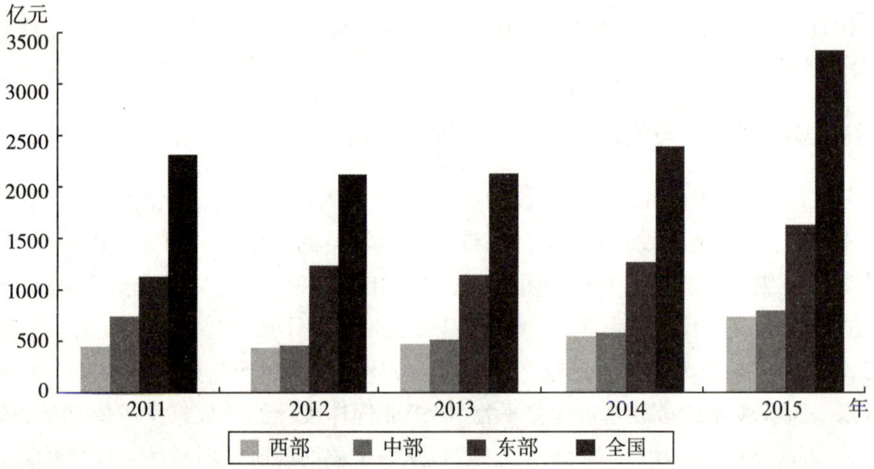

图7 治理设施本年运行费用

数据来源:**2011—2016** 年《中国环境统计年鉴》。

2012 年略有减少外,总体呈上升趋势,从 2011 年的 2311.627 亿元上升至 2015 年的 3318.2763 亿元,东、中、西三大区域变化趋势与全国大体一致,从分布来看,环境治理设施当年运行费用远大于中部和西部。总体来看,环境规制的强度呈逐年上升的趋势,并且东部的环境规制强度远大于中部和西部。

四、环境规制对技术创新的影响机理分析

随着世界环境污染问题的日益严重,人们的环保意识逐渐增强,越来越多国家和地区的政府开始实施环境规制政策。实施环境规制不仅会通过"挤出效应""补偿效应"等途径直接影响企业的技术创新,还会通过FDI、企业规模和人力资本水平、创新研发投入等渠道间接影响技术创新。该部分将对这些直接效应、间接效应以及它们的作用机理作逐一分析。

(一)直接影响效应

政府环境规制会给企业生产带来额外的约束条件,这可能导致企业生产成本增加,挤出研发资金从而直接阻碍技术创新,也可能诱使企业通过技术创新降低生产成本,保持利润不变或增加,从而促进技术创新。因此,环境规制对技术创新既可能存在"挤出效应",也可能会有"补偿效应"。

1. 挤出效应

环境规制会从两个主要方面对技术创新产生挤出效应。一是挤出创新研发资金。在政府环境规制的约束下,企业需要将有限资金投入污染治理过程,或者被迫引进有利于减少污染物排放的生产设备、生产方法。而企业的技术创新活动也需要大量的资金投入,因此,用于治污减排的投资便会挤占原本用于技术创新活动的资金,污染治理成本的提高会对技术创新产生挤出效应。二是挤出投资。传统的新古典经济学理论认为,在严格的环境规制下,企业面临环境保护带来的沉重压力,运行和投资成本大大增加,致使其在市场竞争中渐渐丧失原有竞争力。这些企业往往会倾向于将污染产业转移,在环境规制相对宽松的地区重新布置生产和投资,减少在当地的创新投入和投资份额。这也是导致环境规制宽松的国家如一些发展中国家成为"污染天堂"的原因。

通过政府对环境规制政策的施行赋予了环境资源以经济物品的性质①,企业在进行生产活动时不得不为其消耗的环境资源支付一定的费用,由此增加的生产成本会推动产品价格上升,在市场需求条件保持不变时,企业利润率会相应下降,抑制了企业进行技术创新的动力。另外,当企业服从严格的环境规制时,还会额外支出一些人力资源,占用相当比例的管理时间。

2. 补偿效应

首先,环境规制通过对生产所占用的社会资源限定范围或者收取费用,增加了企业的生产成本。企业作为利润最大化的追求者,在面临这种要素价格变化和生产成本增加时,在激烈的竞争环境中若不进行创新就难以生存。因此,环境规制赋予了企业主动进行技术创新的激励,迫使其将注意力集中于环境保护与提高产品质量上,用于改良生产工艺以及提高治污

---

① Bailey, J. A. Brush Control on Sandy Rangelands in Central Alberta[J]. *Journal of Range Management*, 1974, 32: 65–68.

水平的技术创新,能够减少环境规制给企业造成的额外成本,甚至可以完全抵销,这便产生了环境规制的“创新补偿效应”。

其次,处于市场竞争中的企业可以通过技术创新设置进入壁垒,从而创造出超越平均水平的“经济租金”①,因此,环境规制会给予企业先动优势激励。若有企业率先创造出满足政府环境规制要求的技术创新成果,可为其申请专利获得保护,环境规制会约束社会上所有企业,其他企业若想采用其技术从事生产活动,必须向拥有专利的企业支付费用。这种潜在创新收益将会激励企业在环境规制约束下开展技术创新活动。

最后,在严格的环境规制措施实施的同时,政府常会在产业以及财政政策上支持企业开展技术创新活动,这将会从根本上解决企业创新资金不足的问题。环境规制政策的实施还能提高公众对社会问题的关注度,并且使个人和企业间的信息不对称问题得以解决。社会公众的监督能够促进企业开展技术创新活动。

由以上分析可知,环境规制给技术创新造成的直接影响效应具有两面性。企业面临环境规制时会根据服从规制的成本与技术创新成本的相对大小来选择是否进行技术创新,“波特假说”成立与否取决于两方面的相互权衡。服从环境规制的成本随着环境规制强度的增大而增加,当服从规制成本达到一定程度时,为实现利润最大化目的的企业往往会选择进行技术创新。

(二)间接影响效应

环境规制对企业的技术创新不仅存在直接影响效应,还可能会通过影响外资企业技术溢出效应与企业的规模效应、人力资本的技术创新效应与企业的创新研发资金投入等间接对企业技术创新产生影响。

1. 外商直接投资(FDI)

环境规制会通过影响 FDI 投资区位的选择、内资企业 FDI 吸收能力以及政府引资政策等,使 FDI 的技术创新效应受到影响。开放经济条件下,FDI 可以通过竞争、示范与模仿效应,前后向关联效应等渠道在产业内发挥技术溢出效应的作用,从而影响东道国的技术创新能力。

从环境规制改变 FDI 投资的区位选择的角度来说,以追求利润最大化为目的的企业在面临严格环境规制所带来的高昂生产成本时,会将其污染密集型的产业或生产环节转移到环境规制相对宽松的地区②。另外,严格的环境规制会给外资设置相对较高的“环境门槛”,阻碍其进入③。因此,“污染避难所假说”认为环境规制会对产业区位选择产生显著的负面影响④。

---

① Ambec, S., Cohen, M., Elgie, S., et al. The Porter Hypothesis at 20: Can Environmental Regulation Enhance in-novation and Competitiveness? [J]. *Resources for the Future Discussion Paper*, 2011:1-11.

② Baumol William, J., Wallace, E. Oates. *The Theory of Environmental Policy* [M]. Cambridge University Press, 1988.

③ Ederington J. International Coordination of Trade and Domestic Policies[J]. *The American Economic Review*, 2001, 91(5): 1580-1593.

④ Levinson, A. Environmental Regulations and Manufacturers' Location Choices: Evidence from the Census of Manufactures[J]. *Journal of Public Economics*, 1996, 62(1): 5-29.

从环境规制影响内资企业FDI吸收能力的角度来说，环境规制会增加企业治理污染的成本，这将会挤占资金有限的企业原本用于培训和研发的资金，从而导致本土企业对新技术的吸收能力降低，难以得到FDI技术溢出效应的好处。

从环境规制影响政府引资政策的角度来说，政府加强环境规制政策的实施力度时，会调整外资引进政策，有选择地引进外资，避免成为"污染避难所"。比如，在减少引进污染密集型外资企业的同时，给引进资本、技术密集型企业更多支持。积极引进优质FDI，有利于其与国内企业进行有效竞争，进而促进技术创新活动的开展，因而环境规制通过改变FDI质量能够给企业技术创新带来正向促进作用。

2. 企业规模

一方面，由于大多数技术创新需要高昂的成本并且需要承担极大风险，这意味着在环境规制约束下只有具有相当规模且拥有丰富资源的企业才能够胜任。阈值理论强调在创新上，大规模的和垄断的企业具有较大优势，因为它们往往拥有充足的资金，且风险承受能力较强①。

然而另一方面，大企业具有的资金优势和规模优势若受到环境规制的影响则可能会被遏制，进而会影响到其技术创新活动的开展。首先，大规模企业有着比小规模企业更高的投入与产出，因而它们为达到环境规制的要求，往往需要比小规模企业投入更大的环保支出，因此弱化了其原本优于小规模企业的资金以及规模优势。其次，大企业往往掌握着更多物质上、政治上的资源，承担着更大的社会责任，尤其是大型国有企业相较于中小型民营企业而言。当大企业"暴露"在严格环境规制的环境中时，更倾向于向政府"寻租"，由此带来资源、资金的无效利用，这将极大地降低企业的创新水平。

3. 人力资本水平

企业的资金预算有限，在面临环境规制带来的额外生产成本时，会选择减少用于培训的费用以及付给员工的工资，从而限制了人力资本发挥其技术创新效应。一方面，企业技术创新活动的开展需要积累充足的人力资本。技术进步会随着人力资本的提高而加快。另一方面，人力资本的吸收和转化能力的提高直接推动了企业技术创新活动的开展。但是，在有限的预算范围内，环境规制可能会逼迫企业采取压缩劳动成本、降低培训费用、调整生产投资等措施弥补额外的成本，从而阻碍企业提高其人力资本水平，以维持企业的利润水平。这会导致企业技术吸收和创新能力的降低。

4. 创新研发资金投入

作为一种新知识的"生产"过程，技术创新离不开科技人员、机器设备以及研发经费等资源的投入，其中资金能够为企业技术创新活动的开展提供源源不断的支持。但是，企业往往拥有有限的资金预算，当其面临严格的环境规制时，用于治污环节的费用会挤占原有的研发资金，从而会降低其技术创新的能力。可是当企业拥有的创新研发资金越充足，其中被治污成本挤占的那部分在庞大的资金数额中所占的比例就越小，因此企业技术创新水平受环境规制的影响程度会随着创新研发资金投入的增加而逐渐减小。通常情况下，即使面临政府的环

① [美]约瑟夫·熊彼特. 经济发展理论[M]. 何畏，易家详，译. 北京：商务印书馆，1990.

境规制，技术创新水平仍然与创新研发资金的投入数量呈正向关系。

综上所述，政府的环境规制一方面会通过“挤出效应”或“补偿效应”对技术创新产生直接的影响，另一方面会通过外商直接投资、企业规模、人力资本水平、创新研发资金投入等多种间接渠道对技术创新产生影响。基于以上分析，本文现提出3个假说：

假说1：不同强度的环境规制对技术创新的直接影响效应具有差异，较强时会给技术创新带来“补偿效应”，而较弱的环境规制则会产生“挤出效应”。

假说2：FDI、企业规模以及人力资本等因素对技术创新的直接影响效应，与它们在环境规制约束下对技术创新的间接影响效应存在差异。

假说3：环境规制对技术创新的影响效应在东、中、西三大区域存在空间异质性。

五、模型构建与变量说明

（一）模型设定

为分别探索环境规制对技术创新产生的直接效应影响，以及环境规制与其他因素共同作用下对技术创新的间接效应影响，本文分别构建了两个包括截面数据（31个省份）和时序数据（2011—2015年5年间）的面板数据模型。并且，在考察其直接影响时将31个省份（不包括港澳台地区）分为东、中、西部三大区域进行分组检验，探索环境规制对区域技术创新直接影响的空间差异。该面板数据模型样本容量巨大，可以有效避免多重共线性影响。为消除变量的量纲，并且避免异方差及异常项对数据的平稳性影响，所有变量都进行了对数化处理。具体计量模型如下：

模型1：$$\ln Patent_{it} = C + \beta 1 \ \ln ers_{it} + \beta 2 \ \ln fdi_{it} + \beta 3 \ \ln size_{it} + \beta 4 \ \ln rlzb_{it} + \beta 5 \ \ln rdz_{it} + V_i + \varepsilon_{it} \quad (1)$$

模型2：$$\ln Patent_{it} = C + \beta 1 \ \ln Efd_{it} + \beta 2 \ \ln Esi_{it} + \beta 3 \ \ln Erl_{it} + \beta 4 \ \ln Erd_{it} + V_i + \varepsilon_{it} \quad (2)$$

模型1为环境规制对技术创新的直接影响效应模型，模型2为环境规制与其他因素共同作用下对技术创新的间接影响效应模型，其中，用i地区t期的专利授权数量来衡量技术创新能力，表示为$Patent_{it}$；i地区第t期的环境规制由ers_{it}表示。模型1中，控制变量由fdi_{it}（FDI），$size_{it}$（企业平均规模），$rlzb_{it}$（人力资本），rdz_{it}（创新经费投入）等变量构成。同时，模型2构建了环境规制的间接影响效应模型，其中Efd_{it}，Esi_{it}，Erl_{it}，Erd_{it}分别为环境规制强度指标一（Ers_1）与fdi、企业平均规模、人力资本、创新经费投入等变量的交互项，$Efd2_{it}$，$Esi2_{it}$，$Erl2_{it}$，$Erd2_{it}$分别为环境规制强度指标二（$Ers2$）与fdi、企业平均规模、人力资本、创新经费投入等变量的交互项，i表示第i个省份，t表示t时期。C表示不随个体变化的截距，β表示待估参数，V_i表示个体效应，ε_{it}表示随机误差项。

（二）变量选取与数据来源

本文所采用的数据是由2011—2015年全国各省的数据整理和计算而得。来源包括《中国统计年鉴》以及各地方统计年鉴、国家以及各地方统计局数据库、《中国环境年鉴》与《中国工业经济统计年鉴》。

1. 技术创新(*patent*)

在现有文献对环境规制和技术创新的相关研究之中,学者们广泛采用专利数量这一指标衡量技术创新产出。基于数据的可得性和已有研究,本文采用专利授权数量来衡量作为被解释变量的技术创新产出。一是因为专利授权数量能够侧面衡量技术创新的能力以及水平,二是仅有专利授权数量表示这种创新成果通过了国家认证,发挥了作用。

2. 环境规制强度(*ers*)

由于获取环境规制强度相关数据存在一定难度,且其数据质量难以保证,限制了环境规制问题的研究,学界对环境规制强度的度量标准存在较大争议。现今,在度量环境规制强度的问题上,国内外学者主要采取以下几种方式:一是用政府环境规制政策的数量来代表环境规制强度的高低;二是采取治理污染总投资占工业总产值或企业总成本的比重来衡量;三是采用治理污染设施运行费用衡量;四是研究内生环境规制强度时采用人均收入水平作为代理变量;五是根据不同污染物的排放密度来衡量;六是在环境规制的条件下用某种污染物排放量的变化情况来度量。上述6种对环境规制强度的衡量指标都在一定程度上存在不足,基于数据可得性与保留指标的相对完善性的考虑,本文选取我国31个省份2011—2015年内污染治理设施运行费用占工业增加值比重,以及各省份环境保护支出占工业增加值的比重,分别作为衡量环境规制强度的指标,前者为指标 (*ers*1),后者为指标二(*ers*2)。污染治理设施运行费用为治理废水与废气的运行费用之和,数据来源为历年《中国环境年鉴》。

3. 外商直接投资(*fdi*)

随着经济全球化进程的加深,一国研发创新活动越来越依赖全球的共同努力,FDI的地位不言自明。国家可以通过共享全球的知识、技术、资金以及人力资源来提高技术创新能力。本文选取实际利用外商直接投资额占国内生产总值GDP的比重这一指标来衡量外商直接投资的规模,其中用GDP平减指数平减GDP(以2010年作为基期),以消除通货膨胀的影响。

4. 企业平均规模(*size*)

“熊彼特假说”认为,相对于规模较大企业而言,小规模企业的创新动机不强,在进行技术创新过程中并不占优势。企业规模的扩大有利于其资源的跨地区整合与利用,尤其是创新资源的分享,从而为其带来规模经济与范围经济,促进企业技术创新能力的提高。因此,规模大的企业在技术创新过程中占据优势地位,生产率相对越高。在环境规制的作用下,大规模企业进行技术创新的能力更强,因为它们有更多的资源和能力来进行技术创新。基于数据的可得性原则,本文用规模以上工业企业的资产合计除以规模以上工业企业数量来表示企业平均规模。

5. 人力资本水平(*rlzb*)

科技活动人员的劳动力是进行技术创新活动的主力军,要想提高研发水平,人力资本水平显得尤为重要。由于各地区不同的人力资本水平会给技术创新带来明显的地区差异。本文用以衡量各地区人力资本水平的指标为劳动力平均受教育年限。操作方法为将6岁及以上的人口作为总样本,并假设各级别教育的年限分别是文盲为0年、小学为6年、初中为9年、高中为12年、大专以上的教育程度则为16年。

各地区人均受教育年限 = 小学比重 ×6 + 初中比重 ×9 + 高中比重 ×12 + 大专及以上

学历比重 ×16

6. 创新经费投入(rdz)

创新经费投入为企业开展科技创新活动提供了强大的资金保障。对于该变量,本文选取规模以上工业企业 R&D 经费衡量,并将基期定为 2010 年,对 R&D 经费用商品零售价格指数去进行平减。

表 2 主要变量描述性统计结果

变量	样本量	均值	标准差	最小值	最大值
patent	155	37607	58123	121	269944
*ers*1	155	0.012	0.009	0.002	0.053
*ers*2	155	0.037	0.086	0.005	0.813
fdi	155	0.031	0.024	0.001	0.143
rlzb	155	8.932	1.112	4.222	12.028
size	155	3.994	2.207	1.316	10.882
rdz	155	224.685	306.909	0.156	1319.817

六、实证结果及其分析

本文利用 Eviews 8.0,在对所有变量进行平稳性检验后,对以上两个模型进行回归,并由 F 统计量与 Hausman 统计量确定模型形式。前者用以检验是否应建立混合模型(经检验所有模型均不为混合模型),后者用以检验应建立随机效应模型还是固定效应模型。最后利用 OLS 法估计回归参数。

(一)面板数据的平稳性检验

为避免虚假回归的存在,在回归前对面板数据模型中所有的变量进行平稳性检验。为避免单一检验方法可能存在的缺陷,本文将采用 Levin - Lin - Chu(LLC),Augmented Dickey - Fuller(ADF),Phillips - Perron(PP)3 种面板单位根检验的方法,当大多数检验拒绝变量不平稳的原假设时则认为变量平稳。由检验结果(见表 3)可知所有变量均具有平稳性。

表 3 面板数据单位根检验结果

变量	LLC	ADF	PP	结论	变量	LLC	ADF	PP	结论
ln*patent*	-13.838	49.0221	96.9412	平稳	ln*erl*	-10.5829	143.356	171.82	平稳
ln*ers*1	-5.56048	88.3224	107.83	平稳	ln*erd*	-38.0284	186.581	214.328	平稳
ln*fdi*	-7.43908	136.769	156.326	平稳	ln*ers*2	-7.57801	103.25	134.633	平稳
ln*size*	-6.93228	60.2937	96.5508	平稳	ln*ers*2	-7.57801	103.25	134.633	平稳

续表

变量	LLC	ADF	PP	结论	变量	LLC	ADF	PP	结论
ln*rlzb*	-13.7754	90.114	108.395	平稳	ln*efd*2	-4.19493	93.4195	115.194	平稳
ln*rdz*	-72.6036	177.146	268.957	平稳	ln*esi*2	-10.654	143.266	173.326	平稳
ln*efd*	-9.47658	115.418	127.869	平稳	ln*erl*2	-7.29692	100.227	131.359	平稳
ln*esi*	-8.35189	104.451	138.978	平稳	ln*erd*2	-19.3	57.2551	95.1436	平稳

(二)环境规制对技术创新的直接效应分析

根据上文构建的模型 1,分别建立全国全部 31 个省份的环境规制对技术创新的直接效应影响的模型 1-1,再将 31 个省份划分为东、中、西部三大区域进行分组检验,建立模型 1-2、模型 1-3、模型 1-4,分别探索不同空间范围内环境规制对区域技术创新的直接影响效应。

表 4 环境规制对技术创新的直接效应

变量	模型 1-1	模型 1-2	模型 1-3	模型 1-4
ln*ers*1	0.177906** (-2.551722)	0.126506* (1.593023)	-0.053752 (-0.676183)	-0.348941*** (-2.988084)
ln*fdi*	0.190396** (2.139912)	0.581823*** (3.366574)	0.33505** (2.422903)	0.030761 (0.418754)
ln*size*	0.918732*** (3.823835)	0.497738** (2.26957)	0.639102** (2.572523)	-1.071455*** (-4.821408)
ln*rlzb*	2.499517*** (3.139211)	-0.518606 (-0.338173)	-2.509476 (-1.232156)	0.121128 (0.120593)
ln*rdz*	0.652084*** (4.997842)	0.679501*** (4.391689)	1.159769*** (13.06891)	0.7136*** (6.256078)
c	1.495706 (0.864131)	9.958185*** (3.017007)	10.05315** (2.367993)	5.912606*** (3.186101)
样本容量	155	55	40	60
R-squared	0.989381	0.99449	0.885787	0.950013
Adjusted R-squared	0.986257	0.992371	0.868991	0.931414
DW	1.403378	1.699392	1.491586	1.924349
F 检验	26.368234	66.681547	10.777575	4.612543
F 检验 P 值	0	0	0	0.0001
Hausman 检验	31.668434	9.556548	1.694471	22.161004
Hausman 检验 P 值	0	0.0888	0.8896	0.0005

续表

变量	模型 1 - 1	模型 1 - 2	模型 1 - 3	模型 1 - 4
模型设定	固定	固定	随机	固定

注：* * *、* *、* 分别表示在 1%、5% 和 10% 的水平下显著，括号中的数据为 t 统计量。

(1)模型 1 - 1 的结果显示，在全国范围内环境规制与技术创新正相关，影响系数为 0.177906，在 5% 的水平下显著。每增加 1 单位环境规制强度（*ers*1），会给技术创新带来 17.8% 的增长。企业是否选择进行技术创新，取决于服从规制与技术创新两者间成本的相对大小。较低的环境规制强度意味着服从环境规制的成本也较低，此时企业的创新动力不够。服从环境规制的成本会随着环境规制强度的增大而增加，当服从规制成本达到一定程度时，为实现利润最大化目的的企业往往会选择进行技术创新。模型 1 - 1 表明对全国而言，高强度的环境规制可能会造成污染治理成本占企业总成本较大份额，因而形成对企业的“倒逼机制”，使其不得不增加研发投入，通过技术创新来提高治污技术水平并改进生产工艺，从而降低生产成本。因此，产生了环境规制对技术创新的“补偿效应”，并且使企业达到节能减排的目的，在满足政府环境规制的要求的同时得以维持利润率不变。

模型 1 - 2 显示在东部地区，环境规制对技术创新的影响系数则为0.126506，且在 10% 的水平下显著，不过小于模型 1 - 1 中全国的影响系数，说明东部地区环境规制带来的“补偿效应”小于全国。模型 1 - 3 则显示在中部地区，环境规制对技术创新的影响系数变为 -0.053752，呈负相关关系，但并不显著，而模型 1 - 4 显示的西部地区环境规制对技术创新的影响系数为 -0.348941，在 1% 的水平下显著，两者呈负相关关系。这表明技术创新在环境规制强度比较弱的中西部地区也被削弱了。原因可能是西部地区的环境规制强度相对东部甚至全国而言偏弱，污染治理成本较低，这会使企业在治污减排和管理制度上的创新动力不足，增加的治污成本反而可能挤占了企业原有的研发资金，产生“挤出效应”。这也从一个侧面说明了随着规制程度的加强，环境规制对技术创新的影响效应会逐渐由“挤出”变成“补偿”。东、中、西部三大区域不同强度的环境规制强度对技术创新产生了差异化的影响，验证了假说一。

(2)模型 1 - 1 显示以全国作为考虑范围的 FDI 系数显著为正，影响系数为 0.190396，表明开放经济条件下，FDI 可以通过竞争、示范与模仿效应、前后向关联效应等渠道在产业内发挥技术溢出效应的作用，有利于我国企业的技术创新。模型 1 - 2、模型 1 - 3 显示东部和中部地区的 FDI 系数显著为正，影响系数分别为 0.581823、0.33505，表明这些地区外资的引进有利于该地区企业的技术创新。同时，东部地区 FDI 对技术创新的影响系数明显高于全国平均水平，这是因为改革开放以来，东部地区由于其沿海的独特地理优势，使得外向型经济成为其经济增长的主要推动力，外资大量涌入的同时带来了先进的技术水平和管理经验，大大推动了东部地区的技术创新，促进了该区域的经济发展。而模型 1 - 4 显示西部地区 FDI 系数并不显著，由于西部地区地处内陆，发展起步晚，外资引进的程度远远不及东部和中部地区，FDI 对技术创新的促进作用还并不明显。

(3)模型 1 - 1 的结果显示全国范围内企业规模对技术创新具有显著正面影响，影响系数为 0.918732，在 1% 的水平下显著，企业规模每 1 单位的扩张会促进技术创新提升 91.8%，说明在技术创新上,大企业的研发投入比小企业具有更大的规模效应,验证了 Joseph Alois Schumpeter 对于企业规模与创新的观点。大企业具有更为雄厚的资金保障,能够承担更大的风险,并且在过程创新上具有独特的优势。模型 1-2、模型 1-3 的结果都显示以东部和中部地区为单位的企业规模对技术创新都具有显著正面影响,影响系数分别为 0.497738、0.639102,在 5%、5% 的水平下显著。而模型 1-4 显示西部地区企业规模对技术创新都具有显著负面影响,影响系数为 -1.071455,在 1% 的水平下显著,这可能的原因是西部地区企业规模盲目扩张给其带来了日益严重的产能过剩问题,无法对技术创新产生显著的积极影响。

(4)全国范围内人力资本对技术创新贡献率极大,影响系数达到 2.499517,且在 1% 的水平下显著,一方面,企业技术创新活动的开展需要积累充足的人力资本,技术进步会随着人力资本的提高而加快;另一方面,人力资本的吸收和转化能力的提高直接推动了企业技术创新活动的开展。

(5)以上模型的回归结果显示,全国范围内研发资金投入每上升 1 个单位,专利授权量约增加 0.65 个单位,研发资金投入对东、中、西三大区域技术创新都呈正面影响,且均在 1% 的显著性水平下成立,这也证明研发资金对企业技术创新发挥了极其重要的作用。同时从检验结果可以看出,中部和西部地区研发资金会给技术创新带来比东部地区更大的促进作用,东部地区技术创新受到研发资金的限制程度较小。

(6)由上述检验结果可以看出,环境规制对技术创新的影响在东、中、西部三大区域存在明显的区域差异。在规制程度上,东部地区高于中部,而西部最低,重视环保的东部地区必然重视人才以及相关技术领域的创新,政府也会给予更多的政策倾斜,激励企业研发新的环保技术。同时,中国东部区域具有比中西部地区更为雄厚的经济基础,产业密集,竞争激烈,这也激励着东部地区的企业不断进行创新。此外,东部凭借其远超于中西部地区的良好政策福利待遇以及适于发展人才的环境,不断吸引着许多高质量人才,从而提高了东部地区的人力资本水平,给技术创新提供了充分的人力资本保障。因此,东部地区拥有一系列有利于企业技术创新活动开展的优越条件。而中部区域虽然在中部崛起和建设两型社会的政策倾斜下,环境规制逐渐严格,但仍受硬件条件的制约,还处于起步阶段,对技术创新还不足以造成显著的影响。对创新起重要作用的要素,如基础设施、人力资本、技术水平、资本投入等在西部地区都较为薄弱,由此可知西部地区不仅对先进技术的吸收能力不足,自身创新能力也不够,因此环境规制对技术创新的正向促进作用很难发挥。

(三)环境规制对技术创新的间接效应分析

根据上文建立的模型 2,依次加入 Esi,Erl,Efd,Erd 等环境规制与企业平均规模、人力资本、FDI、创新经费投入等交互项,建立模型 2-1、模型 2-2、模型2-3,考察环境规制通过间接渠道对技术创新的影响效应。

表 5 环境规制对技术创新的间接效应

变量	模型 2-1	模型 2-2	模型 2-3
ln*esi*	1.797544*** (7.36817)	1.556366*** (6.454905)	0.784342*** (2.968146)
ln*erl*	-1.709479*** (-5.754482)	-1.788793*** (-6.30956)	-1.508196*** (-5.740475)
ln*efd*		0.354709*** (3.704262)	0.124753 (1.280242)
ln*erd*			0.744299*** (5.204455)
c	11.30861*** (49.582)	13.29473*** (22.98396)	9.592467*** (10.8524)
样本容量	155	155	155
R-squared	0.982121	0.983942	0.986899
Adjusted R-squared	0.977431	0.979562	0.983187
DW	1.017775	1.158351	1.403378
F 检验	99.719646	100.545387	20.812162
F 检验 P 值	0	0	p = 0.0000
Hausman 检验	79.610749	85.588929	11.945741
Hausman 检验 P 值	0	0	0.0178
模型设定	固定	固定	固定

注：***、**、* 分别表示在 1%、5%和 10%的水平下显著，括号中的数据为 t 统计量。

通过对环境规制与 FDI、企业规模、人力资本、创新经费投入等解释变量的交互项和技术创新之间存在的关系进行回归分析，发现在环境规制的约束下，FDI、企业规模、创新经费投入等解释变量的影响系数符号并未发生变化，人力资本的影响系数却由正变为负。并且随着模型中变量的增加，每个解释变量给专利授权量增长带来的贡献率也在减小，表现为影响系数的绝对值随着解释变量的增加而减少。这说明随着影响技术创新的因素的增加，这些因素的共同作用使得单个因素对技术创新的影响逐渐减小，影响因素的复杂化也使得环境规制约束下，无论 FDI、企业规模、人力资本还是创新经费投入都不会对促进或制约技术创新起决定作用。

在存在环境规制的情况下 FDI 的影响系数依旧为正，证明了在环境规制约束下，FDI 对技术创新无任何不利的影响，甚至还具有正向的刺激促进作用。这是因为积极引进优质 FDI，有利于其与国内企业进行有效竞争，进而促进了技术创新活动的开展。从环境规制影响政府引资政策的角度来说，政府加强环境规制政策的实施力度时，为避免成为“污染避难所”，会在减少引进污染密集型外资企业的同时，给引进资本、技术密集型企业更多的支持，引进的这些企业往往会带来先进的技术和管理经验，给技术创新带来积极的正面影响。环境规制与企业规模交互项符号依旧为正，说明在我国的环境规制约束下，大企业的规模优势以及其在研发投入方面存在的资金优势并未受到抑制，也并未对技术创新产生明显的抑制作用。然而，环境规制与人力资本的交互项却由正变为负，且均在1%的水平下显著，说明环境规制约束下人力资本对技术创新的影响效应是负面的。虽然人力资本的积累是提高企业技术创新能力的动力和源泉，它的获取、吸收和转化能力直接推动了企业的技术创新。企业往往采取压缩劳动成本、降低培训费用以及调整生产投资等措施对有限的资金预算作出反应，弥补因环境规制提高的治污成本，从而阻碍了企业提高其人力资本水平，这会导致企业技术吸收和创新能力的降低。

（四）稳健性检验

为考察检验结果的稳定性，进一步对上述模型1-1、模型1-2、模型1-3、模型1-4以及模型2-1、模型2-2、模型2-3等进行稳健性检验，将31个省份环境保护支出占工业增加值的比重当作衡量环境规制强度的替代指标*ers*2。环境规制的强度越高，该变量的数值越大。本文重新对上文构建的模型进行面板数据回归以检验模型的稳健性（见表6）。结果表明，7个模型中主要解释变量的显著性以及符号基本保持不变，因此可以认为以上模型的实证检验结果是稳健的；而模型1-3、模型1-4中第一个解释变量的符号和显著性与上文回归结果有差异，即中、西部地区环境规制强度与专利授权量之间关系的检验结果与上文有差异，可能的原因有以下几点：一是由于中国目前尚未对有关环境研发的数据进行专门统计，用特定的测算方法所得到的数据可能会在一定程度上存在误差；二是由于不同环境规制类型（表现为衡量环境规制强度的不同指标）对技术创新的影响应具有异质性，这同样也是未来研究的重要方向。

表 6 稳健性检验结果

变量	模型 1 – 1	模型 1 – 2	模型 1 – 3	模型 1 – 4	变量	模型 2 – 1	模型 2 – 2	模型 2 – 3
ln*ers*2	0.435376*** (3.603172)	0.121667** (1.884205)	0.48526*** (2.980949)	–0.049198 (–0.190431)	ln*esi*2	1.447297*** (5.661004)	1.24878*** (5.021325)	0.616348** (2.362579)
ln*fdi*	0.111925 (1.271282)	0.478739** (2.610545)	0.182302* (1.595528)	0.08075 (1.027152)	ln*erl*2	–1.180802*** (–3.757034)	–1.321841*** (–4.390379)	–1.195098*** (–4.320051)
ln*size*	0.574471** (2.123613)	0.535658** (2.219838)	0.231466* (1.319301)	–1.035648*** (–4.06015)	ln*efd*2		0.344581*** (3.748729)	0.127722 (1.247249)
ln*rlzb*	1.937877** (2.604813)	–1.103961 (–0.744688)	–1.978591 (–1.237643)	–0.813774 (–0.694153)	ln*erd*2			0.691532*** (4.955491)
ln*rdz*	0.783605*** (5.872238)	0.657562*** (4.184986)	1.257374*** (16.24886)	0.756146*** (5.181977)				
c	3.15899* (1.814148)	10.97925*** (3.335746)	10.55951*** (3.038883)	9.299532*** (5.600121)	*c*	11.62043*** (48.93807)	13.51814*** (24.38967)	9.986944*** (11.41896)
样本容量	0.989901	0.99429	0.919939	0.939685	样本容量	155	155	155
R – squared	0.986931	0.992094	0.908165	0.917242	R – squared	0.98329	0.985028	0.987572
Adjusted R – squared	155	55	40	60	Adjusted R – squared	0.978907	0.980945	0.98405
DW	1.414493	1.669728	1.279428	2.518539	DW	1.117904	1.268964	1.468718
F 检验	20.459902	48.105729	7.082306	2.751333	F 检验	99.719646	108.439217	20.163688
F 检验 P 值	0	0	0.0001	0.0087	F 检 P 值	0	0	0
Hausman 检验	17.949148	10.922434	2.958554	26.201054	Hausman 检验	79.610749	61.228415	24.002637

续表

变量	模型1-1	模型1-2	模型1-3	模型1-4	变量	模型2-1	模型2-2	模型2-3
Hausman检验P值	0.003	0.0529	0.7064	0.0001	Hausman检验P值	0	0	0.0001
模型设定	固定	固定	随机	固定	模型设定	固定	固定	固定

注：***、**、*分别表示在1%、5%和10%的水平下显著，括号中的数据为t统计量。

七、结论与政策建议

目前中国企业在创新驱动转型升级的关键时刻，受到了“知识产权瓶颈”和“资源瓶颈”的双重约束，本文运用2011—2015年全国31个省份的面板数据，并将其划分为东、中、西部三大区域，分别分析了环境规制对企业的技术创新影响的双重影响效应及其空间差异性。研究发现：①不同强度的环境规制给技术创新带来的直接影响效应不同，环境规制较强时，会对技术创新产生“补偿效应”，而较弱时则会产生“挤出效应”；②环境规制对技术创新的影响效应在东、中、西部三大区域存在空间异质性，环境规制的强度由东部至中部再到西部呈现出递减的趋势，在东部地区环境规制对技术创新产生“补偿效应”，而在中西部地区则会产生“挤出效应”；③在环境规制约束下，FDI、企业规模以及研发经费投入等仍然会对技术创新产生积极的正面影响，然而环境规制却阻碍了人力资本的技术创新效应，企业会选择压缩劳动成本、降低培训费用以及调整生产投资预算等方式来弥补由环境规制带来的额外治污成本，从而影响了人力资本的技术创新效应，阻碍企业创新活动的开展。

本文的结论具有较好的政策参考价值，即在促进环境保护的同时兼顾技术的创新与升级，本文提出以下4点政策建议：

（一）制定相应的环境规制政策

在经济转型与产业升级的关键时期，不同强度的环境规制政策的实施会对技术创新产生不同的影响，因此，应综合考虑不同环境规制政策以及地方经济发展与环境污染状况、产业结构的实际，制定并实施合理的环境规制政策。一般情况下，具有较强强制性的环境规制政策工具缺乏对企业的足够激励，如环境标准、排放限额等“控制型”工具；而“激励型”政策工具却能持续激励企业开展技术创新，常见的此类环境政策工具有排污权交易、环境补贴等①。对于污染严重的地区及污染密集的产业，需要严格控制环境污染强度，政府应实施“控制型”环境规制工具；而对于污染相对较轻的地区以及属于技术密集型的产业，可采取“激励型”的环境规制工具促进企业提高治污水平并推动其生产技术的创新，实现经济与环境的“双赢”。

（二）加大研发资金投入力度

开展技术创新需要充分的资金保障。由于环境规制政策对企业用于技术创新资金的充分使用以及大企业规模效应的发挥具有不利影响，政府应对企业技术研发给予更多的资金支持。例如，设立专项资金、提高财政补贴，为大企业开拓更广泛的融资渠道，并针对不同类型的企业，实现规制措施的差异化与灵活化，为促进其技术升级提供制度保障。另外，中国目前的科研管理体制也可以进行适当调整，即政府仍着重于加强基础科学研究，但是应用科学研究应转变为主要由企业承担。政府预先公布某项待研发的技术，寻求全体相关企业参与研发，随后择优购买企业的研究成果。从而既可以避免现有体制下政府事前盲目发放科研经费

---

① 李玲，陶锋. 中国制造业最优环境规制强度的选择——基于绿色全要素生产率的视角[J]. 中国工业经济，2012(5)：70－82.

而造成的资金使用低效率现象,还能对企业进行技术创新起到激励作用,推动其成为创新主体,从而为经济长期发展注入持久的动力。

(三)制定合理的招商引资政策

我国始终坚持开放政策,引进先进技术与管理理念。但与此同时,还要转变过去因短期利益为外资企业提供"超国民待遇"政策优惠的观念,这是为实现短期经济利益而牺牲环境的观念。所以,政府必须转变引进外资的思路,综合考虑本地区实际,引进优质 FDI 以及适宜的技术经验,并在"引资"的同时做到"引技",通过引进高质量外资企业与前沿技术来促进本地技术水平的提升。另外,还应重视外资企业和当地主导产业两者间的配套,并帮助提升内资企业的吸纳力和二次创新能力,促进其转型升级与提高国际竞争力。

(四)提升企业人力资本水平

在现今知识经济时代,技术创新是企业乃至国家的核心竞争力。人力资本在技术创新中起到了至关重要的作用,其主要通过两条途径作用于技术创新活动:一是通过积累人力资本提升知识与技术储备,提高自主创新能力;二是积累人力资本而提升对来自海外的先进技术与管理经验的吸纳能力。人力资本可以对技术创新产生极大的促进作用,但环境规制制约了这一机制的正常发挥。因此,为抵消环境规制的负面影响效应,政府应该提高人力资本水平。在教育投资总体增长的同时,国家还需相应地调整投资结构,相对加大其对中西部地区及农村地区的教育投入力度,从而实现人力资本投资在区域间的平衡。此外,政府与企业需建立有效的机制,为人才引进工作提供资金、平台等方面的政策扶持,通过"引智"提升本地人才的数量与质量,提升本土企业的技术创新能力。

参考文献

[1] Lanjouw J. O. ,Mody A. Innovation and The International Diffusion of Environmentally Responsive Technology[J]. *Research Policy*,1996,25(4):549 -571.

[2] Wilcoxen,P. Environmental Regulation and Investment in Manufacturing[R]. Mimeo,University of Texas at Austin,1998.

[3] Brunner,M. S. B. ,Cohen,M. A. Determinants of Environ - mental Innovation in US Manufacturing Industries[J]. *Journal of Environmental Economics and Management*,2003,45(2):278 -293.

[4] Gray,W. B. The Cost of Regulation: OSHA,EPA and The Productivity Slowdown[J]. *American Economic Review*,1987,77(5):998 -1006.

[5] Barbera,A. J. ,Mc Connel,V. D. The Impact of Environmental Regulations on Industry Productivity: Direct and Indirect Effects[J]. *Journal of Environmental Economics and Management*,1990,18(1):50 -65.

[6] Lanoie,P. ,Patry,M. ,Lajeunesse,R. Environmental Regulation and Productivity: New Findings on The Porter Hypothesis[R]. Working Paper,2001.

[7] Boyd,G. A. ,Mc Clelland,J. D. The Impact of Environmental Constraints on Productivity Improvement in Integrated Paper Plants[J]. *Journal of Environmental Economic sand Management*,1999,38(2):121 -142.

[8] Bailey,J. A. Brush Control on Sandy Rangelands in Central Alberta[J]. *Journal of Range Management*,1974(32):65 -68.

[9] Ambec,S. ,Cohen,M. ,Elgie,S. ,et al. The Porter Hypothesis at 20: Can Environmental Regulation Enhance in -

novation and Competitiveness? [J]. *Resources for the Future Discussion Paper*,2011:1 - 11.

[10] Baumol William, J., Wallace, E. Oates. *The Theory of Environmental Policy* [M]. Cambridge University Press,1988.

[11] Ederington,J. International Coordination of Trade and Domestic Policies[J]. *The American Economic Review*,2001, 91(5):1580 - 1593.

[12] Levinson,A. Environmental Regulations and Manufacturers' Location Choices: Evidence from the Census of Manufactures[J]. *Journal of Public Economics*,1996,62(1):5 - 29.

[13] 黄平,胡日东. 环境规制与企业技术创新相互促进的机理与实证研究[J]. 财经理论与实践,2010(1):99 - 103.

[14] 黄德春,刘志彪. 环境规制与企业自主创新——基于波特假设的企业竞争优势构建[J]. 中国工业经济,2006(3):100 - 106.

[15] 沈能,刘凤朝. 高强度的环境规制真能促进技术创新吗?——基于"波特假说"的再检验[J]. 中国软科学,2012(4):49 - 59.

[16] 张成,陆旸,郭路,等. 环境规制强度和生产技术进步[J]. 经济研究,2011(2):113 - 123.

[17] [美]约瑟夫·熊彼特. 经济发展理论[M]. 何畏,易家详,译. 北京:商务印书馆,1990.

[18] 李玲,陶锋. 中国制造业最优环境规制强度的选择——基于绿色全要素生产率的视角[J]. 中国工业经济,2012(5):70 - 82.

自然景区生态补偿相关利益主体博弈分析
——基于福州永泰青云山景区的实地调查

连　坤
（福建师范大学经济学院）

[摘　要] 通过对青云山居民、景区工作人员、永泰政府景区生态环境管理部门的问卷调查与走访，运用博弈论、外部性理论、公共资源理论、利益相关者理论等理论，对青云山景区生态补偿过程中各利益主体行为进行博弈分析。景区经营企业、青云山居民和永泰政府是景区生态补偿的三大利益主体，在利益分享和责任承担上既相互依赖，又相互矛盾。本文提出了3种生态补偿模式并对其进行分析，通过比较分析各模式的收益与成本，得出结论：永泰政府应对青云山景区环境保护进行监督，并实施奖惩机制，青云山景区经营企业应对当地居民进行生态补偿，使当地居民愿意主动保护青云山环境，促进青云山景区旅游业的可持续发展。

[关键词] 自然景区；生态补偿；博弈；奖惩机制

一、引　言

“十三五”时期，可持续发展成为引领中国经济发展的重要理念，可持续发展理念的提出既是中国应对日益恶化的环境形势的必然要求，也是创新传统生产方式和生活方式的重要引领。环境保护的理念已经融入各产业发展中，旅游业作为重要的第三产业，也要秉承生态、绿色的思路，既要发挥旅游业作为重要服务业部门在拉动我国产业结构升级中的重要作用，又要在发展旅游业中保护环境，做到生态效益与经济效益的有机统一。自然景区是旅游业发展的重要载体，自然景区的开发往往会带来双重结果：一方面，是对自然风貌的改造，为游客提供更便利的接触自然的条件；另一方面，也会使人类的足迹踏入原始自然中，打破自然生态系统，造成环境破坏。要想做到既保护又开发，就要妥善处理自然景区中的各种利益关系，建立完善的自然景区管理运行制度体系。

福州市永泰青云山景色优美，但也是环境极易遭到破坏的生态脆弱地，存在当地居民对环境造成污染与破坏的现象，如偷砍古树与采集中药材导致的植被破坏、猎杀野生动物和大量捕鱼引起的生物多样性锐减、倾倒生活垃圾与污水到溪中造成的水污染等。如何保护当地环境，成为青云山景区经营企业与当地政府需解决的问题，也是所有生态型旅游地需解决的问题。而要保护环境的首要问题就是要厘清这其中的相关利益主体的关系，形成合理的利益分配机制，使环境保护从政府自上而下的强制实施行为变成单个利益主体的自觉行为。本文将运用博弈论的分析方法，以永泰青云山景区为例，探讨自然景区生态补偿中涉及的政府、景区企业以及居民等主体相互的利益机制，预测各博弈方有限理性下的行为选择，以期为自然景区生态补偿提供新的思路，推动自然景区生态利益与经济利益的统一。

二、文献综述

当前，围绕自然景区生态补偿的问题，现有的研究主要着眼于3个方面：

一是在自然旅游景区生态补偿利益主体的确定上，朱瑞(2004)认为生态旅游利益涉及环保部门、国土部门、建设部门、公众、媒体、学术机构、林业部门、海洋部门、旅游者、当地居民、国际机构等多个主体；阎友兵，赵黎明(2005)认为生态旅游博弈主要是转让方政府和受让方企业之间的博弈；龙茂兴(2008)则将生态补偿主体主要界定为社区、景区、政府三大主体；陈丽丽，虞依娜，章家恩，叶延琼(2016)则把生态补偿利益主体简单划分为生态补偿者和生态受益者两大类。

二是在自然旅游景区相关利益主体生态补偿方式的选择和确定上，陈国生(2003)通过分析我国湘、鄂、渝、黔边区旅游企业与政府部门对于旅游开发环境保护的博弈与西方环境保护的异同之处，提出“政府调节为主”的生态补偿方式。孙艳萍(2009)认为空间的紧密性、资源的互动性使得景区和社区的一体化系统得以形成，提出了景区社区一体化的生态补偿方式。刘翠(2010)认为在缺乏政府监督和激励的情形下，农户间的博弈分析与景区管委会与农户间的博弈分析均陷入囚徒困境，景区管委会在遗产保护问题上趋向于消极配合对策，所以需要政府采取有效惩戒机制的生态补偿方式。张俐(2012)通过对政府、开发商与居民三类主体的利益诉求和博弈机理进行分析，认为由于居民受教育程度低、参与意识薄弱，要采取宏观体制分权制度并选择政府及企业共同强势参与的生态补偿方式。

三是在如何协调自然旅游景区生态补偿中各主体利益关系上，许洋(2007)认为要协调生态旅游目的地的上级政府、地方政府以及不同旅游企业之间的利益决策行为。张安民、李永文(2008)提出地方政府应该在协调各方利益中起主导作用，实现与各方利益均衡是提高景区绩效的基本动力。张铁成、胡青云(2009)通过博弈分析游客和旅游目的地居民的关系，寻求两者在资源保护中的纳什均衡，探讨保护旅游资源的途径，认为旅游资源的“公地悲剧”现象不是通常认为的游客与居民囚徒困境的结果。吴艳、宋健峰(2011)通过建立旅游景区环境保护博弈模型，进行一次性博弈和无限次重复博弈的均衡分析，揭示了景区环境破坏的动因，并提出了政府与景区的产权利益协调。周大庆(2013)认为政府相关部门与景区企业应配合大局，从制度上协同各方利益，是实现利益相关者利益均衡和景区绩效最大化的根本保障。赵立民(2013)对旅游消费者与旅游企业以及政府的行为进行博弈分析，设想了协调利益并使生态旅游有效实施的可持续发展模式。

尽管我国有一些学者已经开始对这方面的问题进行研究，但现阶段对旅游景区生态补偿机制的研究还处于起步阶段，文献较少，且侧重于生态补偿机制的定性说明，即使是博弈分析，也只是简单地得出博弈的分析结果，较少结合案例进一步开展实证研究，对各主体相互之间的利益关系程度没有进行测算，因此也难以得出有针对性的对策建议。本文立足于福州市永泰青云山生态景区的实地调研，基于青云山景区生态环境的现状，对青云山景区经营企业应如何对当地居民进行生态补偿、永泰县政府应如何进行监督管理进行了博弈分析，希望可以把青云山景区生态补偿的经验更好地推广到其他旅游景区，为推动我国自然旅游景区生态补偿工作开展提供借鉴和参考。

三、自然景区生态补偿各主体相关利益机制分析

自然景区的生态环境属于公共资源的一种，公共资源理论认为一切能为人类提供生存、发展、享受的自然物质与自然条件，及其相互作用形成的自然生态环境均被称为公共资源，而公共资源的市场化配置是要在政府宏观调控下，公共资源配置遵循客观的市场经济规律，采取各种有效的市场竞争方式和手段，利用市场机制以实现公共资源配置效用最大化。

马克思与恩格斯强调人与自然的协调性与适应性，认为自然界先于人而存在，"人本身是自然界的产物，是在自己所处的环境中并且和这个环境一起发展起来的。"①同时，人在适应环境的同时也会改造环境，人"绝不是'首先处在这种对外界物的理论关系中'……而是积极地活动，通过活动来取得一定的外界物，从而满足自己的需要（因为，他们是从生产开始的）"。② "因为只有在社会中，自然界对人来说才是人与人联系的纽带，才是他为别人的存在和别人为他的存在，才是人的现实的生活要素，只有在社会中，自然界才是人自己的人的存在的基础"。③ 因此，自然景区生态补偿过程中的各主体之间的利益关系调整应该以人与自然的和谐关系为前提，并能促进人与自然之间的协调。

自然景区生态补偿的利益相关者可以分为补偿者、受偿者和监管者，即景区经营企业、当地居民以及当地政府景区生态环境管理部门，利益相关者理论认为，任何一个主体的利益都离不开各利益相关者的参与，追求的是利益相关者的整体利益，而不仅仅是某些主体的利益。当地政府拥有财政权和对景区管理的监督权，景区企业拥有经营权和管理权，当地居民则拥有居住权。当地政府生态环境管理部门在景区的旅游活动开展过程中应起到重要的监督管理作用，充当监管者的角色。当地政府除了在景区开发前期进行资金投入、基础设施建设，在景区运营过程中，还要对景区旅游活动进行监督管理，为促进景区发展、保护景区生态环境颁布政策规章制度等。

博弈论认为，不同利益主体在既定的制度环境中会作出不同的行为决策，研究的是决策主体行为发生直接相互作用时的决策以及这种决策的均衡问题。它应用于旅游景区研究，就是探索参与的各个理性决策主体（旅游景区经营企业、当地政府机构、旅游景区当地居民等）的博弈对策及决策均衡。①景区企业作为景区开发和生态环境保护的获益方，应坚持"环境影响最小化"原则，对在旅游发展中生态利益受损的相对方进行生态补偿。若景区企业对当地居民进行生态补偿，从而促使居民进行生态环境保护，将形成一种正外部性收益。外部性理论认为，当生产和消费的过程中一个主体使其他主体遭受到额外成本或额外收益，而这些成本或收益并没有通过当事人的货币形式得以补偿时，外部性或溢出性就会发生，外部性

---

① ［德］马克思，恩格斯. 马克思恩格斯文集：第9卷［M］. 北京：人民出版社，2009：38.

② ［德］马克思，恩格斯. 马克思恩格斯全集：第19卷［M］. 北京：人民出版社，1963：405－406.

③ ［德］马克思. 1844年经济学哲学手稿（1844年5月－8月）单行本［M］. 北京：人民出版社，1979：75.

是指一个经济当事人行为影响他人福利，而这种影响并未通过货币形式或市场机制反映。②景区居民则出于景区生态环境保护的需求，需要对其原有的畜牧、采集、伐木、捕猎等生态资源依赖型的生活方式进行限制或约束，受损的利益必须得到补偿。③当地政府景区生态环境管理部门为了实现生态环境资源的可持续发展以及社会效益的最大化，应对生态补偿的补偿者和受偿者的行为进行监督管理。这三大利益主体，因其各自不同又相互交叉的利益诉求而存在冲突和利益关系，给景区的管理与发展带来一些亟待解决的问题。

四、自然生态景区利益主体博弈关系分析——以永泰青云山为例

（一）问题的提出

如果政府生态环境管理部门不对景区生态环境保护实施相关的政策，同一地区的不同景区经营企业都不愿意对景区当地居民进行生态补偿。因为景区当地居民保护生态环境给景区带来的生态效益长期才能显现出来，从短期来看，景区经营企业的生态补偿是单方面的成本付出，收益难以马上获得。短期内，假设景区企业 A、B 进行生态补偿的收益为 R，不进行生态补偿的收益为 $R+C$。如果景区企业 A 进行生态补偿，景区企业 B 的最优决策是不进行生态补偿；如果景区企业 A 不进行生态补偿，景区企业 B 的最优决策也是不进行生态补偿；同理，无论景区企业 B 选择进行生态补偿还是不进行生态补偿，景区企业 A 的最优策略都是不进行生态补偿。所以，景区企业 A 与 B 之间的纳什均衡为（不进行生态补偿，不进行生态补偿），这是景区企业间博弈的“囚徒困境”，同时也是在生态环境保护过程中出现的“公地悲剧”现象（见表 1）。

表 1　景区企业 A、B 生态补偿博弈矩阵

		景区企业 B	
		进行生态补偿	不进行生态补偿
景区企业 A	进行生态补偿	R，R	R，$R+C$
	不进行生态补偿	$R+C$，R	$R+C$，$R+C$

同理，同一景区的当地居民也不会自觉保护景区生态环境。因为保护生态环境给当地居民带来的生态效益是长期的，短期内也是单方面的成本付出；相反，如果当地居民选择在景区偷偷地进行伐木、渔猎等违法活动，短期内，他们还能够获得较高的收益（造成负外部性损失），也形成了景区居民间博弈的“囚徒困境”。而且如果政府生态环境管理部门与生态景区经营者都选择不进行监督管理（因为这二者进行监督都需付出监督成本），当地居民的违法行为也不会被发现，从而也不会受到惩罚。但是从长期来看，如果当地居民的这种违法行为持续下去，只会导致景区的生态环境不断恶化，造成生态悲剧。最终会使景区的生态环境无法恢复，游客数量剧减，甚至青云山景区旅游企业将无法继续经营，从而使地方政府、青云山自然景区经营企业、景区当地居民三者的收益都会受损。

因此，无论是景区企业还是当地居民都不存在自觉保护生态环境的动机，在没有外部力

量的监督下，景区企业不会自觉对居民进行生态补偿，居民也不会主动保护环境，最后的结果是景区的环境愈加恶化。必须合理地设定监督和补偿机制，接下来，本文将以永泰青云山为例，运用博弈的分析方法来厘清不同主体之间的利益关系。

(二)永泰青云山景区相关利益主体的博弈关系分析

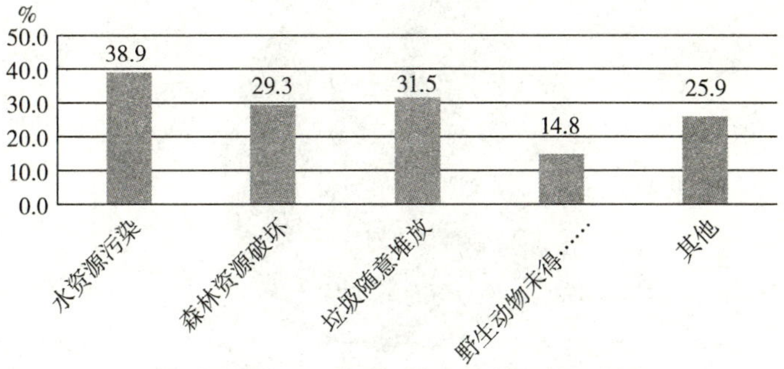

图 1　当前青云山景区生态环境面临的问题

数据来源：根据问卷调查数据整理而得。

青云山是国家重点自然生态景区、国家 AAAA 级旅游区，经过 20 多年开发已成为福州重要的旅游区，近年来，福州市加大旅游开发力度，旅游业发展迅速，青云山是旅游观光与科学考察的胜地。

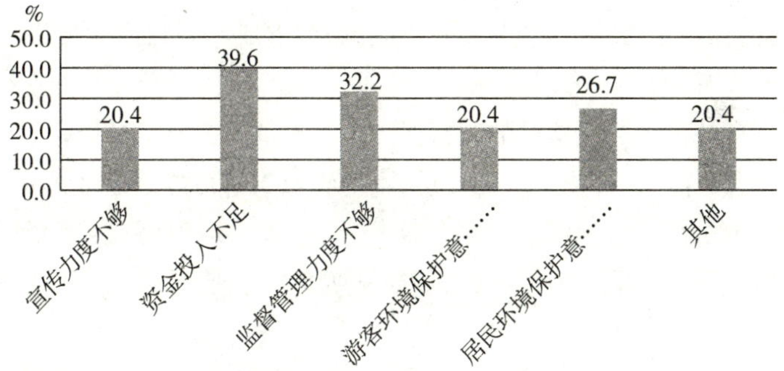

图 2　造成当前青云山景区生态环境问题的原因

数据来源：根据问卷调查数据整理而得。

在青云山的实地调研中，我们走访了当地居民、青云山景区工作人员与永泰县政府景区生态环境管理部门工作人员，并请他们填写调查问卷，收集实地调研资料。我们发现，景区里现居住着大量农村村民，他们在景区开发前就居住于青云山，并在开发时不愿意搬迁，问卷调查数据表明 51.9% 的村民是出于对故土的依恋，31.5% 是出于对美丽环境的喜爱。可看出村民不愿搬迁的主要原因不是政府补偿不足，而是村民主观意愿。长期来看，景区内仍会有大量村民，所以他们也是重要的利益主体之一。对于当前青云山景区生态环境存在的问题，通过对当地居民与工作人员的问卷调查与访谈，38.9% 的人认为存在水资源污染；29.3% 的人认为森林资源受到破坏；31.5% 的人认为存在随意堆放垃圾的问题；14.8% 的人认为野生动物未得到保护。对于造成景区环境问题的原因,20.4%的人认为宣传力度不够;39.6%的人认为资金投入不足;32.2%的人认为监督管理力度不够;26.7%的人认为居民生态环境保护意识不够。对于永泰县政府对青云山景区生态环境的重视程度,55.9%的人认为一般,23.3%的人认为重视。

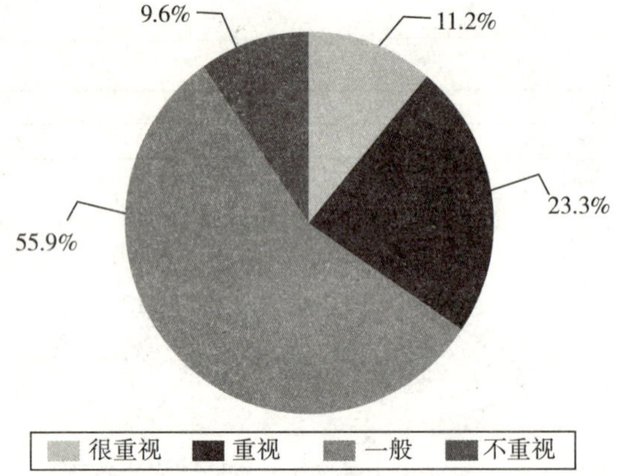

图3 关于永泰县政府对青云山景区生态环境重视程度的评价

数据来源:根据问卷调查数据整理而得。

政府是否对景区企业进行监督,会影响景区企业是否愿意选择对居民进行生态补偿,而景区企业是否对居民进行资金补偿在很大程度上影响了居民是否会选择保护青云山景区的生态环境。自然生态景区中主要存在地方政府与景区企业、景区企业与当地居民、地方政府与当地居民等的博弈关系,而且这些关系是不同的,会形成不同的博弈结果,只有厘清了这些博弈关系,才能形成有针对性的建议。

本文认为,生态补偿中各主体间的利益博弈关系主要有3种模式:模式一,永泰县政府景区生态环境管理部门保持一种局外人的身份,不对青云山景区经营企业的生态环境保护实施奖励惩罚机制,完全由市场自动调节机制发挥作用,永泰县政府将监督管理的权利转移给青云山景区,青云山景区直接监督当地居民,根据科斯产权定理,将青云山产权交给经营该景区的企业,从而明晰产权。如果青云山景区发现当地居民有保护生态环境的行为,将对其进行生态补偿;如果发现当地居民未保护生态环境,甚至对生态环境造成了污染与破坏,有权对其进行罚款。模式二,永泰县政府景区生态环境管理部门只对青云山景区经营企业是否对当地居民进行生态补偿实施直接监督管理,再由青云山景区经营企业对当地居民是否进行生态环境保护实施直接监督。模式三,永泰县政府景区生态环境管理部门直接对青云山景区的生态环境保护进行监督管理,同时监督管理青云山景区经营企业与当地居民,实施激励惩罚机制。青云山景区经营企业不监督当地居民,直接对当地居民进行生态补偿。

1. 模式一:永泰县政府不监督的情况下,青云山景区经营企业与当地居民的博弈关系分析

在永泰县政府不直接对青云山景区生态环境进行监督管理的情况下,青云山景区与当地居民的博弈收益矩阵如下(见表2)。

假设：

(1)$R1$ 是青云山景区在当地居民采取生态环境保护行为时所能收获的长期正外部性收益，但这种生态收益短期内难以体现，需要长期来逐渐显现，而且可逐渐累加。

(2)$R2$ 是青云山景区居民采取生态环境保护行为时所能获得的长期生态收益，这种收益可以表示为与时间成正相关的递增函数，随时间的推移收益不断增加。

(3)$E1$ 是青云山景区在当地居民未采取生态环境保护行为时所受到的长期负外部性损失，这种损失可以表示为与时间成正相关的递增函数，随时间的推移损失不断增加。

(4)$E2$ 是青云山景区居民未采取生态环境保护行为时所获得的短期收益，但由于缺乏生态环境保护，这种收益表现为与时间成负相关的递减函数，随时间的推移收益不断减少，甚至最终递减为负值。

(5)$C1$ 是青云山景区在对当地居民实行生态补偿时所花费的成本。

(6)$C2$ 是青云山景区居民采取保护生态环境行为时所花费的成本。

(7)$C5$ 是青云山景区对当地居民进行监督管理时所花费的成本。

(8)$F3$ 是青云山景区在进行监督管理后对未进行生态环境保护的当地居民的罚款。

(9)r 是青云山景区对当地居民进行监督的概率。

表 2 青云山景区经营企业与当地居民博弈矩阵

		生态补偿主体(青云山景区经营企业)	
		进行监督管理	不进行监督管理
生态受偿主体(当地居民)	进行生态环境保护	$R2-C2+C1, R1-C5-C1$	$R2-C2$，$R1$
	不进行生态环境保护	$E2-F3$，$-E1-C5+F3$	$E2$，$-E1$

在这个假设下，不存在明确纳什均衡，若青云山景区选择不进行监督管理，要想让当地居民选择进行生态环境保护，则必须满足条件：$R2-C2>E2$，即 $R2>C2+E2$，青云山景区居民采取生态环境保护行为所能获得的长期生态收益要大于采取保护生态环境行为所花费的成本与未采取生态环境保护行为所获得的短期收益之和，但长期生态效益在短期内难以体现，在减去保护青云山景区生态环境需要付出的成本后，想使其还高于当地居民不保护生态环境的短期收益，很难实现，所以在这种情况下，当地居民选择进行生态环境保护的可能性很小。若青云山景区选择进行监督管理，要想让当地居民选择进行生态环境保护，则必须满足条件：$R2-C2+C1>E2-F3$，即 $R2+C1+F3>C2+E2$。若当地居民未进行生态环境保护，青云山景区发现后对其进行罚款，还需满足条件：$F3-C5>0$，即 $F3>C5$。

2. 模式二：永泰县政府景区生态环境管理部门与青云山景区经营企业的博弈关系分析

在永泰县政府景区生态环境管理部门与青云山景区经营企业二者的博弈中，假设永泰县政府制定旅游景区生态环境监督管理条例，要求青云山景区对其景区内居民进行监督管理。则青云山景区可选择两种策略，即实行监督管理或不实行监督管理。而永泰县政府也有进行监督管理与不进行监督管理两种策略。若青云山景区选择不实行监督管理的策略，而永泰县政府选择进行监督管理的策略，青云山景区的行为会被永泰县政府发现，政府会对其采取惩

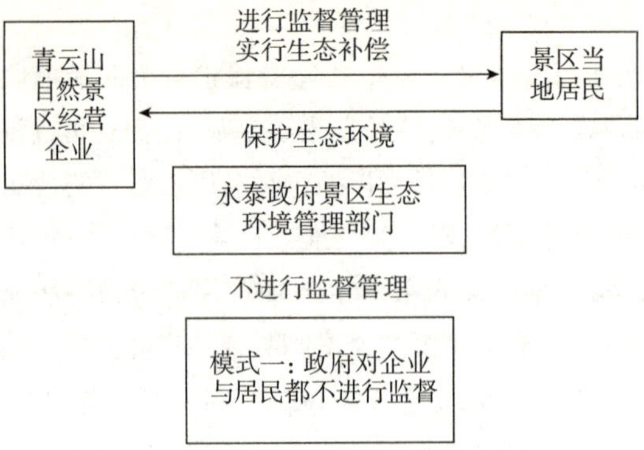

图 4　政府对企业和居民都不进行监督

罚措施，进行罚款，若之后青云山景区再次偷偷未实行监督管理并被政府发现，政府将采取更强硬的惩罚措施，并增加罚款金额。若永泰县政府发现青云山景区有对当地居民进行监督管理，则会对其进行财政补贴。

假设：

（1）$C3$ 是永泰县政府对青云山景区进行监督管理的成本。

（2）$R3$ 是永泰县政府在青云山景区居民进行生态环境保护时可获得的长期正外部性生态收益，是与时间成正相关的递增函数，随时间的推移收益不断增加。

（3）$E3$ 是永泰县政府在青云山景区居民未进行生态环境保护行为时所受到的长期负外部性生态损失，是与时间成正相关的递增函数，随时间的推移损失不断增加。

（4）$D1$ 是永泰县政府在进行监督管理后对实行生态补偿的青云山景区的财政补贴。

（5）$F1$ 是永泰县政府在进行监督管理后对未实行生态补偿的青云山景区的罚款。

表 3　永泰县政府与青云山景区经营企业博弈矩阵

		青云山景区经营企业	
		对居民进行监督	不对居民进行监督
永泰县政府	进行监督管理	$-C3-D1,\ -C5+D1$	$-C3+F1,\ -F1$
	不进行监督管理	$0,\ -C5$	$0,\ 0$

在这个假设下，不存在明确纳什均衡，永泰县政府和青云山景区的博弈矩阵如上所示（见表3）。若永泰县政府选择不进行监督管理，青云山景区必然选择不进行监督管理，若永泰县政府选择进行监督管理，要想让青云山景区进行监督管理，则必须满足条件：$D1-C5+F1>0$，即 $D1+F1>C5$ 。若青云山景区未进行监督管理，永泰县政府对其进行罚款，还需满足条件：$F1-C3>0$，即$F1>C3$。

假设青云山景区对当地居民进行生态补偿的概率为 p，永泰县政府对青云山景区进行监督的概率为 q，可以求得青云山景区的期望收益 $E1(X)$ 为

$$E1(X)=p[(-C5+D1)q+(-C5)(1-q)]+(1-p)[(-F1)q+0\times(1-q)] \quad (1)$$

永泰县政府的期望收益 $E2(X)$ 为

$$E2(X)=q[(-C3-D1)p+(-C3+F1)(1-p)]+(1-q)[0\times p+0\times(1-p)] \quad (2)$$

分别对两式求导,得出使政府和景区企业双方期望收益 $E1(X)$ 与 $E2(X)$ 最大化的概率为

$$p=(F1-C3)/(D1+F1)$$
$$q=C5/(F1+D1)$$

如果青云山景区进行监督管理的概率大于 $(F1-C3)/(D1+F1)$,永泰县政府的最优选择是不进行监督管理,如果概率小于 $(F1-C3)/(D1+F1)$,永泰县政府的最优选择是监督管理;如果概率等于 $(F1-C3)/(D1+F1)$,永泰县政府则可随机地选择监督或者不监督。而且,$p=(F1-C3)/(D1+F1)=1-(C3+D1)/(D1+F1)$,由此可以推得,政府的惩罚力度越大,即罚款 $F1$ 越大时,青云山景区进行监督管理的概率就越大;而政府进行监督管理的成本 $C3$ 越小时,青云山景区进行监督管理的概率也越大,反之越小。

如果永泰县政府进行监督管理的概率小于 $C5/(F1+D1)$,青云山景区的最优选择是不进行监督管理;如果政府监督的概率大于 $C5/(F1+D1)$,青云山景区的最优选择是进行监督管理;如果政府监督的概率等于 $C5/(F1+D1)$,青云山景区则可能随机选择进行或不进行监督管理。进行监督管理的成本越高,即 $C5$ 越大时,政府监督的概率越大,因为越高的监督管理成本意味着青云山景区越倾向于不进行监督管理,政府越要加大监管力度;而永泰县政府的罚款 $F1$ 越小,财政补贴 $D1$ 越小时,政府进行监督的概率也越大,反之越小。

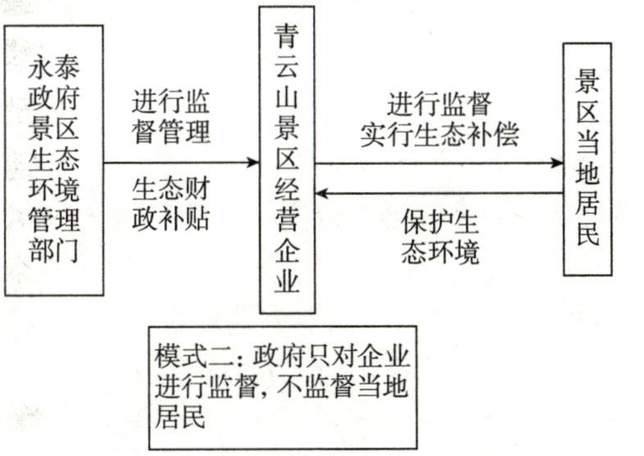

图 5 政府只对企业进行监督而不监督居民

3. 模式三:永泰县政府景区生态环境管理部门与青云山景区居民的博弈关系分析

在永泰县政府景区生态环境管理部门和青云山景区居民二者的博弈中,永泰县政府景区生态环境管理部门如果发现当地居民进行生态环境保护,将对其进行激励;但如果发现当地居民未进行生态环境保护,甚至对生态环境造成污染与破坏时,有权对其进行处罚,如罚款等,若破坏情况严重,也可对其追究刑事责任。在这种永泰县政府对青云山景区的生态环境保护实施激励惩罚机制的情况下,永泰县政府生态环境管理部门与青云山景区居民的博弈收益矩阵如下所示(见表4)。

假设:

(1)$C4$ 是永泰县政府对青云山景区居民进行监督管理的成本。

(2)$D2$ 是永泰县政府在进行监督管理后对进行生态环境保护的景区居民的财政补贴。

(3)$F2$ 是永泰县政府在进行监督管理后对未进行生态环境保护的青云山景区居民的罚款。

表 4 永泰县政府与青云山景区居民博弈矩阵

		青云山景区居民	
		进行生态环境保护	不进行生态环境保护
永泰县政府	进行监督管理	$R3-C4-D2$, $R2-C2+D2$	$-E3-C4+F2$, $E2-F2$
	不进行监督管理	$R3$, $R2-C2$	$-E3$, $E2$

在这个假设下,不存在明确纳什均衡,若永泰县政府选择不进行监督管理,要想让青云山景区居民选择进行生态环境保护,也必须满足条件:$R2>C2+E2$, 但显然青云山景区居民选择进行生态环境保护的可能性很小。若永泰县政府选择进行监督管理,要想让青云山景区居民选择进行生态环境保护,则必须满足条件:$R2-C2+D2>E2-F2$, 即 $R2+D2+F2>C2+E2$。若景区居民未保护生态环境,永泰县政府要想对其罚款,还需满足条件:$F2-C4>0$, 即 $F2>C4$。

假设青云山景区居民进行生态环境保护的概率为 m,永泰县政府对青云山景区居民进行监督的概率为 n,可以求得青云山景区居民的期望收益 $E3(X)$ 为

$$E3(X)=m[(R2-C2+D2)n+(R2-C2)(1-n)]+(1-m)[(E2-F2)n+E2(1-n)] \quad (3)$$

永泰县政府的期望收益 $E4(X)$ 为

$$E4(X)=n[(R3-C4-D2)m+(-E3-C4+F2)(1-m)]+(1-n)[R3\times m+(-E3)(1-m)] \quad (4)$$

分别对两式求导,得出使政府和景区居民双方期望收益 $E3(X)$ 与 $E4(X)$ 最大化的概率为

$$m=(F2-C4)/(D2+F2)$$

$$n=(C2+E2-R2)/(F2+D2)$$

如果青云山景区居民进行生态环境保护的概率大于$(F2-C4)/(D2+F2)$,永泰县政府的最优选择是不进行监督管理,如果概率小于$(F2-C4)/(D2+F2)$,永泰县政府的最优选择是监督管理;如果概率等于$(F2-C4)/(D2+F2)$,永泰县政府则可以随机选择监督管理或者不监督管理。而且,$m=(F2-C4)/(D2+F2)=1-(C4+D2)/(D2+F2)$。由此可以推得,当永泰县政府的惩罚力度越大,罚款金额 $F2$ 越大时,青云山景区居民进行生态环境保护的概率就越大,反之越小;而当政府进行监督管理的成本 $C4$ 越小时,青云山景区进行生态补偿的概率也越大,反之越小。

如果永泰县政府进行监督管理的概率小于$(C2+E2-R2)/(F2+D2)$,青云山景区居民的最优选择是不进行生态环境保护;如果政府监督的概率大于$(C2+E2-R2)/(F2+D2)$,青云山景区居民的最优选择是进行生态环境保护;如果政府监督的概率等于$(C2+E2-R2)/(F2+D2)$,青云山景区居民则可能随机选择进行生态环境保护或不进行生态环境保护。当进行生态环境保护的成本越高,即 $C2$ 越大时,永泰县政府进行监督管理的概率越大,因为越高的生态环境保护成本意味着青云山景区居民越倾向于不进行生态环境保护,政府越

要加大监管力度，反之越小；当青云山景区居民未采取生态环境保护行为时所获得的短期收益 $E2$ 越大，以及采取生态环境保护行为时所能获得的长期生态收益 $R2$ 越小时，政府越要加大监管力度；而当永泰县政府的罚款 $F2$ 越小，财政补贴 $D2$ 越小时，政府进行监督管理的概率也越大，反之越小。

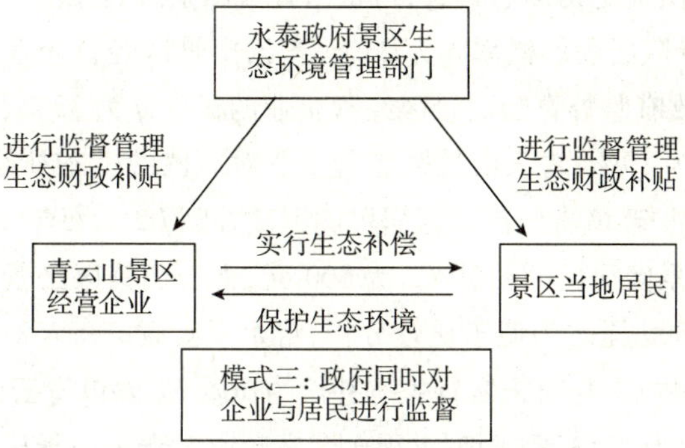

图 6　政府同时对企业与居民进行监督

4. 三种生态补偿利益博弈模式的比较分析与青云山景区生态补偿模式的选择

对三种模式下三方利益主体的成本与所得进行比较（见表 5）。

表 5　青云山景区三种利益博弈模式收益

	模式 1	模式 2	模式 3
永泰县政府景区生态环境管理部门	$m \times R3 - (1-m) \times E3$	$[q \times (1-r) \times F1 + m \times R3] - [q \times C3 + q \times r \times D1 + (1-m) \times E3]$	$[q \times (1-p) \times F1 + n \times (1-m) \times F2 + m \times R3] - [q \times C3 + q \times p \times D1 + n \times C4 + n \times m \times D2 + (1-m) \times E3]$
青云山自然景区经营企业	$[r \times (1-m) \times F3 + m \times R1] - [r \times C5 + r \times m \times C1 + (1-m) \times E1]$	$[r \times (1-m) \times F3 + q \times r \times D1 + m \times R1] - [r \times C5 + r \times m \times C1 + q \times (1-r) \times F1 + (1-m) \times E1]$	$[q \times p \times D1 + m \times R1] - [p \times C1 + q \times (1-p) \times F1 + (1-m) \times E1]$
青云山景区当地居民	$[r \times m \times C1 + (1-m) \times E2 + m \times R2] - [m \times C2 + r \times (1-m) \times F3]$	$[r \times m \times C1 + (1-m) \times E2 + m \times R2] - [m \times C2 + r \times (1-m) \times F3]$	$[p \times C1 + n \times m \times D2 + (1-m) \times E2 + m \times R2] - [m \times C2 + n \times (1-m) \times F2]$

$R1$、$R2$、$R3$ 为青云山景区居民保护生态环境产生的对他们自身、景区经营企业和永泰县政府的长期正外部性生态收益，而长期生态收益难以用具体数字衡量，所以 $R1$、$R2$、$R3$ 难以用具体数据来表示；同理，$E1$、$E3$ 为青云山景区居民破坏生态环境产生的对景区经营企业和

永泰县政府的长期负外部性生态损失，长期生态损失也难以用具体数字衡量，所以 $E1$、$E3$ 也难以用具体数据来表示。而青云山景区居民通过破坏当地生态环境获得的短期经济收益 $E2$ 也难以用具体数据表示。$C2$ 为青云山景区居民保护生态环境所花费的成本，所以 $C2$ 仍未找到适合的具体数据来代入。

通过青云山景区的实地走访问卷调查，可得出青云山景区居民保护生态环境的概率 m 为 61%，永泰县政府监督景区居民的概率 n 为 23%，青云山景区经营企业生态补偿当地居民的概率 p 为 58%，永泰县政府监督青云山景区经营企业的概率 q 为 32%，青云山景区经营企业监督当地居民概率的 r 为 19%；青云山景区经营企业对居民的生态补偿金额 $C1$ 为每年每户 308 元，永泰县政府对保护环境青云山景区居民的财政补贴 $D2$ 为每年每户 97 元，永泰县政府对未保护环境的青云山景区居民的罚款 $F2$ 为 600 元，青云山景区经营企业对未保护环境的当地居民的罚款 $F3$ 为 600 元。为便于比较分析，将永泰县政府每年对青云山景区经营企业实行生态补偿的财政补贴 $D1$ 与对未实行生态补偿的罚款 $F1$ 除以青云山景区居民总户数，求得 $D1$ 约为 346 元、$F1$ 约为 1213 元，同理求得永泰县政府对青云山景区经营企业是否实施生态补偿监督成本 $C3$ 接近于零，永泰县政府对青云山景区居民是否保护环境进行监督的成本 $C4$ 约为 94 元，青云山景区经营企业对当地居民进行监督所花费的成本 $C5$ 约为 86 元，将这些数据代入表 5 中，可具体计算出青云山景区生态补偿中三方主体的收益。

表 6 具体计算而得的青云山景区三种利益博弈模式收益

	模式 1	模式 2	模式 3
永泰县政府	$61\% \times R3 - 39\% \times E3$	$270.4 + 61\% \times R3 - 39\% \times E3$	$100.8 + 61\% \times R3 - 39\% \times E3$
青云山景区	$-6.2 + 61\% \times R1 - 39\% \times E1$	$-276.5 + 61\% \times R1 - 39\% \times E1$	$-266.1 + 61\% \times R1 - 39\% \times E1$
青云山景区当地居民	$-10.9 + 39\% \times E2 + 61\% \times R2 - 61\% \times C2$	$-10.9 + 39\% \times E2 + 61\% \times R2 - 61\% \times C2$	$148.5 + 39\% \times E2 + 61\% \times R2 - 61\% \times C2$

综合上述三种模式的收益与成本的比较分析，在第一种模式与第二种模式下，青云山景区居民的最终收益相等，而当选择第三种模式时，青云山景区居民的最终收益与前两种模式相比，最终收益增加了 159.5；在第二种模式时，青云山景区经营企业的最终收益是最少的；在第一种模式时，永泰县政府的最终收益是最少的。所以使青云山景区经营企业与当地居民所获收益最大的生态补偿模式是第三种模式，此时永泰县政府的最终收益为：$100.8 + 61\% \times R3 - 39\% \times E3$，青云山景区经营企业的最终收益为：$-266.1 + 61\% \times R1 - 39\% \times E1$，青云山景区居民的最终收益为：$148.5 + 39\% \times E2 + 61\% \times R2 - 61\% \times C2$，三个主体综合最终收益为：$61\% \times R3 - 39\% \times E3 + 61\% \times R1 - 39\% \times E1 + 39\% \times E2 + 61\% \times R2 - 61\% \times C2 - 16.8$。根据计算结果，三方博弈的最优结果是，永泰县政府景区生态环境管理部门应对青云山景区的生态环境保护进行监督管理，并实施激励惩罚机制，青云山生态景区经营企业应对当地居

民进行生态补偿,使当地居民愿意主动保护青云山景区生态环境,促进青云山景区旅游业的可持续发展。

五、协调各主体利益完善青云山景区生态补偿的对策建议

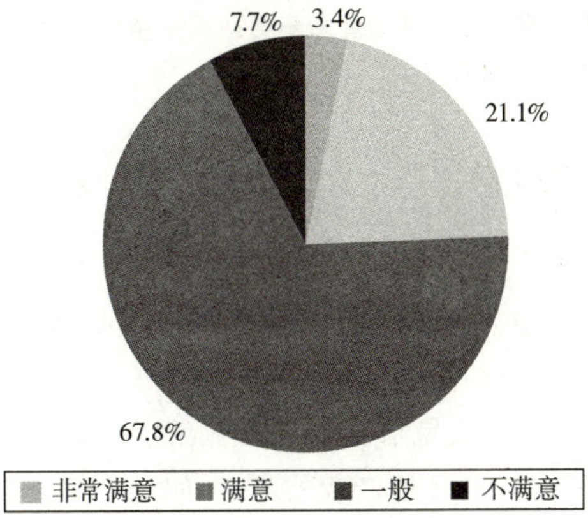

图7 对于永泰县政府已实施生态补偿政策效果的总体评价

数据来源:根据问卷调查数据整理而得。

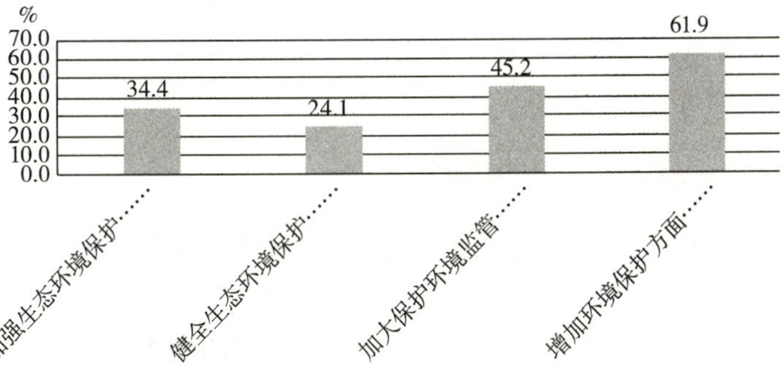

图8 保护青云山景区生态环境的有效措施

数据来源:根据问卷调查数据整理而得。

通过对青云山景区居民与工作人员的问卷调查与访谈,对于永泰县政府已实施生态补偿政策效果的总体评价,67.8%的人表示一般,只有21.1%的人表示满意。对于推动保护青云山生态环境的措施,61.9%的人认为最重要的还是需要增加生态环境保护资金投入;45.2%的人认为要加大保护环境监管力度;24.1%的人认为要健全生态环境保护法律法规;还有34.4%的人认为要加强生态环境保护宣传教育。而关于当地居民希望永泰县政府能够提供的帮助,68.5%的人希望能提供资金支持,57.8%的人希望能进行监督管理。针对青云山景区的实地调查与生态补偿中利益主体的博弈结果,对青云山景区旅游生态补偿制度的构建提出以下建议。

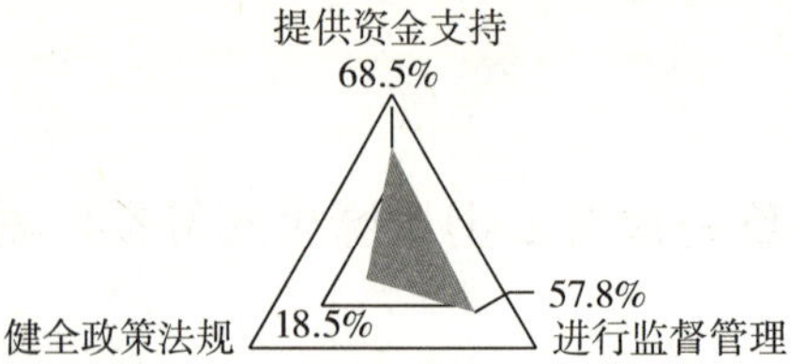

图 9 当地居民最希望永泰县政府提供的帮助

数据来源:根据问卷调查数据整理而得。

(一)明晰产权,健全青云山景区生态环境资源产权制度

针对生态景区的“公地悲剧”,青云山景区的生态环境资源作为一项财产有许多拥有者,且每一个都有使用权,而各个利益主体都倾向于过度使用,易导致生态景区的“公地悲剧”。要让补偿主体向受偿主体支付生态补偿,应先确保旅游生态环境具有明确的产权。明确界定各方利益主体的权利和利益,在产权交易制度上,健全旅游生态环境资源交易制度,为创造良好的景区生态环境做出贡献者应获得环境产权的收益,如对于积极保护景区生态环境的居民,产权所有者应对其支付相应的回报;在产权保护制度上,对景区生态环境造成损害者应明确追究其责任,进行相应的经济赔偿或行政处罚,若有当地居民破坏生态环境情况严重者,如捕杀国家一级野生保护动物,除对其进行罚款外,还将追究其刑事责任。要通过制度设计,客观界定补偿主客体,科学制定补偿标准并采取有效的补偿方式,针对生态产品这一特殊公共产品消费中的不良现象,制定生态环境保护者的合理回报,激励人们从事生态环境保护并使生态资本增加。

(二)完善青云山景区外部成本内部化机制

针对青云山景区的负外部性问题,要完善使景区居民保护生态环境付出的外部性成本内部化的机制。景区具有公共性、公益性的特征,进行生态环境保护的收益并不是完全由景区当地居民获得。但在当地居民原先的山林和农地被划入景区后,其生活和生产空间所受的明显压缩及由此造成的消极影响,却主要是由当地居民所承受。由于生态建设的滞后性、公益性与居民的自私性、急迫性的矛盾冲突明显,居民难以从生态环境保护中获取直接利益,缺乏对生态环境保护的理解,生态价值观和生态财富观尚未形成,居民难以理解和认同生态环境保护工作,导致生态环境保护效果下降。对于生态补偿金的来源,应按照“谁受益,谁补偿”的原则,按照一定的标准统一征收生态环境保护税。将景区的自然环境资源保护外部性成本内部化,使享受景区优美生态环境正外部性的“收益者”通过某种形式为自然环境资源保护付费,如旅游消费者通过门票等形式支付相应费用。

(三)建立青云山景区生态环境保护监督体系

为促使青云山景区能自觉执行生态环境保护政策,永泰县政府应加强对景区生态环境保护的监督力度,尽快完善景区生态补偿立法,保证生态补偿金的落实,加大处罚力度,提高监督管理效率。景区企业因为缺乏政府的政策引导,又为了追求短期利益,缺乏对景区居民生态补偿的积极性。永泰县政府要尽可能担任倡导者、引领者的角色,制定生态旅游景区的产业标准和发展体系,作出整体的发展规划,引起旅游景区企业注意,使之随政策发展。景区企业以追求利益最大化为目标,因此要对其励罚并重,企业进行生态补偿的积极性才会大大提高。同理,景区居民也是如此。政府应该满足企业与居民追求利益的根本目的,制定和利用合理的政策。有政府的政策引导、财政支持和严厉的惩罚措施,景区企业博弈均衡才会转变为进行生态补偿,景区居民博弈均衡才会转变为保护生态环境。

(四)加强青云山景区生态环境保护宣传与教育力度

充分运用广播、报刊、标语及各种公益活动,加强生态环境保护宣传,不断提高当地居民的生态环境保护意识。组织开展多途径的生态环境保护教育,有计划地对各级干部和企业经营管理人员进行以环境和资源保护法律、法规、环境标准和清洁生产等为内容的生态环境保护培训,使之能够正确处理生态环境保护与经济社会发展之间的关系。

参考文献

[1]陈英. 基于博弈论的旅游产业利益相关者分析[D]. 兰州:兰州大学,2008.
[2]刘翠. 遗产地保护与周边社区发展的博弈关系分析——以武夷山为例[D]. 福州:福建农林大学,2010.
[3]陈国生. 湘鄂渝黔边区旅游环境保护的博弈分析[J]. 衡阳师范大学学报,2003,24(4):79-84.
[4]朱瑞. 我国生态旅游发展利益相关者视角博弈分析[J]. 杭州师范大学学报,2004(5):74-80.
[5]胡敏. 限游政策的博弈分析及风景名胜资源保护的两条市场化途径[J]. 桂林大学学报, 2004(1):35-40.
[6]朱四海,郑向敏. 旅游业管理制度力量博弈分析[J]. 龙岩大学学报, 2004(3):33-36.
[7]依邵华. 民营企业开发旅游景区的博弈分析[J]. 北京第二外国语学院学报, 2004(3):38-41.
[8]田喜洲. 旅游市场监督博弈分析[J]. 经济经纬, 2004(4):13-16.
[9]阎友兵,赵黎明. 旅游景区经营权转让条件下景区保护的博弈分析[J]. 系统工程,2005(3):98-100.
[10]黄金火. 我国公共资源类景区悲剧的博弈——从使用者角度剖析[J]. 资源科学,2005(9):180-186.
[11]韦复生. 旅游社区居民与利益相关者博弈关系分析[J]. 广西研究,2007(3):197-199.
[12]徐洋. 万绿湖生态旅游发展与环境保护的博弈分析[J]. 中国林业经济,2007(5):4-7.
[13]张安民,梁留科,李永文. 新景区开发的利益相关者博弈分析[J]. 旅游资源,2007,23(11):1041-1043.
[14]袁亚忠,唐慧. 乡村旅游开发中环境保护的博弈分析[J]. 怀化大学学报,2007,26(6):14-16.
[15]高嘉. 旅游业发展中环境保护的博弈分析[J]. 长江大学学报(社会科学版),2007,30(6):97-99.
[16]李永文. 基于利益相关者博弈均衡背景下的景区开发动力分析[J]. 河南大学学报,2008(3):171-175.
[17]龙茂兴. 论社区和景区建设的博弈关系与良性互动的实现途径[J]. 企业家天地,2008(4):226-227.
[18]张铁成,胡青云. 旅游资源公地悲剧现象的博弈分析[J]. 市场论坛,2009(2):84-86.
[19]宋敏. 生态补偿机制建立的博弈分析[J]. 学术交流,2009(5):83-87.
[20]孙艳萍. 论景区和社区一体化旅游发展中利益相关者的博弈关系[J]. 云南大学学报,2009(12):69-73.
[21]申燕萍. 基于博弈论的生态旅游环境保护规划政府规制效用分析[J]. 生态经济,2010(1):198-200.
[22]吴艳,宋健峰. 旅游景区环境保护博弈分析[J]. 安徽农业科学,2011(8):20600-20602.
[23]张俐. 基于博弈视角的景区利益平衡研究——以三峡景区为例[J]. 旅游经济,2012(9):143-145.
[24]赵立民. 基于博弈论理论的生态旅游可持续发展模式研究[J]. 开发研究,2013(2):63-67.
[25]周大庆. 旅游景区治理绩效:政府与利益相关者的博弈[J]. 经济地理,2013(8):188-192.
[26]陈丽丽,章家恩,虞依娜,叶延琼. 旅游生态补偿机制博弈分析[J]. 生态经济,2016(3):123-126.

吏部人事分权影响了地方大府的经济发展吗[①]
——基于清代“冲繁疲难”制度的分析

张传正
（福建师范大学经济学院）

[摘　要] 不同的权力分配格局，意味着与经济发展相关的资源得到了不同方式的整合与运用，从而对应着相应的经济绩效。本文围绕清代“冲繁疲难”的人事权改革，运用 OLS 回归和固定效应模型，探讨了吏部人事分权对地方 40 个大府经济发展的影响。研究发现，吏部的人事分权，对地方经济发展有显著影响。在同一时期，吏部人事权集中程度更高的府区，拥有更低的人口密度。之所以会有这种结果，部分是因为吏部掣签月选的任官方式带有很强的随机性和盲目性，使得官员这一地方治理资源不能得到合理的调配与运用，从而给地方经济发展带来了阻碍。本文既丰富了制度与经济发展的文献，也丰富了央地权力分配对经济发展的影响的有关探讨。

[关键词] 吏部人事分权；地方经济发展；冲繁疲难

一、引　言

权力与经济发展的关系是经济学家非常关注的问题。不同的权力分配格局意味着与经济发展相关的资源得到了不同方式的整合与运用，进而对经济发展产生影响。许多学者认为，改革开放以来，央地权力格局的演变，对中国的地方经济发展有着重要影响。[1][2][3]

央地权力分配理论关注的是，哪些职能和政策工具应该集中到中央政府，而哪些应该分散到地方政府。[4] 现有探讨央地权力关系与地方经济发展关系的研究，主要是围绕中央政府和地方政府的政治权力分配、经济权力分配和行政权力分配这 3 个方面展开的。①在有关央地政治权利分配与经济发展关系的探讨中，“晋升锦标赛”理论较有代表性，该理论认为，在中国的改革开放过程中，中央牢牢掌握着地方官员人事任免权的政治集权格局，[②]有助于中国的地方经济增长。因为在此种格局下，一旦将人事考核与经济绩效挂钩，地方官员将会为了追

---

① 本文的地方大府是指地方文官规模较大的府级政区，具体衡量标准及这样处理的原因将在本文第三部分的样本与变量的选择部分予以讨论。

② 政府间的政治关系可以从地方人事任命权的角度来度量，如果地方主要领导干部的人事任命权掌握在中央和上级政府手中，就大体可以称之为政治集权。

求晋升而有推动经济增长的激励。[5]②在央地经济权力分配与地方经济发展关系的研究中，较有代表性的是“财政联邦主义”理论。财政联邦主义理论认为，央地的财政分权有助于改进不同层级政府的激励，进而提高资源配置效率。具体机制是，地方居民偏好之不同和给定的信息不对称，使得通过中央政府统一供给公共品无法有效满足居民的异质偏好，而财政分权则可以赋予地方政府供给公共品的更多自主权，使地方可以根据当地的实际情况提供公共品。[6][7][8]以上理论得到了许多实证研究的支持，并引发了诸多学者的深入探讨。[9][10][11]③在有关央地行政权利分配与经济发展关系的探讨中，不少学者发现，行政分权可以通过吸引更多资本和新企业等方式来促进经济增长。[12][13][14]

以上研究极大地丰富了我们对央地权力分配的经济影响的认识，但也存在一个不足，即探究央地权力分配与地方经济发展关系这一问题时，对央地经济权力和行政权力的分配关系探讨较多，而对其他领域，如政治领域相关权力的分配关系探讨较少。晋升锦标赛理论作为涉及后一领域的代表性理论，虽然肯定了以人事集权为主要形式的政治集权在中国地方经济发展中的重要贡献，但却并未探讨政治领域相关权力的分权与地方经济发展的关系。

探讨中国政治领域的分权与经济发展的关系有一定的难度，因为新中国的历史缺乏很好的政治分权案例，庆幸的是，中华民族的丰富历史可以较好地解决这一问题，比如，清代的中央政府就曾实行过“冲繁疲难”的人事分权（政治分权的一种表现形式）。本文正是利用清代这一削弱吏部（代表中央）人事权、扩张督抚（代表地方）人事权的分权历史经验，探究吏部人事权的变动与地方经济发展的关系，以期对政治领域分权的社会经济效应有所认识。

由唐至清，地方文官的任命权逐渐集中于吏部。然而，吏部身处中央，不可能对泱泱一国的地方情形和官员素质有全面的了解。如果把治理一方的地方文官作为一种治理资源来看，那么地方治理难度之不同和给定的信息不对称，将使中央政府统一配置这种治理资源带有一定的盲目性，无法有效满足地方的异质偏好，进而可能妨害地方治理。[15][16]清朝的统治者深刻地认识到了这一问题，并于雍正九年正式实行了“冲繁疲难”这一扩权督抚的人事权改革，即认为督抚对地方情形和属员有更充分的了解，从而赋予地方督抚对辖区中下级文官的任用权，以使地方可根据当地实际情况合理配置官员这一治理资源，达到“人地相宜”的治理效果。[17]

然而，“冲繁疲难”的人事分权改革是否真正影响了地方治理，如影响了地方经济发展呢？为揭示以上问题，本文构建了吏部人事权变动与地方经济发展的数据库，并进行实证分析。研究发现，吏部地方文官人事权的集中，对地方经济发展有显著的负向影响。在同一时期，吏部人事权集中程度更高的府区，拥有更低的人口密度。

本文可能的贡献在于：①丰富了央地权力分配关系与地方经济发展的研究。②丰富了对历史王朝的国家和地方治理问题的探讨。③丰富了制度变革与经济发展关系的研究。

除引言外，本文的结构如下：第二部分对清代吏部人事权变动的历史背景进行简要介绍，回顾吏部人事权的变动影响地方经济的相关观点。第三部分对本文的样本、实证模型、变量及数据来源进行说明。第四和第五部分分别给出吏部人事权对经济发展影响的实证结果和具体影响机制。最后是本文的总结部分。

二、历史背景:从吏部总揽到督抚扩权

科举制作为一种较为合理的人才选拔机制,为统治者提供了丰富的官员资源。然而“国家缺额有定,士子登进无穷”,如何调配、运用好这一治理资源,以使有限的官缺各得其人,使官员人尽其才,进而提高地方的治理质量呢?处理好这一问题,是中国古代任官制度的根本任务。中国古代任官制度,主要包含官员的任用方式和任用权的归属两个方面,在地方文官的任用权上,由唐至清经历了一个由吏部总揽到扩权督抚的转变。

(一)唐–明:地方文官任用权的吏部总揽

自唐代以来,官员任用制度日渐严密,文官任权归吏部,武官任权归兵部,由皇帝整体驾控。北宋初期,为了强化中央集权制度,统治者对任官制度也多加改变,使文官的人事权逐渐归于中央,以致达到“幕职悉由铨受”的程度。由于吏部不可能对泱泱一国的所有官缺、所有候选人员都详细了解,所以这种高度集中的任官过程必然充满了盲目性,很容易出现“庸员得要地”和大材小用等不合理现象。对吏部的这种人事集权,朱熹曾有一段尖锐的批评:“今天下之大,百官之众,皆总于吏部。下至宰执干办使臣,特其家私仆尔,亦须吏部差注,所以只是衮衮地突差将去,何暇论其人之材否![18][19]”而到了明代,吏部手中的地方文官人事权并没有得到明显削减,中央几乎垄断了所有地方文官的任命权,也就是说,一个地方的某个职位由谁来担任,几乎全由皇帝和吏部决定,督抚是没有人事权的。

(二)清:“冲繁疲难”制度与督抚人事权的扩张

文官悉归吏部铨选的任官方式,虽然操作便利,又不会产生对皇帝和中央政府的离心力,但这种制度不能使官得其人、人尽其才,行政效率极低。唐、宋、元、明历代统治者也认识到了这一点,不同程度地推行了保题制度来补救铨选的缺陷,但吏部的人事权并没有得到有效削减,绝大多数地方文官的任用权仍归吏部,所以“人地不宜”的问题不可能得到实质性的解决。

清雍正年间,广西布政使金鉷针对当时各省普遍存在的人缺不宜的现象,提出了一套新的划分州、县等级的方法。[20][21]简言之,即根据各州、县所处地理位置的冲或僻、政务的繁或简、赋税的完或欠、命盗案件的多或寡等四方面情况,分别定为“冲”“繁”“疲”“难”四个要素。再按所占四要素之多寡,把州、县缺划分不同的等级,其中四要素俱全,或兼(包括兼三和兼二),或专者,定为“要缺”,遇有缺出,令各省督抚于所属州县内拣选调补;而四项俱无者,定为“常缺”,遇有缺出,令吏部掣签补授。意图把州、县要缺从月选缺中抽离出来,遇有缺出,不再由吏部月选,而是由外省督抚于属员中拣选补授。雍正帝最终施行了由吏部覆议、大体维护金珙提议精神的“冲繁疲难”制度,即规定全国州、县地方依据地情汇报兼字情况,根据兼字情况决定其官职任用权的归属,兼四字、三字者由督抚自行题补,余则全归吏部月选。到了乾隆朝,这一制度的使用范围从州、县扩展到了道府。[22]

所以,“冲繁疲难”制度不仅仅进行了政区的分级,更实质性地触碰到了地方文官尽由吏部月选这一固有的选任方式和权力分配格局。这一制度的施行,使得一部分本来应归吏部的文官任用权交给了地方督抚,使吏部的地方文官人事权得到实质性削减,使外省督抚的文官

任用权得到大幅扩张。这样,有关地方文官的选任,便从以前的吏部垄断转向了扩权督抚,吏督并重。形成了不同的央地权力划分格局。

我们认为,权力往往和资源密切勾连,不同的权力分配格局意味着相关资源得到不同方式的整合和利用。如果把地方文官当成一种地方治理资源,那么实质性不同的任命方式意味着这种治理资源得到了不同的整合与运用。而地方治理资源的不同整合和运用,从理论上说会影响到地方的治理。对“冲繁疲难”制度的支持者和反对者的观点加以梳理分析,可以发现,吏部人事权的变动与地方治理的关系主要有以下3种可能。

1. 削弱吏部人事权,可以改善地方治理

原因是,吏部身居中央,对地方情形知之甚少,其掣签月选的任官方式会增大发生“人地不宜”情况的概率,从而不利于地方治理和发展。

2. 削弱吏部人事权,反而会恶化地方治理

原因是,吏部人事权的削弱意味着地方的人事权扩张,这很可能引发任人唯亲、结派营私的问题,吏部月选有不足,但在一定程度上避免了某些“暗箱操作”,反而相对更利于地方治理。

3. 吏部人事权的变动与地方治理可能未必存在某种确定的联系

本文将以地方的经济发展情况为切入点,从实证的角度对以上理论进行验证,即探索吏部人事权的变动与地方经济发展的关系。以下是我们的计量分析过程。

三、样本选择、实证模型、变量与数据来源

(一)样本选择

我们选取了内地十八省的40个大府作为我们的研究样本。

(1)之所以选择内地十八省,主要是因为清朝时,这十八个省区大体维持了明朝以来原有的任官制度,而有别于满人占领的关外三将军辖区及新疆、内外蒙古、青海、西藏等其他地区。制度的这种稳定性将便于我们的观测和研究。另外,清朝官方发行的《爵秩全览》等职官录也大多只提供了十八省的官员任职情况。因此我们选择内地十八省中的相关府区作为主要研究对象。①

(2)之所以只研究1776年、1820年和1851年这3个时期,是因为1851年及以后,爆发了太平天国等诸多大规模起义与战争,造成了大量的人口损失。与1851年相比,1880年在十八省的全部266个府级政区中,有126个出现了人口密度的负增长。[23]受太平天国战争冲击的地区,其人口密度在经历了长达65年的长期恢复后才逐渐重回战前水平。[24]由于我们主要研究用人口密度来代理的经济发展水平[具体解释见本部分(二)的内容]与吏部人事权的关系,这一情况显然将直接干扰我们对人口密度和吏部人事权关系的观测,故未研究1880年和

① 未将顺天府纳入研究对象是因为,顺天府为京师所在,官员结构与其余地方府区有实质性区别,不适合与地方府区一起作为我们的样本。

1910年的经济发展与吏部人事权的关系。

（3）之所以选择在册地方文官而非地方武官和京官，是因为在某一地方府区，地方文官在促进经济发展方面比后两者有着更为明显的作用[更详细的解释见第五部分（一）的内容]。而之所以选择在册地方文官规模较大的府级政区作为我们的研究对象，是因为吏部人事权的变动在这种大府内可被很好地观测，而在规模较小的府区则很难观测。由于目前度量吏部人事权更合适的指标是吏部任官率[用某府在某一时期由吏部月选的文官占该府该时期所有在册文官的比例来衡量，具体解释见本部分（二）的内容]，而在全国，有的府区所领州县甚众，地方在册文官数目比较可观，而有的府区所领州县很少，地方在册文官数目相对少很多（如1776年的直隶省，保定府领州2州15县，通府在册文官90余人，而同为府级政区的冀州，却只领7县，通州在册文官仅20余人）。为减轻这种比率统计造成的放大效应，我们决定只选取地方各年在册文官数目过50名的府区作为我们的研究对象，查阅《中国行政区划通史（清代卷）》和相关年份的《缙绅全书》《爵秩全览》，共找到40个满足条件的府区（十八省府区在册文官数目见附录1）。

我们对样本进行了初步分析，发现在1776年、1820年和1851年，吏部人事权与经济发展水平有显著的负相关关系。为验证二者的因果关系，我们接下来将用相关数据进行更为严谨的实证分析。

（二）模型设定

为度量吏部人事集权对样本中40个大府经济发展的影响，实证模型设定如下

$$Y_{it} = \beta_1 + \beta_2 libu_{it} + \gamma X + \varepsilon_{it}$$

其中，Y_{it}表示第i个府在第t个时期的经济发展水平；$libu_{it}$为第i个府在第t个时期的吏部任官率（吏部月选的在册文官占所有在册文官的比例），用来衡量吏部对地方文官的人事集权程度；X是一组可能影响到经济发展水平的经济社会与地理环境的控制变量；β_1为常数项；β_2，γ，ε分别为待估计系数和随机扰动项；β_2识别了不同吏部人事集权程度地区的经济发展水平的差异。

（三）变量选择及数据来源

1. 被解释变量

本文选取人口密度作为经济发展水平的代理变量。度量前工业社会的经济发展水平时，经济学家比较常用的代理变量是人口密度和城镇化率。之所以做这种处理，一是因为前工业社会没有人均GDP等较好衡量地区间经济发展差异的指标；二是因为前工业社会人口密度、城镇化率分别都与经济发展具有显著的正向相关关系。本文样本中的地区级别是府一级而非省一级，故我们选择人口密度而不是城镇化率来衡量经济发展水平。人口密度来自曹树基《中国人口史——清时期》提供的1776年、1820年和1851年3个时期的府级人口密度数据。

2. 核心解释变量

本文的核心解释变量是吏部人事权的集中程度，用某府在某一时期由吏部月选的文官占该府该时期所有在册文官的比例来衡量。因为吏部月选的官员占比越高，说明吏部手中的权

力被施展得越多,因而实际集权程度越高。这里只考虑地方文官是因为地方武官的任用权归于兵部而非吏部,且地方从事主要治理活动的是知县等文官,武官的选任也没有分权的明显迹象,故武官的任职情况不在本文的考虑范围之内。

吏部人事集权的程度,理论上还可以用某府及其所领州县的兼字情况(兼冲繁疲难的字数,清朝相关法律规定,兼四、三字由人事权归督抚,二字、一字和无字人事权归于吏部)和缺目类型(属于最要缺、要缺、中缺、简缺中的何种,清朝相关法律规定,最要缺和要缺的官职人事权归督抚,其余则归于吏部)进行度量。笔者放弃这两种指标的原因是,经笔者对《爵秩全览》《大清缙绅全书》进行翻阅,发现这两个指标与实际中吏部的任官情况有出入,也就是说,会出现这种情况:法律上要求应由吏部选任的官职,最后实际上交由督抚题补了,而法律上应由督抚题补的官职,实际中却交由吏部月选了。如乾隆四十二年秋的《缙绅全书》记载的直隶保定府的知县和知州任用情况:

页五三:

清苑县-要缺-调;满城县-简缺-调;安肃县-简缺-题;定兴县-中缺-题;新城县-中缺-调;唐县-简缺-补;博野县-简缺-题;望都县-中缺-题;容城县-简缺-题;完县-简缺-题;蠡县-中缺-题。

页五四:

雄县-要缺-调;祁州-简缺-选;束鹿县-中缺-选;安州-简缺-补;高阳县-简缺-选;新安县-简缺-补。

考虑到《爵秩全览》是清代根据吏部档案整理发行的可靠性较高的官方职官录,且不循常例的习惯在清代社会不为鲜见,所以我们认为还是应该以《爵秩全览》的记载为准。因此,相对而言,根据《大清缙绅全书》和《爵秩全览》整理出的吏部选官率要优于以上两种指标。另外,从数量上来讲,官缺种类和兼字种类远不如某府的官员数目那样众多,因此,选择前二者可能会有非常大的放大效应,而后一者可以较好地减轻这种放大效应,得出更为可靠的数据。这与我们选取样本时只保留了官员数目在50名以上的府区的原因相似。

本文的吏部选官率的数据来源于清华大学图书馆所编《清代缙绅录集成》中对应年份的《缙绅全书》和《爵秩全览》。

3. 控制变量

除了吏部对地方文官的人事权大小,其他一些潜在的社会历史和地理环境因素也可能影响一个地区的经济发展。①不同行政区划面积的大小往往会影响一个地区的要素禀赋结构,进而对该地区经济发展产生影响,因此,不同地区的行政区划面积作为控制变量被加入模型中,数据来自CHGIS V.5。②省会地位可能会获取更多的政治和经济资源,且往往会对周围地区有溢出效应,所以至省会的距离也可能影响到经济发展,对以上变量也应进行控制,这部分数据来源于《爵秩全书》和《缙绅全书》。③京杭大运河对中国南北地区之间的经济、文化发展与交流,特别是对沿线地区工农业经济的发展起了巨大作用。所以也需要予以控制,沿岸府区信息来自CHGIS V4和CHGIS V5。④地理交通情况会影响某地区的资源流动,从而影响其经济发展。在“冲繁疲难”的行政分级制度中,“冲”字代表“地当孔道”,意指地理位置冲要,在交通上处于重要地位。故用某府兼字中是否含“冲”衡量其是否处于交通枢纽地位并加以控制。数据来自刘铮云《〈清史稿地理志〉府州厅县职官缺分繁简订误》。⑤“提耗羡设养廉”的火耗归公改革提高了地方政府的能力,[25]一个地方拥有的养廉银的数目会影响到地方政府的能力,进而影响到经济发展。这里用《爵秩全览》和《缙绅全书》中的相关记载得到养廉银数目并加以控制。

四、吏部人事集权对经济发展的影响

(一)回归结果

表 1 中的前 3 列给出了各时期吏部人事权变动对样本中 40 府区的人口密度影响的 OLS 回归结果。

表 1 吏部人事权变动对大府经济发展的影响

被解释变量	分府人口密度(log)			
	(1)	(2)	(3)	(4)
	OLS	OLS	OLS	FE(i. year)
	1776 年	1820 年	1851 年	1776—1851 年
核心解释变量				
吏部任官率	-1.763** (0.771)	-0.855** (0.401)	-1.158** (0.492)	-1.069** (0.220)
控制变量				
行政区域面积	-0.195*** (0.050)	-0.177*** (0.046)	-0.186*** (0.047)	-0.187*** (0.048)
至省会距离	-0.008 (0.008)	-0.010 (0.007)	-0.006 (0.007)	-0.008** (0.008)
养廉银数目	0.135 (0.095)	0.078 (0.080)	0.139 (0.094)	0.115** (0.084)
是否交通要道	0.092 (0.082)	0.027 (0.103)	0.082 (0.071)	0.059* (0.020)
是否运河沿岸	0.028 (0.091)	0.048 (0.103)	0.047 (0.106)	0.055*** (0.005)
R - squared	0.708	0.647	0.691	0.620
观测值	40	39	40	119

注:***表示 $p<0.01$,**表示 $p<0.05$ 时,*表示 $p<0.1$;括号内为稳健标准误。

列(1)、(2)、(3)给出了吏部人事权变动对样本府区各年份人口密度的影响。估计结果显示如下。

(1)某府某年的吏部任官率与该府该年对应的人口密度的回归系数显著为负。这说明在1776年、1820年、1851年的各年中,吏部选官率越高,人口密度越低,即吏部选官率每上升1%,人口密度分别显著下降1.763%、0.855%、1.158%。这说明吏部的人事权变动确实影响到了样本中府区的经济发展,即吏部人事权的扩张将不利于地方经济的发展。

(2)吏部选官率与人口密度的回归系数在1776—1851年并未呈现出递增或递减规律,而是处于一种时大时小的变化中。这是因为在实际中,吏部人事权并没有一种持续扩张或削减的明显规律。

(3)在三个时期中,每个时期吏部选官率与人口密度的回归系数会有无明显规律的明显不同,我们认为主要的原因是由于不同时期有着不同的社会历史背景,同等水平吏部任官率在不同时期可能对应着不同的人口密度。也就是说,同样的某种权力分配格局在不同时期对经济发展会造成不同的影响。

为提供更为可靠的估计结果,我们将以上3个时期的截面数据合并成面板数据,利用时刻固定效应模型进行估计。列(4)的估计结果与之前采用截面数据的估计结果一致。

以上计量结果表明:吏部地方文官人事权的集中,对地方经济发展有显著影响。在同一时期,吏部人事权集中程度更高的府区,拥有更低的人口密度。

(二)内生性检验

1. 遗漏变量

为减轻因遗漏其他重要经济社会变量而产生的内生性估计偏差的影响,本文将截面数据合并为面板数据,采用固定效应模型,以期获得较为稳健的结果。表1中列(4)的结果显示,固定住时间效应后,吏部选官率对人口密度的负向影响依然是显著的。

2. 反向因果

核心解释变量(吏部人事权大小)与被解释变量(经济发展水平)是否互为因果,对我们估计结果的稳健性有重大影响。对此,本文回顾了相关历史背景,并结合相关数据进行了以下初步检验。

乾隆七年,清廷对官缺制度进行了最后一次大规模调整(此后全国各府区的官缺性质逐渐趋于稳定,鲜有改动),规定地方官缺的繁简主要由地方的兼字情况决定。一般来说,“冲”“繁”“疲”“难”,兼四字为最要缺,兼三字为要缺,兼二字为中缺,兼一字或无字为简缺,其中,最要缺和要缺的相关官职交由地方督抚自行题补,而中缺、简缺悉归吏部月选。这也就是说,地方官缺的“要”与“简”很大程度上决定着地方的吏部任官率。

一个担心是,地方经济发展水平与该地方官缺的“要”与“简”会不会密切相关?也就是说,在确定官缺要简时,一个地方经济发展水平更高,会不会导致其成为最要缺和要缺的可能性更大,从而使该地有一个较小的吏部任官率?一个地方经济发展平平,会不会导致其成为简缺的可能性更大,从而使该地有一个较大的吏部任官率?如果普遍存在这种情况,意味着吏部人事权大小在很大程度上是由地方经济发展水平决定的,而非吏部人事权大小决定着地方经济发展水平。

为解决这一问题,我们利用曹树基提供的1776年260多个府级政区的人口密度数据,与这些府区的官缺种类做了统计分析(见附录2)。结果发现,在经济发展水平(用人口密度排名衡量)处于后60%的136个经济中下游府区中,只有四成左右(41.2%)的府区成为中缺和简缺,近六成的中下游府区反而成为最要缺和要缺。这说明地方在确定地方官缺繁简时,并不以主要经济水平为参考,是否有较强的军事战略意义,是否地处边疆、苗疆和洪水好发地等,比地方经济水平更能决定某府的官缺繁简。如经济发展水平低下的甘肃,所辖14个府级政区中,有11个府区(近8成)属于最要缺或要缺。

以上分析说明,地方的经济发展水平并不是决定官缺繁简的主要因素,因而与地方最终的吏部选官率,即吏部人事权的大小并无关联。是吏部人事权影响了经济,而非经济左右着吏部人事权。

五、为何吏部人事集权会对经济发展产生影响

权力之所以会对经济发展产生影响,往往是因为在不同的权力分配格局下,受权力支配、与经济相关的资源得到了不同程度的利用。而同样的资源,之所以被利用程度有明显差异,则在于有不同归属的权力,对相关资源的调配和运用方式有实质性的不同。而在古代中国,地方官员是对地方经济发展起重要作用的治理资源。在吏部人事权的支配下,地方文官的任用方式是掣签月选,相对于地方督抚的题补而言,这带有很强的随机性和盲目性,从而使得地方官员这一治理资源未能被有效利用。当吏部人事权趋于集中时,这种随机性和盲目性便增强;当吏部人事权相对被削减时,这种随机性和盲目性便有所减弱。随着这种随机性和盲目性的增强与减弱,地方经济发展也会或优或劣地表现。这就是吏部人事权的变动影响地方经济发展的整个逻辑过程。接下来我们需要论证两个命题:①地方文官对古代中国地方经济发展有重要作用;②吏部月选的这种地方文官任命方式,通过增强任官的随机性和盲目性妨碍了地方经济的发展。

(一)地方文官与地方经济发展

清朝时,州、县官被认为是"父母官",有统理地方大小事务的权力和造福百姓的义务。清代地方政府的职能非常广泛,囊括司法、税收、户口登记、治安、邮递、公共工程、公共福利、教育、文化、宗教、祭祀等。这种宣告所有与民生福利相关的有组织的活动都是政府应当关心和操办的"政府哲学"告诉我们,发展地方经济,让百姓温饱富足显然也是地方政府的重要任务。[26]地方政府可以通过劝农垦荒、建设水利设施、重视教育、提供好的治安环境、进行有效的灾荒赈济等多种方式来改善地方的经济发展。然而地方政府最终主要还是由地方的文官(核心力量)和相关机构(附属力量)组成,也就是说,一个地方在实际中是否真的有效进行了类似劝农垦荒、建设水利设施、进行有效的灾荒赈济等改善地方经济发展的种种努力,最终还是要取决于组成地方政府的文官群体。如果某地的文官群体缺乏治理该地的才干、素质和治理经验,无法很好地履行以上职责,那么显然会妨碍地方经济的发展。所以,可以将地方文官理解为一种影响地方经济发展的治理资源。那么,在实际治理中,如何有效利用好这一资源呢?即在任官中,如何保证地方文官群体有更好的才干素质和治理经验,以便更好地履行以上经济发展职责呢?相对随机和盲目的吏部掣签月选似乎并不能有效做到这一点。接下来

我们将分析吏部掣签选官的随机与盲目对经济发展的实际影响。

(二)吏部掣签选官的经济损失

要缺和繁缺在国家行政管理中具有十分重要的地位,这些要缺、繁缺所在的部门、地区对全国政治、经济有着举足轻重的作用。司马光认为:“常调之人,不可不为之立资格以抑躁进,塞幸门。若果有贤材,朝廷自当不次迁擢,岂拘此制。凡年高资深之人,虽未必尽贤,然累任亲民,历事繁多,知在下艰难,比于原不亲民便任监司者,必小胜矣,”也就是说,吏部循资用人对地方治理更为稳妥,而掣签选官也可以在一定程度上保证选任的公平性。[27] 然而事实却未必如此,因为就外省而言,督抚对地方民情风俗的了解显然比身处中央的吏部更多,督抚对属下才干、素质的了解也比吏部更加清楚,督抚所任官员也已有本省任职经历,有更丰富的经验。这样看来,吏部掣签月选的任官方式,将人和缺的结合完全寄托于抽签者的运气,而不是根据官缺的实际状况为其选拔合适的人才,显然极难保证某地文官群体的才干素质和治理经验能够很好地助其履行经济发展的相关职责,从而可能妨碍地方经济的发展。以下是我们的计量分析。

这里我们用吏部累积任官率来衡量吏部掣签月选的随机性和盲目性,因为一个地方在一段时期内由吏部月选的官员所占比例越大,就意味着该地区任官的随机性越强和盲目性越强。任官的随机性越强和盲目性越强,则意味着地方治理资源不能得到更为有效的整合和运用,从而损害了经济发展。需要注意的是,吏部选官率可以同时用来衡量吏部的人事集权程度与吏部选官的随机性和盲目性,但探究二者与经济发展的关系时,处理方式应有明显不同。因为某一年的人事集权程度(一种既定的权利分配格局、状态)往往对应着某一年的经济发展水平;但某一年的吏部任官的随机性和盲目性却未必。因为地方官员这种治理资源对经济所产生的影响,往往并不能立竿见影,而是需要多年以后才能体现。所以更合适的做法应该是用某一时期的吏部选官随机性和盲目性来与这一时期之后的某年的经济水平来对应。以1776年为例,一个比较理想的处理方式是,计算出1776年前若干年(如3年、5年和10年)的累积吏部任官率,再与1776年的人口密度相对应。这样,便可以看出一个地方前若干年(如3年、5年和10年)累积由吏部任用的官员的占比与该地当年的人口密度的关系。用这种方法来探究吏部任官随机性和盲目性与经济发展的关系,可以将官员对经济影响效果的发挥时滞考虑进去,因而更加严谨。不过可惜的是,这些数据大多并不可得。笔者的处理方式是,近似估计出1779年和1823的人口密度,再将1776年和1820年的吏部任官率分别扩大3倍,作为1779年和1823年各年前3年的吏部累积任官率。之所以选择3年,是因为古代的经济发展速度比较缓慢,与5年、10年相比,3年内人口密度的近似估计会更加准确一些,而通过我们对《缙绅全书》的查阅,发现3年内的选官率也较为接近,将有利于我们的研究。

表 2　吏部任官随机性和盲目性对大府经济发展的影响

被解释变量	分府人口密度(log)	
	OLS **1779**	**OLS** **1823**
核心解释变量		
吏部累积任官率	-0.584** (0.257)	-0.284*** (0.133)
控制变量		
行政区域面积	-0.195*** (0.050)	-0.176*** (0.046)
至省会距离	-0.007 (0.008)	-0.010 (0.007)
养廉银数目	0.133 (0.095)	0.077 (0.078)
是否交通要道	0.095 (0.081)	0.028 (0.098)
是否运河沿岸	0.027 (0.091)	0.049 (0.104)
R - squared	0.701	0.691
观测值	40	39

注：*** 表示 $p<0.01$，** 表示 $p<0.05$，* 表示 $p<0.1$；括号中为稳健标准误。

实证结果表明，在同一时期，任官随机性和盲目性更强的地区，拥有更低的人口密度，控制相关变量之后，这种影响仍然显著。这说明，吏部人事权的变动，通过增强或减弱吏部任命地方文官的相对随机性和盲目性，对地方经济发展产生了显著影响。

六、结　论

作为现代组织制度的核心支撑，各级政府在推进国家治理体系和治理能力现代化过程中扮演着极为重要的角色。所谓"为政之要，唯在得人"，若想政府持续稳定地发挥积极作用，首先必须保证组织内部能够实现人才资源的优化配置。在中国的政治传统中，建构一套行之有效的人事制度以筛选糟粕、拔擢精英，是确保政权稳定、促进社会发展的必要条件。

中国历史上，为解决"人地不宜"的组织治理难题，清廷赋予了地方督抚较大的地方文官任用权，这种变迁在清朝之前甚至之后都不曾出现，而这一历史经验也使我们考察央地在政治上某些领域的分权与地方经济发展的关系成为可能。本文以地方 40 个大府为研究对象，探讨了吏部人事权的变动对大府经济发展的影响。研究发现，吏部地方文官人事权的集中，对地方经济发展有显著的影响。在同一时期,吏部人事权集中程度更高的府区,拥有更低的人口密度。之所以会有这种结果,部分是因为吏部掣签月选的任官方式带有很强的“随机性”和“盲目性”,不能使官员这一地方治理资源得到合理的调配与运用,继而妨碍了地方经济的发展。

受数据和指标的限制,本文未能得到更大的样本容量,且并未深入追究吏部选官随机性损害地方发展的具体机制,因此只能是一个有关人事分权(政治分权的某种表现形式)与地方经济发展的初步探讨。未来可以通过更合适变量和指标的运用,扩充样本容量,在分析具体机制时考虑地方公共品提供情况等具体要素,以提高实证研究的可靠性,做出更让人信服的结果。

参考文献及附录

[1] Tiebout. A Pure Theory of Local Expenditures[J]. *Journal of Political Economy*,1956,64(5).

[2] Oates. *Fiscal Federalism*[M]. New York: Harcourt Brace Jovanovic , 1972.

[3] Xu and Qian. Why China s Economic Reforms Differ: The M – Form Hierarchy and Entry Expansion of the Non – State Sector[J]. *Economics of Transition* , 1993,1(2).

[4] Zhang and Zou. Fiscal Decentralization, Public Spending ,and Economic Growth in China[J]. *Journal of Public Economics*,1998, 67(2).

[5] Debin Ma Jared Rubin. *The Paradox of Power: Understanding Fiscal Capacity in Imperial China and Absolutist Regimes*[M]. London School of Economics & Political Science Working Paper,2017.

[6] 张军. 分权与增长 :中国的故事[J]. 经济学(季刊),2007(1).

[7] 周业安,张泉. 财政分权、经济增长和波动[J]. 管理世界,2008(3).

[8] 贾俊雪,郭庆旺,宁静. 财政分权、政府治理结构与县级财政解困[J]. 管理世界,2011(1).

[9] 杨 龙,张振华. 政治集权与经济分权配置制度的绩效与问题[J]. 江苏行政学院学报,2011(5).

[10] 周黎安. 中国地方官员的晋升锦标赛模式研究[J]. 经济研究,2007(7).

[11] 王永钦,张晏,章元,陈钊和陆铭. 中国的大国发展道路——论分权式改革的得失[J]. 经济研究,2007(1).

[12] 傅勇. 财政分权 、政府治理与非经济性公共物品供给财政分权 、政府治理与非经济性公共物品供给[J]. 经济研究,2010(8).

[13] 马学广,王爱民. 从行政分权到跨域治理:我国地方政府治理方式变革研究[J]. 地理与地理信息科学,2008(1).

[14] 熊柴,黄薇. 行政分权、财政分权与劳资收入不平等[J]. 制度经济学研究,2010(2).

[15] 刘冲,乔坤元,周黎安. 行政分权与财政分权的不同效应:来自中国县域的经验证据[J]. 世界经济,2014(10).

[16] 艾永明. 清代文官制度[M]. 北京:商务印书馆,2005.

[17] 王志明. 雍正朝官僚制度研究[M]. 上海:上海古籍出版社,2007.

[18] 周振鹤. 中国地方行政制度史[M]. 上海:上海人民出版社,2005.

[19] 艾永明. 清代文官制度[M]. 北京:商务印书馆,2005.

[20] 王志明. 雍正朝官僚制度研究[M]. 上海:上海古籍出版社,2007.

[21] 刘铮云. 冲繁疲难:清代道、府、厅、州、县等级初探[C]. “中央研究院”历史语言研究所集刊,1993.

[22] 张振国. 清代文官选任制度研究[D]. 天津:南开大学,2010.

[23] 张振国. 论清代冲繁疲难制度的调整[J]. 安徽史学,2014(3).

[24] 曹树基. 中国人口史—清时期[M]. 上海:复旦大学出版社,2001.

[25] 李楠,林矗. 太平天国战争对近代人口影响的再估计———基于历史自然实验的实证分析[J]. 经济学(季

刊),2015(4).

[26] 瞿同祖.清代地方政府[M].范忠信,晏锋,译.北京:法律出版社,2003.

[27] 艾永明.清代文官制度[M].北京:商务印书馆,2005.

附录1　乾隆四十二年秋十八省府级政区在册地方文官统计表

府区	*n*	府区	*n*	府区	*n*	府区	*n*	府区	*n*	府区	*n*	府区	*n*	府区	*n*	府区	*n*	府区	*n*
宣化府	54	广德州	12	赣州府	51	德安府	34	陈州府	35	潞安府	36	庆阳府	20	嘉定府	31	太平府	48	思州府	16
永平府	41	宁国府	41	杭州府	64	荆州府	53	许州	21	沁州	9	宁夏府	26	叙州府	53	镇安府	18	南龙府	24
保定府	91	池州府	35	嘉兴府	52	安陆府	42	汝州	20	辽州	12	甘州	12	雅州府	25	云南府	52	都匀府	29
易州	17	太平州	25	湖州府	51	宜昌府	32	陕州	20	汾州府	30	凉州府	23	宁远府	29	澂江府	20	遵义府	26
遵化州	17	徽州府	40	严州府	31	施南府	33	汝宁府	45	太原府	52	西宁府	16	茂州	15	楚雄府	38	思南府	16
赵州	25	安庆府	47	绍兴府	55	襄阳府	44	光州	24	忻州	12	泾州	15	广州府	114	武定州	13	石阡府	8
定州	13	庐州府	37	宁波府	46	郧阳府	32	南阳府	64	保德州	7	秦州	21	肇庆府	72	曲靖府	46	铜仁府	12
深州	17	颍州府	33	处州府	47	长沙府	72	济南府	82	代州	20	阶州	12	罗定州	16	广西州	14	思州府	14
冀州	27	凤阳府	47	衢州府	38	衡州府	35	青州府	54	宁武府	19	肃州	9	惠州府	67	顺宁府	15	镇远府	22
天津府	72	泗州	18	金华府	41	宝庆府	35	登州府	53	大同府	43	安西州	17	潮州府	62	永昌府	22	黎平府	22
河间府	63	滁州	13	温州府	36	岳州府	29	东昌府	62	朔平府	26	镇西府	28	嘉应州	26	普洱府	12		
正定府	64	和州	12	台州府	39	常德府	26	莱州府	43	西安府	83	重庆府	57	韶州府	30	元江府	8		
顺德府	42	六安州	17	福宁府	31	澧州	28	忻州府	44	同州府	48	剑州	47	南雄州	19	镇沅州	9		
广平府	48	南昌府	59	福州府	58	永州府	47	临清州	23	鄜州	15	叙永厅	13	连州	17	开化府	6		
大名府	40	南康府	27	建宁府	50	郴州	32	济宁州	33	兴安府	23	远州	14	高州府	37	广南府	6		
江宁府	54	九江府	32	邵武府	25	桂阳州	19	兖州府	68	商州	18	潼川府	38	雷州府	22	临安府	38		
扬州府	48	瑞州府	23	汀州府	52	永顺府	21	曹州府	60	汉中府	51	资州	21	琼州府	66	昭通府	20		
通州	20	饶州府	46	延平府	39	靖州	23	武定府	50	绥德府	12	保宁府	49	桂林府	55	东川府	7		
海州	17	广信府	48	永春州	16	辰州府	36	泰安府	42	榆林府	21	酉阳州	17	柳州府	51	大理府	37		
徐州府	41	袁州府	27	兴化府	21	沅州府	20	解州	26	延庆府	37	夔州府	30	庆远府	30	蒙化厅	7		

续表

府区	*n*	府区	*n*	府区	*n*	府区	*n*	府区	*n*	府区	*n*	府区	*n*	府区	*n*	府区	*n*	府区	*n*
淮安府	42	临江府	28	泉州府	37	彰德府	36	绛州	26	凤翔府	41	忠州	18	思恩府	32	丽江府	23		
苏州府	66	吉安府	69	漳州府	45	卫辉府	44	蒲州府	27	邠州	16	绵州	21	泗城府	15	永北厅	5		
松江府	49	建昌府	36	台湾府	35	怀庆府	41	平阳府	46	乾州	12	成都府	67	平乐府	42	贵阳府	38		
镇江府	35	抚州府	39	汉阳府	43	开封府	108	隰州	13	兰州府	31	邛州	33	梧州府	36	安顺府	27		
常州府	52	南安府	31	黄州府	62	河南府	47	霍州	13	巩昌府	37	龙安府	26	浔州府	27	平越府	26		
太仓州	26	宁都府	17	武昌府	63	归德府	50	泽州府	25	平凉府	28	眉州	14	南宁府	42	大定府	22		

注：这里的府级政区包含府、直隶州和直隶厅，不含顺天府，共计 244 个。n 表示府级政区在册文官总数，即某一政区在册的知府（府）、知州（直隶州）、同知（直隶厅）及以下官员的数目。数据来自乾隆四十二年秋《缙绅全书》。

附录2　乾隆四十二年秋136个中低经济发展水平府区的官缺情况统计表

府区	缺类	府区	缺类	府区	缺类	府区	缺类	府区	缺类	府区	缺类
宣化府	要	常德府	要	汉中府	要	邛州	中	云南府	最要	思南府	简
永平府	要	澧州	要	绥德府	中	龙安府	简	澂江府	要	石阡府	简
易州	要	永州府	中	榆林府	要	嘉定府	中	楚雄府	简	铜仁府	中
遵化州	要	郴州	要	延庆府	中	叙州府	要	武定州	简	思州府	简
海州	要	永顺府	要	凤翔府	中	雅州府	要	曲靖府	最要	镇远府	要
滁州	中	靖州	最要	邠州	简	宁远府	要	广西州	要	黎平府	要
饶州府	要	辰州府	要	兰州府	要	茂州	中	顺宁府	要		
广信府	最要	沅州府	简	巩昌府	最要	肇庆府	最要	永昌府	要		
袁州府	中	河南府	中	平凉府	中	罗定州	要	普洱府	最要		
宁都府	要	汝州	中	庆阳府	中	惠州府	要	元江府	最要		
赣州府	最要	陕州	中	宁夏府	最要	韶州府	中	开化府	最要		
处州府	简	平阳府	要	甘州	要	南雄州	要	广南府	要		
福宁府	简	隰州	简	凉州府	最要	连州	中	临安府	要		
建宁府	中	泽州府	中	西宁府	最要	雷州府	简	昭通府	最要		
邵武府	中	潞安府	要	泾州	要	琼州府	要	东川府	最要		
汀州府	要	沁州	中	秦州	要	桂林府	要	大理府	中		
延平府	中	辽州	简	阶州	简	柳州府	中	蒙化厅	要		
永春州	中	忻州	中	肃州	要	庆远府	要	丽江府	要		
德安府	简	保德州	中	安西州	最要	思恩府	要	永北厅	要		
安陆府	中	代州	要	重庆府	要	泗城府	要	贵阳府	要		

续表

府区	缺类	府区	缺类	府区	缺类	府区	缺类	府区	缺类	府区	缺类
宜昌府	简	宁武府	简	潼川府	中	平乐府	中	安顺府	要		
施南府	简	大同府	要	资州	中	梧州府	中	平越府	要		
襄阳府	要	朔平府	要	保宁府	中	浔州府	中	大定府	要		
勋阳府	要	鄜州	要	酉阳州	中	南宁府	要	思州府	简		
长沙府	要	兴安府	要	夔州府	要	太平府	最要	都匀府	要		
宝庆府	简	商州	要	忠州	中	镇安府	要	遵义府	中		

注：人口密度排名系根据曹树基《中国人口史—清时期》的原始数据结合 Excel 软件完成，筛选人口密度占总体后 60% 的 136 个府区作为中下等经济发展水平地区；官缺信息来自乾隆四十二年秋《缙绅全书》和刘铮云《〈清史稿地理志〉府州厅县职官缺分繁简订误》。表中最要缺和要缺共计 80 个，中缺和简缺共计 56 个，分别占表中所有官缺的 58.8% 和 41.2%。

中国古代土地制度变革的内在逻辑及其对当代的启示作用

符学文
（复旦大学经济学院）

[摘　要] 在经历了30年的高速增长后中国已成为世界第二大经济体，但中国的土地制度仍然存在很大的问题，在很大程度上制约着中国的经济甚至社会的发展。本文通过对中国古代重要的土地制度兴衰及土地制度变革的研究，以史为镜，发现中国古代土地制度改革的内在逻辑。一是土地公有制是历史主流，集体经营制仅是昙花一现。二是土地制度改革的被动性及其与生产力发展的零相关。三是微观主体在土地制度改革中起了积极的推进和方向指引作用。四是意识形态对土地制度改革的影响微小，反而是土地制度改革促进了意识形态的变化。五是双轨制和产权残缺会造成土地制度的崩溃。六是中国古代土地制度改革都是为了增加财税收入。七是土地使用权流转受限制会导致生产的无效率。我们将此内在逻辑与中国的社会现实相结合，发现目前中国土地制度中存在的问题并提出改革的思路与方向。我国在接下来的土地制度改革中，应在坚持土地公有制不动摇、废除集体土地所有制的基础上，消灭城乡双轨制及其所造成的产权残缺，积极、主动地探索土地制度改革的方向，正视微观主体对土地制度改革的推动作用，弱化意识形态与政府在土地制度改革中的主导作用，重视土地制度中委托—代理关系的设计，并最终实现土地使用权的自由流转。

[关键词] 土地制度改革；土地公有制；双轨制；产权残缺；委托—代理；意识形态

一、引　言

目前在学术界关于土地制度改革的研究很多，有纯粹立足于现实从实际问题出发为土地制度改革提供具体方法指导的[1]，有依据改革开放近40年的历史经验研究土地制度改革的，也有通过对中国农村土地制度历史变迁的几个重要问题进行经济学的分析和解释从而提出未来中国农村土地制度创新的启示的[2]。而本文通过挖掘三千余年里中国各主要土地制度改革的内在逻辑，并将其运用于现在的土地制度，发现其中的相通性，并提出针对当前土地制度改革的思路方法。本文的第一部分主要是在已有研究成果的基础上发掘历史上各主要土地制度兴起与衰落的原因，从而在根本上理解承“衰”起“兴”的土地制度改革。第二部分阐述了我们发现的中国古代土地制度变革的内在逻辑。第三部分用中国古代土地制度改革的内在逻辑论证当代土地制度,发现问题并提出解决办法。

二、中国古代主要土地制度兴衰的原因探究

(一)氏族社会时期的人们对土地的态度

原始社会早期,由于生产力低下,一个家庭不能独自生活,因而许多户家庭聚在一起形成氏族部落共同生活。同时,由于生产力不发达,在这些氏族部落中并没有形成阶级分化,也没有较大的贫富差距。这些现实的社会基础形成了氏族部落自治体的根本思想,即“社稷”观念。“社”就是土地,“稷”就是人民的衣食住,社稷就是人民的生活问题。后来这种观念发展为以人民的衣、食、住为基础的部落自治观念。[3] 但大概因为当时地广人稀,氏族部落分散各自经营,是不需要什么土地制度的。当时的土地,可看作各自治的氏族部落所公有。总的来说,原始社会早期还没有土地制度,但已形成了以“社稷”观念为基础的对待土地的思想。后来氏族部落逐渐发达,强者征服弱者,但氏族部落对立的关系仍然保存着,在一定程度上阶级出现,冲突加剧。另外,随着生产力的发展,人口也逐渐增加。所以对于土地,就有了施行某种制度的必要了。而建设大型的公用设施,需要很多的劳动力和经费,贡赋也就跟着产生了,土地制度也随之具体化了。在夏代,就出现了井田制的雏形。《书·泉陶记》记禹说:“予决九川距四海,濬畎浍距川”。“决九川”是治水,“濬畎浍”期不仅是治水,也包括治田在内。称“欧洽”与称“沟血”一样,都是简括之词。“濬畎浍”工作基本上就是《考工祀·匠人》“为沟洫”所做的工作。《输藉·泰伯》:“子曰:‘禹吾无简然矣里……卑宫室而尽力乎沟洫。’”这里的“沟洫”向来学者都以井田的沟血作解,无疑是正确的。这是夏代实行井田制的又一证据。商代沿袭了之前的井田制。殷墟甲骨卜辞田字的写法有“圈”“囷”“田”等形。根据《说文》对于田字的解释说:“田……象形。口十,千百之制也。”段玉裁注说:“此盆象形之旨,谓口与十合之所以像阡陌之一纵一横也。”试就甲骨卜辞田字的写法和静、段两家的解魏来考察,可以断言,甲骨田字诸形组是井田制为沟洫、阡陌把上地界划成若干规整小块之象。今通写作田,乃是经过后人简化的结果。其始固依实物摹写,各有所见,故文无定型。不过,尽管文无定型,如段氏所靓“象阡陌之一纵一横”则始终一致,而这一点正鲜明地反映当时土地制度的最基本的特点,反映当时会实行井田制。《孟子·滕文公上》说:“殷人七十而助”无疑这是商代存在井田制的最显著的证据。① 夏殷的生产力虽较之前有所提高,但依然十分落后,因此阶级分化、贫富差距都不大,且在一定程度上营小规模聚居生活。所以,“社稷”的观念还是社会主流,也指导着当时土地制度的形成与发展。夏殷的土地制度虽表面上略有不同,但在根本上是一样的,都是从社稷观念出发,按人民分配土地,以人民衣、食、住的安定为要旨,并努力于充分利用土地和减少荒地。因此,那时候的土地分配一定是适合人民耕作能力,足以使人民充裕生活的。

(二)“井田制”的出现、演变与消亡

周朝的土地制度,即井田制,是夏殷时期土地制度的沿袭与发展,不是周朝自己发意、重

① 金景芳.井田制的发生和发展[J].历史研究,1965(4):93-94.

新制定。不过是因为版图扩大和人口增加的关系,把之前的制度,顺从人民的希望,给以统一规制完成罢了。井田制较之前的土地制度来说,并不是一个新的制度。井田制只是脱胎于氏族部落时期"社稷"观念的土地制度经过夏殷时期发展成熟的结果。井田制的根本思想,仍是根据"社稷"观念的人民衣、食、住和人民自治等的基础,加以组织完成的。因此,井田制的主要内容都以保证人民的衣、食、住安定为核心。在早期实行的助法井田制中,政府以九百亩土地为一单位,将其划分为九块分给八户人家,每户一百亩土地,保证了人民有足以维持生活的耕作的土地。中间一块为公田,八户人家共同耕种用以指定用途。《谷梁传》:"谷者三百步为里,名曰井田。井田者,九百亩,公田居一。私田稼不善而非吏,公田稼不善则非民。"何休《公羊解诂》:"一夫一妇受田百亩,以养父母妻子。"同时,为避免一家人数众多,一百亩田不足以维持生活,故更按照人数和耕作能力,再为增加,就是余夫授田制度。赵歧《孟子注》:"余夫者,家一人受田,其余老幼尚有余力者,受田二十五亩。"但现在的问题是:每户人口多少无法控制,而且时常变动,在井田制的整齐规划下,如何以土地去配合每户人口数字之变动?如果一井八户,多了二三个余夫,该怎样安排?按理说,每四个余夫便可合为一户,但受田地点很可能远离其居所。而且既然有授田制度,当然也须有还田制度,否则就有土地不足的毛病。若上下两代人数授田面积相同还好,政府直接分配同一块土地就好了。但假若因人数变动造成授田面积的增加或减少,则新增的授田土地从哪里来?减少的授田土地又给谁或是直接抛荒造成资源的浪费,这都给井田制的持续施行造成了困难。而且当时生产力落后,几乎所有土地都要安排休耕制度以保证农地的质量。但在以助法为基础的井田制下,不易安排休耕制度。譬如说,一组八家的井田中若有四家或五家因休耕而离开此组井田,此时公田的耕作人力问题如何解决?又如果公田本身轮到休耕之年,又该如何处理?从理论上推想,可以八家一井为一个单元,实行大面积的休耕制,每年换一井。不过,这样以井为单位休耕,涉及的面积太大。今年耕这一井,邻井未必就空闲可供明年耕种,明年可能要跑到很远以外的另一井耕作。[4]由此可见,实行大面积休耕制的成本太高。公田为八家共耕以提供公共品,本来很容易出现"搭便车"的行为。随着封建制度的建立与发展,国家职能的强化使其在公共品供给中逐渐取代村落集体,与村落集体相比,国家提供公共品更容易使"搭便车"成为可能。村民对"公地"生产越来越漫不经心。而且在集体劳动的情况下,个人的生产积极性受到抑制。最终,监督的增强也挽救不了"公地"产出的减少,"公地"慢慢荒芜了。[5]处理余夫、授还田、休耕等技术上的困难以及集体劳作导致的公田的日渐荒芜,最终迫使政府放弃死板的助法井田制,而改用彻法井田制,也就是没有八家共耕公田的土地配授制度。彻法井田制是向受田农户征收田赋的制度。郑玄在笺中说:"彻之使出税以为国用,什一之税谓之彻。"彻法井田制的优点是以每个农户为单元,而不是以八家农户为一组,富有灵活性。以休耕办法为例,不易居不换井,只需要调整每户农民的授田额,使其在小面积上自行休耕。正如《周礼·大司徒》中所说:"不易之地家百亩,一易之地家百亩,再易之地家三百亩。"助法和彻法是两种不同的制度。前者有公田,后者无公田。前者以八家为一单位,集体配授土地,后者以每一家为一单位,个别配授农地。这体现了由于生产力发展造成的基本生产单位下移,人们不再需要聚居才能生活下去,原有的自治"社稷"观念被动摇,也为后来土地私有制的出现奠定了思想基础。彻法井田制已经使土地具有了私有的意味。第一,没有八家共耕的公田作为公有土地的象征。第二,在彻法井田制下以一家为授田单位,也没有换田的必要。每人终身可能只受田一次，长期在这块土地上耕作，便很接近私产制度。父亲死后，为了行政上的便利很可能将同一块土地再分配给儿子，这样就很接近继承制度。于是，配授的土地越来越像每户的私有土地，也使人们的私产意识强化。随着生产技术的进步，农具从周代以前的木制耒耜变为春秋时期的犁、耙，且用牛代替了人力，[6]生产力发展，商人势力增大，资本的原始积累使得商业资本和借贷资本出现。而当时并没有什么可投资的产业，这部分钱自然地流向了土地，促进了土地的私有和兼并。再加上人口增加导致的土地不足、战乱导致的户口调查困难等原因，彻法井田制也无法再推行下去了。

（三）商鞅变法确立土地私有制

秦孝公时，商鞅变法，废井田，开阡陌，使土地买卖合法化，建立土地私有制。但商鞅废的不是真正的助法井田，而是演变到后期已有私有意味的彻法井田制。商鞅不过是承认既定事实，使土地私有的倾向合法化，并不是人为地创造出了一个新制度。如果说周朝由于封建制下治者和被治者的永续关系使得治者诚心地计谋领土内的利益等原因还沿袭了一部分自治"社稷"观念的话，秦统一天下，建立集权国家，废除封建制度后，社稷自治就完全变成官僚政治了。社稷自治的本意，是以人民衣、食、住为根本。官僚政治的根本，则在于自己阶级的保存和大量地剥削人民。所以到了官僚政治以后，土地制度的要求就变得很有特色：一是以赋税的征收为第一要义，二是谋求官吏私有土地的增加。因此，秦朝以后，在官僚政府支配下的土地制度，都是以土地作为获得收入的主要对象物，已不同于之前建立在"社稷"观念上以人民衣食住的安定为根本的土地制度，土地制度的目的已发生了根本改变。

（四）东汉王莽的"王田制"改革

在商鞅确立土地私有制的359年后，也就是公元9年，王莽颁令："今更名天下田曰王田，奴婢曰私属，皆不得买卖。其男口不盈八而田过一井者，分余田予九族邻里乡党。故无田今当受者，如制度。"①废除了土地买卖，建立王田制，在某种程度上恢复了土地公有制。虽然西汉末年土地兼并恶性发展，王莽对此也曾作了比较详细的描述和比较符合实际的分析："强者规田以千数，弱者曾无立锥之居。又置奴蟀之市，与牛马同栏，制于民臣，擷断其命。……汉氏减轻田租，三十而税一，常有更赋，罢疲咸出，而豪民侵凌，分田雄假，厥名三十税一，实什税五也。父子夫妇终年耕耘，所得不足以自存，故富者犬马余款粟，骄而为邪；贫者不厌糟糠，穷而为奸，俱陷于辜，刑用不措。"②但是王莽进行土地改革，恢复土地公有制的目的不是阻止土地兼并。首先，土地兼并有利于先进农具的推广。以牛为例，当时的牛价，内郡为1200～3750钱一头，边郡为2500～3000钱一头，而每亩土地只值100～300钱，一石粟价值105～130钱。[7]只有地主有足够的财力和物力配备大牲畜和大农具。同时，土地兼并意味着农业从分散经营到规模经营，规模效应可导致产出的提高。以粮食产量为征税基础的东汉政府在这种情况下能实现税收的相对最大化，符合它的自身利益，没有土地改革的动机。最重要的是，如果王莽土地改革的目的是抑制土地兼并，并解决由此派生出的农民实际赋税重的

---

① 《汉书》，卷九九，《王莽传》。

② 萧立岩．略论王莽及其改制[J]．齐鲁学刊，1981(6)：35.

问题,那他应该减税才是。但是,王田制的实行,不仅把土地税由三十税一变成十税一,从而将国家的田赋收入增加两倍,而且对百姓从事的各项经营活动都对其实行什一而征。"诸取众物、鸟、兽鱼、鳖……皆各自占所为于其在所之县官,除其本,计其利,十一分之,而以其一为贡。"①再结合当时财政困难的状况,"课计不可理,吏终不得禄"。② 王莽实行土地制度改革就是为了增加政府的财政收入,这也是王田制出现的原因。最终,王田制由于自身的缺陷和没有充分考虑社会现实,如土地不足,损害了小农、小工商业者的利益,既得利益集团过于强大等原因,并没有很好地推行下去,很快就退出了历史舞台,土地私有制重新得到了发展。

(五)"均田制"——土地公有制的再次出现

北魏倡行的均田制可以说是自秦废井田以后两千年内最重要的一次土地制度改革。日本学者西嶋定生也给予了存在三百年之久的均田制很高的评价,称它在下述两个方面值得人们重视:一方面,在中国历史上,除了井田制以外,第一个由国家政权颁布的全国性土地立法;另一方面,均田制影响了周围各民族,特别是日本,给它们的土地制度带来了巨大的变化。[26] 五胡十六国的长期混乱状态,造成了几种非常不利的经济现象,给北魏政权带来了很多麻烦。第一,长期的战乱使得大片无主荒田出现,逃难到城市的农民变成不事生产的游民。[8] 第二,许多乡民为逃避战祸,放弃自有土地投靠有自卫武力的巨室士族。乡民们以士族为核心聚居,每单位耕地上的人口密度极高,土地与人力资源的匹配十分不合理,土地的边际收益很低。此外,这些农户都变成了大户士族的荫附人口,只向"宗主"贡献劳力和产物,不向政府纳税,导致政府税源枯竭。《魏书》卷五三《李冲传》说:"旧无三长,惟立宗主督护,所以民多荫冒,五十三十家方为一户。"生产资源配合极端不合理,人力和地力都不能得到充分的有效利用。农村有大量荒地,城市中有大量无业游民,而宗族聚居之地又是大量人力集中在小块土地上,导致农业产量低、政府征税困难。同时,由于原来土地所有权凭证的遗失,产权界定困难,假冒与争执丛生,地方政府无法判决。于是孝文帝下诏实行均田制,把所有土地一概没收化为公地,然后计口分配,男女虽受田额不同,但都是从 15 岁开始受田,70 岁或死亡时还田,牛和奴婢也依口受田。不过均田制并没有完全放弃土地私有制,在某种程度上可以将其理解为双轨制。均田制将土地分为露田、桑田、麻田和宅地四类,依土地利用的性质决定所有权。栽种多年生树木的桑田和建房子的宅地不在还受之限,这两类土地实质上变成了使用人的私有土地,"盈者得卖其盈,不足者得买所不足。"③均田制的基本精神是生产资料的合理匹配,所以男、女、牛和奴婢都依口受田。均田制的首要目的是达到耕地与人口的合理配合,不留下大片荒田,也不要有过多的人口在士族庇护下挤在一起,从巨室士族手中挖出大量荫户使之独立耕作,向国家缴纳田赋。抑制土地兼并,可能不是均田制的立法宗旨。一是当时土地兼并不严重,有大片的无主荒地。二是政府虽然从豪强手中挖走了荫户,但并没有限制他们蓄奴,甚至在奴隶也受田的均田制下,反而鼓励豪强之家蓄奴,所授田更多。在 5 世纪后半叶到 8 世纪中叶这 300 年中,均田制在实施过程中暴露了严重的缺点,自身不得不逐渐变质,再加

① 《汉书·食货志下》。
② 资治通鉴·汉纪·汉纪三十。
③ 《通典·食货门·田制》。

上外在的破坏因素,使得整个制度全盘破产。促使均田制崩溃的一个重要原因是国内耕地面积追不上人口的增长。唐高宗永徽三年(652)全国户数是380万户,到了天宝十三载(754)便增至900多万户。[9]即使这其中有部分是对外扩张的因素,但我们应该注意到唐朝对外扩张的区域大多人烟稀少且没有多少荒地。中原地区人口大量增加,荒地却没怎么变化,造成了土地的相对不足。据《通典》卷二所载的天宝中按法定授田额计算全国应授田总数达1430万顷,远远超过当时所有的耕地总面积。[10]均田制的另一大弊病是,经过长期实施后,因为不断的授田与还田,农田被分割为零星小块。根据大英博物馆馆藏的一批西魏大统年间敦煌的户籍和地籍残卷看,西魏(大约在545—555年间)均田制下耕地的标注单位共分为5亩、10亩、20亩三种。到了唐开元年间,根据在吐鲁番地区出土的文书残卷,所给授的田都是小块地段,最小的地段只有半亩,最大的也只有4.4亩,绝大多数为一亩整。更值得注意的是,每户所得的许多小田块并非坐落在一处互相毗连着。[4]西嶋定生把有资料可查的53户人家加以比较,将其田块与田块间的最大距离列表说明,有的相距不过三里五里,有的则相距远达一百里。唐代均田制甚至允许隔乡隔州受田,"乡有余以给比乡,县有余以给比县,州有余以给比州。"[11]田块狭小而分散使得农民奔走于分散的田块之间,造成大量的人力浪费。往返奔波于田块之间是很不经济的事,因此很多人便将距离远的田块租给别人耕作,自己在家宅附近租入他人之田,这是在政府配置不合理的情况下私人做的调整。均田制还有一点不足是农村土地产权残缺,制度成本高。在均田制下,国家保留了大量的土地产权,农户得到的是一种残缺的土地产权,如规定了田地的用途和使用期限。就桑田、宅地等永业田来说,虽然国家承认农户的拥有权,但限制了土地买卖范围,"不得卖其分,亦不得买过所足",而且使用用途也有限制,桑田上只能种植特定的农林作物。也就是说,国家对农户土地使用、收益以及转让给予了限制、管制和干预。对农民土地产权的管制,增加了国家的制度成本,也使得监督执行难度加大。均田制破产的最后一个主因是私有土地的扩大。均田制是一个包括使用者必须授还的公地与无须受还的私有土地两种成分的双轨制。如果私有制成分增加,用于分配的公有土地便相对或绝对减少,均田制也就逐渐走上崩溃之路。魏宣武帝改官吏职分田为永赐,可自由买卖,已经成为私有田产。[12]皇帝还有额外"赐田"之举,皆为被赐者的私产。唐时又定有官人和勋授永业田。种种因素的叠加使得均田制最终彻底破产,唐德宗乃用宰相杨炎之议,完全承认土地私有制。从此以后,土地私有制的地位便确立无疑。均田制之后,有重大影响力的土地改革都是与土地相关的税制改革,已不再是土地分配或所有制度。

(六)"两税法"——土地税制改革成为土地制度变革的主流

公元780年,唐政府对国家税收体制作出了重大调整,废除以已崩溃的均田制为基础的租庸调制,改行两税法。它的主要内容是:"户无主客,以见居为簿;人无丁中,以贫富为差。"①不分主户客户,一律在定居地登记,按每户的实有田亩和资产数额征税,同时将之前的各种杂税合为户、地两税,降低了收税成本。虽然均田制的崩溃,使得以其为基础的租庸调制无法再继续实行下去了,但这并不是两税法出现的根本原因或改革动机。两税法改革也不可能仅仅是为了简化税制、降低收税成本。有人说,两税法就是"唐政府在巨大的人民起义威力

① 《旧唐书·杨炎传》。

下不得不被迫进行改革”的产物。[13]但这种说法并不十分恰当。虽然在公元761年11月唐朝政府曾为平息农民起义采取了一些缓和矛盾的措施,“免越州今岁田租之半,给复温、台、明三州一年”。① 但是为什么要在事情已过去十多年的建中元年旧事重提,再用实施两税法的办法来缓和矛盾?这使人有点难以理解。而且761—780年这十多年虽偶有农民起义,但对政府的威胁不大。如果政府真是慑于农民起义的威力被迫实施两税法,那两税法征收总得比过去要减轻些,这样才谈得上缓和阶级矛盾。但是两税法只是将之前的租庸调加进了户、地税里,并未减免。而且原先当地官吏巧立名目的非法赋敛不一定都照数征足,但并入两税成为合法的之后就非征足不可最终摊派到农民身上后,反而加重了负担。怎么可能有通过加重赋税来缓和阶级矛盾的道理?还有一点值得注意的是,唐朝政府在它发布的诏令里常常在如何惠爱优恤百姓上大做文章,但在当时两税法相关的政府文书中都没有两税法如何减轻赋敛的说法。可见两税法改革和安史之乱后的农民起义并无因果关系,实施两税法也没有从根本上减轻农民负担、缓和阶级矛盾的角度去考虑。那两税法改革的真正目的是什么?黄永年教授认为,建中元年实施两税法的主要意图就在于用财政税收来解决中央和地方的经济矛盾,通过争夺地方手中的财权来增加中央政府的财政收入。两税法是在承认各州府非法敛收既成事实的同时又把它统统作为国家的正式税收,不仅包括之前租庸调的残额和小范围实行的户、地税,就连之前地方政府别出心裁的各种杂税也成了国家正式税收,由中央政府经管支配。[14]其结果是,“每岁天下共敛三千余万贯,其二千五百余万贯以供外费,九百五十余万贯供京师;税米麦共千六百余万石,其二百余万石供京师,千四百万石给充外费”②。中央收入虽比不上各州收入的总和,但已远远超过任何一个地方政府,两税法向地方争夺财权提高中央政府收入已取得成效。随着时间的推移,各地的杂税重新出现,两税制已经不存在了。

(七)王安石的“方田均税法”

宋朝王安石的与土地相关的变法措施是方田均税法,其主要内容是“方量毕,以地及色参定肥瘠而分五等,以定税则。……其分烟析产、典卖割移,官给契,县置簿,皆以今所方之田为正”③。虽然方田均税制通过明确土地产权保护了农民的利益,并减少了土地交易成本,促进了资源合理配置和经济发展,但我认为王安石推行方田均税制的本意不在于此。当时宋朝存在赋税不均的问题,而赋税愈加不均导致国家税收日益减少。为了整理财政乃至增加税收,宋朝实行了方田均税制。“景佑时,谏官王素言:‘天下田赋轻重不等,请均定。而欧阳修亦言:秘书丞孙琳尝往铭州肥乡县,与大理寺垂郭咨以千步方田法括定名田,愿召二人者。三司亦以为然。’”④周谷城先生也认为方田均税法的目的是整理财政。方田均税法是日后中国土地产权制度不断强化的开端,它有利于经济发展,但并未在土地制度上提出或取得根本性突破,此处不再赘述。

---

① 《新唐书》,卷六,《代宗纪》。
② 《通典》,卷六。
③ 《宋史·食货志》。
④ 《诗经·小雅·谷风之什·北山》。

（八）明代的“一条鞭法”

明初土地制度改革的主要内容是通过推行鱼鳞册制度清丈全国的土地以改变“田赋无准”的局面，使税粮征收有所依据。鱼鳞册，是王安石变法的方田均税法的产物，它进一步促进了我国土地产权制度的发展。清丈田亩工作的完成，为全面改革赋役制度创造了条件。万历9年（公元1581年），张居正下令推行“一条鞭法”。“一条鞭法”最主要的内容是将各种名目的赋役和徭役合并征收，并将部分丁役负担摊入田亩，赋役的征收由地方官吏直接办理，赋役外的土贡杂税也逐渐合并征收。它和两税法一样，都简化了赋役征收项目和手续，降低了征税的行政成本，但这并不是“一条鞭法”施行的主要目的。笔者认为明朝推行“一条鞭法”主要是因为明初的黄册制度、里甲制度和征派差役的三等九财法实际上已无法实行了，政府需要制定新的役法。明初的里甲法和差役的派征法都离不开对人户的直接控制。维持这种制度，需要以土地所有权的相对稳定、以一定数量占有少量土地的自耕农的存在为条件的。但随着生产恢复，商品经济繁荣，土地所有权交换频繁，原有的役法制度日益动摇。“一条鞭法”是明朝为适应变化的经济条件调节自身役法制度的产物，而不是像有些人说的是一种新生产方式萌芽造成的。[15]后来由于官吏贪得无厌，不严格按税法征收税银，巧立名目多征赋税，具体承办税务的官吏为使征得的税银落入私人囊中，又不在税银之外复活已被明令取消的各种劳役，最终导致“一条鞭法”失效。[16]

（九）“摊丁入亩”——“一条鞭法”的延续

清朝的“摊丁入亩”政策是一次重大的赋役制度改革，是“一条鞭法”本身的继续和发展，并不是重新创造的。晚明“一条鞭法”执行时，“摊丁入亩”就已是“一条鞭法”中的一部分，只不过清朝雍正时将其在全国施行，使其具有普遍性。清朝施行“摊丁入亩”的主要目的不仅是简化税制那么简单，它和明朝的“一条鞭法”同样也是形势所迫导致的。清政权建立之初，战乱依然十分严重，再加上土地兼并造成了大量人口流动，财政受损，将丁役银负担从人口方面全面转向土地方面以稳定财政收入的役法改革就势在必行了。虽然“摊丁入亩”和“一条鞭法”一脉相承，改革内容也类似，但摊丁入亩“终清之世而未改”，[17]并未在制度后期失效，这可能和“摊丁入亩”只是“一条鞭法”中的一部分、制度相对简单有关。

三、中国土地制度改革的内在逻辑

（一）土地公有制是历史主流，集体经营（所有）制仅是昙花一现

中国古代的土地制度其实并不是土地私有制，而是以集权专制为基础的国家所有制，土地的所有权以皇帝的名义归国家。“普天之下，莫非王土”并不意味着天下的土地都归皇帝一个人，皇帝只是“天”的代表，是来管理这些财产的，土地实际上属于“天”。“于分虽盈，没则还田，不得已充露田之数。不足者，以露田充倍。有盈者无授无还，不足者，受种如法，盈者得

卖其盈,不足得买所不足。不得卖其分,亦不得买过所足。”①北魏时期,田地虽可买卖,但不能“卖其分”,也不能“买过所足”,国家对此作了严格限制,这都是土地归国家所有的重要表现。《宋会要辑稿》中记录:“田宅契书,县以厚纸印造,遇人户有典卖,纳纸墨本钱,买契书填。”②土地买卖的契书均由政府统一印制并加盖官印。且历代各朝均在不同程度上曾将“民田”收为官有,清朝甚至有“圈地”运动。[18]由此可见,那种把土地买卖当做是土地私有制并认为在中国古代土地归私人所有的观点是不对的。土地买卖针对的是占有权,不是所有权。我们可以认为,在中国古代的绝大多数时期土地是归公有的。历史上从未出现过大规模施行的土地集体所有制,周朝的助法井田制是短暂出现过的集体经营的土地制度,而它也很快崩溃了。在新中国成立初期,我们没有吸取历史的经验教训,推行了人民公社化运动,它的失败是必然的。当然,在推行了家庭联产承包责任制后,我国已经不存在集体经营的土地制度了,但集体土地所有制依然存在,在后文中我们将论述这种土地制度也是无效率的。

(二)土地制度改革的被动性及其与生产力发展的零相关

纵观历史,我们发现中国土地制度的变革往往是被动的,是为恶劣形势所迫导致的。中国土地制度变革的直接原因是为了应对糟糕的社会现实问题。助法井田制的出现是因为阶级分化导致社会冲突增加以及人口增长导致人地关系紧张使得土地制度成为一种必要。彻法井田制是建立在之前土地制度施行困难和国家税源枯竭的基础上的。王田制纯粹是为了增加税收以解决当时严重的财政危机和社会危机。北魏初年人地资源不合理的匹配导致的税源枯竭和产权界定的困难是北魏推行均田制的原因。双轨制的出现是为了解决地方与中央争夺财权导致的中央财政收入减少的问题。“一条鞭法”和“摊丁入亩”的推行只是因为之前以强人身控制关系为基础的丁役无法再实行下去而不得已做的改革。从来没有在社会繁荣安定时为了促进发展而做的主动的土地制度变革,也不存在为了促进生产力发展而发生的土地制度变革,中国历代土地制度变革,皆为不得已而为之。在此基础上,我们探寻推动土地制度改革的原因。我们从对史料的研究中发现推动中国土地制度变革的根本原因是原有制度自身的缺陷、政府的错误行为、社会经济状况的变化,并不是有些人所说的生产力发展推动的生产关系的变化。不可否认,中国土地制度由无到有,即助法井田制的诞生是因为生产力进步导致的阶级冲突加剧和人多地少紧张局面使得土地制度成为一种必要,但在之后土地制度的变革中并未看到生产力的推动作用。助法变彻法是因为助法井田制本身的制度缺陷。这时候有人也许会说,虽然助法井田制自身有缺陷,但是它一开始实行得很好后来才出现问题的,这不就是因为生产力发展导致的原有生产关系不再适合了吗?笔者并不认同这个说法。以助法井田制中公田“搭便车”的问题为例,一开始人们都遵纪守法到公田里劳作,谁都不愿意做第一个偷懒被罚的人。但后来部分人因为休耕离开原配授田地不去公田里耕作,或是总会有第一个偷懒的人出现,以后便愈演愈烈,人一多,官吏也不好追究责任。而且“搭便车”作为一种利用制度漏洞谋利的方法,若放在互联网发达的今天,一旦被发现立马就会被快速传播引起政府注意。但当时信息相对闭塞,传播缓慢,“搭便车”需要一定的时间才能在全

① 《魏书·食货志》。

② 《宋会要辑稿·食货》。

国范围内被广大农民采用，"搭便车"造成的税收减少也需要严重到一定程度才会被政府注意到。一个制度由于自身缺陷产生的问题，由出现再到扩大本身就需要一定的时间，并不能简单地认为是生产力进步所致。王田制、均田制改革的根本原因更不可能是生产力发展的结果。难道是生产力的发展导致了中央财政困难、社会动荡和战乱？两税制所要解决的中央地方财权之争自然也不是生产力发展所致。它们应该都归咎于之前或现任政府的错误行为。而导致"一条鞭法"和"摊丁入亩"出现的土地流转频繁和土地所有权不稳定，笔者认为这更是一种经济恢复到一定程度或者就是战乱中的正常现象，并不是生产力发展所致。

（三）微观主体在土地制度改革中起了积极的推进和方向指引作用

在中国历史上，有很多次土地制度的变革并不是政府主导的改革，只是对微观主体在生产生活中推动的土地制度的变化的承认。氏族部落时期，没什么政府，是人民出于建设大型公用设施的需要自发地聚居，实行土地集体经营制。周朝的井田制也不是周朝政府自己发意重新制定而成的，而是顺从人民希望，对氏族部落时期的土地制度给以统一规制完成罢了。秦孝公时，商鞅建立土地私有制，使土地买卖合法化，也不过是承认民间的既定事实，使土地私有的倾向合法化，并不是人为地造成一个新制度。笔者认为，微观主体在实现自身利益最大化过程中所推动的土地制度的变化，是能使整个社会达到帕累托最优的，这可以理解为"市场"的行为推动土地制度变革，而不是国家通过"计划"的手段去变革制度。

（四）意识形态对土地制度改革的影响微小，反而是土地制度改革促进了意识形态的变化

意识形态从来不是土地制度变革的原因。并不是说在某一特定时期，当权者或社会主流认为有利于提高效率的土地私有制好就变革土地制度为土地私有制，当权者或主流社会认为可以抑制土地兼并促进社会公平的土地公有制好就将土地收归国有实现土地公有制，两种意识形态在主流社会中交替的主导地位造成了土地私有制和土地国有制在历史上的轮流出现。这种说法是不正确的，在事实面前也是站不住脚的。北魏均田制的出现并不是为了抑制土地兼并，只是为了通过生产资料的合理匹配实现增加中央财政收入的目的。恰恰相反，笔者认为是土地制度的变革促进了意识形态的变化。使私人土地合法化，私人正式取得了政府认可的土地私有权的商鞅变法，确立了我国第一个土地私有制，但公地私有化在战国时期已是普遍存在的事实，商鞅只不过承认既成事实，使土地私有的倾向得以合法化。从某种意义上讲，"土地私有"在商鞅变法确立土地私有制之前就已出现，而且普遍存在。而使土地具有私产的性质意味着彻法井田制，彻法井田制的出现则单纯是为了解决助法井田制自身缺陷造成的社会问题，并不是因为主流认为私有制可以实现社会效率最大化而产生的。然而笔者认为是彻法井田制使得所配授田地类似于私产，才让人们私有的观念进一步强化。而后来将土地收归国有，建立了土地公有制的王田制和均田制则纯粹是为了增加赋税，并无抑制兼并之意，自然也不能认为是追求公平的思想观念重新占据社会主流造成的土地公有制的再次出现。与之相类似的是，与西方因为人们保护财产需要而政府颁布制定了产权制度不同，我国土地产权制度的出现与强化，如宋朝的方田均税法、明初的鱼鳞册，则是因为中央政府征收赋税的需要而产生的，客观上促进了产权意识的发展。因此，我们说中国古代土地制度变革中意识形态

几乎不起任何作用,反而是受变革后的土地制度影响而发生改变。

(五)双轨制和产权残缺会造成土地制度的崩溃

双轨制造成了权利的不平等,极易产生寻租和腐败现象,甚至加剧阶级矛盾,伴随双轨制的产权残缺更是阻碍了经济发展。北魏均田制破产的其中一个原因就是实行了双轨制。均田制是一个包括使用者必须授还的公地与无须受还的私有土地两种成分的双轨制。而私有制成分增加,用于分配的公有土地便相对或绝对减少,均田制也就逐渐走上崩溃之路。而能成为私有田产的又多是官吏职分田和皇帝的"赐田",以及唐时的官人和勋授永业田。这无疑造成并加剧了阶级对立。而且北魏政府所授予农民的是一种残缺的土地产权。在均田制下,国家保留了大量的土地产权,农户得到的是一种残缺的土地产权,如规定了田地的用途和使用期限。就桑田、宅地等永业田来说,虽然国家承认农户的拥有权,但限制了土地买卖范围,"不得卖其分,亦不得买过所足",而且使用用途也有限制,桑田上只能种植特定的农林作物。也就是说,国家对农户土地的使用、收益以及转让给予了限制、管制和干预。对农民土地产权的管制,增加了国家的制度成本,也使得监督执行难度加大。这两个因素综合作用最终导致了均田制的破产。

(六)中国古代土地制度改革的主要目的都是增加财政收入

从对中国古代土地制度变革的研究中我们发现,中国土地制度变革的最主要目的往往是增加税收,而不是最大化社会总体福利。东汉的王莽将土地税从三十税一变为十税一,而且对百姓从事的各项经营活动也实行什一而征,通过"王田制"改革达到增加国家税收的目的。北魏的"均田制"通过使生产资料合理匹配达到恢复生产、增加税赋的目的。唐朝的"两税法"改革是为了地方财权收归中央,提高中央政府收入。为了整理财政乃至增加税收,宋朝实行了方田均税制。"一条鞭法"和"摊丁入亩"都是为了稳定财政收入而进行的税法改革。其实这一点可以用制度经济学中的委托—代理理论解释。我们可以认为一个国家的全体人民是委托—代理关系中的委托人,政府是委托—代理关系中的代理人,委托人和代理人的目的不是完全一致的。在这种条件下,委托人追求的是总体福利,而代理人追求的是自身利益最大化即政府税收最大化和政权存续时间的最长化,而此时委托人无法使用"强制合同"来迫使代理人选择委托人希望的行动,代理人便会选择能最大化自身利益而不是委托人利益的行动,在土地制度变革中表现为政府为了增加税收而进行土地制度改革。

(七)土地使用权流转受限制会导致生产无效率

在实行井田制的时期,土地的使用权不能自由流转,土地使用权的变化只能通过政府的"授田"与"还田"的行为进行。而严格的授还田制度不仅会因无法适应变化的人地关系而不能继续施行或造成资源浪费,还会使土地分散化无法规模经营而效率受损。假如随着时代的发展人相对于土地多了,会使得人民授田额不足,影响原有制度的施行,均田制的崩溃就是因为后期土地不足以分配。假如随着时代的发展人相对于土地少了,继续按照之前规定的额度授田,会造成土地资源的巨大浪费。而且不断地授田与还田还会将土地分割成零星小块,土地的分散化使得规模经营失去可能性,会造成平均效益的下降。在唐朝均田制实行的后期,根据在吐鲁番地区出土的文书残卷，所给授的田都是小块地段，最小的地段只有半亩，最大的也只有4.4亩，绝大多数为一亩整。更值得注意的是，每户所得的许多小田块并非坐落在一处互相毗连着。西嶋定生把有资料可查的53户人家加以比较，将其田块与田块间的最大距离列表说明，有的相距不过三里五里，有的则相距远达一百里。

四、对当代土地制度发展的启示作用

（一）坚持土地公有制不动摇，废除土地集体所有制

从前面的分析中我们发现，土地公有制并不是什么新的制度，而是我们国家的一项沿袭了上千年的制度。所以，我们并不能从历史的角度否定土地公有制。恰恰相反，历史在一定程度上对土地公有制给予了支持。“中华民国宪法”第一百四十三条规定：“中华民国领土内之土地属于国民全体。人民依法取得土地之所有权，应受法律保障与限制。”“中华民国土地法”第十条规定：“中华民国领域内之土地，属于中华民国人民全体。其经人民依法取得所有权者，为私有土地。”[19]而民国时期土地问题严重，危害国计民生。可见土地私有制在中国的不适用性。那我们为什么要实行土地公有制呢？首先，土地并非人为产物，所以不应属于任何个人或团体，全部土地所有权属于全体公民。其次，社会主义制度与以前各阶级社会的本质区别，就在于将土地和主要生产资料的所有权从资本家和集权专制国家那里夺过来，交还全体公民。在资本主义社会，资本家凭借对土地私有权的垄断，收取绝对地租，剥削劳动人民。而社会主义通过生产资料的公有制消灭了剥削阶级。在中国如果要实行社会主义制度，就要坚持土地公有制不动摇。最后，土地与劳动力、资本、技术等其他生产要素相比，土地利用活动具有高度的外部性，当事人在土地上从事的经济社会活动，其行为效果无法由当事人概括承受，因而土地不宜完全由私人垄断。[19]我国宪法规定，中华人民共和国的社会主义经济制度的基础，是生产资料的社会主义公有制，即全民所有制和劳动群众集体所有制。土地是宝贵的自然资源，同时也是最基本的生产资料，土地的社会主义公有制是我国土地制度的核心，也是我国土地管理法等一系列土地立法的基础。所以，我们要坚持土地公有制不动摇。但是，我们要废除集体所有制。首先，历史已经证明集体经营制是无效率的，也是无法长期存在的。而集体土地所有制因为集体利益、集体义务的存在，也会像集体土地所有制一样由于“搭便车”的行为而最终消亡。正如刘永佶教授所说，全国土地作为总体自然资源，理应由全体国民所有。为什么只有城市的土地和非农用地的滩涂等才是“全民所有”（即农民也有其所有权），而农村土地只能由特定村的村民“集体所有”？为什么只许农民拥有城市土地的所有权，而不许市民拥有农村土地的所有权？这些都是不可能从社会主义制度加以说明的。其次，以宪法和法律规定的“农民集体组织”对土地的所有权是残缺的，其既不能自主地决定所有权的变更，比如卖给周围的集体或是其他企业，也不能自主地行使土地的使用权，现行的《土地管理法》一方面规定农民集体所有的土地可以由本集体经济组织以外的人或单位承包经营，从事种植业、林业等生产；另一方面却规定农民集体所有的土地的使用权不得转让或出租用于非农业建设。集体所有土地牢牢地被限制在农业生产领域。土地集体所有制名不副实。[20]而且，集体土地所有制在其诞生之初就是一种制度的妥协。1982年的宪法修改者原本

打算将所有的土地都收归国有，但是考虑到农民的土地是在中国共产党“打土豪、分田地”的号召下为夺取和巩固政权付出了巨大的牺牲才换来的，突然宣布国有难以被农民接受，于是采取折中的办法，先规定城市土地为国有，其他事情慢慢来。[21]综上所述，我们应该废除产权不完整、不明晰的只是一种过渡制度的集体土地所有制。

（二）积极、主动地进行土地制度改革，摆脱生产力的束缚

历史上的土地制度改革都是被动推进的，新中国的土地制度变革依然无法摆脱被社会现实的矛盾“牵着鼻子走”的历史路径。在1978年以前，中国在城市土地使用上采取的是无偿、无限期、无流转的“三无”制度。但随着1978年以后经济体制改革的不断深化，城市土地行政划拨使用制度的弊端日益暴露，造成了国家所有权虚化、土地资源配置效率低下、市场价值规律无法发生作用等问题，人们才逐渐认识到土地制度改革的必要性。中国城市土地使用权制度，向着有偿、有期限、可流转的方向发展。[22]又一次，我们的土地制度改革落后于社会现实的变化，成为被激烈的社会矛盾“牵着鼻子走”的被动性变革。在进行经济体制改革的时候，我们并没有想到进行土地制度的改革，而是放任矛盾的出现，才发现原来土地制度出了问题，需要改革。因此，我们要跳出中国古代土地制度变革被动的怪圈，实行主动的以促进生产力发展为目的的土地制度改革。可选取部分地区进行试点，试探性地进行主动土地改革以促进生产力发展，让土地制度改革不再只是建立在糟糕社会现实基础上不得已而为之的被动举措。这看似是与马克思主义的生产力观相违背的，马克思认为生产力决定生产关系，生产关系要适应生产力的发展。在生产力尚未得到发展的时候，怎么能进行生产关系的变革呢？但是，历史告诉我们，中国土地制度的变革与生产力发展并没有大的关系，生产力没有变化并不是我们不进行土地制度改革的理由。恰恰相反，我们正是要通过土地制度的改革促进生产力的发展。

（三）尊重微观主体推动土地制度变化，弱化政府主导土地制度改革的职能

家庭联产承包责任制就是小岗村这个微观主体推动的土地制度的变化，虽然家庭联产承包责任制在推行的过程中遭到了不少的非议和责难，但随着安徽省凤阳县、肥西县及四川一些地区也先后搞起了名称各异的承包责任制，越来越多的微观主体在实行这一能实现自身利益最大化的制度，它的优越性逐渐体现出来，并最终在1982年1月1日，中共中央的《全国农村工作会议纪要》中明确指出包产到户、包干到户或大包干“都是社会主义生产责任制”。[36]在联产承包责任制这一土地制度改革的过程中我们发现，中央政府对这一土地制度的变化并没有明确的支持或制止，而是放任其由各微观主体（包括各省、市、县政府，各公社乃至各生产大队）自行对该土地制度进行选择，并最终在这一类似“市场化”的进程中推动土地制度的变化，最后再顺应民意把好的为人民所接受和支持的制度以法律文件的形式确定下来。而不是打击一切微观主体推动的对土地制度的变革，只允许政府主导进行土地制度改革。但在今天，我们却否认微观主体对土地制度变化的推动作用。事实上，从20世纪80年代末期开始，东南沿海的江苏、浙江等地区就已经存在一定规模的集体建设用地流转的试点和实践，并且得到了当时国家土地管理局和当地政府的默许乃至支持。但是1987年国家土地管理局进行的“江苏省南通市的乡镇集体土地建设用地收费试验”被迫停止，2005年广东省政府出台的

《广东省集体建设用地使用权流转管理办法(草案)》以政府规章的形式肯定了集体建设用地不用经过征收可以直接入市的做法,却不但没有得到国家法律的支持,反而遭到中央政府主管部门的批评和禁止。2015 年,国务院在北京市大兴区等 33 个试点县(市、区)行政区域开始进行农村土地征收、集体经营性建设用地入市、宅基地制度改革试点工作。且不论效果如何,最起码从时间上看我们对集体经营性建设用地入市的改革已滞后了快 30 年。

(四)弱化意识形态在土地制度改革中的作用,正视土地制度改革对意识形态变化的推动作用

现今中国的土地制度改革仍在很大程度上受意识形态的影响。20 世纪的中国似乎没有实现从“阶层分化”到“功能分化”的完全转变,具体到财产的产权制度,分析某一财产制度属于“公有”还是“私有”的逻辑标准不是“权利—义务”,而是马克思主义政治经济学和“共产主义—社会主义”意识形态所强调的“生产资料谁占有”。[21]我们并不否认意识形态的制度功能,在新制度经济学看来 ,意识形态作为由世界观构成的价值系统 ,对于克服经济社会领域中的“道德风险” ,具有重要的制度功能。[23]但我们必须认识到,意识形态在土地制度变革中几乎不起作用,反而是土地制度的变革造成了意识形态的变化。因此,我们不要将土地制度改革与意识形态绑架,要重新审视意识形态在土地制度变迁中所起的作用。历史上从来不是意识形态变化引起了土地制度改革,而是土地制度改革引起了意识形态的发展。同时要对土地制度变革对意识形态领域造成的影响有充分的认识。1978 年的土地制度改革使得无论是农村还是城市的土地都具有了部分“私产”的意味,要妥善应对由于土地制度改革造成的人们思想变化。比如,当前土地使用权到期的问题无法得到合理解决,会造成“私产”观念越来越严重,甚至成为实质,会给土地公有制带来很大的冲击。

(五)消灭城乡双轨制及其所造成的产权残缺

我国如今实行的城市土地国有制和农村土地集体所有制的“双轨制”已出现必然崩溃的端倪。一是城市不断扩张,蚕食农村集体所有的土地。20 世纪 90 年代以后,各级政府有意识地在“经营城市”的口号掩护下,不断实现城市土地和国有土地扩张的目标。一般来说,先将城市发展规划报各级主管机关并获得批准,然后将城市规划区内的集体土地无偿国有化或有偿征收变为国有,最后将这些土地纳入城市国有土地储备中心。在土地资源一定的情况下,城市国有土地的不断扩大造成了农村集体土地的不断减少,直到最后消失。虽然国家在“十三五”期间进行了城市开发边界划定的试点工作以控制城市规模、保护农村集体性土地。[24]但这无疑治标不治本。二是双轨制造成的产权残缺限制了农村地区和农村居民的发展。《中华人民共和国土地管理法》等法案赋予了城镇居民可继承、转让和抵押房地产的权利,法律却不允许农村居民持有可交易的房地产权,限制了宅基地使用权的转让和抵押,对农民利益造成了巨大损害,阻碍农村居民运用金融工具进行发展。而且农村集体土地无权进行城市建设,甚至无法进行非农建设,排斥了乡村自主进行城市化的可能性。现代工商业不得不向城市聚拢,大量农村劳动力被迫进城打工。城市扩张与“城市病”越来越严重,城市负担了过多的人口,留守儿童问题,进城农民工的社会保障、住房及其子女的教育等问题,究其缘由,都是产权残缺造成的受限制的农村发展。[21]所以,我们要废除城乡双轨制并加快土地产权的明晰

与完善。

（六）重视土地制度中的委托代理关系

在当今中国的土地制度中，由委托代理关系的存在造成的问题依然很严重，甚至违背了土地制度制定的初衷。在我国，土地归国家所有，但是地方直接代表国家行使国有土地的所有权，在 1984 年的分税制改革之后，绝大多数土地买卖的收益更是被纳入了地方财政。对于地方的政府官员来说，他们所想的是如何在短期内利用土地制度来增加财政收入，促进短期 GDP 的增长，他们并不关心土地制度在长期内带来的危害或是对社会总体福利的削弱。而中央政府更在意的是土地制度在长期内是否真的能提高人民的福祉。但显然目前二者之间缺乏一个"强制合同"来使委托人与代理人之间的目标相一致。我们在进行土地制度变革时，要重视对其中委托代理关系的改革。

（七）推动土地使用权的自由流转

1993 年 11 月，国务院在发布的文件中指出"提倡在承包期内实行'增人不增地、减人不减地'的办法"。在一定程度上避免了过于严格的"授还田"制度。但当今的农地分配制度，同之前的配授田制度一样，土地细碎化现象严重。从全国看，每户农民平均分到土地 8.74 亩，且被分割成 9.5 块，平均每块仅 0.89 亩。[25] 所以，我们要在土地公有制条件下推行土地使用权的自由流转，在广泛意义上实现所有权公有、使用权私有的土地制度。

参考文献

[1]陶然，汪晖. 中国尚未完成之转型中的土地制度改革：挑战与出路[J]. 国际经济评论，2010(2).

[2]钱忠好. 中国农村土地制度历史变迁的经济学分析[J]. 江苏社会科学，2000(3).

[3][日]长野郎. 中国土地制度的研究[M]. 北京：中国政法大学出版社，2004.

[4]赵冈，陈钟毅. 中国经济制度史论[M]. 北京：新星出版社，2006.

[5]黄涛，何炼成. 井田制研究——对先秦土地制度变迁的经济学解释[J]. 河南师范大学学报(哲学社会科学版)，2006，33(5)：100.

[6]王玉茹. 中国经济史[M]. 北京：高等教育出版社，2008.

[7]陈直. 两汉经济史料论丛[M]. 西安：陕西人民出版社，1958.

[8]《魏书》，卷四八，《高允传》。

[9]李剑农. 魏晋南北朝隋唐经济史稿[M]. 上海：中华书局，1963.

[10]吴章铨. 唐代农民问题研究[M]. 台北：商务印书馆，1963.

[11]《新唐书》，卷五一，《食货志》。

[12]《通典》，卷二，《关东风俗传》。

[13]王仲荦. 唐代两税法研究[J]. 历史研究，1963(6).

[14]黄永年. 论建中元年实施两税法的意图[J]. 陕西师大学报(哲学社会科学版)，1988(3)：80-83.

[15]余用心. 关于明代一条鞭法的考察[J]. 西北师大学报(社会科学版)，1983(2)：85-86.

[16]付春杨. 明代一条鞭法之兴衰一立足法律实效的分析[J]. 社会科学家，2007(3).

[17]彭云鹤. 试论清代的"摊丁入亩"制度[J]. 北京师院学报，1979(3).

[18]李乔. 八旗生计问题述略[J]. 历史档案，1985(1)：91-97，47.

[19]吴次芳，靳相木. 中国土地制度改革三十年[M]. 北京：科学出版社，2009.

[20]刘永佶. 论中国农村土地制度的改革[J]. 中国特色社会主义研究,2014(1):40－50.

[21]沈开举,杨俊峰. 中国土地制度改革研究[M]. 北京:法律出版社,2014.

[22]原玉延,张改枝. 新中国土地制度建设60年回顾与思考[M]. 北京:中国财政经济出版社,2010.

[23]杨俊一. 新制度经济学意识形态理论的哲学阐释——兼论马克思主义意识形态理论的新视角[J]. 哲学动态, 2001(4).

[24]高延利,李宪文,唐健,王庆日. 中国土地政策研究报告(2016)[M]. 北京:社会科学文献出版社,2015.

[25]韩冰华,张安录. 论农地制度创新与中国农地资源合理配置[J]. 生态经济,2014(10).

[26][日]西嶋定生. 中国经济史研究[M]. 东京:东京大学出版会,1966.

企业环境信息披露与财务绩效相关性研究

——基于中国环保改革背景下重污染行业上市企业的实证分析

尹浩蕴　李志青

（复旦大学经济学院）

［摘　要］本文对企业环境信息披露与财务绩效的相关关系在中国的具体表现进行了跟进研究，考察在中国政府大力促进环保改革的背景下，二者的相关关系以及背后的内在原因。本文对2016年中国上海证券交易所重污染行业173家上市企业的环境信息披露质量进行了详细评估，并设计模型，说明了环境信息披露与企业财务绩效的显著正相关关系，简要分析了其中的成因。研究结果表明，中国的环保改革是较有成效的，使得企业出于自身利益考虑，为规避环保处罚等风险，必须主动披露环境信息。

［关键词］企业环境信息披露；财务绩效；环保改革

一、引　言

企业环境信息披露是指把公司各种活动对环境产生影响的信息向外部社会公开[1]，它能够有效降低企业管理者与包括企业利益相关者在内的社会各界关于企业环境影响方面的信息不对称，帮助政府作出与企业和环境相关的监督管理和政策决策，帮助投资者和利益相关者有效评估企业的环保投入程度和环境风险状况。

中国政府对企业环境信息披露也越发重视。2003年至今，中国政府颁布了十余项环境信息披露相关政策文件[1]，2015年施行的新《中华人民共和国环境保护法》（以下简称新《环保法》），在将保护环境上升为基本国策的同时，也将环境信息公开作为环境保护的重要内容。2016年，中央环境保护督查组成立，并开始在全国范围内进行巡视检查，其主要工作内容之一便是核查全国各地企业环境信息披露内容的真实性全面性和可靠性。对中国的环境信息披露进行深入研究，是中国环保改革的核心前期工作，也是世界环境保护工作取得进展的重要前提条件。

作为环境信息披露主体的企业，最为关心的问题是其财务绩效。学界对于企业环境信息披露与财务绩效的相关关系已经做了大量研究，试图分析披露环境信息会对企业的财务绩效产生怎样的影响，以及具有怎样财务绩效特征的企业会倾向于披露较多的环境信息。但在过去的研究当中，由于环境信息披露和财务绩效的标准不统一，实证分析所使用的样本区别较大，研究方法也略有区别，致使环境信息披露与财务绩效的相关关系没有统一结论，对其作用原理也有较多的猜测和分析，却尚未形成统一意见。与此同时，对于中国这一污染大国的环境信息披露的研究总体局限于新《环保法》实施之前，对于新《环保法》实施以后的中国发生的新变化，缺少跟进研究。

笔者以中国为主要分析背景，对环境信息披露与财务绩效的相关关系进行了最新的跟进研究，试图找出环境信息披露与财务绩效相互作用原理在中国开始高度重视环境问题的新局面下的主导因素。希望能借此为中国正在进行的环保改革提供理论基础和方向指引，丰富相关理论研究。

二、背景分析与理论假设

（一）文献综述

关于环境信息披露与财务绩效的相关关系分析，学界已经进行了大量研究，但目前研究结论尚未统一。笔者汇总了过去5年发表的研究环境信息披露与财务绩效相关关系的文献，归纳如下：

1. 部分学者的研究成果显示，环境信息披露与财务绩效存在显著正相关关系

Chan, Wing（2012）以2008—2010年同时在中国内地和香港特别行政区上市的公司为样本，得出了企业网络环境信息披露与总资产收益率正相关的结论[2]。Iatridis, Emmanuel（2013）对马来西亚2005—2011年的上市公司的研究，分析了企业环境信息披露与环保绩效、公司治理结构、年终股票价格之间的相关关系，并得出了环境信息披露与年终股票价格显著正相关的结论[3]。Eduardo, Isabel, Igor（2015）分析了来自59个国家各个行业的3931个样本的2010年数据，分析认为企业环境信息披露水平与市场回报率正相关[4]。Denis, Michel（2015）对美国和加拿大2009年上市公司的研究显示，环境信息披露会增强企业的合法性（Legitimacy），进而正向影响企业的财务前景[5]。Kai（2015）根据中国重污染行业企业2008—2012年的数据，研究认为环境信息披露与企业的总资产收益率正相关[6]。Ali, Abdelfettah（2017）对2011—2013年法国的CAC40企业进行了分析，认为环境信息披露与财务绩效存在显著正相关关系[7]。Marlene, Darrell等（2015）对美国2000—2005年上市公司的研究也支持了正相关的结论[8]。

其中，部分学者主要根据代理理论（Agency Theory）、信号传递理论（Signal Theory）、利益相关者理论（Stakeholder Theory）等进行分析，认为企业进行环境信息披露，或者会降低企业的部分成本，或者会提高企业的收入和利润，或者会增强投资者对企业的了解和信任，从而对企业财务绩效产生正面影响。同时，也有部分学者认为，提高企业环境信息披露会降低企业未来的合规成本，降低企业受到环保处罚的风险，从而正面影响企业未来的财务绩效。

2. 部分学者的研究成果显示，环境信息披露与财务绩效存在显著负相关关系

David Mutua, Josephat Mboya（2016）对肯尼亚2008—2013年的储蓄合作社（SACCO）的研究，显示企业社会责任及环境信息披露与企业总资产收益率和净资产收益率均显著负相

关[9]。Dayuan, Yini 等 (2016) 以 2013—2014 年的中国重污染行业上市企业为研究样本,分析了环境信息披露、环保绩效和企业总资产收益率两两之间的相关关系,并得出了环境信息披露与总资产收益率显著负相关的结论[10]。Yeom (2012) 分析了道琼斯指数所包含的企业 1999—2007 年的数据,得出了公司股票回报率受到环境信息披露负向影响的结论[11]。Andreas, Nikoleta (2013) 以丹麦哥本哈根交易所 2009 年的全部企业为研究对象,分析了环境信息披露与盈利能力等企业特征之间的相关关系,认为环境信息披露与盈利能力负相关[12]。Yoo, Han (2015) 随机抽取了美国化工行业的 100 家上市企业,并研究了其在 2007—2012 年度的表现,得出了企业环境信息披露与财务绩效负相关的结论[13]。

这些学者分析得出的负相关关系存在的原因主要包括:

(1)环保活动和环境信息披露带来直接成本

进行环保活动和环境信息披露会给企业带来直接的财务成本,降低企业利润。

(2)投资者的偏好

投资者可能更看重企业的财务绩效而非环境绩效,因此投资者可能认为,较多的披露环境信息代表了企业在环保问题上的高投入,从而会降低对企业未来前景的预期,影响企业的财务绩效[10]。

(3)企业管理者的偏好

当财务绩效较好时,代理人更有动机去减少环保开支以凸显其在短期收益方面的突出贡献,从而降低环保绩效和环境信息披露水平[11]。

3. 部分学者得出了其他结论

Yan, Amama (2016) 以 2005—2009 年英国的 FTSE350 企业为研究样本,分析认为虽然社会责任信息披露与企业财务绩效正相关,但环境信息披露与财务绩效不相关[14]。Norhasimah Md, Norhabibi Aishah Shaiful 等(2016)分析了马来西亚 2011 年市值最大的 100 家企业,得出了企业财务绩效中营业利润与环境信息披露显著负相关,而总资产收益率和净资产收益率均与环境信息披露不存在显著相关关系的结论[15]。Omnamasivaya, M. S. V (2016) 以 2011—2015 年印度的上市公司为研究对象,分析认为,财务绩效中,已动用资产回报率、每股收益、每股股息、总资产收益率、净资产收益率、市盈率、每股股价与环境信息披露正相关,净利润、股息支付率、股东回报率(Return on Shareholders)与环境信息披露负相关[16]。

这部分学者主要认为:

(1)环境绩效才是真正影响财务绩效的因素

虽然环境信息披露与环境绩效相关,但信息披露当中同时包含了环境绩效优良和不良的信息,因此是环境绩效的一个噪音代理变量,难以找到显著的相关关系[14]。

(2)环境信息披露与财务绩效的相关关系中存在多种作用的共同影响

正因为有多种作用同时存在,不同财务绩效指标对不同作用的敏感性不同。因此,环境信息披露与财务绩效的相关关系会因为财务绩效指标选取的不同而有所区别。

4. 学界研究结论难以统一的主要原因

(1)环境信息披露质量的评估标准不同

虽然所有的研究都对样本的环境信息披露质量进行了评估,并将其作为研究模型中的因变量或主要自变量,但不同文章对环境信息披露质量的评估标准大有区别,评估的指标不同,指标的权重不同,并未达成一个统一的评价体系和标准。

(2)财务绩效选取的代表性指标不同

不同的研究在分析环境信息披露与财务绩效的相关关系时,选取了不同的指标作为财务绩效的代表性指标,包括盈利能力指标(总资产收益率、净资产收益率、营业利润等)、市场价值指标(年终股票价格等)和一些其他财务绩效指标。

(3)样本来源地点和时间不同

以上研究中,不同的研究选取了不同的地区及时间范围进行研究,不同地区和时间,经济发展水平不同,市场有效性不同,政府对环境信息披露的重视程度和规范程度不同,社会文化和主流价值观念不同。因此,不同样本的企业会在不同地点和时间的条件下表现出不同的特征,进而使得环境信息披露与财务绩效的相关关系存在多种形态,其真实相互作用机制隐而未现。

(4)样本行业组成不同

以上研究当中,选取的样本既有所有行业的样本,也有仅重污染行业的样本,还有单一行业的样本;并且,在包括所有行业的样本中,样本的行业来源结构也有很大区别。而不同行业的环境敏感性很可能不同,其中企业受到的环境信息披露的影响当中的主导作用也会有所区别,进而可能导致结论的不统一。

(5)样本的其他特征不同

以市值为例,部分样本选取的是市场中市值最大的企业,部分样本则是从一定范围中随机抽取企业,部分样本则是市场中的全部企业。而之前的研究表明,企业规模与企业环境信息披露水平之间有着显著的相关关系[4, 12],不同规模企业的财务绩效可能对环境信息披露的敏感性有所区别。同时,各文献中对于其样本选取的方法没有进行明确的描述,所以可能存在其他影响最终结果的因素存在,致使学界的研究结论不能统一。

(6)研究方法略有区别

研究方法的区别主要在于对模型设计中时滞效应的体现上。在以上提及的 15 份研究中,11 份为面板数据研究,4 份为横截面数据研究。横截面数据自然并未考虑时滞效应的存在,而面板数据研究对时滞效应的考量则各有不同。以把财务绩效作为因变量的研究为例,部分研究考察在控制$(t-1)$年的财务绩效的前提下,$(t-1)$年的环境信息披露对 t 年的财务绩效的影响;部分研究则是在控制$(t-1)$年的财务绩效变量后,研究 t 年的环境信息披露对 t 年的财务绩效的影响。以环境信息披露作为因变量的研究也存在同样的问题。也就是说,学界对于时滞效应是否存在,以及时滞效应在环境信息披露与财务绩效的相关关系中的表现形式也尚未有统一的结论,因此可能导致众多的研究结果难以形成统一的结论。

(二)环境信息披露质量的界定

为了明确本文中提到的环境信息披露质量的评估标准,为后来的研究提供借鉴和分析的依据,笔者对环境信息披露指标依据整理如下:

中国企业的环境信息披露尚处于起步阶段,政府对于环境信息披露的条目、程度、频率尚未有明确的规定,企业进行环境信息披露的积极程度与主动程度并不高。目前,国内企业进行环境信息披露的主要方式，为其定期发布的以年度报告为主的相关报告①。本文主要依据中国政府对于环境信息披露领域的相关规定②，结合发达国家环境信息披露界定相关经验，根据企业公开报告中环境信息相关披露内容的披露与否、详细程度、具体数据披露情况等，按照如下评估界定指标分类，以一定权重，对其环境信息披露质量进行评估。

1. 愿景指标

该类指标主要评估企业对于环境保护工作的基本态度和重视程度。主要反映企业在其公开报告中，对于其环境保护政策、方针、理念、未来目标等项的定性披露质量。

2. 财务指标

该类指标主要评估企业对其环境保护投入的披露质量。主要反映企业在其公开报告中，对于其环境保护相关技术研发、设施建设、直接投入、政府补贴等项的定量披露质量。作为与企业财务流入和支出直接相关的内容，该项披露具有极为重要的意义，对于政府、投资者和社会大众都有较高的参考价值。

3. 绩效指标

该类指标主要评估企业对其环保绩效的披露质量。主要反映企业在其公开报告中，对于其环境事故罚款、环境保护荣誉、环境保护制度建设、环境保护认证、给公共环境带来的福利和风险的披露质量。该类指标主要衡量了企业对环境保护进行投入之后达到的具体成效的披露质量。

4. 能耗及排放指标

该类指标主要评估企业对其资源消耗以及污染排放情况的定量披露质量。主要反映企业在其公开报告中，对于能源资源消耗、污染排放的绝对值、相对值、变化情况的披露质量。

（三）理论假设

从过去文献分析中可以看到，企业环境信息披露对财务绩效的相关关系分析中存在多种理论框架。为了研究企业环境信息披露与财务绩效的相关关系在中国进行环保改革后的实际情况，并分析其中的主导因素，为中国企业环保改革提供理论指引，同时也为丰富相关理论研究，本文作出了如下分析和假设：

1. 环境信息披露与财务绩效相关关系分析

随着《环境保护法》的颁布和环保改革的开展，中国政府对于企业环保绩效和环境信息披露的质量要求越发严格，并且在2016成立了中央环保督查组，在全国范围内彻查虚假环境信息披露等问题，并受理环保举报。对于企业的审查越发严厉，对于不合规范的企业的处理越发严格。因此，较好的环境信息披露质量有助于企业降低未来的合规成本，正面影响企业的财务状况预期；相反，环境信息披露较差的企业未来可能会面临更高的环境支出，以及更高的诉讼风险和环保处罚风险，负面影响企业的财务绩效和回报率[3]。基于以上分析，本文提出

---

① 主要包括年度报告、可持续发展报告、社会责任报告、环境报告书等公开报告。

② 主要包括《上市公司环境信息披露指南》（中华人民共和国环境保护部，2010）、《中华人民共和国环境保护法》（第十二届全国人大常委会第八次会议，2014）。

以下假设：

H1：企业环境信息披露与企业财务绩效显著正相关。

2. 环境信息披露财务指标敏感度比较分析

过去的研究中指出了环境信息披露与财务绩效相关关系存在的众多理论动因。而根据其中代理理论、利益相关者理论等的观点，企业披露环境信息是通过减小企业管理者与投资者、股东、利益相关者之间的信息不对称，从而降低代理成本或者改善与利益相关者之间的关系，以获得更好的财务绩效的。而环境信息披露评估标准中的财务指标，因为其关系到企业的直接收支，更为投资者、股东、利益相关者所看重，应当对财务绩效有比总体环境信息披露水平更显著的影响。基于以上分析，本文提出以下假设：

H2：企业环境信息披露中财务指标与企业财务绩效显著正相关，并且这种相关关系比企业环境信息披露总体质量与企业财务绩效的相关关系更加敏感。

三、研究方法

（一）样本选取

本文的实证分析以中国为背景，选取了《中华人民共和国环境保护法》实施后的第二年，同时也是环保改革大力开展的一年，即 2016 年为研究的时间点，根据《上市公司环境信息披露指南》提供的 16 个重污染行业①，结合国家环保部重点排污单位名录，选取了在上海证券交所上市的符合上述条件的企业作为样本，样本容量为 173 家上市企业。

环境信息披露数据方面，为真实、全面地反映企业环境信息披露质量情况，本文根据前文所述环境信息披露质量评估标准，收集了样本企业对 2016 年进行描述的公开报告，按照既定标准对样本企业的环境信息披露质量量化打分。以量化打分结果作为数据来源，构建了包含各项指标得分及以一定权重加权的总得分的数据库。

财务绩效方面，结合过去研究的成果和经验，本文选取了反映企业核心盈利水平的净资产收益率，作为企业财务绩效情况的体现指标，其数据内容从企业公开报告中摘录收集。

（二）变量描述

表 1 变量定义与测量

变量类型	变 量	变量符号	变量描述
变量	环境信息披露	EID	企业 2016 年度环境信息披露质量评估得分
	环境信息披露财务指标	EIDfin	企业 2016 年度环境信息披露财务指标得分
	财务绩效	ROE_t	企业 t 年度净资产收益率

① 这 16 个行业包括火电、钢铁、水泥、煤炭、冶金、化工、石化、建材、造纸、酿造、制药、发酵、制革、电解铝、纺织和采矿业。

续表

变量类型	变　量	变量符号	变量描述
控制变量	资产负债率	*lev*	企业 2016 年终总负债/总资产
	每股收益	EPS	企业 2016 年度归属于普通股股东的当期净利润/当期实际发行在外的普通股加权平均数
	每股净资产	BPS	企业 2016 年度归属母公司股东的权益/报告期末总股本
	每股企业自由现金流	FCFPS	企业 2016 年度企业自由现金流量/期末总股本
	企业所在省份年人均 GDP	*lave*GDP	企业所在省份 2016 年度人均地区生产总值的自然对数

表 1 为本次研究主要选取的变量及控制变量的符号说明和变量描述。

(三)实证模型

本文应用了 OLS 回归方法检验前述理论假设。Model A 主要检验 H1 是否成立,即环境信息披露与财务绩效是否显著正相关。Model B 主要分析,在相同的控制变量情况下,环境信息披露财务指标(已经换算成了与总体质量相同的分值,以便比较其回归所得系数的区别)与财务绩效的相关关系,并希望通过 Model B 与 Model A 的对比分析财务绩效与环境信息披露财务指标的相关关系是否比其与环境信息披露总体质量的相关关系更加敏感,借此检验 H2。

Model A:

$$\mathrm{ROE}_{i,16} = \beta_0 + \beta_1 \mathrm{EID}_i + \beta_2 \mathrm{ROE}_{i,15} + \beta_3 lev_i + \beta_4 \mathrm{EPS}_i + \beta_5 \mathrm{BPS}_i + \beta_6 \mathrm{FCFPS}_i + \beta_7 owner_i + \beta_8 lave\mathrm{GDP}_i + \varepsilon_i$$

Model B:

$$\mathrm{ROE}_{i,16} = \beta_0 + \beta_1 \mathrm{EID}fin_i + \beta_2 \mathrm{ROE}_{i,15} + \beta_3 lev_i + \beta_4 \mathrm{EPS}_i + \beta_5 \mathrm{BPS}_i + \beta_6 \mathrm{FCFPS}_i + \beta_7 owner_i + \beta_8 lave\mathrm{GDP}_i + \varepsilon_i$$

四、实证结果

(一)统计性描述

1. 各变量基本统计指标

表 2　变量统计性描述

变　量	均值	标准差	最小值	最大值
2016 年净资产收益率	4.128039	27.76129	-247.3858	37.6198
环境信息披露	45.96947	18.12247	8.695652	95.65218

续表

变　量	均值	标准差	最小值	最大值
环境信息披露财务指标	49.08777	24.60945	0	100
2015 年净资产收益率	-2.915871	59.51811	-722.0308	30.9086
资产负债率	48.52797	20.69556	8.9378	100.6625
每股收益	0.3192195	0.5313757	-2.04	3.45
每股净资产	4.310588	3.098057	-0.0614	31.3798
每股企业自由现金流	0.2353994	1.697813	-14.0123	11.9541
股权集中度	38.86845	14.65683	9.56	86.01
企业所在省份年人均 GDP	11.0601	0.4234399	10.22223	11.658

表 2 为回归模型变量统计性描述。从中可以看到，企业净资产回报率波动率极大，其中 2016 年数据比 2015 年波动性略小一些。而环境信息披露质量评估标准大部分均为国家要求披露的项目，但得分平均值仅约为 46 分，可见中国 2016 年环境信息披露质量较差。为了进一步评估中国 2016 年环境信息披露的总体水平，笔者绘制了图 1，以作辅助说明。

2. 环境信息披露质量分布情况描述

从图 1 中可以看到，环境信息披露质量评估得分分布总体呈严重右偏倾向，得分低于 50 分的企业高达 70.7%，并且得分分布峰值出现在[45，50]分段，并未及格，该分段的企业数量占到总样本数量的 19%。可见中国 2016 年环境信息披露的总体水平较为糟糕。

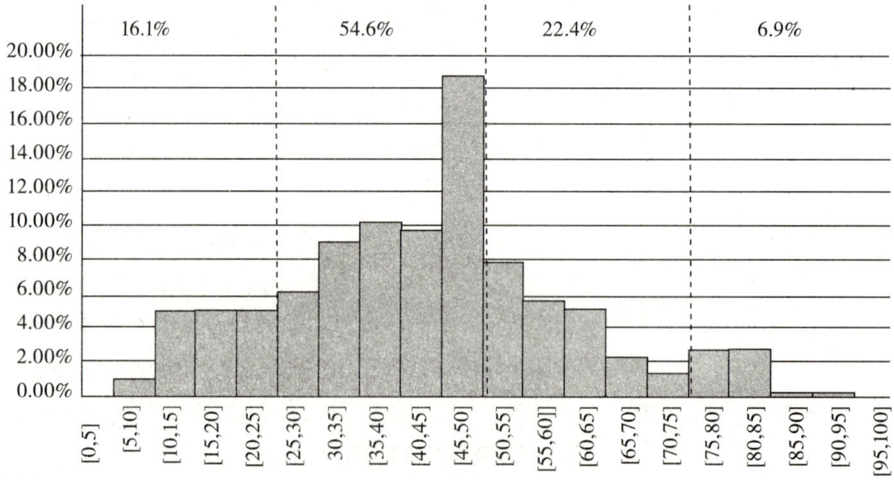

图 1　环境信息披露质量评估得分分布

(二)模型回归结果

表3 模型回归结果

	Model A	Model B
	2016 年净资产回报率	2016 年净资产回报率
环境信息披露	0.201** (0.20)	
环境信息披露财务指标		0.148** (0.57)
2015 年净资产回报率	0.057 (0.04)	0.059 (0.04)
资产负债率	-0.155* (0.09)	-0.164* (0.09)
每股收益	44.763*** (4.60)	44.654*** (4.60)
每股净资产	-2.911*** (0.82)	-2.825*** (0.82)
每股企业自由现金流	-3.028** (1.46)	-3.012** (1.46)
企业所在省份年人均 GDP	-4.385 (4.04)	-3.492 (4.00)
常数项	50.049 (44.95)	42.237 (44.79)
N	169	169
R^2	0.476	0.476
R^2_a	0.453	0.453
F	20.874	20.854

注:*表示 $p<0.10$,**表示 $p<0.05$,***表示 $p<0.01$。

如表3所示,从模型A中可以看出,中国2016年重污染行业上市公司环境信息披露与财务绩效显著正相关。这验证了 **H1**。控制变量中,资产负债率、每股净资产、每股企业自由现金流都与财务绩效有着不同显著性的相关关系。

就模型B与模型A的对比而言,环境信息披露总体质量和环境信息披露财务指标得分均与财务绩效呈显著正相关关系。就系数而言,环境信息披露财务指标与财务绩效的相关关系的系数略小于环境信息披露总体质量与财务绩效的相关关系的系数。也就是说,环境信息披露总体质量和环境信息披露财务指标变动同样的比例,后者引起的财务绩效的变化并不比前者更大。财务绩效与环境信息披露财务指标的相关关系并没有比其与环境信息披露总体质量的相关关系更加敏感。这否认了 H2。

五、研究结论

实证研究的结果显示，环境信息披露与财务绩效正相关。这进一步验证了 Chan, A. C. M.（2012）等学者的结论。根据过去学者的分析，这样的结果主要有以下两种可能导致。

（1）代理理论、利益相关者理论

提高环境信息披露水平，降低了企业管理者与股东、利益相关者之间的信息不对称，进而降低了企业的代理成本，强化了企业与利益相关者之间的关系，从而正面影响了企业的财务绩效。

（2）合法化理论

提高环境信息披露水平，可以提高企业的合法化程度，进而降低企业未来的合规成本，降低企业受到环保处罚的可能性，从而提高企业的财务绩效。

如果第一种作用（代理理论、利益相关者理论等）占据主导因素，由于环境信息披露财务指标披露了更多关于企业在环保问题上的具体投入等信息，直接关系到企业的财务流动，相比于愿景指标、绩效指标、能耗及排放指标，应当更为股东和利益相关者所关注，从而导致环境信息披露财务指标与财务绩效的相关关系应当比总体质量与财务绩效的相关关系更加敏感，这也正是 H2。但通过模型 B 与模型 A 的比较，否认了这一更加敏感现象的成立。从某种程度上说明了第一种作用并未成为环境信息披露与财务绩效相关关系的主导作用。

结合中国目前的具体国情，在新《环保法》实施，政府对环保问题越发重视的情况下，企业提高环境信息披露水平可以通过提高企业的合法化程度来正面影响企业未来的财务绩效的理论更加可信。这说明，政府对环保问题的重视，使得企业出于其自身利益、规避环保处罚风险等考虑，会自发提高环境信息披露水平。结合 Li, D. 等（2016）以 2013—2014 年中国重污染行业上市公司为样本，得出的环境信息披露与财务绩效显著负相关的结论，说明 2015—2016 年，政府的环保改革在企业层面上已经起到了相当大的作用，扭转了企业披露环境信息成本较高而收益较小的局面，通过提高对企业环保绩效的要求，使得企业有动机为了规避环保处罚风险，主动、积极地披露环境信息，这将为中国政府未来继续进行的环保改革提供指引。

结合本文的结论，笔者将继续收集中国企业环境信息披露质量的相关数据，在跟进 2017 年最新数据研究的同时，也将对 2014—2015 年中国企业环境信息披露质量进行评估，形成面板数据，从而深度分析中国环保改革政策对企业环境信息披露的影响。

参考文献

[1] Chan, A. C. W. *A Study of Environmental Web Disclosure and Financial Performance of Mainland Chinese Dually Listed Companies*[M]. in Faculty of Business & Law, Newcastle Business School. University of Newcastle: Australia. 2012.

[2] Iatridis, G. E., *Environmental Disclosure Quality: Evidence on Environmental Performance, Corporate Governance and Value Relevance*[J]. *Emerging Markets Review*, 2013(14): 55 - 75.

[3] Ortas, E. I. Gallego - Alvarez, and I. Álvarez Etxeberria, Financial Factors Influencing the Quality of Corporate So-

cial Responsibility and Environmental Management Disclosure: A Quantile Regression Approach. [J]. *Corporate Social Responsibility and Environmental Management*, 2015,22(6):362 - 380.

[4] Cormier, D. and M. Magnan, The Economic Relevance of Environmental Disclosure and its Impact on Corporate Legitimacy: An Empirical Investigation[J]. *Business Strategy and the Environment*, 2015,24(6):431 - 450.

[5] Chang, K., The Effect of Environmental Performance and Preference Disclosure on Financial Performance: Empirical Evidence from Unbalanced Panel Data of Heavy - pollution Industries in China[J]. *Journal of Industrial Engineering and Management*, 2015,8(1).

[6] Ahmadi, A. and A. Bouri. The Relationship Between Financial Attributes, Environmental Performance and Environmental disclosure[J]. *Management of Environmental Quality: An International Journal*, 2017,28(4):490 - 506.

[7] Plumlee, M., et al., Voluntary Environmental Disclosure Quality and Firm Value: Further Evidence[J]. *Journal of Accounting and Public Policy*, 2015,34(4):336 - 361.

[8] Mathuva, D. M. and J. M. Kiweu, Cooperative Social and Environmental Disclosure and Financial Performance of Savings and Credit Cooperatives in Kenya[J]. *Advances in Accounting*, 2016,35:197 - 206.

[9] Li, D., et al., Corporate Environmental Performance, Environmental Information Disclosure, and Financial Performance: Evidence from China[J]. *Human and Ecological Risk Assessment: An International Journal*, 2016,23(2):323 - 339.

[10] Yeom, J. H. *Corporate Social & Environmental Accounting, Physical Performance, and Reputation: How are They Related and Which Matters to Financial Decision - makers? Three Empirical Studies of CSR and Its Relation to Investment Decision*, in *School of Management*. 2012, University of Bath: UK. 267.

[11] Andrikopoulos, A. and N. Kriklani, Environmental Disclosure and Financial Characteristics of the Firm: The Case of Denmark[J]. *Corporate Social Responsibility and Environmental Management*, 2013. 20(1):55 - 64.

[12] Soyoung Yoo, I. H. *The Role of Environmental Information Disclosure Systems and Their Impact on Firm Performance*, in *International Conference on System Sciences*. 2015: Hawaii. 4884 - 4893.

[13] Qiu, Y., A. Shaukat and R. Tharyan, Environmental and Social Disclosures: Link with Corporate Financial Performance[J]. *The British Accounting Review*, 2016,48(1):102 - 116.

[14] Nor, N. M., et al. The Effects of Environmental Disclosure on Financial Performance in Malaysia[J]. *Procedia Economics and Finance*, 2016,35:117 - 126.

[15] Omnamasivaya, B. and M. S. V. Prasad, The Influence of Financial Performance on Environmental Accounting Disclosure Practices in India: Empirical Evidence from BSE[J]. *The IUP Journal of Accounting Research & Audit Practices*, 2016,15(3):17.

[16] 李志青,蔡佳楠. 企业环境信息披露:实践与理论——基于政策和文献综述的分析[J]. 中国环境管理, 2015(6):76 - 83.

东北人口流失对经济增长的影响研究
——基于内生变量有限分布滞后模型的分析

于哲　张梅　朱妍　高菊蔓　王堉
（吉林大学经济学院）

［摘　要］东北老工业基地的经济发展问题一直受到党中央和国务院的高度重视。人口流失问题又是近些年政府和学者担忧和研究的问题。本文研究的是东北人口流失对东北地区经济增长的影响，选取的是2000—2015年东北三省地区生产总值、全社会固定资产投资、城镇在岗职工平均工资以及三大产业就业总人数的具体数据。首先对数据进行Granger因果检验，然后通过内生变量有限分布滞后模型，依次研究人口流失将如何影响地区生产总值、全社会固定资产投资和城镇在岗职工平均工资这3个经济变量，进而分析得出人口流失对东北地区经济增长的影响是负向的。

［关键词］人口流失；经济增长；内生变量有限分布滞后模型

一、引　言

2015年7月14号，网上一篇名为《东北拉响人口警报》的报道，再一次把东北人口流失问题推向舆论的高潮，一时间关于东北人口流失、东北地区经济下滑的各种言论猜测甚嚣尘上。同期东北地区的经济状况也不景气，数据显示，2014年全国GDP增速最低的5个省份中，黑龙江、吉林、辽宁三省均在其中，东北地区的经济增速远低于中东部地区。经济的下滑反过来加速了人口的流失，在全国第六次人口普查的数据中，东北地区每年约有200万的人口数流出，净流出数目令人担忧，其中大多数的东北人选择的就业地区是珠三角、长三角等经济比较发达的地区，流失的大多数是对经济贡献比较大的劳动力。

东北地区在新中国成立之初，由于国家大力发展重工业的政策，借着优良的工业基础和丰厚的资源储备，一度成为中国经济发展的龙头，被称为“共和国的长子”。改革开放后，随着沿海地区经济的崛起，东北地区日渐褪去了往日的光环，资源枯竭、环境污染、产业结构优化滞后等问题也严重影响着东北地区的经济发展。由于地理位置偏僻、经济发展落后，对比飞速崛起的沿海城市，东北地区的人才吸引力越来越弱，近几年东北地区的人口流失问题更为严重。如何缓解人口流失、吸引优秀人才入驻东北，已经成为当下解决东北地区经济增长问题的关键。国家历来高度重视东北地区的经济发展。2003年，我国开始实施东北老工业基地振兴战略。2013年，李克强就任总理后仅半年，就在中国—东盟博览会上，将东北老工业基地与中西部沿长江区域、西南中南腹地一并列为中国三大"新经济支撑带"。2016 年 4 月 26 日《中共中央国务院关于东北地区等老工业基地的若干意见》对外发布,意见提出到 2020 年东北地区要在重要领域和关键环节改革上取得重大成果,在此基础上再用 10 年左右的时间,实现全面振兴。

人口流失与该地区的经济下滑有着非常紧密的联系,并且往往会产生相互影响,造成恶性循环。以东北地区现在的情况,很有可能陷入这种恶性循环中,这对于东北经济的复苏,将带来很大的挑战。然而,人口流失与经济增长之间具体的关系究竟如何?我们关注的重点又应当在哪里?遏制人口流失需要从哪几方面做起?怎么样让东北地区经济增长和人口流入形成良性循环?这些都是我们应当探讨的问题。本文选取 2000—2015 年的人口数据和相关代表性经济指标数据,采用理论论述和计量模型相结合的方法进行深入研究,探寻东北人口流失与经济增长之间的量化关系,并在此基础上提出一些切实可行的政策建议。

二、文献综述

(一)国外研究

由于欧美发达国家经济发展程度更高,更早经历了工业城市的衰退,因此相比于国内,国外对于人口迁移与经济增长的研究相对要早很多。

在研究人力资本要素对国家经济增长的贡献方面,劳动力人口、资本存量和技术进步通常被认为是经济增长的重要因素,Solow 在此基础上建立了增长核算模型。在 20 世纪 60 年代之后,很多经济学家分别研究了具有代表性的一些工业发达国家及地区,大多都利用增长核算模型取得了较为成功的结果。其中 Maddison(2006)对多国的经济增长进行了研究。Maddaloni 等(2006)认为经济增长主要受 3 个要素的影响,即劳动年龄人口增长、劳动生产率提升及劳动力利用的增长。人力资本这一概念是 20 世纪 50 年代美国经济学家舒尔茨(T. W. Schultz)提出的,他同时强调了人力资本在促进经济增长方面的重要作用。而在 20 世纪 80 年代后期,美国的 Romer 等其他经济学家通过大量的研究表明,在经济持续增长的过程中,人力资本的投资对物质资本以及其他生产要素的形成具有积极的影响作用。Gregory, M. N. 等(1992)发现,当索洛模型包含人力资本和物质资本这两个要素时,可以更好地反映出经济的变化情况,扩展后的模型更具有代表性。

在人口流失对区域经济的影响方面,很多经济学家通过对大量城市人口和经济数据的汇总和分析,解释和完善了现有经济学理论。例如,产业空间集聚理论认为,与经济增长相关的要素会逐渐地向经济发达地区转移,而随着这些要素的转移,地区与地区之间的经济差距将会越来越大,落后地区由于要素的转移出去,会进一步地陷入贫困之中,而发达地区随着要素的转移进来,会进一步地促进经济发展。Wiechmann(2015)提出在德国东部等传统工业地区存在以莱比锡为代表的以人口外迁为主的收缩城市类型,而且在各个国家均或多或少地存在以人口数量自然减少为主的收缩城市类型。Barro Robert, J. (1992)用新古典主义经济增长模型,将美国和日本在人口迁移和区域经济增长方面进行了对比,发现两国的区域经济增长模式相似,而人口迁移对区域收入差异有着显著的作用。LEE(1980)通过对韩国普查数据的研究,发现人口流入对经济增长有显著的影响,认为人口回流能够为现存的经济发展重新注入活力,缩小差距。

(二)国内研究

受户籍制度等因素的影响,以前我国虽有不同地区的人口流动,不过,流动的人数和范围都受到很大的限制,我国改革开放之后才逐步出现较大规模的人口流动。虽然有关人口迁移和经济增长之间关系的研究起步较晚,但至今相关的理论研究仍有很多,人口流动问题也已成为热点问题,受到了社会的广泛关注。

杜小敏、陈建宝(2010)运用变系数面板模型进行分析,认为一个地区的人口迁移或者人口流动,对全国整体的经济发展具有正向作用,但是当这种人口的流失逐渐变大时,那么对流出地的经济增长就有着很强的负面影响,而东北地区当前就是处于人口流失数目较大的状况。刘新荣(2011)认为,除政策、自然环境、社会环境和心理因素外,经济因素对人口迁移最为重要。吴晰(2013)认为从"五普"到"六普"这十年来,影响人口流动的因素中,经济因素增强,社会因素减弱,而吉林省内流动人口以经济为原因进行迁移的比例较低。李莹(2015)认为东北地区与全国其他省份相似,经济因素成为首要的迁移原因。

在东北人口流失对区域经济增长影响的研究方面,当前东北人口的老龄化和社会劳动力人口的流失已经成为阻碍东北经济增长的重要因素。大量的劳动力人口促成了东北地区经济近三十年的高速发展,然而,当人口红利逐渐转变为人口负债时,这就对经济长期增长提出了很大的挑战。黄苏萍等(2007)通过回归分析,对东北地区的经济增长和人口就业的关系进行了判断,认为东北地区的经济增长和就业不存在明显的线性关系,这种经济增长与就业增长不一致的原因包括制度因素、产业结构调整、人口素质及城乡二元结构问题。李鹏骜(2015)通过人口加权变异系数,认为对于黑龙江省来说,人口流入越多或流出越少,地区生产总值增速越大。全国范围内的人口流动是一种正常现象,也就是说,一个地区有人口流入,同样也有人口流出,是一种正常的现象。然而,一个地区人口的单向流动就值得深思了,而当下东北地区就面临人口单向流出的问题。

(三)文献评价

综上可见,西方社会从 17 世纪就已经开始了对人口流失这一现象的关注,到今天已经取得了非常丰硕的成果,相关理论颇为完备。因此,国外学者对老工业基地人口流失与经济增长的研究比较深入,英国很多老工业基地再振兴的案例很典型,值得我们学习。但限于社会制度和文化差异,一些理论并不完全适用于我国国情。有关人口流失对经济增长影响的研究多倾向于对流失人口现住地的考察,或在全国层面分析经济影响,缺乏对人口输出地经济状况的研究。国内学者对人口流失的研究也存在这一问题。研究多着眼于流动人口对迁入地的经济影响,而研究人口流失对人口迁出地影响的文献则相对较少,而且对于东北问题的研究,定性研究较多,定量分析较少,相关政策建议的可操作性和有效性也有待提高。这些都有赖于在对东北问题的深入理解和把握的基础上,结合实际情况,对问题作进一步的分析和探索。基于这一背景,本文试图弥补以上不足,在前人的研究基础上,结合相关理论和地区实际,运用计量经济的方法,利用相关的数据来实证分析东北人口流失对东北地区经济增长的影响。

三、模型建立与分析

(一)指标的建立与数据选取

本文所研究的课题是东北人口流失与经济增长的关联性研究,根据本课题的研究方向,我们选用的指标分为两大类:一类是经济指标;另一类是人口指标。我们查阅了大量相关的统计年鉴和各省统计局的统计资料,根据可行性原则,选择了2000—2015年的数据,我们选取的经济指标是地区生产总值、全社会固定资产投资和城镇在岗职工平均工资。三大产业的就业人口对地区经济发展具有重要的作用,在出生率与死亡率几乎持平、除人口迁入与迁出外无其他情况的人口重大变动等条件下,我们选取东北地区2000—2015年三大产业的就业人数作为人口指标,可以有效反映东北地区的人口流失问题。

1. 经济指标

人口流失直接改变了输出地的人口结构,而人口结构的变化直接或者间接地影响了决定潜在增长率的资本、劳动力和人力资本3个要素(陆旸,2014),所以人口流失对地区经济增长有一定程度的影响。这种影响可以通过多个指标反映出来,常见的有地区生产总值、工业增加值、全社会固定资产投资、城镇居民人均可支配收入、国际收支和消费物价指数等。本文将选取地区生产总值、全社会固定资产投资和城镇在岗职工平均工资作为分析指标,进行人口流失对经济增长的观测。

2. 人口指标

由新古典经济增长理论可知,劳动力是地区经济增长的重要决定因素。通常情况下,一国或地区劳动力的数量就是该地区的就业人口数量。因此,本文选取东北地区三大产业就业人口数量,通过分析东北地区三大产业就业人口状况,进行东北地区人口流失和经济增长关系的研究。

3. Granger 因果检验

为了得知经济与三大产业就业人数之间是否存在因果关系,即东北地区的经济水平是否会影响到该地区的三大产业就业人数,而三大产业的就业人数是否会影响到经济水平,经济水平和三大产业就业人数之间是不是双向影响的,还需要做进一步的验证。本文采用Granger(1969)提出的因果检验。经多次检验比较,在Granger因果检验中,滞后期的选择对检验结论有明显的影响,最后确定滞后期为1,检验结果如表1所示。

表1 Granger 因果检验结果

零假设	F检验值	P值	检验结果(5%的显著水平)
POP does not Granger Cause GDP	13.226	0.003	拒绝
GDP does not Granger Cause POP	1.371	0.264	接受
FAI does not Granger Cause POP	0.228	0.641	接受

续表

零假设	F检验值	P值	检验结果(5%的显著水平)
POP does not Granger Cause FAI	10.916	0.006	拒绝
PCW does not Granger Cause POP	0.303	0.592	接受
POP does not Granger Cause PCW	12.547	0.004	拒绝

从表1中可以看出,在5%的显著性水平下,东北地区经济水平与三大产业就业人数之间并未形成双向的格兰杰因果关系,而是东北地区三大产业就业人数和该地区的GDP、FAI(全社会固定资产投资)、PCW(城镇在岗职工平均工资)均存在单项格兰杰因果关系,即东北地区三大产业就业人数会影响该地区区域生产总值、全社会固定资产投资以及城镇在岗职工平均工资水平,而该地区区域生产总值、全社会固定资产投资以及城镇在岗职工平均工资水平对三大产业就业人数的影响不显著。据此,我们可以认为,东北人口流失对东北地区的经济增长造成了一定的影响。

4. 模型建立的理论基础

基于其他学者的研究成果,即人口增长与经济增长存在数量关系,因此,为了解释人口增长与经济增长之间的关系,给出其理论模型的一般形式,在计量经济学中,称如下模型为内生变量有限分布滞后模型

$$Y_t = \alpha + \beta_1 Y_{t-1} + \beta_2 Y_{t-2} + \beta_3 Y_{t-3} + \beta_s Y_{t-s} + \cdots + \gamma X_t + \varepsilon_t \tag{1}$$

其中,ε_t 随机扰动项;s为分布滞后的阶数。

在实际问题中,许多经济变量不仅要受到解释变量的影响,而且要受到所研究的经济变量滞后一期的影响。例如,我国居民储蓄率不仅受居民可支配收入的影响,还取决于过去时期的储蓄率。由于区域生产总值、全社会固定资产投资和人均工资的数据是时间序列,持续期较长,且一般具有惯性,我们采用了滞后分析法。另外,为了控制不可观察的个体效应和时间效应,保持数据时间序列的稳定性,我们运用差分的方法,同时可以更直接地讨论人口流失和经济增长的关系。

5. 实证模型的建立

具体模型为

$$\Delta GDP_t = \alpha_1 \Delta GDP_{t-1} + \beta_1 \Delta POP_t + \gamma_1 \Delta CV_t + \varepsilon_t \tag{2}$$

$$\Delta FAI_t = \alpha_2 \Delta FAI_{t-1} + \beta_2 \Delta POP_t + \gamma_2 \Delta CV_t + \varepsilon_t \tag{3}$$

$$\Delta PCW_t = \alpha_3 \Delta PCW_{t-1} + \beta_3 \Delta POP_t + \gamma_3 \Delta CV_t + \varepsilon_t \tag{4}$$

其中,GDP为东北三省地区生产总值;FAI为东北地区全社会固定资产投资量;PCW为东北地区城镇在岗职工平均工资;POP为东北地区三大产业就业人口总数;ε 为随机扰动项;t 为时间;α, β 分别为对应变量的回归系数;CV为控制变量。

(二)数据分析

将数据导入Eviews 5.0,得出人口流失与地区生产总值、全社会固定资产投资、城镇在岗职工平均工资三大经济指标的关系,得出表2、表3、表4。

表 2 全社会固定资产投资

变量	系数	标准误	t 检验值	p 值
常数	4246.111	2598.399	1.634126	0.1206
滞后项	2.669968	0.758277	3.468349	0.0029
人口变化	57.40453	9.627807	5.962368	0.0000

表 3 地区生产总值

变量	系数	标准误	t 检验值	p 值
常数	13838.23	3633.1	3.80893	0.0014
滞后项	1.505675	1.292976	1.164503	0.2603
人口变化	65.24042	13.27208	4.915614	0.0001

表 4 城镇在岗职工平均工资

变量	系数	标准误	t 检验值	p 值
常数	2289.376	2715.128	0.843193	0.4108
滞后项	6.839043	1.28266	5.331923	0.0001
人口变化	30.03107	8.292716	3.62138	0.0021

得出人口流失与地区生产总值、全社会固定资产投资、城镇在岗职工平均工资的线性回归模型分别为

$$\Delta GDP_t = 13838.23 + 1.506\Delta GDP_{t-1} + 65.24\Delta POP_t \quad (5)$$

$$\Delta FAI_t = 4246.111 + 2.67\Delta FAI_{t-1} + 57.404\Delta POP_t \quad (6)$$

$$\Delta PCW_t = 2289.376 + 6.84\Delta PCW_{t-1} + 30.03\Delta POP_t \quad (7)$$

其中,地区生产总值、全社会固定资产投资的单位为亿元,城镇在岗职工平均工资单位为元,3大产业就业人口单位为万人。三个模型的拟合优度均在 0.8 以上,说明通过 Eviews 5.0 得出的线性回归模型,拟合效果较好。

地区生产总值被用来衡量一国或地区的经济发展综合水平。根据方程输出结果(5),东北三省的就业人口总数每变动 1 万人,东北三省的地区生产总值就会相应变动 65.24 亿元。就业总人数前系数大于 0 表明,三大产业就业总人数的变动方向与地区生产总值的变动方向是一致的,即表明人口流失对东北三省地区生产总值的影响是负向的。社会固定资产投资是固定资产再生产的主要手段。根据方程输出结果(6),东北三省三大产业就业总人数每减少 1 万人,全社会固定资产投资就会减少 57.404 亿元,而就城镇在岗职工平均工资来看,职工的平均工资等于报告期实际支付的全部职工工资除以报告期职工平均人数,一般来说,职工人数减少,平均工资会略有上升,但计量结果却表明,三大产业就业总人数每减少 1 万人,城镇在岗职工年平均工资就会减少 30.03 元,这表明东北人口流失对经济增长造成了不利的影响。

四、结论和政策建议

本文就东北地区的人口流失问题，参考了国内外相关的经济理论和实证案例，选取了2000—2015年东北地区的相关指标数据，建立计量模型。通过理论与模型分析，我们得出，人口流失与地区生产总值、全社会固定资产投资、城镇在岗职工平均工资三大变量均存在负相关关系，人口流失对整体经济存在严重的消极影响。且通过数据反映的人口流失对于东北经济的影响之大，体现出当今东北的人口流失问题已经成为打开东北经济局面的重要“瓶颈”。劳动力人口是第一资源，人力资本的积累是经济持续不断发展的基础。解决人口流失问题，招贤纳才，让更多的劳动力人口留在东北，是振兴东北经济的必经之路。为了解决东北地区的人口流失问题，吸引更多的人来到东北地区，我们可以考虑以下几个方面。

第一，搭建高层次平台吸引人才。东北地区有很多的高校、科研院所，这是一个很好的科研教育基础，东北地区政府应该发挥和利用好这些资源。各个高校和科研院所可以与当地政府合作举办更大范围、更高层次、更广领域的国际交流会议，开展相关的国际合作，通过平台吸引人才，留住人才。或者通过发起一些专业领域的前沿性课题项目，给予政策福利支持，吸引相关领域的科学家、专家前往讨论研究，如果相关项目可以孵化转换成产业成果，东北地区政府也可以就近建立科学科技园区，产、学、研结合，直接将所得到的科技结论转化为生产应用。依托高校和科研院所建设高层次的研究机构或者基地吸引人才，资助当地科研机构与国内外先进的科研机构和高校开展长期多边合作，提高相关领域的研究水平，从而吸引国内外人才在此发挥作用，也培养了本地的科研机构和科研人才，由此可以聚集更多的人才，实现人口回流。

第二，进一步优化民营企业发展环境。改革开放以来，我国经济发展地区格局发生了翻天覆地的变化。东部沿海地区民营企业快速发展，借助民营企业的快速发展，东部沿海地区的经济也飞速发展，领跑全国。相对比之下，靠着国家政策扶持的东北地区，国企林立，然而国企改革却迟迟没有进展，改革的脚步慢了一些。当地政府也要敢于“拿自己开刀”，敢于主动优化国有经济结构，调整国有经济布局，支持民营企业发展。在社会主义市场经济条件下，优化民营企业发展的行政环境。民营企业获得了长足发展，会给劳动力人口更多的工作就业选择，会进一步留住人口，吸引走出去的东北人，甚至吸引其他地区的劳动人口。

第三，提高劳动者的工资薪酬待遇。随着社会经济的快速发展，企业的薪酬待遇对于吸引劳动力人口发挥着越来越重要的作用。虽然工资薪酬待遇与当地的经济发展有着相当大的关系，但是一个合理较高的待遇能够让员工发挥最好的潜力，为当地经济创造更大的价值。提高薪酬对于激励员工、留住员工来说，是非常重要也是最直接的方法。2016年全国最低工资标准的数据显示，东北地区的最低工资数额在全国均处于倒数位置，而东部沿海地区的最低工资标准普遍较高，这就会使得一部分东北人选择去这些省份工作，毫无疑问，会造成很大程度的人口流失。同样地，东北地区较低的工资水平对于外地人口也没有任何吸引力。因此，东北地区的政府或者相关行业提高劳动者工资薪酬待遇，有利于劳动力人口的回流，也有利于吸引更多的劳动力人口来到东北地区就业发展。

劳动力是生产力诸因素中最活跃的部分，对经济发展影响很大，人力资本已经成为经济增长的决定性因素。虽然过去的工业“老大哥”辉煌不再，但东北地区在中国经济发展中仍然是一股较为重要的力量，东北地区的发展具有战略意义，东北地区也有基础、有资源，具有很好的振兴条件。解放这股力量的方法，就是尽快解决东北地区的人口流失问题，解决东北人口流失问题势在必行。在供给侧改革和新一轮的经济结构调整中，东北地区要抢抓机遇，不仅要积极吸收引进新兴产业，还必须要大力留住更多的新型科技人才，既要留住人才，同时也要注意吸引人才，将社会上更多的人才吸引到东北地区。只有解决东北的人口流失问题，才能为东北经济注入活力，东北经济才能真正实现振兴。

最后需要说明一下本文的不足之处。本文只采用的是2000—2015年以来的数据，对于研究一个地区的人口流失问题，这一时间跨度是不够的，更何况，自从改革开放以来，东北地区就已经逐渐开始了人口流失，这对于分析结果的准确性，在一定程度上会有所影响。但是限于数据的可得性和研究的可行性，我们尽最大可能选取了最长时间跨度进行分析研究，以小见大，让这一时间段的问题结论尽可能地反映真实情况。除此之外，对于相关变量指标的选取可能也不是最恰当的，因此反映的结果也许会有些出入。最后，本文对数据处理分析的计量模型，存在一定的异方差问题，这也会影响数据处理分析的结果。研究东北地区人口流失和经济增长的关系，是一个长久性的问题，希望在后续的更深层次的研究中，让问题的研究更加透彻，得到的结论更加科学、准确。

参考文献

[1]Benhabib, J., Mark MS. The Role of Human Capital in Economic Development: Evidence from Aggregate Cross-country Data [J]. *Journal of Monetary Economics*, 1994(34): 143-173.

[2]杜小敏，陈建宝. 人口迁移与流动对我国各地区经济影响的实证分析[J]. 人口研究，2015(3): 77-88.

[3]李鹏骛. 黑龙江省人口迁移对区域经济发展影响研究[D]. 长春：吉林大学，2015.

[4]李新玲，张莹，吕博雄，陈墨. 东北拉响人口警报[J]. 教师博览，2015(10): 20-22.

[5]刘新荣. 东北地区人口变动及对经济发展的影响[D]. 长春：吉林大学，2011.

[6]黄苏萍，王雅，朱咏. 东北经济增长与人口就业相关性的判定及对策研究[J]. 人口与经济，2007(5): 31-34.

[7]吴晰. 吉林省人口迁移对社会经济发展影响的研究分析[D]. 长春：吉林大学，2013.

[8]T. W. Schultz. 人力资本投资：教育和研究的作用[M]. 吴珠华，等. 北京：北京经济学院出版社，1990.

瑞典共享型劳动关系研究

贾惠博
（吉林大学经济学院）

［摘　要］新常态下中国经济增速下行，经济结构转型升级所导致的企业层面的优胜劣汰会引发严重的就业问题，劳资矛盾进而激化。和谐的劳动关系是经济发展和社会稳定的基础，如何缓解劳资矛盾、稳定劳动关系成为我国在经济新常态下的重要任务。在当代资本主义劳动关系中，瑞典的劳动关系共享程度及和谐程度是最高的，其以集体协议制度、团结工资和雇员投资基金等主要形式结合政府主导的公共政策促成工人与雇主的利益共享为劳动关系的合理内核，这一内核在发展过程中虽受到世界主流理论的影响但从未根本性地动摇过，维持了劳动关系的稳定进而促进经济和社会的发展。本文着重研究了瑞典共享型劳资关系的理论基础即社会民主党的代表性理论和马克思主义理论，论述了瑞典共享型劳动关系的发展历程和各个历史时期劳动关系的特点及形成原因，并分析了劳动关系所导致的经济绩效和社会绩效，同时着重研究了瑞典共享型劳动关系近年来因国际形势的新变化而引起的新问题，并提出了自己的见解。瑞典的共享型劳动关系使瑞典在经济危机中迅速摆脱危机并走向高速发展，充分体现了这一劳动关系的生命力，但其仍存在由于资本主义制度的缺陷而导致的不可摆脱只能缓解的劳资矛盾这一不足，还有高福利保障导致的劳动积极性减退和高额政府财政赤字等问题。瑞典共享型劳动关系的发展前景也因为国际经济形势的不断变化而日趋复杂。本文辩证地论述了瑞典共享型劳动关系的成绩与不足，据此对我国劳动关系中存在的私人企业劳资矛盾尖锐、政府在劳动关系中定位不明确和政府如何参与劳动关系协调等问题给予启示。

［关键词］劳动关系；瑞典；利益共享

一、引　言

劳动关系发展取决于生产力、生产关系和上层建筑之间的矛盾运动态势，生产力是决定劳动关系的基本因素，生产关系中劳资双方的力量对比决定了劳动关系中雇主和劳动者的地位变化以及劳动关系稳定与否，政府主导的公共政策对于协调劳资矛盾和稳定劳动关系有着重要作用。因而研究瑞典劳动关系就要研究生产力、生产关系和上层建筑在各个历史时期的发展状况。稳定的劳动关系提供稳定的经济发展环境和发展基础，瑞典共享型劳动关系无疑是瑞典经济得以稳定和不断发展的核心。随着世界经济发展陷入低谷，多数发达资本主义国家的劳资矛盾达到了前所未有的激烈程度，瑞典在经济危机中的表现堪称资本主义国家的典范，其独有的劳资集体协议制度、雇员投资基金政策等，对于在经济危机中保护劳动者利益、为资方提供稳定的劳动力供应和生产环境起到了重要的作用。“企业—社会共享型”劳动关系成为瑞典摆脱经济危机、走上经济高速发展之路的重要因素。

二、瑞典共享型劳动关系的理论基础

（一）马克思主义理论

2001 年 11 月，瑞典社会民主党的新党纲中指出：“工人运动的意识形态是其分析社会发展的一个工具，其基础是唯物主义历史观，即对诸如技术、资本积累和劳动组织等因素，即生产力对社会和人们的社会条件具有决定性的认知。”社会民主党作为瑞典长期执政的政党，其纲领可以说是瑞典经济政策的引领，瑞典的共享型劳动关系的核心部分，如利益共享、集体协议和政府严格的管制都是以唯物史观为指导的，都是建立在生产力不断发展的基础之上。这份党纲是对马克思和恩格斯的理论肯定，也代表瑞典在经济政策的制定和劳动关系建立的过程中实践了马克思主义。瑞典前主席卡尔松 2007 年 2 月在新版的《什么是社会民主主义》一书中指出：“马克思主义对社民党人提供了两个重要的分析工具：唯物主义历史观和关于劳资矛盾的理论。但重要的是人们应该明白，这仅仅是两个分析和研究社会与经济发展的工具，而不是可以提供现成答案的百科全书。”在瑞典社民党现行党纲中，该党还庄严宣布：“在资本与劳动的冲突中，社会民主党始终代表劳方的利益。社民党现在是而且永远是反对资本主义的政党，始终是资方统治经济和社会要求的对手。”①从中可以看出，瑞典社民党代表工人阶级的利益，永远站在工人一方。瑞典工会和雇主协会从属于工人和资本家两大阶级，在社民党执政的几十年间，始终与工会保持着密切联系，二者相互支持。工会和雇主协会的矛盾运动决定了一个时期劳动关系的发展态势，进而影响了该时期的经济发展状况。其实质也是工人阶级和资本家之间的博弈，两大阶级为了维护自身利益而斗争或妥协，这种不间断的矛盾运动促进了瑞典共享型劳动关系的形成和发展，因而瑞典共享型劳动关系中也深刻蕴含着马克思唯物主义历史观和阶级斗争理论，在其指导下，瑞典的劳资矛盾虽时常因为经济和社会问题而激化，但始终没有动摇过瑞典发展的根本，这种矛盾运动还不断促进瑞典的生产进步和经济发展。可以说，马克思主义理论是瑞典共享型劳动关系合理内核的重要部分，二者关系密切。

（二）瑞典社会民主党理论

1. 劳资集体协议

（1）建立背景

工业化初期，劳资双方主要依靠签订个人契约的方式来就工资、工时等问题达成协议，但是由于工人力量薄弱，雇主处于强势地位，工人遭受着种种不公平对待，如工作环境恶劣、工

---

① 瑞典社会民主工人党 2001 年党纲[J]. 当代世界社会主义问题，2003(1)：26.

作时间长、待遇低下、生活极度贫困等。因此，这种"个人契约"实质上是资本家们单方面控制下的卖身契，是对工人的剥削。但是个人契约使人员大规模流动成为可能，有利于形成劳动市场。瑞典工业化的第二阶段变革开始于1890年，电力技术和内燃机的使用促进了交通发展，城市成为工业发展的主要阵地，劳动力大量涌入，工人阶级队伍壮大，开始走向团结与资本家们谈判。

（2）建立过程

虽然工人们意识到要走向团结来抗衡资本家，但是力量太过薄弱，关于工资增加和减少工时等诉求得不到满足，于是工人们开始进行罢工运动和消极怠工，这种具有一定规模性的消极抵抗慢慢造成了资方的损失，资方开始同意工人们的谈判要求，1869年，斯德哥尔摩建筑工人经过罢工后与资方签署了第一份集体工资协议。经过30年的激烈较量，瑞典大型企业也开始接受集体劳资协议，如1905年的《关于处理工人与雇主争端的规则》和《关于最低工资、计件工作、正常工作时间和加班等问题的规定》。这一系列协议不仅涉及工资、工时和工作环境等工人一直要求改善的问题，还包含了劳资关系中的基本原则问题，如集体谈判成为劳资双方解决矛盾的基本原则，虽然谈判仍处于资方的控制下，但是为了劳动力市场的和平和生产的有序进行，劳资双方走向妥协。1906年，瑞典雇主联合会和工会联合会达成集体协议，总工会同意接受雇主总会坚持的"雇主有权自由地录用并解雇工人、领导并分配工作"的权力，而雇主总会则明确接受了工会提出的"工人结社权、集体协议权和工会会员不受迫害的权利"。这一协议被后人称为"十二月妥协"，劳资关系中开始出现集体契约，劳资集体协议制度开始建立。

"十二月妥协"虽然标志着集体协议制度开始建立，但只是短暂地缓解了劳资双方的冲突，矛盾依然存在，并且形势严峻，尤其是1914年的第一次世界大战导致物价飞涨，经济下滑带来的大规模失业使得工人们生活困苦不堪，工会和雇主协会都要求调整协议。1920年，政府修改法律并建立了由劳资双方代表共同参加的仲裁委员会；1928年，为了更好地通过劳资集体协议解决劳资纠纷，专门设置了劳资纠纷法庭，同时，议会通过了《集体协议与劳动法庭法》，这项法律划清了劳资合法权利与非法斗争之间的界限，劳资关系开始走向法制化和规范化。劳动力市场的和平只是短暂的，仅几年之后，瑞典就不可避免地卷进19世纪30年代的资本主义世界经济大萧条。1938年，在政府的支持下总工会与雇主总会通过谈判就劳工关系、劳动环境和劳动保护等问题达成了总体协议，这一协议被称为"萨尔茨耶巴登协议"，是瑞典最为著名的劳资双边协议，标志着集体谈判和集体协议制度走向制度化和程序化，劳资双方在制度化的保障下逐渐走向合作。

2. 利益共享理论

（1）团结工资

20世纪50年代以来，工会联合会在集体谈判中开始推行"团结一致的工资政策"，这一政策认为工资多少取决于劳动强度和危险系数及工作环境等因素，不取决于企业的利润率，因而各个行业应该实行公平一致的工资标准。工会认为工会仅代表工人的利益，要求提高工资水平并且公平的工资应该是同工同酬，在不同企业追求同工同酬必然导致生产技术落后、设备老化、生产效率低下的企业承受不住压力而走向破产，而对拥有先进设备和生产技术的企业则并无影响,这一政策可以对市场进行优胜劣汰的筛选,使依靠低工资来占有市场份额的企业退出市场,留下有竞争力的企业。淘汰劣势企业必然会导致一部分工人失业,因此,政府要求工会对失业工人进行技术培训使工人适应企业发展对技术工人的要求,这一政策受到资方和工人双方欢迎,工会团结工资政策使瑞典企业得以以较低的平均工资进行雇工生产,工会支持技术改革,培训技术工人也促进了企业更新换代、提高出口竞争力,而企业也保证以平均化的工资来稳定劳动力市场,并且吸纳劳动力,缓解失业。

1956年以来进行的数次谈判中,资方都不断提高工资水平和劳动条件来满足工会的要求,工会也在技术变革和工人培训上给予企业支持,这样双方在不需要政府干预的情况下维持了近30年的劳动力市场和平局面,为瑞典经济发展创造了良好的环境。

(2)雇员投资基金

1)雇员投资基金产生的原因

首先,长期以来社会财富集中在少数大资本家手中,虽然瑞典的长期执政党是代表工人利益的社会民主党,但瑞典资本私人垄断程度非常高,远高于美国、德国等其他资本主义国家,工人虽然可以得到相对平衡的工资,但是无权参与到生产决策中去,资产阶级仍处于强势地位。

其次,20世纪50年代以来的团结工资政策虽然使劳资双方达成了较为稳定的谈判局面,但是这一政策对于真正处于垄断地位的大企业效用微乎其微,它们拥有先进技术和先进设备来获取超额利润,团结工资的限制几乎无法约束这些企业,所以只有让工人真正参与到利益分配中去,才能切实维护工人的利益。长久以来社民党和工会都处于相互支持的关系,在工会提出建立雇员投资基金时,处于执政地位的社民党的支持使这一法案能够通过并逐步实施。工人运动的推进离不开社民党的支持,而社民党的执政地位也离不开工人的拥护。

究其根本原因,还是生产的社会化和生产资料私人占有之间的矛盾以及资本主义制度所固有的根本矛盾未能解决,虽然瑞典的"福利国家"建设已日趋完善,建立了从摇篮到坟墓的福利保障制度,但是只要这一根本矛盾存在,劳资关系就无法达成永久的和谐,工人为争取参与企业生产和利润分配而进行的工人运动和斗争就不会结束,雇员投资基金只是工人们进行斗争的第一步。

2)雇员投资基金建立历程

雇员投资基金在瑞典酝酿讨论了十余年,其间出现过许多方案和建议,而其中影响最大的是"麦德内尔方案"、瑞典工会联合会与社民党联合研究小组的1978年和1981年的两份报告,以及1983年社民党政府提出的法案。

1975年提出的"麦德内尔方案"提出了将企业部分利润从雇主私人手中转为雇员的集体财产;1978年4月,联合小组提出了名为《雇员投资基金与资本形成》的联合报告,切实提出建立雇员投资基金的目标;[1] 1981年的《工人运动与雇员投资基金》对于资金使用和资金来源作了进一步的设想;[2]1983年通过了建立雇员投资基金的法案,对于组织机构、资金来源、基金的使用和基金的投资收益最低标准等问题作了相关规定,法案从1984年1月1日开始生效[3]。在社民党的支持下,瑞典工会提议的雇员投资基金在瑞典建立起来。

3. 失业治理理论

20 世纪初，瑞典同主要资本主义国家一样流行自由主义理论，认为失业是由于劳动力市场供求不平衡造成的，当劳动力供给过多时，工资就会下降来满足劳动力需求，失业的原因是因为工资下降受到了制度或者工会的阻碍。20 世纪末 30 年代初，瑞典出现了高经济增长和高失业率并存的情况，这种失业被称为永久性失业。经济大萧条使瑞典学派开始实践国家干预经济的治理方式。对于经济大萧条采取积极的就业政策实现充分就业而不是现金救济，是瑞典区别于其他国家的标志。

三、“企业—社会共享型”劳动关系模式的创生与发展

(一)产生与萌芽

1. 产生时期(1850—1914 年)

19 世纪 40 年代，英国工业革命基本完成，工业革命开始向其他国家蔓延，瑞典的初期工业化开始于 19 世纪中期，在 19 世纪末 20 世纪初得到进一步发展，工业化给瑞典的经济生活带来了巨大的变化。由于 19 世纪中期美国农产品的大规模输出使瑞典国内农业生产受到了很大的冲击，在冲击中失去生产资料的农民成为新的无产阶级，转向工业生产，工业的发展使城市规模不断扩大，劳动力涌入城市，这种大规模流动带来了日益扩大的贫富差距，劳动力结构也因此发生了变化，农业劳动人口不断减少，工业劳动者的比重不断上升。

1850 年，瑞典就出现了第一个工会，但是这一时期的工人阶级身份并不明确，农工混杂，不易团结，工人在劳资关系中处于不利地位。19 世纪末 20 世纪初，资本主义进入垄断时代，大机器生产使得工人的地位下降，劳动者和资本家的冲突加剧，在马克思主义和社会主义思潮的影响下，工人们开始走向团结，成立代表工人阶级的组织来维护自身利益。瑞典工会的一个鲜明特点便是与执政党的联系紧密：1889 年，社会民主主义工人党(社民党)成立，参与成立的代表 2/3 来自工会组织。1898 年，瑞典工会联合会(LO)成立，在成立大会上通过集体入党的决议，在其章程中明确规定：“所有加入工会联合会的工会组织必须在入会后的三年内集体加入社民党，否则就自动脱离工会联合会。”大会还决定，工会联合会 5 名常委中两人由社民党任命，社会民主党成为工人的政治代表。

在社民党和工会组织的指导下，劳工们为争取八小时工作制和政治选举权等进行了工人运动。也像许多西方国家一样，瑞典工会联合会成立后曾组织过多次罢工，政府表面上保持中立，实际上却以各种方式镇压工人运动，不但通过法律禁止工会(在罢工时)劝阻工人上班，如 1899 年通过的奥卡尔普法案甚至宣布仅仅有阻止罢工破坏者上班的企图即为“有罪”。政府的行为对于已经激烈的劳资冲突无异于火上浇油，20 世纪初，瑞典劳资冲突达到白热化程度。1909 年，瑞典爆发了欧洲最大规模的劳资冲突，有 30 万名工人参与，历时三个多月。工人罢工的要求也从单纯地要求提高工资、减少工时转变成要求工会拥有更多的权利。为了应付日渐扩大化的工人运动，1902 年瑞典雇主联合会(SAF)和瑞典冶金行业雇主协会(VF)成立，它们采取强硬措施反对工人运动，以维护雇主们的利益。

与矛盾重重的劳资关系不同的是,这一时期,瑞典经济得到了高速发展,但经济发展所带来的利益被资本家们所独占,劳动工人们在薪酬、工作环境和工作时间方面的诉求没有得到回应。虽然通过罢工运动和消极怠工等手段来反抗雇主们的不公正待遇,但是年轻的工人阶级政党和工会组织由于力量薄弱,在劳资双方力量对比中仍处于劣势。

2. 萌芽时期(1914—1945 年)

两次世界大战使整个资本主义世界都受到了重创,瑞典虽保持中立政策,但是依靠出口贸易的经济发展模式使瑞典经济不可避免地下滑,但相对于其他资本主义国家,瑞典的经济发展水平尚处于前列,1921 年和 1933 年的两次经济危机对瑞典的影响远小于其他国家,且瑞典在遭遇经济危机后恢复得也更快。1913—1929 年,主要西欧国家的国民经济总量平均增长率为 1.9%,瑞典为 2.3%,远远高于英国、德国、法国等国的增长率。1929—1938 年是西欧国家遭受严重经济危机的时期,瑞典的国民经济总量仍然保持在 2.6% 的年均增长率上,虽然低于德国的增长率,但仍远远高于主要西欧国家。[4]横向对比来看,瑞典受战争的影响小于其他发达资本主义国家,但从纵向上看,瑞典经济依然受到了严重的伤害,外向型的经济形式使得瑞典极度依赖国际市场,整个资本主义的经济低迷使瑞典的出口型产业尤其是制造业受损严重,作为最强有力吸附劳动力的产业,制造业的发展受阻导致失业问题严重。1922 年年初,瑞典的失业人数达 163200 人,并于 1930 年达到第二次失业高峰。[5]这样的经济环境显然不利于劳资关系和谐发展。

为了应对经济危机,资产阶级政府推行的减少工资、减少开支、增加工时和对劳动力素质提高的要求使工人的生活受到沉重的打击,尤其是在 20 世纪 30 年代的大萧条时期,工人运动出现史无前例的爆发,劳资矛盾紧张。集体协议制度在这一时期起到了关键作用,这一制度的确立使工会、雇主协会、政府三方职责明确,也使三方各自力量不断提升。同时,工会与工人的联系日益密切,对工人运动给予了更有力的指导,社民党与工会的联系也变得更加紧密,工会要求会员“集体入党”,这一政策虽然后来有所调整,即不要求强制入党,但依然成为一种传统。广大工会组织向社民党缴纳会费、提供捐款等,极大地促进了社民党的发展,而社民党作为工会的思想领导,代表了工人阶级的利益,并在 1932 年开启的连续 44 年的执政过程中给予了工会最大的支持,使工会有机会介入政治决策,和雇主协会平等谈判,以维护工人阶级的利益。

这一时期,政府开始推行大规模的社会救济,不断增加公共支出,来缓解社会矛盾、稳定劳资关系。19 世纪 20 年代,政府帮助失业者的公共支出达 2.3 亿克朗,1925—1934 年,公共支出达 4.3 亿克朗,大部分被用于 1932—1934 年期间,1933 年,国家与自治机构共同举办的工作救济计划为 4.8 万人提供了就业。[6]虽然大规模的公共支出和社会救济对于缓解危机期间紧张的劳资关系起到了很大的积极作用,但是这一传统在之后不断加强,形成的高福利、高公共支出的制度模式又导致了另一层面的劳资矛盾。

集体协议制度使政府、工会和雇主协会三方走向谈判,避免了大规模的罢工运动或者雇主裁员减薪等问题,政府加强公共支出和社会救济使工人生活得以改善,也使企业主们无须全部承担危机带来的经济损失,劳资力量对比达成暂时性的均衡。

(二)形成(1945—1976 年)

1945 年二战结束后,主要资本主义国家都处于战后修复期,经济发展陷入停滞甚至遭受重创,瑞典由于二战期间保持中立地位,经济未受到战争的剧烈破坏,能够在战后迅速恢复。二战后发生的新科技革命,推动了瑞典跨国公司的发展,瑞典由于技术和成本优势增强了产品的出口竞争力。1950—1973 年 GDP 增长率为 3.73%,人均 GDP 增长率为 3.07%,远超同期的美国、英国等发达资本主义国家。[7]这一时期,瑞典经济的快速发展为共享型劳资关系奠定了坚实的物质基础,因为稳定的劳资关系必须依赖于高度发达的经济。二战后科技得到了飞跃式发展,瑞典战后经济增长的贡献主要来自于科技发展,同时,经济结构的变动导致了就业结构的变化,白领工人的数量迅速增加,1900—1950 年,瑞典白领工人从 8300 名增加到 18.9万名,白领工人占工人总数的比例从 2% 上升到 15%。[8]工会构成的变化和工会组织的壮大也使工会力量得到增强。以政府和工会为后盾支撑的失业保险制度、工作救济计划在 20 世纪 40 年代日趋完善,对于维护工人利益、缓解失业起到了重要的作用。

1950 年开始实施的"团结工资"政策使瑞典的工会和雇主协会形成了相对稳定的局面,"同薪同酬"使瑞典的工人不再进行罢工来要求公平工资,雇主也可以以较低的工资雇用工人生产,降低成本进行出口竞争。双方通过集体谈判,协商在工作时间、工作环境、工作时间等方面达成协议,并且工会通过购买企业股份,并通过征税从企业生产进步得到的超额利润中获得资金,建立职工资金使职工真正得到企业经营决策的一部分参与权。工会加强对工人的技能培训一方面使工人更具就业的竞争力,另一方面满足了雇主对高技术工人的要求,这种双向的妥协与满足构成了这一时期劳资关系相对和谐的基础。种种措施使劳资双方趋于选择一致性而非对立性的手段解决劳资双方利益摩擦产生的各种问题,创造了一个和谐稳定的劳动力市场环境。

但是这一相对和平的局面仅维持了不到 30 年,19 世纪 70 年代的经济危机使劳资矛关系重回激烈对抗的局面。瑞典国民生产总值年均增长率从1960—1965 年的 5.3%,依次降至 1965—1970 年的 3.8%、1970—1974 年的 3%、1974—1977 年的 0.3%、1977—1983 年的 1.5%。到 20 世纪 80 年代甚至到 90 年代,瑞典的经济增长率都仍处于低于 2% 的状况。[9]瑞典在经济危机时期依然保持充分就业和高福利的政策,但是经济不景气使得这些政策只能依靠高税收和高公共支出来维持,政府财政赤字严重,由于税收的涨幅低于公共支出的增加速度,财政预算赤字日益严重。1950—1960 年,中央财政赤字从 3.1 亿克朗增长到 6.5 亿克朗;1960—1970 年,又从 6.5 亿克朗增加到 32.3 亿克朗,上升了 4 倍;1970—1980 年,从 32.3 亿克朗剧增到 429.1 亿克朗,增加了 12 倍之多。瑞典财政赤字恶化的情况,直到 1982 年改革后才得到控制。[10]

高额的税收使劳动者生活日益艰难,虽然政府要求雇主承担各类保险费用,但最后这些都会转移到劳动者身上,同时,高福利政策使劳动者缺乏劳动积极性,旷工、出勤率低、工作态度懈怠等使得生产效率低下,进而影响了经济增长。瑞典政府通过税收和减少财政支出来缓解高额的财政赤字,但是又需要维持高福利和充分就业,前两种措施若是不能保证,政府就需要增加货币发行量或者举借外债,这样会引发通货膨胀。工人们受经济危机影响生活水平降低,政府又把沉重的税收负担加之其上,使得工人不断要求提高工资,企业生产成本不断提高，又因为瑞典经济发展主要依赖于国际贸易，对外贸易中又以出口原料加工型商品为主，国际石油价格上涨对瑞典来说是个沉重打击，瑞典丧失了国际竞争中的价格优势，一些企业在冲击下破产倒闭，殃及企业工人，造成大量失业。经济危机引发的严重社会问题，使战后瑞典逐渐减少的罢工运动在20世纪70年代以后不仅次数增加，参加人数也明显增加，工人罢工由60年代年平均17.5起上升到70年代年平均142起。在社会矛盾日益加剧的情况下，工会联合会郑重宣告："以增加失业来克服经济危机是瑞典工会运动绝对不能接受的。"[11]

1976年，社民党政府在大选中下台，社民党主张的"团结工资"政策和高福利、高公共支出政策没有缓解危机反而激化了劳资矛盾。"许多经济学家认为，70到80年代的团结工资政策走得太远，工资差别缩得太多。同工同酬的目标在实际中成了'所有工作都同酬'，这样一来，灵活性缩小了，利润太低，劳动力市场政策的负担过于沉重。"[12]

（三）发展与调整（1976—2016年）

1. 发展（1976—1994年）

从1938年"萨尔茨耶巴登协议"签订以来，瑞典一直以劳资合作的典范著称，其工人运动战略亦被称为阶级合作的"妥协策略"，历次工人与雇主的对抗中，都没有真正涉及分割资方财产权和管理权，只是在不断改善工人的工作环境、提高工作薪酬、减少工作时间等问题上进行协商，实质上还是在资本主义基本劳资关系框架下使工人们享有更好的福利从而积极生产出"更大的蛋糕"，再通过工人们斗争或妥协和政府的福利政策及严格的劳动力市场控制来促使分配更加公平。但是1976年社民党的下台表明，这种不涉及实质财产权的分配已经无法满足工人的要求，社会财富高度集中在大资本家手中，且集中程度日益提高，反对财富过度集中成为工人运动的新要求。同时，瑞典新政府在1976年后开始实行货币贬值和紧缩工资政策，这样降低了企业的用工成本，使瑞典克服了用工危机，重新获得对外贸易的出口竞争力，政府也因此摆脱了财政赤字危机。但是这些政策使劳动者的利益受到了损害，因而工会对于建立雇员投资基金的要求越发强烈。

社民党在1976年大选失利下台之后，改变了政策倾向，对于瑞典工会联合会提出的建立雇员投资基金的要求，从反对转为支持，但这项政策遭到其他政党和企业家们的强烈反对。在议会举行秋节例会时，瑞典的主要企业家们为向议会施加压力、反对建立雇员投资基金，进行了游行示威，参与人数高达2.5万人。然而在工人运动的坚决主张下，社民党最终还是支持通过了雇员投资基金法案。这无疑加剧了劳资矛盾，工人们认为可以以此加强工人力量并作为"团结一致的工资政策"的补充。"它是发展经济民主和打破经济领域内权力集中的手段，而且，有助于创造出一种摆脱经济危机并促使经济快速增长的方式。"[13]雇员投资基金使工人开始参与大企业利润分配，从而限制了财富的过度集中。

20世纪80年代，新自由主义思潮兴起，发达资本主义纷纷走向新自由主义市场经济模式，瑞典也开始实行偏向新自由主义的经济政策，经济学家们纷纷鼓吹"去管制"，社民党先后实行了削减公共福利、放松管制及大规模的私有化等政策，战后瑞典一直实施严格的管制制度，为瑞典经济恢复和发展提供了稳定的经济和社会环境，"去管制化"的政策转变使瑞典陷入了虚假繁荣。

经济的虚假繁荣使人们以为新自由主义是正确的道路,国内外向新自由主义靠拢的形势使瑞典劳资关系发生了变化,雇主不再愿意与劳工谈判达成协议,而是更多地关注如何与国际市场接轨、降低用工成本,从而提高对外竞争优势。政府的政策也倾向于在劳动力管理上放弃管制。政府主导的公共政策受到雇主的反对,雇主们强烈批评福利制度,政府的放松管制和雇主们对集体协议制度的消极态度使得劳资矛盾激化,同时,劳工与雇主间的力量平衡关系也发生了变化。1983 年,瑞典工程雇主组织与金属工人联合会达成了一项单独协议,这就打破了在工资确定上的行业范围内集体协商谈判体制。行业内部的国家层面协商机制被摒弃,集体谈判机制开始在行业和企业层面上得到推广。80 年代还出现了集体谈判权力下放、协商机制相对弱化的趋势。

集体协议制度的削弱意味着劳资关系的削弱,劳资纠纷不断出现。同时,新自由主义还主张削弱工会的力量,动摇了集体协议制度的基础,为经济危机和劳资关系的动摇埋下了导火索。1990 年,雇主联合会决定放弃中央集体协商制度,并于 1991 年从中央级谈判和大多数合作结构中退出,从根本上终结了"团结一致工资"政策的执行。瑞典长期以来的劳动关系结构被打破,劳动力市场因为去管制化处于动荡之中,被削弱的福利保障威胁着社会稳定,政府财政赤字严重,劳资矛盾激发,瑞典再次陷入经济危机之中。

经济危机导致瑞典经济迅速下滑,失业率不断攀升,随着 20 世纪 90 年代经济的滑坡,失业率逐年提高。1990 年年初,瑞典是欧洲最低登记失业率的国家之一,约为 1.5%,到 1993 年年底,公开失业率上升到 7.7%。在失业率上升的同时,长期失业人员也在不断增加。瑞典官方统计长期失业人员的口径为:24 岁以下失业 4 个月以上或 25 岁以上失业半年以上的劳动者。1991 年长期失业率为 0.6%,在 90 年代逐年增递,到 1997 年达到最高值 3.4%,以后逐年递减,到 2000 年下降为 1.5%。[14] 可以说,90 年代早期是瑞典自 30 年代以来劳动力市场状况最差的时期。

2. 调整(1994—2008 年)

在此形势下,政府开始放弃新自由主义的思想指导,重新加强经济管制。瑞典应对经济危机的举措堪称典范,在危机发生后两年就认识到了问题并迅速扭转危机,1994 年经济就开始好转,在其他资本主义国家由于危机导致的高失业深陷社会危机之时,瑞典的劳资矛盾迅速平复,并且为经济恢复和走向更高水平的繁荣提供了稳定的劳动力市场环境和社会环境。不可否认,这与瑞典的实际情况和长久以来的制度模式、政策传统有很大的关系。下面进行详细分析。

首先,瑞典一直坚持自身制度模式的合理内核,受世界主流经济思想的影响较小。虽然 20 世纪 80 年代,瑞典也实行了偏向新自由主义的政策,进行去管制化,削减社会福利和私有化,但是并没有完全放弃管制,对于劳动力市场依然坚持严格的市场管制,劳资双方通过集体协议制度自主谈判协调劳资矛盾,政府进行监管以维护劳动者和雇主双方的利益。瑞典政府对于经济从来不是放任,并且社民党在长期执政时期,一直和工会保持密切关系,相互支持。但瑞典仍然是资本主义的生产关系,大资本家们依然占据生产资料和社会大部分财富,工人们的利益诉求得到满足可以维持一个和谐的劳资关系,有利于生产发展,最后资方也会获益,所以资方对于政府维护工人利益持支持态度,以平衡劳资关系。

和谐的劳资关系对经济回升起到了重要的作用,20 世纪 90 年代中期以后,由于 80 年代开始的行业和企业层面的集体协议制度新模式一度导致了劳资纠纷和用工不足的情况,企业意识到纠纷所导致的交易成本实质是企业的内部成本,逐渐开始接受新层面的谈判,与工人们协商工资。1997 年 3 月 18 日,形成了“行业发展和薪酬确定”协议。该协议涉及 60 万名工人,约占瑞典全部付薪劳动人口的 17%,其主要目的就是为集体协议的签订营造建设性的氛围并避免劳资纠纷,其主要创新之处就是就劳资双方协商规则和争议解决制定了详细条款。劳资协议框架内的协商下增长也影响了其他领域的协商工资,从而为一些参与国际竞争的行业重新确立了规范的工资增长机制。[15]

其次,瑞典拥有最为强大的工会组织,强大的工会使瑞典劳资关系的天秤得以维持平衡,在利益分配上,工会凭借强大的影响力通过工人运动等形式与雇主进行谈判,以切实维护工人利益。同时,工会与社民党紧密的联系也使工会地位不断提升,并力争对国内及国际问题广泛发挥其影响。在新自由主义思潮主导时期,工会力量即使被削弱,依然居发达国家之首,这也就解释了为什么瑞典可以迅速扭转经济发展模式,因为工会可以有效执行社民党的政策并且在危机中维护了劳动者的利益,使劳动者的生产热情较为高涨,避免了工人们与资本家们的冲突,和谐的劳资关系奠定了经济发展的基础。

最后,福利保障制度为瑞典走出危机提供了稳定的经济和社会环境。瑞典的福利保障一直为人们所津津乐道,高福利依托于高额的累进税和大规模的公共支出,需要大资本家们的承担意愿和政府强有力的管制,瑞典劳资关系中所特有的冲突又妥协的特性为福利制度的建立和长久运行打下了基础。福利保障主要惠及人群无疑是劳动者们,企业主们承担着高额的税收,虽然会把一部分税收转嫁于劳动者身上,但劳动者还是可以从福利保障中获利。许多人都认为福利保障所依托的大规模公共支出会在经济危机时期压垮瑞典政府,加重瑞典财政赤字,弥补财政赤字的高额税收会激化劳资矛盾进而不利于走出经济危机。本文提出了另一种观点,认为福利保障制度恰恰是瑞典能保持经济活力和迅速走出经济危机的一大重要原因。

一方面,瑞典强大的工会组织使工人劳动者们有权力和地位与企业主们谈判,同时,集体协议制度使双方都受到约束,在双方需求互相得到满足时才会达成协议。这样就将劳动者与企业主的利益绑定在了一起,只有互相妥协才会共同走出危机,尤其是雇员投资基金实施以后,瑞典的工人们开始参与利润分配,对于企业经营发展和盈利有了自己的参与地位。福利保障制度虽然会使劳动者们劳动效率低下,但是在危机中也使劳动者得以保全,不像其他发达资本主义国家,工人们在经济危机中受到很大冲击,生活困苦,阶级对立形势严峻,社会动荡,无法为恢复经济提供良好的经济社会环境。瑞典的福利保障制度维持了瑞典社会的稳定,有利于经济恢复和发展。另一方面,瑞典政府虽然承担着大规模公共支出,但是政府也征收了高额的税收,也许在完全遵循自由主义市场经济模式的国家这种模式无法实现,但是瑞典在战后一直实行严格的管制制度,20 世纪 90 年代因为之前偏向新自由主义的冲击,重新加强了管制,所以政府有能力承担征税和公共支出的转换。

还有一个重要原因便是瑞典对科技发展的重视。1994 年,瑞典经济在经历了短暂的萧条后开始回升,尽管政府赤字刚有缓解,财政盈余仍显不足,但是政府还是增加了科研领域的投入,将技术创新和科技研发提升到国家发展的重点。并于 1994 年 3 月 17 日成立了国家信息技术委员会，其宗旨是“到2010年，瑞典信息技术在各领域的普及应用程度要达到世界先进水平，从而增强瑞典的竞争能力，提高瑞典人民的生活质量”[16]。瑞典进行技术创新这一战略使瑞典不仅从经济危机的影响中走出来，更是一跃成为资本主义国家的“领头羊”。

3. 进一步发展(2008—2016年)

2008年的美国次贷危机引发了全球金融风暴，瑞典以外向型经济为主导，欧美是瑞典的主要市场，全球性的金融风暴使瑞典经济受到严重冲击，为了减少损失，资本家们不得不进行裁员、减薪，导致失业率持续上升。根据瑞典统计局的数据，2006年瑞典16～60岁劳动力就业率为82%，“至2008年2月瑞典全国就业率下降为64.4%，失业率为8%。此外，自雇就业人数减少了3.4万人。失业率的增长涉及各个年龄段，16～24岁失业率由2007年同期的19%升至24.8%。”[17]而企业盈利的锐减使得政府税收减少，大量的失业人口回归社会需要政府增加公共支出，政府为了维持福利保障不得不增加财政支出，导致政府赤字严重，在这样的状况下，劳资冲突的爆发不可避免。共享型劳资关系得以维系的根本就是平稳发展的经济，一旦这个根本被动摇，劳资关系就会出现裂缝。经济危机对于瑞典集体协议制度影响最为明显，工会要求涨薪，而受到经济危机影响的企业主不愿意涨薪，甚至想要缩减工资，双方进行多次谈判均无法达成满意的结果。除了工会与雇主协会之间矛盾重重无法继续集体谈判，工会联盟也出现分化的迹象，分别代表蓝领工人、私企白领和政府雇员的三大工会为了维护各自的利益，无法统一战线与雇主协会谈判，谈判进行了几次皆无果而终。

政府为了缓解紧张的局面，维护共享型劳资关系，通过宏观政策的调控，使经济良好发展为劳资双方提供利益共享的基础。瑞典政府于2008年12月5日宣布，在未来三年内计划投入约230亿瑞典克朗(相当于28亿美元)，采取“就业与再培训”措施，以尽量减少经济疲软带来的影响。2009年1月22日，瑞典政府向立法委员会建议，对雇主实行可推迟一年缴纳2个月的雇主税和社会费的政策优惠。政府积极开展基础设施领域的投资，以增加就业机会。延长大学生学习时间：瑞典综合性大学为已经毕业而尚未找到工作的大学生提供更多的学习和培训课程，以缓解其就业压力以及社会就业市场的负担。为防止救助中的道德风险，瑞典政府明确限制金融领域发奖金，对国有企业高管加强监督。[18]

2008年经济危机相比20世纪90年代初的经济危机，尽管GDP下降的幅度远超历次经济危机，但是瑞典渡过得更为平稳，或者说瑞典的共享型劳资关系在不断应对经济危机的过程中发展得更为灵活。政府在80年代实行过集体协议制度，将权力下放至行业和企业，再到90年代重新加强对劳动力市场的管制，一直根据国际形势和国内态势灵活调整，在工资上也不断调整“同工同酬”政策，允许灵活工资和收入差异，保证劳动积极性。保持政府对劳动力市场的管制结合高福利政策以维护经济社会稳定，这一基本内核一直没有较大的变动，只是在劳资利益分配、失业保障、就业培训等问题上进行框架内改变。瑞典在2008年经济危机中相对于美国等资本主义国家，受到的影响小了很多，这益于瑞典的稳定，不是指没有冲突与矛盾，而是政治制度、社会环境、劳资关系等方面的大局上的稳定。面对全球性的次贷危机，瑞典依然保持着经济的活力和生命力，迅速恢复。经过经济危机中的不断调整，瑞典政府在经济危机中的应对措施成效初显，2010年瑞典GDP就恢复到5.5%的增速，2011年逐渐回归到近十年平均水平的3.9%。2011年瑞典中央债务占GDP比重为31.98%，较2010年下降了

2.58个百分点。2011年财政收支盈余104.7亿美元。[19]

经济危机之后，瑞典又进入了新一轮稳定发展时期，近几年瑞典的失业率一直维持在8%左右，瑞典政府计划在2015年将失业率降到7.6%，在2020年将失业率降到7.5%，从而扩大生产、促进消费。但是这个目标迟迟难以实现，瑞典劳资关系正面临新的挑战——外来移民的就业问题。因为国际政治动荡，近年来瑞典涌入了大量移民，但是有别于本国居民，移民就业现状并不乐观。据《哥德堡邮报》2015年1月25日报道，瑞典职业介绍机构（Arbetesförmedlingen）分析显示，2015年年底瑞典失业率为8%，其中瑞典本地出生的居民就业率为81%，而外来移民就业率仅为58%。瑞典如何提高移民的就业率，平衡移民和本国居民因就业竞争导致的矛盾成为亟须解决的问题。瑞典的就业保障政策为本国居民提供了失业保险、技能知识培训等一系列保障，然而外来移民无法平等享有这些保障，平均知识技能水平低于国内居民，难以和本国居民竞争，失业问题严重。由于竞争力低又得不到平等的保障，外来移民只能降低工资标准来吸引企业录用，但是这种不平等的劳资关系是不稳定的，极易引发劳资矛盾和社会问题，同时，移民的低就业率也会加重政府的财政负担。把移民纳入现有的劳资集体协议制度和就业保障制度内，不断扩大福利制度惠及人群，对移民进行技能培训从而提升他们的就业竞争力等措施，有利于缓解瑞典目前的移民就业紧张局面。

四、评价与启示

（一）评　价

1. 成　绩

瑞典共享型劳动关系极具活力和生命力，并且能够适应瑞典国情不断调整，从而促使瑞典经济不断焕发生机。其独有的高额的福利保障、优厚的社会救济以及稳定和谐的劳资关系等特点都使瑞典成为资本主义国家中独树一帜的模式典范。随着全球化日益加强，瑞典模式更加凸显出非一般的生命力，瑞典在产品市场上充分利用市场机制的效率功能，通过强化竞争和自由贸易来融入全球化，为共享型利益分享机制提供经济基础；重视科技创新、教育、劳动力技能培训，提高劳动力素质以适应生产需求，也使劳动者免于失业；同时，加强劳动力市场的管制，以维持稳定的劳资关系，为技术创新和生产发展打下良好的劳动力基础，又通过高福利制度维护人民利益，防止社会矛盾产生或激化，为经济发展提供稳定的社会环境。共享型劳动关系创造的经济绩效与社会绩效并举，使瑞典既融入全球化又保持自身合理内核，成为资本主义发达国家中最快摆脱经济金融危机恢复经济发展的典范，引发其他国家竞相学习。

2. 不　足

共享型劳资关系的基础是发展良好的经济、高额累进税、政府高额且灵活的公共支出，一旦遭遇经济危机，经济基础受到冲击，为了缓解社会矛盾和维持高福利所依赖的高税收和高额政府公共支出在发生经济危机时只会使经济危机进一步恶化，从而导致阶级内部和阶级之间矛盾加剧，再强有力的工会组织，和雇主协会之间的平衡也很难在经济危机时维持。同时，瑞典自身的资本主义制度又使其难以避免周期性的经济危机，难以摆脱这种“陷入危机—危机中调整—摆脱危机—陷入危机”的恶性循环，只能根据国内外形势不断调整。

另外，瑞典劳动关系理论实践也受到主流国际理论和国际形势的影响，20世纪90年代经济危机和2008年金融危机中，瑞典的劳动关系都出现了问题，劳资集体协议制度受到冲击甚至走向瓦解；全球化背景下，瑞典的跨国公司为追求更高的利润和竞争力不再向工会妥协，工会自身的凝聚力削弱，内部不同阶层的工人彼此之间也矛盾重重；近年来，大量移民涌入导致国内劳动力结构日趋复杂，竞争日益激烈，这些种种阻碍瑞典共享型劳动关系进一步发展的问题都亟待解决。随着全球经济发展步入一个新阶段，瑞典如何保持自身经济发展和共享型劳资关系的活力仍有待考究。

（二）启　示

1. 劳动关系中的力量平衡机制

瑞典劳动关系的高共享度需要多方力量平衡，即强有力的工会组织、联合的雇主协会和强有力的政府——三方力量缺一不可，这种微妙的平衡机制使瑞典拥有稳定的劳动力市场和生产环境，在面对经济危机冲击时可以迅速恢复。瑞典的工会覆盖率居发达国家之首，以工会和雇主协会这两大阶级组织为代表的谈判和协议方式成了劳动关系合理内核的重要组成部分。瑞典政府也一直坚持干预经济并对劳动力市场进行严格的管制。我国也应该加强工会建设并给予工会实际权力与雇主谈判保障工人利益，对劳动力市场中坚持严格的管制并对产品市场进行合理的监督，为我国经济生产创造稳定的经济和社会环境。

2. 完善的就业保障机制和失业补偿制度

瑞典的高福利保障制度还体现在其完善的就业保障机制和失业补偿制度上。对于工人在工会和企业甚至社会层面上给予知识技能培训，促进就业和再就业，并对于失业者给予高额的补偿和福利保障。虽然我国无法达到瑞典的高福利水平，但是可以借鉴其对于失业者再就业的促进机制，在3个层面开展教育培训，使劳动者更符合企业用工需求。同时，也应该对于企业雇佣工人避免裁员给予补贴和激励。

3. 利益共享的劳动关系基本内核

瑞典长期实行过团结工资和雇员投资基金等政策，这些政策已经不再适合当今的国际形势，也不适合我国劳动关系的现状，但是其蕴含的利益共享理念值得借鉴，目前我国劳动关系中存在利益分配不均的问题，很多大规模企业中，雇主一方占有大部分利润，而工人们没有享受到自己劳动所带来的效益。如何使工人参与到企业利益分配中，并使各行业工人差异化的工资水平实现公平、缓解劳资矛盾，是我们需要思考的。共享型劳动关系无疑可以维持动态的和谐局面，而和谐的劳动关系是一国经济发展所必不可少的。

参考文献

[1] *OECD Economic Surveys*: *Sweden*. Paris, 1994, 36.

[2] Dominique Anxo and Harald Niklasson, The Swedish Model: Revival after the Turbulent 1990s[J]. *European Employment Models in Flux*. 2009, 81–105.

[3] *Forecast for the Swedish economy*，瑞典政府网，http://www.sweden.gov.se/sb/d/9513.

[4][瑞典]鲁·麦德内尔. 雇员投资基金[R]. 1978:15.

[5][瑞典]鲁·麦德内尔. 雇员投资基金[R]. 1978:15.

[6]瑞典工会联合会. 雇员投资基金与资本形成[R]. 1978:1.

[7][意]卡洛·M. 奇波拉. 欧洲经济史:第五卷下册[M]. 北京:商务印书馆,1988:45.

[8][瑞典]安德生. 瑞典史[M]. 北京:商务印书馆,1972:618.

[9]丁建定. 瑞典社会保障制度的发展[M]. 北京:中国劳动社会保障出版社,2005:62.

[10][英]安格斯·麦迪逊. 世界经济千年史[M]. 北京:北京大学出版社,2003.

[11][瑞典]斯·哈登纽斯. 二十世纪的瑞典政治[M]. 戴汉笠,许力,译. 北京:求实出版社,1990:3.

[12]徐崇顺. 瑞典模式的历史进程和经验教训[J]. 复旦学报(社会科学版),2007(4):15-24.

[13]瑞典工会联合会. 1984年瑞典的雇员投资基金[R]. 1984:15.

[14][瑞典]克拉斯·埃克隆德. 现代市场经济理论与实践——"瑞典模式"的经验与教训[M]. 北京:北京经济学院出版社,1995.

[15]索鹏. 全球金融危机对瑞典实体经济影响分析[R]. 瑞典金融和经济形势系列调研报告之二,2009.

[16]安宁. 措施审慎,着眼未来[R]. 瑞典金融和经济形势系列调研报告之三,2009.

全面放开二孩政策下居民生育意愿及社会影响研究
——基于四川省中江县的实证调查研究

钟泓安
（吉林大学经济学院）

［摘　要］ 随着全面放开二孩政策在四川省的落地实施，生育二孩与否将完全成为人们的自由选择，“要不要生二孩”一时间成为人们茶余饭后的谈资和不少家庭开始认真考虑的问题。中江县是四川省的人口大县，连接着四川省GDP最高的3个城市——成都、绵阳和德阳，曾诞生四川省第一位“单独二孩”宝宝。全面放开二孩的政策之下，中江县居民的生育意愿变化情况以及政策对社会各方面产生的影响具有一定的典型意义。研究发现，在这一政策之下，中江县人口出生率将出现明显的提高，并对社会诸多方面产生深远的影响。

［关键词］ 全面放开二孩；中江县；生育意愿；社会影响

一、引　言

自20世纪70年代以来，我国逐步实行了计划生育政策，在对于人口快速增长和全国人口总量取得颇为有效的控制的同时，也产生了一系列的人口、经济和社会问题。在经历了迅速从高生育率到低生育率的转变之后，步入21世纪，我国人口的主要矛盾已经不再是增长过快，而是人口红利消失、临近超低生育率水平、人口老龄化、出生性别比失调等问题。为此，我国于2000年出台夫妻双方均为独生子女的可以生育第二个孩子的政策，即放开“双独”；2013年实施了夫妻双方有一方为独生子女的可以生育第二个孩子的政策，即放开“单独”；在经历了“双独”和“单独”的过渡性政策之后，2015年10月，中国共产党第十八届中央委员会第五次全体会议公报指出：坚持计划生育基本国策，积极开展应对人口老龄化行动，实施全面二孩政策——自此，全面二孩政策拉开帷幕。

为研究全面放开二孩政策将如何影响我国的人口数量变化与人口结构变化，并且将进一步对国民经济社会的长期发展产生何种影响，本文将选取四川省中江县作为例子，对全面放开二孩政策下居民的生育意愿变化以及该政策将产生怎样的影响展开研究。中江县是四川省重要的人口大县和农业大县，靠近西部中心城市成都、工业重镇德阳和科技城绵阳，全县人口超过143万人（2013年），县城聚集人口26.21万人（2015年）。2014年4月5日，在中江县辑庆镇还曾经降生了四川省首个“单独二孩”宝宝。可见，中江县对于研究全面放开二孩政策在我国西南地区产生的影响具有一定的典型意义。

二、文献述评

当前国内外文献中关于我国全面放开二孩政策的研究主要集中在以下几个方面。

首先是人口增长相关理论的研究。

在这一领域的相关研究中,多数的研究成果倾向于支持我国由独生子女政策到最终全面放开二孩政策的转变,认为这一政策有利于缓解我国经济社会的诸多矛盾,促进我国经济社会的持续、健康发展。例如,凯恩斯[1]曾经在题为《人口减少的若干经济后果》的演说中指出,人口减少在一定程度上会导致经济停滞,而人口数量增长、生活质量提升和购买力提高则会导致资本系数增长,因此,凯恩斯提出通过促进人口增长从而增加有效供给、促进经济发展。刘易斯[2]从经济学视角出发提出了"刘易斯拐点"的概念,即劳动力过剩向短缺的转折点,是指在工业化进程中,随着农村富余劳动力向非农产业逐步转移,农村富余劳动力逐渐减少,最终达到瓶颈状态。姜丽琴[3]指出,这一拐点的出现就是关闭人口红利窗口的预兆。一部分学者认为,目前中国正在经历或临近"刘易斯拐点",如北京大学黄益平[4]认为,一度低成本劳动力充裕的中国正在迈向"刘易斯拐点",这种态势可能迫使一些制造商转向印度和越南等劳动力成本更低的国家,集中在中国的全球制造业活动可能转移到其他地方。从凯恩斯的研究和"刘易斯拐点"的相关理论来看,中国推行逐渐放宽的人口政策似乎确有其必要性。

但也有一些学者的相关研究似乎并不支持更加宽松的人口政策。如英国经济学家马尔萨斯[5]曾在其代表作《人口原则》和《政治经济学原理》中提出了"马尔萨斯人口论",指出人类必须控制人口的增长,否则将面临贫穷的命运。马尔萨斯认为:第一,人口必然为生活资料所限制;第二,只要生活资料增长,人口一定会坚定不移地增长,除非受到某种非常有力而又显著的阻力;第三,占优势的人口繁殖力,为贫困和罪恶所抑制,因而使现实的人口和资料保持一致。尽管马尔萨斯的观点在对于资源的保护与人口的控制上有一定的积极意义,但却似乎忽视了人口增长对于生活资料的巨大生产力量,对于如今劳动力逐渐短缺的中国来说,人口适度增长应是利大于弊。

其次是关于全面放开二孩政策将对我国政策人群的生育意愿以及我国的人口总量和结构产生何种影响的研究。

目前国内外的研究大多认为尽管全面放开二孩政策将在一定时期内和一定程度上提高我国人口的出生率,但就长期而言,并不能解决我国的老龄化与劳动力人口逐渐短缺的问题。齐美东、戴梦宇、郑焱焱[6]运用灰色预测模型和 Leslie 模型等方法进行研究发现,全面放开二孩政策会促进人口结构的相对优化,但不能从根本上扭转劳动力供求关系失衡和老龄化加剧的趋势。无独有偶,牟欣、臧迪、于海燕[7]同样建立了 Leslie 模型,并对第六次全国人口普查数据进行整理,将各年龄段人口比例数据代入模型中,结果显示,中国总人口数及 0 ~ 14 岁人口数将先增加后减少,并在 2030 年左右达到最大值,而 65 岁以上人口比例将先减少后增加,进而得出"全面放开二孩"只是短期缓解人口问题的结论。

在对四川地区的相关研究中,张冲、刘来彬[8]基于 2015 年成都市 1% 抽样调查数据,结合"单独二孩"和"全面二孩"两种方案预测了成都市未来 15 年的人口走势,研究结果发现,"全面二孩"的执行在一定程度上将有利于缓解人口减少的趋势,有利于均衡人口年龄结构,但是人口负增长、少子化、老龄化的态势不可逆转。考虑到成都市与中江县在地理上具有诸多相似性，这一研究对于研究该政策将如何影响中江地区具有较高的参考意义。

在多数研究并不看好全面放开二孩政策在长期中发挥的实际效果的同时，一些研究却持有相对积极的意见。翟振武、张现苓和靳永爱[9]认为，中国年度出生人口将在政策变动后急剧增加，出生人口峰值达到4995万人，妇女时期生育水平峰值达到4.5左右，同时，政策的实施能够有效缓解老龄化程度，改善劳动年龄人口结构。吴敏[10]研究之后认为，全面开放二孩政策虽然也会面临严峻的考验，但是比单独放开二胎的优势要大得多，长期来看，有利于改变我国人口年龄结构、减弱老龄化程度和劳动力萎缩的程度。

最后是关于全面放开二孩政策将对我国经济社会的长期发展产生何种影响的研究。

从经济发展的角度来看，金仙玉[11]认为这一政策有利于促进相关产业的发展以及扩大内需，尤其是带动婴幼儿产业、教育产业和动漫市场的发展。吴敏指出，全面放开二孩政策将使我国未来劳动力资源保持在适当的水平，避免了因生育过低、人口过度老化和劳动力资源急速萎缩而严重影响我国经济的快速发展，增强了我国的国际竞争力。

从社会稳定的角度来看，姜丽琴认为全面放开二孩政策在一定程度上可以拓宽妇女的生育选择权，缓解性别歧视问题，使人口性别逐渐回归正常状态，从而消除重男轻女思想带来的诸多社会不稳定因素。张梦丹[12]则从另一方面进行了阐释，她认为这一政策有利于减少“失独老人”家庭数量，从而促进社会稳定。

从社会保障的角度来看，金仙玉提出全面放开二孩政策将增加劳动年龄人口和扩大社保缴费群体，进而提高社会养老能力、缓解社保空账危机。

三、研究方法

本文采用问卷调查法与文献研究法，对全面放开二孩政策下中江县居民的生育意愿以及该政策产生的社会影响展开研究。其中，在研究中江县人民生育意愿的变化情况时，主要采用了问卷调查法，而研究政策所产生的社会影响时则更多地使用了文献研究法。

问卷调查法也称为“书面调查法”或“填表法”，是用书面形式间接搜集研究材料的一种调查手段。它通过向调查者发出标准化的调查问卷，由受访者填写针对有关问题的意见和建议，将问卷回收并进行整理分析，从而得出研究结果。

问卷调查的优点在于，首先，我们可以对中江县人民的生育意愿有一个量化的认识，区分出愿意生育二孩的人群、不愿意生育二孩的人群以及观望人群各自所占的大致比重，以及影响其生育意愿的各主要因素；其次，问卷调查便于将结果进行加工分析，运用饼状图、圆柱图等多种形式将受访者的各个选项进行直观化的比较；再次，问卷调查可以展开较大规模的调查，受访者人数较多；最后，问卷调查方法具有较好的保密性，有利于保护受访者的隐私。

但是，运用问卷调查法不能对受访者进行很好的个案了解，难以拥有感性认识，容易忽略少数人的特殊选择；同时，问卷调查的设计者很难完全掌握受访者的目的、动机和思维，因而几乎不可能设计出完全符合每一个受访者的问卷。因此，所回收的问卷回答可能会出现参差不齐、难以分析的情况。在问卷调查中，开放式的填空题由于其填写的烦琐性而常常被受访者所忽视，难以达到预期的回收效果。

本文采用了网上问卷调查的形式，在调查问卷的题目设置中一共设置了8个问题，包括5个单选题、2个多选题和1个开放式填空题，涵盖了受访者的基本情况、生育意愿、影响生育的因素以及其对全面二孩政策想说的话。这8个问题分别是：第一，您的性别；第二，您的年龄；第三，您是城镇居民还是农村居民；第四，您的受教育程度；第五，全面放开二孩政策落地之后，您的生育意愿是；第六，激励您选择生育二孩的原因；第七，阻碍您选择生育二孩的原因；第八，您对全面放开二孩政策有什么看法或想说的吗。在问卷发放过程中，发放的人群主要是笔者的亲戚、朋友以及其他有直接或间接联系的受众，因而问卷的发放和收集过程相对顺利，但同时也可能造成受众群体在代表性和广泛性上的一些局限。最终笔者一共回收了110份有效问卷，受众基本情况的结构分布较为合理，为相关研究的开展提供了数据支持。

在研究政策的社会影响时，本文更多地采用了文献研究法。文献研究法主要是指搜集、鉴别、整理文献，并通过对文献的研究形成对事实的科学认识的方法。文献研究法是一种古老而又富有生命力的科学研究方法，它的一般过程包括5个基本环节，分别是：提出课题或假设、研究设计、搜集文献、整理文献和进行文献综述。

文献研究法的优点在于，第一，文献法超越了时间、空间的限制，通过对古今中外有关人口政策的文献进行调查，可以研究极其广泛的社会情况，而这一优点是其他调查方法不可能具有的；第二，相较于口头调查而言，文献法主要是书面调查，如果搜集的相关文献是真实的，那么它就能够获得比口头调查更准确、更可靠的信息，避免了口头调查可能出现的种种记录误差；第三，文献法是一种间接的、非介入性的调查，它只对各种相关文献进行调查和研究，而不被调查者接触，不介入被调查者的任何反应，由于生育二孩具有一定程度的隐私性，这就避免了直接调查中经常发生的调查者与被调查者互动过程中可能产生的种种反应性误差；第四，文献法是一种非常方便、自由、安全的调查方法，其受外界制约较少，只要找到了必要文献就可以随时随地进行研究，即使出现了错误，还可通过再次研究进行弥补，因而其安全系数较高；第五，文献法还具有省时、省钱、效率高的特点，它是在前人和他人劳动成果的基础上进行的调查，是获取知识的捷径，可以用比较少的人力、经费和时间，获得比其他调查方法更多的信息。

但是，不少具有较高价值的文献都与当下有一定的时间距离，因而其时效性可能不高，不能完全与当今的人口情况以及人口政策相匹配；此外，研究中江县的相关文献较少，许多文献中对二孩政策相关影响的分析不一定适用于中江县，因而需要根据中江县的特殊性进行一定的分析筛选。

在进行文献研究的过程中，笔者主要是通过中国知网查阅关于“全面二孩”“单独二孩”等政策的相关文献，以及浏览国内外各大媒体，包括网易、《人民日报》《经济学人》、BBC等的相关评论，从而获取关于全面放开二孩政策的社会影响的“普遍性”的认识。同时，笔者通过访问中江县政府网、德阳市统计局网站、德阳新闻网等本地性网站获取中江县的具体相关数据，力求找出中江县在经济社会情况上所具有的“特殊性”，将“普遍性”与“特殊性”相结合，从而得出较符合中江县情况的社会影响分析。

四、实证研究

(一)全面放开二孩政策下中江县居民的生育意愿研究

自党的十八届五中全会提出“全面实施一对夫妇可生育两个孩子”及四川省第十二届人大常委会第二十一次会议审议通过《四川人口与计划生育条例》(修正案)以来,全面放开二孩政策在四川省落地实施,引发了强烈的社会反响和群众的高度关心。为了解该政策将如何影响四川省中江县人民群众的生育意愿,笔者开展了相关的问卷调查。调查采用网上问卷的形式,一共回收了110份有效问卷。其中,调查对象按性别划分,包括男性39人,女性71人;按年龄划分,包括17岁及以下的1人,18~30岁的62人,31~40岁的17人,41~50岁的21人,51岁及以上的9人;按居住地划分,包括城镇居民47人,农村居民63人;按受教育水平划分,包括初中或以下的9人,中专或高中的13人,大专或以上的88人。在对调查结果进行分析之后,有如下发现。

1. 逾1/3人群明确表示有生二孩的打算,另有三成人群表示观望

全面放开二孩政策受到了人们的广泛关注,但真正有强烈意愿生育二孩的人群似乎并不占多数。在110名调查受众中,仅有40人明确表示出有生育二孩的打算,占总人数的36%;另有36人表示“看情况”,占总人数的33%;而表示不打算生育二孩的人数为34人,占总人群的31%。从结果可以看出,尽管只有不到四成的受众明确表示有生育二孩的打算,但明确表示不打算生育二孩的人群同样只占到了三成。“想生的你不让他生他也生了,不想生的,你劝他生也没有用,现在就是这么个局面。”曾经有一位计生专员在接受一财网记者采访时如是说。而在“想生的”与“不想生的”之间的观望人群的生育意愿将在很大程度上影响整个政策实施的最终面貌。因此,全面放开二孩政策的实施效果将具有较大的“弹性”,而最终决定将观望人群推向哪一边的可能是政策的相关配套措施的落实情况。

2. 男性受众生育意愿稍高于女性受众

在39名男性受众中,有16人明确表示有生育二孩的意愿,占男性受众总人数的41%;而在71名女性受众中,有22人明确表示有生育二孩的意愿,只占女性受众总人数的31%,比男性受众的相应比例低了10个百分点。考虑到女性在职场上的压力以及生育上的痛苦,我们不难理解这一落差的出现。

3. 青年群体生育意愿更加强烈

问卷调查结果显示,年轻群体有比其他年龄段群体更强烈的生育意愿。在62名18~30岁的群体受众中,有27人表示有生育二孩的打算,占该年龄段总人数的44%;在17名31~40岁的群体受众中,有7人表示有生育二孩的打算,占该年龄段总人数的41%;而在41~50岁群体的21名受众当中,有6人表示有生育二孩的打算,占该年龄段总人数的29%;在其他年龄段的群体中则没有受众表示有生育二孩的打算。显而易见,在18~40岁的青年群体当中具有明确生育意愿的群体占比相较41~50岁的群体高出了超过10个百分点。其原因应在于,一方面,年纪较大的人群担心自己的身体状况已经不适合生育了;另一方面,是出于年龄

跨度过大的考虑。

4. 农村居民的生育意愿高于城镇居民

在63名农村居民受众之中,有27人明确表示有生育二孩的打算,占该群体受众总人数的42%;而在47城镇居民受众之中,这一人数为13人,仅占该群体受众总人数的31%,比农村居民低了11个百分点。城镇居民的生活成本相对于农村居民较高以及城乡居民生育观念的差异可能是其主要原因。

5. 让孩子有所陪伴是人们选择生育二孩的首要原因

在问卷调查中,人们选择生育二孩的首要原因是“让孩子有所陪伴”,一共有86人选择了此项,占总人数的78%,“只带一个娃娃怕他孤单”成为生育人群的主要考虑;其后依次是“考虑养老等家庭负担”与“父母意愿”,分别有51人和27人选择了这两项,分别占总人数的46%和25%。

6. 小孩养育成本过高是阻碍人们生育二孩的首要原因

随着教育的改善、以后的婚姻以及教育和住房成本的快速增长,在对阻碍人们生育二孩的原因的调查中,有67%的受众认为小孩养育成本过高阻碍了他们生育二孩。有39%的受众担心不能使孩子受到足够的照料,对于中江县这样一个劳动力输出大县,每年向外输出劳务超过48万人次,中江县在全县共建有112个“留守学生之家”(2013年),留守儿童群体常常受到家长、学校和社会的关注。此外,还有28%的受众认为年龄较大加重了生育风险;有25%的受众不希望自己因为二孩而花费太多的精力。女性中有13名受众则担忧产假将影响到自己的职业发展,占女性受众总人数的18%。

(二)全面放开二孩政策对中江县的影响分析

当过年时人们在难得团圆的年饭桌上抑或是在饭后欢声笑语地棋牌品茗时都以“生不生二孩”作为谈资时,我们相信全面二孩政策已经为人们所广泛知晓并且正逐渐对社会产生深远的影响。本文将从该政策的积极影响和消极影响两方面展开分析。

1. 积极影响分析

(1)人口出生率增加,人口结构优化

2012年中江县人口自然增长率仅为2.27‰;2013年数据缺失;而在实行“单独二孩”政策的2014年里,中江县共计发放“单独二孩”《生育服务证》1277个,全县人口自然增长率也增长到了2.85‰;2015年,中江县人口自然增长率增长到了3.23‰。人口自然增长率可由人口出生率减去人口死亡率得出,显然,中江县人口自然增长率的增加主要是由人口出生率的增加所导致的。根据之前所做的人口生育意愿调查以及“单独二孩”政策实行的效果来看,在全面放开二孩政策之后,我们有理由相信中江县的人口出生率和人口自然增长率将进一步提高,增加儿童、少年和青年群体的人数,减缓人口老龄化趋势,优化人口结构,延长中江县的人口福利。2016年,我国人口自然增长率为5.86‰,目前而言,中江县的人口增长还有很大的空间。

(2)有利于维护社会稳定、缓和社会矛盾

从微观上说,全面放开二孩政策可能会减少因为首个孩子不是男孩而出现的女方被迫打胎或是受到其他不公正待遇的情况,从而减少家庭内部发生矛盾的诱导因素。同时,据2010年《中国卫生统计年鉴》记载,我国每年新增7.6万个失独家庭,二孩政策的出现将减少孩子因意外死亡而导致的“失独家庭”的数量,从而使父母双方的物质与精神生活得到更好的保障。从宏观上说,全面放开二孩政策相较独生子女政策以及之后的“双独二孩”和“单独二孩”政策而言,更加认可了公民生育上的平等权利,将平复有着强烈生育意愿而政策又不允许其生育的人群的不满情绪,一定程度上避免了由此引发的计生管理人员与“超生”人群发生摩擦的情况。另外,中江县是四川省出生人口性别比偏高重点县,2011年中江县出生人口性别比高达110.53,而全面二孩政策将使因为第一个孩子是女孩而打胎的家庭减少,一个男孩、一个女孩的生育模式成为一部分家庭最乐意遇见的组合,这将有助于抑制长期以来重男轻女思想导致的出生性别比偏高的情况,确保将来婚姻和就业的有序发展及家庭的稳定和睦。

(3)将带动婴幼儿相关行业需求的增长

可以预见,放开二孩政策之后短期内将出现“婴儿扎堆”的现象,“婴儿潮”使一大批新生儿家庭对婴幼用品、儿童配饰、妇幼保健、家用汽车、教育培训等行业的需求增加,“婴儿扎堆”现象有利于拉动一部分产业的起步和发展,带动经济增长。

(4)将提升全社会的养老能力

根据2012年年底的数据,德阳户籍人数为391.53万人,其中60岁及以上人口为73.4万人,比重达到18.75%,超过了一般认为的老龄化分界线——10%。随着全面放开二孩政策的推行,中江县年轻群体比重逐渐增加,将使社会劳动力群体和社保缴费群体得以扩大,降低老年抚养比,从而使老有所养更加有保障,劳动力群体的养老负担也得以减轻。

(5)将促进劳动力回流,减少留守儿童数量

随着全面二孩政策的落地,一部分打算生育二孩的在外务工人员开始计划在最近回中江县谋一份工作,为的是更好地养育自己的两个孩子。作为四川省的劳务输出大县,近年来,劳务经济成为中江县六大重点产业之一。根据2013年的数据,中江县下辖45个乡镇,总人口143万人,常年在外的务工人员达到47万人,占总人数的1/3。大多数青壮年都选择外出务工,留下年迈的老人和年幼的子女在家,造成劳动力不足,使很多地方成了名副其实的“空心村”“空心镇”。而这一政策的落实将在一定程度上影响人们工作地点的选择,将促使一部分劳动力回流中江,同时也减少了留守儿童数量,尤其是改善了农村地区“空心化”的情况。

2.消极影响分析

(1)提升就业压力,增加失业人群

由于中江县经济发展相对落后,就业机会相对较少,就业待遇相对不具备竞争力,“十二五”期间累计新增就业人数仅为28096人。在全面放开二孩政策之下,短期内一部分劳动力回流将加剧就业竞争;而从长期来看,出生人口增加,适龄劳动人群逐渐扩大,在经济条件维持现状的情况下,就业形势将更加严峻。

(2)对医疗卫生与教育事业形成冲击

全面二孩政策下,妇女的生产以及新生儿出生的一系列照看必将大大增加对医疗卫生的需求量,而考虑到人们普遍重视生育,中江县人民医院这样的公立且质量相对较高的医院可能会受到更多的冲击,造成医疗资源紧张。而大量二孩的出生将使幼儿园和中小学的入学人

数增加，在当地多数中小学班级人数超过 60 人的情况下，将使得学校的教育更加趋于“大班化”，会在一定程度上影响学生的受教育质量，并加剧由升学所带来的竞争压力。

（3）将在一定程度上影响女性的职业发展

根据四川省的相关政策，符合法律、法规规定生育子女的夫妻，除法律、法规规定的产假外，延长女方生育假60 天，达 158 天，给予男方护理假 20 天。尽管规定还说明了生育假、护理假视为出勤，工资福利待遇不变，但超过 150 天的假期对于一些处于关键岗位的女性来说，仍可能会成为其升职的一道玻璃天花板；而对于一部分从事车间生产、获取“计件”工资的女性来说，在产假时间里也很难真正获得和工作时一样多的工资和奖金待遇。

五、结语与展望

通过对问卷的回收分析以及对相关文献和数据的查询与研究，我们认为，在全面放开二孩政策的影响下，中江县在一定时期内将有较大数量的二孩出生，中江县的人口自然增长率将得以提升，这一方面有利于家庭、社会的稳定和谐以及相关行业的经济增长，另一方面也将加大就业竞争，对医疗与教育行业造成冲击，并可能对女性职业发展造成一定的消极影响。

此外，本文通过问卷调查和文献研究对中江县在全面放开二孩政策下的人民生育意愿变化及社会生活各方面可能产生的诸多影响展开了研究并得出了相应结论，尽管在过程中力求结论接近事物的本真，但受多种客观条件限制和笔者能力有限的缘故，本文仍存在如下不足。

一是问卷调查范围较小，受调查者人数较少。本文的问卷调查受访者人数为 110 人，而这 110 人相比中江县超过 100 万的人口中来说比例过小，问卷调查结果受个别数值影响过大，不能完全、准确地反映中江县的真实情况。同时，本文的问卷发放受制于笔者的人际范围，笔者关系圈的单一性可能会导致受访者的代表性不足。

二是缺少对“二孩”中的另一主体——孩子的相关研究。本文的调查问卷在设计时假定的问卷受访者为有生育经历或即将生育的人群，因而问卷的问题设置并未涉及对长子或是次子的相关心理及意愿的研究。事实上，长子对于次子的态度、长子次子之间的相互关系也是影响二孩政策实施效果的一个重要因素，对这一方向的研究具有很强的现实意义。

三是数据的来源较少，存在部分数据不规范、难以相互对比的情况。本文所列举的中江县的相关人口数据几乎全部来自中江政府网、四川新闻网等相关网站中的政府工作报告、新闻报道等，数据来源过于碎片化，难以形成面的或者是立体的分析。举例来说，笔者在查询中江县历年政府工作报告时发现，在 2012 年、2014 年及 2015 年的总结报告中均明确指出了当年的人口自然增长率，但在 2014 年 1 月的中江县政府工作报告中却缺少 2013 年人口自然增长率数据，这就给本文进行数据对比分析造成了困难；而在有的数据的处理上，由于缺少中江县的相关数据，笔者只能找到德阳市的相关数据进行替代分析。

附 录

全面放开二孩政策下中江县人民的生育意愿变化调查问卷

尊敬的先生、女士：

您好！我们正在开展全面放开二孩政策下中江县居民的生育意愿变化调查，旨在了解该政策对我县人口情况将产生的影响，更好地为政府和其他社会机构的科学决策、制定政策提供参考依据。希望能得到您的支持和配合。

根据《中华人民共和国统计法》第九条“统计机构和统计人员对统计工作中知悉的国家秘密、商业秘密和个人信息，应予以保密”的规定，我们对您提供的所有资料严格保密，希望您不要有任何顾虑。

谢谢您的合作！

1. 您的性别

(1)男　　(2)女

2. 您的年龄

(1)17 岁及以下　　(2)18 ~ 30 岁　　(3)31 ~ 40 岁

(4)41 ~ 50 岁　　(5)51 岁及以上

3. 您是城镇居民还是农村居民

(1)城镇居民　　(2)农村居民

4. 您的受教育程度

(1)初中或以下　　(2)中专或高中　　(3)大专或以上

5. 全面放开二孩政策落地之后，您的生育意愿是

(1)打算生育二孩　　(2)不打算生育二孩　　(3)看情况

6. 激励您选择生育二孩的原因是

(1)让孩子有所陪伴　　(2)考虑养老等家庭负担

(3)父母意愿　　(4)其他______________

7. 阻碍您选择生育二孩的原因是

(1)养育二孩耗费精力较多

(2)小孩养育成本过高

(3)担心孩子不能受到足够的照料

(4)担忧产假将影响到自己的职业发展

(5)自身年龄较大加重了生育风险

(6)其他______________________

8. 您对全面放开二孩政策有什么看法或想说的吗

____

参考文献

[1] John Maynard Keynes. Some Economic Consequences of a Declining Population[J]. *Eugenics Review*, April 1937.

[2] William Arthur Lewis. Economic Development with Unlimited Supplies of Labour[J]. *The Manchester Journal*, May 1954.

[3] 姜丽琴. 论全面放开二孩政策对经济发展的影响[J]. 学术论坛,2016(3).

[4] 刘易斯拐点. http://baike. baidu. com/link? url = 1iwP9Lb1bWijk4quN7YTICqYjNC1F5CMqgwmyY5qAHFRnb w_4_NbOMpNwjqRPOJJvretUokCR5lyefEPli4mgE8WL6sDoCzmVsNvkizXCiXMdxXqJ8uKMfwGhoaoq7 – umER67U9vD8fVf7wOa6A9Sq.

[5] 马尔萨斯人口论. http://baike. baidu. com/link? url = nPRPp LmY07gJV6i6 – hd8 KpRjy2504 AwLuDyKweE-vYlr3gRn9 krfvsfbhZAY1z 983 EOmvco 4nEU3S_fzut6jyJcmavjeo 9HZsPhpTvwgj 1CT0iN 8LUubVuL 6zzlpopaNeu 7hfXnPu 14 5YNnexzcehf 4FzZqz69 fVNPeNE Rfs 0Pd8u6E – jGsw YQvPkW cHH 8 aVGrFxKZXlv 2iW EgJ GKs8 DlXk Ry26 QCrH zzjv 2 9W7 uK4q 2JisVrS wV TxEd 1o4B – v3OK n6mIp Wnju n76vAQ fdyTAHq.

[6] 齐美东,戴梦宇,郑焱焱. “全面放开二孩”政策对中国人口出生率的冲击与趋势探讨[J]. 中国人口·资源与环境,2016,26(9).

[7] 牟欣,臧迪,于海燕. “全面放开二孩”政策对中国未来人口数量、结构及其影响的研究[J]. 白城师范学院学报,2016,5(5).

[8] 张冲,刘来彬. 成都市未来人口预测与发展趋势分析[J]. 山东工业技术,280.

[9] 翟振武,张现苓,靳永爱. 立即放开二胎政策的人口学后果分析[J]. 人口研究,2014,38(2):3–6.

[10] 吴敏. 全面放开二孩政策的原因及其影响分析[J]. 改革与开放,2016(4).

[11] 金仙玉. 全面放开“二孩”政策的经济学思考[J]. 人民论坛,2016(5).

[12] 张梦丹. 全面放开“二孩”政策的影响分析[J]. 管理观察,2016(32).

环境规制对清洁技术创新的影响研究
——基于中国区域对比的实证分析

姜艺婧
（辽宁大学经济学院）

［摘　要］面对我国当前日益凸显的环境问题，完善实施环境规制政策是解决问题的重要途径。本文基于费用型和投资型两种环境规制类型，建立理论模型并提出假设，进一步利用我国2008—2014年30个省份的面板数据，就环境规制对清洁技术创新的影响进行实证研究，并得出以下结论：环境规制强度与清洁技术创新之间呈“倒U”型变化关系，所有制结构以及良好制度环境对清洁技术创新具有显著的促进作用。环境规制强度与清洁技术创新影响的“倒U”型关系在东部地区显著，费用型环境规制在中部地区显著，投资型环境规制在西部地区显著，而环境规制对清洁技术创新的影响在东北地区不显著。最后提出相关建议，即两种类型环境规制相结合，因地制宜地制定环境政策，进一步推进国企改革，优化区域制度环境，从而更好地推动我国清洁技术创新水平的进步。

［关键词］环境规制；费用型与投资型；清洁技术创新；区域对比

一、引　言

改革开放以来，我国在经济社会建设取得巨大成效的同时，越来越积极地进行环境保护工作，无论是环境保护意识还是环境保护实践方面都发生了重大转变。“十三五”期间，我国经济社会发展不平衡、不协调、不可持续的问题仍然突出，多阶段、多领域、多类型的生态环境问题交织，加快补齐生态环境“短板”是当前的核心任务，并提出主要目标是到2020年，生态环境质量总体改善，生产和生活方式绿色、低碳水平上升，主要污染物排放总量大幅减少，以绿色技术创新引领生态环境治理，促进重点区域绿色、协调发展，生态文明建设水平与全面建设小康社会目标相适应。在十二届全国人大五次会议中，环保部前部长陈吉宁就“加强生态环境保护”主题指出，环境问题是人类现代化进程中面临的一项重大挑战，生态文明建设是“五位一体”总体布局的重要组成部分。然而面对我国粗放型经济发展方式导致的日益严重的环境问题，近年来，清洁能源的使用和清洁技术的创新与发展备受关注。环境规制政策的严格实施和强化是当下改变中国环境现状的必然需要，清洁技术创新与政府环境规制到底存在怎样的关系？如何更好地发挥环境规制政策对清洁技术创新的激励作用？由此引发了学术界的激烈讨论。

在传统观点看来，环境规制提高了受管制企业的生产成本，不利于企业技术创新水平的提高，二者之间是此消彼长的关系，即“挤出效应”。而“波特假说”提出，适度合理的环境规制政策利于技术创新。目前学术界关于环境规制与技术创新之间效应的观点莫衷一是，笔者认为，环境规制与经济发展之间并非零和博弈，环境保护与技术创新之间可以实现“双赢”，在分析过程中还应当注意二者之间相互作用的时间和区域效应。

中国“四维一体”的环境政策体系主要包括命令—控制型、市场激励型、公众参与型以及自愿行动型环境规制工具。从图1中可以看出，2005—2014年，我国环境污染治理投资额和排污费收入大致呈波动上升趋势，国家对环境保护和污染治理的重视程度逐渐加大。因此，更好地发挥环境规制政策对清洁技术创新的推动作用具有十分重要的意义。本文将重点研究市场激励型环境规制的两种类型环境规制工具对清洁技术创新影响的效果，并根据实证结果的地区差异提出相关的政策建议。

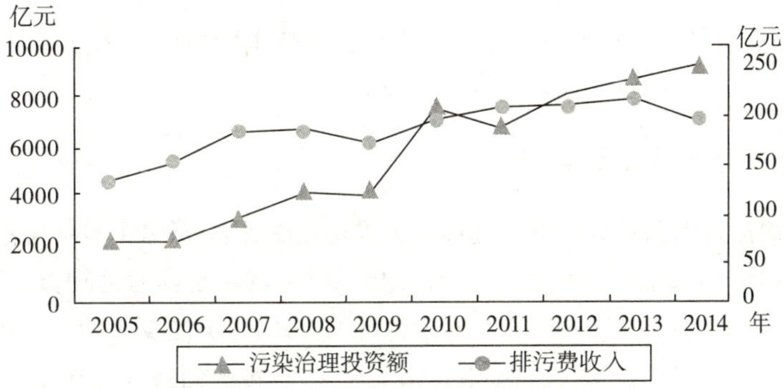

图1　2005—2014年我国污染治理投资额与排污费收入趋势

数据来源：《中国环境统计年鉴 **2006—2015**》。

二、文献综述

（一）环境规制与技术创新的关系研究

国内外学者从不同角度对环境规制与技术创新的关系进行了研究，其中主要有两类观点。第一类观点是传统经济理论，认为环境规制与技术创新之间并非呈现完全的正相关关系。首先，从企业成本的角度考虑，在某些特定的条件下，环境规制的实施会提高企业的生产成本，挤压企业用于创新的人力或者技术研发资金，进而抑制企业的技术创新（Gray，1987），尤其是对于环境成本占企业总成本比重较高的企业而言，实施环境规制政策对于技术创新的负面影响要远远超过其促进效应（Gonrad Wastl，1995）。其次，“波特假说”在中国不具有一般性，环境规制应当因地制宜，不能完全迷信“波特假说”（徐士春，2007）。沈能（2012）指出，环境规制对技术创新的影响存在地区性差异，各个地区的经济发展水平决定了环境规制政策对技术创新的效果。第二类观点则支持“波特假说”，认为环境规制对技术创新具有促进作用。学者 Lanoie（2008）实证检验发现，在一定条件下，环境规制会降低企业的生产成本，激励企业进行技术创新。于同申、张成（2010）认为环境规制具有创新补偿效应和优化效应，适度的环境规制是可以促进经济增长的。Carmen Robert(2006)利用企业污染物排放量定量表示环境规制政策的强度,指出污染物排放量和环保型技术专利之间存在显著的负相关关系。还有一类观点认为,环境规制对技术创新的影响是不确定的,环境规制对技术创新的影响具有两面性和区域差异性(刘玉飞,2013)。

(二)环境规制工具的效果与选择

关于环境规制对技术创新的影响,不少学者从环境规制工具的角度进行了研究。王红梅(2016)采用贝叶斯模型平均方法进行实证分析,研究结果表明,命令控制型和市场激励型工具是2004—2014年中国最为有效的环境治理工具。占佳(2015)研究指出,市场激励型规制在短期内会抑制技术创新,但这种抑制效果会逐渐减弱并在滞后三期促进技术创新。张平等(2016)基于费用型与投资型两种类型环境规制,研究环境规制对企业技术创新的影响,费用型环境规制对企业技术创新产生了显著的"挤出效应";投资型环境规制降低了企业技术创新的风险,并进一步研究了三种类型的环境投资对企业技术创新的效果差异,但并未就环境规制类型对不同地区技术创新的效果进行比较分析。

(三)清洁技术创新定义与研究

国内有关清洁技术创新概念的研究和相关界定较少,国外学者Kemp和Pearson(2007)将清洁技术创新定义为:商品、服务、生产过程、组织结构,或者是商业管理方式的创新、应用与推广,这种创新对企业来说是新颖的,相对于传统的方式,能够减少企业整个生命周期内的环境风险,以及污染和资源利用的负面影响。由此可见,与传统创新方式相比,清洁技术创新更加注重对环境的保护与环境质量的改善。相对于治污技术创新等末端治理手段而言,清洁技术创新对企业清洁生产以及经济发展与环境保护的意义更大。清洁技术创新由于其概念范围没有被准确定义并且涵盖范围较广,难以对其进行准确度量。其中,Johnstone等(2010)在研究中采用可再生能源的专利数量对清洁技术创新水平进行衡量,并就六种不同环境规制工具对清洁技术创新的影响差异进行了比较分析。Brunnermeier等(2003)用环境治理和控制支出水平表示环境规制强度,以大气污染治理、酸雨防治、固体垃圾处理等环境相关专利的申请数量表示清洁技术创新水平,并得出结论:环境规制与清洁技术创新之间呈正向关系,环境治理支出的小幅增加就能大幅促进清洁技术创新水平的提高。Jingxuan Hui,Wenjia Cai(2016)在研究中从区域对比角度研究了补贴与清洁技术创新发展。Joel Malen,Alfred,A. Marcus(2017)研究考察了政治、社会和经济因素对清洁能源技术创业的影响,指出政府政策和清洁能源市场的发展为其创造了机会。Nevenka Hrovatin等(2016)分析了经济、组织和监管对提高企业能源效率和清洁技术投资的影响,并指出能源成本、市场份额和出口导向大大增加了能源效率和清洁技术投资的可能性。

综上所述,国内外学者关于环境规制对技术创新影响的结论并不一致,同时,国内关于环境规制政策对清洁技术创新的影响研究并不多。基于市场激励型环境规制政策是我国当前最为有效的环境规制工具之一,并且该政策工具更能体现政府环境规制政策对企业创新行为的激励效果,本文将在这些文献研究的基础之上,实证研究费用型和投资型两种市场激励型环境规制政策对清洁技术创新的影响,利用我国2008—2014年30个省份的面板数据进行实证分析。同时，将我国30个省份分为东部、中部、西部以及东北四大区域，根据各个地区的实证结果进行比较分析，得出结论并提出建议。

三、环境规制下企业进行绿色技术创新的数理模型构建与分析

（一）模型基本假定

企业是经济的基本细胞，本部分从微观企业的视角构建理论模型，分别研究费用型和投资型两种类型环境规制对清洁技术创新的影响，并提出本文假设，首先提出本部分的假设如下：

（1）假设在某一行业当中，只有两家企业分别是企业1和企业2，生产同质产品并依靠技术创新获得竞争优势。同时，对各个企业而言，尽可能获得多的利润是其进行生产活动的唯一目标。

（2）面对政府的环境规制，企业1和企业2可以选择的技术创新类型有两种，分别是生产技术创新和清洁技术创新。其中，企业可以通过生产技术创新提高生产率水平，降低企业的生产成本，从而增加企业利润；企业还可以通过清洁技术创新，利用清洁技术进行生产，提高资源利用率，进而减少企业生产的污染排放。

（3）假设企业1和企业2的创新投入成本均为c（其中，$0 < c < 1$），同时，企业1和企业2可以利用c单位的成本进行创新活动。若企业进行一般性的生产技术创新时，可以降低c单位的生产成本，即企业利润提高c单位；若企业选择进行清洁技术创新，则可以通过增加清洁技术创新投入，降低c单位的污染排放。

（4）环境污染是企业进行生产活动产生的一种负外部性结果。假设企业1和企业2的产量分别为q_1, q_2。同时，企业每单位产量的排污系数为e，若企业进行一般性生产技术创新，则有污染排放函数$PT_i = eq_i$；若企业选择进行清洁技术创新，则企业的污染排放函数为$PT_i = eq_i(1-c)$，其中，c代表用于清洁技术创新的成本投入；i表示政府进行第i种类型的环境规制政策，在这里$i = 1,2$。

（5）假设该市场的逆需求函数为$P = a - bQ$，其中，a, b均为大于0的常数，市场总需求为$Q = q_1 + q_2$，市场价格为$P = a - b(q_1 + q_2)$。假设企业1和企业2进行正常生产活动每单位的生产成本均为ϕ，其中包括企业的创新投入成本c。

根据以上假设条件，假设企业1选择进行一般性生产技术创新，企业2选择进行清洁技术创新。此时，企业1和企业2的利润函数分别为

$$\pi_1 = [a - b(q_1 + q_2) - (\phi - c)]q_1 \tag{1}$$

$$\pi_2 = [a - b(q_1 + q_2) - \phi]q_2 \tag{2}$$

（二）两种类型环境规制下企业进行技术创新的选择

接下来，本文将分别讨论征收排污费与进行减排补贴两种类型的环境规制下企业1和企业2的利润情况，进而分别分析企业面对两种类型环境规制政策将作出的创新行为选择。

(1)排污费对清洁技术创新的作用机制

排污费是指政府根据排放到环境中污染物的质或量(或者两者都考虑)按照一定的费率向排污的单位或个人征收的费用。为了简化分析,本文在此只考虑对污染物的排放量进行分析。假定政府规定对每单位污染物排放征收排污费额为 t_1 ,则企业 1 和企业 2 两家企业的利润函数分别变为

$$\pi_1 = [a - b(q_1 + q_2) - (\phi - c)]q_1 - q_1t_1 \tag{3}$$

$$\pi_2 = [a - b(q_1 + q_2) - \phi]q_2 - q_2(1 - c)t_1 \tag{4}$$

此时,对上述方程进行联立,解得企业 1 和企业 2 的均衡产量分别为

$$q_1 = \frac{a - \phi - t_1 + 2c - ct_1}{3b} \tag{5}$$

$$q_2 = \frac{a - \phi - t_1 - c + 2ct_1}{3b} \tag{6}$$

将式(5)和式(6)代入企业的利润函数式(3)和式(4),分别得出排污费环境规制政策下企业 1 和企业 2 的最终利润为

$$\pi_1 = \frac{(a - \phi - t_1 + 2c - ct_1)^2}{9b} \tag{7}$$

$$\pi_2 = \frac{(a - \phi - t_1 - c + 2ct_1)^2}{9b} \tag{8}$$

为考察排污费政策对清洁技术创新的激励效果,令式(7)减去式(8)得到

$$\Delta_1\pi = \pi_2 - \pi_1 = \frac{c(t_1 - 1)(2a - 2\phi - 2t_1 + c + ct_1)}{3b} \tag{9}$$

$\Delta_1\pi > 0$ 时,表示企业进行清洁技术创新的利润高于进一步进行生产技术创新获得的利润,说明排污费征收对清洁技术创新具有激励作用,并且在保证企业获得经济利润的前提下,$\Delta_1\pi$ 越大,则排污费征收对清洁技术创新的激励效果越明显。满足 $\Delta_1\pi$ 取得最大值,是政府针对企业排污行为设计最优排污费政策的条件。本文假设 c 为企业的创新投入成本,为满足经济意义,有 $0 < c < 1$,此时 $\frac{\partial^2\Delta_1\pi}{\partial^2 t_1} = -4c + 2c^2 = -2c(2 - c) < 0$ 。当 $\frac{\partial^2\Delta_1\pi}{\partial^2 t_1} = 0$ 时, $\Delta_1\pi$ 取得最大值,可以得到最优排污费征收率 $t_1 = \frac{a - \phi + 1}{2 - c}$ 。

当 $\Delta_1\pi < 0$ 时,排污费征收则会对清洁技术创新产生阻碍作用,继续增加排污费征收会增加企业负担,企业会选择进行生产技术创新而不再进行清洁技术创新。

(2)环境补贴对清洁技术创新的作用机制

减排补贴政策是政府为了鼓励企业减少污染排放,对企业所减少的排放量或者为减少排放量采取的措施提供一定数量的补贴。在补贴的环境规制工具下,为了简化分析,在此我们假设政府主要针对企业减少的污染排放量进行补贴。

假设政府对清洁技术创新的企业提供的单位减排补贴为 t_2 。继续假设企业 1 选择继续进行一般性生产技术创新,企业 2 选择进行清洁技术创新。则企业 1 和企业 2 的利润函数分别为

$$\pi_1 = [a - b(q_1 + q_2) - (\phi - c)]q_1 \tag{10}$$

$$\pi_2 = [a - b(q_1 + q_2) - \phi]q_2 + q_2 c t_2 \tag{11}$$

此时,联立上述方程,解得均衡产量分别为

$$q_1 = \frac{a - \phi + 2c - ct_2}{3b} \tag{12}$$

$$q_2 = \frac{a - \phi - c + 2ct_2}{3b} \tag{13}$$

将均衡产量 q_1,q_2 分别带入企业的利润函数式(10)、式(11),解得企业1和企业2的利润为

$$\pi_1 = \frac{(a - \phi + 2c - ct_2)^2}{9b} \tag{14}$$

$$\pi_2 = \frac{(a - \phi - c + 2ct_2)^2}{9b} \tag{15}$$

同上述方法,为考察补贴政策对清洁技术创新的激励效果,令式(14)减去式(15),得到

$$\Delta_2\pi = \pi_2 - \pi_1 = \frac{c(t_2 - 1)(2a - 2\phi + c + ct_2)}{3b} \tag{16}$$

当 $t_2 > 1$ 时,$\Delta_2\pi > 0$,减排补贴政策对清洁技术创新具有激励作用。并且随着 t_2 的增加,对清洁技术创新的激励效果越好,这种情况下不存在最优补贴率。由于存在 $\frac{\partial^2 \Delta_2\pi}{\partial^2 t_1} = 2c^2 > 0$,因此,$\Delta_2\pi$ 为减排补贴率的单调递增函数,故政府可以通过增加减排补贴的方式提高企业的清洁技术创新水平。在实际中,考虑到过高的补贴会增加企业的管理成本,并可能导致资源配置无效率的情况发生,政府应根据实际情况制定合理的减排补贴率。

(三)提出假设

根据本部分就两种类型环境规制对企业清洁技术创新影响机制的理论分析,在此提出本文的假设如下:

假设一:政府实行费用型环境规制政策在一定程度上可以激励企业进行清洁技术创新,但环境规制水平达到一定程度时会对清洁技术创新产生阻碍作用,因而清洁技术创新可能与费用型环境规制水平呈"倒U"型关系。

假设二:政府实行投资型环境规制政策可以激励企业进行清洁技术创新,进而提高清洁技术创新水平。

四、环境规制对清洁技术创新影响的实证分析

(一)模型的设定

根据内生增长理论的观点,技术创新的本质是一种经济现象,它的表现形式是一种产出。环境规制变量作为本文考察的主要变量,将其视作一种要素投入,并根据本文研究目的将其分为费用型和投资型两种环境规制类型,纳入模型当中。

本文将借鉴柯布—道格拉斯生产函数对清洁技术创新进行实证研究,清洁技术创新生产函数表示为

$$CI = a \cdot ER^{\beta}OS^{\kappa}M^{\upsilon}$$

其中,CI 表示清洁技术创新;ER 表示政府环境规制;OS 表示所有制结构;M 表示市场化指数。在此,为了避免异常项和异方差对数据平稳性的影响,对上述生产函数取对数得到

$$\ln CI = a + \beta\ln ER + \kappa\ln OS + \upsilon\ln M + \varepsilon$$

本文主要研究的是两种类型环境规制对清洁技术创新的影响,继续引入环境规制变量ER,分别构造两种类型环境规制的模型作进一步研究。在关于环境规制对技术创新的影响趋势的分析当中,张成(2011)研究发现,在东部和中部地区,环境规制强度和企业生产技术进步之间存在"U"型关系,而在西部地区则不成立。蒋伏心(2013)采用江苏省制造业面板数数据进行了实证分析,结果表明环境规制与企业技术创新之间呈先下降后提升的"U"型特征。还有学者(殷宝庆,2013)认为,环境规制强度与技术创新效应在西部地区呈"倒 U"型关系。鉴于本文的理论模型中环境规制对清洁技术创新的非线性影响假设以及上述学者的研究,本文在此引入两种类型环境规制的二次项,进一步考察环境规制对清洁技术创新影响的非线性趋势,得到计量模型

$$\ln CI_{it} = a + \beta_1\ln ER_{it} + \beta_2\ln ER_{it}^2 + \kappa\ln OS_{it} + \upsilon\ln M_{it} + \varepsilon_{it}$$

其中,ER_1 表示费用型环境规制;ER_2 表示投资型环境规制;β_1 和 β_2 分别表示环境规制一次项和二次项的系数;κ,υ 分别表示所有制结构 OS、市场化指数 M 的带估参数;ε 表示随机误差项。

(二)变量选取与描述

(1)清洁技术创新(CI)。国内目前并无关于清洁技术创新水平测度的相关统计数据。在进行清洁技术创新相关研究中选取的衡量指标也不尽相同,主要几种衡量指标包括与清洁生产技术相关的专利数据(刘海英,2016)、新产品销售收入和能源消耗量的比值(王锋正,2015)等。王芳玲(2014)采用工业固体废物综合利用率作为衡量清洁技术创新的指标,以反映企业的环境保护意愿、环保新工艺、新技术的产生与应用,并且指标值越大,代表清洁技术水平越高;反之,则越少。当前我国环境污染问题严重,其中,主要的环境污染来自工业"三废"的排放。基于理论上的合理性和数据方面的可获得性,本文借鉴王芳玲(2014)的做法,采用工业固体废物综合利用率即工业固体废物综合利用量与工业固体废物产生量的比值作为衡量清洁技术创新水平的指标。数据来源于《中国统计年鉴》。

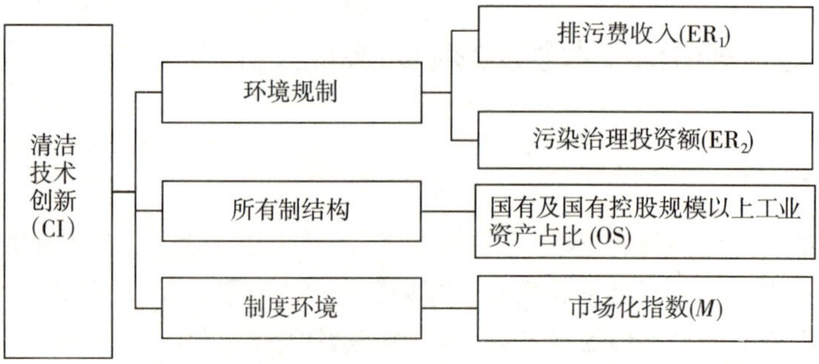

图 2 影响清洁技术创新水平的变量描述

(2)环境规制(ER)。学者张坤民在研究中建立了分类标准,将环境规制政策工具分为4种类型,即命令—控制型工具、市场激励型工具、公众参与型工具和自愿行动型工具(张坤民,2007)。其中,市场激励型工具是通过收费或补贴的方式,运用显性经济激励,推动企业在排污的成本和收益之间进行自主选择,进而决定企业的生产技术水平和排污量(王红梅,2016)。本文研究的是两种市场激励型环境规制对清洁技术创新的影响,其中,费用型环境规制是指只有短期影响并且未能形成固定资产的资金,而投资型环境规制是指存在长期影响并且最终形成固定资产的资金(原毅军、刘柳,2013)。在此选取2005—2014年我国各省份排污费收入总额以及环境污染治理投资总额,分别作为费用型环境规制和投资型环境规制的衡量指标。数据来源于《中国环境统计年鉴》,其中,2009—2014年排污费收入总额数据来源于《中国环境年鉴》。

(3)所有制结构(OS)。本文选取各地区国有及国有控股规模以上工业企业资产在规模以上工业企业资产中所占比重作为所有制结构变量的衡量指标,比值越大,所有制结构中国有企业占比越高。数据来源于《中国统计年鉴》。

(4)市场化指数(M)。杨代刚(2015)把制度环境分为金融发展水平、法治水平、政府干预程度和科技成果市场化程度,探讨了制度环境与科技创新能力的关系。实证结果显示,以上因素当中除政府干预程度不利于科技创新能力的提升之外,其他因素均对科技创新水平具有积极的促进作用。制度要素是影响企业清洁技术创新的间接因素,一般通过市场竞争使创新主体调整创新投入,进而影响企业的清洁技术创新。本文依据樊纲《中国市场化指数——各地区市场化相对进程2009年报告》中各省份的市场化指数作为衡量区域制度环境的指标。通常来说,区域市场化指数越高,越有利于企业进行清洁技术创新。

需要说明的是,由于西藏地区部分统计数据缺失,本文剔除西藏自治区的相关数据,利用我国2008—2014年全国30个省份(港澳台地区除外)的面板数据进行实证分析,总体样本的统计性描述如表1所示。

表1 总体样本各变量描述性检验

变量名称	变量符号	单位	均值	标准差	最小值	最大值
绿色技术创新	CI	%	69.12	18.36	31.14	99.81
费用型环境规制	ER_1	万元	63267.48	51604.17	3000.00	250698.80
投资型环境规制	ER_2	亿元	174.03	160.49	5.30	881.00
所有制结构	OS	%	50.78	17.35	14.00	82.67
市场化指数	M	—	0.76	0.13	0.40	0.99

数据来源:根据2009—2015年《中国环境统计年鉴》《中国统计年鉴》以及《中国市场化指数——各地区市场化相对进程2009年报告》相关数据整理估计而得。

从表1中可以看出,我国费用型环境规制的强度要低于投资型环境规制,这表明我国更倾向于政府出资治理污染,而非通过向企业征收费用的方式。

(三)平稳性检验与模型选择

本文采用2008—2014年全国省际面板数据进行回归分析,为避免虚假回归或伪回归的情况,在回归之前首先对相关面板数据进行平稳性检验。本文采用广泛应用于计量经济学当中的ADF单位根以及PP-Fisher检验方法对变量进行检验。经过平稳性检验,被解释变量CI,解释变量ER,控制变量OS、M的P值均小于0.01,各变量的面板序列均拒绝了存在单位根的原假设,即面板数据并不存在单位根,各变量的面板序列为平稳序列,可以继续进行回归分析。

(四)计量结果与分析

通过F检验和霍斯曼(Hausman)检验,本文相关面板数据适合建立固定效应模型进行分析。本部分将以全国面板数据为样本,实证检验费用型和投资型两种市场激励型环境规制对清洁技术创新的影响。由于我国各地区发展不平衡,各地区污染状况也不尽相同,考虑到我国地域间的明显差异,本文将对我国30个省份分为东部、中部、西部和东北地区四大地区,其中,东部地区包括北京、天津、河北、上海、江苏、浙江、福建、山东、广东、海南;中部地区包括山西、安徽、江西、河南、湖北、湖南;西部地区包括内蒙古、广西、四川、贵州、云南、陕西、甘肃、青海、宁夏和新疆;东北地区包括黑龙江、吉林、辽宁。实证结果如表2所示。

表2 环境规制对清洁技术创新的回归结果

变量	全国	东部	中部	西部	东北地区
c	0.449612*** (5.037646)	0.663727*** (5.496049)	0.340258** (1.847856)	1.047793*** (3.884608)	0.630561*** (3.026903)
$\ln ER_1$	1.077809*** (4.156299)	1.102092*** (2.345786)	1.489710*** (2.715794)	1.127152 (0.619581)	-1.045611 (-0.147051)
$\ln ER_1^2$	-0.107028*** (-3.172765)	-0.149297*** (-3.331444)	-0.304865*** (-2.305755)	-0.041716 (-0.548750)	0.043286 (0.210446)
$\ln ER_2$	0.358362** (2.120193)	0.398738*** (2.781057)	0.678233 (0.940834)	0.866491*** (2.066688)	-0.104662 (-0.055508)
$\ln ER_2^2$	-0.049857 (-1.302810)	-0.078436*** (-2.216504)	-0.108128 (-0.666773)	-0.641937*** (-2.017241)	0.197173 (0.224507)
$\ln OS$	0.014992*** (2.858979)	-0.060060 (-1.378599)	0.014304** (1.221223)	0.117736*** (2.577149)	-0.077889*** (-2.295940)
$\ln M$	0.527740** (2.589161)	0.563266*** (2.891305)	0.356794** (2.104944)	0.083044 (1.560434)	0.237726** (2.138621)

注:①***、**、*分别表示在1%、5%和10%的水平上显著;②括号内为t统计值。

从表2的回归结果来看,费用型(ER_1)和投资型(ER_2)两种环境规制变量的一次项系数均为正,平方项的系数均为负,表示我国环境规制对清洁技术创新的影响效果呈“倒U”型,即在环境规制强度较低的情况下,清洁技术创新水平随着环境规制的加强而逐渐提高,验证了“波特假说”;而当环境规制强度达到一定程度之后,随着环境规制强度的提高,清洁技术创新的发展将会受到抑制,这一点与本文在理论模型部分的预期相符,本文将分别就两种类型环境规制对清洁技术创新的影响效果进行解释。

首先，费用型环境规制（ER_1）对清洁技术创新的影响呈"倒 U"型关系，表示当政府对企业污染行为进行规制的时候，企业会进行成本与收益关系分析。随着政府环境规制程度的逐渐加强，以致企业进行清洁技术创新的成本低于需要缴纳的排污费时，企业会选择进行清洁技术创新从而减少污染排放，减少排污费用的缴纳。然而，随着环境规制程度的进一步加强，清洁技术创新的边际效率会递减，直到企业进行清洁技术创新的边际收益不足以抵消环境规制这一边际成本时，追求利润最大化的企业会选择缴纳排污费用而不再进行清洁技术创新；同时，企业会寻求其他方式增加产出、降低成本，进一步将资金投向生产率高的领域，提高利润水平从而应对政府高强度的环境规制，因此高强度的费用型环境规制会抑制清洁技术创新水平的提高。综上所述，费用型环境规制与清洁技术创新之间呈"倒 U"型关系，验证了本文理论分析部分提出的假设。

投资型环境规制变量的一次项系数在 5% 的水平上显著，相对于费用型环境规制（ER_1）显著性水平降低。投资型环境规制的二次项系数不显著，表明随着政府投资型环境规制强度的增加，企业应用于减少污染排放和废物循环利用等清洁技术创新的资金增加，同时，污染治理基础设施得以改进，有助于企业进行清洁技术创新、运用清洁技术推动生产。投资型环境规制二次项系数不显著说明投资型环境规制（ER_2）对清洁技术创新的影响不存在"倒 U"型关系，这表明政府可以通过直接出资治理环境污染问题进而有效地促进企业清洁技术创新，与理论模型部分提出的假设相符。

所有制结构（OS）对清洁技术创新具有正向推动作用，并且在统计意义上显著，说明国有及国有控股企业面对政府环境规制更倾向于进行清洁技术创新。本文推断原因可能在于，面对国家清洁生产、减少污染物排放的相关政策要求，相对于民营企业、三资企业以及外资企业而言，国有及国有控股企业会更加积极地实施。而且，一般而言，国营企业接受的补贴较多，应用于清洁技术创新的资金较充足。

从上述检验结果可以看出，良好的制度环境（M）对于企业进行清洁技术创新是十分有利的，并且在 1% 的统计水平上显著。这说明中国的区域制度环境因素确实影响了企业的清洁技术创新行为，良好的区域制度环境创造了良好的市场竞争氛围，调动创新主体积极投入到清洁技术创新当中。

（五）基于区域对比的回归结果分析

对于东部地区和中部地区而言，费用型环境规制（ER_1）的一次项系数均为正，二次项系数均为负，并且统计意义上均显著，说明费用型环境规制（ER_1）对清洁技术创新的影响存在显著的"倒 U"型关系。投资型环境规制（ER_2）对清洁技术创新的影响在中部地区不显著，需要清洁技术创新激励机制的进一步改善。在西部地区费用型环境规制（ER_1）对清洁技术创新的影响的一次二次项均不显著，投资型环境规制（ER_2）的一次项和二次项均显著。原因可能为西部地区企业多以国有及国有控股企业为主，因此具有政策支持优势，相对于其他类型企业更易受到优待，同时排污费征收要求相对宽松。另外，相对于东部地区而言，西部地区经济发展水平较低，创新研发人才和资金较为欠缺，因此，政府投资型环境规制对清洁技术创新的促进效果较明显。在东部地区和西部地区，投资型环境规制的二次项系数显著为负的原因可能为随着政府直接出资的提高，环境污染的改善使得企业将部分资金投入直接提高企业利润的生产环节，而不继续进行清洁技术创新投资；同时，随着政府干预的增强，企业主动进行清洁技术创新的积极性可能会减弱。

对于东部地区而言，国有企业在所有制结构当中占比较高不利于清洁技术创新水平的提高，并对清洁技术创新具有负向的阻碍作用，原因可能为东部地区市场竞争比较激烈，企业为适应消费需求与政策导向会主动投入清洁技术创新当中，而相对于外资、三资和民营企业而言，国有企业由于体制等原因，在清洁技术提升速度与效率方面还是有一定的差距。而在中部和西部地区则发挥了国有及国有控股企业在政策实施方面的优势，所有制结构与清洁技术创新呈正相关关系。制度环境对清洁技术创新的影响在四大区域中均显示为正向的促进作用，尤其在制度环境较为完善的东部和中部地区，良好的制度环境对清洁技术创新的推动作用在统计意义上显著。

东北地区环境规制对清洁技术创新的影响在统计意义上并不显著，说明东北地区环境规制政策相对而言不合理，环境规制政策对清洁技术创新的激励效果一般。东北地区所有制结构（OS）对清洁技术创新水平的影响效果显著为负，可能由于东北地区国有及国有控股企业比重较大，然而该地区国有企业清洁技术创新效率比较低，不利于清洁技术创新水平的提高。制度环境对清洁技术创新的推动作用仍在统计意义上显著。

五、结论与建议

关于环境规制对企业创新影响的研究在学术界观点众多，传统观点认为政府的环境规制政策增加了企业的成本，对技术创新具有“挤出效应”，波特假说则认为环境规制有利于促进企业进行技术创新。本文首先通过建立理论模型，推导出费用型与投资型两种类型环境规制对清洁技术创新的影响，并且利用我国2008—2014年30个省份的面板数据进行实证分析，对我国两种类型环境规制政策对清洁技术创新的影响进行检验，同时分地区进行回归分析，得出以下结论与建议。

（一）结　论

（1）我国环境规制对清洁技术创新的影响效果呈“倒U”型关系

在环境规制强度较低的情况下，清洁技术创新水平随着环境规制水平的加强而逐渐提高，在一定程度上验证了“波特假说”，而当环境规制强度达到一定程度之后，随着环境规制强度的提高，清洁技术创新的发展将会受到抑制。

（2）不同类型环境规制对清洁技术创新的影响效果不同

首先，费用型环境规制（ER_1）对清洁技术创新的影响呈“倒U”型关系表示，当政府向企业征收排污费时，企业会进行成本与收益关系核算，推动企业进行清洁技术创新；随着环境规制程度的进一步加强，清洁技术创新的边际效率会递减，追求利润最大化的企业会选择缴纳排污费用而不再进行清洁技术创新。其次，投资型环境规制（ER_2）二次项系数不显著说明对清洁技术创新的影响不存在“倒U”型关系，政府可以通过直接出资治理环境污染问题进而有效地促进企业清洁技术创新。

(3)所有制结构对清洁技术创新具有正向的推动作用

国有企业在所有制结构中占比较高有利于清洁技术创新,并在统计意义上显著。国有及国有控股企业面对政府环境规制更倾向于进行清洁技术创新,相对于民营企业、三资企业以及外资企业而言,国有及国有控股企业会更加积极地实施相关导向性政府政策,同时,国有及国有控股企业接受的政府补贴相对而言较多。

(4)良好的制度环境有利于企业进行清洁技术创新

中国改革开放至今已经积累了一定的建设创新型企业的区域制度基础,中国的区域制度环境因素确实影响了企业的清洁技术创新行为,良好的区域制度环境创造了良好的市场竞争氛围,使得创新主体积极投入清洁技术创新当中。本文采用市场化水平作为制度环境的衡量指标,市场化程度越高,越有利于清洁技术创新水平的提高。

(二)建　议

1. 适当提高环境规制强度

通过实证部分的检验结果我们可以看出,两种类型的环境规制政策对清洁技术创新水平有显著的正向作用。要提高清洁技术创新水平,政府必须树立正确的观念,充分认识到适度环境规制政策对清洁技术创新的积极影响,而不是仅仅把环境规制政策当作治理污染和保护环境的任务来执行,而忽略环境规制政策本身制定方面的正确性以及可能带来的经济效益。因此,政府应当进行适当的环境规制,实施积极、合理的环境政策,有效提高清洁技术创新水平,从而最终促使社会形成清洁技术创新先行、植物技术创新进行补充的模式,早日高效完成"十三五"提出的重要目标,推动生产以及生活方式的绿色化,引领生态环境质量的改善,促进我国经济社会协调发展,完善建设"五位一体"总体布局。

同时,鉴于两种类型环境规制工具对清洁技术创新的影响机制以及效果的差异,以及二者对清洁技术创新影响的时间和空间效应,政府应当合理制定环境规制政策,利用费用型与投资型两种类型的环境规制对企业排污行为进行规制。对于费用型环境规制工具,由于随着时间的推移,企业利润水平会发生变化,有关部门应当注意实时监测市场情况,制定合理、适度的排污费征收标准,并且根据行业制定各自适宜的标准,充分发挥费用型环境规制的"创新激励"效应。对于投资型环境规制而言,要注意滥用补贴情况的发生,加强督查与监管,尽可能地充分发挥投资的降污减排效果,为清洁技术创新提供较好的基础设施等环境。

2. 因地制宜制定适合地区发展的差异化环境规制政策

环境规制政策应当与地区经济发展水平与实际特点相结合,制定最优环境规制政策。一方面,我国地区差异明显,从实证分析部分的结果可以看出环境规制对清洁技术创新的影响在几大区域之间存在较大差异。因此,在环境规制工具与政策的选择与制定中,应当拒绝不顾地区差异的"一刀切"方式,贯彻"分区引导,分类控制"(马中、石磊、崔格格,2009)的原则,根据各地的特点,灵活运用环境规制工具,也要考虑实施的可行性与实用性。同时,应当加强地区间的协调合作,相互借鉴成功经验,如开展区域论坛等,共同推进环境污染治理,提高清洁技术创新水平,并切实将创新成果转化为企业可以灵活运用的清洁技术,防治工业污染,改善生态环境。另一方面,不同的环境规制工具对企业清洁技术创新影响的差异较明显,对于环境规制工具的选择还是应当协调优化各类环境规制政策,充分调动企业清洁技术创新的积极性。

3. 进一步推动国企改革

有关所有制结构对清洁技术创新的影响方面的研究很少有学者予以关注,在部分学者的所有制结构对技术创新的研究中,均指出国有及国有控股企业在地区企业中占比越高则会对生产技术创新产生负向制约作用,国有及国有控股企业在技术进步的提升速度上和外资企业、三资企业和民营企业相比仍相对较低(张成,2011)。部分学者认为对于大型国有企业来说,其本身存在分配体制、管理模式和人才使用机制等问题,使得高端创新人才引进困难、人才流失严重现象,这种情况会阻碍清洁技术创新的发展(邢炜,2016)。而值得注意的是,国有及国有控股企业接受的补贴较多,应用于清洁技术创新的资金较充足,同时常常具有政策支持优势。当前推动国企改革是我国的中心工作之一,深化国企改革有助于创新模式的转变、自主创新能力的提高,可以弱化政企关联,提高市场化程度,提高国有资本的质量、效率,优化政府补贴并充分发挥其激励作用更有利于清洁技术创新的进步。尤其对于东北地区而言,环境规制政策对清洁技术创新的影响效果并不明显,其中,在东北地区所有制结构中占比较大的国有企业效率低下可能是产生这种现象的主要原因。因此,对于东北地区而言,确定国有企业的市场主体地位,发挥市场资源配置作用,进一步增加企业研发投入,推动企业技术创新,尤为重要。除此之外,东北地区国有企业应当完善国有企业创新人才引进制度,在人才引进的同时为人才提供发展平台,真正留住人才,发挥创新人才对清洁技术创新的推动作用。

4. 优化区域制度环境

良好的市场制度有利于企业进行清洁技术创新活动、有效利用资源、促进创新成果转让和市场健康竞争。中国目前已经在一定程度上构建了支持企业开展技术创新的制度环境,但是,保障企业进行清洁技术创新的区域制度依然不够完善。政府需要进一步加大对完善的制度环境的建设力度,完善相关法律法规,进一步构建优化知识产权保护、生产者权益保护制度,改善区域制度环境的不良问题,大力提高市场化程度,营造良好的区域竞争氛围,进而有效推动企业进行清洁技术创新,促进清洁技术创新成果被有效地应用于清洁生产并满足市场需求的变化。同时,应当注意的是,我国当前处于经济新常态,投资是经济持续、健康发展的重要推动力。发展绿色金融,利用绿色金融工具,结合绿色 ppp 模式,充分利用社会资本,进一步满足绿色资金的投资需求(马中、陆琼、吕敦虎,2016),推动清洁技术创新并运用于清洁生产中,是不可阻挡的潮流。

参考文献

[1] Garyw, B. The Cost of Regulation: OSHA. EPA and Productivity Slowdown [J]. *American Economics Perspectives*, 1995, 9(4): 98 - 118.

[2] Corad, K. Wastl, D. The Impact of Environmental Regulation on Productvity in German Industries [J]. *Empirical Economics*, 1995, 20(4): 615 - 633.

[3] Lanoic, P., Patry, M., Lajcunesse, R. Environmental Regulation and The Competitiveness of US Manufacturing: What does the Evidence Tell Us? [J]. *Journal of Economic literature*, 1995: 132 - 136.

[4] Kemp, R., Pearson, P. Final Report of the MEI Project Mearsuring Eco Innovation [J]. *UM MERIT*, Meaastricht, 2007.

[5] Johnstone, N. Popp, D. Renewable Energy Policies and Technological Innovation Evidence based on Patent Counts [J]. *Environmental and Resource Economics*. 2010, 45(1): 133 – 155.

[6] Brunnermeier, S. B., Cohen, M. A. Determinants of Environmental Innovation in US Manufacturing Industries[J]. *Journal of Environmental Economics and Management*, 2003(2): 278 – 293.

[7] Jingxuan Hui, Wenjia Cai, Can Wang, Minhua Ye. Analyzing the Penetration Barriers of Clean Generation Technologies in China's Power Sector Using A Multi – region Optimization Model[J]. *Applied Energy*, 2016(10).

[8] Joel Malen, Alfred, A. Marcus. Promoting Clean Energy Technology Entrepreneurship: The Role of External Context [J]. *Energy Policy*, 2017(102).

[9] Nevenka Hrovatin, Nives Dolšak, Jelena Zori Ć. Factors Impacting Investments in Energy Efficiency and Clean Technologies: Empirical Evidence from Slovenian Manufacturing Firms[J]. *Journal of Cleaner Production*, 2016(10).

[10] 徐士春. 环境规制与企业竞争力——基于“波特假说”的质疑[J]. 国际贸易问题, 2007(5): 78 – 83.

[11] 沈能. 环境规制对区域技术创新影响的门槛效应[J]. 中国人口·资源与环境, 2012(6): 12 – 16.

[12] 于同申, 张成. 环境规制与经济增长的关系——基于中国工业部门面板数据的协整检验[J]. 学习与探索, 2010(2): 131 – 134.

[13] 刘玉飞. 环境规制对我国区域创新能力影响的门槛效应——基于中国30省市区面板数据的研究[D]. 南京: 南京财经大学, 2013(5): 36 – 37.

[14] 占佳, 李秀香. 环境规制工具对技术创新的差异化影响[J]. 广东财经大学学报, 2015(6): 24 – 25.

[15] 黄清煌, 高明. 中国环境规制工具的节能减排效果研究[J]. 科研管理, 2015(6): 25 – 26.

[16] 王红梅. 中国环境规制政策工具的比较与选择——基于贝叶斯模型平均(MBA)方法的实证研究[J]. 中国·人口资源与环境, 2016(9): 136 – 137.

[17] 张平, 张鹏鹏, 蔡国庆. 不同类型环境规制对企业技术创新影响比较研究[J]. 中国人口资源与环境, 2016(4): 12.

[18] 张成, 陆旸, 郭路, 于同申. 环境规制强度和生产技术进步[J]. 经济研究, 2011(2): 121 – 122.

[19] 蒋伏心, 王竹君, 白俊红. 环境规制对技术创新影响的双重效应——基于江苏省制造业动态面板数据的实证研究[J]. 中国工业经济, 2012(7): 53 – 54.

[20] 殷宝庆. 环境规制对企业技术创新效率的影响——基于三大经济区域面板数据的实证检验[J]. 鄱阳湖学刊, 2013(2): 94 – 95.

[21] 刘海英, 谢建政. 排污权交易与清洁技术研发补贴能提高清洁技术创新水平吗——来自工业 SO_2 排放权交易试点省份的经验证据[J]. 上海财经大学学报, 2016(5): 85.

[22] 王锋正, 郭晓川. 环境规制强度对资源型产业绿色技术创新的影响——基于2003—2011年面板数据的实证研究[J]. 中国人口资源与环境, 2015(5): 144.

[23] 王芳玲. 我国环境规制对清洁技术创新的影响研究[D]. 长春: 吉林大学, 2014.

[24] 徐晨. 我国环境规制对环保技术创新的影响研究[D]. 广州: 暨南大学, 2016.

[25] 原毅军, 刘柳. 环境规制与经济增长: 基于经济型分类的研究[J]. 经济评论, 2013(1): 27 – 33.

[26] 张坤民, 温宗国, 彭立颀. 当代中国的环境政策: 形成、特点与评价[J]. 中国人口·资源与环境, 2007(2): 1 – 6.

[27] 杨代刚. 制度环境与区域科技创新能力的关系研究[D]. 大连: 东北财经大学, 2015.

[28] 江珂. 环境规制对中国技术创新能力的影响及区域差异分析——基于中国1995—2007年省际面板数据分析[J]. 中国科技论坛, 2009(10): 30 – 32.

[29] 樊纲, 王小鲁, 朱恒鹏. 中国市场化指数——各地区市场化相对进程2009年报告[M]. 北京: 经济科学出版社, 2009.

[30] 邢炜, 周孝. 国企改革与技术创新模式转变[J]. 产业经济研究, 2016(6): 22 – 32.

[31] 马中, 石磊, 崔格格. 关于区域环境政策的思考[J]. 环境保护, 2009(13): 20 – 22.

[32] 曹琪格, 任国良, 骆雅丽. 区域制度环境对企业技术创新的影响[J]. 财经科学, 2014(1): 71 – 80.

[33] 马中, 陆琼, 昌敦虎. 绿色金融需求与绿色金融工具[J]. 环境保护, 2016(7): 72 – 73.

税收负担、消费环境与居民消费

杨书文

(辽宁大学经济学院)

[摘　要] 居民消费是国民经济的重要组成部分。在经济新常态的大背景下,如何提升居民消费以维持经济稳定增长已成为当前研究的重点。而学界对日益增长的税收收入是否挤出了居民消费存在较大分歧。本文将试图从消费环境视角解释这种分歧。本文首先基于持久收入理论建立消费增长模型,从理论层面分析消费环境对税收负担与居民消费的关系的扭曲。再次基于灰色关联综合评价模型对我国省级各区域消费环境进行评价并根据评分分类。再次建立系统 GMM 动态面板模型对分类后的各组数据进行实证检验。最后得出我国消费环境整体一般且具有较大区域差异与税收负担会挤入居民消费且这种挤入效果会随着消费环境的改善而降低的两条主要结论。

[关键词] 消费环境,税收负担,居民消费,灰色关联综合评价,系统 GMM 模型

一、引　言

1978 年以来,随着对外贸易的不断扩大,我国所具备的高储蓄及数量庞大的劳动力人口等先天优势,结合不断引进的先进技术与资本造就了我国经济腾飞的大好气象,多年 GDP 增长率始终维持在 10% 以上。通过仔细观察不难看出,我国经济增长具有以下几大特点:高投资、低人力成本以及出口导向。随着时间的推移,经济环境不断地发生改变,以往的粗放发展模式已然难以为继。目前我国投资需求受多种因素影响已表现出过剩的倾向[1](唐未兵等,2014)。而在人力成本方面,目前我国与劳动密集型产业转移的下一站东南亚、南亚等国相比已不再具有优势。与此同时,在国际经济危机后,国际市场持续低迷,外需疲软,难以再为我国的积极增长做更多的贡献[2](刘华等,2015)。

国内学界纷纷将拉动我国经济又一轮发展的重任寄希望于国内居民消费。李香菊(2013)认为,消费活动是经济增长的真正动力[3]。随后雷潇雨(2014)指出居民消费需求低迷已严重制约我国经济增长[4]。刘铠豪(2016)也明确了扩大消费需求是缓解经济下行压力的关键所在[5]。而受到实际收入、不确定性、流动性约束以及传统文化等因素的影响,我国居民人均消费长期处于较低水平[6](朱信凯等,2011)。从图 1 中可以清晰地看出,我国居民人均消费水平明显低于中高收入国家,我国居民表现出较低的消费倾向,消费需求拥有极大的

发掘空间。因此,深入展开居民消费水平影响因素的研究工作、切实提高居民生活水平,被赋予了极为重要的实际意义。

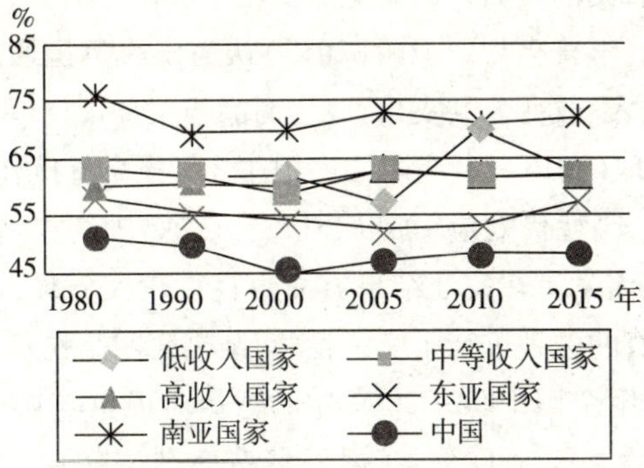

图1　不同地区居民人均消费率比较

数据来源:世界银行《世界发展报告》。

财政政策与居民日常生活息息相关,是政府稳定经济的重要手段之一。因此,本文着眼于税收这一财政政策的主要着力点,通过消费环境这一独特视角,分析税收负担对居民消费的影响机制,建立理论模型,探寻税收负担与居民消费的真正关系,并评价我国各区域消费环境,基于系统 GMM 模型对税收负担、消费环境与居民消费之间的关系进行实证检验。

二、文献综述

我国居民消费长期处于较低水平是多因素共同作用的结果,但税收负担无疑是其中一个极为重要的影响因素[7](储德银等,2012)。而通过制定契合我国实际经济状况的税收政策提高我国居民消费水平已是当务之急[8](刘建民等,2015)。

(一)国外文献

在税收负担与消费的关系方面,国外学者起步较早,Malthus 早在 1836 年就于《政治经济学原理》中明确了以税收作为主要收入的政府的作用在于维持生产与消费的平衡[9]。在 Keynes 于 1936 年提出绝对收入理论之后,居民消费领域研究步入了一个新的阶段。在绝对收入理论中,Keynes 认为政府可以通过控制税收来刺激消费与投资需求[10]。Modigliani (1954)提出的生命周期理论则认为,暂时性的财政政策难以对消费需求造成较大影响[11]。而 Friedman (1957)的持久收入消费理论也支持这一观点[12]。Hall(1978)在随机游走假说中指出,消费变动无法预期,也就是说,只有未预期的税收变动才会改变消费[13]。可以看出,国外各理论学派对于税收与消费的关系众说纷纭,尚未达成一致。而在实证分析方面,国外学者也未有统一观点,Alfredo Marvão Pereira(2011)通过葡萄牙的经验数据计算出税收负担对消费的长期弹性为 -0.63[14]。Feldstein (1982)认为税收的提高会提升人们对于未来收入的预期,因此会增加当期消费[15]。Chetty 等(2009)则基于税收凸显性阐释税收与消费的关系,其认为不同税种的凸显性不同,因此不能一概而论[16]。

(二)国内文献

国内关于税收负担与居民消费关系的研究主要集中在两个方面:一是着重讨论了税收负担对居民消费的影响机制。李普亮与贾卫丽(2013)认为税收负担通过以下4种渠道影响居民消费,分别是改变居民收入、改变公共支出、改变商品与服务价格以及调节商品与服务的供给结构[17]。李香菊与周丽珠(2013)则将税收负担的影响分为直接作用与间接作用,又将直接作用分解为"收入效应"与"替代效应"加以分析[3]。二是围绕二者关系的实证分析展开。与国外同行情况相类似,国内学者在实证结果方面也存在较大分歧,杨文芳(2010)基于省级经验数据就税收与居民消费的关系进行了实证检验,结果表明高税负会抑制我国居民的消费水平[18]。武彦民(2011)采用全国1994—2009年的数据对税负与居民消费率的关系进行检验,结果显示,财政收入每增加1个百分点,居民消费率则下降0.53个百分点[19]。李普亮(2013)指出上述结论是基于将居民消费率作为模型的被解释变量而产生的,没有区分居民消费与居民消费率的区别,并选取了人均居民消费支出作为被解释变量,以此从绝对额视角基于1998—2011年的省级面板数据对财政收入与居民消费的关系进行检验,结果表明,财政收入的增长对居民消费具有一定的挤入效应[17]。李文(2011)基于1985—2008年的经验数据检验了我国财政收入对城镇居民消费支出的影响,结果显示,财政收入微弱地激励了居民消费的增长[18]。刘华(2015)则从税收凸显性角度,指出个人所得税由于较高的税收凸显性会抑制居民的消费水平,而消费税由于较低的税收凸显性,没有显著地影响到居民的消费水平[2]。

显而易见,学界对日益增长的税收收入是否挤出了居民消费存在较大的分歧。本文试图从消费环境视角分析这种分歧。本文将分别基于持久收入理论、灰色关联综合评价模型与系统GMM动态面板模型,从理论与实证两个层面分析消费环境对税收收入与居民消费关系的扭曲,以期解释这种分歧。

三、理论模型分析

本文吸收了Friedman(1957)提出的持久收入假说与Modigliani (1954)提出的生命周期理论中关于消费者追求一生效用最大化的观点,参考了Bailey(1971)[19]增加效用函数参数的方法,建立起包含消费环境水平差异以及税收负担两因素的居民消费增长模型。

假定居民是经济人,生命周期为T,在t期时的消费为C_t,居民消费效用函数选取常系数相对风险偏好型。假定居民预期收入难以预测,居民为风险厌恶型,且其对风险的厌恶程度随着风险的上升而增加,为此,居民通过折现实现一生效用最大化目标。此时效用函数为

$$U_t(C_t)=\frac{C_t^{1-\theta}-1}{1-\theta}e^{-pt} \tag{1}$$

其中,$\theta(0<\theta<1)$为相对风险规避系数,ρ为折现率。

传统观点认为,税收会影响商品与劳务成本,而其中的一部分会由纳税人(劳务或商品的提供方)通过提高价格的方式转移给消费者。但事实上,除了垄断产业以及公共服务,在市场经济体制下,价格是由市场决定的。因而本文认为,税收影响的不是商品与劳务的价格,而是商品与劳务结构,这是因为税收导致了成本改变,会使部分企业退出市场或改变经营方向,进

而改变了供给结构。而税收对供给结构的另一个影响机制为通过政府创新补贴，推动产业升级，实行供给侧改革，优化供给结构。

另外，税收对公共支出的改变也是其作用于居民消费的机制之一。一方面，贫富差距过大会抑制居民消费[2]，而收入再分配有助于缩小贫富差距，从而促进消费。另一方面，基于许多经验研究，对于未来预期的不确定性，也是影响居民消费的主要因素之一[21]。而公共支出可以通过构建完善的社会保障体系弱化这种不确定性，进而促进消费。但是公共服务支出是否会对居民消费产生一个正确的引导是不确定的，因为诸如社会医疗保险等部分公共支出可能会对居民消费具有挤出效应。

此时，政府选择生产性公共服务支出力度 γ

$$G_{i,t} = \gamma_{i,t} R_{i,t} \tag{2}$$

其中，G 为生产性公共服务支出；R 为财政收入。居民选择生产性公共服务同样可以带来效用，此时居民效用函数为

$$U_t(C_t^{\alpha}\gamma_t R_t{}^{1-\alpha}) = \frac{[C_t^{\alpha}(\gamma_t R_t)^{1-\alpha}]^{1-\theta} - 1}{1-\theta} e^{-\rho t} \tag{3}$$

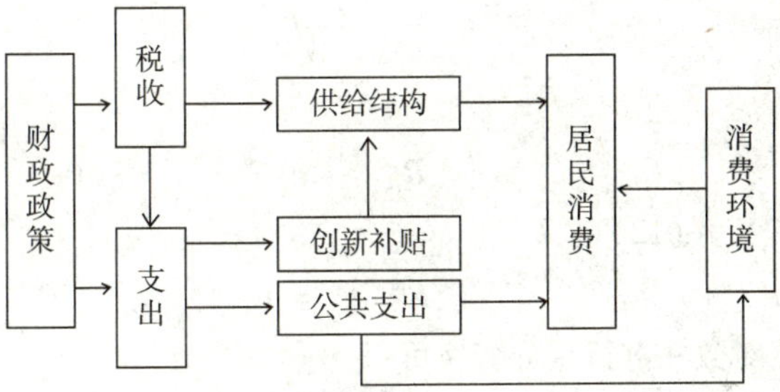

图 2　财政政策对居民消费的影响机制

消费理论从其开山之作——绝对收入理论发展至今，已经能够在一定程度上对居民消费行为进行解释。但这种较为成熟的消费理论是建立在成熟的市场经济体制以及与之配套的完善的社会保障体制、良好的消费环境之上的。实事求是地说，我国改革开放多年已取得了十分耀眼的经济建设成果，但社会保障体制以及消费环境仍存在极大的区域差异。因此，受到不同的消费环境的影响，我国居民存在消费风险偏好的区域差异，也就是说，我国居民，至少在消费方面，是异质的。而以往在关于税收负担对消费影响的研究中，往往忽略了这一点。

为此，本文引入消费环境系数 m 来区别不同区域的消费者的消费倾向，并对式(2)作了以下改变

$$U_t(C_t^{\alpha}\gamma_t R_t{}^{1-\alpha}) = \frac{[C_t^{\alpha}(\gamma_t R_t)^{1-\alpha}]^{1-m\theta} - 1}{1-m\theta} e^{-\rho t} \tag{4}$$

持久收入理论认为消费者追求一生的最大化，且面临资本存量约束，函数表达分别为

$$\text{Max}U_t{}^* = E_t\left\{\sum_{i=t}^{T}\rho^{i-t}[U_t(C_t^{\alpha}(\gamma_t R_t)^{1-\alpha})]\right\},(0<\alpha<1) =$$

$$E_t\left\{\sum_{i=t}^{T}\rho^{i-t}\frac{[C_t^{\alpha}(\gamma_t R_t)^{1-\alpha}]^{1-m\theta}-1}{1-m\theta}\right\},(0<\alpha<1) \tag{5}$$

$$\text{s.t.}\ K_{t+1} = (1 + r_t)K_t + Y_t - C_t - \gamma_t R_t \tag{6}$$

其中,U_t^*是 t 期消费者的期望效用;K_t是 t 期资产;C_t是 t 期的居民消费;Y_t是 t 期的可支配收入;γ_t是 t 期政府公共支出水平;r_t是 t 期利率;R_t是 t 期的税收负担; ρ 为贴现因子。为使模型更贴近现实,特引入零风险利率 r_t。同时引入系数 α 使税收负担与消费形成非线性关系。

此时,基于式(4)与式(5)构造拉格朗日函数如下

$$L = E_t\left\{ \sum_{i=t}^{T} \rho^{i-t}\left[\frac{(C_t^{\alpha}\ (\gamma_t R_t)^{1-\alpha})^{1-m\theta} - 1}{1 - m\theta} \right] + \lambda[(1 + r_t)K_t + Y_t - C_t - \gamma_t R_t - K_{t+1}] \right\} \tag{7}$$

此时实现一生效用最大化目标的一阶条件为

$$\frac{\partial L}{\partial K_t} = \rho^{i-t}\lambda_t(1 + r_t) - \rho^{i-t-1}\lambda_{t-1} = 0 \tag{8}$$

$$\frac{\partial L}{\partial C_t} = \alpha C_t^{\alpha-1}\ (C_t^{\alpha}\gamma_t R_t{}^{1-\alpha})^{-m\theta} - \lambda_t = 0 \tag{9}$$

$$\frac{\partial L}{\partial R_t} = (1 - \alpha)C_t^{\alpha}\ (C_t^{\alpha}\gamma_t R_t{}^{1-\alpha})^{1-m\theta} - \gamma_t\lambda_t = 0 \tag{10}$$

由式(9)、式(10)可得

$$C_t = \frac{\alpha\gamma_t}{1 - \alpha}R_t \tag{11a}$$

由式(9)可得

$$\alpha C_{t-1}^{\alpha-1}\ (C_{t-1}^{\alpha}\ (\gamma_{t-1}R_{t-1})^{1-\alpha})^{-m\theta} - \lambda_{t-1} = 0 \tag{12a}$$

联立式(8)、式(9)、式(12)可得

$$\rho(1 + r_t)C_t^{\alpha-\alpha m\theta-1}\gamma_t^{\alpha m\theta-m\theta}R_t^{\alpha m\theta-m\theta} = C_{t-1}^{\alpha-\alpha m\theta-1}\gamma_{t-1}^{\alpha m\theta-m\theta}R_{t-1}^{\alpha m\theta-m\theta} \tag{13a}$$

对式(12)取自然对数并进行差分变换可得

$$\mathrm{dln}C_t = \frac{m\theta - \alpha m\theta}{1 + \alpha - \alpha m\theta}\mathrm{dln}R_t + \frac{m\theta - \alpha m\theta}{1 + \alpha - \alpha m\theta}\mathrm{dln}\gamma_t + \frac{\ln\rho}{\alpha m\theta - 1 - \alpha} + \frac{1}{\alpha m\theta - 1 - \alpha}\ln(1 + r_t) \tag{14a}$$

其中,式(14)左侧的居民消费的自然对数在进行了差分变换后,可以近似地视为居民消费增长率。那么式(14)便可视为一个包含了税收负担、政府公共支出水平以及消费环境区域差异等因素在内的居民消费增长模型。其中,可以明确地看出税收负担会对居民消费增长产生影响,而这种影响的具体情况则是由其系数决定,若其为正,意味着税收负担会挤入消费,反之则会挤出消费,而系数大小则是由公共服务支出与消费的替代比例 α、消费者消费风险规避系数 θ 以及消费环境水平 m 决定。也就是说,消费环境会扭曲税收负担对居民消费增长的影响,从理论上解释了学者们对于税收收入是否挤出了居民消费的分歧。

四、基于灰色关联模型的我国区域消费环境评价

(一)模型建立

设有 m 个区域,每个区域对应 n 个指标值,那么 x_{ij} 表示第 i 个被评价区域的第 j 个指标值,因此样本中第 i 个区域原始数列为

$$X_i = (x_{i1}, x_{i2}, \cdots, x_{in}), i = 1, 2, \cdots, m$$

因此,由 m 个区域 n 个指标构成的操作风险评价系统矩阵为

$$X = (x_{ij})_{m \times n} = \begin{pmatrix} x_{11} & x_{12} & \cdots & x_{1n} \\ x_{21} & x_{22} & \cdots & x_{2n} \\ \vdots & \vdots & \ddots & \vdots \\ x_{m1} & x_{m2} & \cdots & x_{mn} \end{pmatrix}$$

设最优消费环境指标集 $X_0 = (x_{01}, x_{02}, \cdots, x_{0n})$,式中 $x_{0j}(j = 1, 2, \cdots, n)$ 为第 j 个指标的最优值。选定最优消费环境指标集后,可构造矩阵 X^1

$$X^1 = (X_{ij})_{(m+1) \times n} = \begin{pmatrix} x_{01} & x_{02} & \cdots & x_{0n} \\ x_{11} & x_{12} & \cdots & x_{1n} \\ x_{21} & x_{22} & \cdots & x_{2n} \\ \vdots & \vdots & \ddots & \vdots \\ x_{m1} & x_{m2} & \cdots & x_{mn} \end{pmatrix}$$

根据式(15)可以计算出第 i 个区域的第 j 个指标,与第 j 个最优指标的关联系数 ε_{ij}

$$\varepsilon_{ij} = \frac{\min_i \min_j \mid y_{ij} - y_{0j} \mid + \rho \max_i \max_j \mid y_{ij} - y_{0j} \mid}{\mid y_{ij} - y_{0j} \mid + \rho \max_i \max_j \mid y_{ij} - y_{0j} \mid} \tag{15}$$

其中,ρ 为分辨系数,$\rho \in [0,1]$,一般取 $\rho = 0.5$。由此可得关联系数矩阵 E

$$E = \begin{bmatrix} \varepsilon_{11} & \varepsilon_{12} & \cdots & \varepsilon_{1n} \\ \varepsilon_{21} & \varepsilon_{22} & \cdots & \varepsilon_{2n} \\ \vdots & \vdots & \ddots & \vdots \\ \varepsilon_{m1} & \varepsilon_{m1} & \cdots & \varepsilon_{mn} \end{bmatrix}$$

计算各指标权重集 W_t,目前较为流行的计算方法有熵权法、层次分析法以及数据包络分析等方法,本文使用熵权法计算。

最后根据关联系数行向量 E_t 与指标权重向量 W_t,可求得各区域消费环境评价得分 R_t $(i = 1, 2, \cdots, m)$。

$$R_i = E_i \times W_i^* = [\varepsilon_{i1}, \varepsilon_{i2}, \cdots, \varepsilon_{in}] \times \begin{bmatrix} w_1^* \\ w_2^* \\ \vdots \\ w_n^* \end{bmatrix} \tag{16}$$

(二)指标选取及数据说明

预防性储蓄理论认为居民会基于对未来的预期选择当期的消费或者储蓄倾向,因此,一个良好的消费环境应当给予消费者关于未来更好的预期,而这是与一个区域的经济状况和社会建设与福利水平分不开的。因此,本文基于经济与社会两个层面对我国区域消费环境进行评价。

在经济方面,本文选取人均 GDP 与失业率两个指标进行衡量。一个地区人均 GDP 水平高,意味着该地区经济发展较好,各个产业较为发达,而工作是个人收入的主要来源,就业水

平较高,人们就会对未来有更高的预期。在社会环境方面,本文会从社会保障体制建设水平、老年抚养比以及人均社会消费品零售额入手,评价居民的消费环境。一个完善的社会保障体制势必会降低居民的消费顾虑,提高其消费欲望;老年抚养比描述了一个区域劳动人口的数量,工作人口数量越多,意味着本区域的财富积累越快,人们的消费欲望也就越高;人均社会消费品零售总额则是从供给的角度出发,描述了一个区域的消费状况。

本模型所用数据均来自 EPS 数据库各年统计数据,并已提前进行归一化处理,公式如下

$$y_{ij} = \frac{d_{ij} - m_j}{M_j - m_j} \tag{17}$$

本模型中所涉及的数据分别来自 EPS 统计数据库以及国家统计局官网,其中社会保障体制建设水平,由于2007 年前后政府财政支出统计口径的改变,因而在 1998—2006 年这一期间使用社会保障补助支出衡量,而 2007—2015 年则使用社会保障和就业支出来衡量。分别计算 1998—2015 年每一年度我国各区域的消费环境状况。

(三)模型结果及分析

考虑到消费环境可能会随时间的推移而发生变化的情况,本文将 1998—2015 年 31 个省消费环境得分进行累加以取得最符合实际情况的消费水平,如表 1 所示。

表 1 中国区域消费环境评价结果

区域	得分	排名	区域	得分	排名
北京	6.289864	1	山西	1.97996	17
上海	4.411338	2	四川	1.95756	18
天津	3.158248	3	河南	1.95423	19
浙江	2.689859	4	陕西	1.949919	20
广东	2.50026	5	海南	1.942691	21
江苏	2.436871	6	安徽	1.905073	22
辽宁	2.429355	7	广西	1.898917	23
福建	2.327573	8	新疆	1.89704	24
山东	2.275305	9	江西	1.887948	25
吉林	2.181386	10	宁夏	1.880148	26
湖北	2.173969	11	西藏	1.878902	27
内蒙古	2.143803	12	青海	1.870477	28
黑龙江	2.086605	13	甘肃	1.848029	29
重庆	2.052329	14	云南	1.838807	30
河北	2.019677	15	贵州	1.78533	31
湖南	1.986259	16			

从表1中可以看出，我国整体消费环境还处于一般水平，从地域角度来说具有较大差异。东部沿海富裕省份，尤其是北京、上海等地区消费环境较好。东部地区诸如社会保障制度、基础设施建设等条件较西部地区更优越，因此，消费者的消费顾虑较低，消费意愿更强。同时，我国劳动力流动的整体趋势为由西部向东部流动、由北部向南部流动，从某种程度上说，更多的劳动力会使经济更快地发展，人们的可预期收入也随之快速增加，从而更愿意消费。另外，经济发达地区消费品质量更好、种类更为全面，因此，更能迎合消费者的需求，增加其消费。

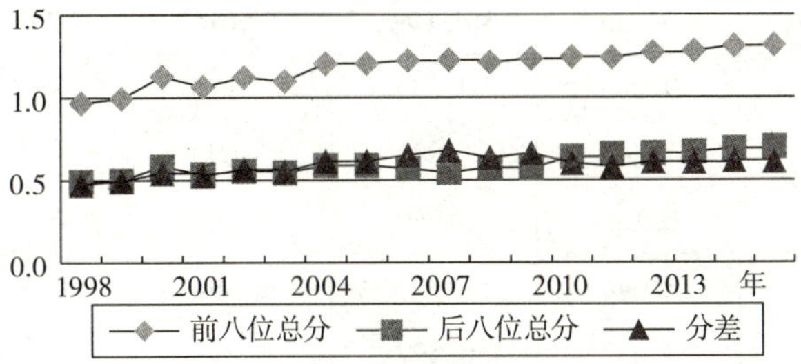

图3　中国区域消费环境变动

从图3中可以明确看出，我国区域消费环境自1998年开始整体趋好，但在2004年之后这种改善的趋势放缓。另外，在2010年左右，消费环境排在前列的各区域消费环境水平维持在了一个较为稳定的水平，而排名较差区域的消费环境仍在不断改善。因此，我国消费环境开始虽存在较大差异，但这种差异有缩小的趋势。

五、不同消费环境下税负对居民消费影响的实证分析

（一）模型设定与变量选取

本文基于1998—2015年中国31个省级区划的经验数据进行了动态面板回归分析。由式(14)可以看出，居民消费会受到税收负担的影响，并且这种影响因消费者所面临的不同消费环境而有所差异。为了验证这一结论，本模型将税收负担与消费环境系数作为主要解释变量。随着供给侧改革的不断深入，过剩产能、僵尸企业不断被清理，那么落后的供给结构是否会对居民消费产生影响呢？为此，本文将政府创新补贴也列为主要解释变量加以实证。同时，本文将检验理论模型中未涉及的消费惯性[17]（李普亮、贾卫丽，2013）以及居民持久收入等对居民消费行为存在影响的因素。最终模型设定如下

$$\ln con_{i,t} = \beta_0 + \beta_1 \ln rev_{i,t} + \beta_2 \ln cenv_{i,t} + \beta_3 \ln con_{i,t-1} + \beta_4 \ln con_{i,t-2} + \beta_5 \ln ctax_{i,t} + \beta_6 \ln crea_{i,t-3} + \beta_7 \ln uinc_{i,t} + \beta_8 \ln rinc_{i,t} + \alpha_i + \varepsilon_{i,t} \quad (18)$$

其中，被解释变量 $\ln con_{i,t}$ 为人均居民消费水平；α_i 为个体差异；$\varepsilon_{i,t}$ 为随机扰动项。

解释变量包括：$\ln rev_{i,t}$ 为税收负担的对数；$\ln cenv_{i,t}$ 为估计出的消费环境的评价分数；$\ln con_{i,t-1}$ 为人均居民消费水平的一阶滞后项；$\ln crea_{i,t-3}$ 为滞后三期的政府创新补贴支出，之所以选择滞后三期，是因为考虑到创新投入转化为实际成果需要时间。

控制变量包括：$\ln ctax_{i,t}$ 为营业税；$\ln con_{i,t-2}$ 为二阶滞后的人均居民消费水平；$\ln uinc_{i,t}$ 为城

镇居民持久收入的对数；$\ln rinc_{i,t}$为农村居民持久收入的对数。关于获取持久收入的方法，本文参考了汪伟[22]（2008）所使用的 H－P 滤波法。而之所以同时控制城镇居民与农村居民的收入，是为了尽可能地消除城乡收入差距的影响。

本文为了检验不同消费环境下的税收负担对消费的影响，特将我国 31 个省级区划分为 3 组，分别进行检验，各组数据的描述性统计分析如下。

表 2　描述性统计分析

Group	Variable	Mean	Std. Dev.	Min	Max	Obs
Group1	ln*con*	9.243	0.693	7.978	10.708	180
	ln*rev*	7.665	1.003	5.446	9.779	180
	cenv	0.165	0.060	0.091	0.341	180
	ln*rinc*	8.646	0.591	7.494	9.947	180
	ln*uinc*	9.633	0.597	8.353	10.857	180
	ln*ctax*	6.457	1.113	4.232	8.593	180
	ln*crea*	3.245	0.247	2.456	5.214	180
Group2	ln*con*	8.615	0.663	7.518	9.933	180
	ln*rev*	6.671	0.854	5.069	8.5	180
	cenv	0.113	0.011	0.081	0.133	180
	ln*rinc*	8.145	0.533	7.165	9.263	180
	ln*uinc*	9.281	0.561	8.33	10.31	180
	ln*ctax*	5.343	1.008	3.704	7.285	180
	ln*crea*	3.012	0.417	1.746	4.245	180
Group3	ln*con*	8.425	0.647	7.319	9.741	198
	ln*rev*	6.553	0.858	4.796	8.556	198
	cenv	0.101	0.011	0.074	0.122	198
	ln*rinc*	7.947	0.546	7.707	9.168	198
	ln*uinc*	9.247	0.529	8.306	10.188	198
	ln*ctax*	5.368	1.012	3.343	7.454	198
	ln*crea*	2.734	0.347	1.546	3.751	198

（二）模型估计与检验

本文选取的估计方式是系统 GMM 估计方式，这是因为相较于差分 GMM，系统 GMM 能够解决被解释变量与解释变量近似于随机游走式的水平滞后项难以向后期传递信息而形成的工具变量弱化的问题。同时，系统 GMM 可以通过堆积数据使可观测值增倍，进而增加估计的稳定性。但在系统 GMM 估计的过程中，应注意工具变量的过度识别问题与残差项的自相关问题。本模型使用 STATA 12.0 软件估计,结果如下。

表 3 回归结果

变量	模型 1	模型 2	模型 3
$\ln con_{i,t-1}$	0.364***	0.241***	0.276**
	(3.581)	(3.513)	(2.915)
$\ln con_{i,t-2}$	0.026*	0.039	0.014*
	(2.231)	(1.862)	(1.949)
$\ln rev_{i,t}$	0.142***	0.147***	0.169***
	(3.341)	(3.474)	(3.072)
$\ln cenv_{i,t}$	0.213**	0.246***	0.289**
	(2.818)	(3.245)	(2.495)
$\ln ctax_{i,t}$	-0.104***	-0.087**	-0.114**
	(-3.135)	(-2.784)	(-2.276)
$\ln crea_{i,t-3}$	0.178***	0.156***	0.147***
	(3.741)	(4.474)	(4.142)
$\ln uinc_{i,t}$	0.174***	0.212***	0.178***
	(3.125)	(3.736)	(3.147)
$\ln rinc_{i,t}$	0.027*	0.034***	0.047***
	(1.942)	(3.133)	(3.175)
Wald	0.000	0.000	0.000
AR(1)	0.034	0.0009	0.021
AR(2)	0.214	0.516	0.641
Sargan	1.000	1.000	0.978
Dsargan	1.000	1.000	1.000

从表 3 中可以看出,消费环境对居民消费有较强且显著的正向影响,且这种影响具有区域差异。也就是说,消费环境越差地区的居民消费越容易受到消费环境的约束。在较差消费环境的区域中,消费环境在很大程度上可以影响居民的消费倾向,处于较差消费环境的居民的消费倾向往往会被过度抑制,其预防性储蓄心理往往也会更大。相反,当消费环境到达一定程度后,消费者的消费倾向便不会再受消费环境的约束,更多地是由消费者自身的消费习惯所影响。

消费与人均税收收入同方向变动,且较为显著。这意味着税收负担不仅会对居民消费水平产生影响,而且产生了正向影响,也就是挤入了居民消费。并且在不同消费环境下的挤入效果不同,其中,在模型 3 也就是消费环境最差的一组中,这种挤入效应表现得最为明显,且与其他两组有较大差异。在理论模型的推导过程中,本文曾分析过税收负担对居民消费的影响机制，主要包括完善社会保障制度、调节商品与服务的结构等方式。在各区域消费环境评价的过程中，基于熵权法自动生成权重体系中社会保障制度是其中一个较为重要的指标，其权重为0.337，因此，社会保障制度的完善可以视作消费环境的提升。而在前文分析过消费环境对消费的约束会随其降低而加大，也就是说，当消费环境处于一个较低水平时，消费环境的微弱提升也会带来更大的居民消费的增长。这也就解释了为何税收负担在消费环境更差的组的影响更大。

三阶滞后的政府创新补助水平对居民消费有显著的正向影响，这说明创新有利于消费的增长，并且在消费环境最好的组里这种影响程度最大。这指出了目前我国居民消费可能面临的第二个约束：供需错位。也就是说，随着我国经济的不断发展，落后的产业结构已经与我国居民消费的增长形成了矛盾。因此，进行供给侧改革，推动产业升级，势在必行。

本文同时考虑了我国居民消费是否存在惯性这一问题，通过表3可以看出，我国居民消费是存在惯性的。这较为符合持久收入的基本理论，居民持久收入在短时间内会保持稳定水平，因此，其消费也会受持久收入的影响在短时间内保持稳态，也就是说，本期消费会受到上期消费的影响。

六、结论与建议

本文通过理论与实证研究得出以下结论：首先，税收负担对当期消费具有影响，与理论分析结果一致，且在我国目前的消费环境下，这种影响为挤入效应，且这种挤入效应会随着消费环境的改善而降低。其次，我国目前整体消费环境一般，且存在严重的区域差异，消费环境仍对居民消费产生约束，且这种约束随着消费环境的改善而降低。最后，落后的供给结构也制约着居民消费的增长。

我国税收收入的增加并未挤出居民消费，反而挤入了居民消费。可以说，在我国经济发展速度如此迅猛的情况下，税收收入增加无可厚非，但需“用之于民”。基于本文的分析，我国居民不是不想消费，而是不敢消费、无处消费，不同区域的居民面临不同的约束。因此，因地制宜，健全公共支出体系与社会保障制度，改善居民消费环境，降低居民消费顾虑，深化供给侧结构性改革，推进全面产业升级，满足居民日益增长的文化消费需求与精神消费需求，是政府通过财税政策扩大内需，提升居民消费水平，解决供需错位问题的方向。

在健全公共支出体系与社会保障制度、改善居民消费环境、降低居民消费顾虑方面要做到：首先，改善税制，优化收入再分配制度，提高中低收入者收入，缩小收入差距。中低收入者收入过低严重限制了其消费能力与消费愿望，因此，优化个人所得税制度等收入再分配手段，有助于挖掘中低收入者的消费潜力。其次，完善社会保障制度，提升消费者对于未来状况的预期，解放消费欲望。由于未来的不确定性，消费者往往会进行过度储蓄以防不时之需，医疗保险、养老保险制度的完善能够改善居民预期，但值得注意的是，在推进社会保障制度建设的同时需加强宣传，因为居民对于制度变动的敏感性较低，必须要让居民切实了解并体会到周围环境的改善，他们才会提高预期。最后，着力改善经济落后区域的消费环境，平衡区域经济发展。由实证分析可知，消费环境越差，对消费的约束越大，因此，国家财政要精准扶持落后地区发展，提升该地区的消费环境，挖掘消费潜力。

在深化供给侧结构性改革、推进全面产业升级、满足居民日益增长的文化消费需求与精神消费需求方面，政府应通过财税双向政策，促进经济创新、技术创新以及制度创新。首先，可以通过税收减免以及财政补贴等方式，鼓励企业创新，大力发展文娱等第三产业，精准迎合消费需求。其次，建立健全下岗工人再就业的相应体制，缓步推进过剩产能的淘汰，对于该领域产业工人的转型以及再就业，应在财政上予以支持。

参考文献

[1]Malthus, Thomas Robert. *Principles of Political Economy: Considered with a View to Their Practical Application*[M]. London: Pickering,1836.

[2]Keynes,J. M. The *General Theory of Employment Interest and Money*[M]. New York: Harcourt Brace,1936.

[3]Modliani,F. and Brumberg,R. *Utility Analysis and the Consumption Function : An Interpretation of Cross Section Data, in Post Keynesian Economics*[M]. Rutgers University Press,1954.

[4]Milton Friedman,A. *Theory of the Consumption Function*[M]. National Bureau of Economic Research and Princeton University Press,1957.

[5]Hall,R. E. Stochastic Implications of the Life—cycle Permanent Income Hypothesis: Theory and Evidence[J]. *Journal of Political Economy*,1978:971 -987.

[6]Alredo Marvo Perelra, Orlol Roca - SagaléS. Long - term effects of fiscal policies in Portugal[J]. *Journal of Economic Studies*, 2011: 114 -127.

[7] Feldsteln, M. Government Deficits and Aggregate Demand [J]. *Journal of Monetary and Economics*, 1982 (9):1 -20.

[8] Chetty, R., Looney, A., Kroft, K. Salience and Taxation: Theory and Evidence [J]. *American Economic Review*, 2009.

[9]Bailey,M. J. National Income and the Price Level[R].2nd Edition,1971.

[10]唐未兵，傅元海，王展祥. 技术创新、技术引进与经济增长方式转变[J]. 经济研究，2014(7):31.

[11]刘华，陈力朋，徐建斌. 税收凸显性对居民消费行为的影响——以个人所得税、消费税为例的经验分析[J]. 税务研究，2015(3):22.

[12]李香菊，周丽珠. 扩大我国居民消费的税收政策研究——基于税收对消费影响的实证分析[J]. 财贸经济，2013(2):18

[13]雷潇雨，龚六堂. 城镇化对于居民消费率的影响：理论模型与实证分析[J]. 经济研究，2014(6):44.

[14]刘铠豪. 人口年龄结构变化影响城乡居民消费率的效应差异研究——来自中国省级面板数据的证据[J]. 人口研究，2016(2):98.

[15]朱信凯，骆晨. 消费函数的理论逻辑与中国化：一个文献综述[J]. 经济研究，2011(1):140 -151.

[16]储德银，闫伟. 税收政策与居民消费需求——基于结构效应视角的新思考[J]. 经济理论与经济管理，2012(3):53.

[17]刘建民，毛军，王蓓. 税收政策影响居民消费水平的区域效应研究——基于省级面板数据的分位数回归分析[J]. 财经理论与实践(双月刊)，2015(2):95.

[18]李普亮，贾卫丽. 税收负担挤出了居民消费吗——基于中国省际面板数据的实证研究[J]. 经济学家，2013(6):96 -99.

[19]李文. 税收负担对城镇居民消费的影响[J]. 税务研究，2011(2):29 -32.

[20]李稻葵，刘霖林，王红领. GDP 中劳动份额演变的 U 型规律[J]. 经济研究，2009(1).

[21]孙凤. 预防性储蓄理论与中国居民消费行为[J]. 南开经济研究，2001(1):54 -58.

[22]汪伟. 中国居民储蓄率的决定因素——基于年省际动态面板数据的分析[J]. 财经研究，2008(2).

知识溢出背景下企业研发博弈与政府补贴政策效果分析

赵晓松

（辽宁大学经济学院）

[摘　要] 当存在知识溢出时，企业研发博弈的结果可能不是社会最优的，政府希望通过补贴政策激励企业研发，而政府补贴政策可能会由于信息不对称问题出现多重结果。本文对存在知识溢出的双寡头市场中的企业研发博弈进行分析，发现只有当政府补贴水平满足一定条件时，才能激励企业选择研发，提高社会效益，而在其他情况下政府补贴政策可能刺激企业伪装使社会效益下降。政府可以通过控制知识溢出水平、增加伪装成本、选择合适的补贴额度提高补贴政策效率。

[关键词] 双寡头，研发博弈，政府补贴，信息不对称

一、引　言

随着经济社会的发展，科技进步越来越成为一国经济发展的重要动力，是经济长期持续增长的动力。随着我国经济发展进入新常态，经济结构调整、经济转型升级进入关键时期，科学技术的作用显得尤为突出。

在市场经济条件下，企业被公认为一国科技创新的主体，而单纯的市场机制在促进企业科技研发方面常常出现失灵状况，这是由科技研发活动的特性决定的。第一，科研"产品"在某种意义上具有"准公共品"的性质。科研成果常常以知识或信息的形态存在，特别是在知识产权保护不够完善的条件下，企业很难阻止他人对其研发成果进行"消费"。同时，增加科研产品的消费往往不会增加新的成本，甚至会让知识积累，从而完善科研产品。这说明科研产品在一定程度上具有非排他性和非竞争性，因此会出现市场失灵的状况。第二，科研活动具有正的外部性。由于"知识溢出"和其他企业的"搭便车"行为，企业从事科研活动产出的科研成果对整个社会的效益要大于对企业本身的效益，科研投入的社会边际收益大于企业边际收益，这就使得企业科研投入的实际水平低于社会最优水平，因此，需要政府的参与弥补企业收益与社会收益的差额，刺激企业研发。第三，研发活动的技术门槛和不确定性。企业从事研发活动需要较高水平的专用人力资本和物质资本投入，具有一定的进入门槛。企业研发活动是否取得成果取决于研发团队水平、物质基础、研发项目难度、市场需求等多重因素，具有很强的不确定性，这种不确定性同时也导致企业面临极强的融

资约束。

政府通过研发补贴或税收抵扣政策对企业研发产生正向刺激，弥补企业损失、分担企业风险。与税收抵扣相比，研发补贴可以激励企业从事政府导向的研发活动，是政府应对企业研发领域市场失灵问题的主要途径之一。

现实中，政府通过一系列财务、研发指标来甄别企业的研发抱负及研发能力，锁定目标企业，然而事实上，企业的研发抱负及研发能力是企业的私人信息，政府很难通过一系列的显性指标进行完全甄别，或者政府对企业进行完全甄别的成本太高，企业和政府之间存在信息不对称。在经济转轨国家，这种信息不对称的程度更深。一些没有足够的研发抱负或研发能力的企业将政府“研发补贴”看作低成本的“融资渠道”，通过数据伪造、权力寻租或表面投入一些研发资本进行伪装，从而出现逆向选择问题。

因此，综合知识溢出、市场竞争、信息不对称等因素对政府研发补贴政策效果进行分析是十分必要的。

二、文献综述

（一）对企业研发活动特点的研究

按照创新的方式，企业研发创新活动分为原始创新、集层创新和引进消化吸收再创新。后两者为二次创新。政府给予原始创新的补贴一般高于二次创新（安同良等，2009）。按照创新的目的，可以分为过程创新（降低成本）和产品创新（开发出新的产品）（吴晓园，2012）。本文以过程创新为例，即企业创新降低了企业的生产成本。

企业研发成果具有非竞争性、非排他性；由于知识溢出，企业研发活动具有“正”和“负”两种外部性，当企业研发活动加快技术扩散、为社会带来更好的产品时，具有正的外部性；当知识溢出使企业研发动机下降、抑制企业创新时，具有负的外部性。同时，由于研发活动的不确定性，企业研发具有风险性。而这些性质会导致企业研发投入水平低于社会最优水平，同时风险性会导致企业研发融资困难（郁文超，2012）。

（二）对企业研发补贴发放效应的研究

研发补贴具有双重效应。一方面，政府研发补贴具有正向的“激励效应”。政府研发补贴可以帮助企业克服初期资金投入不足的问题，降低企业研发风险，弥合企业最优研发投入与社会最优研发投入之间的差距，减少企业成本，并能够刺激企业进行更多的研发投资（Arrow，1962）。另一方面，企业研发补贴可能产生“挤出效应”。政府研发补贴容易错配，扭曲市场激励机制（陈玲、杨文辉，2016）。政府研发补贴还有助于促进企业获得更多银行贷款。而这种效应仅在非国有企业和市场化程度较低的地区显著。这是因为政府在对企业进行补贴前，会收集相关信息，并进行处理、比较，外界会认为获得政府补贴的企业具有较大的投资价值。在我国转型经济背景下，政府补贴对于缓解非国有企业融资约束、提高资本配置效率有重要作用（高艳慧、万迪昉、蔡地，2012）。

（三）我国企业研发补贴政策与特点

杨文辉（2014）综合概括了我国各类研发补贴政策。一类是国家科技计划，包括863计划、星火计划、国家科技重大专项等。这些政策具有明显的行业特征，一些项目由企业和高校共同承担，但总体而言涉及企业较少，支持范围较小。另一类是专门面向企业研发的补贴政策，这类政策受益企业较多，但支持强度较低。这一类政策又分为两种：一种是科技型中小企业创新基金，对中小企业进行补贴，包括无偿资助项目、贷款贴息项目、资本金投入项目；另一种是政策引导计划，包括火炬计划和国家重点新产品计划。马晓鹏、温明月（2015）详细介绍了广东某高新技术发达的城市2013年以前研发补贴发放流程。企业先将申请文件提交到市科技部门，由科技部门审核并组织专家评审，专家评审无误后纳入政府补贴项目。补贴资金拨付方式有两类：一类是先按一定比例拨付部分补贴资金，项目结题验收后拨付余下资金；另一类是立项后全额发放补助资金。后来在研发补贴发放过程中出现诸多问题，被迫进行改革。

（四）我国企业研发补贴发放中的信息不对称问题

转轨经济背景下，发展中国家的技术评价体系和企业信息披露机制不健全（Gill，Khaxas；2007），寻租行为有广泛的市场，虚假信号的形式多种多样。一些企业“高薪”聘请知名学者、研究员到企业挂名，甚至形成企业—学界利益联合体，从而骗取政府的科研支持。而在国家科研资助项目申报过程中，研发人才队伍是一项重要指标，甚至是能否取得申报通过的关键所在。还有企业进行物质资本投资，购置一些不打算在日后研发中使用的先进设备。也有一些进行二次创新研发的企业为了获得高额原始创新补助，有意识地进行一些原始创新前期投资来迷惑政府，从而获得更多的原始创新补贴（安同良，2009）。政府官员与企业间甚至存在双向寻租关系。除企业向政治家寻租外，政治家有很强的动机向企业寻租，以获得政治支持和经济利益（杨文辉，2014）。

马晓鹏、温明月（2015）从政策主体、政策受众、政策环境3个方面揭示了广东某市研发补贴发放过程中的信息不对称问题。从政策主体的角度，首先，自由裁量权过大导致政府廉政问题，甚至有官员在科技补贴项目中受贿落马的先例；其次，项目受理、评审、绩效评价任务繁重，专家评审需要掌握不同行业的专业信息，政策执行成本高，政府部门不堪重负；最后，项目评审的不可比性引起项目资金碎片化。从政策受众角度，首先，企业虚报项目完成后的经济技术指标以获得政府补贴；其次，企业用相同或类似项目重复申请不同类型的研发补贴；最后，事后监督不足，引发评审专家“道德风险”问题。从政策环境角度，一方面，该市部分行业缺乏竞争机制；另一方面，缺乏专业评审力量。

（五）对企业研发补贴政策的博弈分析

曹飞韶、吴迪（2015）基于信息不对称视角对新能源汽车研发补贴进行信号博弈分析。在模型中，政府希望促进新能源汽车产业发展，实现社会效益最优，企业则希望尽可能获得研发补贴。企业依据研发水平的高低被分为两类，分别可以获得不同水平的政府补贴，研发水平越高的企业越能增进社会福利，政府补贴越多。研发水平低的企业可以通过支付一定成本伪装成研发水平高的企业，但如果被政府发现会受到惩罚。两类企业比例及伪装被发现的概率都是公开信息。同时，模型还充分考虑了研发推广的多次行、长期性，企业和政府的一次选择会对下一年产生影响。模型分析了市场分离均衡和混同均衡的各种情形，并得出结论，政府应当在机制设计中增大伪装成本及作假处罚力度。安同良、周绍东、皮建才（2009）将企业创新行为分为原始创新、二次创新两种类型，政府对不同的创新类型提供不同的补贴，企业追求利润最大化，政府追求社会福利最大化。并假设R&D活动中没有物质资本投入，只有人力资本投入，且原始创新人力资本投入有更高的收益率要求。并假设创新出现的概率仅仅与当期研发投入水平有关，并以C－D函数的形式构建R&D成功概率函数。博弈分析后发现，信息对称条件下决策者提高原始创新补贴力度能有效促进企业原始创新；信息不对称条件下，用于信号发送的专用性人力资本价格过于低廉会导致逆向选择问题。此时，政府可以通过付出一定的成本甄别出原始创新企业和二次创新企业，政府是否甄别取决于甄别的成本与收益比较。

关于在知识溢出条件下企业研发策略的研究，D'Aspremont，Jacquemin（1988，1990）建立了存在溢出效应的双寡头两阶段博弈模型。在该模型中，企业的有效研发投入水平为自身研发投入水平与其他企业“溢出”到本企业的部分研发投入水平之和，生产的边际成本为研发前企业边际成本减去企业研发投入水平。该模型成为后来学者研究此类问题的基础。Spence（1984）研究了n个企业在不同溢出水平和竞争条件下的R&D补贴问题。企业在R&D投入阶段和产出阶段决策使利润最大化，而政府在补贴阶段决策使社会福利水平最大化。其结论显示：在R&D竞争市场，随着R&D溢出水平的提高，最优的R&D补贴水平也是提高的；在溢出水平不变的情形下，最优的R&D补贴水平随着竞争程度的增加而增加。

总体来看，国内对于企业研发补贴效果的分析还不够多，前提假设缺少依据，特别是在综合考虑竞争、知识溢出的前提下分析研发补贴政策效率的研究少之又少。部分学者基于信息不对称的视角对此进行了较为深入的博弈分析，但大多针对某一特定行业，缺乏一般性。本文尝试综合知识溢出、市场竞争、信息不对称等因素，在分析的基础上作出适当假设，对政府研发补贴政策效果进行微观层面的博弈分析。

三、模型分析

（一）模型描述

本文一方面希望讨论政府与企业之间的博弈，另一方面希望加入政府补贴情形下企业之间的博弈行为，从而更加真实地解释现实。现实中最广泛存在的市场结构是垄断竞争市场，在垄断竞争市场中一家优势企业在进行决策时必然要考虑另一家或几家优势企业的行为，政府在进行研发补贴时，企业的研发决策也同样不会仅仅考虑政府一方，必然也会考虑竞争对手的行为从而采取利润最大化策略，知识溢出效应也使企业间研发行为的相互联系更加密切。因此，本文模型必然要涉及两家或两家以上有市场势力的企业，企业间存在知识溢出效应，政府补贴政策影响企业研发行为，政府及不同企业之间进行多方博弈。为使讨论更加清晰、简单并不失代表性，故选取双寡头垄断市场进行研究。

假定在一个寡头垄断市场上存在两家企业1、2。q_1，q_2为两家企业生产的同质产品的产量,市场中该产品的总供给 $Q = q_1 + q_2$,令 $P(Q) = H - Q$ 表示市场出清时的价格[$Q > H$ 时,$p(Q) = 0$]。企业 i 生产 q_i 的总成本 $C_i(q_i) = cq_i$,假定 $H > c$。两个企业进行古诺产量博弈,博弈结果如下。

两家企业产量

$$q_1 = q_2 = \frac{1}{3}(H - c) \tag{1}$$

两家企业利润

$$\pi_1 = \pi_2 = \frac{1}{9}(H - c)^2 \tag{2}$$

社会总产量

$$Q = q_1 + q_2 = \frac{2}{3}(H - c) \tag{3}$$

社会总效益

$$\mathrm{SW} = \frac{1}{2}Q^2 + \pi_1 + \pi_2 = \frac{2}{9}(H - c)^2 + \frac{2}{9}(H - c)^2 \tag{4}$$

现在国外出现一种新技术可以使边际成本 c 降低为 $c - \mu c(1 > \mu > 0)$,企业研发该技术需付出成本 T。市场上存在知识溢出,即当一家企业研发出该技术时,另一家企业不研发也可部分获得该技术,使得不研发企业的边际成本由 c 降低为 $c - rc(0 < r < \mu)$。由于知识溢出的存在,企业间的博弈结果不是社会最优的。

政府为鼓励企业研发以提高社会效益,将运用补贴政策,即当企业申请补贴并研发成功时给予企业补贴 S_h,当企业申请补贴但研发失败时给予补贴 S_l,$S_h > S_l$。

假定两家企业进行研发均会获得成功,且研发成本均为 T,这一信息企业知道而政府不知道。企业可付出成本 C_p 伪装研发以获得 S_l。

(二)模型分析

1. 无政府补贴时企业间研发博弈

博弈的时间顺序如下:①两个企业同时进行相互独立的研发决策,选择研发或是不研发;②在研发博弈结果出现之后再进行古诺产量博弈,在进行古诺产量博弈之前知道上一阶段研发博弈的结果。现运用逆向归纳法求解。

表1 无政府干预时企业间研发博弈

		企业1	
		研发	不研发
企业2	研发	①,①	②,③
	不研发	③,②	⑥,⑥

(1)两家企业都选择研发

当企业都选择研发时,市场上不存在知识溢出,$r = 0$,在付出研发成本 T 后,两家企业的

成本函数变为

$$C_i(q_i) = c\,q_i - \mu c\,q_i \tag{5}$$

利润函数为

$$\pi_i = q_i[p(Q) - c + \mu c] = q_i[H - (q_i + q_j) - c + \mu c] \tag{2a}$$

企业追求利润最大化

$$\text{Max}\,\pi_i(q_i, q_j^*) = Max\,q_i[H - (q_i + q_j^*) - c + \mu c]$$

FOC.

$$q_i = \frac{1}{2}(H - q_j^* - c + \mu c) \tag{1a}$$

$$q_1 = \frac{1}{2}(H - q_2^* - c + \mu c) \tag{1b}$$

$$q_2 = \frac{1}{2}(H - q_1^* - c + \mu c) \tag{1c}$$

解得

$$q_1 = q_2 = \frac{1}{3}(H - c + \mu c) \tag{1d}$$

$$\pi_1 = \pi_2 = \frac{1}{9}(H - c + \mu c)^2 - T = ① \tag{2b}$$

社会总产量为

$$Q_1 = q_1 + q_2 = \frac{2}{3}(H - c + \mu c) \tag{1e}$$

社会总效益为

$$\text{SW}_1 = \frac{1}{2}Q^2 + \pi_1 + \pi_2 = \frac{2}{9}(H - c + \mu c)^2 + \frac{2}{9}(H - c + \mu c)^2 - 2T \tag{4a}$$

(2)企业 1 研发,企业 2 不研发

此时,市场上存在由企业 1 向企业 2 的知识溢出,$r > 0$。

企业 1 成本函数

$$C_1(q_1) = c\,q_1 - \mu c\,q_1 \tag{5a}$$

企业 2 成本函数

$$C_2(q_2) = c\,q_2 - rc\,q_2 \tag{5b}$$

博弈结果

$$q_1 = \frac{1}{3}(H - c + 2\mu c - rc) \tag{1f}$$

$$q_2 = \frac{1}{3}(H - c + 2rc - \mu c) \tag{1g}$$

$$\pi_1 = \frac{1}{9}(H - c + 2\mu c - rc)^2 - T = ② \tag{2c}$$

$$\pi_2 = \frac{1}{9}(H - c + 2rc - \mu c)^2 = ③ \tag{2d}$$

社会总产量

$$Q_2 = q_1 + q_2 = \frac{1}{3}(H - c + 2\mu c - rc) + \frac{1}{3}(H - c + 2rc - \mu c) =$$

$$\frac{1}{3}(2H - 2c + rc + \mu c) \tag{1h}$$

社会总效益

$$SW_2 = \frac{1}{2}Q_2 + \pi_1 + \pi_2 = \frac{1}{18}(2H - 2c + rc + \mu c)^2 + \frac{1}{9}(H - c + 2rc - \mu c)^2 +$$

$$\frac{1}{9}(H - c + 2\mu c - rc)^2 - T \tag{4b}$$

(3)两家企业都不研发

此时,市场上不存在知识溢出,$r = 0$,两家企业成本函数不变,都为 $C_i(q_i) = cq_i$。

两家企业产量为

$$q_1 = q_2 = \frac{1}{3}(H - c)$$

两家企业利润为

$$\pi_1 = \pi_2 = \frac{1}{9}(H - c)^2 = ⑥$$

社会总产量为

$$Q = q_1 + q_2 = \frac{2}{3}(H - c)$$

社会总效益为

$$SW = \frac{1}{2}Q^2 + \pi_1 + \pi_2 = \frac{2}{9}(H - c)^2 + \frac{2}{9}(H - c)^2$$

(4)均衡分析

企业利润比较

$$① - ⑥ = \frac{1}{9}[2c(H - c)\mu + c^2\mu^2] - T \tag{6}$$

$$② - ⑥ = \frac{1}{9}[2c(H - c)(2\mu - r) + c^2(2\mu - r)^2] - T \tag{7}$$

$$③ - ⑥ = \frac{1}{9}[2c(H - c)(2r - \mu) + c^2(2r - \mu)^2] \tag{8}$$

$$① - ③ = \frac{1}{9}[2c(H - c)(2\mu - 2r) + c^2(4\mu - 4r)r] - T \tag{9}$$

$$① - ② = \frac{1}{9}[2c(H - c)(r - \mu) + c^2(r - \mu)(3\mu - r)] \tag{10}$$

$$② - ③ = \frac{1}{9}[2c(H - c)(3\mu - 3r) + c^2(r + \mu)(3\mu - 3r)] - T \tag{11}$$

对比可知② - ⑥ > ① - ③,② - ⑥ > ① - ⑥,② > ①。

② - ⑥ > ① - ③说明当一家企业不研发时,另一家企业研发与不研发的利润差大于当一家企业研发时另一家企业研发与不研发的利润差。

②>①说明，两家企业都研发时每家企业得到的利润小于一家企业研发另一家企业不研发时研发企业的利润。

社会收益比较

$$\mathrm{SW}_1-\mathrm{SW}=\frac{4}{9}[2c(H-c)\mu+c^2\mu^2]-2T \tag{12}$$

$$\mathrm{SW}_2-\mathrm{SW}=\frac{4}{9}[2c(H-c)\frac{1}{2}(r+\mu)+c^2\frac{1}{8}(\mu+r)(\mu+r+2)]-T \tag{13}$$

$$\mathrm{SW}_1-\mathrm{SW}_2=\frac{4}{9}\left\{2c(H-c)\frac{1}{2}(\mu-r)+c^2\frac{1}{8}[2\mu(3\mu-r)+(\mu+r)(\mu-r-1)]\right\}-T \tag{14}$$

假定两家企业都研发的社会收益大于两家企业都不研发的社会收益

$$\mathrm{SW}_1-\mathrm{SW}=\frac{4}{9}[2c(H-c)\mu+c^2\mu^2]-2T>0$$

即

$$\frac{4}{9}c\mu[(H-c)+\frac{1}{2}c\mu]>T \tag{15}$$

由式(15)还可以得到在没有知识溢出，即 $r=0$ 时，②－⑥>0

即

$$\frac{1}{9}[2c(H-c)2\mu+4c^2\mu^2]-T=\frac{4}{9}\mu c[(H-c)+c\mu]-T>0 \tag{15a}$$

此时均衡结果一定不会是(不研发，不研发)。

现在假定在知识溢出水平达到 r^* 时，②－⑥<0，此时

$$\frac{1}{9}[2c(H-c)(2\mu-r^*)+c^2(2\mu-r^*)^2]<T \tag{15b}$$

由式(15b)还可推得在 r^* 水平下①<③，①<⑥，②>①。

此时，一家企业不研发时，另一家企业不研发得到的利润大于研发得到的利润；两家企业都不研发每家企业得到的利润大于两家企业都研发得到的利润。并得到纳什均衡(不研发，不研发)，两家企业的利润均为⑥，而此结果并不是社会最优结果，因为 $\mathrm{SW}<\mathrm{SW}_1$。接下来对政府补贴政策的分析都建立在此均衡结果之上，即在知识溢出使两家企业都选择不研发时，政府补贴能否改变博弈的均衡结果，使社会效益增加。

2. 政府运用补贴政策对博弈结果的影响

在 r^* 水平下，政府为鼓励企业研发将运用补贴政策，即当企业申请补贴并研发成功时给予企业补贴 S_h，当企业申请补贴但研发失败时为保护企业研发积极性给予补贴 S_l，$S_h>S_l$。此时博弈时间顺序如下：①政府决定补贴额度(S_h，S_l)；②企业进行相互独立的研发决策，并选择是否申请补贴，假如企业不研发但选择申请补贴，则需要付出伪装成本 C_p；③企业宣布研发成功或失败，获得政府补贴；④在观察到上一轮博弈结果后进行古诺产量博弈。

为方便研究，假定两家企业进行研发均会获得成功，且研发成本均为 T，这一信息企业知道但政府不知道，政府只能估计企业研发成本及企业研发成功的概率。企业可付出成本 C_p 伪装研发并在后期宣布研发失败获得 S_l，C_p 包含了企业伪装可能被政府发现的风险成本。显然，不研发企业是否选择伪装取决于 C_p 与 S_l 的大小。如果 $C_p>S_l$，则不研发企业一定不会选择伪装，从

而研发企业拿到政府补贴,不研发企业不伪装也拿不到补贴,分离均衡出现。需要注意的是,$C_p > S_l$是企业选择不伪装的充分条件而非必要条件,因为企业选择伪装的前提是企业选择不研发,而如果企业在政府的补贴政策下选择研发,就不需要 $C_p > S_l$的条件使企业不选择伪装了。本文将着重讨论企业可能选择伪装的情况,即假定 $C_p < S_l$。在此假定下,企业不管是否研发都会选择申请补贴,因为即使不研发,最后声称研发失败也可以获得 $C_p - S_l$的收益。

此时,企业间的博弈在原有基础之上多出一种选择:伪装。

表 2 政府干预情形下企业间研发博弈

	企业 1			
	研发	不研发	伪装(不研发)	
企业 2	研发	(1),(1)	(2),(3)	(4),(5)
	不研发	(3),(2)	(6),(6)	(8),(9)
	伪装(不研发)	(5),(4)	(9),(8)	(7),(7)

用与之前相同的逆向归纳法求解。

$$(1) = \frac{1}{9}(H - c + \mu c)^2 - T + S_h = ① + S_h \tag{16}$$

$$(2) = \frac{1}{9}(H - c + 2\mu c - r^* c)^2 - T + S_h = ② + S_h \tag{17}$$

$$(3) = \frac{1}{9}[(H - c + 2r^* c - \mu c)]^2 = ③ \tag{18}$$

$$(4) = (2) \tag{19}$$

$$(5) = (3) - C_p + S_l \tag{20}$$

$$(6) = \frac{1}{9}(H - c)^2 = ⑥ \tag{21}$$

$$(7) = (6) - C_p + S_l \tag{22}$$

$$(8) = (6) \tag{23}$$

$$(9) = (7) \tag{24}$$

企业利润比较

$$(1) - (3) = ① - ③ + S_h \tag{25}$$

$$(3) - (5) = C_p - S_l < 0 \tag{26}$$

$$(1) - (5) = S_h - S_l + ① - ③ + C_p \tag{27}$$

$$(2) - (6) = ② - ⑥ + S_h \tag{28}$$

$$(6) - (9) = C_p - S_l < 0 \tag{29}$$

$$(2) - (9) = ② - ⑥ + S_h - S_l + C_p \tag{30}$$

$$(4) - (8) = ② - ⑥ + S_h = (2) - (6) \tag{31}$$

$$(8) - (7) = C_p - S_l < 0 \tag{32}$$

$$(4) - (7) = ② - ⑥ + S_h - S_l + C_p = (2) - (9) \tag{33}$$

已知:② < ⑥,① < ③,① < ⑥,② > ①,② - ⑥ < 0,② - ⑥ > ① - ③。

由 0 > ② − ⑥ > ① − ③，

知：(2) − (6) > (1) − (3)，(2) − (9) > (1) − (5)，(4) − (7) > (1) − (5)。

除以上条件之外，还需要讨论③ − ①与⑥ − ② + $S_l - C_p$之间的大小关系。以下分别讨论③ − ① < ⑥ − ② + $S_l - C_p$与③ − ① > ⑥ − ② + $S_l - C_p$时的各种均衡结果。

第一，⑥ − ② < ③ − ① < ⑥ − ② + $S_l - C_p$ < ③ − ① + $S_l - C_p$。当 S_h处在（−∞，⑥ − ② + $S_l - C_p$）区间时，均衡结果为（伪装，伪装）；当 S_h处在（⑥ − ② + $S_l - C_p$，③ − ① + $S_l - C_p$）区间时，均衡结果为（伪装，研发）或（研发，伪装）；当 S_h处在（③ − ① + $S_l - C_p$，∞）区间时，均衡结果为（研发，研发）。如表 3 所示。

表 3　政府补贴情况下的各种均衡结果 1

（伪装，伪装）	（伪装，伪装）	（伪装，伪装）	（伪装，研发） （研发，伪装）	（研发，研发）

⑥ − ②　　③ − ①　　⑥ − ② + $S_l - C_p$　　③ − ① + S_l—C_p

第二，⑥ − ② < ⑥ − ② + $S_l - C_p$ < ③ − ① < ③ − ① + $S_l - C_p$。当 S_h处在（−∞，⑥ − ② + $S_l - C_p$）区间时，均衡结果为（伪装，伪装）；当 S_h处在（⑥ − ② + $S_l - C_p$，③ − ① + $S_l - C_p$）区间时，均衡结果为（伪装，研发）或（研发，伪装）；当 S_h处在（③ − ① + $S_l - C_p$，∞）区间时，均衡结果为（研发，研发）。如表 4 所示。

表 4　政府补贴情况下的各种均衡结果 2

（伪装，伪装）	（伪装，伪装）	（伪装，研发） （研发，伪装）	（伪装，研发） （研发，伪装）	（研发，研发）

⑥ − ②　　⑥ − ② + $S_l - C_p$　　③ − ①　　③ − ① + $S_l - C_p$

综上，当 S_h处在（−∞，⑥ − ② + $S_l - C_p$）区间时，均衡结果为（伪装，伪装）；当 S_h处在（⑥ − ② + S_l—C_p，③ − ① + $S_l - C_p$）区间时，均衡结果为（伪装，研发）或（研发，伪装）；当 S_h处在（③ − ① + $S_l - C_p$，∞）区间时，均衡结果为（研发，研发）。如表 5 所示。

表 5　政府补贴情况下的各种均衡结果 3

（伪装，伪装）	（伪装，研发） （研发，伪装）	（研发，研发）

⑥ − ② + $S_l - C_p$　　③ − ① + $S_l - C_p$

四、结论与启示

（一）结　论

1. 知识溢出可以导致研发博弈结果的无效率

在没有知识溢出的情况下，当两家企业都研发时的社会效益大于两家企业都不研发时的社会效益时,两家企业的博弈结果一定不会是(不研发,不研发)。而当溢出水平达到 r^* 时,两家企业都选择了不研发。由此可见,知识溢出可以导致研发博弈结果的无效率。

2. 政府补贴政策的结果是多重的

在知识溢出导致企业研发博弈结果无效率时,政府补贴政策的效果是多重的。

当 $S_h > (③ - ①) + (S_l - C_p)$ 时,纳什均衡为(研发,研发),社会效益为 SW_1。当一家企业进行研发活动时,另一家企业选择研发可获得利润①,选择不研发,依靠知识溢出可获得利润③,因此③ - ①可以看作一家企业研发时另一家企业不研发的经济利润,而 $S_l - C_p$ 为企业伪装获得的净收益。因此,一家企业进行研发活动时,另一家企业选择不研发并进行伪装可获得的经济利润是以上二者之和,即 $(③ - ①) + (S_l - C_p)$。政府对于研发成功企业的补贴必须大于企业不研发的经济利润与伪装的净收益之和,才能促使两家企业都进行研发。

当 $S_h > (⑥ - ②) + (S_l - C_p)$,且 $S_h < (③ - ①) + (S_l - C_p)$ 时,纳什均衡为(研发,伪装)或(伪装,研发),社会效益为 $SW_2 - C_p$。当一家企业不研发时,另一家企业不研发获得利润⑥,研发时获得利润②。因此⑥ - ②可以看作一家企业不研发时另一家企业不研发的经济利润,此时 S_h 要大于这一数额与伪装的净收益之和,但小于一家企业研发时另一家企业不研发的经济利润与伪装的净收益之和。

当 $S_h < (⑥ - ②) + (S - C_p)$,纳什均衡为(伪装,伪装),社会效益为 $SW - 2C_p$。由此可以看出,S_h 过低时补贴政策不但没有促进企业研发,还刺激企业进行伪装造成损失 $2C_p$。

(二)启 示

1. 加强知识产权保护,减少知识溢出

只有当 $S_h > ③ - ① + S_l - C_p$ 时,社会效益才会由 SW 提高到 SW_1 的水平。由于 $\frac{\partial(③ - ① + S_l - C_p)}{\partial T} > 0$, $\frac{\partial(③ - ① + S_l - C_p)}{\partial r} > 0$, S_h 的最低额度应当随着研发成本与溢出水平的提高而提高。企业研发成本对于政府来说是外生的,难以控制,而知识溢出水平却是部分可控的。比如,政府可以加强知识产权的保护以控制知识溢出水平,从而降低 S_h 的最低额度,减少政府补贴开支。

2. 加强监管,完善补贴体系,增加伪装成本

由于 $\frac{\partial(③ - ① - Cp)}{\partial Cp} < 0$,高低补贴之间的差额随着伪装成本 C_p 的降低而增加,当高补贴 S_h 固定时,伪装成本越低,低补贴 S_l 的额度也应越低。但 S_l 过低会使企业研发失败时的补偿减少,企业研发风险增大,从而降低企业研发积极性。因此,政府应当努力提高 C_p,即企业伪装成本。当企业伪装成本 $C_p > [③ + S_l - (① + S_h)]$ 时[并非上文的 $C_p > S_l$,这里的条件更加宽松,$③ + S_l - (① + S_h) < S_l$],两家企业都会选择研发。政府可以加强监管,加强对企业伪装的惩处力度来增大风险成本。目前出台的大量研发补贴政策多属于纲领性质,缺少配套措施和细化标准,这使得补贴政策在实施过程中遇到诸多困难,常常引发保护主义及寻租行为。补贴政策实施流程要科学化、透明化,做到公平公正。政府还可以提高兼职研发人员的薪资待遇,加强对研发人员的声誉约束,完善社会信用体系,完善科技评估评审体制,加强事后监督,增

加违约成本。此外，政府还应实现研发补贴政策的长期化、动态化，使补贴政策具有稳定性，对企业进行长期监督并对企业进行“信用记录”，这同样可以增加企业预期的伪装成本。

3. 慎用补贴政策，缓解企业研发融资约束

当 $S_h < (⑥ - ②) + (S_l - C_p)$ 时，补贴政策不但不会使社会效益提高，反而使之下降。因此，政府在实行补贴政策时应当慎重，要对行业、企业、研发项目等情况进行系统评估以选择恰当的补贴方式。

政府应当尽可能减少对市场的干预，完善融资环境，缓解企业研发融资约束，发挥市场的资源配置功能。首先，政府应规范股票市场行为，加强股票市场的融资功能，使股市健康发展，并进一步发展股票市场，鼓励更多高新技术企业上市，以发挥股票市场的信息传递和甄别功能，提高资源配置效率。其次，建立知识产权质押融资体系的风险管理机制，创新知识产权质押融资体系的服务机制，完善知识产权质押融资体系的评估管理机制，为企业获得研发融资提供制度保障。最后，政府应创造一个公平的融资竞争环境，通过改革金融体制以促进金融资源的市场化分配，加快金融市场化进程，缓解企业因融资约束而产生的研发抑制效应，并消除金融市场目前存在的所有制歧视及规模歧视现象。

还可以建立研发信息披露体系，并规范上市公司研发信息披露机制，以缓解因信息不对称而使企业融资约束加剧的现象。例如，发展金融中介机构，加强此类机构对企业研发信息的关注，并挖掘企业研发信息，发挥信号传递作用，使企业能够从外部获得更多融资。此外，还可以通过发展融资担保机构，完善企业信用评级机制，降低企业的评级门槛等，帮助企业获得融资。

参考文献

[1] Arrow, K. Economic Welfare and the Allocation of Resources for Invention[J]. *NBER*, 1962: 609 – 626.

[2] D'Aspremont, C., Jacquemin, A. Cooperative and Noncooperative R&D in Duopoly with Spillovers[J]. *The American Economic Review*, 1988(78): 1133 — 1137.

[3] Gill, Kharas. An East Asian Renaissance: Ideas for Economic Growth[J]. *Washington DC: The World Bank*, 2007.

[4] Spence. Cost Reduction, Competition and Industry Performance[J]. *Econometric*, 1984, 52(1): 101 – 121.

[5] 安同良，周绍东，皮建才. R&D 补贴对中国企业自主创新的激励效应[J]. 经济研究，2009(10): 87 – 120.

[6] 曹飞韶，吴迪. 基于信号博弈的新能源汽车研发补贴分析[J]. 科技管理研究，2015(14): 21 – 25.

[7] 陈玲，杨文辉. 政府研发补贴会促进企业创新吗？——来自中国上市公司的实证研究[J]. 科学学研究，2016(3): 433 – 442.

[8] 戴小勇，成力为. 财政补贴政策对企业研发投入的门槛效应[J]. 科研管理，2014(6): 68 – 76.

[9] 高艳慧，万迪昉，蔡地. 政府研发补贴具有信号传递作用吗——基于我国高技术产业面板数据的分析[J]. 科学学与科学技术管理，2012(1): 5 – 11.

[10] 马晓鹏，温明月. 中国地级市政府科技研发补贴政策的困境与转型——以广东省某市为例[J]. 中国行政管理，2015(8): 126 – 130.

[11] 史安娜，李兆明，黄永春. 工业企业研发活动与政府研发补贴理念转变——基于演化博弈视角[J]. 中国科技论坛，2013(5): 12 – 17.

[12] 王海啸，缪小明. 我国新能源汽车研发补贴的博弈研究[J]. 软科学，2013(6): 29 – 32.

[13] 巫强，刘蓓. 政府研发补贴方式对战略性新兴产业创新的影响机制研究[J]. 产业经济研究，2014(6): 41 – 49.

[14]吴晓园,丛林. 企业技术创新策略与 R&D 补贴——基于不完美信息的动态博弈模型[J]. 科学学与科学技术管理,2012(2):56－62.

[15]许国艺. 政府补贴和市场竞争对企业研发投资的影响[J]. 中南财经政法大学学报,2014(5):59－71.

[16]许国艺,史永,杨德伟. 政府研发补贴的政策促进效应研究[J]. 软科学,2014(9):30－34.

[17]郁文超. 激励企业科技创新的财政 R&D 补贴政策效率分析[D]. 山东:山东财经大学,2012:9－11.

新一轮的国企混合所有制改革为何难以深化
——基于意识形态理论

段心怡
（南京大学商学院）

［摘 要］2017年，李克强总理在做政府工作会议报告时指出，要加快推进国企国资改革，加快混合所有制改革。这是自党的十八届三中全会提出积极推动国企混改之后的再一次强调。国企混改为何难以推进？本文基于新制度经济学意识形态理论，从中国官本位文化的相关意识形态视角入手，对国有企业新一轮混合所有制改革中存在的国有资产流失、民营企业缺少话语权、社会大众对国企普遍的不信任等问题进行分析，同时利用博弈的方法进行解释。本文最后提出，社会需要摒弃官本位意识，通过建立正确的意识形态来推动制度变迁，从而获得混改应有的成效。

［关键词］国企混改，意识形态，制度变迁，官本位文化，博弈论

一、引 言

在我国，国有经济是社会主义制度的重要基础，在国民经济中起主导作用，国有企业的改革一直是国家深化改革的重点，而国企混合所有制改革也并非一个新词，早在1997年中共十五大就已经提出；1999年9月，党的十五届四中全会决定指出在推行股份制改革的基础之上进行混合所有制改革；之后的几年间，中央的重大会议中都曾提出积极推进混合所有制改革，但成效均不明显。为了突破“瓶颈”，2013年11月，在党的十八届三中全会决定中提出了“员工持股”与“管资本”两大亮点，在一定程度上为混合所有制改革中出现的行政化问题提供了有效的解决途径。在2017年的政府工作会议报告中，中央政府仍在强调深化推进混合所有制改革。国企混改已经经历了3个五年计划，却仍在不断强调。政策出台了一个又一个，制度修改了一条又一条，为何国企混改不能突破“瓶颈”？笔者认为，国企进行的混改很大程度上只是扬汤止沸，对其存在的问题进行表面性的修正，却没有触及根源——人们对于国企内部行政化运作固有的认知体系，换言之，是错误的意识形态阻碍了国企混改的有效进行，影响了制度变迁的效率。

二、文献综述

“意识形态”一词最早是由法国著名哲学家、政治家特拉西提出的。而在经济研究中，康芒斯首先提出了意识形态的相关理论，他强调的是个人通过意识形态来利用集体获得个人利益，从而调和集体和个人之间的矛盾。但是对于意识形态的研究，长期以来都没有得到经济学家的重视。经济学家们大多通过理性假设、“经济人”设定，避开意识形态对经济行为的影响。但是诺思（1973）在研究制度经济学时，指出“意识形态是普遍存在的，不限于哪个阶级”①。诺思始终认为意识形态的存在是降低交易成本的关键，同时也是兼于维持现有秩序和推动制度变迁的重要因素。然而，在制度经济学中，仍有很大一部分经济学家选择忽略意识形态在制度变迁中的作用。例如，演化经济学派认为，制度变迁基本上都是诱致性制度变迁，即林毅夫（1996）所定义的，是指个人或一群（个）人，由于潜在利益的诱导，自发组织、发起以及实施的制度变迁。显然，演化经济学派这一观点，忽视了意识形态的影响，正如王辉芒（2014）所说，“在现实生活中，诱致性变迁不总能实施，意识形态在制度变迁中的作用使得制度变迁本身存在刚性及路径依赖的特征”②。随着经济学的发展，人们越来越多地将研究视角放在了人本身，在研究制度变迁的过程中，越来越多的学者认识到了意识形态对制度变迁的重要影响。首先，正式制度本身就是由非正式制度，即意识形态演变而来的。正如孙圣民（2006）所提出的，正式制度是在意识形态的框架中运行，因此意识形态的好坏直接影响到正式制度能否稳定实施与运行。再者，从制度变迁的成本角度进行考虑，统一正确的意识形态也极大地降低了费用，如李汉林（2007）所言，意识形态能够减少制度变迁的初始的设计成本或决策成本、制度变迁过程中的摩擦成本、已经供给的制度的实施成本，以及制度变迁实施过程中不确定性因素所带来的随机成本或风险成本。同时，当回归意识形态对人的行为本身的研究时，汪立鑫（2005）则指出：“个体之所以接受或信奉一种意识形态，一定是因为信奉这种意识形态能直接或间接地给自己带来效用的增加。”③他提出这种效用的增加，一是在于能够提高人们认识事物和在作决策时候的效率，从而增加人们的个人收益；二是对意识形态的信仰能够满足人们基本欲望中的一种，直接增加了人们的效用。另外，他还认为意识形态能够改变人们对于某种行为可能产生的行为预期收益。根据以上经济学家的观点，我们可以得出结论：意识形态在制度变迁中的作用是不容小觑的。下面，我们将意识形态引入国有企业混合所有制改革的制度变迁之中。

国有企业混合所有制改革自提出之日起，就在学术界引起了很多争论，有人支持，有人反对，甚至还有学者提出混改等同于国有资产“私有化”之言论。首先，需要明确的是，国企混改并非等同于国资“私有化”，这是一个根本性的错误认识；其次，就国有企业混合所有制改革的重点、难点，各方学者提出了不同角度的观点。严学锋（2016）认为，国企混改中，股权结构是本质所在，因为混改就意味着国资股权稀释，破除“一股为大”也就成为解决国企混改问题的

---

① [美]道格拉斯·C. 诺思. 经济史上的结构与变革[M]. 北京：商务印书馆，2016：57.

② 王辉芒. 意识形态对制度变迁效率影响的博弈论分析[D]. 西安：陕西师范大学，2014.

③ 汪立鑫. 意识形态的经济学分析：一个初步的框架[J]. 世界经济文汇，2005(Z1).

关键。周雪飞(2016)则从供给侧改革的视角揭示了国企混改的实质在于提供有效的制度供给,以解决混改中由于国有经济"产权模糊"和私营经济"产权弱势"而出现的"产权抵触",确保国企混改顶层设计能够"落地实施"①。张喜亮和周海晨(2015)从管理层出发,认为国企经理人在国企混改过程中的作用是巨大的,即需要建立好职业经理人制度。他们所要求的经理人,首先,需要有很高的责任感和道德觉悟;其次,必须要准确把握好改革的方向;最后,需要有缜密谋划混改方案的能力。吴越(2015)则认为,国企混改应当先进行增量型改革,后为存量国企改革,而国企混改之所以成效不足是在于其改革并未涉及国企母公司和二级子公司,"老大难"问题迟迟得不到解决;再次,他还提出,人们对于混改的认知存在错误,"混合所有仅是近期目标而非终极目标,防止'为改而改',配套改革必不可少"②。最后,仍有一部分学者提出了意识形态在混合所有制改革中的重要作用。李巳鸣和彭仲耀(2011)认为,制度本身就是不完善的,用制度来监督制度显然会造成低效率与资源浪费,此时依靠意识形态进行约束才是上策。谭浩俊(2015)认为,国企混改的一个途径就是引进战略投资者,而混改能否顺利进行的第一步就在于战略投资者是否信任国有资本,"能否体现改革诚意、得到其他投资者的接受和认可,是最为关键的问题"③。

针对影响国企混改成效的因素,各方学者分别从产权结构、管理层(职业经理人)等供给侧角度进行分析,均强调了制度约束的重要性,但却也止步于此。其实,无论是股权结构调整、产权界定清晰化,还是重视职业经理人的管理,各国有企业都有过相应的尝试与改变,真正成功的少之又少,只能称之为个案。大部分国有企业都在混改潮流中遭受了巨大损失或越改越混乱。不可否认的是,中央确实出台了很多新的政策,国有企业本身也制定了许多新的制度,但是这些制度大部分都是在原有制度之上进行边缘性的修改,没有发生根本性的制度变迁。对原有制度的修改,或者新制度的提出,都为原有的意识形态留有一丝余地,从而使得国有企业混合所有制改革仍然进展缓慢。股权结构确实改变了,可是国有控股权还在;国资不再控股了,但如果内部行政化依旧,非公股权迫于对政府权威的畏惧,依旧没有话语权;相关机构基于对国企本身的不信任,对国企未来发展的不自信,低估国有资产,造成非公有制资本不愿参与混合;仅仅依靠某一关键人物(职位)推动改革更是不可取的,人的有限理性以及追求利益最大化的原则,加之自我意识形态对自身的影响,个人的追求常常会与保证国资保值增值的目标相矛盾,最终造成国有资本的流失。所以,究其根源,还是在于错误的意识形态促使人们的行为与国企混改初衷背离,最终造成制度、政策的无效。

三、难点与问题分析

我国的改革都属于渐进式改革。由于改革前期并未涉及问题根源,制度变迁的成效是显著的;但是到了后期,剩下一些根本性问题,即所谓的"老大难",改革就容易遭遇"瓶颈"且难以在短期内逾越。根据近年来各路学者对国有企业混合所有制改革问题的分析,不难发现,

---

① 周雪飞. 供给侧改革视角的国企混改"产权流动壁垒"问题[J]. 产权导刊,2016(1).

② 吴越. 国企"混改"中的问题与法治追问[J]. 政法论坛,2015(3).

③ 谭浩俊. 国企混改要避免急于求成[J]. 产权导刊,2016(3).

国企混改之所以难以推进,关键在于以下几个“老大难”问题没有解决,而这些问题的存在都源于国人现有的意识形态。

(一)国企角度:国资流失

近年来,根据审计署对大型国有企业发布的公告统计数据可知,大部分国有企业在经营环节和改制过程中都存在严重的国有资本流失问题。国资流失已成为国有企业在混合所有制改革进程中的一道关卡,如果不能妥善解决,会造成国有资本对民营资本注入的不信任,从而形成混改的巨大阻力。为何国有资本流失问题严重?除了缺乏有效的制度创新之外,人本身成了重要因素。

具体而言,国有资本流失分为两种,分别是体制性流失和交易性流失。体制性流失是指在非交易状况下,由于国有企业内部治理结构不完善、改制环节出现问题、投资决策产生失误以及内部人员对国有资本的挪用、浪费、贪污等行为,而造成的国有资产的流失。体制性流失在大多数学者看来是委托—代理关系下的内部人控制造成的。由于在委托—代理机制下,并不能保证代理人和委托人利益的完全一致,那么作为“经济人”的公司内部人会在追求自身利益最大化时,利用制度漏洞获得更多财富,从而造成资源配置的扭曲,致使国有资本流失。而交易性流失则是指由于社会诚信度较低以及中介机构的不规范,国有资产被低估。国有资产被低估使得觉得有利可图之人可以通过暗箱操作减少国有资产收益甚至造成国有资产亏损。

相对于制度性流失,交易性流失更易于解决,通过加强评估机构在评估过程中的整体性以及公开透明度,就可以有效降低国有资产被低估的可能性,从而使社会,特别是有意向参与混合所有制改革的民营企业加强对国有资产的信心。而针对体制性流失,与其说这是制度的不完善导致的,不如究其根源,认识到这主要在于人们错误的意识形态。在新一轮国企混改中,政府以及国企本身其实已经就内部人控制进行了相应的改革,不断完善相关制度,尽可能减少内部人可能利用的漏洞。但是,绝对不存在任何完美而没有漏洞的制度,而依靠制度去完善监督制度必然会导致交易成本的大幅上升。这时就必须依靠正确的意识形态来尽可能地阻止人们利用制度的漏洞。

首先,我们需要认识到为何国企管理层能够轻易地“打擦边球”——内部行政色彩浓厚。在中国,国有企业不同于私营企业的最大的特点就在于拥有“国有”这一标签。这个标签传递的信息就是,国有企业对外拥有资源配置的优先权,对内实行行政化管理。尽管近年来国有企业一再强调去行政化,也确实通过股权改革、制度限制使国有企业内部建立起了现代企业制度,但由于人们的意识形态始终未能脱离官本位意识,旧的意识形态便成了制度创新以及新制度实行的巨大阻力,使得制度变迁的成效极低。

“历史乃是敌对意识形态的一个战场”①,国人之所以难以改变官本位之下的意识形态,就在于源于几千年的专制统治的官本位文化在人们的思想中是根深蒂固的。在少数人说了算的专制社会,一家之中,父权是绝对的权威,在一国之中,君权则是最大的权威,父权与君权互为彰显。人们对权力的偏好与追逐,并不在于权力的产生,而是源于权力的异化。在此,我们暂且不讨论父权,就君权而言,根据新制度经济学的国家理论,君权的本质我们可以理解为

---

① [美]道格拉斯·C.诺思.经济史上的结构与变革[M].北京:商务印书馆,2016:61.

是民众为了实现对自身权利和利益的有效维护,而以契约的形式将自己的权力让渡给统治者,从而使统治者获得了集中的权力。但是,自世袭制取代了禅让制,权力就产生了异化。因为人们发现权力会带来剩余产品的出现,即它会带来权力拥有者的私有财产。此时,权和利在人们心中画上了等号,权力也就异化为谋取私利的工具。再者,君主是不可能一个人治理国家的方方面面,于是也就产生了“父母官”。地方官员的形成使得权力不再是可望而不可即,加之科举制度的确立,越来越多的人开始了对官位、官阶的追逐,于是官本位文化在中国历史上就得到了不断深化。直至当下,国人的意识形态在20世纪的外来冲突以及21世纪与其他文化的不断交融下,确实发生了改变,我们不再以做官作为一个核心的价值追求,但是“任何意识形态既是同时代的社会存在的反映,又是以前的意识形态的继承和发展”①,官本位文化的淡化并不意味着它在指导人们行为中失去了作用。罗素曾言,“在人类无限的欲望中,居首位的是权力欲和荣誉欲”。官本位文化虽然已淡化,但是由于其对国人几千年来的影响,使人们的意识形态中形成了官位等价于权力,权力带来等级制度与财富,等级进一步带来特权,从而优越感得到进一步满足这一认知体系。由此可见,做官就是同时满足人们权力欲与荣誉欲(即优越感)的捷径,只要这一认知体系不破除,国人就会继续对官位、官阶的追逐。

在中国古代的科举制下,我们秉承“学而优则仕”,而在现今中国,在市场经济之下,则出现了“商而优则仕”,最为典型的就在国有企业内部。我们发现大多数人进入国企都是抱着从政的目的,通过跑官、要官、潜规则等谋求在管理层的一官半职;同时,也有很多官员由于仕途原因到国企内任职的情况,即所谓的“旋转门”现象,“国企俨然成为政府官员晋升机制中的‘中转站’”②。管理层职权界定不明确,既是现代企业制度中的代理方,又带有行政色彩而享有特权,双向收益,致使国有资本无法做到保值增值,更有甚者最终造成国有资产的亏损,如此情况之下,民营资本必然不会进驻国企。因此,官本位文化造成的意识形态偏差使得国企内部人成为国企混改中的巨大阻力。

再者,官本位文化除了会加强人们对权力的欲望,另一层面上也使得国人形成了急功近利的行为态度。无论是地方政府还是国企内部,在制定政策和制度时,常常会产生短期行为,为了证明政绩一味地出台政策,而不考虑制度、程序制定的不规范性,从而导致部分民营企业“钻空子”,借着混改的浪潮进入国有企业,卷走国有资产之后“一走了之”,最终导致国有资产流失以及国有企业的破产。所谓“一朝被蛇咬,十年怕井绳”,国有企业对民营资本的信任度下降,混改也就更加举步维艰。

(二)非公资本角度:话语权成问题

对于民营企业而言,它们对于参与国有企业混合所有制改革也存在很大顾虑。由于国有企业具有“国有”这一标签,在它们看来这就意味着一种权威。虽然这一“权威”拥有配置资源的优先权,但是由于其内部的行政化色彩,民营企业担心参与到国企经营之中,只是出钱,而没有经营权,眼睁睁看着自己的资本被国有企业按原有模式运行却没有任何话语权。显然,权衡来看,混改对它们而言是弊大于利的,不参与混改的决定也就显而易见了。对于国有

---

① 杨德才.新制度经济学[M].北京:中国人民大学出版社,2015:155.

② 戚聿东.国企改革需要“去行政化”[J].开放导报,2013(6).

企业行政化色彩浓厚的问题,笔者已在前文交代过,但是不可否认的是,我们并不能一棒子打死所有国有企业,确实存在某些国有企业内部已建立起完整的现代企业制度并通过职业经理人来进行企业运转。然而,由于对国有企业固有的印象,民营企业并不敢冒风险进行尝试。这同样是受官本位意识形态的影响。由于官本位思想必然会导致对权利、官员、官位的敬畏,当民营资本在进驻国企之后发现没有话语权时,它们也并不敢奋起抵抗,而是选择"哑巴吃黄连"。因此,民营企业愿意参与到国企改革中的可能性普遍偏低。

另外,中国历来的官员任期制以及考核制在国有企业中其实也是适用的。由于企业内部的经理人在目前仍属于任命制,其本身就会带有中国官员在政绩考核下特有的意识:无论什么决策首先要做到"稳",保住自己的地位。在"国有资本保值增值,国有企业做大做强"的压力之下,经理人并非如现代企业制度中的高管一般有所激励,而是以"不出错"为奋斗目标,从而使得国有企业在市场竞争中缺乏活力。竞争力的下降,加之一些对国有资产较差的评价,使得非公资本对国有资本的不信任度增强。

正如朱岚所说:"制度是外在的,人们的思维方式、价值体系往往比外在制度具有更恒久更顽强的生命力。"①在国有企业混合所有制改革中,仅仅依靠制度完善制度来推进是不够,必须采取相应措施改变人们的意识形态,使人们的意识形态与国企改革目标趋于一致。具体而言,国企与民营企业之间的不信任导致了混改的无法进行,或者只能为了改而改,并不能达到使国有资产保值增值的目的。再深入研究,不信任的根源在于官本位文化思想的根深蒂固。国企内部人想当官,即使已经实施政企分开,有国资委进行管理,但还是和政府挂钩,加之意识形态的驱使,内部人还是会尽力将其转变为行政化,或者沿袭旧传统;外部人由于有着类似的意识形态,也就推断出国企内部还是会带有行政色彩,加之对政府权威的畏惧,自我权衡之下必定不会乐于参与到混改之中。因此,中国人的官本位文化对价值体系的影响,虽然在现代社会不如封建社会强烈,但仍是人们心中的潜在意识形态,并对人们的行为产生重要的影响,进而减少了混改之下各方的收益,增加了制度变迁的成本,削弱了制度变迁的作用,影响了国有企业混合所有制改革的成效。

四、模型解释

(一)模型简述

为了更好地说明意识形态对国企混和所有制改革的影响,笔者引入了博弈论模型。首先,我们建立一个混合策略模型。博弈双方分别为国企与民营企业。国企可以选择放弃控制权,通过制度约束使得国企内部去行政化(以下简称"参与"),其概率为 p;也可以选择仍然对国有企业起绝对的控制作用,以防止资产流失,同时行政化色彩也并没有弱化(即"不参与"),其概率为 $1-p$;民营企业可以选择信任国企,参与到混改之中,概率为 q,也可以选择为了规避风险而不参与,概率为 $1-q$。我们假设,国企和民营企业均追求自身利益最大化,且由于它们的行为受自身意识形态的影响,而意识形态是对方不可知的,所以它们的策略选择不

① 朱岚.中国传统官本位思想生发的文化生态根源[J].理论学刊,2005(11).

能预先被另一方知道或者猜测到。于是，我们构建如下的博弈矩阵：

		民营企业	
		参与	不参与
国有企业	参与	S,S	$-P_1,0$
	不参与	$0,-P_2$	$0,0$

其中，S 为国企与民营企业均积极参与混改的收益；P_1 为国有企业因积极参与混改而进行的制度变迁、股权转让等的成本；P_2 为民营企业参与到混改之中，但由于国企本质不变而缺乏话语权从而造成的损失。

为了方便起见，我们在下面的论证中令 $P_1 = P_2 = P > 0, S > P$。

由上述得益矩阵我们可以得出，国企的期望收益为

$$\mathrm{EU}_G = pqS - p(1-q)P \tag{1}$$

可见，从国企角度出发，当 p,S,P 既定时，q 越大，国企的期望收益也就越大；同理，对于民营企业来说，其期望收益为

$$\mathrm{EU}_P = pqS - (1-p)qP \tag{2}$$

易得，对于民营企业而言，p 越大，其期望收益也越大。综上，无论从哪方面进行分析，当博弈方预期对方参与的概率较大时，增大自身参与到混改之中的概率，会进一步使收益增加，即当国企预期民营企业参与的概率较大时，它会更倾向于积极参与到混改之中，对于民营企业也是一样的。那么，什么决定 p,q 的大小呢？显然，这取决于彼此的意识形态。积极的意识形态能够促使双方更加积极地参与其中，从而获得较高的收益。

再者，由于双方均为有限理性，我们进一步构建一个复制动态博弈，最终趋向于进化稳定策略(ESS)。仍运用上述得益矩阵，此时，我们设 x 为愿意参与到国企混改之中(意识形态发生变化)的比例，比例 $1-x$ 即为不愿意参加。那么，参加与否博弈方的期望得益和群体平均期望得益分别为

$$u_y = x \times S - (1-x) \times P \tag{3}$$

$$u_n = x \times 0 + (1-x) \times 0 \tag{4}$$

$$\bar{u} = x \times u_y + (1-x) \times u_n \tag{5}$$

因此，采取“参与”的变化速度方程为

$$\begin{aligned} \mathrm{d}x/\mathrm{d}t = x(u_y - \bar{u}) &= x[xS - (1-x)P - x^2 S + (1-x)xP] = \\ &x(1-x)[xS - (1-x)P] \end{aligned} \tag{6}$$

令 $\frac{\mathrm{d}x}{\mathrm{d}t} = F(x)$，且令 $F(x) = 0$，解出进化稳定策略为 $x^* = 0$ 或 $x^* = 1$ 或 $x^* = \frac{P}{S+P}$

首先，当 $x^* = 0$ 时，这意味着没有人愿意参与到国企混改之中，在本文的设定中，即意味着人们的意识形态没有任何改变，国企不信任民营资本，唯恐资本流失；民营企业对国企发展以及混改政策的悲观看法没有任何改变，此时，国企混改必然没有任何进展，任何顶层设计、任何政策都是没有用的。当 $x^* = 1$ 时，则意味着所有人都愿意参加，即人们的意识形态发生了根本性的改变，国企能够成功地去行政化，民企也就不存在对国企“权威”的畏惧，国企与民企之

间的信任度增强,促进了混合所有制改革的深化与有效性。而根据复制动态稳定策略的经验,以及我们的设定,$x^* = \frac{P}{S+P}$ 必为[0,1]中的某一数值。并且不难验证,$F'(0) < 0$,$F'(1) < 0$,而 $F'(\frac{P}{S+P}) > 0$。根据微分方程稳定性定理,可知 $x^* = 0$,$x^* = 1$ 都是该博弈的进化稳定策略(ESS),而 $x^* = \frac{P}{S+P}$ 则不是本博弈的进化稳定策略。

由此可知,当 x 的范围在区间 $(0,\frac{P}{S+P})$ 时,复制动态会趋向于稳定状态 $x^* = 0$,即所有人仍保留旧的意识形态不愿意参与到国企混改之中。其动态变化速度是小于零的,则我们可以看作即使有少数人的意识形态发生了改变,摒弃了原有的受官本位意识影响的价值观,但由于力量过于薄弱,会遭到大的利益集团的抵制和打压,最终这部分改变了意识形态的人只好选择放弃,其行为跟随大的利益集团继续选择遵循旧的意识形态。当 x 的范围在区间 $(\frac{P}{S+P},1)$ 时,复制动态会趋向于 $x^* = 1$,即所有人都改变了意识形态从而积极参与到混改之中。由于其动态变化速度是大于零的,所以,即使一开始人并不多,但是这一部分人还是能够影响剩余的人们,使得拥有先进意识形态的人数比例增多,最终能实现全社会意识形态的改变。所以,关键就在于 $x^* = \frac{P}{S+P}$ 这一点,它决定了人们意识形态转变并能产生有效影响的概率。

(二)模型解析结果解读

由上述模型我们可以得出结论,只有当愿意参与的人的比例达到 $\frac{P}{S+P}$ 时,这部分拥有新的意识形态的人才有可能去影响剩余的人,使得社会意识形态摒弃官本位思想,国企和民企之间的信任度得到强化,于是无论是国企还是民企都能够增加其得益。而且 x 的值越大,改变意识形态的过程就会加快,就越有可能突破"瓶颈",使博弈双方趋向于选择(参与,参与)策略的可能性增加,达到最优均衡的可能性也就越大。

因此,为了实现国有企业混合所有制改革的有效进行以及突破性进展,我们可以通过以下两方面的路径:

(1)增加 x 的大小,使 $x \geqslant \frac{P}{S+P}$。这就意味着,政府要通过一定的政策措施使尽可能多的人改变意识形态,直至这部分人在所有人中的比例达到 $\frac{P}{S+P}$,这时,即使政府不加大力度改变人们的意识形态,人们的意识形态也会实现普遍的改变。如何改变人们受官本位文化影响而形成的意识形态呢?笔者认为需要以改变整个社会的意识形态为目标,通过整顿官场风气,建立正确的权力意识,让国有企业管理层以正确的意识形态拒绝行政化,去除社会大众对国有企业的固有标签。国有企业与政府脱钩,实现真正的政企分开,在其内部建立起真正意义上的现代企业制度。

(2)减小 $x^* = \frac{P}{S+P}$ 这一数值。由于 S 无法把握,可以通过减小 P,使得在较小的 $x^* =$

$\frac{P}{S+P}$下就可以实现人们意识形态的突破性转变。由前文笔者所给的假设可知,P是国有企业为了参与到混合所有制改革之中进行的股权转让、制度变迁等一系列成本,想要减少这一部分成本,政府首先需要给予国有企业以支持,通过制度供给以及其他相应的政策来实现P的下降,使得国企敢于参与混改;同时,P也为民营企业在混改中可能遭遇的损失,政府也可以通过制度约束来尽可能减少民营企业的投资风险。然而,由于P的降低从理论上来说只是增加了国企和民企参与混改的预期收益,并不意味着它们的意识形态会发生变化。如果意识形态不发生改变,即使民营资本决定进驻国企,但由于国企内部仍受官本位意识的影响,行政色彩浓厚,最终还是无法实现双赢。

综上所述,想要实现国有企业和民营资本在混合所有制中的双赢,必须改变人们的意识形态,特别是国企内部受官本位文化影响的意识形态。只有尽可能多的人改变了旧的意识形态,才能影响更多的人,从而实现全社会意识形态的变化,进而增强国有企业的活力,有效建立现代企业制度,增强竞争力,实现国有资产在混合所有制改革中的保值增值,使得国有企业做大做强。

五、总结与政策建议

在国有企业混合所有制改革的过程中,仅仅实现国企内部意识形态的改变是不够的。国企高管的行政化管理以及决策,均是出于其理性,是受其意识形态影响的,而"很多被我们看作理性选择的东西,与其说是个人认知,倒不如说是根植于更大范围的社会和制度环境之中的思想过程"①。所以我们必须从整个社会的视角去努力改变人们的意识形态。具体措施如下:

1. 继续保持反腐力度

官本位文化之所以能够在人们的意识形态中仍起重要作用,就在于官位带来的不正当收入在人性面前是难以抵抗的。为了切断官位与财富之间的直接关系,最为有效的方法就是不断进行反腐败。通过对贪污官员的严惩,警惕人们官位并不意味着高收入,不意味着权财双收,而是责大于权。由此,在国企内部,经理人便不会偏向于管理行政化,从而真正实行现代企业制度。近5年来中国政府反腐力度之大是前所未有的,也取得了很大的成效,所以应该继续保持反腐力度,努力改变国民的官本位意识形态。

2. 取消行政任命以及国企高管的行政级别

要真正落实政企分开,必须通过取消国有企业内部高管的行政级别来向社会传达"国企并非政府行政附属"这一信号。去除"国有""政府"等权威性标签,从而实现在国有企业管理层行为决策等不会受官本位意识形态影响。决策者以及经理人按市场化要求办事,用市场的眼光、市场的方法,增强自身的竞争力。在国家经济发展未处于低迷期时,不会受政府行政要求的约束,仅作为一个拥有国有股权的现代企业和其他一般企业在同一平台进行竞争;当经

① [美]道格拉斯·C.诺思.理解经济变迁过程[M].北京:中国人民大学出版社,2007:24.

济萧条时,国有企业再发挥其特有的效用。

3. 完善官员政绩考察机制

受中国官本位意识形态的影响,身处官位的官员常常会有急功近利之心,希望在有限的任期内实现较好的政绩。地方政府针对中央下达的国有企业混合所有制改革的要求,不讲究质量地急于出台很多不成熟的政策和制度,不加分析地要求当地国企实行,并不考虑长期影响,只求在短期内取得成效。所以,中央政府必须完善官员政绩考察机制,促使地方政府踏踏实实地着力于成就一个典型而成功的国企混改案例,使得其他参与混合所有制改革的国有企业能够有所借鉴。

参考文献

[1][美]道格拉斯·C.诺思. 经济史上的结构与变革[M]. 北京:商务印书馆, 1999: 46-59.

[2][美]道格拉斯·C.诺思. 理解经济变迁过程[M]. 北京:中国人民大学出版社, 2007:24-65.

[3]杨德才. 新制度经济学[M]. 北京:中国人民大学出版社, 2015:149-174.

[4]谢识予. 经济博弈论[M]. 上海:复旦大学出版社, 2002:208-246.

[5]严凯, 高明华. 国企混改动力不足[J]. 中国企业家,2016(1):54-55.

[6]王悦. 混改的难点和建议[J]. 上海国资,2016(9):31-34.

[7]柯少葭. 新常态下国企混改的问题与对策[J]. 时代金融(下旬),2017(2):314,316.

[8]李汉林. 意识形态:人的社会化以及组织与制度变迁的过程——一种对文献的综述与思考[J]. 河南社会科学,2007(3):61-64.

[9]王辉芒. 意识形态对制度变迁效率影响的博弈论分析[D]. 陕西:陕西师范大学, 2014:10-42.

[10]胡晓琴. 混合所有制改革中国有资产流失途径及防范研究——基于焦作万方公司的案例分析[D]. 杭州:杭州电子科技大学,2016.

[11]张继德,吴冰瑶. 混合所有制改革如何规避国有资产流失——以中国石化混改为例[J]. 会计之友,2015(19):129-132. DOI:10.39691004-5937.2015.19.3.

[12]刘永幸. 浅谈淡化国有企业员工官本位思想的几点对策[C]. 河南省烟草学会2005年学术交流年会,2012:399-402.

[13]朱岚. 中国传统官本位思想生发的文化生态根源[J]. 理论学刊,2005(11):115-118.

[14]李向国,吴永. 从"官本位"政治文化的本质特征看中国传统政治文化的缺陷及其现代转换[J]. 理论导刊,2006(5):29-32.

[15]戚聿东. 国企改革需要"去行政化"[J]. 开放导报,2013(6):29-33.

[16]周士君. 官本位国企与市场机制难兼容[J]. 产权导刊,2008(11):75.

[17]刘泉红. 废除"官本位"最大难点[J]. 董事会,2015(1):30-31.

共享单车市场的寡头垄断之路
——基于熵权法的企业竞争力评价

刘探宙　刘忆澄
（南京大学商学院）

［摘　要］随着共享经济模式的兴起，作为公共交通的补充，绿色环保的共享单车在2016年年底和2017年年初迅速兴起。共享单车作为共享经济的一种模式在具有其典型特点的同时也有一些不同之处。面对这一新兴市场，为预测其发展趋势，我们运用熵权法具体分析了共享单车市场上的代表企业，并通过测算预测共享单车市场最终趋向于形成寡头垄断市场。共享单车市场不仅要求企业不断提升产品质量服务与创新管理运作模式，也需要企业自身、行业内部、政府与公众等共同管理监督，从而促进共享单车市场的逐渐完善与成熟。

［关键词］共享单车；寡头垄断；市场趋势；熵权法

一、引　言

近年来，共享经济像浪潮般席卷全球，从提供住宅的Airbnb到共享车辆的Uber，它们以互联网作为媒介，整合线下闲置的社会资源，将其放在自己运营的平台上供大众使用，与资源提供者共同获得经济利益。本土化的"滴滴打车"在中国取得空前成功后，为了解决"最后一公里"问题，2016—2017年年初，共享单车也应运而生，街头巷尾"凭空"出现了五颜六色的自行车。面对共享单车，或许很多人都会产生质疑，考虑到如此巨大的前期投入和极高的损坏概率，共享单车能否在中国健康地发展下去？

其他国家的尝试提供了前车之鉴。2007年，第一家真正意义上的现代商业化的共享单车公司"velib"在巴黎诞生，velib的出现让共享单车市场开始迅速发展，第一年就拥有了2750万用户，2011年平均每天有85811人使用velib，至2015年，巴黎的共享单车数量就超过了2万辆。目前velib已经成为世界上最为成熟的共享单车服务系统。然而与此同时，同期建立的巴塞罗那Bicing共享单车公司，如今却每年亏损高达1200万美元。伦敦公共自行车系统仅在2012年就亏损了2100万美元，并且预计未来两年内其资金投入是政府财政资助的5倍。曾经辉煌一时并输出到全球24个城市的蒙特利尔Bixi，如今已经破产。尽管velib也曾因为自行车损毁而陷入低迷，但它最终成功的秘诀在于其低廉的价格和背后支持者德高集团与政府达成的维修协议。velib的低价解释了为何它拥有如此高的市场渗透率，而它不同于其他公司的可持续发展，显然得益于与巴黎市政府公私合营这一创举。

在中国,2014年最早诞生的ofo起源于校园,致力于解决校园出行问题。此后,摩拜、优拜、小蓝、小鸣、骑呗等多家共享单车公司成立并获得了大量的风险投资。只需要缴纳99~299元不等的押金,即可以极低的费用使用自行车,同时,无桩停车的设计也大大提高了使用的便利程度。

随着多家公司涌入这一市场,竞争也越发激烈。ofo和摩拜两家公司占据了绝大部分市场,给剩余部分小公司留下了有限的生存余地。同时,共享单车的盈利模式有着巨大的漏洞。不同于其他共享经济,运营之处所有的资金和维护费用均出自投资人之手,发展规模越大则意味着投入越多,而其后的价格战又将利润压到极低的水平,大多数公司在运营第一年几乎难以盈利。再者,单车的个体差异使得用户区分困难,价格优势、单车分布规模等因素很容易使用户见异思迁,入市早也许并非致胜的王道,产品损坏率低、技术的耐用性显得尤为重要。所以,共享单车市场目前面临的问题可以概括为如何平衡好高投入与高风险之间的矛盾,这一行业极高的整体成本以及同行间的激烈斗争,造成了大量资源的浪费,难以维持持续性发展。

在这样的盈利模式和激烈的竞争下,只有拥有可观的资金流和有效的损失管控措施才能在这个市场上立稳脚跟,如今市场上的数十家公司也许并不都能走到最后。或许像滴滴和uber那样形成寡头垄断市场,或是政府介入管理,才是共享单车发展的最终局面。

本文将从行业特点分析和各企业竞争力比较等方面,对中国共享单车的未来发展进行预测,并提出建议。

二、共享经济与共享单车

(一)共享经济的定义及特点

共享单车是共享经济的一部分,要微观研究共享单车必须了解共享经济的商业模式。根据唐清利的定义,共享经济是“通过互联网平台将商品、服务、数据或技能等在不同主题间进行共享的经济模式”①。共享经济在近年来才真正意义上出现并产生重大影响,多是以O2O方式实现所有权和使用权相分离,从而整合现有资源。共享经济的企业大多起聚合平台作用,为轻资本公司。

作为共享经济企业,如典型的Uber和Airbnb模式,首先,企业并不拥有(绝大多数)供给产品等固定资产,而都只是作为供给产品资源聚合的平台,是第三方平台公司;其次,平台上供给的产品大多没有标准化,注重用户体验并能够满足多样化的需求;最后,公司的盈利模式主要是通过为供需双方提供服务后进行相应的收费,或者通过提供增值服务来扩展发展边界。共享经济的企业作为类似于中介这样的角色,需要的固定资产投入少,运营成本低,资本流动速度快,侧重于对资源的整合和平台管理,这也是共享经济较为明显的特点。总体而言,共享经济中企业更多的是扮演共享经济平台的功能,借助社交网络和征信机构联结产品和服务的供给和需求,具体表

① 唐清利.“专车”类共享经济的规制路径[J].中国法学,2015(4).

现为整合供给端的闲置资源和提供需求端信息，在这个过程中企业和个人都可能作为供需方主体，而外部对平台的监管如政府相关职能部门对共享经济平台的监督管理在更好保证经济模式运营方面就起到了较为重要的作用。

(二)共享单车市场的特点

1.与典型共享经济市场模式的区别

共享单车作为共享经济的一种表现形式，具有共享经济大部分的特点，但是显然，共享单车在具体的运作模式和盈利模式上和典型的Uber、Airbnb等共享经济形式仍旧是有显著差别的。共享单车主要以B2C的形式借助于互联网将闲置资源(共享单车)的使用权暂时性转移，为消费者提供共享单车的使用服务。就其运作模式而言，也有以下几点显著不同于以上共享经济模式的特征。

(1)共享单车公司是共享单车的主要供给方。目前的共享单车企业，第一，无论规模大小，采用的主要模式都是公司统一生产和投放单车，用户使用单车从而付费。这样一种模式，实质上仍旧是传统商业模式中的租赁方式。ofo等公司提出了“城市大共享计划”，准备吸纳用户闲置单车，但目前由ofo公司自行生产投放的单车仍旧多达90%，“共享”比重仍旧较小。第二，就产品而言，部分公司会对单车进行差异化定位，如摩拜单车推出了轻骑版和普通版等，进行差异化定价。

(2)企业提供互联网(APP)平台。共享单车市场仍旧是融合了共享经济典型的O2O特征，运用LBS定位等技术将线下的单车、需求方和线上APP相结合，便利性地完成供需匹配。

(3)企业进行共享单车管理和维护。共享单车作为共享单车企业的“产品”，由企业自行监管和护理；同时侧重于用户维权等。

2.共享单车市场的特点

从以上归纳可显著看出，采用B2C模式的共享单车企业在运作过程中相对于Uber的平台模式，共享单车企业自行提供大部分单车并进行维护和管理势必须要投入更多的固定成本和管理费用。从交易形式上看，使用权的暂时让渡，也更偏向于租赁而非共享。根据统计与分析共享经济的特点，总结归纳共享单车市场具有如下几个显著的特点。

(1)租赁模式在单车共享中更为明显。当前，大部分的共享单车公司提供共享单车的方式是公司提供绝大部分单车，公司对共享单车拥有所有权，而非仅仅只是供需方之间的交易平台，消费者获得使用权从而付费，是典型的租赁模式。

(2)B2C模式而非第三方共享经济平台。根据上述分析，共享单车公司作为*B*，为消费者直接提供产品，共享单车企业对共享单车进行供给并拥有共享单车的所有权，直接面向消费者将其租赁；由于单车价格低、难整合等特性，相对于Uber的典型共享单车模式，显然是有所区别的，但是如ofo提供的新战略等也体现了共享单车企业对于平台转型的理念。

(3)连接上下游。共享单车企业能够较好地联系上游的单车生产商和下游的消费者，不同共享单车企业选择与不同的单车生产厂家合作定制共享单车，合作定制的模式在为共享单车企业品牌塑造加分的同时，也为企业延展产业链提供了可能。

(4)成本仍旧较高。同样是由企业供给单车，单车的制造与管理价格对于新兴共享单车企业来说是较大的负担，也是共享单车企业不同于其他共享经济企业的特征，产品的提供使得共享单车企业难以再是纯粹的轻资本企业，而需为单车承担较高的成本。除却前期生产成本外，高昂的管理费用和收益回报也可能让企业面临较大的压力。

(5)定制性和独特性欠缺。共享经济的一大特点就是供需方的多样化，产品具有差异性，需求方可以有针对性地选择相应产品，但是目前由于共享单车的产品几乎全由厂家提供，虽然不同品牌的单车存在差异，但就各产品而言，之间并未有太大差异。

3. 目前可能的发展趋势

(1)盈利模式创新化

共享单车企业通过将用户每次使用共享单车所需支付的费用和用户使用单车所缴纳的押金进行投资，得到收益均，也是企业的一种盈利方式。此外，在共享单车公司发展初期，融资是企业维持周转的最主要模式，故共享单车目前仍旧是“花钱圈地”的状态，在发展前期，任何共享单车企业都尚未摸索出自身固定收益回报的盈利方式，谁能拥有更多的资金支持、谁将最早找到创新的收益方式，无疑就能更好地在共享单车市场博弈中胜出。

(2)运作模式平台化

共享经济，尤其是共享单车具有服务于公众、价格低廉、有政府供车先例的产品供给模式，这种经济模式容易给人“公共品”的错觉。事实上，根据上述对共享经济的各种特性分析，共享经济并不属于一类公共品，由于其产品的租赁性质、流动性、使用权短暂所属性等特点，共享经济模式所提供的产品甚至都不是俱乐部产品，其本质上仅仅是商品交易中最为基本的使用与付费的交易模式。但是另一方面，不可忽视的仍旧是共享单车的产品供给模式，由于共享经济联系了供需双方，共享经济模式能够整合更多的现有产品闲置资源，提高产品的流动性和利用率，共享单车目前在这一层面的作用尚少，但仍旧可能有增大共享程度的发展趋势。

(三)共享单车及其市场的影响

1. 共享单车的优势及益处分析

根据上述分析并结合实际情况，我们发现共享单车作为一种新兴交通工具和商业模式，具有极强的正外部性。

(1)缓解交通问题。共享单车的使用虽然主要是解决“最后一公里”问题，但也在一定程度上分流了机动交通工具的使用者人数，能够较好地缓解目前各大城市的交通拥堵等问题，联系到中国目前的城市现状更凸显价值。

(2)环境友好可持续。共享单车的产品主体是自行车，具有低碳、节能、环保的特点，其使用的增加能够相对减少机动车等的尾气排放，有利于空气等环境问题的改善，是绿色、环保、可持续的交通方式。

(3)提高产品、资源的利用率。共享经济的产品流动性较强，共享平台对于产品有较强的整合能力，在后期较少生产新产品的情况下便能实现产品的持续盈利性，并能够有效提高资源的利用率，减少浪费。

(4)创造新的商业模式。共享单车模式无论是目前的租赁或是未来可能的共享模式，都是对目前商业模式的创新，在顺应了理念与经济发展程度的情况下，更是创造了一种新的商业与服务模式。

(5)有利于民众健康、环保的观念形成与践行。对个体使用者而言，使用共享单车更多地体现了对于个体身体健康的促进，有利于新时代下民众对身体健康的重视与绿色环保观念的形成、营造良好的社会氛围与风气。

2. 共享单车市场的不足

同时，共享单车管理及其市场也存在一定的缺陷与不足，归纳如下：

(1)产品管理缺陷

第一，产品维护管理不到位。由于自行车易于损坏(ofo 等普通自行车需要经常进行打气、清洁、除锈等工作)，在共享单车数量投放较多的情况下，需安排较多人员进行定期定量维护管理。而由于上述已有分析，共享单车企业目前大多处于发展初期，资金和人员等都存在紧缺状况，对于共享单车的维护管理可能存在不当的情况，根据我们的统计，75.45% 的受调查使用者都曾遭遇单车损坏的情况，体现了产品维护问题的严峻性。

第二，自行车供给问题。共享单车供给存在两方面的问题：首先，按照大部分共享单车目前的运营模式，自行车全由企业提供，对共享单车企业的上游生产联系和资金准备都提出了较高的要求；其次，在共享模式的设想中，共享单车若是可由公众自身闲置单车组成，共享单车公司作为供需端的联结平台和单车维护管理的负责方则具备更烦琐的责任。

(2)市场管理缺陷

第一，存在忽视需求方权益的情况。在共享单车非“供需方共享平台”的情况下，企业同时作为平台和“第三方”更可能存在忽视需求方权益的情况，尤其体现在对需求方(即消费者)权益保护不足、企业责任漏失等情况，典型的如消费者投诉反馈等问题处理不及时、不适当等问题。

第二，信息公开与企业内部监管机制存在缺陷。第一，利用互联网的平台模式，信息公开的程度决定了外部对企业的信任程度，企业对于共享单车和企业经营状况等的部分隐瞒可能导致外部对企业信任程度的降低；第二，企业对自身产品和人员劳动监管的不足，导致可能存在较多的安全漏洞；第三，内部监管体系的缺陷也不利于信任机制的建立。

第三，缺乏系统、完善的市场监管体系。首先，共享单车市场作为一个新兴市场存在诸多不完善之处，各方虽然已然注意到此市场的迅速兴起与一些潜在的问题，但仍未有正式标准的监管体系形成；其次，由于共享单车的准公共品特性，此市场的商品价值相较于一般的私人用品便可能存在更多的社会意义，即对社会监管的要求也相应增加；最后，准公共品的公共性可能影响其他相关产业的经济利益及引发相关社会纠纷问题，最终影响到经济安全和社会稳定等。

三、模型解释

(一)模型简述

为了预测目前市场上多家竞争企业未来的发展趋势，我们先采用熵权法来评价企业的竞争力。由于评价一个企业需要从多角度来进行，而在确定指标权重时，仅仅根据评价者的主观看法并不能客观地反映各指标提供的信息,人为给出的权重难免缺乏客观的科学依据。熵权法是一种客观赋权法,它根据各指标所含信息量的大小确定指标权重,克服了主观赋权的种种缺陷。

对于 m 个评价单位、n 个评价指标,则有原始数据矩阵 $R=(X_{ij})_{m*n}$,对于第 j 个指标,有信息熵 e_j 为

$$e_j = -\frac{1}{\ln(m)}\sum_{j=1}^{m} P_{ij}\ln P_{ij}$$

其中,P_{ij}为第 j 项指标下第 i 评价单位指标值所占的比重,即

$$P_{ij} = X_{ij}/\sum_{i=1}^{m} X_{ij}$$

由此可见,如果某个指标的信息熵 e_j越小,表明在此指标上各评价单位的差异程度越大,提供的信息量越多,在综合评价中起的作用最大,则其权重也应越大,反之则越小。所以,在具体分析过程中,利用信息熵值来衡量各个指标的差异化程度,并根据其赋予指标不同的权重,在此基础上对所有指标进行加权,从而得出更为客观的综合评价结果。

因此,我们在这里应用熵权法作为评价企业竞争力的工具。

过程中值得注意的是,由于各指标没有统一的量纲,又同时存在正向和逆向指标,对于各个指标需要进行适当的处理;同时,由于计算中需要用到对数,必须避免指标值出现负数和零。

(二)应用过程

我们选取 ofo、摩拜、hellobike、小鸣、bluegogo、优拜、骑呗单车这七家知名度相对较高的公司作为我们的研究对象,从产品差异度、市场占有率、企业融资额、用户满意度这 5 个维度来衡量一家企业的竞争力。考虑到共享单车行业的新兴度、发展速度快和信息不透明等因素,很多具体数据难以得到。所以,我们采用问卷的形式,从企业需求面入手,获取了较为可靠的数据。

我们发放的问卷共回收 110 份,调查对象覆盖了全国多个省份和多个年龄段,获得了较为全面的信息。

首先,根据第 11 个问题,由人们对于单车各方面的重要性排序,得出了各项指标的比重,同时,结合我们搜集到的相关资料进行评分、加权运算以及标准化,得到了产品差异度这一评价指标的数据。具体数据如表 1 所示。

表 1 各品牌共享单车各项指标比重

	重要度排序	权重	ofo	摩拜	小鸣	bluegogo	hellobike	优拜	骑呗
单车质量	6.25	18.01%	4	7	6	5	6	4	4
骑行体验(轻便性、车座高低等)	4.9	14.12%	6	4	3	5	4	3	4

续表

	重要度排序	权重	ofo	摩拜	小鸣	bluegogo	hellobike	优拜	骑呗
单车分布数量和密度	4.65	13.40%	7	7	4	4	4	3	3
清洁程度	4.51	13.00%	6	7	6	6	6	6	6
单次使用价格	4.32	12.45%	6	3	4	5	5	7	4
押金价格	4.01	11.56%	7	4	6	7	6	5	5
便捷程度(能否迅速开锁等)	3.91	11.27%	5	7	7	7	7	5	7
品牌知名度	2.15	6.20%	7	7	4	4	4	2	3
综合得分			5.84	5.73	5.05	5.39	5.31	4.46	4.52
标准化得分			1.00	0.98	0.86	0.92	0.91	0.76	0.77

根据网上搜集到的资料,获取了市场占有率和融资额的有关数据,并从问卷中相关问题得到了用户满意度和品牌知名度的评价指标。对各项指标进行了标准化,标准化公式如下

$$\bar{X}_{ij} = \frac{X_{ij}}{\max\{X_{1j}, X_{2j}, \cdots, X_{mj}\}}, 1 \leqslant i \leqslant m$$

由此得到初始矩阵如下

表 2 共享单车企业各项指标比重标准化处理值

	产品差异	市场占有	融资额	用户满意度	品牌知名度
ofo	1.00	1.00	1.00	1.00	1.00
摩拜	0.98	0.97	0.61	0.77	1.00
小鸣	0.86	0.28	0.06	0.59	0.19
bluegogo	0.92	0.24	0.08	0.63	0.22
hellobike	0.91	0.23	0.07	0.72	0.25
优拜	0.76	0.17	0.06	0.75	0.12
骑呗	0.77	0.13	0.03	0.63	0.7

然后,根据公式 $P_{ij} = X_{ij} / \sum_{i=1}^{m} X_{ij}$,得到 p 值矩阵如下

$$\begin{pmatrix} 0.16 & 0.33 & 0.52 & 0.2 & 0.34 \\ 0.16 & 0.32 & 0.32 & 0.15 & 0.35 \\ 0.14 & 0.09 & 0.03 & 0.12 & 0.07 \\ 0.15 & 0.08 & 0.04 & 0.12 & 0.08 \\ 0.15 & 0.08 & 0.04 & 0.14 & 0.09 \\ 0.12 & 0.06 & 0.03 & 0.15 & 0.04 \\ 0.12 & 0.04 & 0.01 & 0.12 & 0.03 \end{pmatrix}$$

根据公式 $e_j = -\frac{1}{\ln(m)}\sum_{j=1}^{m} P_{ij}\ln P_{ij}$，得到每项指标的信息熵值

$$(e_1, e_2, e_3, e_4, e_5) = (0.998, 0.846, 0.637, 0.992, 0.801)$$

从而计算出差异系数 g 和权重 w

$$\begin{pmatrix} g_j \\ w_j \end{pmatrix} = \begin{pmatrix} 0.002 & 0.154 & 0.363 & 0.008 & 0.199 \\ 0.003 & 0.213 & 0.501 & 0.011 & 0.275 \end{pmatrix}$$

其中，$g_j = 1 - e_j; w_j = g_j / \sum_{j=1}^{5} g_j$。

最后，用我们算出的权重进行计算，得到各企业的综合评价值如表 3 所示。

表 3　各共享单车企业综合评价值

	综合评价值	评价值 ×100
ofo	0.431	43.17
摩拜	0.327	32.72
小鸣	0.055	5.51
bluegogo	0.062	6.21
hellobike	0.060	6.05
优拜	0.042	4.25
骑呗	0.025	2.53

(三)模型结果分析

从上述计算中可以看出，在综合评价得分中权重最高的是市场占有率、品牌知名度以及融资额这三大因素。因此，摩拜和 ofo 单车在这三项上的绝对优势使得它们成为评分最高的两家公司，与我们的现实经验相符合。

(1)市场占有率。不难理解，对于消费者来说，单车分布规模直接影响了人们取用的便捷程度。正如我们平时可以看到的那样，ofo 的小黄车、摩拜单车的橙灰色单车遍及大路和各个社区，取用和停放更加方便。与规模较小的小蓝、小鸣单车等相比，人们——尤其是考虑到有限的手机内存——下载一个 ofo 或摩拜的 app 可以解决更多更迫切的需求。

(2)品牌知名度。知名度较高的企业品牌更容易得到消费者的信任，塑造了更好的品牌形象，增进了消费者选择的偏好性。据调查，从心理因素考量，更多的产品使用者愿意使用更具知名度的单车品牌，并将之与产品质量和服务等相联系。因此，品牌知名度是消费者需求的决定性因素之一。

(3)融资额。支撑企业在经营初期完成单车市场占有率扩张的最有利因素之一无疑是资本。目前共享单车企业都未完全拥有较完善的资本收益方式，仅依靠巨大的前期投入扩展企业规模，各家为了争夺市场而打响的价格战，更将收益压到了极低的水平。经新闻报道以及我们的初步估计，假设一辆单车一天被使用 6 次，一辆摩拜单车需要一年以上才可以回本，而这样的估算中还并没有考虑可能性极高的单车损坏和更新换代。所以在如今共享单车在国

内发展的初期阶段,共享单车企业所能获得的融资数量成了关键因素。

我们还可以发现,不同企业之间,产品差异度和用户满意度差别并不大,消费者的需求对不同的单车本身是不敏感的、无差异的。随着科技的发展,单车的开锁方式逐渐变化,越来越便捷;骑行体验在不断地优化;车身也愈加坚固,减少了损坏概率。所以,除了颜色差异之外,单车发展的总趋势大致可以预测为成本逐渐降低,各家公司的产品将趋于一致。

综上所述,市场占有率、品牌知名度以及融资额是一家共享单车的致胜关键,而同时拥有这些优势是具有较高的壁垒的,这就意味着共享单车市场并不是我们过去所认为的"进入壁垒低、竞争自由"的市场。首先,从目前的融资格局就可以看出,投资者倾向于选择更有竞争力的企业,所以规模较大的 ofo 和摩拜在融资数额上拥有绝对的优势,新进入者很可能在融资方面遇到困难,陷入资金问题。其次,融资额又在很大程度上影响了一家企业投放自行车的数量、产品运营和风险管理水平,决定了企业的市场占有率和品牌知名度的高低。

因此,我们可以认为,现有的两家规模最大的公司,可能会成为共享单车市场最终的两个供给者,组成一个寡头垄断市场。

四、寡头垄断模型分析

(一)寡头垄断市场的特点

根据上文的分析,我们可以采用寡头垄断模型来分析共享单车市场,并对其未来的发展进行预测。

寡头垄断是一种介于完全垄断和垄断竞争之间的市场结构。据曼昆在微观经济学中的解释,寡头的本质是只有少数几个卖者,市场上任何一个卖者的行为对其他所有企业的利润都可能有较大的影响,寡头企业之间相互依存。

寡头垄断市场有以下几个特点:

(1)企业极少。在共享单车市场中,考虑到融资和市场占有率等决定性因素,市场上最终留下的企业应当只有 2 ~ 3 家,符合这一特性。

(2)产品同质。随着科技的发展,单车质量不断提升,最终各家企业提供的单车应当在质量上趋于一致,因而消费者对于使用不同单车的需求是无差异的。

(3)行业拥有进出壁垒。由于融资的难度和前期巨大的投入,共享单车行业具有一定的规模经济性质,所以小企业进入此行业并与大企业瓜分市场是有较高难度的。

(4)企业之间竞争激烈而又相互依存。垄断企业之间存在很强的相互依存性,使其在经营上有着与其他类型的企业不同的重要特点,即寡头垄断者的某项决策会产生什么结果完全取决于其对手的反应。因此,寡头垄断者的竞争结果具有很大的不确定性。对实践中的企业来说,这种不确定性使其决策的难度相应提高。所以这种不确定的共享单车企业的博弈过程,就是我们下面分析的重点。

(二)具体分析

在寡头垄断模型中,最为经典的情况便是双寡头垄断。

1838 年，法国数学家奥古斯汀·古诺(Augustin Cournot)提出了第一个非合作寡头垄断模型，古诺假设每个企业独立行动，通过选择产量来最大化其利润。古诺模型又称为古诺双寡头模型，并且可以推广到三个或多个寡头厂商的市场。

古诺模型有几个基本假设：产品是同质的(与共享单车产品差异度低相符合)；只有两家企业，且有相同的成本结构；每家企业对市场需求曲线上每一点有着完全信息；只有一个时期；决策变量是产量；每家企业选择产量时，假定对方产量不变。

假定市场上有两家企业，单车租赁价格为 p，两企业产量分别为 y_1 和 y_2，则需求函数为：$p = a - b(y_1 + y_2)$，(a 为常数)，即 DD'；企业 1 预测企业 2 的生产量为 y_2，则企业 1 所面临的剩余需求曲线为 D_1D_1'，如图 1 所示。

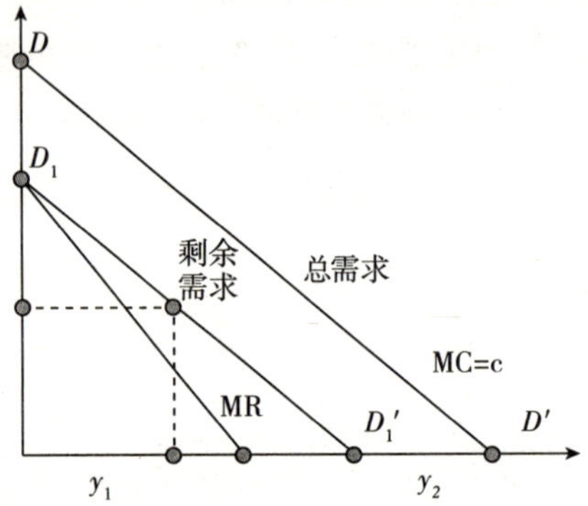

图 1 古诺企业剩余需求曲线

我们将企业 1 最大化利润时的产量 y_1 表示为一个与 y_2 有关的函数，即 $y_1 = f(y_2)$，图中 $f(y_2)$ 是线性的，斜率为负。

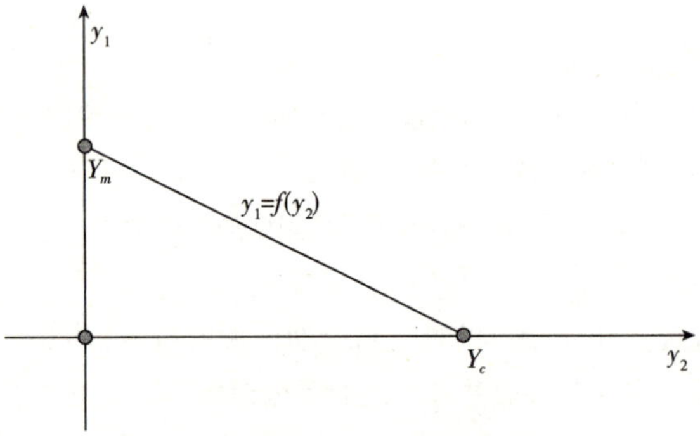

图 2 企业 1 利润最大化产量

设两家企业边际成本相同，即 $MC_1 = MC_2 = c$，企业 1 总成本为 TC_1，且 $\frac{\partial TC_1}{\partial y_1} = MC_1 = c$，则企业 1 的利润函数为：$\pi = p y_1 - TC_1$；由企业利润最大化一阶条件得：$\frac{\partial \pi}{\partial y_1} = a - 2b y_1 - b y_2 - c = 0$；得到企业 1 的反应函数为：$y_1 = \frac{a - c}{2b} - \frac{y_2}{2}$；同理可得企业 2 的反应函数为：$y_2 =$

$\frac{a-c}{2b}-\frac{y_1}{2}$。

联立两个方程,得到:$\overline{y_1}=\overline{y_2}=\frac{a-c}{3b}$,市场总产量为$\bar{y}=\frac{2(a-c)}{3b}$,均衡价格为:$\bar{p}=a-b(\overline{y_1}+\overline{y_2})$。

所以,在产量均衡条件下,两个企业最终将均分这个市场,形成产量均等的寡头垄断。

五、政府与共享单车

近年来,政府投放的大量公共自行车逐渐融入了各大城市的公共交通系统。尽管公共自行车大多是有桩使用,即有固定的借车和换车地点,但它低廉的价格和与共享单车类似的租赁方式,以及政府介入的管理模式,值得我们进行深入分析,考虑它与共享单车之间可能存在的竞争模式。

(一)公共自行车与共享单车的竞争

1.政府单车的公共产品特性

不同于共享单车,政府公共自行车提供应当属于准公共品。根据奥斯特罗姆提出的产品类型划分,公共自行车由于其公共性和排除潜在受益者的难度低,故具有公共品特性,但又因其付费的排他性,故而类似于付费产品。作为政府提供的福利性公共设施——公共交通体系的一部分,公共自行车具有典型的准公共品特性。

从外部性角度考虑,消费公共自行车也存在竞争。一方面,消费公共自行车本身存在竞争,一个人只能在短期内拥有公共自行车的使用权,而不能排斥其他人在其他时间使用该产品,而该个体的使用也可能会减少他人对该产品的使用;另一方面,由于付费的排他性存在,消费公共自行车也具有排斥性,如很多城市的公共自行车必须办理市民卡并单次付费才能够使用。

但是从满足需求的角度考量,公共自行车与共享单车实质上满足的是同一种需求,即为自行车租赁使用者提供服务,在这一市场上,公共自行车与共享单车存在竞争关系。

2.政府单车与共享单车的竞争

而政府提供的公共自行车相较于共享单车在市场上也具有极强的竞争力。

第一,资金支持。公共自行车以政府资金作为支撑,相较于其他市场中的企业,资金来源更有保障。由于上述分析,公共自行车在生产提供和后期运行管理方面都需要较高的管理费用,而政府的公共交通系统成本预算管理可以提供较为充足的资金,也易于形成规模效应。

第二,管理及人员支持。目前,大部分共享单车企业在起步初期都存在人员配备不足的问题,企业规模较小,无论对于自行车管理的企业自身维护还是工作外包方面都存在明显不足,如某共享单车品牌在上海市投放了十万辆自行车而公司维护人员仅五十余人,相较之下,政府从前制定标准所要求的一百辆车一位工作人员进行维护并设置专门机构进行监督管理就科学与可持续很多,政府维护管理的公共自行车,在人员提供与管理部门的规范性上或许都会有一定优势。

第三,政策支持。政府的政策导向也可能有较大的影响。政府政策作为“看得见的手”,能够在很大程度上左右共享单车市场的发展趋势与方向。

总而言之,政府提供的公共自行车会是共享单车企业强有力的竞争者。

(二)政府与共享单车企业的合作

尽管公共自行车获得了政府的支持和有效管理,但公共自行车的车型较为简单,骑行舒适度不高,而且投放量有限,在需求紧迫时消费者并不一定能及时找到一辆公共自行车。

同时,目前共享单车也面临一个很大的问题,即单车的极高损坏率,毁坏二维码、上自家的锁、打砸、偷盗等各种行为层出不穷,屡禁不止。据新闻报道,尽管摩拜单车造价上千元,原定寿命在4~5年,但短短几个月来在上海的损坏率已经高达10%了,而建立信用体系,例如摩拜与芝麻信用的合作,也并没有起到决定性的作用。

在共享单车体量越来越大时,矛盾也日益凸显,即将上升到社会层面,因此,政府势必采取措施。与其对共享自行车进行打压,不如政府和企业进行合作显得更为合理。

在国家大力推动PPP模式的形势下,与地方政府的深入合作,使盈利性自行车租赁成为公共自行车租赁的补足,或者将两者合并由企业负责运营,还可以在停放场地、骑行道路、损失补偿和车辆监管等方面得到市政方面的支持,有效地降低车损概率。而政府也可利用无桩式自行车的移动出行数据,了解实际的用车需求,从而科学、有效地调整车辆投放数量和地点,对于城市规划也有一定的帮助。同时,通过合作可以进一步实现商业化管理,提高公共资源的利用效率。还可以根据不同的需求提供多样化的自行车,包括山地车、亲子车、菜篮车等。除此之外,电动自行车共享的开发也将为公共自行车租赁市场带来新的机遇。

在共享单车的发展历程中,velib早已给予我们启示,它与政府的合作具有很大的参考意义。velib在一众共享单车企业中脱颖而出的很大一部分原因便是德高集团和政府的合作。巴黎市政府与运营商达成协议,每年支出400万欧元用于更新及维修损坏的自行车,而巴黎市通过售卖velib授权的商品以及线上线下广告等商业模式的创新而充分发挥了该项目的品牌效应,两者的合作使得巴黎公共自行车系统稳健发展,为市民提供了便利,达到了三赢的效果。

而在我国,2017年4月13日ofo与银川市政府签订了战略合作协议,结合银川城市管理优势,完善城市慢行交通系统;而摩拜也一直与政府保持停车规划和数据共享等方面的合作。可见,政府与共享单车企业的合作势在必行。

六、建 议

(一)共享单车企业的应对

由上述分析可知,共享单车市场极有可能最终形成寡头垄断的格局,几家企业对市场进行垄断给其他企业留下了及其微小的生存空间。因此,在市场格局尚未最终形成时,各企业都应该努力提升自身竞争力,努力成为最终留下的胜利者。

在我们的统计数据模型中,融资额和市场占有率是共享单车企业受影响最大的两个方面，几乎也是决定企业能否盈利和可持续的关键，通过成本控制和创新管理等能够从企业内部增强实力。而从市场整体和社会效益角度看，企业增强消费者权益保护、完善信息信任制度则可以无形中提升企业的信誉和可信度，增强企业的软实力。

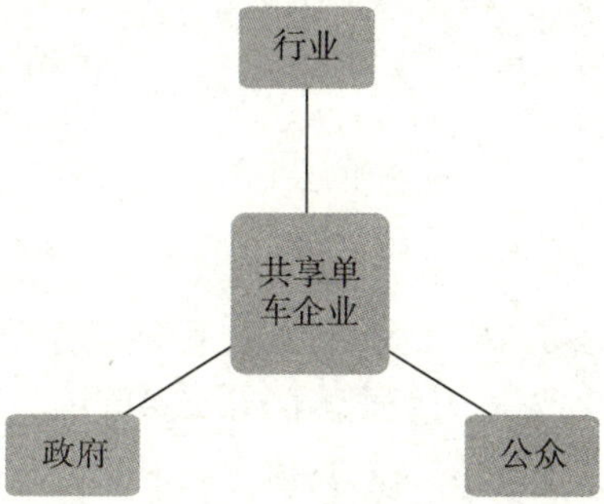

图3 共享单车发展对策导引图

1. 企业内部

（1）完善资金链，提升资金使用效率。由于共享单车使用单价低和押金的退还性，共享单车产品具有成本回收较慢的特点，融资仍旧是目前共享单车企业最主要的基础资金来源，这也是目前共享单车企业竞争主要体现在资金竞争的原因，企业应当不断创新自身管理与产品等，在初期能够吸引资金从而支撑企业早期迅速发展，抢占市场份额。在确保了资金链充足的前提下，提升资金使用效率的要求不可或缺，资金充足是扩大市场占有率的基础，而如何科学地使用资金，如选择正确的产品投放城市、数量、生产厂家等，可以不断扩大企业竞争力。

（2）优化成本管理，创新产品供给。虽然共享单车所提供的产品由于时间紧迫性使使用者对其需求偏好差异较小，但创新而有特色的共享单车在一定程度上仍能够增强企业的产品竞争力，这便需要企业优化成本管理。从前向联系降低单车供给成本，到后期维护管理，无论是从外包还是从增加管理人员的同时降低成本方面着手，从而提升成本管理和资金运用的高效性。此外，如摩拜单车研发不用打气的自行车等提高自行车科技或工艺等方式可降低后期维护费用也能显著降低成本。

（3）共享运作模式与盈利方式创新。融资并非企业可持续的资金来源，固定收益性是企业永续发展的保证，如企业通过其他安全收益性途径进行确保收益的投资等，共享单车企业在自身产品微利的情况下，必须尽快找寻可持续的收益方式，从而为企业运行提供保障。另外，共享单车模式的运作方式变革也有待讨论，无论是当前的主要租赁模式还是可能的共享平台模式，共享单车都需要选择稳固的运作模式。或许能够最先践行盈利方式创新的企业才能够更早步入正轨，市场竞争也才能够逐渐规范。

（4）注重广告宣传和企业品牌塑造。通过宣传使企业知名度提升，也逐渐增加市场和消费者对企业的积极认知，塑造企业形象。

2. 市场与社会层面

（1）企业间合作。假如共享单车企业最终的市场竞争格局是寡头垄断，则最终的寡头企业竞争与合作从而为市场在适合的价格提供适量的产品就显得尤为关键，企业收益性和市场正效应都是需要考量的因素。

(2)建立消费者权益保护机制与体系。当前企业对消费者群体的权益保护仍有不足,从企业角度对消费者权益进行保护可以提升企业形象,而企业与外部共同构建较为完善的消费者权益保护机制,则能长续地保证需求端的需求的有效性和满足性。

(3)建立完善信息反馈和信任机制等。适当的信息公开有利于信任机制的建立,是供需双方互信合作的长期基础。

(二)政府监督管理

共享单车市场刚刚兴起,尚有诸多不完善之处,亟须建立健全外部管理和监督体系进行市场管控;而当市场逐渐成熟,如果成为所预测的寡头垄断市场的话,由于寡头垄断市场的福利损失,则亦需要政府进行外部管理和调控,具体有以下几个方面。

(1)完善信用和安全体系。为了达成供需双方信任合作,企业会建立一定的信息信用体系,但是在缺少外部监管的情况下,仍旧有较大风险出现信息不对称问题,需要引入政府在共享经济模式中建立健全安全信用体系,利用共享经济现有的 O2O 互联网模式和大数据等进行信用记录和管控工作,从第三方保证市场供需双方的信息与交易安全。

(2)建立消费者利益保障机制。在消费者相对弱势的共享单车市场,应该建立更多的平台使需求方能够反馈情况与需求,从而在一定程度上调节供需双方的相互地位,如建立平台互评机制等,并通过第三方机制进行消费者权益保障机制的管理工作等。

(3)加强共享经济平台监管。共享单车平台目前都是以 O2O 形式运营,共享经济平台以互联网为载体,大部分的供求信息都通过共享平台进行显示,建立完善的互联网与经济平台监管制度十分必要。

(4)政府对共享单车企业进行适当监管。共享单车企业作为一种较为新兴的企业形式,在接受行业自律的同时,同其他市场主体一样也需要接受一定程度的政府监管。政府需要确立标准体系化的准入准出机制、信息披露制度等的确立与规范,建立企业征信制度。

(三)社会公众第三方督促

第三方机构及公众监督是企业、行业内部和政府监督之外协助行业及企业进行监督管理的重要途径。共享单车作为一种几乎人人都能够直接接触的产品,与民众的日常生活息息相关,建立起第三方监督机制并树立起全民监督、积极参与的观念能够在一定程度上弥补市场缺陷。总之,政府与第三方市场监管机构都应该在市场逐渐完善的过程中为共享单车市场构筑逐渐完备的管理监督体系,为共享单车市场的良好发展提供支持。

总而言之,共享单车市场作为共享经济的一种新模式,可能在诸多方面影响人们的现实生活,市场上的竞争在淘汰落后企业的同时也促进了企业积极参与竞争,提供更好的共享单车质量与服务,而企业的模式创新、外部的监督和管理则能使市场逐渐成熟完善,使共享单车这种具有准公共品特性的产品在为企业带来利益的同时也更好地发挥其正外部性。

参考文献

[1]王亚丽.供给侧改革视角下的共享经济[J].战略与改革,2016(7).

[2]唐清利."专车"类共享经济的规制路径[J].中国法学,2015(4):286-302.

[3]郑志来.供给侧视角下共享经济与新型商业模式研究[J].经济问题探索,2016(6).

[4]金怀玉.企业竞争力评价指标体系研究[D].广州:暨南大学,2004:4.

[5]汤天波,吴晓隽.共享经济:"互联网+"下的颠覆性经济模式[J].科学发展,2015(12):78-84.

[6]张晓芹.共享经济下的商业模式创新[J].安徽商贸职业技术学院学报,2016(3).

[7]章穗,张梅,迟国泰.基于熵权法的科学技术评价模型及其实证研究[J].管理学报,2010:1.

[8]王必好,黄浩杰.寡头垄断市场结构的技术创新效应研究——基于伯特兰和古诺均衡分析视角[J].经济评论,2013(5).

[9]邱淳锵.共享单车真的是共享经济吗?[J].现代商业,2017.

[10]肖香玉.企业竞争力评价研究[D].南昌:江西财经大学,2003.

[11]薛强.国人共享单车使用情况调查[J].2017.

[12]丁梦娇.我国政府监管的合理边界——以北京地区打车软件Uber为例[J].中共珠海市委党校珠海市行政学院学报,2016(3).

[13]刘扬.共享经济下的机遇与挑战——以Uber为例[J].现代国企研究,2016(14).

[14]尹子民,刘振安,张华.企业竞争力评价系统的研究与应用[J].企业经济,2002(9).

[15][美]杰里米·里夫金.走向物联网和共享经济[J].企业研究,2015(2).

[16]项国鹏,周鹏杰.商业模式创新:国外文献综述及分析框架构建[J].商业研究,2011(4).

[17]范晓屏.关于企业竞争力内涵与构成的探讨[J].浙江大学学报(人文社会科学版),1999(6).

附录:(《共享单车使用体验调查》,文中部分统计数据来源于此调查问卷)

共享单车使用体验调查

您好:

共享单车近年来发展十分迅速,在各大城市普及广泛,对民众的日常生活等都产生了较大影响。为具体考察共享单车使用情况及发展前景,我们制作了此问卷,并希望能够得到您的填写与帮助。十分感谢!

1. 您使用过共享单车吗? 若有,一般多久使用一次呢? [单选题] [必答题]

A 从未使用过　　B 特定情况偶尔使用

C 每周使用几次　　D 每天使用两次以上

2. 您一般使用共享单车最主要是出于什么目的呢? [单选题] [必答题]

A 上下班(学)节省时间　　B 定期锻炼使用

C 偶尔骑游　　D 其他(请说明)__________

3. 您使用共享单车的平均时长大概是多久? [单选题] [必答题]

A 30 分钟以内　　B 30 ~ 60 分钟　　C 1 小时以上

4. 您一般在什么时段使用共享单车? [单选题] [必答题]

A 7:00 ~ 9:00　　B 17:00 ~ 18:30

C 19:00 ~ 22:00　　D 其他时段 __________

5. 在您生活的区域有以下哪些品牌的共享单车? (多选) [多选题] [必答题]

A ofo　　B 摩拜单车　　C 小鸣单车　　D Hellobike

E bluegogo　　F 优拜单车　　G 骑呗单车　　H 其他____

6. 在上题所选品牌中,在您所生活的区域哪一种共享单车的品牌最为常见? (按常见性排序,v 为最常见,i 为最不常见) [排序题,请在中括号内依次填入数字] [必答题]

[　　]ofo　　[　　]摩拜单车　　[　　]小鸣单车

[　　]Hellobike　　[　　]bluegogo　　[　　]优拜单车

[　　]骑呗单车　　[　　]其他

7. 在您使用过的共享单车中,您认为哪款车的骑行体验最为舒适? [单选题] [必答题]

A ofo　　B 摩拜单车　　C 小鸣单车

D Hellobike　　E bluegogo　　F 优拜单车

G 骑呗单车　　H 其他__________

8. 您能接受的最高共享单车单次骑行的价格是多少呢? [单选题] [必答题]

A 0.5 元/小时　　B 1 元/小时

C 2 元/小时　　D 无所谓,不超过公交车或地铁票价都能接受

9. 您能接受的最高的共享单车押金是多少? [单选题] [必答题]

A 99 元　　B 199 元　　C 299 元　　D 499 元

E 不愿意支付,会选择其他可以用学生(教师)证或芝麻信用等的信用抵押方式

F 低于中高端自行车市价的抵押金都能接受

10. 您是否愿意同时使用多种共享单车(下载 APP 并支付押金)?[单选题][必答题]

A 不愿意,一种就够了

B 能够接受同时使用两种,轮换使用

C 会下载多个 APP(3 种及以上),以应对高峰期抢不到共享单车的情况

11. 您对共享单车侧重哪些方面的具体要求呢?(按重要性排序)[单选题][必答题]

A 外观颜色　　B 单车质量　　C 押金价格　　D 清洁程度

E 品牌知名度　　F 单次使用价格　　G 单车分布数量和密度

H 便捷程度(如能否迅速开锁等)　　I 骑行体验(轻便性、车座高低等)

J 其他__________

12. 您是否遇到过损坏(无意或恶意)的共享单车?[单选题][必答题]

A 是　　B 否

13. 如果政府优化改进公共自行车(费用与共享单车相近,并有专门管理部门),您是否愿意使用?[单选题][必答题]

A 愿意　　B 不愿意

14. 请问您的性别是?[单选题][必答题]

A 男　　B 女

15. 您的年龄段:[单选题][必答题]

A 18 岁以下　　B 18 ~ 25 岁　　C 26 ~ 30 岁　　D 31 ~ 40 岁

E 41 ~ 50 岁　　F 51 ~ 60 岁　　G 60 岁以上

对马克思主义政治经济学经济增长理论的新探索
——基于马克思主义政治经济学复杂劳动理论

刘子嘉
（南开大学经济学院）

［摘　要］本文立足于马克思主义政治经济学基本范畴，以生产领域的生产性劳动为经济增长的前提，引入复杂劳动相关范畴作为界定劳动力质量和结构的因素，从价值和使用价值两个角度出发，对马克思主义政治经济学的经济增长模型进行了有益探索。在价值层面，经济增长的短期动力主要来自简单劳动者的人数增加，长期动力主要来自技术进步带来的劳动者素质的提高，即劳动力的不断复杂化。在使用价值层面，经济增长的决定性因素是劳动量的增加，而劳动量的增加机理与价值层面经济增长的机理相同，即劳动者数量和质量的改变。由此得出，经济增长动力是劳动过程中"人的因素"，即劳动者的活劳动的增长，经济增长的本质是劳动者创造财富的能力的增长。

［关键词］经济增长；复杂劳动；简单劳动；生产性劳动；技术进步

一、引　言

长期以来，经济增长问题一直是经济学研究的重要问题，具有十分重要的现实意义。就西方经济学和流行的观点而言，经济增长意味着 GDP 的增长，即指在一个较长的时间跨度上，一个国家人均产出（或人均收入）水平的持续增加。在西方经济学增长理论史上，较早提出经济增长模型的是哈罗德和多马，即哈罗德—多马模型。这个模型的基本思想是：经济增长率取决于储蓄率和资本产出比。后续的新古典经济增长模型则认为，收入（经济）的增长取决于资本增长率和劳动增长率的增加。近年来的新经济增长模型重视技术以及人力资本的影响，将技术进步内生化，并且认为经济增长是人力资本不断积累的结果。

从马克思主义政治经济学出发，经济增长可以从使用价值和价值两个方面来衡量，从使用价值角度来看，增长意味着人们生产资料和生活资料的增加，即经济增长"直接表现为社会总产品及其生产要素的变动，即量的增加和质的完善"①。经济增长的根本动力来源不是别的，而是人类的物质生产活动，物质生产活动的本质是人们通过劳动与自然界发生的物质交换活动，资本是人们劳动创造的产物而技术进步也是人们脑力劳动的结果。因此，从价值的

---

①　［苏］B. A. 梅德韦杰夫. 政治经济学［M］. 天津：天津人民出版社，1989：64.

角度来看,人类劳动是经济价值增长的本源,即经济增长是一种价值量的增长,而这背后则体现着劳动者创造价值的能力的增长,也就是劳动力价值的不断增长。在两个层面的经济增长中,价值量的增长无疑处于决定性地位,即劳动者创造价值的能力的增长是决定性的。这体现在:劳动力价值的大小是这种创造能力的直接体现,而在现代的资本主义社会中,大量工人所创造的价值以剩余价值的形式被资本家阶级等无偿占有,工人所得到的仅仅是自己劳动力价值的等价物。资本生产方式虽然极大地提高了劳动者的生产率,创造了许多的物质财富,但是这些财富中工人得到的部分却增加得很慢甚至不增加、减少。这会造成这样的局面,即"一方面是不可计量的财富和购买者无法多付的生产过剩,另一方面是社会上绝大多数人口的无产阶级化,变成雇佣工人,因而无力获得这些过剩的产品"①,而这样的社会"被自己的富有所窒息"②。这种工人无法获得过剩产品的原因就是工人劳动力价值没有增长,工人自己获得的价值量没有增长。因此,单纯的使用价值层面的经济增长,即物质产品的极大丰富并非是合理的经济增长,只有劳动者创造价值能力,即劳动力价值与物质产品一同增长才是合理的经济增长。

西方经济学的增长模型虽然比较客观地描述了现实经济活动的增长趋势,但是却仅仅从使用价值层面来分析经济增长,忽略了价值在经济增长背后的运动积累;看到了技术进步和资本对经济增长的推动作用,但是从根本上混淆了积累劳动和活劳动在增长中的不同作用。这就是我们看到的现实中劳动者因为技术进步而不断被替代,虽然生产出来了大量物质产品,但是由于劳动者无法就业以及收入不足,劳动力价值无法得到实现。这在现实中则表现为内需不足。由内需不足所导致的有效需求不足使经济面临严重的剩余价值的实现困难,要解决这一困难,只能采取以外需代替内需、以积累取代消费、以奢侈品消费取代工资品消费等主要方式,从而使经济表现为内需不足、对投资和出口的持续依赖以及严重的消费两极分化等失衡状态。

完善的经济增长模型既不能忽视生产性劳动者劳动的重要性,也要体现出技术进步与劳动者的相互作用。在《资本论》中,马克思关于复杂劳动的思想为我们解决这一问题提供了钥匙。关于复杂劳动,马克思指出是"比社会平均劳动更高级的更复杂的劳动,是一种需要更高的培养费用,从而为生产它需要更多的劳动时间的劳动支出"③。劳动力的培训费用变化不仅体现了西方经济学所称的"人力资本"概念,而且也说明了技术进步所带来的具体劳动性质的变化对于劳动者价值创造能力的影响。由此,复杂劳动相关范畴的应用不仅从另一个视角给我们提供了将经济增长与劳动力质量和结构变化相联系的渠道,也避免了西方流行的经济增长模型对经济增长的片面描述。

针对上述原因,笔者首先构建了价值层面的经济增长模型,以引入复杂劳动因素的价值形式的生产函数为基础,讨论技术进步对于经济增长的意义。该分析过程表明,经济增长率为正的推动力是劳动者数量和质量的提升。其次,在使用价值层面,通过马克思的社会扩大再生产模型,笔者构建了一个基础的经济增长模型,试图阐明实物量增长与价值量增长的关

① [德]马克思.雇佣劳动与资本[M].北京:人民出版社,1971:9.

② [德]马克思.雇佣劳动与资本[M].北京:人民出版社,1971:9.

③ [日]久留鱼鲛造,等,著.资本论辞典[M].天律:南开大学出版社,1991:266.

系。该模型表明，相比于生产过程中“物的因素”，即不变资本、资本有机构成和劳动生产率等，“人的因素”，即劳动者创造价值的能力，处于经济增长的决定性地位。

二、理论准备

本部分就模型中的一些关键范畴进行论述，一方面说明了这些范畴的本质特点，作为前期理论准备；另一方面则进一步指出模型的适用条件和范围。

（一）剩余价值率

剩余价值率是“剩余价值的相对量，即可变资本价值增殖的比率”①。而剩余价值是劳动力在剩余劳动时间内创造的价值，可变资本的价值被劳动力在必要劳动时间内创造出来。因此，剩余价值与可变资本价值的比率等于剩余劳动时间与必要劳动时间的比率，即剩余价值率 = 剩余价值/可变资本价值 = 剩余劳动时间/必要劳动时间，劳动者在必要劳动时间内再生产出自己的劳动力价值。剩余价值率不仅衡量了可变资本的价值增殖程度，而且是“劳动力受资本剥削的程度或工人受资本家剥削程度的准确表现。”②。

提高剩余价值率虽然可以带来经济增长，即价值量和使用价值量的增加，但是这种经济增长的方式在现有经济发展阶段不仅不可持续，而且受到诸多因素的限制。主要有以下两个主要原因。

第一，随着资本主义生产方式的不断发展，剩余价值率总体上呈增长的趋势，但是这种增长趋势开始放缓。姬旭辉、邱海平（2015）估算出了中国 1995—2009 年的剩余价值率，结果发现，剩余价值率总体上呈上升趋势并且增幅呈先大后小的趋势，尤其是 2008 年和 2009 年的增长值仅是 0.02 和 0.03。谢富胜、李直（2016）计算出了中国 1994—2011 年的剩余价值率，发现剩余价值率虽然总体上是增加趋势，但是 2009—2011 年，剩余价值率先增后减，从 1.15 降至 1.1。日本学者泉弘志（1983）计算出 1960—1975 年日本、美国和韩国三个国家的剩余价值率，发现日本、美国和韩国三国的剩余价值率均呈上升趋势，并且美国在进入 20 世纪 70 年代后这种上升趋势开始减缓。泉弘志（1991）进一步估算，发现 1960—1985 年，日本剩余价值率呈上升趋势，然而进入 80 年代后增幅有减缓趋势。汉斯·塔梅尔（1979）估算出了 1950—1977 年东德的剩余价值率，结果显示仅在连贯的经济周期内其剩余价值率呈上升趋势。

第二，马克思已经指出通过提高剩余价值率来促进生产有两种基本方法：一种是绝对剩余价值生产方式，通过延长工作日或者增加劳动强度等手段。但是，这种提高不是无限的，会受到劳动者身体界限和道德界限的限制。另一种是相对剩余价值生产方式，这种方式通过技术变革带来劳动者必要生活资料价值的降低，以此来减少劳动力价值，使资本家占有更多的剩余价值。但是，随着社会经济的不断发展，劳动力价值的物质内容也在不断丰富，不再局限于必要的生活资料，并且劳动力价值构成还包括相关教育培训费用以及子女养育费用，因此，劳动力价值是否会通过技术进步而趋向下降是存在疑问的。

---

① ［德］马克思．资本论：第 1 卷［M］．北京：人民出版社，2004：249.

② ［德］马克思．资本论：第 1 卷［M］．北京：人民出版社，2004：252.

(二)生产性劳动和非生产性劳动

经济增长从价值层面上看是劳动者创造的价值量的不断增加,从而是劳动者创造价值能力的不断增长,即劳动力价值的增长。按照马克思主义政治经济学基本原理,在现有商品经济发展阶段,并非任何领域的劳动都创造价值和剩余价值,只有生产性劳动才创造价值和剩余价值,非生产劳动只消耗使用价值但不创造价值,所以生产性的产业是创造价值的产业。如果我们将一些非生产领域的劳动,如非生产性的服务业、金融业等,纳入模型中,就会造成经济增长虚假夸大的情况。因此,模型中的所有变量都应该体现生产性劳动领域的特点,并且首先应明确什么是生产性劳动,以便确定现实中的生产性产业。

对于生产性劳动和非生产性劳动的区分,学界颇有争论。

国内学者中,程富恩(2001)认为凡是直接为市场交换而生产物质产品和精神商品,以及直接为劳动力商品的生产和再生产服务的劳动,其中包括自然人和法人实体的内部管理劳动和科技劳动,都属于价值创造的劳动或生产性劳动。蒋学模(1996)认为,包括生产物质产品、精神产品和服务产品的活劳动,都能创造价值。吴易风(2001)认为,只有进入商品生产过程的劳动和进入为商品生产过程所必要的前期准备阶段和后续过程的劳动才是创造价值的劳动。即便是同一形式的生产性劳动,也不一定都是创造价值的劳动。卫兴华(2001)认为,不仅企业内部直接、间接为生产服务的各种劳动是生产性劳动,即使在企业外部直接、间接为生产服务的脑力劳动也是生产劳动。白暴力(2001)认为,只有生产社会中多数人需要对象的劳动才是生产性劳动,才创造价值。可见,国内学者分别从劳动的产品的使用价值性质、劳动过程的性质,以及劳动过程的最终目的出发对生产性劳动进行了界定。

国外学者中,Simon Mohun (1996)认为,生产性劳动首先是雇佣劳动(Wage Labor);其次,如果这个劳动使得一定量的资本转变为更多量的资本,那么这个劳动就是生产劳动。如果这个劳动仅仅将商品资本转变为货币资本或者将货币资本转变为生产资本,那么这个劳动是非生产性劳动。Shaikh,Tonak(1994)认为,社会再生产分为四类,即生产、分配、社会秩序的维持与再生产、个人消费。只有第一类是生产劳动,其他活动消耗使用价值但不创造新价值,是非生产劳动。进一步地,他们认为对于资本主义来说,只有同资本相交换、通过在市场上销售以获取利润为目的的劳动是生产性的,体现了资本主义的本质。Izquierdo, S. C. (2006)认为生产性劳动与非生产性劳动的区分应该从价值创造,特别是从剩余价值创造的角度出发来理解。进一步地,他认为,首先,就资本主义生产方式与非资本主义生产方式来说,只有资本主义生产方式下生产剩余价值,因此生产性劳动首先是资本主义生产方式下的劳动;其次,就资本主义生产方式内部来说,只有生产过程的劳动创造剩余价值,流通过程的劳动仅仅是对剩余价值的耗费,因此前者属于生产性劳动。可见,国外学者则较多立足于资本主义经济发展阶段,结合当前资本主义经济发展新特征对生产性劳动的内涵进行修正。

笔者认为,对于生产性劳动与非生产性劳动力的区分应该以发展的视角,把握马克思主义政治经济学中“一般与特殊”的分析方法,从生产性劳动一般和生产劳动特殊两个方面出发,重新理解资本主义生产关系下的生产性劳动内涵,并借此给予社会主义市场经济条件下生产性劳动内涵以新的认识。

1. 生产性劳动一般

马克思在《资本论》第一卷中指出:“在劳动过程中,人的活动借助劳动资料使劳动对象发生预定的变化。过程消失在产品中。它的产品是使用价值,是经过形式变化而适合人的需要的自然物质。劳动与劳动对象结合在一起。劳动对象化了,而对象被加工了。在劳动者方面曾以动动形式表现出来的东西,现在产品方面作为静的属性,以存在的形式表现出来。”①“如果整个过程从其结果的角度,从产品的角度加以考察,那么劳动资料和劳动对象二者表现为生产资料,劳动本身则表现为生产劳动。”②进一步地,马克思提到:“从单纯的一般劳动过程的观点出发,实现在产品中的劳动,更确切地说,实现在商品中的劳动,对我们表现为生产劳动。”③而在资本主义劳动过程中,“并不消除劳动过程的一般规定。劳动过程生产产品与商品。只要劳动物化在商品即使用价值与交换价值的统一中,这种劳动就始终是生产劳动”④。

因此,生产性劳动一般,正如引文中指出的,指从一般劳动过程出发,人的劳动与生产资料相结合,进行物质资料的生产,创造出新的物质产品(或使用价值)的劳动。生产性劳动一般体现了人与自然的关系,这种关系的基础是一般劳动过程必须是物质产品的创造过程或者属于物质产品生产邻域,这使得生产性劳动一般的内涵具有物质属性。在资本主义生产方式下,资本主义劳动过程依旧包含着一般劳动过程的特点,以物质产品生产为前提,表现为生产商品并且将活劳动物化于商品中的劳动过程,这个商品是价值与使用价值的统一,由此生产性劳动具有创造价值的属性。

生产性劳动一般体现了劳动过程的物质属性,但同时,生产性劳动一般的具体的物质内容也在不同的经济发展阶段具有不同的表现。在简单商品经济时期,劳动过程的主要组织方式是简单协作,单个劳动具有一定的技能并且可以完整生产出一件产品用于交换。随着分工的发展和生产的社会化,更加复杂的协作以及机器大工业的出现改变了劳动者与生产资料的结合方式,从而也改变了劳动过程的组织方式。在新的生产方式下,单个工人的技能特点不再使他可以单独生产出完整的产品,相反地,他是作为总体工人的一部分,直接或者间接地参与生产过程。由此,生产性劳动一般的具体表现也就发生了变化,劳动过程的具体形式发生了变化。马克思认为:“总体工人的各个成员较直接地或者较间接地作用于劳动对象。因此,随着劳动过程本身的协作性质的发展,生产劳动和它的承担者即生产工人的概念也就必然扩大。为了从事生产劳动,现在不一定要亲自动手;只要成为总体工人的一个器官,完成他所属的某一种职能就够了。上面从物质生产性质本身中得出的关于生产劳动的最初的定义,对于作为整体来看的总体工人始终是正确的。但是,对于总体工人中的每一单个成员来说,就不再适用了。”⑤因此,一方面,对于单个生产者而言,他可以直接参与物质产品的生产过程,也可以间接参与,比如管理劳动,但是这两种方式都属于物质产品生产过程;另一方面,随着物质生产过程内分工的进一步发展,直接生产邻域中的一些职能环节独立化,进而形成单个产

---

① [德]马克思. 资本论:第1卷[M]. 北京:人民出版社,2004:211.

② [德]马克思. 资本论:第1卷[M]. 北京:人民出版社,2004:211.

③ [德]马克思,恩格斯. 马克思恩格斯全集:第49卷[M]. 北京:人民出版社,1982:99.

④ [德]马克思,恩格斯. 马克思恩格斯全集:第49卷[M]. 北京:人民出版社,1982:100.

⑤ [德]马克思. 资本论:第1卷[M]. 北京:人民出版社,2004:582.

业部门,如交通运输业、仓储、邮电业、科研业、综合技术服务业、地质勘探业和水利管理业等。这些产业部门都是为物质生产服务的,本质上是物质生产过程的延伸。进一步地,马克思认为非物质生产邻域并不生产物质产品或商品①,即使生产商品,也仅存在以下两种情况。一是"非物质生产的结果是这样一种商品,这种商品脱离生产者而存在,因而可以在生产与消费当中作为商品来流通,如书籍、绘画,以及所有与艺术家进行的艺术活动相分离的艺术品"②。也就是说,这种非物质生产的结果是物质产品,这种产品以商品形式存在并且正常流通、脱离生产过程。但是这种产品是精神产品,人们对其的消费方式是获得某种精神上的满足,而该产品绝大部分在消费其使用价值时并未消失,精神产品对于人们精神满足的功能并未丧失,并且这种产品的消费往往发生在生产过程之外。二是非物质生产的"产品同生产行为不可分离"③,如教师以及医生的劳动。这种非物质生产的结果并不以一定的物质形式存在并且不能脱离生产过程,这种产品的消费往往发生在生产过程中。

对于物质生产邻域的界定和把握的目的是抓住生产性劳动内涵的核心,理解生产性劳动一般的本质特征,而生产性劳动特殊则不仅包括生产性劳动一般的这个特征,还包含一些新的规定性。

2. 生产性劳动特殊

从一般到特殊,目的不单是理论内涵从抽象到具体的深化,还是为了使一套理论体系能够更好地解释现实,揭示人与物关系背后的人与人的关系,反映特定的生产关系和交换关系,体现一定的生产目的,生产性劳动范畴也不例外。生产性劳动特殊是在生产性劳动一般的基础上,从具体生产方式出发,考虑进特定的生产关系进而定义的生产性劳动,即"从一定的社会形式,从这个劳动借以实现的社会生产关系得出来"④。生产性劳动特殊,尤其是资本主义生产关系下的生产性劳动内涵,反映了"劳动能力和劳动在资本主义生产过程中所呈现的整个关系和方式的概括说法"⑤。可以说,生产性劳动特殊体现了不同的历史发展阶段下劳动的社会性质,而在资本主义生产方式下则体现出劳动(雇佣工人)与资本(资本家)的关系。

从历史发展的角度来看,生产性劳动特殊的内涵不断发展,在不同的历史阶段和生产关系下有不同的表现。何炼成(1986)曾提出:在原始公社的生产方式下,保证公社成员最低限度的物质生活需要的劳动是生产性劳动;在奴隶制度下,能为奴隶主提供生活资料和享乐资料的劳动是生产性劳动;在封建制度下,满足封建主及其国家需要的劳动是生产性劳动;马克思则重点论述了资本主义生产方式下生产性劳动特殊的内涵,他认为,"从单纯的一般劳动过程出发,实现在产品中的劳动,更确切些说,实现在商品中的劳动,对我们表现为生产劳动。但从资本主义生产过程的观点出发,则要加上更切近的规定:生产劳动是直接增殖资本的劳动或直接生产剩余价值的劳动"⑥。"因为资本主义生产的直接目的和真正产物是剩余价值,

① 金融业、批发零售业以及房地产业等都属于非物质生产领域,尤其是金融业,虽然存在有价证券的买卖,但是有价证券本身并不具有价值,不是商品。

② [德]马克思,恩格斯. 马克思恩格斯全集:第49卷[M]. 北京:人民出版社,1982:109.

③ [德]马克思,恩格斯. 马克思恩格斯全集:第49卷[M]. 北京:人民出版社,1982:110.

④ [德]马克思,恩格斯. 马克思恩格斯全集:第49卷[M]. 北京:人民出版社,1972:148.

⑤ [德]马克思,恩格斯. 马克思恩格斯全集:第49卷[M]. 北京:人民出版社,1982.

⑥ [德]马克思,恩格斯. 马克思恩格斯全集:第49卷[M]. 北京:人民出版社,1982:99.

所以只有直接生产剩余价值的劳动是生产劳动,只有直接生产剩余价值的劳动能力的行使者是生产工人,也就是说,只有直接在生产过程中为了资本的价值增殖而消费的劳动才是生产劳动"①。所以,在资本主义生产方式下,劳动过程首先是物质产品的生产过程,但是劳动过程同时又是价值或资本的增殖过程。在这个过程中,活劳动作为价值增殖的要素并入生产过程,与生产资料结合。生产的目的不再是为了消费或者一定数量的使用价值,而是获得交换价值或剩余价值,这种生产关系的特点使得资本主义生产方式下生产性劳动成为可以带来剩余价值的劳动。

在资本主义生产方式下,生产性劳动特殊的内涵及其表现前提是物质生产过程,但是该劳动过程同时又是价值增殖过程。劳动过程一旦成为价值增殖过程,尽管其一方面还是价值形成过程,但是生产的最终目的是剩余价值,活劳动作为资本增殖的要素进入生产过程并处于被物化劳动支配的地位。这种支配地位随着资本主义生产方式的发展,不仅表现为对活劳动的压榨,还表现在对其他生产方式的支配和商品化,即资本主义生产方式的发展一方面使商品生产普遍化,另一方面也使雇佣劳动这一形式普遍化。这种商品经济关系普遍化的发展,使得一些从一般劳动过程来看并非物质生产活动的劳动或者说单纯的服务,取得了与物质生产邻域生产性劳动同样的性质,即使这些劳动或者服务中完全不包含劳动和资本的特殊关系。正如马克思所言:"事实上还不从属于这种生产方式的关系也在概念上从属于这种生产方式了。"②因此,这些活动被赋予商品意义并具有价格,进而可以带来剩余价值,这些活动过程中的劳动也就被赋予了生产性劳动这一概念。当资本主义生产方式下生产性劳动特殊的内涵越发变为可以直接带来剩余价值的任何劳动,这种扭曲的程度就越发严重,资本对活劳动的控制就越发完全和彻底,而生产性劳动特殊中的生产性劳动一般的物质规定性被逐渐淡化了,以致最后任何同资本相交换的劳动都被称为生产性劳动。③

这种扭曲的表现是因为对生产性劳动特殊的理解不再从整体社会的角度出发,而往往从个人出发,尤其是从资本家的角度出发。这种从个人角度出发所定义的生产性劳动范畴往往会包含一些非物质生产邻域的活动。如图 1 所示。

生产是"从无到有"的过程,但是从社会角度来看的"从无到有"与从个人角度来看的"从无到有"有相同点也有不同点。从个人角度出发,可以谋生的过程都可以是生产性的,比如偷盗这个行为,甚至还成为一种职业。而从资本家角度出发,可以带来剩余价值的任何劳动就是生产性的,而不管这个剩余价值的出现是由活劳动创造的还是转移的。我们说生产性劳动创造价值,其本质意义是生产性劳动是物质生产邻域的活动。因为在商品经济的发展阶段,价值实体是无差别的人类劳动,价值实体的载体是物质产品,这种产品在分工和社会化生产的前提下获得了商品形式。价值必须依附于物质产品存在,价值从这个意义上说就是产品,

---

① [德]马克思,恩格斯. 马克思恩格斯全集:第 49 卷[M]. 人民出版社,1982:99.

② [德]马克思,恩格斯. 马克思恩格斯全集:第 49 卷[M]. 北京:人民出版社,1982:104.

③ 马克思曾说:"生产劳动是劳动的这样的一种规定,这种规定本身同劳动的一定内容,同劳动的特殊有用性或劳动所借以表现的特殊使用价值绝对没有关系。"(马克思恩格斯全集:第 49 卷[M]. 北京:人民出版社,1982:105.)很多人理解为马克思对生产性劳动的定义是不考虑物质生产过程的,纯粹从生产关系的角度出发。笔者认为这是不准确的,对于这句话的意义应该谨慎理解。笔者认为,并不是生产性劳动的规定不包含劳动过程的物质基础,而是说这种规定不在于考虑这些物质基础的具体内容,比如生产产品的具体使用价值、具体劳动的特征或者生产过程具体的物质特征。我们需要对这些具体内容进行抽象化约,但不是省略不再考虑。

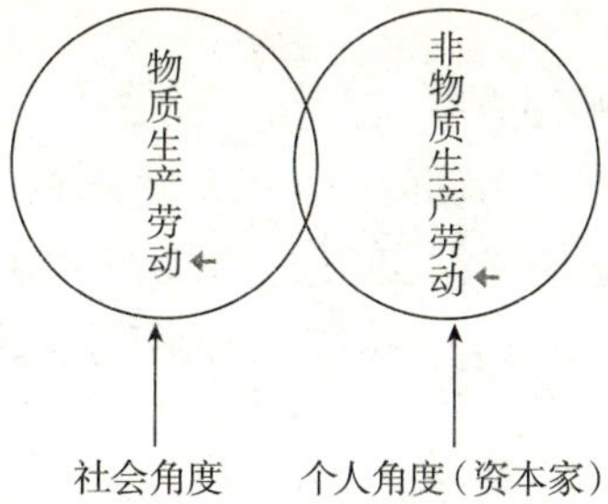

图1 理解“什么是生产的”内涵的不同角度

是物质产品,是使用价值的特殊的社会形式。因此,生产性劳动创造价值也就意味着生产性劳动创造物质产品。而到了商品经济高度发展的资本主义生产方式下,生产性劳动不仅创造价值,还要创造更多的价值,即剩余价值。剩余价值创造这一规定性是出于资本主义生产关系的特殊性的,是劳动过程成为价值增殖过程的结果。但是,资本主义生产方式的进一步发展却会不断扭曲生产性劳动特殊的内涵,掩盖剩余价值创造的源泉,甚至完全抹杀价值创造的本来面目。

所以,在社会主义市场经济发展的今天,作为商品经济的一定发展阶段,生产性劳动特殊的内涵应该体现价值创造的本质,体现物质生产活动的重要性,回归生产性劳动范畴的本来面目。同时,还应当考虑社会主义市场经济条件下生产关系对物质生产过程赋予的新形式,充分体现特定的生产目的。但是,正如谢富胜(2003)认为的,我国目前的社会主义市场经济还处于发展的过程中,一些物质生产部门和非物质生产部门还不能完全按照商品生产来组织,在这个发展阶段,试图在一个统一的标准上来划分生产劳动和非生产劳动实质上是一种形而上学,没有实际意义。尽管如此,我们对现阶段生产性劳动特殊的界定要把握一个原则,即物质生产邻域是生产性劳动存在的前提,生产性劳动的价值创造属性本质上是活劳动创造物质产品的特点,并且在社会主义市场经济的背景下,这些物质生产过程的目的不是获取更多的交换价值,而是为了消费而生产,以更好地满足人民的物质文化需要。把握这个基本的前提,可以使我们更好地应用生产性劳动范畴去分析新的经济发展阶段下物质生产邻域中不同经济主体间的联系。

虽然非生产性劳动并不创造价值,但是同生产性劳动一样,非生产性劳动是必要的。就社会再生产角度来看,马克思在《资本论》中论述商人的劳动性质时提到:“因为再生产过程本身包含非生产职能,”商人的劳动是一种“必要的职能”,“他和别人一样劳动,不过他的劳动的内容既不创造价值,也不创造产品”①。商人的作用是使“社会的劳动力和劳动时间只有更少的一部分被束缚在这种非生产职能上”②。因此,非生产劳动并不是增加的价值量,而是一种“减负数”的作用,即减少社会总劳动在非生产的耗费,这种非生产耗费是“社会财富中必须为流通过程牺牲的部分”。从资本家的角度来看,非生产劳动,如交易(纯粹的商品买卖)、簿记、保管等非生产性的劳动虽然不创造价值,但是它们能够加快资本周转的速度,增加相同预付资本所产生的利润,提高年剩余价值率。投资于商业和金融部门的活动能够开拓市

① [德]马克思.资本论:第2卷[M].北京:人民出版社,2004:149.
② [德]马克思.资本论:第2卷[M].北京:人民出版社,2004:149.

场,缩短流通时间,促进利润率的提高;并且非投机的、适当的金融活动也能够帮助资本在不同部门之间的流动,提高资本的使用效率,进而可以促进利润率的提高。邱海平(2016)指出,为了保证社会总产品的实现,非生产劳动的存在和发展能够在一定程度上缓解由一般个人消费不足而产生的实现困难。当经济中存在非生产性劳动时,在一定范围内非生产性劳动能够弥补消费需求落后于消费品产量的缺口,解决产品价值的实现问题,在一定范围内可以保证国民收入不断增长。

(三)简单劳动和复杂劳动

简单劳动与复杂劳动是解释由技术进步带来的劳动者劳动力价值改变的基本范畴,现就该范畴的几个方面进行简要论述。

1. 简单劳动和复杂劳动定义

马克思认为,简单劳动是"每个没有任何专长的普通人的有机体平均具有的简单劳动力的耗费",复杂劳动是"自乘的或不如说多倍的简单劳动"①。相同时间内,简单劳动创造的价值量小于复杂劳动创造的价值,并且复杂劳动是"比社会平均劳动更高级的更复杂的劳动,是一种需要更高的培养费用,从而为生产它需要更多的劳动时间的劳动支出。这种劳动力比简单劳动力具有更大的价值,表现为高级劳动,在同一时间内可以创造更大的价值"②。在有的政治经济学教科书中,简单劳动是"在当时的社会条件下,任何具有正常体力、脑力和一般知识及经验的劳动者都可以参与的劳动"。复杂劳动则是"在简单劳动能力的基础上,需要一定专门的知识和经验,以及特有的技能才能从事的劳动"③。而复杂劳动之所以比简单劳动能够创造更多价值,是因为:复杂劳动一方面要在单位时间内付出更多的体力和脑力;另一方面往往需要较高程度的知识、专门的训练以及长期的实践。

从上述定义可以看出,简单劳动与复杂劳动的差别是由于劳动力的生产费用不同,这种生产费用的高低主要表现在对劳动者的教育及培训的投入大小④,这种投入使劳动者掌握了某种知识或者技术。这种技术或者知识的运用表现为劳动者的具体劳动形式,这种具体劳动具有高技能、高知识密集的特点。所以,在劳动者执行这种具体劳动形式时会耗费更多的劳动量,再生产出自己的劳动力价值,从而形成更多的价值量。简单劳动则相当于一般劳动的范畴,是社会上任何一名正常的劳动者都具有的能力。从更高层次来看,简单劳动更多体现了人类劳动的物质性,即人类从自我生存需求出发本能掌握着的基本劳动技能。这些劳动技能一方面是天生的,另一方面是后天在生产生活中凭借经验获得的。复杂劳动则更多地体现了人类劳动的智慧性,即人类在生产实践中主观能动地学习并掌握某些特殊的劳动技能,这种学习是要耗费一定的成本的,结果是这种投入使劳动者掌握了某种知识或者技术。

---

① [德]马克思.资本论:第1卷[M].北京:人民出版社,2004:58.

② [日].久留鲛造,等,著.资本论词典[M].天津:南开大学出版社,1991:266.

③ 张俊山.政治经济学——当代视角[M].北京:清华大学出版社,2015:75.

④ 劳动力价值主要包括3个部分,即劳动力的生活资料、个人发展资料和维持家庭的支出。简单劳动力价值与复杂劳动力价值的差别主要在于个人发展资料方面的差异。如孟捷(2017)认为,复杂劳动力和简单劳动力的价值差别归根结底在于劳动力的教育培训费用的差别。

从定义出发,简单劳动和复杂劳动的区别[1]主要有:①劳动力价值大小的区别。虽然这两种劳动本质都是抽象劳动(余斌,2014),但是由于生产费用不同,二者在劳动力价值方面存在差异;②劳动创造的价值量不同。由于劳动者的技能水平不同,创造价值的劳动能力也不同。因此,在生产过程中,在同样的劳动时间内,劳动者能创造出不同的价值量。

2. 关于简单劳动和复杂劳动的转换问题

对于二者是否可以转换,马克思在《资本论》中指出:"比较复杂的劳动只是自乘的或不如说多倍的简单劳动。因此,少量的复杂劳动等于多量的简单劳动。经验表明,这种转换是经常进行的。""各种劳动化为当作它们计量单位的简单劳动的不同比例,是由生产者背后的社会过程决定的,因而在他们看来,似乎是由习惯决定的。"[2]由此,马克思向我们解释了这两种劳动转换的必要性、经常性以及转换依据,这也是比较原则性的一个解释。国内学者也有不少人认为二者是可以转换的,如程恩富、汪桂进和朱奎(2005)、孙尚清(1962)和彭必源(1988,2000)。他们认为复杂劳动简单劳动的转换不仅是客观存在的,而且也是时时刻刻都发生的。简单劳动和复杂劳动的转换不仅是可行的,并且在现实经济生活中是存在的,是一个经常的过程。这种转换要依靠产品的交换、商品的买卖,在市场经济中则体现为市场机制的存在且发挥作用。生产者每一次不同质商品的交换,其实就包含着不同量劳动量的通约,其背后包含简单劳动和复杂劳动的直接转换。

3. 学界关于简单劳动和复杂劳动转换方法的考察

由简单劳动与复杂劳动的两个区别点,学界产生了不少关于二者转换的数量说明。首先就国内学界的主要观点进行梳理:

(1)价值创造的区别

复杂劳动的特点之一便是创造较多的价值,由此也产生出复杂劳动转换为简单劳动的计算方法。

刘世定(1983)根据复杂劳动者和简单劳动者的工资差别不会影响这些不同部门的剩余价值率这个观点,认为在一定时间内,复杂劳动者的剩余价值率($\frac{M'}{V'}$)和简单劳动者的剩余价值率($\frac{M}{V}$)相等,即$\frac{M'}{V'}=\frac{M}{V}$,因此,$\frac{M'+V'}{V'}=\frac{M+V}{V}$,进而有$\frac{V'}{V}=\frac{M'+V'}{M+V}$,即复杂劳动还原为简单劳动的系数等于复杂劳动力的价值与简单劳动力的价值之比。

如果假定复杂劳动力的培养费用是F,分摊到单位时间劳动力价值的费用为$\frac{F}{T}$,从而$V'=V+\frac{F}{T}$,那么还原系数就为$\frac{V+F/T}{V}$。

李翀(1987)认为要估算劳动化简乘数,应当从各生产部门的产值着手。就两个生产部门而言,假定各部门投入的生产资料的数量分别是A和B,它们每单位的价值分别是是$\lambda\times a$和

① 这两个区别存在如下的因果联系。就复杂劳动的劳动者而言,由于他接受了一定的培训、教育,获得了一种技能,这种技能是一种具体劳动,表现为高素质、高技能以及知识密集等。在他执行这种技能时,即执行该种具体劳动时,会由于需要大量的脑力、体力的集中而耗费更多的劳动量,从而形成更多的价值量。

② [德]马克思. 资本论:第1卷[M]. 北京:人民出版社,2004:58.

$\lambda \times b$,劳动的数量是 L_1 和 L_2。产出的商品数量是 Q_1 和 Q_2,价值分别是 λ_1 和 λ_2,且 $\lambda_1/\lambda_2 = \phi$。有下列的方程组:

$$A \times \lambda \times a + L_1 = Q_1 \times \lambda_1$$
$$B \times \lambda \times b + L_2 = Q_2 \times \lambda_2$$
$$\lambda_1/\lambda_2 = \phi$$

假定其中一个生产部门的劳动是标准劳动,那么该方程组可以解出还原系数。

孟捷(2011)根据20世纪80年代兴起的劳动价值论的"新解释"总结出了运用"劳动时间的货币表现"(MELT)来确定复杂劳动和简单劳动的还原系数。MELT是根据总量关系界定的,它是一国经济的净产品与所耗费的全部生产性活劳动的比率,这个经验比率可以作为复杂劳动还原的一个近似标准。

(2)训练、教育费用的区别①

根据简单劳动和复杂劳动的定义,复杂劳动是需要一定的知识和技能的。学习和培训的过程就是劳动力这件特殊商品的生产过程,会消耗物化劳动。这些物化劳动的价值会随着过程的进行转移到劳动力中,劳动力的价值由此得到提升,由简单劳动变为复杂劳动。因此,从生产费用角度出发,核算出劳动力价值的大小区别,进而可以计算出复杂劳动还原为简单劳动的比例。

张文贤(1990)提出了以下三种还原方法:

第一,因素分析法

因素分析法是通过分析构成复杂劳动的复杂因素及其对价值的影响程度,从而确定复杂劳动对简单劳动的还原倍数的方法。

构成劳动复杂程度的因素主要有教育费用、教育时间和创造的价值量。

因此,复杂劳动价值系数(C)=[复杂劳动所需要的教育费用(F)+复杂劳动所需要的教育时间(T)+复杂劳动所创造的价值(V)]/简单劳动创造的价值(S),即 $C = \frac{F + T + V}{S}$。

第二,复杂系数法

复杂系数法只考虑简单劳动和复杂劳动所具有的不用的培养费用。其计算公式 W 为复杂系数(C)=复杂劳动力的教育费用(CF)/简单劳动力的基本费用(SF)。

腾森赖明和李帮喜(2014)认为,在复杂劳动力的生产过程中,发生了劳动形态的转移和培养运动。其假定一个师傅培养5个徒弟的简单训练过程(其中师傅可以进行复杂劳动,而徒弟只能进行简单劳动)。假设训练过程中所需要的工具及器材可以忽略不计,通过1个单位期间的训练,徒弟能够达到与师傅相同的作业水平。

令徒弟单位时间的简单劳动所创造价值的大小为1,师傅单位时间可创造价值的大小为 R,这个即是还原系数。

假定复杂劳动力的再生产所需的消费品是维持基本生活的必需消费品,它可以分为两个部分:一部分是进行复杂劳动的劳动者和进行简单劳动的劳动者之间无区别的部分;另一部

① 但是从这个角度出发来解释复杂劳动的还原问题,往往会将非生产性劳动的生产费用计算在内,这样复杂劳动与简单劳动的转换关系便是不同的关于劳动的复杂度问题。关于劳动的复杂度,朱延福(1986)有详细的论述。对于劳动的复杂度,笔者认为其意义是分配领域,与复杂劳动问题要有区分。

分是为获取及维持自身知识所需的必要书籍的购买费用等复杂劳动者所固有的消费品的部分。为简单起见,我们忽略复杂劳动者所固有的消费品部分,这样任何一个劳动者都消费相同的消费品。

因此,令每人的消费品价值为 v,从现在的例子来看,它与简单劳动力的价值相等。这样一来,5 个徒弟要获得复杂劳动力,就必须要追加 1 个师傅的复杂劳动力。令单位复杂劳动力的价值为 V,则有 $5V = V + 5v$。那么,$V = \frac{5}{4}v$,这个 $\frac{5}{4}$ 就是还原系数。

孟捷(2017)综合了希法亭和鲁宾的方法,提出了一个模型来求解复杂劳动的还原系数。其主要内涵是将劳动者过往支出的用于教育和培训的劳动作为活劳动来探究劳动力价值的形成过程,并且引入市场交换这一市场因素来决定劳动力价值的最终大小。

第三,绩效考核法

马伯钧(2003)认为,绩效考核制度实际上是解决复杂劳动与简单劳动换算的工具之一,潜在劳动、活劳动和物化劳动是联系在一起的,三者之间的差别最终是由包括文凭制度、市场机制和绩效考核制度在内的一系列制度所决定的。

就国外学界而言,Harvey(1985)则从劳动力一生劳动时间的角度出发,通过将培训费用在劳动者总时间中进行分摊来确定复杂劳动力的价值,进而与简单劳动力价值进行比较来确定转换系数。Devine(1989)对 Harvey 的转换方法提出了质疑,认为由于劳动价值的判断是一个社会的过程,尤其要通过市场的判断。在现实世界中,存在部分对劳动力的培训无法带来真正的劳动力价值,尤其是劳动力的交换价值的变化,往往出现高学历的劳动者的劳动产品并没有包含相应的高价值量。Devine 认为,对于这个系数的计算应该从价值创造的角度出发,他以劳动者社会平均的技术水平和劳动强度所决定的价值创造能力为基准,推算出复杂劳动和简单劳动的转换比例通过不同劳动者劳动强度和工资的比例确定。同时,Devine 自己也指出,这种方法成立的前提是劳动强度是可以计算的,进一步他认为劳动强度和劳动者技能因素共同决定了劳动力的价值创造能力,自己的计算方法并不在于说明具体的值如何计算。

三、理论模型——价值层面

本部分从价值生产过程出发,提出引入复杂劳动因素后的价值形式的生产函数,并分短期和长期探讨了技术进步对价值层面经济增长的作用。

(一)基本变量

1. 表示数量大小的变量

Y 代表价值层面的经济总产出,即新增价值,也就是活劳动创造的价值。

V 代表所有劳动力价值的总和,其中根据劳动力价值的大小可将总量进一步区分为:简单劳动力 V_1 和复杂劳动力 V_2。对于劳动者个体而言,简单劳动力的价值为 V_L、复杂劳动力的价值为 V_H。

全体劳动者人数为 K。对于劳动者整体而言,简单劳动力的人数为 K_L,复杂劳动力的人

数为 K_H，即 $K_L + K_H = K$。

剩余价值总量为 S。

2. 表示比例大小的变量

复杂劳动力价值与简单劳动力价值的比例为 r，即 $\frac{V_H}{V_L} = r$。

复杂劳动力的人数与简单劳动力的人数比例为 a，即 $\frac{K_H}{K_L} = a$。

剩余价值率为 S'。

(二)基本假定

(1)全社会的再生产是顺利进行的，不存在“价值革命”等其他影响价值量变动的情况。整个经济系统的生产技术是“有效的”(Productive)或者是“可行的”，即在扣除掉用以补偿生产过程消耗掉的投入(生产资料的消耗和工人的生活消费)之后，存在一个非负的净产出。整个经济是封闭的，不存在对外贸易和资本流动。

(2)对于总体劳动者而言，仅存在简单劳动力和复杂劳动力这两个层次的区别，在每一个层次中劳动者是同质的。

(3)剩余价值率是不变的，一般假定为100%。

(4)所有劳动者均参与生产性活动，都创造价值。

(三)模型构建

经济总产出 Y 是价值生产过程的结果，价值生产过程是“预付资本的再生产和不补偿任何等价物的新价值(剩余价值)的生产”①，即由劳动者再生产自身劳动力价值创造出的价值总量 V 和创造的剩余价值总量 S 构成，所以

$$Y = V + S$$

由于 $S = V \times S'$，则

$$Y = (1 + S') \times V$$

社会中劳动力价值总额可以分为简单劳动力和复杂劳动力，即

$$V = V_1 + V$$

考虑劳动者人数因素后，有

$$V = V_1 + V_2 = V_L \times K_L + V_H \times K_H$$

进一步得到经济总产出为

$$\begin{aligned} Y = & (1 + S') \times (V_L \times K_L + V_H \times K_H) = \\ & (1 + S') \times (V_L \times K_L + rV_L \times aK_L) = \\ & (1 + S') \times (1 + r \times a) \times K_L V_L \end{aligned}$$

为表示简便，令简单劳动力价值 V_L 为 V_0，简单劳动力人口为 L，$(1 + S')$ 为 A，则经济总产出为

---

① [德].马克思.资本论:第2卷[M].北京:人民出版社,2004:428.

$$Y = A \times (1 + r \times a) \times L \times V_0$$

经济总产出的增长率为

$$g = \frac{\Delta Y}{Y}$$

(四)模型应用——技术进步对经济增长的影响

流行的观点认为,技术进步广义上指生产技术、组织管理技术等方面的不断发展、完善的过程。狭义上则指科学技术的进展及其在生产过程中的应用,即生产技术方面的不断发展、完善。它主要包括:劳动工具和工艺流程的改进、发展与完善;新技术、新设备、新材料、新工艺、新能源的生产与研制、推广与应用;产业结构的改进与完善、产品结构的优化;生产组织、劳动组织、经营管理水平的提高等。

从马克思主义政治经济学角度出发,技术进步的本质是通过生产资料的变革所带来的劳动者生产方式的改变。物质资料生产是(简称物质生产)是整个经济体系形成的基础。在这个过程中,人的劳动与生产资料相结合发生对生产对象或自然界的占有。这个过程是人主观能动性的体现,过程的结果是一定量的劳动物化在物质产品中,过程的根本目的是满足以劳动者为主体的全体社会成员不断增长的物质文化需要。生产资料不仅集中体现着人类智慧对客观规律的把握与运用能力,而且在发展中其物质形态与使用方式的变化也会使人们在生产中相互结合的方式发生变化,进而使生产借以进行的社会生产关系发生变化。随着人们对自然规律把握和运用能力的提高,人类劳动内容不再是靠使用蕴含在自身内部的自然力直接推动劳动对象发生变化,而是通过劳动把劳动对象置于外部自然力的作用之下,由外部自然力按照人的意志要求使劳动对象发生变化。在《资本论》中,马克思指出:“生产方式的变革,在工场手工业中以劳动力为起点,在大工业中以劳动资料为起点。”①工场手工业的起源有两种:一种是不同种的独立的工人在同一个资本家的指挥下联合在一个工场里,产品必须依次经过这些工人之手才能完成;另一种是许多从事同一种或同一类工作的手工业者,同在一个工场里为资本家服务。工场手工业并没有改变绝大多数劳动者劳动工具的性质,仍旧是手工业性质的,只是改变了劳动者的不同组织方式,在一定程度上实现了规模经济。而到了机器大工业时期,发生的变革则是劳动资料的改变,尤其是以机器的工具机或工作机部分的改变为代表。机器的出现,首先替代了人们使用的劳动工具,随着科学技术的不断应用,最后代替了人的双手,甚至代替了人。因此,就狭义来讲,技术进步主要是科学技术在生产过程中的应用,其本质是劳动者生产资料的变化而带来的生产方式的变革,直接结果是机器应用的不断广泛和深入造成了生产过程的智能化、自动化和机器化。本文的技术进步主要是指这个方面。

一方面,技术不断进步体现在劳动资料的变革,即机器不断被引进生产性产业中,剩余价值的生产方式以绝对剩余价值生产为主转变为以相对剩余价值生产为主。在这个过程中,技术进步通过不断革新劳动手段,使资本有机构成增加,发生机器对劳动者的替代,即“机器换人”和劳动者的“去技能化”。马克思认为:“机器也发生同样的影响,而且影响的规模更大得多,因为机器用不熟练的工人代替熟练工人,用女工代替男工,用童工代替成年工;因为在最

---

① [德]马克思.资本论:第1卷[M].北京:人民出版社,2004:427.

先使用机器的地方,机器就把大批手工工人抛到街头上去,而在机器日益完善、改进或为生产效率更高的机器所替换的地方,机器又把一批一批的工人排挤出去。”①“由于机器的推广和分工的发展,无产者的劳动已经失去了任何独立的性质,因而也失去了对工人的任何吸引力。工人变成了机器的单纯的附属品,要求他们做的只是极简单、极其单调和极容易学会的操作。”②机器对劳动者的替代,会使劳动者失去工作,尤其是简单劳动力的所有者;机器造成的劳动者的去技能化则会使复杂劳动力转而从事简单劳动力的工作,并进一步加剧简单劳动者的就业压力。另一方面,随着社会发展和技术的不断进步,产业的内容和结构也在不断发生变化,在产业结构不断从低附加值向高附加值、从依靠大量人力投入向科技创新产业转变的过程中,新兴产业的出现以及原有产业的变革对劳动者产生了新的需要和要求。这种需求不仅在量的方面,而且还在质的方面;不仅需要简单劳动力,还要更高技能、更高素质的更复杂的劳动力以驾驭更加先进的生产力。对复杂劳动力的需求,一方面是由机器设备的不断升级,对技能型劳动者的操作和对机器运行原理的掌握提出了更高的要求。另一方面,新兴产业的出现对生产性管理劳动者也提出了更高的要求,如生产过程的管理、生产供应链的调整等。

技术进步是推动产业结构升级的核心动力,产业结构升级和变革与技术进步是密不可分的交互过程。而产业结构的升级与变革便会对劳动力的使用即劳动者的数量、质量产生重要影响。劳动力数量和质量的变化会进而影响价值创造的大小,最终影响一国的经济增长。接下来,我们将运用模型从短期和长期两个方面来探讨技术进步对经济总产出的增长率的影响。

1. 短　期

这里的短期意味着技术进步并未带来产业内部的改变,即没有产生新兴产业,仅仅是机器替代人口和劳动者的去技能化,企业或者产业内部发生扩大再生产。一方面,内涵式的扩大再生产表现为劳动者的被替换和劳动者的去技能化,即一部分简单劳动力失去工作而一部分复杂劳动力失去原有工作转而从事简单劳动力的工作或者失业。机器替代劳动力的直接结果是劳动力总人口的减少,产生对劳动者的“替代效应”,劳动者的去技能化则导致劳动者整体素质的降低。另一方面,企业或者产业内部自身的外延式的扩大再生产会增加对劳动力的需求,从而增加对劳动者的需求,产生对劳动者的“补偿效应”。

因此,我们假定在短期,简单劳动力价值 V、复杂劳动力价值与简单劳动力价值的比例 r 不发生变化。

在基期,经济总产出为

$$Y = A \times (1 + r \times a) \times L \times V_0$$

在计算期,经济总产出为

$$\widehat{Y} = A \times (1 + \widehat{r} \times \widehat{a}) \times \widehat{L} \times \widehat{V_0}$$

① [德]马克思. 雇佣劳动与资本[M]. 北京:人民出版社,1971:40.

② [德]马克思,恩格斯. 马克思恩格斯选集:第1卷[M]. 北京:人民出版社,1972:258.

由假设得 $\widehat{r} = r, \widehat{V_0} = V_0$，所以经济总产出的增长率为

$$g = \frac{A \times (1 + \widehat{r} \times \widehat{a}) \times \widehat{L} \times \widehat{V_0} - A \times (1 + r \times a) \times L \times V_0}{A \times (1 + r \times a) \times L \times V_0} =$$

$$\frac{1 + r\widehat{a}}{1 + ra} \times \frac{\widehat{L}}{L} - 1 =$$

$$\frac{1 + r\widehat{a}}{1 + ra} \times g_L - 1$$

其中，g_L为简单劳动力的人数的增长率。

在短期，由于技术进步，机器换人和去技能化造成了简单劳动力增加、复杂劳动力减少这样一个劳动力结构趋向简单化的结果，综合来看就是 a 减少。

因此，$\frac{1 + r\widehat{a}}{1 + ra} < 1$。

对于经济增长率，要使 $g > 0$，只能是通过大量投入简单劳动力，通过更大规模的外延式扩大再生产来使 g_L 较大，从而达到正的经济增长率。

这个结果说明，人类劳动是价值创造的源泉，是经济增长的本源。在短期内，技术进步引起的机器大规模引入的结果是发生机器换人和去技能化。同时，产业规模也会随着资本的进一步积累而相应扩大。这是两个效应：一个是劳动人口结构趋向简单化以及发生劳动力的“替代效应”；另一个是劳动力的“补偿效应”，这个效应使劳动人口总量增加 。“替代效应”和“补偿效应”的相互作用会影响到最终的劳动人口数量的变化，进而影响到创造出的价值总量的变化，经济增长率由此变化。就具体的一般趋势而言，尽管“替代效应”和“补偿效应”的大小会随着经济发展呈现出不同的关系，经济增长率会有短暂的增加，但是机器的引入（在没有产业结构变化和内部变革时）最终会不断向着替代劳动者的趋势发展，更多的“无人工厂”出现，“替代效应”大于“补偿效应”，g_L不断减少①，最终为负，经济增长率下降。

2. 长 期

长期意味着技术进步使原有产业发生了内涵式和外延式的扩大再生产并且出现了新兴产业，发生了产业结构变化的产业内部本身的变革。这种技术进步的影响体现在：一方面，在原有产业中，出现了用更加先进和智能的机器代替原有机器的现象，机器应用的进一步智能化、复杂化带来了相关的专业技术人员、维修人员以及科研人员等的大量出现。另一方面，新兴产业的出现需要新的劳动力和机器。从全局来看，机器对于劳动力的替代还在不断发生。但是，机器并不能完全替代劳动力，因为劳动不仅体现了人的物质性还体现了人的智慧性。劳动的物质性更多表现在体力劳动，随着机器的引入，这方面被机器优良的性能替代。劳动的智慧性则表现在脑力劳动方面，在现有阶段，机器尚不能达到和人一样的思维。劳动不断向其智慧性发展，就是不断向脑力劳动发展，机器引入加速了这个过程。在机器换人的一定

① 自 2010 年起，浙江省加快产业结构升级，全面推进“机器换人”。根据浙江统计年鉴的数据，2005—2010 年，工业就业人员从 1160.3 万人增加到 1493.6 万人，年均增加 66.7 万人，而 2010—2012 年，从 1493.6 万人增加到 1523.8 万人，年均增加 15.1 万人，其中 2012 年仅增加 1.6 万人，工业新吸纳的就业人员明显减少。2011 年、2012 年两年间，工业经济转型升级、“机器换人”，少吸纳就业人员 60 万人左右。

阶段，随着机器不断趋向复杂和高科技，复杂自动化设备效率的充分实现依然有赖于多个层面上机器与劳动的协调。这种协调同时体现为机器与劳动者技能的配合，以及劳动者与管理者在生产过程中的协调。因此，对技术工人、工程师、机器修理人员等高素质、高技能的劳动者的要求会相应提高，进而复杂劳动力会更加复杂。新兴产业的出现不断增加也增加着对更加全面的、能够处理更加复杂的事物的、拥有多种技能的复合型人才的需要，尤其是生产管理和协调人员，这使复杂劳动力更加复杂。同时，在整个劳动力的结构方面，整体劳动力素质的提升，即复杂劳动力人数相比与简单劳动力人数的增加是技术进步所带来的结果①，也就是劳动力结构的复杂化。在长期，由于简单劳动力价值主要构成为生活资料的价值，这部分价值已经由于生产率的提高而趋于下降，所以简单劳动力价值下降。对于复杂劳动力价值，其构成包括了生活资料的价值、劳动者的发展资料的价值以及劳动者维持家庭再生产资料的价值，所以长期复杂劳动力价值会增加。

因此，我们假定，在长期，简单劳动力价值 V_0 下降，复杂劳动力价值与简单劳动力价值的比例 r 增大，复杂劳动力的人数与简单劳动力的人数的比例 a 增大。整体劳动者人数则根据新兴产业对劳动力的吸纳作用而定，因此是不确定的。但是总体上看，生产性领域的产业发展总是倾向于减少劳动者人数规模②。

在基期，经济总产出为

$$Y = A \times (1 + r \times a) \times L \times V_0$$

在计算期，经济总产出为

$$\hat{Y} = A \times (1 + \hat{r} \times \hat{a}) \times \hat{L} \times \hat{V_0}$$

经济总产出的增长率为

$$g = \frac{A \times (1 + \hat{r} \times \hat{a}) \times \hat{L} \times \hat{V_0} - A \times (1 + r \times a) \times L \times \hat{V_0}}{A \times (1 + r \times a) \times L \times V_0}$$

$$g = \frac{1 + \hat{r}\hat{a}}{1 + ra} \times \frac{\hat{L}}{L} \times \frac{\hat{V_0}}{V_0} - 1$$

由假设可得，$\frac{1 + \hat{r}\hat{a}}{1 + ra} > 1, \frac{\hat{V_0}}{V_0} < 1, \frac{\hat{L}}{L} < 1$。

在上述情况下，经济增长率为正的主导因素在于劳动力结构的复杂化和劳动力复杂化的程度，即 $\frac{1 + \hat{r}\hat{a}}{1 + ra}$ 足够大，使得经济增长率 g 为正。

---

① 根据浙江省统计局相关数据，2012 年城镇（含私营规模以上）工业企业就业人员中，大学本科及以上学历人员和大专学历人员占比分别为 6.26% 和 11.17%，分别比 2009 年提高 1.67 个、2.32 个百分点；高中学历人员和初中及以下人员占比分别为 28.45% 和 54.12%，分别比 2009 年降低 0.02 个和 3.97 个百分点。经营管理人员、专业技术人员和技能人员占比分别为 10.01%、12.43% 和 35.14%，分别比 2009 年提高1.53个、1.46 个和 11.67 个百分点。就业人员学历层次、专业素质明显提升。

② 根据《中国统计年鉴》相关数据整理，2000—2015 年，第一产业和第二产业的就业人数增长率从 2002 年开始为负，增长率的平均值约为 -1.2%，绝对量从 2000 年的 52262 万人下降至 2015 年的 44612 万人，共减少 8185 万人。同时，作为第三产业中生产性产业的交通运输业的就业人数从 2003 年的 636.5 万人增加至 2015 年的 854.4 万人，共增加 217.9 万人，年均增长率约为 2.9%。

这个结果说明,在长期,技术进步进一步促进了产业内部的变革和新兴产业的出现。机器换人和劳动者的去技能化还在发生,但是随着更加智能、先进和复杂机器的引入以及新兴产业的发展,对高素质、高技能人才的需求也在进一步增加,如相关的科研人员、技术指导人员以及维护人员等①。这两方面导致了劳动力的复杂化和劳动力结构的复杂化,而这也是长期经济增长率为正的主导原因,是长期经济增长的动力。

3. 总　结

从上面短期和长期的分析中我们可以得出,技术进步,即主要是机器大规模的应用,对经济增长的作用是需要具体分析的,技术进步并非一定对经济增长具有促进作用。

短期来看,技术进步所带来的机器的大规模引用会发生机器换人和劳动者的去技能化现象,从而造成劳动力结构趋向简单化和机器对劳动力的“替代效应”。机器的引入会增加企业的利润从而加速资本积累,促使企业扩大再生产,从而增加对劳动力绝对量的需要,产生对劳动力的“补偿效应”。在这个时期,经济增长率为正主要取决于“替代效应”与“补偿效应”所带来的简单劳动力总人口数量的变化,即经济增长的动力是劳动力数量的增大。

长期来看,机器的大规模引用会导致劳动者人数绝对量的下降,即“补偿效应”小于“替代效应”,但是技术进一步发展会带来产业内部的变革和新兴产业的出现。在这个阶段,劳动力的绝对数量在减少,但是更加智能化、自动化的机器的引用以及新兴产业的出现促使了更加复杂的劳动力的出现,出现了高素质的、多面的技术人员和管理人员。经济增长的动力从短期依靠劳动力人数的投入转变为劳动力素质的提升。这也是技术进步对经济增长促进作用的本质,即技术进步并不会直接带来经济增长率的增加,技术只是潜在的生产力。技术进步只有进入社会生产过程,尤其是机器的大规模应用只有通过与劳动者更好的结合,即提升劳动者素质并且创造更多的就业,才能在长期带来持续的经济增长。仅仅出于降低成本的目的而大规模引入机器来替代劳动力,虽然在短期内会有超额利润,但是对于经济增长来说确实有负向作用,甚至在长期会失去经济增长的动力。

这也就提醒我们应该注意经济发展模式的选择,考虑机器引入与劳动者技能的关系,不应该一味地追求生产的智能化、自动化和机器化。自动化、智能化技术对生产效率的促进往往需要更好地与劳动者技能发展相结合,以实现人的全面、自由发展为目标。只有实现这种结合,才能将劳动力从低成本低技能要素转换为高技能的复杂劳动者,成为价值创造的和经济增长动力的重要源泉,实现劳动者收入持续提高和社会整体转型升级。

四、理论模型——使用价值层面

该部分从使用价值层面出发,运用马克思两大部类社会再生产理论并引入劳动生产率因素,构建了一个基本的经济增长模型,探究生产过程中“物质要素”与“人的要素”对经济增长

① 随着经济的不断发展,职业教育出现了新的趋势。比如,在夯实显性专业技能的基础上,加强隐性技能的培养,强化文化基础教育,允许学生跨专业选修课程。把提高职业技能与培养职业精神高度融合,注重对学生的文化素质、科学素养、综合能力和可持续发展能力的培养。部分普通本科院校向应用技术类高等学校转型,重点举办本科职业教育,培养高层次应用型工程技术人才。

率的影响。

(一)变量定义

C_i是 i 部类的不变资本;V_i是 i 部类的可变资本;S_i是 i 部类的剩余价值;n_i是 i 部类的劳动生产率;ΔI_i表示投资额,即 $\Delta I_i = \Delta C_i + \Delta V_i$;$P'_i$是部类一般利润率,即 $P'_i = S_i/(C_i + V_i)$。

Yt_i是 i 部类在 t 期生产的总价值,其中 $V_i + S_i$是新创造的价值;e 为剩余价值率,即 $e = (S_1 + S_2)/(V_1 + V_2)$;$K_i = C_i/V_i$是 i 部类的资本有机构成。

(二)假 设

(1)生产被分成两大部类,生产生产资料 C 的第 1 部类,生产消费品 V 的第 2 部类。而价值提供了两个部类不同产品(异质产品)之间比较、交换和加总的基础。同时,假设这两个部类所生产的产品是完全异质的:第 1 部类生产的产品不能用于个人消费,而第 2 部类中的产品不能被当作生产资料。

(2)整个经济系统的生产技术是“有效的”(Productive)或者是“可行的”,即在扣除掉用以补偿生产过程消耗掉的投入(生产资料的消耗和工人的生活消费)之后,存在一个非负的净产出。

(3)整个社会被分为两个对立的阶级,即资产阶级(资本家)和工人阶级。资本家不参加生产性劳动,其消费源于对工人创造的剩余价值的无偿占有。特别地,经济系统中没有地主和政府。

(4)部类 i 的资本家会将其获得的一部分剩余价值的一个固定比例 α_i作为追加的资本投入到下一期的资本主义生产中去,其中追加的不变资本为 ΔC_i,追加的可变资本为 ΔV_i,即 $\alpha_i \times S_i = \Delta C_i + \Delta V_i$。

(5)生产过程中的时间动态是离散的,在每个时期的开始时投入要素进行生产,在这个时期结束时获得相应的产出。同时,假定经济中不变资本的折旧率为 100%。

(6)整个经济是封闭的,不存在对外贸易和资本流动。

(7)整个经济系统不存在技术变迁或技术进步,因而每个部类的资本有机构成不变。但是每个部类间的资本有机构成是不同的。

(8)所有产品都按其价值出售,但是在使用价值层面上,商品从其物理性上来讲用实物单位来衡量。劳动是同质的,劳动量用劳动时间来衡量。

(9)公式中的劳动生产率表示单位劳动时间生产出的具体使用价值的数量多少,即产品的实物量①,并且单个部门中企业劳动生产率与部门劳动生产率相同,且劳动生产率不发生变化。

(10)剩余价值率不变。

(三)模型构建

在经济中,对于简单再生产,两个部类的产出的价值形式在 t 期为

---

① 由于不同的商品物理特性不同,不同商品的生产企业生产出的商品在使用价值层面上进行加总时会遇到困难。在这里,在同一商品生产企业层面可以用实物量进行加总,如单位是个、件、俩等;在整个社会生产层面,如果仅仅在于数量层面的增加,加总的方式可以通过确定一个同一的实物量单位。

$$Y_i^t = C_1 + V_1 + S_1$$

$$Y_2^t = C_2 + V_2 + S_2$$

为了保证资本主义生产按照不变的水平维持下去，在资本主义生产中消耗掉的生产资料和消费资料都必须予以补偿。由此可以得到简单再生产情况下的条件

$$V_1 + S_1 = C_2$$

对于扩大再生产，由于假定资本有机构成保持不变，我们有

$$\frac{\Delta C_i}{\Delta V_i} = \frac{C_i}{V_i} = K_i$$

由于在扩大再生产的条件下，资本家进行资本积累，即将剩余价值的一部分资本化，那么，两个部类产出的价值形式在 t 期为

$$Y_1^t = C_1 + V_1 + S_1 = C_1 + V_1 + (1 - \alpha_1)S_1 + \Delta C_1 + \Delta V_1 = C_1 + V_1 + (1 - \alpha_1)S_1 + \Delta I_1$$

$$Y_2^t = C_2 + V_2 + S_2 = C_2 + V_2 + (1 - \alpha_2)S_2 + \Delta C_2 + \Delta V_2 = C_2 + V_2 + (1 - \alpha_2)S_2 + \Delta I_2$$

这种扩大再生产顺利维持下去的条件是经济中生产出来的生产资料和消费资料不仅能够补偿上一期生产的耗费，还必须能够满足资本家用于资本积累的部分，即追加的不变资本和可变资本对生产资料和消费资料的需求

$$Y_1^{t+1} = C_1 + C_1 + \Delta C_1 + \Delta C_2$$

$$Y_2^{t+1} = (V_1 + V_2 + \Delta V_1 + \Delta V_2) \times (1 + e)$$

进一步有

$$C_2 + \Delta C_2 = (V_1 + \Delta V_1) \times (1 + e)$$

定义 $gv_i = \Delta V_i / V_i > 0$，$gc_i = \Delta C_i / C_i > 0$，分别为 i 部类可变资本和不变资本的增长率，那么由上述扩大再生产顺利进行的条件可得①

$$\frac{V_1}{V_2} = \frac{K_2 \times (1 + g_{C_2})}{(1 + e - g_{C_1} \times K_1)} > 0$$

进一步地，我们构建扩大再生产条件下整个经济有机体中产品实物量的增长模型。

两大部类产品的产出的价值量构成在第一期生产结束时为

$$Y_1^1 = C_1 + V_1 + S_1$$

$$Y_2^1 = C_2 + V_2 + S_2$$

到下一期生产结束，两大部类产出的价值量构成为

$$Y_1^1 = C_1 + V_1 + S_1 + \Delta C_1 + \Delta V_1 + \Delta S_1 = C_1 + V_1 + S_1 + \Delta I_1 + P'_1 \times \Delta I_1$$

$$Y_2^1 = C_2 + V_2 + S_2 + \Delta C_2 + \Delta V_2 + \Delta S_2 = C_2 + V_2 + S_2 + \Delta I_2 + P'_2 \times \Delta I_2$$

由此，根据年产出量（使用价值量）= 年产出价值 × 劳动生产率，将上述生产期结束时产出的价值形式转化为实物形式

第一期：$n_1 \times Y_1^1 = n_1 \times (C_1 + V_1 + S_1)$

$$N_2 \times Y_2^1 = n_2 \times (C_2 + V_2 + S_2)$$

第二期：$n_1 \times Y_1^2 = n_1 \times (C_1 + V_1 + S_1 + \Delta I_1 + P'_1 \times \Delta I_1)$

$$N_2 \times Y_2^2 = n_2 \times (C_2 + V_2 + S_2 + \Delta I_2 + P'_2 \times \Delta I_2)$$

① 该条件的推导见：赵峰. 资本主义经济增长的逻辑[M]. 北京：经济科学出版社，2009：29.

令 g 为产品实物量的增长率，则

$$g = \frac{n_1 \times Y_1^2 + n_2 \times Y_2^2 - n_1 \times Y_1^1 - n_2 \times Y_2^1}{n_1 \times Y_1^1 + n_2 \times Y_2^1} =$$

$$\frac{n_1 \times (\Delta I_1 + P_1' \times \Delta I_1) + n_2 \times (\Delta I_2 + P_2' \times \Delta I_2)}{n_1 \times Y_1^1 + n_2 \times Y_2^1}$$

由于 $\Delta I_i = \Delta C_i + \Delta V_i = (K_i + 1) \times \Delta V_i$，所以

$$g = \frac{n_1 \times (K_1 + 1) \times (1 + P_1') \times \Delta V_1 + n_2 \times (K_2 + 1) \times (1 + P_2') \times \Delta V_2}{n_1 * Y_1^1 + n_2 \times Y_2^1} =$$

$$\frac{n_1 \times Y_1^1}{n_1 \times Y_1^1 + n_2 \times Y_2^1} \times (K_1 + 1)(1 + P_1') \times \frac{\Delta V_1}{Y_1^1} +$$

$$\frac{n_2 \times Y_2^1}{n_1 \times Y_1^1 + n_2 \times Y_2^1} \times (K_2 + 1)(1 + P_2') \times \frac{\Delta V_2}{Y_2^1}$$

将 $Y_1^1 = (1 + K_1 + e) \times V_1$，$Y_2^1 = (1 + K_2 + e) \times V_2$，以及扩大再生产条件代入得

$$g = \frac{n_1 \times K_2(K_1 + 1) \times (1 + P_1')(1 + g_{c_2}) \times g_{v_1}}{n_1 \times K_2(K_1 + 1 + e)(1 + g_{c_2}) + n_2 \times (K_2 + 1 + e)(1 + e - g_{c_1} \times K_1)} +$$

$$\frac{n_2 \times (K_2 + 1) \times (1 + P_2')(1 + e - g_{c_1} \times K_1) \times g_{v_2}}{n_1 \times K_2(K_1 + 1 + e)(1 + g_{c_2}) + n_2 \times (K_2 + 1 + e)(1 + e - g_{c_1} \times K_1)}$$

由于 $P_i = \frac{S_i}{C_i + V_i} = \frac{S_i}{(1 + K_i) \times V_i} = \frac{e}{1 + K_i}$，代入上式得

$$g = \frac{n_1 \times K_2(K_1 + 1 + e)(1 + g_{c_2}) \times g_{v_1}}{n_1 \times K_2(K_1 + 1 + e)(1 + g_{c_2}) + n_2 \times (K_2 + 1 + e)(1 + e - g_{c_1} \times K_1)} +$$

$$\frac{n_2 \times (K_2 + 1 + e)(1 + e - g_{c_1} \times K_1) \times g_{v_2}}{n_1 \times K_2(K_1 + 1 + e)(1 + g_{c_2}) + n_2 \times (K_2 + 1 + e)(1 + e - g_{c_1} \times K_1)}$$

令 $\gamma = \frac{n_1 \times K_2(K_1 + 1 + e)(1 + g_{c_2})}{n_2 \times (K_2 + 1 + e)(1 + e - g_{c_1} \times K_1)}$，则

$$g = \frac{\gamma}{\gamma + 1} \times g_{v_1} + \frac{1}{\gamma + 1} \times g_{v_2}$$

假设第 1 部类与第 2 部类的可变资本总量的增长率存在以下的关系①，即

$$\frac{g_{v_2}}{g_{v_1}} = \varepsilon \text{，且 } \varepsilon \geqslant 0$$

那么

$$g = \frac{\gamma + \varepsilon}{\gamma + 1} \times g_{v_1}$$

并且从上式可以得出

$$\frac{\partial g}{\partial \varepsilon} > 0, \frac{\partial g}{\partial g_{v_1}} > 0$$

---

① 同样可以假定 $\frac{g_{v_1}}{g_{v_2}} = \varepsilon$，但是由于生产生产资料的部门在社会再生产的运动中起到至关重要的作用，即生产资料的优先增长规律，笔者将重点放在第一部类的增长上。

由此可以得到,实物量的增长率与γ,ε,g_{v_1}这3个变量有关,其中,γ代表经济增长中"物的因素",即γ与两个部类的劳动生产率、资本有机构成和不变资本的增长率有关,并且根据假定是不变量;ε和g_{v_1}则代表着经济增长中"人的因素",并且相比于"物的因素","人的因素"则处于经济增长中的核心地位,具有决定性。因为$g_c=0$时,经济增长率不一定为0,而当$g_v=0$,从而$\gamma=0$时,经济增长率一定为0。

通过使用价值层面经济增长的模型可以看到,对于经济增长的决定性因素g_{v_1},它是第一部类劳动力价值总量的增加,并且g_{v_1}的正负决定了g的正负。

我们在价值层面的经济增长模型的论述中可以得到

$$V_1 = V_L \times (1 + a \times r) \times L$$

其中,V_1表示第1部类的新创造的价值量;K表示第1部类中简单劳动力的人数;a表示第1部类中复杂劳动力与简单劳动力的人数比;r表示第1部类中复杂劳动力价值与简单劳动力价值的转换系数。

由此,通过价值形式的生产函数,使用价值层面的经济增长模型与价值层面的经济增长模型结合起来,构成了对经济增长的一个数理描述。使用价值层面的经济增长包含了经济增长的"物的因素",揭示了物质财富数量的变化规律。但是我们也可以看到,"人的因素",即劳动力价值的变化成为决定物质财富数量变化的核心要素。技术进步作为生产的"物的要素",无疑极大地发展了社会生产力,提供了无数的物质财富。但是,科学技术只是可能的生产力,只有科学技术进入生产过程,与劳动者有机地结合在一起,实现劳动力价值、实现劳动者创造财富的能力的提升时,才能促使经济增长长期可持续。机器的大规模可以替代劳动者,可以发生对劳动者去技能化的情况。但是,机器的应用也可以与劳动者有机地结合,促使劳动者的素质、能力得到进一步的提升,使劳动力价值增加。劳动力价值的增加,也就是劳动者创造财富的能力的增加,才是经济增长的本来目的,也是经济增长的源动力。

五、结　论

本文通过对流行的经济增长理论模型的批判发现,现有模型往往过于重视技术进步的表面作用,忽视了劳动者的能动劳动对经济增长的重要影响。本文在劳动价值论的基础上,从价值层面和使用价值层面出发,论述技术进步对经济增长的作用。在价值层面上,笔者构建了一个以劳动为主要变量并且引入复杂劳动相关范畴的经济增长模型。短期内,产业结构没有发生变化,技术进步主要体现在机器对劳动者的不断替代,经济持续增长主要依靠产业规模的不断扩大、劳动者人数的不断增加。长期内,技术进步推动产业结构发生变化,一方面,新兴产业促使新的职业出现;另一方面,随着机器不断复杂化和高科技化,复杂自动化设备效率的充分实现依然有赖于多个层面上机器与劳动的协调。这种协调同时体现为机器与劳动者技能的配合,以及劳动者与管理者在生产过程中的协调,这要求高素质、高技能人才的出现。这两方面造成了劳动者的劳动不断复杂化,单位劳动可以创造出更多的价值量。所以,在价值层面上,长期经济增长的动力主要是复杂劳动的不断深化,是劳动者技能的不断高级化。在使用价值层面上,笔者通过马克思的社会扩大再生产模型,构建了一个描述实物量增长的经济增长模型。该模型表明使用价值层面的经济增长的内在机理,其决定性因素是劳动者创造的价值量的增长，其背后是劳动力价值的增长。由此，经济增长在价值层面和使用价值层面便有机地结合在了一起。结合这两个层面的经济增长的论述，可以得出：经济发展模式的选择不应该仅仅追求技术进步，而应该注意技术的引入与劳动者技能有机结合，为长期经济增长提供动力。经济增长的内涵不仅仅是“物的因素”的增长，经济增长的决定性因素在于劳动者创造财富的能力的增长。

参考文献

[1]泉弘志. Measuring the Wealth of Nations—The Political Economy of National Accounts/Anwar M. Shaikh&E. Ahmet Tonak (1994)[J]. 统计学, 1995(68):62 - 66.

[2]Mohun, S. Productive and Unproductive Labor in the Labor Theory of Value[J]. *Review of Radical Political Economics*, 1996, 28(4): 30 - 54.

[3]Shaikh, A. Competition and Industrial Rates of Return[J]. *Issues in Economic Development and Globalisation, Festschrift in Honor of Ajit Singh*, 2008.

[4]Devine, J. What is 'Simple Labour'? A Re - examination of The Value - creating Capacity of Skilled Labour[J]. *Capital & Class*, 1989, 13(3): 113 - 131.

[5]Harvey, P. The Value - creating Capacity of Skilled Labor in Marxian Economics[J]. *Review of Radical Political Economics*, 1985, 17(1 - 2): 83 - 102.

[6]Morris, J., Lewin H. The Skilled Labor Reduction Problem[J]. *Science & Society*, 1973: 454 - 472.

[7][德]马克思. 资本论[M]. 北京:人民出版社,20041,2。

[8][德]马克思. 雇佣劳动与资本[M]. 北京:人民出版社,1971:9.

[9][德]恩格斯. 反社林论[M]. 北京:人民出版社. 1999.

[10][德]马克思,恩格斯. 马克思恩格斯全集[M]. 北京:人民出版社,1982.

[11][英]亚当・斯密. 国富论:上卷[M]. 北京:商务印书出版社,1972.

[12][英]李嘉图. 政治经济学及赋税原理[M]. 北京:商务印书馆. 1962.

[13][日]久留间鲛造,等,著. 资本论词典[M]. 天津:南开大学出版社. 1991.

[14]张俊山. 政治经济学——当代视角[M]. 北京:清华大学出版社,2015.

[15]何炼成. 生产劳动理论与实践[M]. 长沙:湖南人民出版社,1986.

[16]程恩富,汪桂进,朱奎. 劳动创造价值的规范与实证研究——新的活劳动价值一元论[M]. 上海:上海财经大学出版社,2005.

[17]赵峰. 资本主义经济增长的逻辑[M]. 北京:经济科学出版社,2009.

[18]吴易风. 马克思的经济增长理论模型[J]. 经济研究,2007,(9):11 - 17,48.

[19]李翀. 复杂劳动化简之管见[J]. 马克思主义研究,1987(3):310 - 315.

[20]余斌. 抽象劳动、简单劳动和复杂劳动[J]. 河北经贸大学学报,2014,35(3):10 - 14.

[21]张文贤. 复杂劳动的还原[J]. 当代经济,1990(2):15 - 18,61.

[22][日]藤森赖明,李帮喜. 复杂劳动的还原问题研究[J]. 清华政治经济学报,2014,3(2):38 - 47.

[23]孟捷,冯金华. 复杂劳动还原与产品的价值决定:理论和数理的分析[J]. 经济研究,2017,52(2):187 - 198.

[24]陈宇弘. 复杂劳动和简单劳动不是异质劳动[J]. 经济研究,1980(3):42,79.

[25]马伯钧,李君华. 复杂劳动与简单劳动换算的困境与出路[J]. 湖南大学学报,2003(6):72 - 75.

[26]孙尚清. 关于复杂劳动如何化为简单劳动的问题[J]. 经济研究,1962(11):18 - 23.

[27]奚兆永. 关于复杂劳动与简单劳动、熟练劳动与非熟练劳动的概念问题[J]. 上饶师专学报,1981(Z1):55 - 56.

[28]彭必源. 国外学者对马克思还原理论的误解[J]. 当代经济研究,2000(12):11 - 13.

[29]陈其人.论复杂劳动是多倍的简单劳动的机制[J].海派经济学,2004(4):74-82.

[30]朱延福.论劳动的复杂度.中国社会科学[J].1986(5):19-34.

[31]刘世定.谈谈复杂劳动还原为简单劳动问题[J].农业经济从刊,1983(3):30-34.

[32]谢富胜,李直.中国经济中的一般利润率[J].财经理论研究,2016(3):1-8.

[33]姬旭辉,邱海平.中国经济剩余价值率的估算[J].当代经济研究,2015(6):13-20.

[34]姬旭辉,邱海平.非生产劳动与经济增长[J].经济学家,2016(1):22-32.

[35]姬旭辉,邱海平.论非生产劳动与经济增长[J].马克思主义研究,2016(3):83-94.

[36]封凯栋,赵亭亭.生产设备与劳动者技能关系在工业发展中的重要性[J].经济社会体制比较,2015(4):42-55.

[37][德]汉斯·塔梅尔.西德工人阶级和劳动人民受剥削程度的加深[J].国际经济评论,1979(2):7-14,70.

金融市场分割、政策组合和社会福利
——基于新凯恩斯动态随机一般均衡模型的分析

鲁庆一
（南开大学经济学系）

［摘　要］本文构建了一个嵌入金融市场分割的新凯恩斯动态随机一般均衡（DNK－DSGE）模型来刻画中国经济现实中长短期金融市场严重分割的现象及其对实际经济活动的扭曲，并在此基础上讨论了不同的政策设计对居民福利水平的影响。模型中，居民的一阶最优条件表明金融市场分割会对资本和长期债券的价格造成扭曲，进而本文进行了数值模拟来分析不同政策组合下经济的波动情况以及可能为居民带来的福利水平改善。数值模拟的结果显示：第一，盯住期限溢价的政策，也就是内生债务政策可以很好地消除金融市场上的信贷冲击对实体经济的影响，保持经济稳定；第二，央行对传统的泰勒规则进行扩展并将期限溢价纳入其中可以显著改善居民的福利水平，并且当规则中对期限溢价的反应系数为－1时改善效果最好；第三，盯住期限溢价并保持其恒定的政策，与盯住债务量并保持其恒定的政策相比，在不同类型的冲击发生时均可以为居民带来很大程度的福利水平提升。

［关键词］金融市场分割；期限溢价；货币政策；财政政策

一、引　言

现代经济运行过程中一个典型的特征化事实就是存在大量的经济波动，经济的波动会对居民的福利水平造成不利的影响（Woodford，2003），因此当局平稳经济波动的政策设计可以有效地改善居民的福利水平。

Gali（1999）等发现包含价格黏性和工资刚性的新凯恩斯动态随机一般均衡（DNK－DSGE）模型可以很好地解释经济波动，并且 Clarida 等（1999）认为，由于新凯恩斯动态随机一般均衡模型对经济波动具有良好的解释力，这一框架在刻画货币政策传导机制和作用机理时取得了巨大的成功，为货币政策的最优设计和效果评估提供了一个极为适宜的分析工具。因此，近年来国内外很多学者在此框架下探讨如何设计最优政策来平稳经济波动进而改善居民的福利水平，比如 Smets 和 Wouters（2002）构建了一个包含价格粘性和工资刚性的新凯恩斯模型来估计使居民福利水平最大的泰勒型利率规则，Khan 等（2003），Schmitt －Grohé 和 Uribe（2007）等在新凯恩斯动态随机一般均衡模型框架下考虑各类名义刚性和实际刚性对外生冲击传导机制和经济稳定政策的影响，并以此为基础讨论最优财政货币政策的设计问题。在国内的相关研究方面，张屹山和张代强（2008）根据新凯恩斯 DSGE 模型和货币需求方程分析了包含货币因素的利率规则及其最优设计问题，王君斌（2010）在一个动态新凯恩斯模型的基础上分析了货币政策冲击对经济波动和居民福利水平的影响；奚君羊和贺云松（2010）基于新凯恩斯 DSGE 模型模拟了中国货币政策的福利损失并讨论了货币政策最优中介目标的选择，贾俊雪和郭庆旺（2012）则通过构建包含财政支出效用效应和生产效应的新凯恩斯 DSGE 模型来探讨最优的财政货币政策。王君斌、郭新强和王宇（2013）比较了数量型与价格型两类货币政策工具在新凯恩斯模型中的调控效果。

虽然在新凯恩斯 DSGE 模型的框架下分析最优的政策设计问题在国内学术界取得了重大进展，但是这类文献中的新凯恩斯动态随机一般均衡模型有一个共同点，那就是假设金融市场是完善的，居民、企业和金融中介等经济主体可以在长短期金融市场间自由进出，不存在任何程度的长短期金融市场分割问题。本文认为，在 DNK－DSGE 的框架下分析中国的最优政策设计问题不应忽视长短期金融市场的分割：首先，已有研究表明，金融市场的分割会对实际经济活动产生扰动。比如，Chen 等（2012），Gertler 和 Karadi（2013）发现，长短期金融市场的分割会造成期限溢价，金融市场的分割程度越大，期限溢价就越高，如果一些实际经济活动需要通过在分割的金融市场来融资，那么长短期金融市场的分割程度就会对实际经济变量和经济波动产生不同程度的影响。既然金融市场的分割会影响经济波动，那么自然也会影响与经济波动高度相关的居民福利水平。其次，长短期金融市场不存在分割的假设与中国的实际情况不符。这是因为中国的长短期金融市场是严重分割的，一方面，由于政府政策的规制，民间资本进入正规金融市场的门槛较高，市场上金融机构的数量有限，大部分居民只能将剩余资金以较低的利率存入有限的金融机构作为短期储蓄存款，难以直接参与向企业发放长期贷款和购买企业与政府的长期债券等能获得较高利率的长期投资行为，只能通过在金融中介中存入短期存款来间接参与长期投资。另一方面，企业投资所需要的长期贷款和政府与企业发行的长期债券大部分也只能通过市场上有限的金融机构特别是几大国有商业银行来融资，金融市场上竞争不够充分，使得金融机构可以很容易地在吸收低利率的短期存款和发放高利率的长期贷款以及购买长期债券之间获取利差，这就造成了中国长短期金融市场之间的严重分割。

尽管近年来中国政府高度重视并出台了大量政策致力于完善金融市场，促进其健康发展，但是中国金融市场上长期以来存在的分割问题在短期内是难以破除的。随着中国的居民和企业对金融市场依赖程度的提高，金融市场上存在的严重分割会对经济中的各种实际变量和经济的波动造成越来越大的影响，那么探讨这种分割会对实际经济活动造成什么样的影响以及在新凯恩斯动态随机一般均衡模型中考虑了金融市场的分割之后最优政策应该怎样设计在以后相当长的一段时期内都有着极其重要的现实意义。

但是目前国内将金融市场分割和期限溢价纳入新凯恩斯 DSGE 模型中分析其对经济波动、政策设计和居民福利水平影响的文献尚且比较缺乏。国外有关金融市场分割及其导致的期限溢价的研究始于 2008 年，主要集中在两个方面，一方面是将金融市场分割和期限溢价引入动态新凯恩斯 DSGE 模型中研究其对实际经济活动的影响，其中，Rudebusch 和 Swanson（2008，2012）通过在一个新凯恩斯 DSGE 模型中引入 Epstein－Zin（EZ）偏好，并做了三阶近似来得到随时间动态变化的期限溢价，但是这种方式引入的期限溢价对产出和投资等实际变量并无太大影响，因而无法准确刻画金融市场分割对实际经济活动的影响。Chen 等(2012)以及 Gertler 和 Karadi (2013)构建了需要在分割的市场上为实际经济活动融资的新凯恩斯 DSGE 模型，他们发现，金融市场中存在一些摩擦使得在短期债券和长期债券之间的套利行为受到限制，导致市场上的长期利率并非短期利率的期望平均，也就是说存在期限溢价，此外，由于一些实际经济活动需要通过存在分割的金融市场来融资，金融市场的分割程度会对实体经济产生影响。不同之处在于，Chen 等(2012)的模型中假定有部分消费者需要在分割的金融市场为其个人消费融资，而 Gertler 和 Karadi (2013)的模型中，在每一期所有过去的资本存量都需要在分割的金融市场上通过购买股权和债权来重新融资。另一方面的研究则集中于考察当局对政策规则进行扩展并将期限溢价引入其中后对居民福利水平的影响，其中，Cúrdia 和 Woodford (2010)发现，在货币政策规则中使目标利率与期限溢价反向变动可以改善社会福利，Gilchrist 和 Zakrajšek (2011)通过在一个新凯恩斯模型中引入金融加速器并通过进一步的计算发现，在泰勒规则中引入期限溢价可以改善社会福利，并且要想使得社会福利的改善最大的话，规则中的目标利率对期限溢价的最优反应系数不仅应为负，其绝对值还应当比 1 小。

综合以上我们可以发现，国内关于金融市场分割对经济波动和政策设计影响的相关研究还比较缺乏，在国外的相关研究中，考察金融市场分割对实际经济活动影响的文献要么只将过去的资本存量放在分割的金融市场中进行融资，要么只令一部分居民在分割的金融市场上融资；而国外将期限溢价纳入政策规则来分析其福利效应的文献通常只限于分析其是否存在福利改善效应，并未通过精确的数值模拟计算货币政策对期限溢价的最优反应系数。本文的创新之处和贡献在于：第一，构建了国际上比较前沿的包含工资黏性和价格黏性的新凯恩斯动态随机一般均衡(DNK－DSGE)模型来分析金融市场分割和期限溢价问题；第二，将金融市场分割和期限溢价嵌入新凯恩斯 DSGE 模型中，在国内较早地考察金融市场分割和期限溢价对居民福利水平和实际经济波动的影响；第三，与国外的相关研究相比，本文在 Chen，Cúrdia 和 Ferrero (2012)以及 Gertler 和 Karadi (2013)的基础上更进一步，在模型中令居民所有新投资的形成都必须在分割的金融市场上进行，以更加清楚地研究金融市场分割和期限溢价的影响；第四，与 Cúrdia 和 Woodford (2010)以及 Gilchrist 和 Zakrajšek (2011)相比，本文不仅考虑了将期限溢价加入政策规则的福利改善效应，并且计算了货币政策规则中目标利率对期限溢价的最优反应系数。

本文之后的结构安排如下：第二部分构建了一个包含金融市场分割的理论模型，第三部分对模型进行求解，第四部分为参数校准，第五部分进行数值模拟得出结果，最后一部分对前文进行总结并得出结论。

二、理论模型的构建

本文构建的是一个包含金融市场分割的新凯恩斯动态随机一般均衡模型，模型中包含 6 个经济主体：家庭、金融中介、最终产品生产商、中间产品生产商、新资本生产商和中央银行。模型的主要特点如下：第一，短期债券市场和长期债券市场是严重分割的，只有金融中介可以购买长期债券，家庭只能通过为金融中介提供短期储蓄存款来间接影响长期债券市场。而金融中介吸收家庭的存款在短期储蓄利率和长期债券利率之间套利的行为要受到其净资产规模的限制,以防发生"敲竹杠"问题(Hold - up Problem)。第二,金融中介在经济中的冲击发生后改变其净资产规模时,要面临一个与净资产规模相关的调整成本,这也会对其改变自身净资产进行套利的行为造成限制。第三,在本文的模型中,居民所有为形成新资本进行的投资都必须通过在分割的金融市场上发行长期债券来进行筹资,因此,长期债券的收益率和投资的价格会对实际经济活动产生影响。

(一)家 庭

在本文的模型中,家庭要最大化如下所示的效用函数

$$E_0\sum_{s=0}^{\infty}\beta^s e^{rn_{t+s}}\left\{\ln(C_{t+s}-hC_{t+s-1})-B\frac{H_{t+s}^{1+\eta}(j)}{1+\eta}\right\} \tag{1}$$

其中,C_t 是消费,h 代表上一期消费形成的消费习惯对当期消费的影响程度,$H_t(j)$ 代表家庭 j 的劳动投入,e^{rn_t} 是对 t 时期折现因子的随机冲击,这一跨期偏好冲击满足如下形式的随机过程

$$rn_t = \rho_{rn}rn_{t-1}+\varepsilon_{rn,t} \tag{2}$$

其中 $\varepsilon_{rn,t}\sim i.i.d.N(0,\sigma_{rn}^2)$,每一个家庭都是差异性的劳动 $H_t(j)$ 的垄断供应者,大量的竞争性雇佣机构将这些差异性劳动结合,加总成同质性劳动卖给中间品生产商,结合方式如下

$$H_t = \left[\int_0^1 H_t(j)^{1/(1+\lambda_{w,t})}dj\right]^{1+\lambda_{w,t}} \tag{3}$$

家庭的工资加成取决于不同家庭的差异性劳动产品之间的边际替代率,$\lambda_{\omega,t}$ 服从如下随机过程

$$\log\lambda_{\omega,t} = (1-\rho_\omega)\log\lambda_\omega+\rho_\omega\log\lambda_{\omega,t-1}+\varepsilon_{w,t}-\theta_w\varepsilon_{\omega,t-1} \tag{4}$$

其中,$\varepsilon_{\omega,t}\sim i.i.d.N(0,\sigma_\omega^2)$ 是工资加成冲击。完全竞争的雇佣机构要最大化其利润,因此,中间品生产商对他们所使用的同质化劳动投入支付的实际工资 W_t 为

$$W_t = \left[\int_0^1 W_t(j)^{-1/\lambda_{w,t}}dj\right]^{-\lambda_{w,t}} \tag{5}$$

每个时期只有 θ_w 比例的家庭无法自由调整其名义工资,所以该类型家庭 j 的实际工资遵循如下所示的指数化规则

$$W_t(j) = \frac{\prod_{t-1}^{l_w}}{\Pi_t}W_{t-1}(j) \tag{6}$$

余下 $1-\theta_w$ 比例的企业可以选择其最优工资 $W(j)$ 以最大化

$$E_t\left\{\sum_{s=0}^{\infty}\theta_w^s\beta^s\left[-e^{rn_{t+s}}B\frac{H_{t+s}(j)^{1+\eta}}{1+\eta}+\Lambda_{t+s}W(j)H_{t+s}(j)\right]\right\} \tag{7}$$

约束条件是雇佣机构的劳动需求函数,Λ_{t+s} 是消费给家庭带来的边际效用,家庭的收入来自从雇佣机构获得工资收入和从中间品生产商获得资本租赁收入。

家庭有两种途径来实现其消费的跨期平滑,一是在金融中介存入短期存款 D_t,二是积累物质资本 K_t。此外,家庭还可以在债券市场上购买政府发行的短期债券。但是由于短期政府债券是短期存款的完全替代品,短期政府债券的供给随着中央银行调整其短期目标利率的需

要内生地变动，D_t 可以看作家庭流向金融中介的净资源。为了刻画金融市场分割对实际经济活动的影响，我们在模型中假定所有的投资必须通过发行新的长期“投资债券”来实现，投资债券只能由金融中介购买。投资债券以永续年金（Perpetuity Bonds）的形式付酬，该种债券永久性地有现金流 1，κ，κ^2，…。令 Q_t 来表示新发行的债券在时期 t 的价格，那么根据这种债券的付酬方式可知，$t-1$ 期发行的债券在 t 时期的价格为 κQ_t。令 CI_t 来表示在 t 期为给投资融资而新发行的永续年金债券，则家庭在 t 期由于过去发行债券而产生的名义债务存量为

$$F_{t-1}=CI_{t-1}+\kappa CI_{t-2}+\kappa^2 CI_{t-3}+\cdots \tag{8}$$

为了方便，我们可以用递归的形式来表示新发行的债券为

$$CI_t=(F_t-\kappa F_{t-1}) \tag{9}$$

代表性家庭的约束条件为

$$C_t+\frac{D_t}{P_t}+P_t^k I_t+\frac{F_{t-1}}{P_t}\leqslant W_t H_t+R_t^k K_t-T_t+\frac{D_{t-1}}{P_t}R_{t-1}+\frac{Q_t(F_t-\kappa F_{t-1})}{P_t}+div_t \tag{10}$$

$$K_{t+1}\leqslant(1-\delta)K_t+I_t \tag{11}$$

$$P_t^k I_t\leqslant\frac{Q_t(F_t-\kappa F_{t-1})}{P_t}=\frac{Q_t CI_t}{P_t} \tag{12}$$

其中，P_t 是价格水平，P_t^k 是资本的实际价格，R_{t-1} 是短期存款的名义总收益率，R_t^k 是资本的实际租赁价格，T_t 是一次性总付税，div_t 是金融中介流向家庭的利润。贷款先行约束（Loan - in - advance）(12)将会增加私人购买投资商品的成本，家庭部门最大化自身效用的一阶条件如下

$$\Lambda_t=E_t\beta\Lambda_{t+1}\frac{R_t}{\prod_{t+1}} \tag{13}$$

$$\Lambda_t P_t^k M_t=E_t\beta\Lambda_{t+1}[R_{t+1}^k+(1-\delta)P_{t+1}^k M_{t+1}] \tag{14}$$

$$\Lambda_t Q_t M_t=E_t\beta\Lambda_{t+1}\frac{[1+\kappa Q_{t+1}M_{t+1}]}{\prod_{t+1}} \tag{15}$$

其中，$\prod_t=\frac{P_t}{P_{t-1}}$ 是总的通货膨胀率，由式(14)可知，资本积累受扭曲 M_t 的制约，$M_t\equiv 1+\frac{\vartheta_t}{\Lambda_t}$，可以看作金融市场分割造成的加在投资的价格 P_t^k 上的一个时变的楔子，ϑ_t 是贷款先行约束(12)的拉格朗日乘子，扭曲 M_t 的内生变化行为来自于金融市场分割所造成的影响，它会扭曲投资和消费的价格，进而对实际经济活动造成影响。

（二）金融中介

在本文的模型中，金融中介利用自身净资产 N_t 和对储户的短期存款 D_t 来购买投资债券 F_t 和政府长期债券 B_t，我们假定长期政府债券和投资债券一样都采用永续年金的形式付酬，则 Q_t 也是 t 期新发行的政府长期债券的价格，t 期金融中介拥有的当期发行和过去发行的投资债券的价值为

$$Q_t CI_t+\kappa Q_t[CI_{t-1}+\kappa CI_{t-2}+\kappa^2 CI_{t-3}+\kappa^3 CI_{t-4}+\cdots]=Q_t F_t \tag{16}$$

金融中介的资产负债表为

$$\frac{B_t}{P_t}Q_t+\frac{F_t}{P_t}Q_t=\frac{D_t}{P_t}+N_t=L_t N_t \tag{17}$$

其中，L_t 表示杠杆率，在资产一端，投资债券和长期政府债券对于金融中介来说是完全替代的。令 $R_{t+1}^L \equiv (\frac{1+\kappa Q_{t+1}}{Q_t})$，则金融中介在 t 期的利润为

$$prof_t \equiv \frac{P_{t-1}}{P_t}[R_t^L L_{t-1}N_{t-1} - (L_{t-1}N_{t-1} - N_{t-1})R_{t-1}] \tag{18}$$

金融中介会将利润的一部分作为红利支付给家庭，然后把余下的部分作为自身的净资产从事经营活动。金融中介对红利进行折现时使用的折现率是包含家庭折现率 β 和金融中介自身不耐心程度 ζ 的复合折现因子。金融中介需要进行净资产积累，因为它面临这样一个金融约束，其吸收储户存款的能力受它自身的净资产规模大小的限制。我们在这里用一个简单的“敲竹杠”问题（Hold - up Problem）来刻画对金融中介杠杆率的约束。金融机构通过调整利润在红利和净资产之间的配置来最大化下面的值函数

$$V_t \equiv \max_{N_t, div_t} E_t \sum_{j=0}^{\infty} (\beta\zeta)^j \Lambda_{t+j} div_{t+j} \tag{19}$$

约束条件是金融中介自身的预算约束

$$div_t + N_t[1+f(N_t)] \leqslant \frac{P_{t-1}}{P_t}[(R_t^L - R_{t-1}^d)L_{t-1} + R_{t-1}]N_{t-1} \tag{20}$$

函数 $f(N_t) \equiv \frac{\psi_n}{2}(\frac{N_t - N_{ss}}{N_{ss}})^2$ 表示金融中介调整自身净资产时的一个调整成本函数，它会抑制金融中介随外部冲击的变化调整自身投资组合和资产负债表结构的能力。如果我们假定没有净资产调整成本（$\psi_n = 0$），并且对金融中介的净资产进行向前求解，那么金融中介的值函数将是如下的线性形式

$$V_t = \frac{P_{t-1}}{P_t}\Lambda_t[(R_t^L - R_{t-1}^d)L_{t-1} + R_{t-1}^d]N_{t-1} \equiv \Lambda_t X_t N_{t-1} \tag{21}$$

如果金融中介调整净资产的调整成本函数是凹函数，那么金融中介的值函数将会包含一个时变的额外变量 g_t

$$V_t = \Lambda_t X_t N_{t-1} + g_t$$

其中，$g_{ss} = 0$，g_t 是一些总体变量的函数，对于金融中介来说是外生的。“敲竹杠”问题的运行机制如下：在 $t+1$ 期期初，总量冲击实现之前，金融中介可以选择对储户违约，如果违约发生，储户最多可以得到 $(1-\Psi_t)$ 比例金融中介的资产，Ψ_t 是金融中介净资产和其他状态变量的函数。如果金融中介违约，那么它可以得到的收益为 $\Psi_t R_{t+1}^L L_t N_t$。为了确保金融中介不会对储户违约，那么我们需要在 t 期对金融中介施加一个激励相容约束

$$E_t V_{t+1} \geqslant \Psi_t L_t N_t E_t \Lambda_{t+1} \frac{P_t}{P_{t+1}} R_{t+1}^L \tag{22}$$

在这里，我们假定 Ψ_t 是净资产的函数，金融中介在违约时可以保留的资产比例为

$$\Psi_t \equiv \Phi_t[1 + \frac{1}{N_t}(\frac{E_t g_{t+1}}{E_t X_{t+1}})] \tag{23}$$

Φ_t 是一个反映金融中介所处环境中金融摩擦变化的外生随机过程，由式（23）可知，激励相容问题式（22）可以表述为

$$E_t \frac{P_t}{P_{t+1}}\Lambda_{t+1}[(\frac{R_{t+1}^L}{R_t^d} - 1)L_t + 1] = \Phi_t L_t E_t \Lambda_{t+1} \frac{P_t}{P_{t+1}} \frac{R_{t+1}^L}{R_t^d} \tag{24}$$

从式(24)中可以看出,杠杆率是总体变量的函数并且与金融中介的净资产无关,对式(24)进行对数线性化我们得到

$$(E_t r_{t+1}^L - r_t) = \upsilon l_t + [\frac{1 + L_{ss}(s-1)}{L_{ss} - 1}]\phi_t \tag{25}$$

其中,$\upsilon \equiv (L_{ss} - 1)^{-1}$ 是利差对杠杆率的弹性。s 表示稳态时的期限溢价,金融冲击 $\phi_t \equiv \ln(\Phi_t)$ 服从一阶自回归(AR(1))过程

$$\phi_t = (1 - \rho_\phi)\phi_{ss} + \rho_\phi \phi_{t-1} + \varepsilon_{\phi,t} \tag{26}$$

ϕ_t 的增大会恶化"敲竹杠"问题,进而造成"信贷冲击"(Credit Shock),这将会增大利差并且会抑制实体经济的生产活动。由于激励相容约束式(24)与企业净资产相互独立,金融中介可以将杠杆率看作是给定的,金融中介的积累净资产的最优决策为

$$\Lambda_t[1 + N_t f'(N_t) + f(N_t)] = E_t \beta\zeta\Lambda_{t+1}\frac{P_t}{P_{t+1}}[(R_{t+1}^L - R_t^d)L_t + R_t^d] \tag{27}$$

式(24)和式(27)是本文模型的基础,因为它们刻画了对金融中介在长期债券和短期存款之间套利的限制。杠杆率约束式(24)限制了金融中介吸收存款的能力和在存贷款利差之间套利的机会,金融中介净资产的增加可以使其更多地套利进而减弱金融市场的分割程度,式(27)则通过加入给金融中介加入额外的不耐心程度 ζ 和净资产调整成本来限制其套利行为。由于金融中介是投资债券的最终购买者,金融市场上产生的对期限溢价和长期债券价格的影响会对实际生产活动造成干扰,因为这会影响居民的投资行为进而影响资本积累。

(三)最终产品生产商

在本文的模型中,完全竞争企业采用 CES 技术加总一系列中间品的连续统来生产最终消费品

$$Y_t = [\int_0^1 Y_t(i)^{1/(1+\lambda_p)} di]^{1+\lambda_p} \tag{28}$$

厂商的利润最大化和零利润条件决定了最终品的价格是中间品价格的 CES 加总,以及对中间品的需求函数,具体如下

$$P_t = [\int_0^1 P_t(i)^{-1/\lambda_p} di]^{-\lambda_p} \tag{29}$$

$$Y_t(i) = Y_t[\frac{P_t}{P_t(i)}]^{\frac{1+\lambda_p}{\lambda_p}} \tag{30}$$

(四)中间品生产商

在本文的模型中,完全垄断的中间品生产商采用如下的生产函数生产中间品 i。

$$Y_t(i) = A_t K_t(i)^\alpha H_t(i)^{1-\alpha} \tag{31}$$

其中,$K_t(i)$ 和 $H_t(i)$ 分别代表厂商 i 雇佣的资本和劳动,A_t 代表一个外生的 TFP 水平,并且服从如下所示的随机过程

$$\ln A_t = \rho_A \ln A_{t-1} + \varepsilon_{a,t}$$

在每期有 θ_p 比例的中间品生产商无法自由调整其价格,而采用如下的指数化规则设定价格

$$P_t(i) = P_{t-1}(i)\Pi_{t-1}^{l_p} \tag{32}$$

其中，$\prod_t = \frac{P_t}{P_{t-1}}$ 是总的通胀率，余下 $(1-\theta_p)$ 比例的企业则选择可以使未来利润的现值最大化的价格 $P(i)$，厂商未来利润的现值如下

$$E_t\left\{\sum_{s=0}^{\infty}\theta_p^s\frac{\beta^s\Lambda_{t+s}/P_{t+s}}{\Lambda_t/P_t}\left[P_t(i)\left(\prod_{k=1}^{s}\Pi_{t+k-1}^{l_p}\right)Y_{t+s}(i)-W_{t+s}H_{t+s}(i)-P_{t+s}R_{t+s}^kK_{t+s}(i)\right]\right\} \tag{33}$$

其中，$Y_t(i)$ 的需求函数来自于最终品生产商。

(五)新资本生产商

生产新资本的技术将 I_t 单位的投资商品转化为 $\mu_t[1-S(\frac{I_t}{I_{t-1}})]I_t$ 单位的新资本，因此，资本品生产商在 t 期的利润为

$$P_t^k\mu_t[1-S(\frac{I_t}{I_{t-1}})]I_t-I_t \tag{34}$$

其中，S 刻画了投资调整成本，其具体形式为 $S(\frac{I_t}{I_{t-1}})\equiv\frac{\psi_i}{2}(\frac{I_t}{I_{t-1}}-1)^2$，投资冲击遵循如下的随机过程

$$\log\mu_t=\rho_\mu\log\mu_{t-1}+\varepsilon_{\mu,t} \tag{35}$$

其中，$\varepsilon_{\mu,t}$ 服从 $i.i.d.\ N(0,\sigma_\mu^2)$ 分布。

(六)中央银行

我们假定中央银行按照一个近似于泰勒规则的范式来调整短期利率(短期国债利率和短期存款利率)

$$\ln(R_t)=(1-\rho)\ln(R_{ss})+\rho\ln(R_{t-1})+(1-\rho)(\tau_\pi\pi_t+\tau_y y_t^{gap})+\varepsilon_t^r \tag{36}$$

其中，$y_t^{gap}\equiv(Y_t-Y_t^f)/Y_t^f$ 表示实际产出对灵活价格条件下产出值的偏离，ε_t^r 是一个外生的服从一阶自回归的冲击，其 AR(1) 系数为 ρ_r。

在本文的模型中，财政政策是完全消极的，政府支出被设定为 0，总量税完全用于支付政府长期债券和短期债券的利息。

(七)模型的对数线性化形式

为了推导出期限溢价及金融市场分割的影响，我们需要对模型进行对数线性化处理。令 $b_t\equiv\ln(\frac{\bar{B}_t}{\bar{B}_{ss}})$，$f_t\equiv\ln(\frac{\bar{F}_t}{\bar{F}_{ss}})$，其中，$\bar{B}_t\equiv Q_t\frac{B_t}{P_t}$，$\bar{F}_t\equiv Q_t\frac{F_t}{P_t}$ 表示金融中介拥有的债券在市场上的实际价值，在本文中我们主要关注的长期债券是十年期债券，用 R_t^{10} 表示十年期债券的总体收益率，L_{ss} 表示稳态时的杠杆率。我们用小写字母表示变量对稳态偏离的对数值，则对数线性化后的模型如下

$$\lambda_t=\frac{1}{(1-\beta h)(1-h)}E_t[\beta hc_{t+1}-(1+\beta h^2)c_t+hc_{t-1}]+\frac{1}{1-\beta h}(rn_t-\beta hE_t rn_{t+1}) \tag{37}$$

$$rn_t + \eta h_t - \lambda_t = mrs_t \tag{38}$$

$$\pi_t^w - l_w \pi_{t-1} = \kappa_w (mrs_t - w_t) + \beta(\pi_{t+1}^w - l_w \pi_t) + \varepsilon_t^w \tag{39}$$

$$w_t = w_{t-1} + \pi_t^w - \pi_t \tag{40}$$

$$\lambda_t = E_t \lambda_{t+1} + r_t - E_t \pi_{t+1} \tag{41}$$

$$\lambda_t + p_t^k + m_t = E_t \left\{ \lambda_{t+1} + [1 - \beta(1-\delta)] r_{t+1}^k + \beta(1-\delta)(p_{t+1}^k + m_{t+1}) \right\} \tag{42}$$

$$\lambda_t + q_t + m_t = E_t \lambda_{t+1} - E_t \pi_{t+1} + \beta \kappa E_t (q_{t+1} + m_{t+1}) \tag{43}$$

$$(1-\kappa)(p_t^k + i_t) = f_t - \kappa(f_{t-1} + q_t - q_{t-1} - \pi_t) \tag{44}$$

$$r_{t+1}^L = \frac{\kappa q_{t+1}}{R_{ss}^L} - q_t \tag{45}$$

$$r_t^{10} = -\left(\frac{R_{ss}^L - \kappa}{R_{ss}^L}\right) q_t \tag{46}$$

$$E_t(r_{t+1}^L - r_t) = \left(\frac{1}{L_{ss} - 1}\right) l_t + \left[\frac{1 + (s-1)L_{ss}}{L_{ss} - 1}\right] \phi_t \tag{47}$$

$$\psi n_t = \left[\frac{sL_{ss}}{1 + L_{ss}(s-1)}\right] E_t(r_{t+1}^L - r_t) + \left[\frac{(s-1)L_{ss}}{1 + L_{ss}(s-1)}\right] l_t \tag{48}$$

$$\frac{\bar{B}_{ss}}{L_{ss}N_{ss}} b_t + \left(1 - \frac{\bar{B}_{ss}}{L_{ss}N_{ss}}\right) f_t = n_t + l_t \tag{49}$$

$$w_t = mc_t + mpl_t \tag{50}$$

$$r_t^k = mc_t + mpk_t \tag{51}$$

$$\pi_t = \frac{\kappa_\pi}{1 + \beta l_p} mc_t + \frac{\beta}{1 + \beta l_p} E_t \pi_{t+1} + \frac{l}{1 + \beta l_p} \pi_{t-1} + \varepsilon_t^p \tag{52}$$

$$p_t^k = \psi_i [(i_t - i_{t-1}) - \beta E_t (i_{t+1} - i_t)] - \mu_t \tag{53}$$

$$\left(1 - \frac{I_{ss}}{Y_{ss}}\right) c_t + \frac{I_{ss}}{Y_{ss}} i_t = a_t + \alpha k_t + (1-\alpha) h_t \tag{54}$$

$$k_{t+1} = (1-\delta) k_t + \delta(\mu_t + i_t) \tag{55}$$

$$r_t = \rho r_{t-1} + (1-\rho)(\tau_\pi \pi_t + \tau_y y_t^{gap}) + \varepsilon_t^r \tag{56}$$

式(42)刻画了经济中的扭曲，m_t 来源于市场分割，对其做向前求解，我们得到

$$p_t^k + m_t = E_t \sum_{j=0}^{\infty} [\beta(1-\delta)]^j \left\{ [1 - \beta(1-\delta)] r_{t+j}^k - (r_{t+j} - \pi_{t+j+1}) \right\} \tag{57}$$

从式(57)中可以看出，金融市场分割所造成的扭曲 m_t 的作用类似于对新资本价格的一个加成，这个扭曲的大小可以通过式(43)和式(45)推导得到

$$m_t = E_t \sum_{j=0}^{\infty} (\beta\kappa)^j \Xi_{t+j} \tag{58}$$

其中，$\Xi_{t+j} \equiv \beta \kappa q_{t+j+1} - q_{t+j} - r_{t+j} \approx r_{t+j}^L - r_{t+j}$ (59)

也就是说，扭曲是所有从未来折现的存贷款利差之和，而利差则是由于金融市场的分割所导致的。

期限溢价在这里被定义为观察到的十年期债券收益率和由利率期限结构和短期利率推导出的长期债券理论上的收益率之间的差值，由利率期限结构和短期利率推导出的长期债券

理论上的收益率为

$$r_t = E_t \frac{\kappa q_{t+1}^{EH}}{R_{ss}} - q_t^{EH} \tag{60}$$

然而其在实际中观测到的收益率为

$$r_t^{EH,10} = (\frac{R_{ss} - \kappa}{R_{ss}}) q_t^{EH} \tag{61}$$

运用这些定义,我们得到期限溢价在对数线性化方程中的表示为

$$termpremium \equiv tp_t \equiv (r_t^{10} - r_t^{EH,10}) = -(\frac{R_{ss}^L - \kappa}{R_{ss}^L}) q_t + (\frac{R_{ss} - \kappa}{R_{ss}}) q_t^{EH} \tag{62}$$

用将来的短期利率来表示债券的价格,我们得到

$$\begin{aligned} tp_t &= (\frac{R_{ss}^L - \kappa}{R_{ss}^L}) \sum_{j=0}^{\infty} (\frac{\kappa}{R_{ss}^L})^j E_t r_{t+j}^L - (\frac{R_{ss} - \kappa}{R_{ss}}) \sum_{j=0}^{\infty} (\frac{\kappa}{R_{ss}})^j E_t r_{t+j} \approx \\ &(1 - \beta\kappa) \sum_{j=0}^{\infty} (\beta\kappa)^j E_t (r_{t+j}^L - r_{t+j}) \end{aligned} \tag{63}$$

比较式(58)和式(63)可知,期限溢价 tp_t 仅为扭曲 m_t 乘以一个常数,扭曲 m_t 的大小可反映期限溢价的大小,因此,旨在消除期限溢价波动的政策也可以削弱金融市场分割所造成的扭曲。

(八)两种不同的债务政策

为了使模型闭合,需要增加一个约束条件来描述市场上长期政府债券的数量变化,债务政策可以分为两种,即内生的债券政策和外生的债券政策。

1. 外生债务政策(Exogenous Debt)

首先我们必须认识到,金融中介资产负债表中的长期政府债务量 b_t 可能会随时间发生变化,可以导致 b_t 变化的原因有两点:一是中央银行可以通过量化宽松政策购入长期债券;二是政策当局通过发行债券融资可以在长期债券和短期债券之间进行转换。这两种情形导致的金融市场上长期债券数量的变化都是外生的,没有保持期限溢价和稳定经济等考虑,我们称之为外生债务政策。

2. 内生债务政策(Endogenous Debt)

与外生债务政策截然相反的是内生债务政策,遵循内生债务政策的央行会盯住期限溢价,通过调整市场上的长期债券供应使得债券的期限溢价保持恒定。在这种债务政策下,金融中介的资产价值会保持不变但是其构成会发生变化,当央行购买的长期政府债券增加时,金融中介会增加对投资债券的持有。

三、模型求解

为了对模型进行求解,我们需要列出模型的均衡条件,进而求出各变量的稳态值,模型的均衡条件在附录中给出,模型的稳态如下

$$\Lambda_{ss} = \frac{(1 - \beta h)}{(1 - h) C_{ss}} \tag{64}$$

$$1 = \beta R_{ss} \tag{65}$$

$$B = W_{ss} \Lambda_{ss} \tag{66}$$

$$R_{ss}^{k} = \frac{M_{ss}[1 - \beta(1 - \delta)]}{\beta} \tag{67}$$

$$M_{ss} = \frac{\beta}{(1 - \beta\kappa) Q_{ss}^{I}} \tag{68}$$

$$R_{ss}^{k} = \mathrm{MC}_{ss} \mathrm{MPK}_{ss} \tag{69}$$

$$W_{ss} = \mathrm{MC}_{ss} \mathrm{MPL}_{ss} \tag{70}$$

$$1 = \frac{\varepsilon_p}{\varepsilon_p - 1} \frac{X_{1ss}}{X_{2ss}} \tag{71}$$

$$X_{1ss} = \frac{\mathrm{MC}_{ss} \Lambda_{ss} Y_{ss}}{1 - \beta\theta_p} \tag{72}$$

$$X_{2ss} = \frac{\Lambda_{ss} Y_{ss}}{1 - \beta\theta_p} \tag{73}$$

$$d_{ss} = 1 \tag{74}$$

$$G_{1ss} = \frac{W_{ss}^{\varepsilon_w (1+\eta)} B H_{ss}^{1+\eta}}{1 - \beta\theta_w} \tag{75}$$

$$G_{2ss} = \frac{\Lambda_{ss} W_{ss}^{\varepsilon_w} H_{ss}}{1 - \beta\theta_w} \tag{76}$$

$$d_{ss}^{w} = 1 \tag{77}$$

$$W_{ss} = \frac{\varepsilon_w}{\varepsilon_w - 1} \frac{B H_{ss}^{\eta}}{\Lambda_{ss}} \tag{78}$$

$$C_{ss} + I_{ss} = Y_{ss} \tag{79}$$

$$Y_{ss} = K_{ss}^{\alpha} \tag{80}$$

$$\delta K_{ss} = I_{ss} \tag{81}$$

$$P_{ss}^{k} = 1 \tag{82}$$

$$\bar{B}_{ss} + \bar{F}_{ss} = N_{ss} \left[1 + (\Phi_{ss} - 1) \left(\frac{R_{ss}^{L}}{R_{ss}} \right) \right]^{-1} \tag{83}$$

$$I_{ss} = \bar{F}_{ss} (1 - \kappa) \tag{84}$$

$$1 = \beta \zeta R_{ss}^{L} \tag{85}$$

$$Q = (R_{ss}^{L} - \kappa)^{-1} \tag{86}$$

$$R_{ss}^{10} = R_{ss}^{L} \tag{87}$$

四、参数校准

根据上文中的模型，需要校准的参数值有以下 30 个：$\eta, h, \psi_n, \varphi, \tau_\pi, \tau_y, \rho_i, \lambda_p, \lambda_w, \theta_w, \theta_p$，$\delta, \beta, \alpha, \kappa_{pc}, \kappa_w, \rho_a, \rho_\mu, \rho_\varphi, \rho_{mk}, \rho_{mkw}, \rho_m, \rho_{rn}, \sigma_a, \sigma_i, \sigma_{mp}, \sigma_{mk}, \sigma_{mkw}, \sigma_{rn}, \sigma_\psi$。其中，前 14 个参数直接

应用其他相关文献针对中国的实际情况得到的估计值或校准值,后 16 个参数则需要根据本文的具体数据进行估计。

表 1 参数校准值

参数	η	h	ψ_n	φ	τ_π	τ_y	ρ_i
校准值	2.0259	0.6225	0.7850	3.2821	1.4202	0.4906	0.7712
参数	l_p	l_w	θ_w	θ_p	δ	β	α
校准值	0.595	0.211	0.6	0.85	0.0274	0.985	0.4

表 2 参数估计值

参数	κ_{pc}	κ_w	ρ_a	ρ_μ	ρ_φ	ρ_{mk}	ρ_{mkw}	ρ_m
估计值	0.0860	0.0002	0.9921	0.8695	0.9821	0.6650	0.2059	0.1564
参数	ρ_{rn}	σ_a	σ_i	σ_{mp}	σ_{mk}	σ_{mkw}	σ_{rn}	σ_ψ
估计值	0.9483	0.6481	7.3454	0.2151	0.2442	0.4840	0.1588	2.7196

五、模拟结果

(一)不同类型的债务政策在经济面临不同类型冲击时的作用效果

图 1 至图 4 分别显示了当经济面临 TFP 冲击、投资技术冲击、信贷冲击和自然利率冲击时,不同类型债务政策下经济中各实际变量的反应情况。每一张图都考虑了上文所提到的两种不同的政策规则:第一,外生债务规则,在这种情形下,金融中介资产负债表中的长期债券结构保持恒定,长期债券的构成不会发生变化,短期利率按照泰勒规则变动,下文的脉冲响应函数图中这种规则下经济中各变量的变动情况用实线表示;第二,内生债务规则,在这种情形下期限溢价的值保持恒定,金融中介资产负债表中的长期债券为了维持期限溢价的恒定而内生地变动,下文的脉冲响应函数图中这种规则下经济中各变量的变动情况用虚线表示。

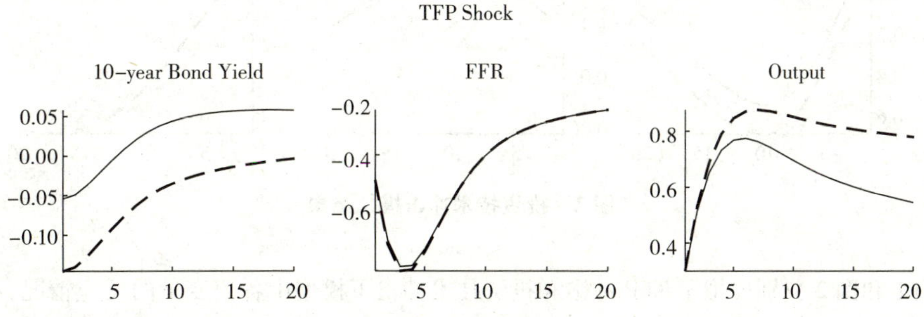

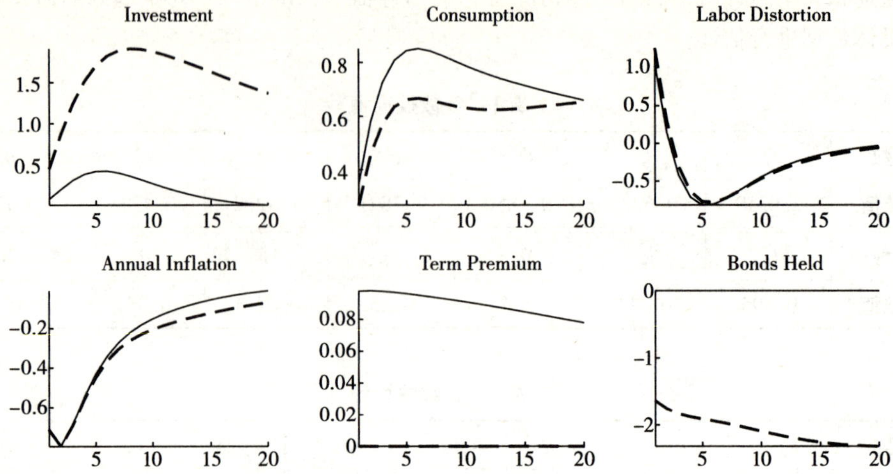

图 1 TFP 冲击模拟结果

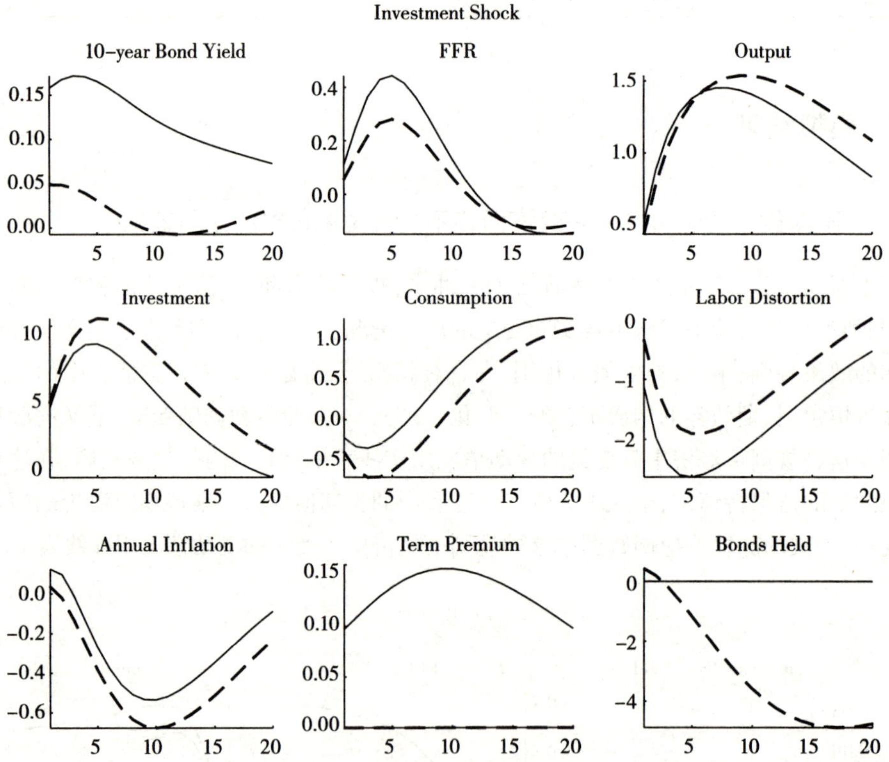

图 2 投资技术冲击模拟结果

图 1 和图 2 分别模拟了 TFP 冲击和投资技术冲击下模型中各个变量的反应情况，在这两种技术冲击下，内生债务政策下的期限溢价均保持恒定，而外生债务政策下的期限溢价则明显上升。这是由于这些技术冲击增加了经济中对于投资的需求和投资债券的回报率，进而提

高了长期投资债券的资产价值，这使吸收额外的债务变得更加昂贵了，也会导致期限溢价的上升。期限溢价的上升会对投资和产出产生抑制作用，因此，在图1和图2中内生债务政策对应的产出和投资都要高于外生债务政策对应的产出和投资。期限溢价的存在也会提高投资相对于消费的价格，从而促使居民更多地消费，因此，在两张图中外生债务政策对应的消费都要高于内生债务政策的情况。

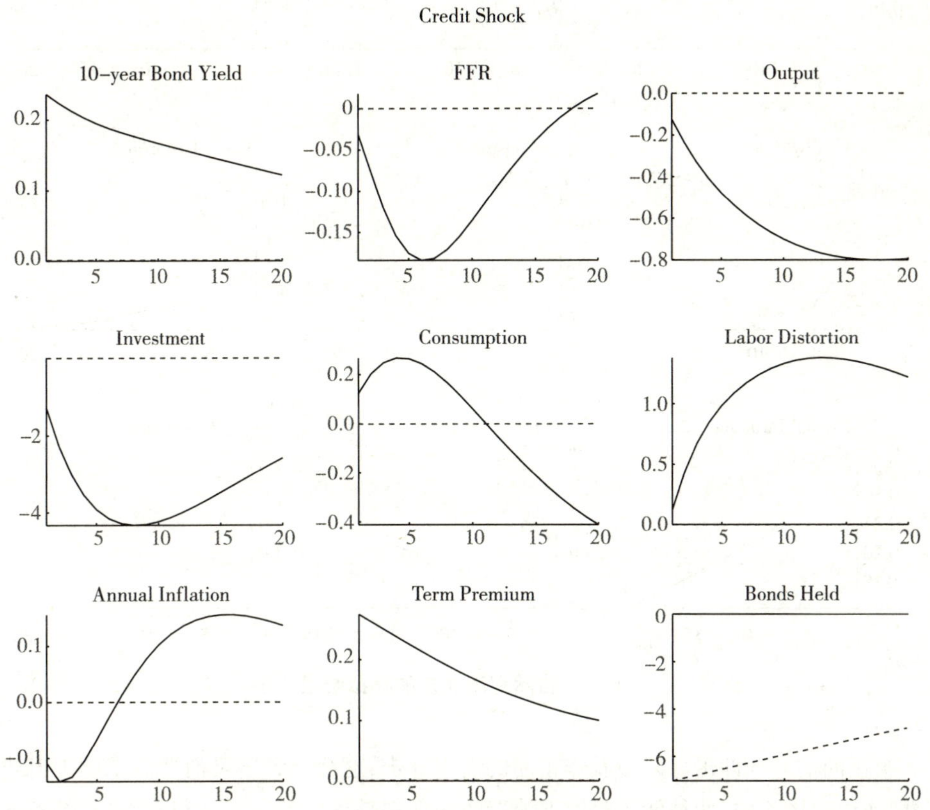

图3　信贷冲击的模拟结果

信贷冲击下各变量的脉冲响应函数反映在图3中，这可以反映本文的模型试图揭示的一个重要问题。从图3中我们可以看到，在外生债务规则下，一个正向的信贷冲击会导致期限溢价的提高，进而导致投资相对于消费的成本上升，这致使总产出下降，但会使消费提高。而在盯住期限溢价的内生债务规则下，信贷冲击发生后对产出、消费、投资、十年期债券利率、联邦基金利率等实际变量均不产生任何影响。这是因为在这种债务规则下金融市场期限溢价保持为0，而从对数线性化的结果中我们已经看出，金融市场分割所造成的扭曲与期限溢价是高度相关的，那么消除期限溢价的政策同时也可以消除金融市场分割造成的扭曲，进而在信贷冲击发生后通过金融市场分割的扭曲影响实际经济活动的渠道被切断，因此不会对大部分实际变量造成任何影响。

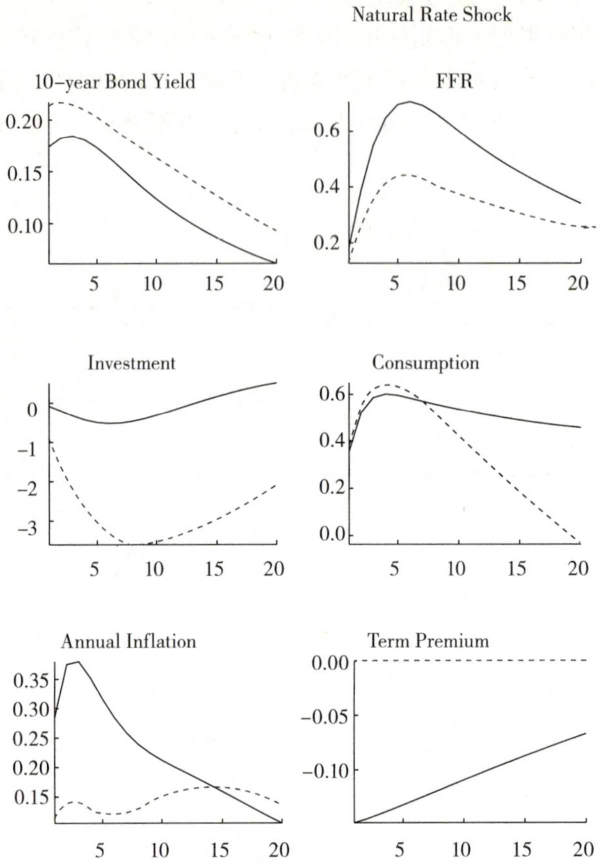

图 4　自然利率冲击的模拟结果

一个正向的利率冲击可以被看作正向的需求冲击，这会导致居民消费需求的上升进而增加消费，所以在图 4 中，两种债务政策下消费的变动都是正向的。那么很自然地，消费的正向变动会挤出投资，但是在外生的债务规则下却会使得产出正向变动，这是因为投资需求的下降会使期限溢价下降，进而压低了投资债券的价格和投资的成本，这也会减缓投资的下降，消费增加而投资变化不大，因此，在外生的债务规则下产出会持续增加。而在内生的债务规则下期限溢价是保持恒定的，因此，即使消费挤出投资使得投资需求下降，也不会对期限溢价产生影响，那么投资会下降，进而使产出下降，所以在内生的债务规则下产出最终是负向变动的。

(二) 包含期限溢价的扩展型泰勒规则的福利改善效应及最优反应系数估算

在这一部分，我们考虑央行对泰勒规则进行扩展并将期限溢价纳入其中时，与传统的泰勒规则相比会对居民的福利产生什么影响，我们假定央行调控短期利率的货币政策规则如下

$$r_t = \rho r_{t-1} + (1-\rho)(\tau_\pi \pi_t + \tau_y y_t^{gap} + \tau_{tp} tp)$$

当 τ_{tp} 的取值为 0 时，央行的货币政策规则即退化为传统的泰勒规则，由于 τ_{tp} 的取值会影响均衡的确定与否，我们在 τ_{tp} 的取值可以使得均衡有唯一确定解的情况下，分别测算其不同取值

下的福利改善效应。我们对福利水平的估算是对家庭的值函数在稳态附近做二阶近似,然后计算不同情形下包含期限溢价的泰勒规则与传统泰勒规则相比可以为居民额外带来多少单位的边际效用。图5是τ_{tp}在不同的取值下,与传统泰勒规则相比可以为居民带来的福利改善情况。

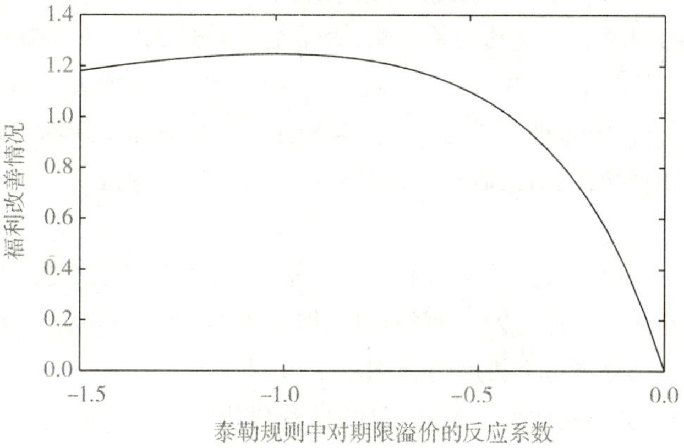

图5　τ_{tp} 在不同取值下的福利改善效应

图5表明,当央行对泰勒规则进行扩展并将期限溢价纳入其中时,可以影响居民的福利水平,当规则中对期限溢价的反应系数为负值时,居民的福利水平可以得到不同程度的改善。其中,当期限溢价前的反应系数$\tau_{tp} = -1$时,扩展的泰勒规则对居民的福利改善效果最佳,其改善的具体值约为1.25。

(三)不同金融市场政策下的居民福利水平对比

在上一部分,我们将期限溢价纳入泰勒规则中测度其福利改善效应,但是这种规则下对期限溢价的改变比较有限,为了研究金融市场分割所造成的扭曲对居民福利水平的影响,在这一部分我们考虑两种极端的政策。第一种是保持期限溢价恒定,令债务量随盯住期限溢价的需要而波动的金融市场政策;第二种是保持债务量在稳态值,令期限溢价随盯住债务量的需要而波动,与第一种政策截然相反。我们在经济中执行这两种政策时,分别给予TFP、投资技术、信贷三种不同类型的冲击,并对冲击之后两种政策下的居民福利水平进行对比,对比具体数值反映在表3中。

表3　保持期限溢价固定的政策在不同冲击下的福利改善情况

	信贷冲击	投资技术冲击	TFP冲击	折现率冲击	全部冲击
福利改善值	0.47	0.12	0.13	1.63	2.35

通过表3我们可以看出,与盯住债务量的政策相比,盯住期限溢价的政策在不同类型的冲击来临时均可以改善居民的福利水平,在信贷冲击、投资技术冲击、TFP冲击、折现率冲击下的改善值分别为0.47、0.12、0.13和1.63。当经济中面临全部四种冲击时,盯住期限溢价政策的福利改善效应最显著,可以达到2.35,高于上一部分在扩展型泰勒规则中引入期限溢价可以为居民带来的最大福利改善1.25。

六、总结和政策建议

本文通过将金融市场分割嵌入新凯恩斯动态随机一般均衡模型中来反映中国经济现实中金融市场分割造成的期限溢价及其相关影响，为了更加贴近现实，在构建的模型中长期金融市场和短期金融市场是严重分割的，居民只能参与短期债券市场购买短期债券和在金融中介那里存入短期存款，金融中介吸收居民的短期存款并购买政府和企业的长期债券参与长期金融市场，但是其在不同期限结构的债券之间套利的行为要受到其自身净资产规模和净资产调整成本的制约。

在本文的后续部分对模型进行了求解和参数校准，并在之后进行了数值模拟，分析不同的政策组合下各个实际变量在冲击发生时的反应情况和居民的福利改善情况。通过对数值模拟结果和模型求解的结果进行分析后，我们得到以下几个结论：

第一，金融市场分割会对实体经济造成扭曲，这种扭曲的作用机制类似于给投资商品的价格加上了一个随时间变化的楔子，金融市场分割的扭曲可以通过这一渠道进行传导进而对经济中的其他变量造成影响。这一点主要可以从式(14)和式(15)中看出，因为金融市场分割所造成的扭曲 M_t 在式(14)中将资本的价格由 P_t^k 扭曲为 $P_t^kM_t$，在式(15)中将长期债券的价格由 Q_t 扭曲为 Q_tM_t。在本文的模型中，企业的投资需要在分割的金融市场上发行长期债券进行融资，因此分割造成的扭曲对资本和长期债券价格的影响会影响企业的投资行为进而影响实际经济活动中的其他变量。

第二，盯住期限溢价的债务政策，也就是内生债务政策可以通过消除金融市场分割造成的扭曲很好地消除信贷冲击对实体经济的影响，保持经济的稳定。这是因为在本文构建的模型中，金融市场对实际经济活动的影响主要通过利率来进行传导，包括长期和短期债券的利率，式(58)表明，扭曲 m_t 和期限溢价 tp_t 都与所有从未来折现的存贷款利差之和成正比，而利差则是由于金融市场的分割所导致的，因此，盯住期限溢价的政策可以保持扭曲 m_t 恒定，进而保持资本和长期债券与消费的相对价格恒定，不会影响居民和企业的消费与投资行为以及其他实际变量。

第三，对泰勒规则进行扩展并将期限溢价纳入其中可以显著改善居民的福利水平，并且计算出当规则中对期限溢价的反应系数为 -1 时，居民的福利水平得到的改善程度最大。这是因为利率对期限溢价的反向变动可以减小期限溢价进而减小金融市场分割造成的扭曲，改善居民的福利水平。

第四，为了检验当冲击来临时金融市场分割对居民福利造成的影响，我们对比了盯住债务量允许期限溢价波动和盯住期限溢价允许债务量波动两种政策在冲击来临时居民福利水平的变动情况，结果发现，当经济分别面临 TFP、投资技术、信贷三种冲击时，盯住期限溢价的政策与盯住债务存量的政策相比均可以改善居民的福利水平。这也是因为盯住期限溢价的政策可以消除金融市场分割造成的扭曲，进而在冲击到来时减弱金融市场对冲击的放大，改善居民的福利水平。

综合以上分析我们可以看出，期限溢价与金融市场分割造成的扭曲成正比，无论是在扩展的泰勒规则中引入期限溢价还是盯住期限溢价的政策，都可以通过减小金融市场的扭曲来削弱冲击到来时造成的经济波动,改善居民的福利水平。这给我国的金融改革和财政货币政策的实施带来了一些启示:一是我国在以后的金融改革中应当采取措施改善金融市场中严重的分割现象,使得金融市场更加完善,这样在经济运行过程中当冲击来临时经济才会更加稳定,居民的福利水平也能得到更大程度的改善。二是我国在实施财政和货币政策时需要更加关注期限溢价这一变量,运用政策组合缩小期限溢价进而缩小金融市场分割造成的扭曲,使得财政和货币政策更好地发挥稳定经济和改善居民福利的作用。

附　录

模型的均衡条件如下:

$$\Lambda_t = \frac{b_t}{C_t - hC_{t-1}} - E_t \frac{\beta h b_{t+1}}{C_{t+1} - hC_t} \qquad A(1)$$

$$\Lambda_t = E_t \beta \Lambda_{t+1} \frac{R_t}{\Pi_{t+1}} \qquad A(2)$$

$$(W_t^*)^{(1+\varepsilon_p\eta)} = \left(\frac{\varepsilon_p}{\varepsilon_p - 1}\right) \frac{G_{1t}}{G_{2t}} \qquad A(3)$$

$$G_{1t} = W_t^{\varepsilon_w(1+\eta)} b_t B H_t^{1+\eta} + \beta\theta_w \left(\frac{\Pi_{t+1}}{\Pi_t^{l_w}}\right)^{\varepsilon_w(1+\eta)} G_{1t+1} \qquad A(4)$$

$$G_{2t} = \Lambda_t W_t^{\varepsilon_w} H_t + \beta\theta_w \left(\frac{\Pi_{t+1}}{\Pi_t^{l_w}}\right)^{(\varepsilon_w - 1)} G_{2t+1} \qquad A(5)$$

$$W_t^{1-\varepsilon_w} = (1-\theta_w)(W_t^*)^{1-\varepsilon_w} + \theta_w \left(\frac{\Pi_{t-1}^{l_w}}{\Pi_t}\right)^{1-\varepsilon_w} W_{t-1}^{1-\varepsilon_w} \qquad A(6)$$

$$\Lambda_t P_t^k M_t = E_t \beta \Lambda_{t+1} [R_{t+1}^k + (1-\delta) P_{t+1}^k M_{t+1}] \qquad A(7)$$

$$\Lambda_t Q_t M_t = E_t \beta \Lambda_{t+1} \frac{[1 + \kappa Q_{t+1}^l M_{t+1}]}{\Pi_{t+1}} \qquad A(8)$$

$$V_t^h = b_t \left[\ln(C_t - hC_{t-1}) - d_t^w B \frac{H_t^{1+\eta}}{1+\eta}\right] + \beta E_t V_{t+1}^h \qquad A(9)$$

$$R_t^k = \mathrm{MC}_t \mathrm{MPK}_t \qquad A(10)$$

$$W_t^k = \mathrm{MC}_t \mathrm{MPL}_t \qquad A(11)$$

$$\Pi_t^* = \frac{\varepsilon_p}{\varepsilon_p - 1} \frac{X_{1t}}{X_{2t}} \Pi_t \qquad A(12)$$

$$X_{1t} = \mathrm{MC}_t \Lambda_t Y_t + \beta\theta_p \Pi_t^{-l_p\varepsilon_p} \Pi_{t+1}^{\varepsilon_p} X_{1t+1} \qquad A(13)$$

$$X_{2t} = \Lambda_t Y_t + \beta\theta_p \Pi_t^{l_p(1-\varepsilon_p)} \Pi_{t+1}^{\varepsilon_p - 1} X_{2t+1} \qquad A(14)$$

$$\Pi_t^{1-\varepsilon_p} = (1-\theta_p)(\Pi_t^*)^{1-\varepsilon_p} + \theta_p \Pi_{t-1}^{l_p(1-\varepsilon_p)} \qquad A(15)$$

$$d_t = \Pi_t^{\varepsilon_p}[(1-\theta_p)(\Pi_t^*)^{-\varepsilon_p} + \theta_p \Pi_{t-1}^{-l_p\varepsilon_p} d_{t-1}] \qquad A(16)$$

$$d_t^w = (1-\theta_w)\left(\frac{W_t^*}{W_t}\right)^{-\varepsilon_w(1+\eta)} + \theta_w \left(\frac{W_{t-1}}{W_t}\right)^{-\varepsilon_w(1+\eta)} \left(\frac{\Pi_t}{\Pi_{t-1}^{l_w}}\right)^{\varepsilon_w(1+\eta)} d_{t-1}^w \qquad A(17)$$

$$C_t + I_t = Y_t \qquad A(18)$$

$$Y_t = \frac{A_t K_t^{\alpha} L_t^{1-\alpha}}{d_t} \qquad A(19)$$

$$K_t = (1-\delta)K_{t-1} + \mu_t[1 - S(\frac{I_t}{I_{t-1}})]I_t \qquad A(20)$$

$$P_t^k \mu_t [1 - S(\frac{I_t}{I_{t-1}}) - \frac{I_t}{I_{t-1}} S'(\frac{I_t}{I_{t-1}})] = 1 - \frac{\beta \Lambda_{t+1}}{\Lambda_t} P_{t+1}^k \mu_{t+1} (\frac{I_{t+1}}{I_t})^2 S'(\frac{I_{t+1}}{I_t}) \qquad A(21)$$

$$\bar{B}_t + \bar{F}_t \leqslant N_t L_t \qquad A(22)$$

$$L_t = \frac{E_t \frac{\Lambda_{t+1}}{\Pi_{t+1}}}{[E_t \frac{\Lambda_{t+1}}{\Pi_{t+1}} + (\Phi_t - 1) E_t \frac{\Lambda_{t+1}}{\Pi_{t+1}} (\frac{R_{t+1}^L}{R_t^d})]} \qquad A(23)$$

$$P_t^k I_t \leqslant \bar{F}_t - \kappa \frac{\bar{F}_{t-1}}{\Pi_t} \frac{Q_t}{Q_{t-1}} \qquad A(24)$$

$$\Lambda_t [1 + N_t f'(N_t) + f(N_t)] = E_t \beta \zeta \Lambda_{t+1} \frac{P_t}{P_{t+1}} [(R_{t+1}^L - R_t^d) L_t + R_t^d] \qquad A(25)$$

$$R_{t+1}^L = \frac{1 + \kappa Q_{t+1}}{Q_t} \qquad A(26)$$

$$R_t^{10} = Q_t^{-1} + \kappa \qquad A(27)$$

其中，$f(N_t)$ 与 $S(\frac{I_t}{I_{t-1}})$ 的具体函数形式前文已经予以定义，$\bar{B}_t = Q_t \frac{B_t}{P_t}$，$\bar{F}_t = Q_t \frac{F_t}{P_t}$。

参考文献

[1] Adrian, Tobias, Richard K. Crump and Emanuel Moench. Pricing the Term Structure with Linear Regressions. [J]. *Journal of Financial Economics*, 2013, 110 (1): 110 – 138.

[2] Bauer, Michael, D. and Glenn, D. Rudebusch. The Signaling Channel for Federal Reserve Bond Purchases[J]. *International Journal of Central Banking*, 2014, 10 (3): 233 – 89.

[3] Bernanke, Ben, S., Mark Gertler, and Simon Gilchrist. The Financial Accelerator in A Quantitative Business Cycle Framework[J]. *In Handbook of Macroeconomics*, Vol. 1C, edited by J. B. Taylor and M. Woodford, 1999: 1341 – 1393. Amsterdam: North – Holland.

[4] Calvo, G. Staggered Prices in a Utility Maximizing Framework[J]. *Journal of Monetary Economics* 1983, 12, : 383 – 398.

[5] Carlstrom, Charles T., Timothy S. Fuerst and Matthias Paustian. Fiscal Multipliers under an Interest Rate Peg of Deterministic versus Stochastic Duration[J]. *Journal of Money, Credit and Banking*, 2014, 46 (6): 1293 – 1312.

[6] Carlstrom, Charles T., Timothy S. Fuerst, and Matthias Paustian. Inflation and Output in New Keynesian Models with A Transient Interest Rate Peg[J]. *Journal of Monetary Economics*, 2015, 76: 230 – 243.

[7] Carlstrom, Charles, T., Timothy, S. Fuerst, and Matthias Paustian. Targeting Long Rates in a Model with Segmented Markets: Dataset[J]. *American Economic Journal: Macroeconomics*, 2017.

[8] Chen, Han, Vasco Cúrdia, and Andrea Ferrero. The Macroeconomic Effects of Large – Scale Asset Purchase Programs[J]. *Economic Journal*, 2012, 122 (564): F289 – 315.

[9] Clarida, R., J. Gali and M. Gertler. The Science of Monetary Poli cy: a New Keynesian Perspective[J]. *Journal of Economics Literature*1999, 37(4), 1661 – 1707.

[10] Cúrdia, Vasco and Michael Woodford. Credit Spreads and Monetary Policy[J]. *Journal of Money, Credit and Bank-*

ing,2010,42 (S1): 3 - 35.

[11]Erceg, Chris, Dale Henderson, and Andy Levin. Optimal Monetary Policy with Staggered Wage and Price Contracts [J]. *Journal of Monetary Economics*,2000,46 (2): 281 -313.

[12]Fuerst, Timothy,S., and Ronald Mau. Term Premium Variability and Monetary Policy[J]. *Federal Reserve Bank of Cleveland Working Paper*,2016:16 -11.

[13]Gali, J. Technology Employment and the Business Cycle: Do Technology Shocks Explain Aggregate Fluctuations? [J]. *American Economic Review*,1999:249 -271.

[14]Gertler, Mark, and Peter Karadi. A Model of Unconventional Monetary Policy[J]. *Journal of Monetary Economics*, 2011,58 (1): 17 -34.

[15]Gertler, Mark and Peter Karadi. QE1 vs. 2 vs. 3...: A Framework for Analyzing Large - Scale Asset Purchases as a Monetary Policy Tool[J]. *International Journal of Central Banking*,2013,9 (S1):5 -53.

[16]Gilchrist, Simon, and Egon Zakrajšek. Monetary Policy and Credit Supply Shocks[EB/OL]. http:// people. bu. edu/sgilchri/research/GZ_IMF_13Feb2011. pdf.

[17]Khan, A, King, R. G. and Wolman, A. Optimal Monetary Policy[J]. *Review of Economic Studies*, 2003, Vol. 70:825 -860.

[18]Kydland and Prescott. Time to Build and Aggregate Fluctuations[J]. *Econometrica* ,1982,Vol. 50: 1345 -1370.

[19]Poole, William. Optimal Choice of a Monetary Policy Instrument in a Simple Stochastic Macro Model[J]. *Quarterly Journal of Economics*,1970, 84 (2): 197 - 216.

[20]Rudebusch, Glenn,D. and Eric,T. Swanson. Examining the Bond Premium Puzzle with A DSGE Model[J]. *Journal of Monetary Economics* ,2008,55 (S): S111 - 26.

[21]Rudebusch, Glenn,D., and Eric,T. Swanson. The Bond Premium in a DSGE Model with Long - Run Real and Nominal Risks[J]. *American Economic Journal: Macroeconomics* ,2012,4 (1): 105 -43.

[22]Schmitt - Grohé,S. and Uribe,M. Optimal Simple and Implementable Monetary and Fiscal Rules[J]. *Journal of Monetary Economics*,2002,Vol. 54,pp. 1702 -1725.

[23]Smets,F. and Wouters,R. Openness,Imperfect Exchange Rate Pass - Through and Monetary Policy [J]. *Journal of Monetary Economics*, 2002,Vol. 49,pp. 947 -981.

[24]Woodford, Michael. Fiscal Requirements for Price Stability[J]. *Journal of Money, Credit and Banking*,2001,33 (3): 669 -728.

[25]Woodford,M. *Interest and Price: Foundations of a Theory of Monetary Policy*[M]. Princeton: Princeton University Press,2013.

[26]贾俊雪,郭庆旺. 财政支出类型、财政政策作用机理与最优财政货币政策规则[J]. 世界经济,2012(11).

[27]王君斌,郭新强,王宇. 中国货币政策的工具选取、宏观效应与规则设计[J]. 金融研究,2013(8).

[28]王君斌. 通货膨胀惯性、产出波动与货币政策冲击:基于刚性价格模型的通货膨胀和产出的动态分析[J]. 世界经济,2010(3).

[29]奚君羊, 贺云松. 中国货币政策的福利损失及中介目标的选择——基于新凯恩斯 DSGE 模型的分析[J]. 财经研究,2010(2).

[30]张屹山,张代强. 包含货币因素的利率规则及其在我国的实证检验[J]. 经济研究,2008(12).

自贸区建设提升了贸易额吗
——基于合成控制法的研究

文 峰

（厦门大学经济学院）

［摘 要］自贸区作为“新常态”下极其重要的政策实验，将为国内全面深化改革开放探索新途径。本文将自贸区作为“自然实验”，通过合成控制法来评估上海、广州、福州、天津、厦门、深圳和珠海等7个城市设立自贸区对贸易额的影响效应。研究表明，自贸区对上海、厦门和广州的进出口额、出口额和进口额，以及对福州的进出口额和出口额具有正的影响效应，但对天津、深圳和珠海的进出口额、出口额和进口额以及福州的进口额的影响是不确定的。稳健性检验表明，自贸区对上海的进出口额和进口额、福州的进出口额和出口额、厦门的进口额、广州的进出口额和出口额的影响效应是显著的。

［关键词］自贸区；贸易额；合成控制法

一、引 言

2013年8月22日，中国（上海）自由贸易试验区（以下简称上海自贸区）获国务院批准设立，这是我国的首个自由贸易区①。2014年12月26日，广东自贸区、天津自贸区、福建自贸区相继获批成立。其中，广东自贸区涵盖广州南沙新区片区、深圳前海蛇口片区和珠海横琴新区片区，涉及广州、深圳和珠海3个地级市；福建自贸区涵盖福州、平潭和厦门3个片区，涉及福州和厦门两个地级市。

裴长洪（2013）认为，自由贸易区是我国新一轮国家层面的对外开放。我国设立的自贸区本质上是以更大的开放促进更深入的改革，意在倒逼经济改革、释放改革红利、加强与国际接轨。自贸区作为新时期国家战略计划和顶层设计的重要环节，评估其对地区经济的具体影响对于制度和政策设计具有重要借鉴意义。自贸区建设是否带来了显著的经济效应？该采取何种维度来评价自贸区的经济效应？鉴于此，本文借鉴岳文和陈飞翔（2014）提出的“贸易效应”维度来进行自贸区经济效应的评估。自贸区带来的首要影响是进出口贸易规模的变化，

---

① 本文研究的自由贸易区是指狭义的自贸区，1973年国际海关理事会签订的《京都公约》将其定义如下：“指一国的部分领土，在这部分领土内运入的任何货物就进口关税及其他各税而言，被认为在关境以外，并免于实施惯常的海关监管制度。”

贸易效应具有静态效应的特点,可以运用短期时间来探讨其变化,这为我们使用自贸区成立以来的短期季度数据进行实证分析提供了依据。

本文利用2010—2016年33个大中城市的季度面板数据,借鉴Abadie和Gardeazabal(2003)以及Abadie等(2010)提出的合成控制法来估计政策的效果。我们的评估发现,自贸区对上海、厦门和广州的进出口额、出口额和进口额,以及福州的进出口额和出口额具有正的影响效应,但对天津、深圳和珠海的进出口额、出口额和进口额以及福州的进口额的影响是不确定的。稳健性检验表明,自贸区对上海的进出口额和进口额、福州的进出口额和出口额、厦门的进口额、广州的进出口额和出口额的影响效应是显著的。

本文的贡献主要在于,首次从城市级(地级市)层面对自贸区的经济效应进行分析,并同时评估了自贸区对进出口额、出口额和进口额的影响效应。此外,本文对已成立自贸区的7个城市都分别进行了政策效应评估,从而可以间接对不同自贸区的经济绩效进行比较。

本文的第二部分是文献综述,第三部分介绍估计方法与模型,第四部分介绍数据来源并描述主要变量间的关系,第五部分报告实证估计结果和稳健性检验,第六部分总结全文。

二、文献综述

无论是传统国际贸易理论还是新古典国际贸易理论,都认为自由贸易对一国及全球经济发展的重大意义(张宗斌,1997)。自由贸易区能促进经济增长的原因主要可分为传统观点和内生增长理论两类。根据传统观点,自贸区会导致贸易量的扩大、贸易品种的增多,从而促进经济增长、增进福利。根据内生增长理论,国际贸易扩大了正的市场外部性,知识、人力资本等非竞争性产品具有外溢性,而贸易的扩大、资本的流动则加剧了此种外溢性,从而促进了经济增长(刘厚俊、王丹利,2010)。

自贸区在我国成立3年多以来,国内外学者从定性角度对自贸区的经济效应进行了分析。陈林和赫敏(2015)提出自由贸易区将为地区带来贸易促进红利、投资自由红利、产业升级红利和社会福利红利等4个政策红利。江若尘等(2014)提出上海自贸区在投资、外汇管制、行政管理体制、法律制度等方面的改革进步将会为上海发展总部经济带来红利。杨向东(2014)提出上海自贸区的"准入前国民待遇"和"负面清单"模式具有经济效应和政治效应,并进一步探讨了两者的关联性作用。陈琪和刘卫(2014)分析了上海自贸区可能带来的经济"正"效应和"负"效应。Wan等(2014)认为上海自贸区将会促进上海地区贸易、航运和金融的发展,但是会对周边地区产生"挤出效应",从而加剧同周边地区的竞争。宫华萍(2015)认为上海自贸区存在的不良光环效应可能会带来诸如浪费资源、破坏市场秩序等一系列弊端,从而遮蔽自贸区的内在发展。

另外,学者们也从定量角度对我国自贸区的经济效应进行了研究。陈林和罗莉娅(2014)基于新贸易理论构建了一个动态博弈模型进行理论研究,表明放松外资准入壁垒,建立并推广自由贸易区,可能会带来"转移支付""扩大内需""价格平抑"以及"国产化"等积极的政策效应。Yao和Whalley(2015)以及Whalley(2015)的实证分析发现,上海自贸区设立后离岸人民币和在岸人民币的汇率差距有所减小,说明自贸区使得资本管制放宽和金融自由化加深。谭娜等(2015)通过构造反事实分析方法,发现上海自贸区成立对上海经济增长具有显著的正效应。项后军等(2016)实证分析了上海自贸区建设对制度创新的绩效及相关的影响效应,发现自贸区对货物贸易净进口和资本流动有显著的正向影响。郭晓合和叶修群(2016)的实证结果发现,2013 年上海自贸区成立后,上海产业结构调整明显加速,2015 年第三产业增加值比上年提高了 3 个百分点,自贸区连锁带动效应初显。殷华和高维和(2017)以上海自贸区为例,基于面板数据构造政策效应评估方法,研究得出自贸区建设显著促进了上海市的 GDP、投资、进口和出口的增长。王利辉和刘志红(2017)评估了上海自贸区对地区经济的影响效应,结果表明自贸区显著地促进了上海地区的实际人均 GDP、固定资产投资及进出口总额。

以上文献绝大部分都认为自贸区对地区经济具有促进作用。同时,谭娜等(2015)、项后军等(2016)、殷华和高维和(2017)、王利辉和刘志红(2017)等也通过实证分析认为自贸区对贸易具有促进作用。根据学者们的研究,自贸区建设之所以能提高地区贸易效应,主要是在于自贸区下的制度机制的作用:

第一,投资管理制度降低了外资准入门槛,外商直接投资将进一步向自贸区集聚,对国外先进生产要素形成虹吸效应,从而带来更多国外资本和先进的技术与管理经验。本土企业也能获得技术溢出效应和学习效应而提升高级要素供给能力,促进产业结构升级和产品竞争能力提高,推动创新(陈爱贞、刘志彪,2014)。

第二,通关监管服务制度提升了投资便利化和贸易便利化程度。自贸区实行境内关外管理,货物进出自贸区相当于进口和出口,享受海关方面的优惠便利政策。有利于提高政策透明度和可预测性,提升进出口系统效率,降低企业的行政管理费用,营造宽松开放的贸易环境,在一定程度上降低贸易壁垒,促进商品和市场要素的自由流动,从而增加贸易规模,并且能进一步推动贸易转型升级(Wilson 等,2003;韦颜秋、邱立成,2015)。

第三,政府职能转变,改革从"分权"模式走向"减权""放权"模式。政府管理从"正面清单"管理转向"负面清单"的管理模式,改变了过去政府主导经济转型发展的模式,通过放松管制和强化市场机制的力量,降低交易成本,激发市场活力与资源配置的效率。并且倒逼国企和行政垄断机构创新改革,为民营企业和外资企业的进入创造良好的空间与环境,进而提升产品质量,出口更多的高附加值产品和服务(陈琪、刘卫,2014)。

三、估计方法与模型

近年来,在对政策效应进行评估时,学者们通常选择的是构造"反事实方法"来进行实证分析。Abadie 和 Gardeazabal(2003)以及 Abadie 等(2010)提出了用合成控制法来估计政策的效果,该方法的基本思路是将目标城市作为处理组,其他城市作为控制组,利用控制组的加权平均来模拟处理组的"反事实"状态,得到一个合成目标城市的进口额、出口额和进出口总额,并与其真实额作对比,估计目标城市自贸区建设的政策效应。合成控制法具有以下优点(王贤彬、聂海峰,2010;刘甲炎、范子英,2013;苏治、胡迪,2015):①与 DID 相比,可以解决控制组的选取问题;②在构造控制组时,合成控制法中单个控制单位的权重是根据数据确定的,减少传统政策评估法在选取控制组时的主观性和随意性;③相对于传统回归方法,具有透明和避免过分外推的优点;④能明确地展示处理地区与合成控制地区在政策实验开始前的相似程度,避免了将差异很大的地区进行比较所造成的误差;⑤适用于处理单元较少的情况,对分析所需要的总样本数量和时期长度要求很低,哪怕政策发生冲击前样本数据只有一期,合成控制法的估计结果依旧是无偏的。

假设共观测到 $J+1$ 个城市、T 期的一组面板数据,其中有且仅有第 1 个城市在 T_0+1 $(1\leqslant T_0<T)$ 期进行了自贸区建设,其余没有实施自贸区制度的 J 个城市组成潜在对照组集合。令 Y_{it}^N 代表在没有进行自贸区建设情况下城市 i 在 t 期的潜在贸易额,Y_{it}^I 代表有进行自贸区建设情况下城市 i 在 t 期的潜在贸易额。由于自贸区效应只会发生在实施自贸区政策之后,对于 $t\in\{1,\cdots,T_0\}$,有 $Y_{it}^N=Y_{it}^I$。沿袭项目评估的反事实研究框架,令 $\tau_{it}=Y_{it}^I-Y_{it}^N$,表示自贸区建设在时期 t 对城市 i 的影响,令 D_{it} 表示城市 i 在时期 t 是否实施了自贸区政策的指示变量,则城市 i 在时期 t 所观察到的贸易额可以表达为

$$Y_{it}=Y_{it}^N+\tau_{it}D_{it}\ ,\ D_{it}=\begin{cases}1 & if\ i=1\quad and\ t>T\\ 0 & otherwise\end{cases}\tag{1}$$

此时,对于时期 $t>\mathrm{T}_0$,所要估计的自贸区效应 $\tau_{1T_0+1},\cdots,\tau_{1T}$ 为 $\tau_{1t}=Y_{1t}^I-Y_{1t}^N=Y_{1t}-Y_{1t}^N$。这里,$Y_{1t}^I$ 为实际观测到的城市在 t 期的贸易额,Y_{1t}^N 为所需要的估计值,假设有以下形式

$$Y_{it}^N=\delta_t+\theta_tZ_i+\lambda_t\mu_i+\varepsilon_{it}\tag{2}$$

其中,δ_t 为时间固定效应;μ_i 为地区固定效应;ε_{it} 为误差项,其均值等于 0;Z_i 是不受自贸区影响的控制变量。定义一个与各城市一一对应的($J\times1$)维的权重向量 $W=(w_2,\cdots,w_{j+1})$。对任意 j , w_j ,满足条件 $\mathrm{w}_j\geqslant0$ 和 $\sum_2^{J+1}\mathrm{w}_j=1$。通过 W 可以实现对控制组集合中所有城市的加权平均,从而构建合成的城市并计算其潜在贸易额

$$\sum_2^{J+1}w_jY_{jt}=\delta_t+\theta_t\sum_2^{J+1}w_jZ_j+\lambda_t\sum_2^{J+1}w_j\mu_j+\sum_2^{J+1}w_j\varepsilon_{jt}\tag{3}$$

如果 $\sum_{t=1}^{T_0}\lambda_t^{'}\lambda_t$ 为非奇异矩阵,只要能有一个最优权重向量 $W^*=(w_2^*,\cdots,w_{j+1}^*)^{'}$ 能同时满足 $\sum_2^{J+1}\mathrm{w}^*Y_{j1}=Y_{11}$, $\sum_2^{J+1}\mathrm{w}^*Y_{j2}=Y_{12}$,⋯, $\sum_2^{J+1}\mathrm{w}^*Y_{jT_0}=Y_{1T_0}$ 和 $\sum_2^{J+1}\mathrm{w}^*Z_{\mathrm{j}}=Z_1$,则 $\sum_2^{J+1}\mathrm{w}^*Y_{jt}$ 可以作为 Y_{1t}^N 的近似值。此时,τ_{1t} 的无偏估计量可以表示为

$$\hat{\tau}_{1t}=Y_{1t}-\sum_2^{J+1}w^*Y_{jt}\tag{4}$$

τ_{1t} 即为估计的自贸区贸易效应。

四、数据来源及描述

本文使用的数据为 2010 年第 1 季度至 2016 年第 4 季度 34 个[①]大中城市的面板数据,所有数据均来自中国经济数据库(CEIC)和各市统计局网站。本文采用的结果变量为对外贸易

① 34 个城市分别为北京市、上海市、天津市、重庆市、石家庄市、太原市、呼和浩特市、沈阳市、大连市、长春市、哈尔滨市、南京市、杭州市、宁波市、合肥市、福州市、厦门市、南昌市、济南市、青岛市、郑州市、武汉市、长沙市、广州市、深圳市、珠海市、南宁市、海口市、成都市、贵阳市、昆明市、西安市、兰州市、银川市。以上城市除珠海市外,全部为省会城市或计划单列市。

额①,分别用进出口总额、出口总额和进口总额对地区名义 GDP 的比值这 3 个指标来表示,对外贸易额用当季经过加权平均调整的汇率进行转换。

根据合成控制法的思想,我们选择权重时要使得在自贸区政策之前,合成城市各项决定贸易额的因素与受干预城市尽可能地一致。我们选择的预测变量如下:

(1)人均实际 GDP:代表地区经济发展水平,用名义 GDP 除以 CPI 指数得到基于 2010 年不变价格表示的实际 GDP,再除以地区年度常住人口数而得。地区经济发展水平越高,则综合软硬件设施越好,比较优势越明显,从而能促进对外贸易(吴长风等,2000)。

(2)运输距离②:采用经过公路和铁路通达度调整的各城市到最近沿海港口的直线距离,代表地区运输成本。在传统引力模型中,距离是贸易成本的重要构成因子,该值越大,则对外贸易额越小(张毓倾、周才云,2015)。

(3)财政支出:代表地方政府支出水平,用一般预算公共支出对名义 GDP 的比值表示。政府支出水平与对外开放程度(对外贸易)之间存在显著的正相关关系(Shelton,2007;Gemmell 和 Kneller,2008)。

(4)外商直接投资(FDI):代表引进外资水平,采用实际利用外资额并且用当季经过加权平均调整的汇率进行转换,用其对名义 GDP 的比值表示。FDI 带来了技术示范效应和溢出效应,能极大地促进出口(和红、林金忠,2009)。

(5)人口规模:用常住人口数表示,人口规模越大,潜在的劳动力和消费群体越大,对不同贸易结构的企业有着不同影响。

(6)固定资产投资:代表地区投资水平,采用全社会固定资产投资(不含农户)对名义 GDP 的比值表示。

(7)社会消费品零售总额:代表地区消费水平,用社会消费品零售总额对名义 GDP 的比值表示。地区投资提高和消费增加会形成对进口的挤出效应,从而减少进口。

以上代理变量除了运输距离和人口规模变量为年度数据以外,其余变量都为季度数据。

本文使用的数据从 2010 年第 1 季度至 2016 年第 4 季度。每个季度为一期,以 2010 年第 1 季度为第 1 期,2016 年第 4 季度为第 28 期。其中,上海市开始接受政策干预的时期为 2013 年第 4 季度,即第 16 期;其余 5 个城市开始接受政策干预的时期为 2015 年第 1 季度,即第 21 期。

在报告实证结果之前,表 1 报告了各个变量的描述统计特征。

表 1 变量的描述性统计

变量	观测值	均值	标准差	最小值	最大值
进出口总额的比值	924	0.4771	0.4300	0.0318	2.6246
出口总额的比值	924	0.2576	0.2372	0.0147	1.4246

① 本文采用的对外贸易额数据只包含目标城市企业的进出口额,不是指通过该地区海关的通关贸易总额。

② 本文采用骆许蓓(2003)的方法,具体计算公式如下:$Distance_{it} = \ln\left[\frac{(n+1)\times\sum_{k=1}^{K}(\frac{I_{kt}}{K})}{I_{it}\times 2+\sum_{j=0}^{n}I_{it}}\times d_i\right]$

续表

变量	观测值	均值	标准差	最小值	最大值
进口总额的比值	924	0.2195	0.2432	0.0055	1.7607
人均实际 GDP 的对数/元	924	25.3264	0.8054	23.2762	27.3617
运输距离的对数/公里	924	23.466	1.4266	18.9835	27.1010
财政支出的比值/元	924	0.1394	0.0506	0.0520	0.4126
外商直接投资的比值/元	924	0.0345	0.0259	0.00001	0.2718
人口规模的对数/人	924	15.7295	0.6845	14.2882	17.4724
固定资产投资的比值/元	924	0.6805	0.3107	0.0405	2.0430
社会消费品零售总额的比值/元	924	0.3487	0.1848	0.0234	0.9600

注：数据来源为中国经济数据库(CEIC)和各市统计局网站(2010—2016)。

五、实证分析结果

(一)上海自贸区对上海市贸易额的影响效应分析

1. 对进出口的影响

通过合成控制法的估计，表2给出了构成合成上海的权重组合，共选取6个城市，其中南京为权重最大的城市。需要指出的是，当我们在这6个城市中更换一个受干预城市进行模拟时，其合成的城市和权重都会发生变化，说明不存在线性内推的问题。表3展示了在2013年第四季度之前上海与合成上海的预测变量的对比，从中可以看出，真实上海与合成上海的各预测变量的差值比较小，合成上海与28城市之间预测变量的差距要明显大于真实上海与合成上海之间预测变量的差异。这说明合成控制法较好地拟合了上海在实施自贸区政策之前的特征，该方法适于估计自贸区政策的效果。

表2　合成上海的城市权重

城市	海口	南京	大连	宁波	长沙	重庆
权重	0.095	0.264	0.148	0.254	0.197	0.042

图2描绘了上海和合成上海每季度进出口总额的路径，可以看出在2013年第四季度之前，两者之间的路径几乎一致，合成上海对真实上海拟合的误差较小。在实施自贸区政策之后的初期，上海和合成上海的进出口变化相似且差距不大，但总体上可以看出真实上海位于合成上海路径的上方。从2015年第二季度开始，可以明显看出真实上海与合成上海的差距拉大，这说明自贸区政策对上海进出口额的影响效应更加明显。

表 3 预测变量对照

	上海市	上海的合成组	28 城市①
人均实际 GDP 的对数/元	26.7866	26.7872	25.2037
运输距离的对数/公里	0.9394	1.1057	23.466
财政支出的比值/元	0.2144	0.2015	0.1523
外商直接投资的比值/元	0.0463	0.0457	0.0368
人口规模的对数/人	16.9878	16.9739	15.6952
固定资产投资的比值/元	0.2532	0.2611	0.5759
社会消费品零售总额的比值/元	0.3825	0.3794	0.3528

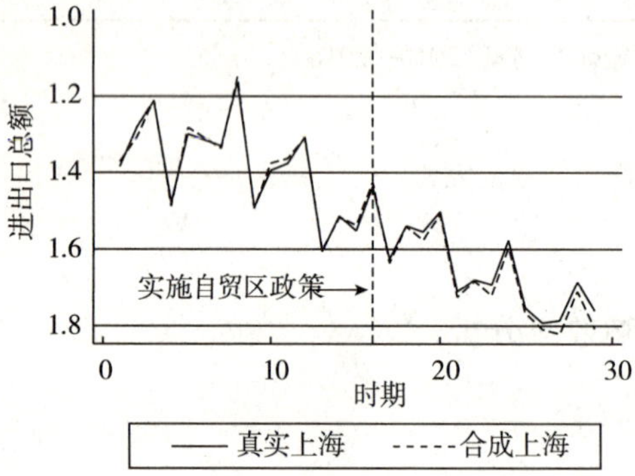

图 1 上海实际和合成的进出口额

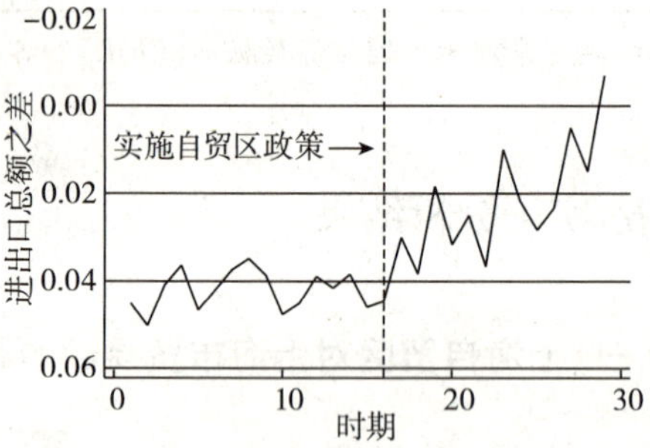

图 2 上海实际和合成的进出口额差距

为了更加直观地观察自贸区政策对上海进出口变动路径的影响，我们计算了自贸区建设前后真实上海和合成上海的进出口额比值的差距。图 3 显示，2010 年第 1 季度到 2013 年第 4 季度，两者进出口差距在 -0.01 ~ 0.01 波动，差距较小。2013 年第 4 季度后，两者的差距逐渐扩大。虽然该差距略有波动，但总体上呈上升的趋势，可以预期这一趋势将持续下去，说明自贸区政策对上海进出口总额有着持续的影响。对比反事实值，实施自贸区政策之后，上海进出口增加了 1.87%。说明自贸区政策对上海的进出口起到了促进作用。

2. 对进口和出口的影响

我们接着分析上海自贸区对上海进口和出口的分别影响。

图 4 和图 5 分别给出了真实上海与合成上海出口额、进口额差距的变化路径图。从图 4 可知，2010 年第 1 季度至 2013 年第 3 季度，上海出口额的真实值和合成值之间的差距始终保持在 -0.015 ~ 0.015 之内，呈小幅波动。2013 年第 4 季度至 2016 年第 6 季度，波动范围加大，但差距始终大于 0。说明自贸区建设后对上海地区的出口一直有着正的效应。对比真实

① 由于天津、厦门、福州、广州、深圳和珠海在样本期内先后建设了自贸区，为了减小估计偏误，在研究上海时要去掉。类似地，在研究其余 6 个城市时，也采用类似方法。

值与合成值,自贸区建设以后对上海出口的平均影响效应为1.52%。

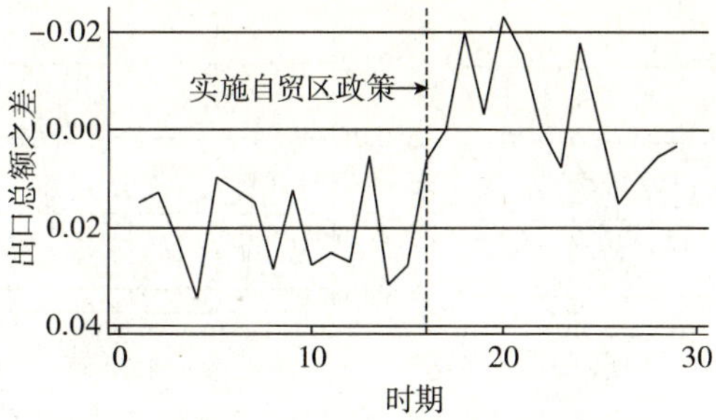

图3 上海实际和合成的出口额差距

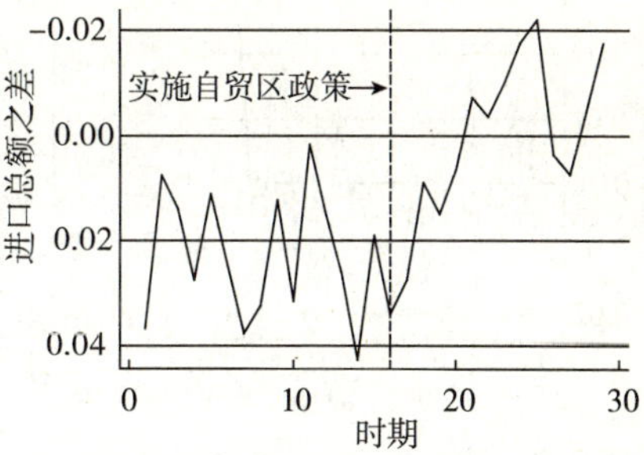

图4 上海实际和合成的进口额差距

由图5可知,2010年第一季度至2013年第四季度,上海进口额的真实值和合成值之间的差距始终保持在正负0.018之间,拟合效果较好。2013年第四季度至2014年第一季度,两者的差距为负,说明初期自贸区政策的正向效应不明显,政策对上海进口的影响存在一定的时滞。2014年第一季度之后,两者的差距迅速扩大,直到2015年第四季度达到顶峰。之后虽有所波动,但差距仍保持在0.0125以上,自贸区的影响依旧较大。总的来说,上海自贸区使得上海进口平均增加了约3.8%。

(二)自贸区政策对天津、福州、厦门、广州、深圳和珠海的贸易额影响效应分析

同样地,我们采用同上海相同的实证步骤,分析自贸区对天津、福州、厦门、广州、深圳和珠海这6个城市的进出口、出口和进口的影响效应。

1.对进出口的影响

图5给出了天津、福州、厦门、广州、深圳和珠海各自的实际和合成的进出口额差距变化路径。从中可以看出,在2015年第1季度之前,以上6城市的实际和合成进出口差距分别在±0.015、±0.008、±0.011、±0.009、-0.0.18~0.009、±0.008波动,差距都比较小,说明拟合得都比较好。2015年第1季度自贸区设立之后,福州的进出口差距先微微下降,之后便迅速上升,从2016年第1季度开始,该差距便一直在0.08~0.023波动,说明自贸区政策对福州的进出口有着正向效应,其平均影响效应为2.31%。对厦门而言,2015年第1季度至2016年第1季度,厦门进出口差距虽有波动,但始终大于0,2016年第2季度,该差距呈现出负值,2016年第3季度之后,该差距迅速扩大达到0.027。总体来说,自贸区对厦门进出口的影响效应为正,使得进出口提升了1%。自贸区设立后,广州地区进出口差距便逐渐扩大,直到2016年第2季度达到峰值,之后虽有回落,但该差距仍在0.08之上,自贸区对广州地区进出口产生了正效应,约使其增加了1.98%。但对于天津、深圳和珠海而言,自贸区设立之后,这3个地区的进出口差距呈震荡形式,一直在正负值之间波动,说明自贸区对这3个地区进出口的影响方向是不确定的,很难判断自贸区的影响趋势。

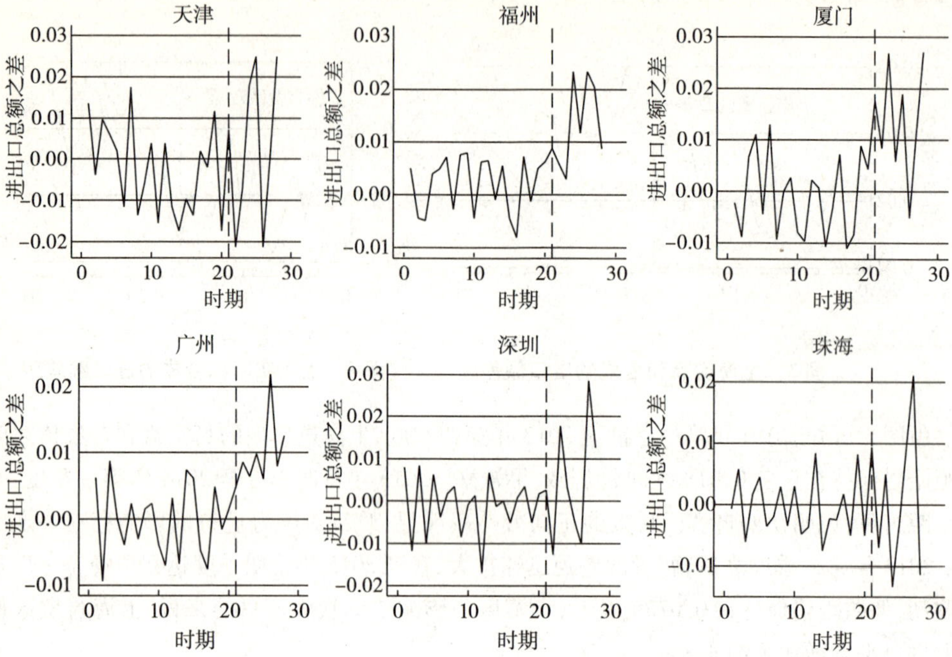

图5 天津、福州、厦门、广州、深圳和珠海的实际和合成的进出口额差距

2. 对出口的影响

图6给出了天津、福州、厦门、广州、深圳和珠海各自的实际和合成的出口额差距变化路径。从中可以看出，在2015年第1季度之前，这6个城市的真实出口和合成出口的差距基本上都介于正负0.01之间，说明拟合效果比较好。自贸区设立之后，福州地区的出口差距一直在不断扩大，说明自贸区对福州地区的出口具有持续的正向影响，该影响效应为4.02%。对厦门而言，自贸区设立后，其出口差距先迅速扩大，之后虽大幅度下降，但又快速回升，自贸区对厦门地区出口的影响效应为1.22%。自贸区对广州地区的出口影响比较明显，2015年第1季度后，广州地区的出口差距一直在0.008～0.021波动，自贸区使得广州地区的出口增加了5.25%。然而对于天津、深圳和珠海而言，自贸区设立后，这3个地区的出口差距始终在"0"上下波动，说明自贸区对这3个地区的影响无明显趋势。

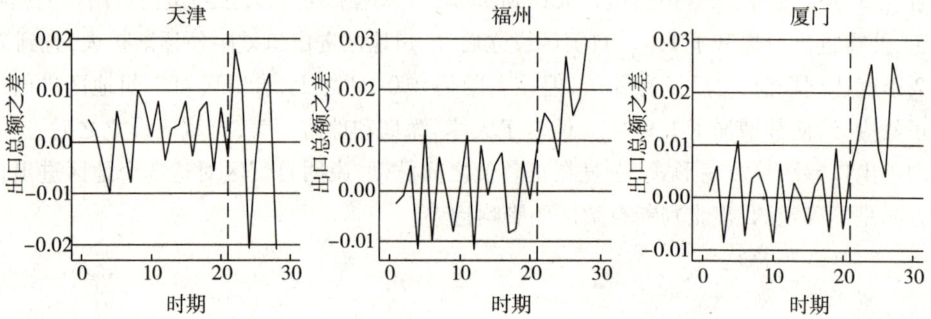

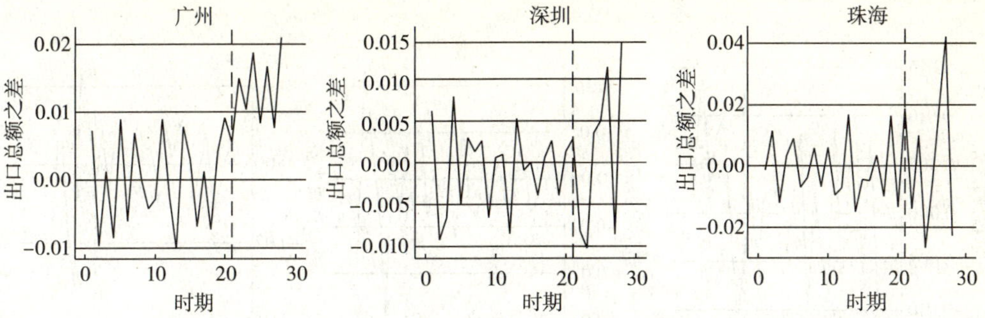

图6　天津、福州、厦门、广州、深圳和珠海的实际和合成的出口额差距

3. 对进口的影响

图7给出了天津、福州、厦门、广州、深圳和珠海各自的实际进口额和合成进口额差距变化路径。从中可以看出，在2015年第一季度之前，这6个地区的真实进口和合成进口的差距基本上都介于正负0.015之间，说明拟合效果比较好。2015年第一季度至第二季度，厦门的进口差距为负值，可能是因为自贸区政策具有时滞，从2015年第三季度开始，该差值变为正并且迅速扩大，该路径图总体呈上升趋势，说明自贸区对厦门进口的影响为正，其平均效应约为1.65%。对广州而言，2015年第一季度至第三季度，广州地区的进口差值为负，之后该差值变为正并且迅速扩大，自贸区使得广州地区的进口提升了约0.93%。然而对于天津、福州、深圳和珠海而言，自贸区设立后，这4个地区的进口差距围绕着"0"上下波动，说明自贸区对这4个地区进口的影响效应是不确定的。

(三)稳健性检验

由于合成控制法要求政策实施前控制组的预测变量对干预组的预测变量进行模拟进而估计出反事实结果，但若干预组和控制组表现出不同的趋势，则构造的合成控制组可能会不能够很好拟合处理组的潜在变化路径，即"反事实"状态，故估计参数仍存在一定程度的不确定性。为检验实证结果是否稳健，我们参照Abadie和Gardeazabal(2003)以及Abadie等(2010)的方法进行一系列稳健性检验。鉴于本文的实证分析对象较多，我们仅报告上海自贸区对上海进出口额估计结果的稳健性检验。

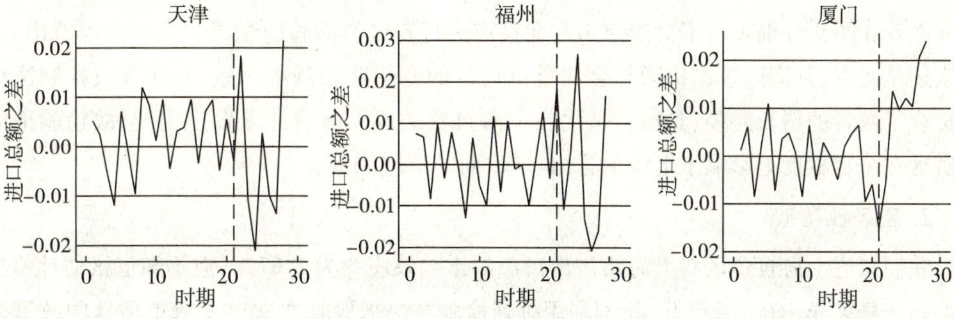

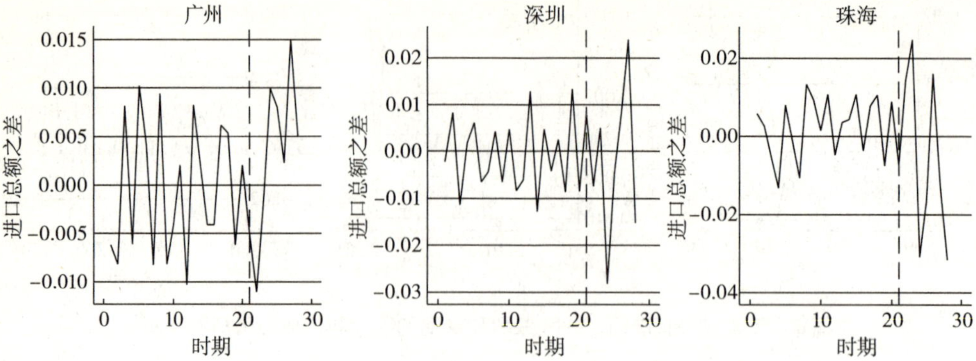

图7 天津、福州、厦门、广州、深圳和珠海的实际和合成的进口额差距

1. 安慰剂检验

安慰剂检验的基本思路是：对于控制组的某一个地区，假设该地区实施了自贸区政策，利用合成控制法构造其合成样本，估计该地区与合成样本之间的进出口额差距，若所得结果与上海市类似，则表明合成控制法没有提供有力的证据说明自贸区对上海市的进出口额产生了影响。这里我们考虑两个城市，一个是合成上海权重最大的城市南京，另一个是没有权重的城市北京。北京与上海的经济体量相当，在没有权重的组合中最具可比性。我们分别用南京和北京这两个极端情况作为用来检验的城市。

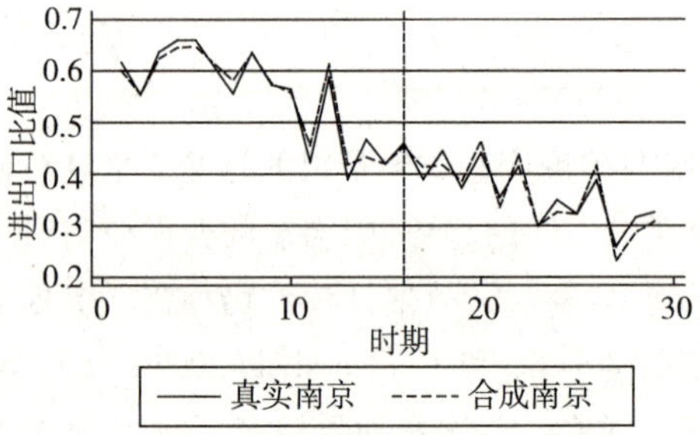

图8 南京实际和合成的进出口

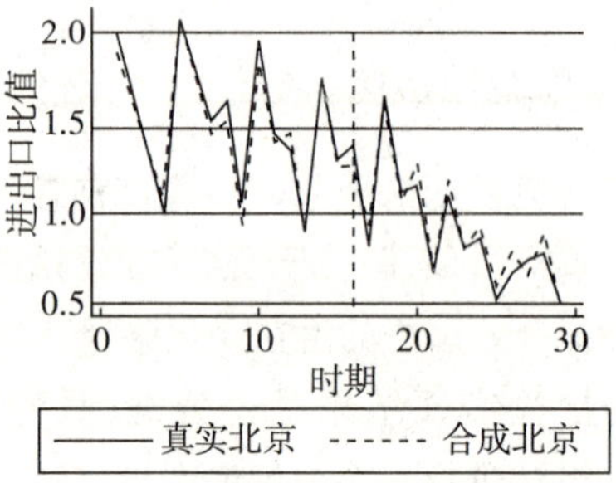

图9 北京实际和合成的进出口

图8和图9分别表示了对南京市和北京市进行安慰剂检验的结果。从中可以看出，无论南京还是北京，其实际进出口额与合成进出口额的变化路径基本一致，表明合成控制法很好地拟合了两者的增长路径，其拟合情况在上海自贸区成立前后并未发生突变，故检验证明了自贸区在一定程度上影响了上海的进出口额，而非偶然因素。

2. 显著性检验

我们知道上海自贸区对上海市进出口额的影响效应约为1.87%，但不知道该估计值在统计上是否显著异于0。基于此，我们利用排列检验方法来检验本文对上海市估计的政策效果是否在统计上显著。其思想是：依次假设控制组中的所有城市都在2013年第4季度实施了自贸区政策，利用合成控制法分别对这些城市构建合成样本，估计出虚拟的进出口额，将估计得到的所有虚拟进出口额与其真实额进行比较得出虚拟预测误差。如果在政策干预后,上海真实的预测误差大于控制组城市的虚拟预测误差,那么实际的上海处理效应就是显著的。

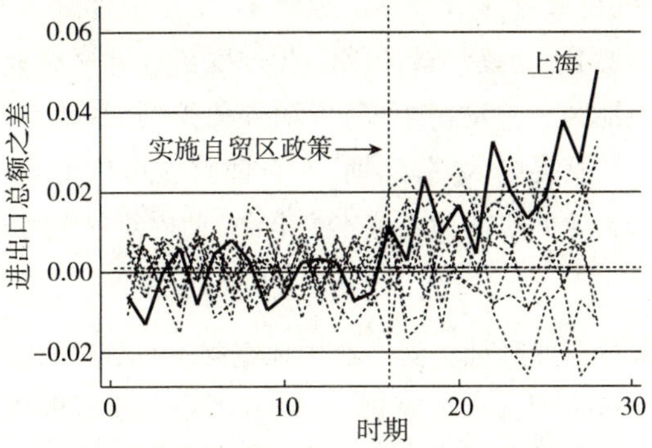

图 10　上海和"虚拟城市"的预测误差分布

我们先剔除了政策干预前控制组中 MSPE(平均预测误差)①大于上海 MSPE 两倍的城市,这些城市的数量为 16 个,因此,最终进行检验的城市共为 12 个。这么做是因为如果一个城市在干预前其 MSPE 相对过大,那么模型对控制组城市的近似程度比较差,此事得到的模拟结果可信度较弱。图 10 给出了排列检验的结果。粗线和细线分别表示上海和虚拟城市的估计结果。实施自贸区前,上海的预测误差比大部分虚拟城市的结果都小,在自贸区建设刚开始时,上海的预测误差与虚拟城市的预测误差差距并不大,2014 年第二季度后,其预测误差基本上位于虚拟城市的最上方。这表明自贸区政策对上海进出口额有一定的正影响,大约有 1/12,即 8.33% 的概率会出现虚拟城市进出口额预测误差与上海的一致。这类似于传统统计推断的显著性水平,因而我们可以认为自贸区对上海进出口额的正向影响在 8.33% 的水平上是显著的。

利用同样的检验方法,我们对其他估计结果进行稳健性检验。结果表明,自贸区建设对上海的进口额、福州的进出口额和出口额、厦门的进口额以及广州的进出口额和出口额的影响是显著的,但对上海的出口额、厦门的进出口额和出口额、广州的进口额的影响不显著。另外,由于自贸区对福州的进口额和天津、深圳、珠海的进出口额、出口额、进口额的影响方向不确定,也必然不能通过显著性检验。限于篇幅,以上检验不再赘述。

(四)对天津、深圳和珠海三个地区结果的解释

由前文的实证分析可知,自贸区对上海、福州、厦门和广州的贸易额总体来说有明显的正向影响,但是自贸区对天津、深圳和珠海这 3 个地区的贸易额没有确定的影响,我们不能判断其影响的趋势和方向。基于此,本文尝试对影响天津、深圳和珠海这 3 个地区贸易额的因素进行解释。

---

① 干预组在干预之前和干预之后 MSPE 的计算公式为 $MSPE_{pre} = \frac{1}{T_0}\sum_{t=1}^{T_0}(y_{1t} - \sum_{j=2}^{J+1} w_j^* \ y_{jt})^2$, $MSPE_{aft} = \frac{1}{T - T_0}$ $(y_{1t} - \sum_{j=2}^{j+1} w_j^* \ y_{jt})^2$

1. 天 津

①出口商品结构不均衡，高技术含量、高附加值产品出口比例较低，2015 年，天津高新技术产品出口占全市出口的比重仅为 38.5%。近年来，由于土地成本和劳动成本上升，外贸中过度依赖的加工贸易的利润空间逐步被压缩。②过度依赖外资企业，导致外贸风险增加，近几年来国际经济不景气、地区局势动荡不安，天津外贸受到的国际经济冲击较大。③低碳经济下环境成本和约束上升，贸易陷入“阵痛期”。京津冀城市群生态环保联防联控不断深化，大量关停并转污染企业，企业面临的污染成本上升，短期内对外贸易被压缩。

2. 深 圳

①企业成本上升，部分产业外迁。受产业用地空间不足、住房价格高位快速上涨、劳动力成本大幅增加，以及内地城市配套日渐完善、东南亚国家对投资的吸引力快速提高等因素影响，深圳市产能外迁趋势更加明显，加速外贸数据流失。②深圳市吸收外资制造业的传统竞争优势减弱，实际利用外资近年来持续下降，影响外贸发展。③对香港市场依赖度过大，由于近几年香港经济下行、制造业严重萎缩、外贸需求下降，对深圳冲击较大。

3. 珠 海

①贸易主体过度依赖外资企业，外贸风险加大，受国际经济萎靡不振的影响，珠海市实际利用外商直接投资增幅有所下降，对主要贸易国的进口和出口都有所下降。②珠海市劳动密集型企业在出口中占据较大比例，但由于人口红利逐步消失、劳动力成本上升，劳动密集型企业的成本上升，利润空间逐步缩小。加工贸易中的产品附加值相对较低，在珠三角地区的竞争中处于劣势。③国际上原油和大宗商品价格的下跌，使得过度依赖外贸的珠海市贸易数据减小。

六、总 结

本文利用合成控制法实证分析了自贸区对上海、广州、福州、天津、厦门、深圳和珠海的贸易额的影响。研究发现，自贸区对上海的进出口额、出口额和进口额具有显著的正效应，其季度平均影响效应分别为 1.87%、1.52% 和 3.8%；自贸区对福州的进出口额、出口额的季度平均影响效应分别 2.31%、4.02%，但对进口额的影响方向不确定，其中只有进出口额的影响效应是显著的；自贸区对厦门的进出口额、出口额和进口额的季度平均影响效应分别为 1%、1.22% 和 1.65%，其中对进口额的影响效应是显著的；自贸区对广州的进出口额、出口额和进口额的季度平均影响效应分别 1.98%、5.25% 和 0.93%，稳健性检验表明对进出口额和出口额的影响效应是显著的，但对进口额的影响效应不显著；自贸区政策对天津、深圳和珠海的进出口额、出口额和进口额的影响是不确定的。另外，稳健性检验的分析结果表明，合成控制法得到的这 4 个城市的估计效应均不能通过显著性检验。

本文揭示了自贸区对不同城市贸易额的影响存在明显差异。这种差异背后具体的机制和原因有待后续研究进一步探索。本文主要讨论了自贸区对地区经济的短期效应，自贸区对地区经济增长的较长效应有待进一步研究。本文利用城市层面的数据进行分析，可以为进一步研究自贸区的经济效应提供一个方向。另外，本文的方法和结果对于我国新近挂牌成立的辽、浙、豫、鄂、渝、川、陕七大自贸区对当地未来贸易效应和经济增长的评估也具有现实意义和借鉴作用。

参考文献

[1] Abadie, Alberto, Alexis Diamond, and Jens Hainmueller. Synthetic Control Methods for Comparative Case Studies: Estimating the Effect of California's Tobacco Control Program[J]. *Journal of the American Statistical Association*, 2010, 105(490), 493 - 505.

[2] Abadie, Alberto and Javier Gardeazabal. The Economic Costs of Conflict: A Case Study of the Basque Country[J]. *American Economic Review*, 2003, 93(1):113 - 132.

[3] Daqing Yao and John Whalley. An Evaluation of the Impact of the China (Shanghai) Pilot Free Trade Zone (SPFTZ)[J]. *NBER Woring Paper*,2015,No. 20901.

[4] Daqing Yao and John Whalley. The China (Shanghai) Pilot Free Trade Zone Background, Developments and Preliminary Assessment of Initial Impacts[J]. *NBER Woring Paper*,2015,No. 20924.

[5] Zheng Wan,Yang Zhang,Xuefeng Wang and Jihong Chen. Policy and politics behind Shanghai's Free Trade Zone Program[J]. *Journal of Transport Geography*, 2014(34):1 - 6.

[6]陈林,郝敏. 自由贸易区的四维度"红利说"[J]. 改革,2015(9):74-82.

[7]陈林,罗莉娅. 中国外资准入壁垒的政策效应研究——兼议上海自由贸易区改革的政策红利[J]. 经济研究,2014(4):104-115.

[8]陈琪,刘卫. 建立中国(上海)自由贸易试验区动因及其经济效应分析[J]. 科学发展,2014(2):43-50.

[9]高士亮,熊磊. 中国对外贸易的影响因素分析:基于国内的视角[J]. 经济问题探索,2008(10):91-96.

[10]宫华萍. 上海自贸区的"光环效应"及问题分析——从自贸区"抢位"现象说起[J]. 华东经济管理,2015(4):40-44.

[11]郭晓合,叶修群. 从中国入世到上海自贸区扩区的产业连锁效应[J]. 经济与管理研究,2016(8):43-51.

[12]和红,林金忠. 外商直接投资对中国贸易顺差的影响及机制——基于 SURE 和 ARDL-ECM 模型的动态分析[J]. 经济经纬,2009(4):47-50.

[13]江若尘,余典范,翟青,王丹,牛志勇. 中国(上海)自由贸易试验区对上海总部经济发展的影响研究[J]. 外国经济与管理,2014(4):65-71.

[14]刘甲炎,范子英. 中国房产税试点的效果评估:基于合成控制法的研究[J]. 世界经济,2013(11):117-135.

[15]骆许蓓. 论双边贸易研究中重力模型的距离因素[J]. 世界经济文汇,2003(2):45-60.

[16]裴长洪. 全球治理视野的新一轮开放尺度:自上海自贸区观察[J]. 改革,2013(12):30-40.

[17]苏治,胡迪. 通货膨胀目标制是否有效?——来自合成控制法的新证据[J]. 经济研究,2015(6):74-88.

[18]谭娜,周先波,林建浩. 上海自贸区的经济增长效应研究——基于面板数据下的反事实分析方法[J]. 国际贸易问题,2015(10):14-24,86.

[19]王利辉,刘志红. 上海自贸区对地区经济的影响效应研究——基于"反事实"思维视角[J]. 国际贸易问题,2017(2):3-15.

[20]吴长凤,巩馥洲,周宏. 影响我国进出口贸易的宏观经济因素分析[J]. 统计研究,2000(5):23-28.

[21]项后军,何康,于洋. 自贸区设立、贸易发展与资本流动——基于上海自贸区的研究[J]. 金融研究,2016(10):48-63.

[22]殷华,高维和. 自由贸易试验区产生了"制度红利"效应吗?——来自上海自贸区的证据[J]. 财经研究,2017(2):48-59.

[23]岳文,陈飞翔. 积极加速我国自由贸易区的建设步伐[J]. 经济学家,2014(1):40-47.

[24]张家胜,祁春节. 我国贸易顺差存在的根源与发展趋势研究[J]. 财经研究,2007(8):28-40.

[25]张毓卿,周才云. 中国对外贸易成本的测度及其影响因素——基于面板数据模型的实证分析[J]. 经济学家,2015(9):11-20.

[26]张宗斌. 自由贸易理论与中国贸易自由化[J]. 世界经济与政治,1997(7):27-30.

限购令对上海市房地产市场的影响
——基于 Eviews 的经验研究

樊聆之　任　然　张莉梅

（上海财经大学经济学院）

［摘　要］本文将针对2010年10月正式出台的上海市限购令政策，以2004年第一季度到2016年第二季度共50个季度数据为基准，利用EVIEWS软件对限购令颁布后该政策对上海房地产市场造成的影响进行长期模型与短期模型的分析。研究显示，上海限购令在长期虽然对房地产市场有效，但其实际效果是微乎其微的，而从短期来看，限购令是一个有效的政策，适当地控制了房地产泡沫。

［关键词］上海市房地产市场，限购令，上海市城市综合指数

一、引　言

近年来，我国各地房价急速攀升，城市、地区之间房价差异十分明显。个别一线城市的房价更是“如虎添翼”般猛烈激增，上海就是其中一员：上海的房价自2007年后就一再上升，乃数十年前房价的数倍。于是，解决住房难、房价高的问题乃当今的首要任务。但是，由于房价的高升使得大量投资者对房地产市场十分看好，人们的预期收益有所提高，从而吸引了大量投机资本。我们称这部分投资者的需求为投机需求。而最需要住房的中低收入者却有心无力，只能保持观望的态度，求之不得，故为刚性需求。于是，政府在实地考察、细细揣摩之后，于2010年出台了《国务院关于坚决遏制部分城市房价过快上涨的通知》，明确指出要稳定房价，控制投机性需求。此后，各地方政府积极响应，坚持以居住为主、以市民消费为主、以普通商品住房为主的原则，采取税收、信贷、行政、土地、住房保障等政策措施。尽管各地细则有所不同，但限购令的主要方向有两点：一是限制本地户籍已有住房家庭购买套数，外来人口则需缴纳满一定年限的社会保险；二是提高首付比。

近年来，中国的城市化进程出现了分化，一、二线城市享有更完善的教育、医疗、公共设施等，集聚效应使得大量的人口、资金涌入，房地产供求关系失衡，2016年年初，一线城市房价经历了新一轮大幅度上升。房地产经济同民生福利息息相关，它同时肩负着带动实体经济高速增长的来源的重任，又切实地关系到人们的生活质量。找出这两者之间的平衡点是具有现实意义的。上海市开始实行限购令是在2010年，继而在2016年又推出了“史上最严”的限购令条文。其实，上海房地产市场供求失衡的主要问题还是在于供给侧，土地供给被人为束缚，无

法根据市场作出反应,缺少有效的长期管理机制,但是限购令这一政策是从需求方来干预房地产市场,能否切中要害、从根本上解决,或者说帮助解决房地产乱象值得我们探讨,从而找出合理的办法促进房地产的健康可持续发展。下文将仔细研究限购令对上海房市的影响。

二、文献综述

我们发现,对于限购令的实际效果众说纷纭,有的研究者认为限购令短期内对房价的抑制作用显著。复旦大学的硕士生刘尧(2012)将上海房产综合指数作为被解释变量,通过实证分析得出限购令能在短期内遏制房价的快速上升,但他同时指出要使房地产市场长期健康发展,关键在于管理放假预期和控制投机者的持有成本[1]。也有部分研究者则认为限购令并不会影响房价的走势,孙莹、罗新波和焦爱英(2011)以天津市为例,从房地产价格的实际走势和消费者的价格预期两方面论证了限购令对房价的抑制作用有限,而未来限购令下绝大多数消费者呈观望态度以及刚性需求的实际存在会使成交量的走势不明显[2]。可以看到,研究地区选择的不同,对于限购令的作用得出的结论也不尽相同,这是因为不同地区限购令的具体政策会有不同,监管实施力度也不同;而且,各地房地产市场本身发展状况就参差不齐,一、二线城市如北、上、广、深人口密度巨大,且要应对大量外来人口带来的住房压力,而非一、二线城市的物价水平原本就不高,又相对地广人稀。学者魏劭琨和任卫东(2011)就认为限购令下一、二线城市受到的影响更大,房价有明显的下降趋势[3]。

限购令本身是一种强制的行政手段,直接影响的是房屋需求量,而房价最终是由市场供需来共同决定的,还受到其他许多宏观经济变量以及相关政策的影响。由于房屋或者土地供给并不会随着限购令改变,加上一旦房价下跌政府土地出让收益就会减少,导致地方政府的执行力度不够,所以限购令对于需求方的影响远大于对房价造成的直接影响。颜诤(2016)利用反事实分析北京的住房状况,得出 2010 年北京地区成交量下降完全是由限购令引起的[4]。限购令在出台当时会对房地产市场形成一定的冲击,但当人们适应了这种政策、限购令成为一种大背景,它的作用就会与其他因素交织在一起,甚至被掩盖住。刘小瑜、赵鹤芹和谢娟娟(2013)通过 VAR 模型研究江西限购令作用下房价与宏观经济变量间的关系发现,房地产效应与通货膨胀率效应正相关,但通货膨胀对房价的变动有一定滞后性,同时,土地价格增长率与房价无显著的格兰杰因果效应[5]。

所以我们认为要分析限购令对房地产市场的作用,最终目的不是看它对房价产生多少影响,而是看限购令能否满足刚需,同时控制投机性买房和炒房行为。魏劭琨和任卫东(2011)就指出,限购忽视了不同群体的收入差异,没有对消费者进行分层,强行“消灭”住房的投资属性。因此,我们认为建立长期和短期两个模型才能完整地看出实际影响如何,而避免由于长期内宏观经济变量的波动带来房价的变动更为明显,从而忽视短期内限购令的作用。

三、模型与方法

对比上述文献综述,要从提高有刚需的购房者比例这个层面上分析限购令是否达到效果,单纯看房价的变化是不够的,这是因为在限购令推出后,很大一部分投机者被限制购买,但是也有一部分刚性需求者，如在上海工作的外来人口，未按年限缴纳满社会保险的，或者是靠自己收入还不够支付首付的人群，他们其实也是被限制买房的。总需求在政策控制下下降，短时间内供应量不变，房价是会有下降趋势的。我们无法从房价的变化中看出引起这样变化的原因是什么，因此也无法判断在限购令推出后处于刚性需求的购房者比例是否相较于推出之前有所上升。

因此，要将投机性买房与自住型买房区分开，空置率是一个非常有用的指标。投机性的购房者购房之后有两种可能的行为：一是等待时机，等房价上升时再卖出；二是将其出租，收取租金。但如果是出于刚性需求的买房，购买后一定会入住，从而空置率会下降。但是对空置率的考察并不简单。因此，本次模型中，我们本欲用房屋空置率来代替上海市城市综合指数作为因变量。因为我们本次模型的最终目的是看限购令政策是否有效，更想知道限购令效果的大小，所以用房屋空置率更能看出其效果。但由于空置率指的是已购买房屋的实际入住率与1的差值，是无法得出数据的。若想得到数据，则必须对上海市各区房屋小区的入住率进行统计，是十分花费时间而且难以实现的。尔后我们又考虑过通过得出每年房屋的入住面积来代替房屋空置率看刚性需求的思路。即通过每年上海的装潢金额以及大致一平方米的装修金额多少之除得出大致半年后的房屋入住面积。然而我们在查询数据中发现，虽然部分银行有关于“房屋装修贷款”的历年数据，但其仅为少数，不足以参考。到目前为止我们所能拥有的关于房屋贷款的数据，只有上海市央行总部发布的个人住房贷款的数据，不足以支撑我们的理论模型。所以在种种考虑比较之后，我们决定用上海市城市综合指数作为因变量即被解释变量，这样便于更好地计算拟合。

所以针对本次论文，我们打算采用 EVIEWS 软件进行分析。而由于金融数据本身的特性，我们找到的数据乃时间序列，一般不具有平稳性。所以我们将先对其进行单位根检验，用 ADF 的方式，采用 SIC 的信息准则，来分析数据的平稳性及其为几阶平稳。然后进行长期模型分析，我们将用 EG 两步法对其进行测量，而短期模型则采取 ECM 误差修正模型。

（一）模型变量选择

首先，针对模型数据的选取，我们共选取了上海市城市综合指数、城镇人均可支配收入、实际利率、失业率、销售面积、房地产投资占社会固定资产投资比例额、竣工面积，及 2010 年 10 月颁发的上海限购令的虚拟变量 D1 共 8 个变量，时间从 2004 年第一季度到 2016 年第二季度共 50 个季度数据为准。其中，我们将上海市城市综合指数认定为该模型的被解释变量即因变量，而剩下 7 个变量是我们分别从房屋的供给方面、需求方面和政策共三方面因素考虑得知的。

就需求方面而言，首先我们觉得城镇人均可支配收入是必要的。因为城镇人均可支配收入衡量的是上海市的人们普遍的一个生活水准，能通过该指标大致知晓人们手中的余钱有多少，当人们手中的余钱越盛，则买房的欲望与实力越足。因此，我们判断城镇人均可支配收入与城市综合指数之间呈正相关关系。再者，实际利率反映的是当时市场中的机会成本。当实际利率降低时，人们手持现金的机会成本降低，于是人们更倾向于进行一项稳定且长期的投资，而房地产便十分符合这一条件，所以此时人们的购房需求会增加，房价可能会随之上涨。就其计算方面，理论上，实际利率乃利率与通货膨胀的差值，由于房地产业建设本身自带的特点，我们先用五年以上人民币贷款利率和 CPI 环比（国家统计局月度公布）之差算出月度数据，然后，再算每 3 个月的均值即季度数据，最终以此数据为参照，作为变量代入模型中。而对于失业率，我们的争议便多了起来。虽然我们参阅的众多文献中大多数学者都认为这个数据由于其统计的仅限于城镇失业率且非抽样统计真实性有待商榷，但我们仍坚持认为这个数据在一定程度上是有效的。失业率的统计是一项十分繁杂的事情，而且根据宏观经济学我们可知，社会中始终存在一定流动的失业人口，这是由于人们自身的选择而引起的，并非时代、经济不好所为。所以我们认为未统计到的那部分失业率中，大部分为这种情况，故仍将失业率考虑入模型。并且，由于失业率越高，人们的收入水平越低、收入来源越单一化，我们认为失业率与城市综合指数存在负相关的关系。而对于销售面积而言，这必定会影响到需求。销售面积越大，则上一年的需求越得到满足，人们这一年的需求程度则可能呈下跌趋势，所以认为销售面积和城市综合指数也呈负相关关系。

就供给方面而言，我们认为房地产投资占社会固定资产投资比例额从一定程度上能反映出供给的增减情况。房地产投资所占比例越高，则证明社时会对房地产市场的依赖度越高，整个社会大部分经济都是靠房地产拉动的。而这种情况下，房地产商对房地产市场就越看好，其投资额度就会越来越高，其之后的房地产供给就越多，之后因此供大于求而使房价下跌，最终多次循环后达到一定的平衡。因此，我们认为房地产投资占社会固定资产投资比例额与城市综合指数呈负相关关系。而竣工面积也是如此，其每年的竣工面积越多，则当年的供给额度越高，越能满足人们对房屋的需求，逐渐达到一个供需均衡点，使城市综合指数逐渐稳定在一个理论值左右波动。因此，我们预估竣工面积与城市综合指数也呈负相关关系。

就政策方面而言，由于一定的政策与经济原因，政府在房价高涨的过程中鲜少用政策来对房市进行调控。在 2008 年金融危机后，我们更需要一个能快速刺激经济发展的市场来拉动 GDP，保证我们的经济“软着陆”，在这种情况下房地产市场便成了这样一个“大头”。然而随着房地产市场所占 GDP 比重越来越高，房地产泡沫越来越大，众多学者也纷纷表示了自己对中国过热的房地产市场的担忧[2]。百姓作为房地产市场刚需部分的主体，看着房价一再上涨，也苦不堪言。在此背景下，政府多次对限购令“删删减减”，终于 2010 年 10 月正式出台了上海“限购令”。而我们就以 2010 年 10 月的“限购令”为讨论重心，试图知晓“限购令”出台的这些年来，到底有没有达到预期的目的。并且想由此推测，2016 年新出台的限购令又在未来几年中能对上海房市造成什么样的影响。

然而因为销售面积与竣工面积在上海市统计局网站公布的数据每年只有 2 月份（涵盖 1 月份数据且无法分离）到 12 月份的数据，缺失每年 1 月份单独的数据，我们只有选取最大年限的季度数据来进行分析。

下附数据名称、含义及数据来源如表 1 所示。

表 1 变量选取名称、含义及数据来源

	变量名称	变量含义	数据来源（计算方法）
因变量	PH	上海市城市综合指数	Choice 数据
需求方	Inc	城镇人均可支配收入	国家统计局

续表

	变量名称	变量含义	数据来源（计算方法）
需求方	Rint	实际利率	央行、国家统计局
	Salespa	销售面积	上海市统计局
	ur	失业率	上海市统计局
供给方	InvestRatio	房地产投资占社会固定资产投资比例额	国家统计局
	Complespa	竣工面积	上海市统计局
政策方	D1	限购令	以 2010 年第三季度为节点，之前取 0，之后取 1

我们在收集数据后，立即对其进行了统计分析。发现上海市城市综合指数随着时间是呈震荡上升趋势的。2007 年首推上海二套房限购令和 2010 年首次出台正式限购令，对其价格指数的影响仍是能看出来的。2007 年第二季度左右到 2009 年第二季度左右，其价格指数较为平稳；而 2010 年第三季度到 2012 年第二季度左右，价格指数也呈稳定略下降趋势。而 2014 年的下降可能与股市等相关。除此非相关变量外，可见限购令在短期内是有成效的。

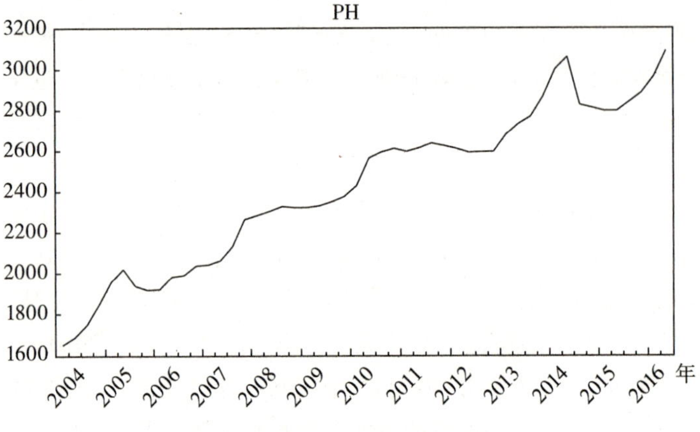

图 1　上海市城市综合指数对数走势

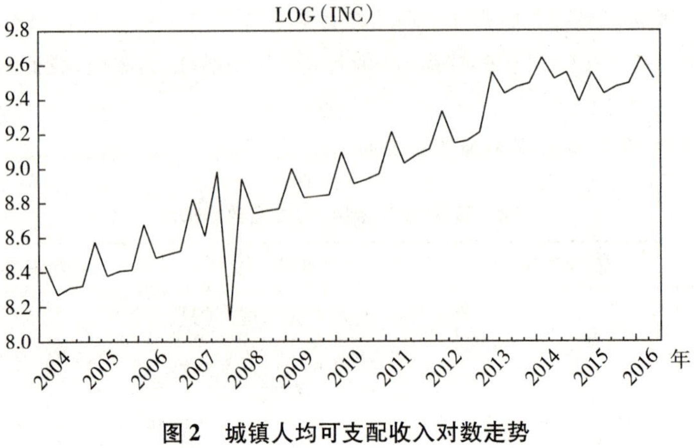

图 2　城镇人均可支配收入对数走势

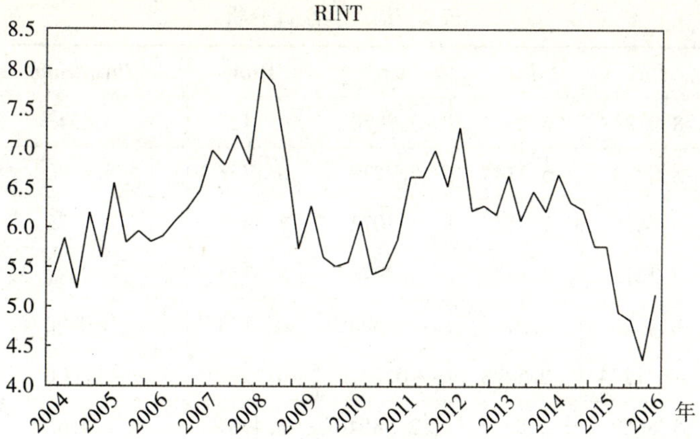

图 3　实际利率走势

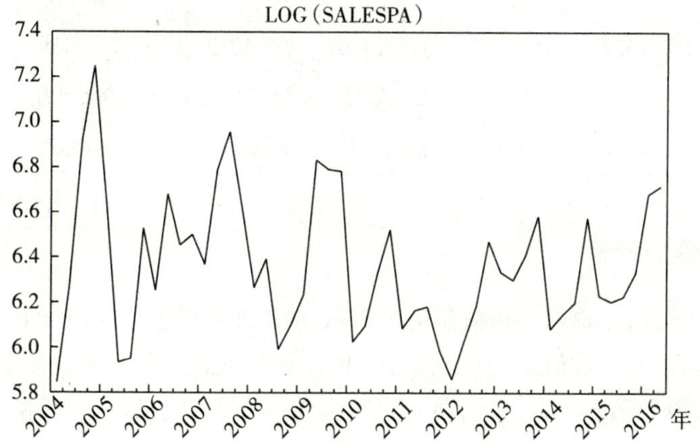

图 4　销售面积对数走势

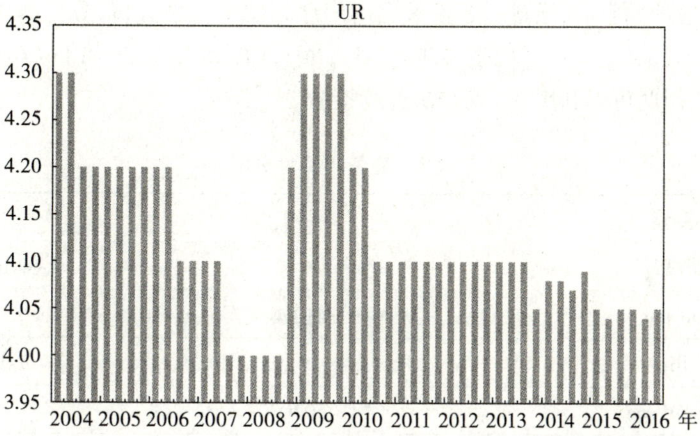

图 5　失业率

表 2 描述性统计分析

	Ln1	Ln2	Ln3	Rint	*Investratio*	UR
Mean	8.9792	6.3665	6.9228	6.1425	0.4343	4.1270
Median	8.9773	6.3144	6.9739	6.1761	0.4180	4.1000
Maximum	9.6416	7.2517	8.1072	7.9954	0.6722	4.3000
Minimum	8.1213	5.8436	5.3976	4.3333	0.2597	4.0000
Std. Dev.	0.4320	0.3145	0.6680	0.7133	0.0992	0.0886
Skewness	-0.1274	0.5448	-0.2879	0.1371	0.2606	0.6134
Kurtosis	1.8659	2.8272	2.5854	3.4364	2.4755	2.4649
Jarque - Bera	2.8148	2.5361	1.0491	0.5535	1.1393	3.7317
Probability	0.2448	0.2814	0.5918	0.7582	0.5657	0.1548
Sum	448.9622	318.3253	346.1416	307.1262	21.7139	206.3500
Sum Sq. Dev.	9.1426	4.8457	21.8632	24.9282	0.4819	0.3851
Observations	50.0000	50.0000	50.0000	50.0000	50.0000	50.0000

(二)长期模型分析

首先,因为上海市城镇综合指数与销售面积、竣工面积的数值相较于其他数据偏大,所以在模型中,我们均以其对数值来计算。并且,上一季度的上海市城镇综合指数对这一季度上海市城镇综合指数的影响较大,我们同时将其作为一个自变量加入到模型中去,以尽可能地降低其他因素对限购令政策效果的影响。

其次,根据上文描述性统计的结果可知,本文部分变量由于采用的是季节数据,我们将其进行季节性效应的调整后,通过对建模数据时间序列的平稳性分析,我们利用单位根检验发现 Ln(*Inc*)和 Ln(*Salespa*)是平稳序列,Ln(PH),*Rint*,UR,*InvestRatio* 和 Ln(*Complespa*)都是一阶差分后平稳,因此可以利用 EG 两步法继续检验。

表 3 变量平稳性分析

变量	平稳	一阶差分平稳
Ln(PH)		-4.625645***
Ln(Inc)	-9.341270***	
Rint		-3.182485***
Ln(*Salespa*)	-4.450700***	
UR		-5.785926***
InvestRatio		-3.060958***
Ln(*Complespa*)		-3.989760***

注:***、**、*分别表示在1%、5%、10%的水平下显著。

而通过 EG 两步法分析，再除去一部分不需要的变量，我们得到拟合最好的回归方程如下

$$LOGPH = 1.07296 + 0.83107 \times LOGPH(-1) + 0.054812869175 \times Ln(Inc)(-1) + 0.01241 \times Ln(\mathit{Salespa}) + 0.01238 \times Ln(\mathit{Complespa})(-1) - 0.00785 \times RINT(-1) - 0.08395 \times UR(-1) - 0.017850 \times D1 \quad (1)$$

表4 长期模型 EVIEWS 分析结果

Dependent Variable: LOGPH

Method: Least Squares

Date:12/12/16 Time:16:46

Sample(adjusted):2004Q2 2016Q2

Included observations: 49 after adjustments

Variable	Coefficient	Std. Error	t - Statistic	Prob.
C	0.928780	0.430885	2.155515	0.0370
LOGPH(-1)	0.815967	0.062660	13.02212	0.0000
Ln1(-1)[①]	0.059797	0.022904	2.610802	0.0126
Ln2[②]	0.016449	0.011477	1.433198	0.1594
Ln3(-1)[③]	0.014962	0.006710	2.229862	0.0313
UR(-1)	-0.055828	0.041861	-1.333660	0.1897
INVESTRATIO(-1)	0.020285	0.057106	0.355217	0.7242
D1	-0.017584	0.014432	-1.218377	0.2300
R - squared	0.984626	Mean dependent var		7.785866
Adjusted R - squared	0.982001	S. D. dependent var		0.159400
S. E. of regression	0.021385	Akaike info criterion		-4.703939
Sum squared resid	0.018751	Schwarz criterion		-4.395071
Log likelihood	123.2465	Hannan - Quinn criter.		-4.586755
F - statistic	375.1086	Durbin - Watson stat		1.363936
Prob(F - statistic)	0.000000			

注:①Ln1 指的是 Ln(lnc);②Ln2 指的是 Ln(Salespa);③Ln3 指的是 Ln(Complespa)。

由此可见，对于长期模型而言，虚拟变量限购令 D1 的系数值是很低的，仅为 -0.018左右，并且其 p 值不高，则拒绝原假设。证明了在长期中，限购令并没有如政府预计的一般，产生很好的效果。这可能是因为政策的实施具有时滞性，即政策实施并非一朝一夕，人们对政策还有一个反应过程，再加上市场中可能一直有着很大的需求导致供不应求的状况一直存在，所以房价一直居高不下。

(三)短期模型分析

通过第一部分的长期模型分析中的 EG 两步法我们可知，长期的协整关系是存在的。但在短期内其关系是否存在还需要进一步的验证。因此，我们针对短期的均衡关系建立了误差

修正模型(ECM)。其中,我们将上一个模型中的协整方程的残差项当作"均衡误差"并记为ECM,然后用它与其相对应变量的短期波动建立ECM模型,探索短期内的限购令政策效果如何。结果如下

$$LOGPH - LOGPH(-1) = 0.009778 + 0.08614 \times (LOGPH(-1) - LOGPH(-2)) + 0.03783 \times (Ln1(-1) - Ln1(-2)) + 0.01055 \times (Ln2 - Ln2(-1)) + 0.00995 \times (Ln3(-1) - Ln3(-2)) - 0.06270 \times (UR(-1) - UR(-2)) + 0.01551 \times (INVESTRATIO(-1) - INVESTRATIO(-2)) + 1.01617 \times ECM_{t-1} \quad (2)$$

表5 短期模型EVIEWS分析结果

Dependent Variable: LOGPH - LOGPH(-1)
Method: Least Squares
Date: 12/14/16 Time: 11:30
Sample (adjusted): 2004Q3 2016Q2
Included observations: 48 after adjustments

Variable	Coefficient	Std. Error	t - Statistic	Prob.
C	-0.004817	0.004061	-1.186204	0.2425
LOGPH(-1) - LOGPH(-2)	1.177079	0.221202	5.321277	0.0000
Ln1(-1) - Ln1(-2)	0.057626	0.016696	3.451566	0.0013
Ln2 - Ln2(-1)	0.007134	0.009810	0.727212	0.4713
Ln3(-1) - Ln3(-2)	0.010449	0.005470	1.910287	0.0633
UR(-1) - UR(-2)	-0.105607	0.060250	-1.752800	0.0873
INVESTRATIO(-1) - INVESTRATIO(-2)	0.023245	0.049926	0.465592	0.6440
RESID001(-1)	-0.823760	0.248744	-4.447593	0.0001
R - squared	0.515183	Mean dependent var		0.012659
Adjusted R - squared	0.430340	S. D. dependent var		0.024611
S. E. of regression	0.018575	Akaike info criterion		-4.982944
Sum squared resid	0.013802	Schwarz criterion		-4.671077
Log likelihood	127.5907	Hannan - Quinn criter.		-4.865089
F - statistic	6.072188	Durbin - Watson stat		1.765392
Prob(F - statistic)	0.000073			

所以根据表5可知,其变化量则为该变量当期的增长率,即ECM前的系数可以表示上海城市综合指数与长期或均衡值之间的差异是有多少程度能得以纠正的,由于该系数的p值是十分显著的并且系数值接近为1,这表明上期出现的均衡误差将很快在本期得到修正,且能对其纠正的程度将近90%。同时,变量ECM前的系数为负值也反映出了误差修正过程中所预期的负反馈机制,也就是说,当房地产价格指数高于(低于)长期均衡值时,误差修正项将通过

降低(提高)该指数的变化速度来进行修正,从而使当期值逼近长期均衡值。

综上所述,我们仅从模型中来分析,限购令在长期的效果是不值一提的,但是从短期模型中分析可知,其效果在才颁发的一段时间内是十分显著的。

四、评价与建议

从上述模型分析中可知,房地产限购令从短期来看确实有效地限制了房价,但是其下降幅度明显没有预期的多。从长远来看,房地产限购令并不会影响房地产行业走势的大方向。这就说明,限购令的效果其实是一次性的。它在短期内控制了需求,由于模型说明短期内影响显著,我们可以认为一部分的投机行为被抑制了,至于是否在抑制投机性购房的同时满足了刚性购房者的需求,我们认为还是需要进一步的研究。而长期来说,房价的变化还是由市场来决定的,限购令出台后,已拥有两套房的家庭不能在上海买房,并且此后只要限购令还存在,都不会改变这种情况。长远来看,限购令能带来的需求方的变动只针对外来人口或是未拥有满两套住房的家庭,而这部分需求的变动几乎可以认为是微乎其微的。因此,房产限购令只是政府短期调控房价的一种手段,长期内并不奏效,政府应当制定远期的政策来调控房价,抑制房地产泡沫。所以我们提出以下 4 点建议:

(一)完善限购令条款,维持健康的房地产投资环境

如果我们仔细研究 2010 年上海市出台的限购令就可以发现,一个上海本地家庭充其量最多只能拥有两套房对于长期房地产投资的投资者来说过于严格,因为 5 年内出售住房全额征收营业税,所以为了避免缴纳全额营业税,以 5 年为一个周期仅仅只能出售 1 套住房(除去刚性需求的 1 套)让长期投资者无法达到投资的目的,不利于健康的房地产投资。不应当全部打压所有的投资性购买,而是应当在有效控制房地产泡沫的基础上保有健康的投资需求。限购令甚至在一定程度上抑制了居民的改善型需求,已经拥有两套及以上住房的居民无法利用旧房置换新房。在政策内容上,还有待研究改善。

(二)调整税收结构,针对长期投资和短期谋利出台不同的税收政策

房地产行业产生的税收收入是维持地方政府支出的重要来源。地方政府为了满足大量公共支出的需求而大力发展房地产业,在一定程度上加剧了房地产泡沫的进程。因此,中央政府首先应当从地方政府入手,将地方政府拉入自己的阵营中,共同控制房地产行业泡沫。同时,应当大力发展其他行业经济,从而降低地方政府对房地产行业税收的依赖,这样地方政府就不会再为了自身利益而刺激房地产行业。从另一个方面来说,房地产行业泡沫加剧的直接起因是短期投资者为了达到迅速谋利的目的恶意哄抬房价,限购令的目的也包含了打击恶意哄抬房价的短期投资者,而房地产行业需要一个良性的投资环境,不应当一棒子打死所有的投资者。因此,针对长期投资者和短期谋利者可以采取不同的税收手段来抑制短期谋利者的数量,使得他们不能够对房价总体产生较大影响。例如,可以根据持有商品房的时间来制定税率,以促使短期谋利者持有商品房较长一段时间后再卖出。

(三)加大建设政策性住房的力度,完善房屋交易系统

限购令政策本身是从需求侧的角度来抑制房地产泡沫的,然而住房供给侧同样也应当采取相应的政策措施。老百姓买不起房子是因为过高的房价和过低的收入,如果给收入较低的老百姓提供大量能够在其收入范围内消费的政策性住房,那么对商品房的需求便会减少,从而使得房价降低,房地产泡沫缩小,便能够真正地满足居民对住房的刚性需求。因此,应当加大建设政策性住房政策的执行力度和推进其建设过程,同时,应当对上海市民住房需求进行完整的调研分析,然后供应相应数量的政策性住房。政府统计部门将除去隐私后的实际情况反映在政府网站上以便学者研究。目前上海市有一个房屋交易系统,网站上有基础的房屋交易数据,然而更加详细的统计资料并没有被公开,还有待完善。

(四)建立健全征信机制,防止房地产泡沫破裂

建立健全征信机制,加快征信统计工作进程。将个人征信统计工作做好,从而控制用房贷来作为投资资金来源的房地产投资者数量,支持真正需要贷款买房的家庭借到足够的资金。进一步可以控制因投资失败而还不起房贷的投资者的情况,从而减少违约风险,控制银行坏账的产生,从而达到防止房地产泡沫破裂的目的。

五、总 结

总而言之,在进行长期模型与短期模型分析之后,我们发现,限购令对房价调控仍是有一定作用的。但在发挥作用的同时,它也在一定程度上不可避免地抑制了部分刚性需求。所以在短期中,政府利用这一政策工具适当调控房价是可行的,但就长期而言,政府应当更加积极地规范房地产市场本身,加强“实体经济”的建设。这样我们才可以从“流动性陷阱”与实体经济不强的困境中摆脱出来,逃离太过依赖房地产市场来刺激经济发展的现状。

参考文献

[1]刘尧. 关于房地产限购令问题的研究 ——以上海房地产市场为例[D]. 上海:复旦大学, 2012.

[2]孙莹, 罗新波,焦爱英. “限购令”对房地产市场和住房消费行为的影响——以天津市为例[J]. 中国市场, 2011(48):6-8.

[3]魏劭琨,任卫东. 从限购看我国当前的房地产调控[J]. 银行家,2011(12):38-40.

[4]颜净. “限购令”对北京住房市场的影响——基于反事实分析[J]. 当代经济,2016(12):11-12.

[5]刘小瑜,谢娟娟,赵鹤芹. 限购令下的房地产市场效应实证研究[J]. 统计与决策,2013(4):126-128.

[6]韩永辉,黄亮雄,邹建华. 房地产“限购令”政策效果研究[J]. 经济管理,2014(4):160-170.

[7]李晓宁,鲁豪. “限购令”对西安房地产市场的影响趋势分析[J]. 西安建筑科技大学学报(社会科学版), 2011,30(5):30-36.

[8]顾建发. “限购令”下的上海房地产市场分析[J]. 上海房地,2011(12):10-13.

[9]张德荣,郑晓婷. “限购令”是抑制房价上涨的有效政策工具吗? ——基于70个大中城市的实证研究[J]. 数量经济技术经济研究,2013(11):56-72.

[10]周倩. 我国住宅二套房政策执行力研究[D]. 江西:南昌大学,2010.

美国图书市场中的博弈分析及其启示

李文頔　袁一帆　衡　强

（上海财经大学经济学院）

［摘　要］本文通过探讨美国图书市场中的出版商和二手书商之间的价格博弈和印刷量博弈的问题，进一步得出合理的图书市场模型，并将其对应于中国图书市场目前的发展现状，从而对中国未来的图书二手市场的前景进行一定的展望并提出可行性的建议。模型结果显示，中美两国二手书市场发展之所以存在差异，可以从消费者的消费观念、二手书商的生存模式以及出版商对市场需求的应对三个方面进行分析。基于此，中国二手书市场想要得到蓬勃发展，必须首先解决压在其上的三座大山：版权问题、分散经营问题和完全竞争问题。

［关键词］出版商；二手书商；中美市场对比分析；博弈理论

一、引言与文献

当今中国，市场上的出版物之多让人眼花缭乱。2012 年，中国出版的图书达到了 414005 种，总册数为 79.25 亿册，超越了美国一倍多，位居世界第一。不幸的是，中国人的人均阅读量却并没有随着出版量的飞速增长而增长，反而国民的阅读兴趣随着电子设备的发展而逐渐下滑。根据中国新闻出版研究院 2012 年 4 月份的调查，中国 2012 年人均阅读量只有 4.39 本，远低于主要发达国家。与之相对应，中国也是图书库存量最大的国家，以售价计算，目前有 884.05 亿元的图书积压在仓库。

我国庞大的人口基数与日益衰落的图书市场不相匹配是现状，我们无从否认。但同时，更加无法否认的是当代人消费观念的转变对二手书市场的刺激。奇怪的是，消费者对二手书的市场需求并没有在图书市场泛起涟漪，全国范围内二手书市场乃至图书市场依旧式微。但这一情况在高校中恰恰相反，夹杂着学长学姐们的课堂笔记和课后感悟的旧教材和教辅材料在跳蚤市场和旧书摊竟如同点燃了智慧圣光的火炬一代代传递下去。诚然，大学生的消费能力有限，对于教材类书籍和经典著作的购买力有限，也或许是因为大学生的环保意识强，总之，校内二手书市场如火如荼地迅速发展着。目前，大多数的研究也都围绕着高校二手书市场发展的原因展开，比如古媛在《高校二手书市场分析》一文中通过调查分析就曾提到大学生教材需求量增加与环保意识之间的博弈是造成高校二手书市场火热的主要原因。[1] 而其他学者在相关论文中也或多或少地表明过这一观点。同时，还有相当一部分专家将视野放在了如何构建高校二手书交易平台上，甚至某些相对新潮的学者也曾设想过“互联网”与高校二手书交易平台之间的结合。比如，吕翘楚、苑光强就在《基于用户满意度的电子中介搜索模型的研究与应用》中创造性地将二手书交易平台与搜索模型相结合，给出了二手书市场的未来。[2]

然而，将情况推演至全国，中国的二手书市场同样潜力巨大，同样面临不断增长的对书籍的需求与砍伐树木造成的环境污染的博弈，却由于各种各样的原因并没有发展起来，无法满足消费者对二手书市场的消费需求。而目前国内对于全国范围内的二手书市场发展的研究似乎有些乏善可陈，或者说，在图书市场衰落的大环境下，二手书市场并没有给大家足够的信心，证明自己潜力之巨大。

在经过对世界各国各地区图书市场的比较分析后，我们发现美国图书市场虽说同样规模巨大，却发展出了比较完整的二手书市场结构，与新书市场相得益彰，共同构成了美国的图书市场。显然，如果对美国图书市场的结构和发展过程作进一步的分析，会对中国图书市场未来的发展有着很大的借鉴意义。

有感于二手书市场的发展潜力与现有文献的争论和不足，本文通过探讨美国图书市场中的出版商以及二手书商之间的博弈问题，进一步得出合理的图书市场模型，并将其应用于中国图书市场的分析，从而对中国未来的二手书市场的前景进行一定的展望。较之已有文献，本文从中美两国图书市场对比入手，具体分析中国二手书市场的差距和不足，并结合我国国情给出了基本的建议。

本文其余部分的内容如下：第二部分简要介绍模型参与者；第三部分阐明为何对于一般的二手市场分析均行之有效的柠檬货模型在二手书市场中无能为力；第四部分则从简单的博弈论角度解释二手书市场模型；第五部分基于中美市场之间的差异进行尝试性的分析；最后进行总结，并给出简单的政策建议。

二、参与者

现实的图书市场中有难以计数的出版商和二手书商，每一个书商在面对错综复杂的图书市场时，都会有属于自己的策略，这些策略在表面上大相径庭，但本质上却是相通的。因此，在这里我们将市场上的出版商和二手书商进行假设式的联盟，即假设市场上只存在一个出版商和一个二手书商，进行接下来的分析与讨论。[3]

同时，消费者本身的选择对图书市场发展的影响也是不可忽略的。

（一）经典著作市场

首先，我们讨论经典著作市场中图书市场的发展。

1. 出版商

著作之所以经典，是因为其经久不衰、历久弥新，经历了时间的冲刷，反而焕发出新的光辉。因此，对于经典著作本身而言，一是出版商为了提高出版品的收藏价值；二是作者大多已经过世多年，即便在世，他们也没有精力或能力来修改自己的作品使之更加完美。鉴于这两点因素，经典著作便丧失了推动其再版或改版的内在动力，再版频率显然不能对图书市场造成影响。

但无论如何，不管经典著作其包装多么精美，内页如何华美，究其根本，作为一本书，其印刷量是影响其销量和定价的最重要因素。

2. 二手书商

二手书市场的发展有其独特的运行方式，相较于出版商而言，印刷量即产量对二手书市场不会产生影响；相反，出版商的定价、出版书目类型以及图书销售模式等因素会对二手书的流通造成很大的不同。因此，针对二手书市场的特点，库存量（或市场流通量）将成为我们研究的一个重要方面。

（二）教材市场

针对教材类书籍的适用范围小、更新速度快的特点，我们所考虑的问题也有所不同。

1. 出版商

对于教材类书籍，制定一个恰当的再版频率在二手书市场发展成熟的背景下是尤为重要的，将二手书商对其书籍收书、售书的价格定位为先决条件，同时考虑二手书书籍的流通速度，这样就可以使出版商在二手书市场蓬勃发展的大环境下减少冲击。

2. 二手书商

对于二手书商来说，过重的库存压力以及二手图书的流通阻力毫无疑问会成为其发展的桎梏，因此，我们将库存处理频率作为影响二手书市场进一步发展的重要因素来进行数学分析。

三、柠檬货模型的失效

对于一般的二手市场而言，最大的问题就在于信息不对称，即消费者与商家对商品质量存在不同的私人信息。基本的柠檬货模型里的参与人包括数量对等的消费者和商家。基本的柠檬货模型有两条基本假设。

第一，根据均匀分布 $F(\theta)$ 选择商品质量类型 θ。假定 θ 均匀分布在 1～100，那么 1 表示最差质量的二手商品，而 100 表示最优质量的二手商品。

第二，对随机一件商品，消费者由于缺乏信息无法作出准确的质量估计，因为商品质量均匀分布，所以商品的平均质量为 50，缺乏信息的消费者只愿意提供一个平均价格，即 50。

博弈双方为消费者和商家，博弈开始时，市场的均衡价是 50，但市场上质量高于 50 的优质商品，不能接受如此低价，渐渐地这些商品将选择退出市场，而质量低于 50 的商品能够在此价格上成交，它们留在市场，这就是逆向选择——劣胜优汰，由于信息不对称，优质商品被劣质商品淘汰出市场。当质量在 50 以上的商品退出市场后，市场上的商品质量就均匀分布在 1～50 之间，平均质量下降到 25，消费者将只提供 25 的平均价格，同理，质量高于 25 的商品被质量低于 25 的商品淘汰出市场，如此循环往复，劣胜优汰过程持续进行至平均价格低到最小（模型中为 1），商品数量也会低到最小（几乎没有成交量），最终市场将不复存在。

现实中的市场数据表明，柠檬货模型和实际情况存在较大的差距。二手市场的飞速发展说明了柠檬货模型的假设有需要改进的地方。通过观察，对二手市场模型设定以下假设：

第一,商品质量并非均匀分布,现实中商品的质量很难满足均匀分布条件,最为现实的是商品质量满足正态分布,这也是自然最易出现的状态。

第二,消费者并非完全无法获得二手商品质量信息。当一个消费者想要去二手市场购物时,他往往会请教对他要买的商品性能熟悉的人,这样能比较准确地得到商品的质量信息。从商品本身消费者也可以得到重要的质量信息。所以对随机一件商品,消费者不可能只给出平均价格,他会根据自己的判断给出一个价格,而这个价格通常离商品的真实价值不会很远,所以,具有优质商品的商家不会轻易退出市场,劣胜优汰将不起作用。此外,在信息不对称下,商家也会主动通过信息传递表达自己商品的质量,如通过建立长久的声誉、许诺三包等。

第三,假设二手市场中供不应求。鉴于二手市场在发达地区的发展,假设市场中的消费者数量多于商家,那么市场达到出清。在这种条件下,劣胜优汰将更没有理由出现,高质量的二手商品不会轻易出场,直到价码合适为止。

第四,市场参与者的风险偏好程度不同。不同商家之间、不同消费者之间、消费者和商家之间对风险的偏好不可能一致。风险偏好的程度对市场的均衡状态和市场稳定度有关键的影响。

第五,引进一条先验信念:开高价的二手商品一般有高质量。这条在正常商品市场中通用的先验信念是触发二手市场博弈开始的第一块多米诺骨牌。

基于假设调整,通过分析博弈双方的支付矩阵来探索二手市场的均衡状态。首先,根据先验信念,有相当一部分愿意买二手商品的消费者存在,而且他们愿意对高质的二手商品出高价。其次,商家可以选择出售高质或劣质商品。引进社会福利博弈模型对博弈双方进行支付矩阵分析。

商家选择的商品

消费者		高质	劣质
	购买	a, w	b, x
	不购买	c, y	d, z

对变量间相互关系作如下规定:$a > d > b > c$,$x > w > y > z$,这是为了该博弈模型能满足对二手市场的假设,它的具体意义与上文具体数值一致。容易验证该矩阵不存在纯策略纳什均衡,当商家提供高质量二手货时,对消费者最好的策略是购买,商家提供劣质二手货时,消费者最好不要购买。反之,当消费者购买时,商家提供劣质品以谋求暴利;无人问津时,最好保留高质量商品吸引其他潜在顾客。这个市场对任何一方不存在优势策略(否则,拥有优势策略方不会同意混合均衡)。

现在对上述博弈求解。用 p 表示消费者愿意进入二手市场的概率,用 q 表示商家是诚实的并提供高质量二手货的概率。

对消费者来说,当他进入二手市场,他的期望效用为

$$\pi(\text{购买}) = qa + (1-q)b \tag{1}$$

他不进入二手市场,期望效用为

$$\pi(\text{不买}) = qc + (1-q)d \tag{2}$$

将两个方程设为相等,有

$$q \times (a + d - b - c) + b - d = 0 \tag{3}$$

得到

$$q^* = \frac{d - b}{(d - b) + (a - c)} \tag{4}$$

同理,让商家在提供高质货和提供柠檬货之间效用相等时,可以得到

$$p^* = \frac{z - y}{(z - y) + (w - x)} \tag{5}$$

p^*和q^*就是一般二手市场的混合策略解(临界值)。这个解的形式在博弈论中具有基础性。按照拉斯缪森的说法,2×2 博弈主要有 3 种类型,分别是非协调博弈、协调博弈和贡献博弈。3 种博弈的不同之处在于,2×2 支付矩阵的支付参数的相对大小关系不一样。股东与经理的委托代理模型、审计博弈、社会福利博弈的结构与本文的二手市场博弈是一样的,他们的一般解具有通用性,只是在于对不同现实的解释不同。

在一定时间、一定地区,当消费者和商家群体的行为特征固定时,即(a,b,c,d,x,w,y,z)有一个现实统计意义上的值,这时均衡解(p^*,q^*)就是一个具体数值,它就是该地区该消费群体在二手市场的均衡临界点。如果消费者进入市场的概率恰好等于p^*,那商家提供优质商品和提供柠檬货的效用是相等的。反之,商家提供优质商品的概率正好是q^*时,消费者去不去购买二手货的效用相等,这样就形成了混合策略均衡,即按照(p^*,q^*)的概率,一部分消费者会去购买二手商品,一部分商家会提供高质量二手商品。在发生重大事件改变消费者和商家的行为模式之前,这个均衡将是稳定的。但如果有重大事件足以影响消费者或商家的行为模式,例如,媒体对某些不良商贩的大面积报道,令消费者对商家的信心受挫,风险规避情绪上升,从而支付矩阵中a、b等值发生变化,使得当前消费者进入市场的p值不等于临界值p^*,那均衡将被打破,商家也会调整行为,从而形成新的均衡。以上述为例,p值变小时,商家必须提高自身q值以使它大于新的q^*,否则市场将崩溃,形成一个很少人进入二手市场、很少商家提供优质二手货的局面,即二手市场中只有最差的商品以最低的价格出售,优质商品被淘汰。

进一步研究临界均衡的意义,就可以得出大城市尤其像上海、广州这样的都市,二手市场稳定性的原因就在于大城市的消费者的风险爱好程度相对较高,所以即使只有小比例的商家提供高质二手货也能保持市场处在稳定的均衡上。当大部分消费者是风险规避型时,商家必须有一个较高的概率提供高质量二手货,才能维持市场的均衡,而商家的本能利益驱动使这个条件比较难以实现,尤其是商家之间的博弈很容易陷入囚徒困境使这个均衡更难以实现。一旦市场中的q值无法到达均衡值q^*,市场将被一步步瓦解。对于经济发展,一个稳定的二手市场可以更好地实现各种资源的有效分配,减少资源浪费。而理想的二手市场,应该是消费者群体乐意参与二手商品消费,并且广大商家以较大概率提供高质量的二手商品,市场处于(购买,高质量)的均衡下实现公平交易。从上述分析中可以得出,想要二手市场得到长久有效的发展,必须满足一定的条件,考虑到两种极端的情况,即如果消费者全是风险偏好者,只要极小部分的商家提供高质二手货即可有效发展;如果消费者全是风险厌恶者,则必须要

大部分商家均提供高质二手货；否则，消费者会全部涌入一手市场，而二手市场逐渐萎缩。[①]

但其实，柠檬货市场的假设并不完全适用于二手图书市场，例如，消费者无法准确地对商品价格进行估计这一条，如果是线上交易，消费者确实无法得知书本的质量之优劣，但如果是线下交易的话，消费者可以直观地来感知商品的质量。更何况，书本的质量到底是指纸质还是包装的精美程度，抑或是图书否是正版，就这一问题而言，一千个读者有一千个哈姆雷特，不同的读者对书籍质量的要求不同，标准也不同，难以达到一个统一的标准。而没有一个统一的标准，质量分布也就无从谈起了。因此，后文我们将从博弈论的基本模型出发，对二手书市场进行讨论和分析。

四、博弈论的基本模型解释

不可否认，可以将二手书市场同新书市场完全概括为一个整体，即图书市场。既然如此，为了简化我们的分析，不妨将二手书商们看作一个整体，将出版商们看作另一个整体，从而讨论两者之间的博弈关系。根据信息的更新特性，我们将采用两种不同的分析方式——基于古诺模型和斯塔克伯格模型的博弈分析与基于拍卖模型的博弈分析，从而对该问题做出一定的探究。

（一）基于拍卖模型的博弈分析

首先，不妨假设二手书商在作出自己的决策时是无法得知出版商已经作出了的决策的。那么，由于信息的不对称性，我们不妨将之视为一个不完全信息的模型。因此，不妨考虑将之适用于第一价格拍卖的模型。

做出如下假设：

（1）出版商可以获得的预期收益为 $E\pi_1$。二手书商可以获得的预期收益为 $E\pi_2$。

（2）出版商可以选择的价格为 p_1，成本为 v_1。二手书商可以选择的价格为 p_2，成本为 v_2。

（3）为了简化模型，我们不妨假设双方会作出的决策均为一元线性，即 $S_i(V_i) = \mathrm{k}v_i$。

那么我们可以得到

$$E\pi_1 = (b_1 - v_1) \times \Pr(b_1 < b_2) + \frac{b_1 - v_1}{2} \times \Pr(b_1 = b_2) + 0 \times \Pr(b_1 > b_2) =$$

$$(b_1 - v_1) \times \Pr[b_1 < s_2(v_2)] =$$

$$(b_1 - v_1)(1 - \frac{b_1}{k}) \tag{6}$$

求解得
$$b_1 = \frac{k + v_1}{2} \tag{7}$$

同理
$$b_2 = \frac{k + v_2}{2} \tag{8}$$

---

① 邱俊杰，阮允慧. 二手市场的博弈论解释[J]. 商业视角，2009(8).

此为双方会选择的均衡价格,即我们所寻找的均衡。

(二)基于古诺模型和斯塔克伯格模型的博弈分析

但是,通过种种的信息收集渠道,二手书商也有一定的能力获得足够的关于出版商选择的信息。因而让我们不妨考虑一个极限的情况——完全信息模型。在本部分,我们将图书市场模型简化为一个由古诺和斯塔克伯格模型相结合的双寡头模型。下面,我们将利用这个综合模型对图书市场进行一定的分析。

做出如下假设:

(1)出版商可以获得的收益为 π_1 ,二手书商可以获得的收益为 π_2 。

(2)对于出版商来说,可以选择的出版书籍的数量为 q_1 ,印刷单位书籍的成本为 c_1(此处不考虑固定成本)。

(3)对于二手书商来说,可以选择的是出售书籍的数量 p_2 ,收购单位书籍的成本为 c_2(此处不考虑固定成本)。

而整个市场对于数量的反应价格为 $p = a - q_1 - c_1$,对于价格的反应数量为 $q_2 = b - p_2 + tp_1$

因此,对于出版商来说,其收益 $\pi_1 = (a - q_1 - c_1) \times q_1$ 。而他要作出的选择的目标即 $\max q_1 = \max(a - q_1 - c_1) \times q_1$

$$\text{FOC. } a - c_1 - 2q_1 = 0 \tag{9}$$

求解得

$$q_1 = \frac{a - c_1}{2} \tag{10}$$

$$\pi_2 = (b - p_2 + tp_1) \times (p_2 - c_2) = (b - p_2 + t * \frac{a + c_1}{2})(p_2 - c_2) \max \pi_2 \tag{11}$$

$$\text{FOC. } b + \frac{t(a + c_1)}{2} + c_2 - 2p_2 = 0 \tag{12}$$

$$p_2 = \frac{b + \frac{t(a + c_1)}{2} + c_2}{2} \tag{13}$$

此即双方会作出的最佳决策。

五、中美市场对比分析及其启示

(一)图书价格差异的根源

国内与美国相比,对智力成果的认可程度存在较大的差异。我国的消费者在购买书籍对书籍价格的判断主要依据书籍印刷的质量与精美程度,较少考虑作者在书籍中投入的心血。而美国消费者的消费观念中认为书籍,尤其是教材,是作家或学者相当长时间内的智力成果,值得如此高昂的价格。同时,国内的作者由于书籍价格的不理想也很少单纯靠书籍的盈利生存,这就造成中美两国在书籍价格上的巨大差异。因此,国内出版业与文学业繁荣的关键因素在于转变消费者的消费观念,为心血而不是纸张买单。[4]

(二)二手书商的生存模式

在社会福利博弈模型中,我们通过对消费者和二手书商的行为分析发现,当前中国的二手书商由于大多缺乏组织管理以及逐利本性,倾向于提供劣质二手书以谋取暴利。这加剧了消费者的不安全感以及对风险的厌恶程度,从而更多地拒绝购买二手书。而这挤压了二手书商的生存空间,正规的二手书商难以生存,形成了恶性循环。[5]

更重要的是,在我国盗版猖獗的现状下,正版图书的价格遭到严重打压,消费者在能以可以接受的价格购买到原装图书的情形下缺乏购买二手书籍的原生动力。相比较之下,美国原版图书的价格显得高昂得无法接受,人们有充分的理由选择购买二手书籍。这给了二手书商稳定的需求和发展空间。只有能够形成规模,才能保证所销售的二手书籍的质量。

在博弈模型中的体现就是美国的消费者如果不购买二手书籍,则只能选择购买价格高昂的原版书籍。相应的 c 和 d 值很小,从而加大了消费者选择购买的概率。而对于中国消费者而言,不购买二手书籍而购买原版书籍也不会有太多的损失,从而 c,d 小于 a,b,但不是相对很小,所以消费者倾向于在商家在有大概率提供优质商品时选择购买。

当前我国二手书市场的发展主要存在于大学校园,其原因就是大学校园的二手书提供者具有较少的逐利性,管理相对规范。同时,盗版者很少盗版受众不广的大学教材,使大学教材相对于畅销书籍稍显昂贵,为二手书市场的存在提供了空间。[4]

(三)出版商对市场需求的应对

国内的书籍消费者群体尚未成熟,常常喜欢盲目从众。马尔克斯死后,《百年孤独》重新火了一把,一时间各大书店在最显眼的位置摆上了几摞不同版本的《百年孤独》。出版商也趋之若鹜地一批批印刷,消费者也很配合地清空了一摞又一摞的《百年孤独》。消费者需求的不稳定性,以及民众的低阅读需求形成的积压库存造成了出版商选择保守地印刷书籍。当市场出现明显的大量需求时,出版商才会选择大量地印刷书籍。这同时助长了盗版者的猖獗,盗版者在得悉市场需求的情形下以更低的价格进入市场。二手书商完全没有办法参与这种消费浪潮。

美国出版商将价格设定在很高的价位,是在扩大印刷量也不会使利润增加后作为理性经济人作出的使利益最大化的决策。书的昂贵使消费者转向二手书商,反过来挤压了出版商和作者的利润空间。对书籍的需求始终稳定地存在着,但相当一部分的需求奔向了二手书商。此时,出版商往往通过提高再版频率的方式重新吸引消费者的需求并与二手书市场对抗,而不是选择降低图书的价格。在这种情形下,利益受损最严重的是处于弱势地位一方的消费者,他们不得不支付昂贵的价格,却也得不到精美的原版书籍。[6]

六、经验总结与建议

(一)版权问题

通过上文对图书市场的分析可以了解到,出版商和二手书商之间存在不同程度的博弈。

而作为一个发达的二手书市场体系，美国在发展过程中已经大致达到了博弈的均衡点，即二手书商和出版商在图书市场中通过制定不同的再版频率、印刷量以及库存量等基本指标来实现自己的效用最大化，同时，也保证了双方不会作出其他选择来获取短时间的利益，毕竟，图书市场是长期存在的，一旦有参与者实行触发策略，这显然是有百害而无一利的。同时，虽说柠檬货市场模型有着一定的理想性和不现实性，但其结论却是始终存在的：二手书市场图书的质量越高，商家的暴利程度越低，消费者的消费风险越低，越愿意进入二手书市场。[7]

就目前中国的市场而言，相较于风险偏好者，大部分消费者持规避风险的态度，理性消费。因此，若想要促进二手书市场的发展，首先要降低消费者在二手书市场的消费风险，提高消费者对二手书市场的信任度，引导消费者进入二手书交易市场。

通过比较中美二手书市场的发展差异可知，盗版图书泛滥、侵权问题突出是阻碍中国二手书市场发展的直接因素，因此我们认为，只有提高对图书版权的保护力度，严格执法，提高消费者的维权意识，才能有效地遏制图书盗版活动，营造良好的图书市场环境，促进二手书市场的快速发展。

首先，政府应该进一步完善现有的以“一法四条例”为核心的版权保护法律体系，尽管目前我国的图书版权保护政策已经形成了较为完善的政策框架，基本与国际接轨，但仍存在很多亟须完善的地方。各文化和经济市场行政执法机构作为本行政区的版权执法主体，应明确版权行政执法职责，配备相应的版权执法力量，履行版权行政执法责任，贯彻落实版权。落实行政管理部门的工作部署和任务要求，把版权行政执法工作落到实处。

其次，社会公众要提高版权意识，公众与版权保护法的接触主要来自政府的强制性政策，因此在参与版权保护的过程中缺乏自主性。尽管有研究表明，消费者知情购假是感知风险与购假意愿成负相关，即感知性风险越高，购假意愿越低，但是由于目前政府实施机制“软化”，打击力度不够，消费者的维权意识普遍偏低，以致盗版图书的市场一直很广泛，图书盗版活动屡禁不止。所以政府应该推进宣传版权保护意识，提高民众的维权意识，引导人民主动参与和监督版权保护制度的践行。[8]

（二）分散经营问题

除却版权问题之外，中国二手书市场发展缓慢的原因还在于二手书商的分散性。美国的二手书商均是大规模的书商，但国内的二手书市场却与之不相匹配，主要以大学内部二手书交易平台为主。目前，国内虽然有相当多的淘书网站成立，想以此来填补国内书刊（二手书）市场的空白，但真正做二手书的却较少，而先前呼声较高的“有路网”以及“秦有才旧书网”近年来几乎被人遗忘。一些小的旧书网站，如孔夫子、跳蚤市场则规模太小，缺乏完善的机制。大型网站不满足于旧书市场的薄利，而小型网站除在资金以及管理方面存在问题外，它们更期望的是走一条被收购的道路。就目前国内的大环境而言，中国二手书市场的发展受到很多的限制，这些限制主要来自于图书市场本身的需要。

譬如在教材类书籍市场中，我们可以发现，从二手书的需求数据来看，大学教育具有很高的自主性，不同于中学教育的固定模式，学生在学习内容和教材新旧程度的选择上具有更大的自主性。如今，以高年级学生为主力的旧书消费群体正日益扩大，购买旧书也逐渐成为大学校园中的潮流。目前国内高校二手书市场的供销渠道主要是校内学生机构组织的二手书商店及校外的二手书商店,校内二手书店每个学期末都会收购旧书,在下个学期以三折至五折的价格出售,由于其服务于学生的定位,并且图书的质量较高,比较受学生欢迎。但是由于校内书店存货量的多少取决于学生提供旧书意愿的强弱,书源具有很大的不确定性。此外,因为校内书店对图书新旧程度和版本要求更高,这进一步加大了二手书收集的难度,很难满足学生的长期需求。另外,校外二手书店包括实体店和网店,校外书店供货单一、商业性太强,图书价格较校内书店高,并且在图书信息获取上具有很大的滞后性,因此,相较于高校内部的二手书店处于很大的劣势地位,加之现有的二手书市场规模小,目前的发展状况并不乐观。

而在非教材类图书市场中,非教材类二手图书在传统书店销售是非常困难的。首先,相较于教材类图书,非教材类图书的读者群体不够大,自身拥有图书的种类数量不够多,所以店铺过于分散,没有完善的管理机制,由于以上原因,二手书店已形成库存问题,虽不像实体店那样严重,但也会因为库存不足或库存过大限制盈利空间;其次,由于我国二手书市场发展不成熟,缺乏完善的机制,二手图书没有统一的定价标准,向消费者传递的产品信息不一致,因此整体的营销不到位,而不统一的市场价格不仅会形成恶性竞争,也会加大消费者对商家的不信任感而离开二手书市场,并在二手书市场形成恶性循环。因此,二手书市场看似很热闹,但真正形成一个体系还有很长的路要走。

显然,中国二手书市场今后的发展应该首先从联合的角度出发,初步形成一个具有较大规模的相对成熟的二手书市场,在达到可以与出版商分庭抗礼的地步之后,再考虑二手书商内部的竞争。而且,在这个过程中,政府应该提供必要的政策支持,使得二手书商可以在相对稳定的状态下得到长足的发展,进而使其与新书市场共同发展,形成一个健康、良好的图书市场。

(三)完全竞争问题

考虑到图书市场在当前的市场经济条件下是一个完全竞争的市场,而二手书市场的发展会迫使出版商和二手书商的竞争更加激烈,出版商为获得更多的市场份额会选择降低成本,二手书商观测到这一趋势后也会选择降低自己的售价,这样看似会使整个图书市场的价格降低。

但事实上,作为理性的经济人,出版商往往会选择提高各类书籍的再版频率来使得二手书市场上流通的书籍失效(即改版后的书籍与原版书籍差距之大使得不会有读者再去购买原版书籍,这种现象很大程度上会出现在教材市场当中)。根据我们从亚马逊网站上搜索到的数据,图书的再版频率越高,价格就越高,这样又会促使图书市场的价格升高。

基于这两个完全相反的价格变化趋势,从消费心理学的角度来看,我们一方面不希望价格过高加重自己的经济负担,另一方面也不希望出版商为了压低自己的价格来降低书质,显然,消费者内心有一杆秤,有自己可以接受的价格范围,高于或低于这个价格,消费者的购买欲望都会下降。预知到这一情况,出版商和二手市场进行竞争或价格博弈的最终结果应该以消费者为准,以获得更大的利润为主要目标。因此,二手书市场的发展并不是毫无止境的,需要受到来自各方面的控制,以达到对消费者、出版商、二手书商最优的均衡。

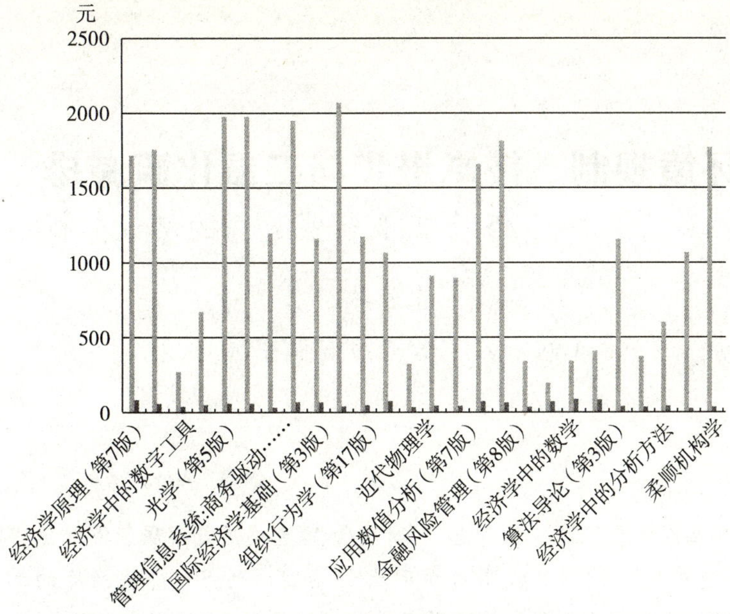

图1 中美教材价格对比

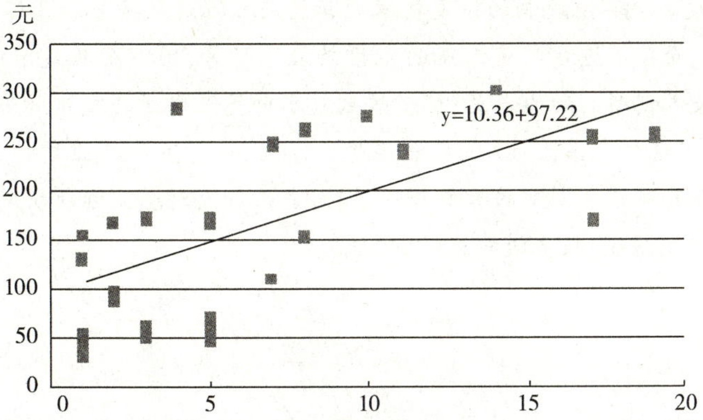

图2 再版频率与图书价格的关系

资料来源:根据亚马逊网站图书价格整理而得。

参考文献

[1]Frank Vuotto. Report of Academic Senate Task Force on Textbook Pricing[R]. February 26, 2007.

[2]Stacy Scarazzo. High - Tech Textbooks Provide Major Benefits[R]. September 19, 2006.

[3]The Advisory Committee on Student Financial Assistance. Turn The Page—Making College Textbooks More Affordable [R]. May 2007.

[4]The National Association of College Stores. FAQ on College Textbooks[R]. April 2006.

[5]United States Government Accountability Office[R]. Report of College Textbooks, July 2005.

[6]古媛. 高校二手书市场分析[J]. 科技创新导报,2009(24).

[7]吕翘楚,苑广强. 基于用户满意度的电子中介搜索模型的研究与应用[J]. 硅谷 2010(16).

[8]黎芙荷. 美合力解决大学教材价高问题[J]. 中国图书商报,2007(8 - 10).

环境规制、技术进步与二氧化硫减排

——基于中国35个工业行业数据的实证分析

陈若琳

（武汉大学经济与管理学院）

［摘 要］中国经济已经进入新常态，创新发展、绿色发展是实现经济社会可持续发展的必然选择。为了分析环境规制和技术进步两大影响因素对SO_2排放强度的影响，本文对2002—2011年中国35个工业行业的面板数据进行实证检验，利用固定效应模型探究宏观政策的诱发效果，并考察其存在的行业异质性。结果发现：①环境规制和技术进步均有效降低了SO_2的排放强度。②环境规制的诱发技术创新效应减排效果显著。③环境规制对轻工业的减排效果更明显，而技术进步对重工业的减排效果更显著；国有企业是节能减排政策的有效传导渠道，但其技术创新的动力不足；环境规制对水电气产供业的减排效果尤为突出，但技术进步反而增加了水电气产供业SO_2的排放强度。因此，针对不同行业的特点应制定适宜的政策措施，充分发挥其对技术创新的激励作用，同时也应加大对企业创新研发的支持力度。

［关键词］环境规制；技术进步；二氧化硫减排

一、引 言

改革开放以来，随着工业化、城市化进程的不断加快与能源消费的节节攀升，中国经济实现了持续的高速增长，取得了举世瞩目的成绩。然而，不可否认的是，这种成绩的取得在很大程度上依赖于高投资、高耗能与高污染的粗放型增长方式，我国为之付出了惨重的资源与环境代价。大气污染是最重要也是最普遍的环境污染问题，2013年亚洲开发银行和清华大学发布的《中华人民共和国国家环境分析》报告称，中国最大的500个城市中，只有不到1%的城市达到了世界卫生组织推荐的空气质量标准。大气污染的重要污染源是SO_2的排放，其中，工业SO_2是排放主体，2008—2011年约占全国SO_2排放总量的85%。在工业生产中，燃料燃烧是SO_2的主要来源，这是因为中国的能源消费结构以煤为主，而燃煤的含硫量较高。中国目前是世界上最大的煤炭生产和消费国，也是SO_2排放最多的国家，严格控制SO_2排放是改善环境质量、营造良好生存环境的关键。

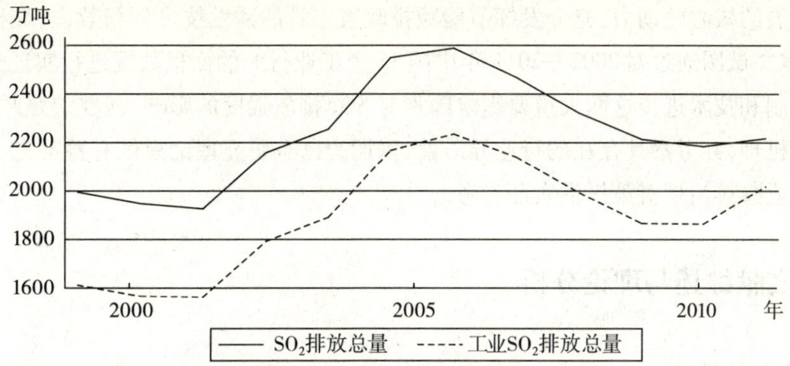

图1 SO_2排放总量趋势

数据来源：各年《中国统计年鉴》。

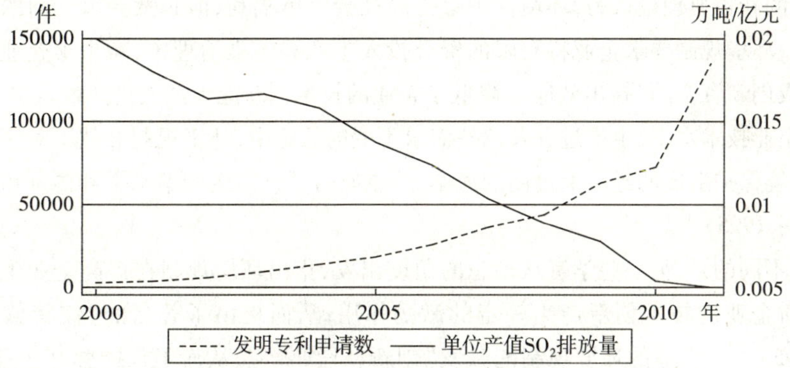

图2 发明专利申请数和单位产值SO_2排放量趋势

数据来源：各年《中国统计年鉴》。

从《中国统计年鉴》相关数据可以看出，中国SO_2排放总量自2000年以来总体呈先上升后下降的变化趋势（见图1）。2000年，全国共排放1966×10^4吨，至2002年排放量略有降低。随后排放量逐年增多，2006年达到峰值，为2589×10^4吨，年均增长8.4%。2006年以后，排放量逐年减少，至2009年已减至2214×10^4吨，年均降低5.1%，但2011年SO_2排放总量又有所增加，并且工业SO_2排放总量的走势与SO_2排放总量保持高度的一致性。从图1中可以明显看到，2006年SO_2排放总量出现了明显的拐点，而恰恰正是在2006年，中国政府提出了主要污染物总量减排的战略决策，将SO_2作为两大约束性指标之一列入《国民经济和社会发展第十一个五年规划纲要》之中。那么，是否因为这一环境规制政策的出台导致了SO_2出现大幅减排呢？这种影响是直接还是间接的呢？

我们可以发现（见图2），2000—2011年，中国发明专利申请数量逐年增加，表明技术创新水平持续提高，与此同时，单位产值SO_2排放量却呈现出逐年减少的趋势，这两者之间表现出一定的相关性。是不是技术进步对减少SO_2排放起到重要的推动作用呢？而这种技术进步是否也会受到环境规制的影响，通过环境规制诱发、引导、激励等手段促进企业积极开展技术创新活动，以减少或再利用生产经营活动中产生的SO_2等污染排放物的呢？

因此，研究环境规制、技术进步及两者之间的交互作用对减排的作用效果，对于探索以创新作为发展的核心驱动力，充分发挥节能减排政策工具的诱发技术创新效应，显得尤为重要。鉴于此，本文试图通过对2002—2011年中国35个工业行业的面板数据进行实证分析，重点研究环境规制和技术进步这两大重要影响因素对SO_2排放强度的影响，探究宏观政策的诱发效果和作用机理，并考察其存在的行业异质性，以期为已有研究理论提供有益补充，并为针对性地提出工业减排治理对策提供实证参考。

二、文献综述与理论分析

（一）文献综述

1. 环境规制与技术进步的关系

传统的新古典理论认为，环境保护会提高社会整体福利，但必然会以厂商的生产成本增加为代价，环境规制要求企业将有限的资金投入生产和污染治理中，减少了企业研发投入的资金，形成创新资金的"挤出效应"，降低了企业的技术创新能力。大量文献表明，从静态角度出发，在企业技术水平、生产过程及消费需求不变的假定下，环境规制必然不利于企业的技术创新。环境保护造成的经济上过高的成本，严重妨碍了厂商生产率水平和国际市场竞争力的提高（Jaffe，1995）[1]。

与此不同的是，另一些学者从动态的角度出发，指出环境规制在提高企业生产成本的同时，也会对企业的技术创新产生一定的激励作用，从而提出了著名的"波特假说"（Porter，Linde，1995）[2]。合适的环境规制能激发"创新补偿"效应，从而不仅能弥补企业的"遵循成本"，还能提高企业的生产率和竞争力，进而带来生产技术进步和环保技术升级。Jefferson，Tanaka（2014）通过对酸雨和二氧化硫两控区的研究发现，更严格的环境规制有助于提高企业的生产率[3]。

国内关于环境规制与技术创新的研究则相对较晚，大量文献利用中国不同区域的面板数据分析表明环境规制与企业技术创新之间呈"U"型关系（张成等，2011）[4]。李玲、陶锋（2012）从生产率的角度测算了不同产业的最优环境规制强度的拐点，发现重度污染企业的环境规制强度比较合理，并能促进产业技术创新和效率的改进；中度和轻度产业的环境规制强度较弱，且与技术创新呈"U"型关系[5]。韩超、胡浩然（2015）则发现中国清洁生产标准对全要素生产率的影响存在一次性的挤出效应和累积的学习效应，最终后者将超过前者[6]。

2. 环境规制与节能减排的关系

由于环境污染是生产和消费过程中的一种外部性行为，市场机制在决定节能减排方面是失灵的，需要环境规制的有效干预。政府通过对化石能源的生产者和使用者征收碳税、能源税等，增加它们的生产成本与环境成本，减少其能源需求，因而有利于减少排放。或者通过补贴清洁能源，鼓励使用替代能源，减少其对化石能源的需求，以达到减排目的。

然而，市场失灵并不必然意味着政府干预的成功，一些学者对环境规制的必要性和有效性提出了质疑。Schou（2002）主张环境政策是多余的，因为随着自然资源的不断消耗，污染排放会自动趋于减少[7]。Sinn（2008）则创造了"绿色悖论"的概念，将其定义为：旨在限制气候变化的政策措施的执行却导致了化石能源加速开采的现象，进而会加速累积大气中的温室气体，无益于减排和环境治理的改善，也就是“好的意图不总是引起好的行为”[8]。

国内学者针对这一悖论也进行了诸多实证检验，何小钢、张耀辉（2012）引入时间趋势变量以捕捉国家持续的宏观政策效应，表明政府节能减排政策显著地遏制了碳排放量和碳排放强度[9]。许广月（2010）利用中国省级面板数据将环境规制设置成虚拟变量，发现政府的宏观政策会显著驱动碳排放量，没有达到预期的目的[10]。而邵帅等（2010）同样将节能减排政策设置为虚拟变量，利用上海分行业动态面板数据进行实证检验，结果却强烈支持政府政策的“节能减排”效应[11]。

3. 技术进步和节能减排的关系

技术进步是减少环境污染物排放、推进清洁生产的关键方式。技术对二氧化硫减排的影响主要表现在两个方面：一方面，采用先进的生产工艺，减少单位产品能源和原材料的消耗量，从而达到减少二氧化硫排放的目的；另一方面，实行循环经济的模式，某产品的废料作为第二种产品原料，从而减少二氧化硫的最终排放，如有些企业实现了用排放的二氧化硫生产石膏和硫酸等产品，从而减少了末端处理二氧化硫的压力。

关于技术创新对减排影响的研究开始于20世纪90年代，国内外多数研究认为，技术进步能有效促进节能减排。Grubb（1995）分析了引致型技术进步对减排的影响，认为当能源技术和系统逐渐发展完善，远期自主性减排要比近期强制性减排的成本更低，更能实现减排的目标[12]。Gerlagh（2007）认为技术进步的价值体现在以下两个方面：一是它使价格降低，从而降低了强制性减排的负担；二是存在技术进步情境下的减排可能会产生学习收益，从而使得减排成本降低[13]。国内学者成艾华（2011）对1998—2008年中国工业SO_2减排的动态效应进行实证研究发现，环境技术效应贡献了环境净效应的-97.76%[14]。刘睿劼、张智慧（2012）利用2001—2009年中国工业经济和环境数据说明，中国工业SO_2减排的主要动力为技术效应和治理效应[15]。

然而，也有学者认为技术进步对于节能排放可能存在相对复杂的双刃效应。Acemoglu（2009）等认为，技术进步在推动经济增长的同时可能带来更多的碳排放[16]。Jaffe, Newell（2002）认为技术进步可能增加二氧化碳排放，也可能减少二氧化碳排放[17]。金培振等（2014）利用1999—2011年中国工业35个行业面板数据发现，技术进步在工业领域通过能源效率改进带来的减排效应尚不能抵消其推动经济增长带来的二氧化碳增长效应[18]。

综合上述文献我们发现：第一，学术界关于环境规制、技术进步和节能减排三者间的两两作用效果已有了较多的讨论，但鲜有文献讨论环境规制的诱发技术创新效应对节能减排的影响，也就是对激励各利益主体污染减排行为的动力机制研究不够，甚至干脆把激励问题视作理所当然的前提。第二，大部分学者将研究重点放在了碳减排上，对SO_2减排关注较少，且主要集中在排放量与经济增长的关系上。而SO_2作为一种环境污染物，主要在工业生产过程中排放，生活排放量相对较小，自20世纪70年代以来就受到各国的严密监测和规制，SO_2既存在可用的很多先进污染减排技术，又与其他污染物的排放关系密切，因此是较理想的实证研究对象。刘睿劼、张智慧（2012）对污染气体的环境影响研究表明，控制SO_2排放的社会支付意愿为630元/吨，在常见的工业废气中是最高的，反映出SO_2减排的重要性[15]。第三，在数据和研究对象的选择方面，现有研究主要集中于国家层面的时间序列数据、面板数据和地区层面的面板数据，而对于工业分行业的研究还存在一定的欠缺。作为对已有文献的补充，本文利用2002—2011年我国35个工业行业的面板数据，研究环境规制对企业的诱发技术创新效应和其对 SO_2 减排的作用，并探索这一机制存在的行业异质性。

（二）理论分析

一方面，根据上述文献综述，既有研究已经证明，环境规制和技术进步分别对节能减排具有正面和负面两种直接效应（见图3）。从需求侧来看，通过征收能源税或补贴清洁能源，能减少使用者对化石能源的需求，达到减排目的，但也有可能使得供给侧加速能源开采，反而不利于减排。技术进步能通过采用先进的生产工艺和实行循环经济的模式减少排放，但也可能在推动经济增长的同时带来更多的污染排放。由于我国自“十一五”时期以来，政府高度关注环境规制对大气环境污染的宏观调节作用，各行业在减排方面的技术研发也日渐增多，SO_2 排放量得到了明显的遏制，因此我们认为环境规制和技术进步对节能减排的正面效应大于负面效应，提出假设：

H1：环境规制减少了 SO_2 的排放量。

H2：技术进步与 SO_2 排放呈负相关关系。

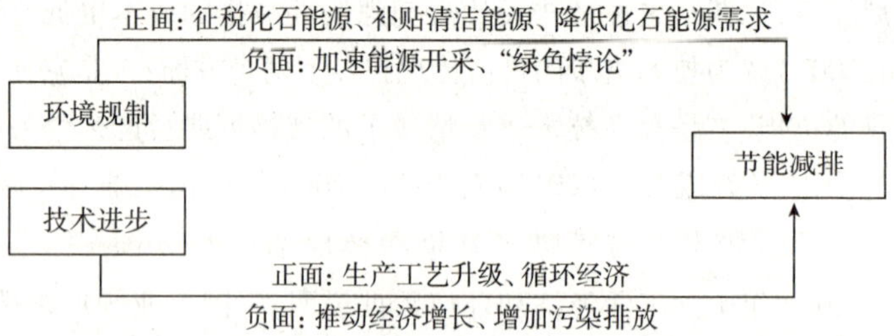

图3 环境规制与技术进步对节能减排的直接作用

另一方面，环境规制的诱发技术创新效应对节能减排也存在正面和负面两种间接影响（见图4），环境规制能激励企业进行技术创新，提高企业的生产率和竞争力，带来生产技术进步和环保技术升级，也可能通过减少企业研发投入资金，降低企业的技术创新能力。由于在政策体系的演进过程中，我国减少了单纯行政命令式的短期策略，越来越多地采用基于激励机制的政策工具，我们认为，环境规制的诱发技术创新效应对节能减排的正面影响更加显著，提出假设：

H3：环境规制的诱发技术创新效应与 SO_2 排放呈负相关关系。

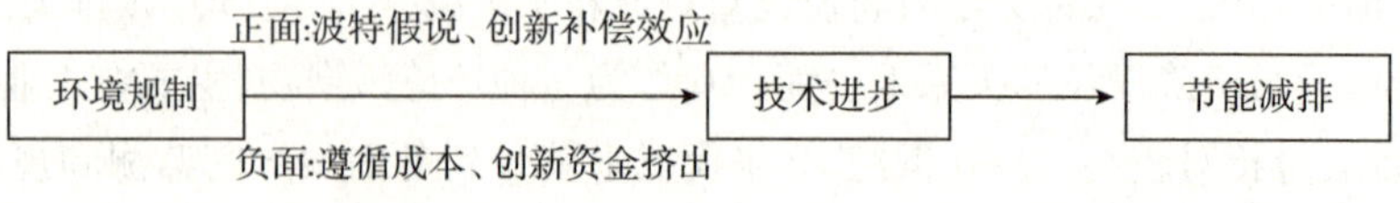

图4 环境规制的诱发技术创新效应对节能减排的间接作用

三、计量模型构建与变量选取

(一)计量模型构建

首先,本文将SO_2排放强度作为被解释变量,选择环境规制和技术创新水平作为解释变量,工业固定资产投资、能源消费结构、国有资产占比、行业集中度作为控制变量,分析环境规制和技术创新水平各自对SO_2排放强度的影响,构建静态面板固定效应模型。面板数据往往会因各截面单位个体的不同特征而具有异质性,把这些异质性纳入模型,可能会引起参数估计的非一致性,固定效应模型能够较好地处理这一问题。因采用对数形式可有效消除数据异方差的问题,有利于模型估计的准确性,我们将SO_2排放强度、技术创新水平、工业固定资产投资分别取对数后进行回归。

$$\ln SO_{2it} = \beta_0 + Policy + \beta_2 \ln Tech_{it} + X_{it}b + \mu_i + \varepsilon_{it} \tag{1}$$

其中,i和t分别表示行业和年度;$Policy$表示环境规制;$Tech_{it}$表示技术创新水平;X_{it}为其他控制变量。此外,μ_i表示行业未观测效应,是指每个行业所特有的不随时间而变化的、未观测到的SO_2排放强度的影响因素;ε_{it}代表随机扰动项,假设服从正态分布。

根据上述模型所寓含的经济理论,回归方程中的个体效应与其他解释变量存在相关性,将个体效应设定为固定效应可以得到理论上的支持;相反,随机效应假定不可观测的个体效应与回归方程中的解释变量不相关,这种假设在该模型中被认为是不合适的。

其次,我们生成环境规制和技术创新水平的交互项,考察环境规制的诱发技术创新效应对SO_2排放强度的影响。

$$\ln SO_{2it} = \beta_0 + \beta_1 Policy \times \ln Tech_{it} + X_{it}b + \mu_i + \varepsilon_{it} \tag{2}$$

为考察行业异质性,以便有针对性地制定不同工业行业的环境规制政策,我们分别在式(1)、式(2)中加入环境规制、技术创新水平、两者交互项,与重工业、国有化、高新技术产业、高耗能产业、采掘业和水电气产供业虚拟变量的交叉相乘项,从而考察上述效应在行业间的差异。

(二)变量选取

SO_2排放强度(万吨/亿元)。SO_2排放强度是反映一国或地区SO_2排放情况的重要指标。尽管我国"十一五"规划要求控制污染排放总量,但就具体经济单位来说,不考虑经济增长来控制污染排放,往往是不现实的。况且我国是发展中国家,可持续经济增长是很有必要的。在研究减排效果时,有必要考虑经济产出。因此,借鉴李荔、毕军等(2010)[19]的做法,将SO_2排放强度作为本文的被解释变量,用各个行业的SO_2排放量占工业总产值的比值来表示。比值越大,表明SO_2排放强度越大。

环境规制。我国在"十一五"规划中首次提出了"节能减排"的战略目标:五年内单位国内生产总值能耗降低20%左右,主要污染物排放总量减少10%,SO_2就是受到总量控制的两大约束性指标之一。因此,我们参考许广月(2010)[10]的做法,将环境规制设为一个虚拟变量,2006年及以后取值为1,2006年以前取值为0。

技术创新水平(件)。诸多研究认为,研究与发展(R&D)是技术进步的内在关键性因素。实证文献通常把R&D活动分为R&D投入与R&D产出两方面,其中,R&D投入往往采用R&D支出或R&D人员来衡量,R&D产出则主要以专利数据或新产品销售收入来衡量。采用R&D投入衡量技术创新水平具有如下缺陷:首先,R&D支出本身仅仅反映了R&D活动的投入状况而不是产出状况,而在大量的中小企业中,还存在很多非正式的研发活动;其次,一些研究表明,技术创新的过程中,R&D投入与产出之间存在非线性关系;最后,由于我们不能具体了解R&D支出的最终用途和目标,采用R&D支出衡量技术创新水平往往会出现偏误。在R&D产出方面,相对于其他指标而言,专利在衡量创新产出方面具有3个明显优势:第一,专利的内涵界定与创新密切相关;第二,专利统计数据是公开并可获得的;第三,专利在较大程度上反映了技术创新的成果。中国的专利包括3种类型:发明、实用新型和外观设计,其内涵的创新程度依次递减,因此本文参照魏巍贤、杨芳(2010)[20]的方法,从R&D产出的角度,采用发明专利申请数来衡量技术创新水平。

工业固定资产投资(万元)。工业固定资产投资直接决定了工业行业的发展规模和扩张速度,其投资取向进而决定了能源消耗强度和SO_2等污染物排放问题。工业固定资产投资的增加,势必因生产规模扩张和能源消耗增加,导致SO_2等污染物排放量的提高。但是,环境规制强度的提升,可能使工业固定资产投资倾向于节能减排设备的使用和生产率的提高。因此,本文参考邵帅等(2010)[11]的做法,选取工业固定资产投资作为一个控制变量,考察其对SO_2排放强度的影响。

能源消费结构(%)。由于中国特有的资源禀赋,在能源消费结构中煤炭几乎占到70%,而非化石能源的增长却很缓慢。煤炭是污染排放最高的化石能源,也是工业SO_2排放的主要原因。因此,本文参考林伯强和蒋竺均(2009)[21]的做法,选取煤炭终端能源消费量占终端能源消费总量的比重来衡量能源消费结构。

国有资产占比(%)。反映行业的所有制结构特征,我们参考李斌、彭星(2013)[22]的方法,用国有资产占规模以上企业资产总计的比重来衡量。由于国有企业通常受到更强的政策规制,国家将减排目标层层分解,纳入国有企业绩效考核中,与企业"一把手"的职位挂钩,因此,国有企业的减排效果可能更强。

行业集中度(%)。反映行业的垄断和竞争水平,是对整个行业的市场结构集中程度的测量指标。我们采用行业大中型企业资产占规模以上企业资产总计的比重来衡量。由于竞争性较强的行业可能受到的成本压力较大,且成本转嫁的难度大,从而会竭力提升能源利用效率,减少污染排放量。

表1 变量说明

变量名称	代码	变量解释
SO_2排放强度	SO_2	SO_2排放量占工业总产值的比值
环境规制	*Policy*	以2006年为界设置虚拟变量
技术创新水平	*Tech*	发明专利申请数
工业固定资产投资	*Invest*	各工业行业每年工业固定资产投资额

续表

变量名称	代码	变量解释
能源消费结构	*Structure*	煤炭终端能源消费量占终端能源消费总量的比重
国有资产占比	*State*	国有资产占规模以上企业资产总计的比重
行业集中度	*Concentration*	大中型企业资产占规模以上企业资产总计的比重

(三)数据来源

由于2011年国家统计局修改了国民经济行业分类标准,为保证数据统计口径的一致性,我们选取2002—2011年共10年的35个工业行业的面板数据,并以规模以上工业企业作为研究对象。规模以上工业企业是中国工业的绝对主体,其污染排放情况,在很大程度上决定着整个中国环境的总体变化状况。我们剔除了含有较多缺失值的其他采矿业、塑料制品业、工艺品及其他制造业、废弃资源和废旧材料回收加工业的行业数据,采用的35个工业行业工业总产值占到全部工业总产值的97%,SO_2排放量占到全部工业总排放量的99%,我们认为能较好地反映工业全行业的状况,总样本数为350个,原始数据主要源自《中国统计年鉴》《中国能源统计年鉴》《中国工业经济统计年鉴》《中国科技统计年鉴》《中国环境统计年鉴》。各变量的描述性统计结果如表2所示。

表2　变量的描述性统计

	(1)	(2)	(3)	(4)	(5)
VARIABLES	N	MEAN	SD	MIN	MAX
SO_2	350	0.00442	0.0121	1.18e-05	0.127
Tech	350	1191	3 730	1	40 980
Invest	350	1.480e+07	1.990e+07	68159	1.192e+08
Structure	350	0.232	0.166	0.0200	0.700
State	350	0.393	0.286	0.00773	0.993
Concentration	350	0.666	0.156	0.260	0.988
Number of industry	35	35	35	35	35

四、实证结果与分析

(一)环境规制、技术进步的直接作用

首先进行各变量之间的相关性检验,所得结果如表3所示。各个解释变量和控制变量均与被解释变量SO_2排放强度显著相关,可以进行回归分析。

表3 变量相关系数

	$\ln SO_2$	*Policy*	ln*Tech*	ln*invest*	*Structure*	*State*	*Concentration*
$\ln SO_2$	1						
Policy	-0.322***	1					
ln*Tech*	-0.343***	0.380***	1				
ln*invest*	-0.105*	0.585***	0.656***	1			
Structure	0.427***	-0.165***	-0.113**	-0.0700	1		
State	0.361***	-0.223***	-0.226***	-0.0210	-0.0240	1	
Concentration	0.153***	0.00300	0.225***	0.210***	-0.096*	0.690***	1

我们采用 Hausman 方法验证面板数据模型的设定应该是固定效应还是随机效应，得到的 p 值为 0.0000，即拒绝模型为随机效应的原假设，应采用固定效应模型。这验证了我们前面在经济理论上的假设。另外，为了剔除异方差问题对估计结果的有偏或不一致影响，本文采用面板修正标准误得到的 t 检验值作为判断变量显著与否的标志。

基于以上结论，我们对式(1)进行实证计量分析，所得结果如表 4 所示。

表4 式(1)的回归结果

	(1)全样本	(2)重工业	(3)国有化	(4)高新技术产业	(5)高耗能产业	(6)采掘业	(7)水电气产供业
政策	-0.416*** (-5.14)	-0.569*** (-5.49)	-0.299*** (-3.24)	-0.421*** (-5.09)	-0.444*** (-5.07)	-0.462*** (-5.37)	-0.314*** (-3.87)
技术	-0.0942** (-2.29)	-0.00735 (-0.15)	-0.139*** (-3.02)	-0.0691* (-1.70)	-0.0853* (-1.95)	-0.0538 (-1.23)	-0.153*** (-3.55)
固定资产投资	-0.374*** (-6.72)	-0.372*** (-6.52)	-0.369*** (-6.67)	-0.378*** (-6.99)	-0.374*** (-6.70)	-0.381*** (-6.75)	-0.376*** (-6.96)
能源消费结构	1.725*** (2.67)	1.643** (2.45)	1.929*** (2.98)	1.785*** (2.85)	1.692** (2.59)	1.773*** (2.63)	1.606** (2.55)
国有资产占比	-0.824 (-1.35)	-0.815 (-1.32)	-0.835 (-1.36)	-1.130* (-1.91)	-0.820 (-1.34)	-0.837 (-1.37)	-1.073* (-1.80)
行业集中度	1.142* (1.76)	1.042 (1.55)	1.268* (1.93)	1.430** (2.26)	1.112* (1.70)	1.169* (1.75)	1.306** (2.04)
政策×重工业		0.336** (2.42)					
技术×重工业		-0.199*** (-3.20)					

续表

	(1)全样本	(2)重工业	(3)国有化	(4)高新技术产业	(5)高耗能产业	(6)采掘业	(7)水电气产供业
政策×国有化			-0.419*** (-2.79)				
技术×国有化			0.16** (2.15)				
政策×高新技术				0.0351 (0.17)			
技术×高新技术				-0.317*** (-3.13)			
政策×高耗能					0.157 (0.88)		
技术×高耗能					-0.0585 (-0.66)		
政策×采掘业						0.298 (1.53)	
技术×采掘业						-0.214** (-2.57)	
政策×水电气产供业							-0.935*** (-4.75)
技术×水电气产供业							0.312*** (3.53)
常数项	-1.117 (-1.30)	-1.007 (-1.16)	-1.284 (-1.51)	-0.934 (-1.12)	-1.078 (-1.25)	-1.135 (-1.32)	-0.859 (-1.03)
观测值	350	350	350	350	350	350	350
R^2	0.735	0.744	0.742	0.753	0.736	0.741	0.754

注:t statistics in parentheses; * p<0.1, * * p<0.05, * * * p<0.01。

从计量检验的角度来看,模型的回归效果比较理想,调整后的拟合优度较高,7个回归均在0.7以上。(1)列的结果显示,环境规制、固定资产投资和能源消费结构在1%的水平上显著,技术创新水平在5%的水平上显著,行业集中度在10%的水平上显著,各变量的系数方向符合预期。其中,环境规制和技术创新水平的系数分别是-0.416和-0.0942,这表明环境规制的实施使SO_2排放强度下降了0.416个百分点,技术创新水平每增加1%,SO_2排放强度下降约0.09%,验证了本文提出的假设1和假设2,环境规制和技术进步均有效降低了SO_2的排放强度,是控制SO_2排放的重要因素。从控制变量来看,固定资产投资的系数为-0.374,这说明固定资产投资每增加 1%，SO_2 排放强度下降约 0.37%。原因可能在于，规模经济中的批量生产模式不仅有利于实现产品标准化、专业化和通用化，而且在提高产品质量的同时也能降低能源和其他原材料等物耗，从而更有效地遏制 SO_2 的排放强度，同时，生产设备的更新也会带来技术改进和更新换代，使生产朝着更清洁的方向发展。能源消费结构和行业集中度的系数显著为正，即煤炭占能源消费比重的增加将显著驱动 SO_2 排放强度的增加，行业垄断程度的增加也会带来更强的 SO_2 排放强度，这是因为垄断行业的成本转嫁能力较强，企业受到的经济激励和成本压力较小，进行减排的动力相对较弱。

(2)－(7)列考察了行业间的异质性，从(2)列中我们发现环境规制的实施使得轻工业的 SO_2 排放强度下降了 0.569 个百分比，而重工业的 SO_2 排放强度只下降了 0.233 个百分比，这可能是因为面对环境规制，轻工业进行节能减排的工作相对容易，控制 SO_2 排放强度的效果显著。而技术进步对重工业的减排效果更为显著，与轻工业相比，技术进步每增加 1%，重工业的 SO_2 排放强度将多下降 0.199%，这说明重工业直接减排的难度较大，更加依赖通过创新和研发来控制 SO_2 的排放强度，且重工业的污染治理成本占企业总成本比重较大，形成了"倒逼机制"，企业不得不通过增加研发投入来提高污染治理技术水平和生产工艺，从而达到节能减排和保持利润率的目的。从(3)列中我们发现，政策对国有化程度高的行业减排作用效果更为显著，这说明国有企业是重要的政策传导渠道，对国有企业进行的绩效考核有效地增强了中国节能减排的政策执行效果。但技术创新水平对国有化程度高的行业减排作用效果较国有化程度低的行业更弱，这可能是因为国有企业缺乏竞争，从事技术创新的动力不足。(4)列表明技术创新水平对高新技术产业的减排作用效果更加显著，这正说明了技术进步对节能减排的关键作用。而政策对高新技术产业和其他产业的减排作用没有显著的差异。(5)列说明政策和技术进步对高耗能行业和非高耗能行业的影响没有显著差异，表明环境规制强度在高耗能行业中的力度不足，使其忽视了环境问题。且高耗能行业科技创新活动较少、科研投入力度不够，需要进一步提高研发投入比重，提升科技进步对促进减排的贡献。这六大高耗能行业是工业 SO_2 排放的主要来源，其节能减排是中国节能减排和环境保护的关键，而现阶段高耗能行业减排的潜力尚未完全挖掘。从(6)列我们发现，技术进步对采掘业减排的影响更强，这同样说明采掘业更加依赖技术创新和研发来控制 SO_2 的排放强度，且污染治理成本的上升对企业的创新活动产生了倒逼机制，使企业进行创新研发的动力增强，而政策对采掘业的减排作用效果没有显著的差异。(7)列说明政策对水电气产供业的减排作用效果更加显著，与其他行业相比，政策的实施将使得水电气产供业的 SO_2 排放强度多下降 0.935%，这是因为水电气产供业高度依赖能源消耗，其二氧化硫的排放量远远领先其他行业，约占工业总排放量的 60%，因此水电气产供业受到了更多的节能减排政策管控，减排效果尤为显著。但技术进步反而使得水电气产供业增加了 SO_2 的排放强度，这可能是因为水电气产供业的减排更依赖于末端治污和能源结构的调整，而非进行绿色技术创新，与从事技术创新相比，末端治理技术往往容易模仿且成本较低。同时，水电气产供业的产值增幅相当显著，这表明水电气产供业的 R&D 活动更倾向于进行提高资本和劳动效率的技术研发，推动产出的提升，而忽略了对环境保护技术和能源效率的投资，综合起来反而提升了 SO_2 的排放强度。

(二)环境规制的诱发技术创新效应

接下来我们考察环境规制的诱发技术创新效应，对式(2)进行实证计量分析，所得结果如

表5所示。

表5 式(2)的回归结果

	(1) 全样本	(2) 重工业	(3) 国有化	(4)高新 技术产业	(5)高耗 能产业	(6) 采掘业	(7)水电 气产供业
政策×技术	-0.0781***	-0.0826***	-0.0738***	-0.0645***	-0.0841***	-0.0739***	-0.0741***
	(-5.94)	(-6.32)	(-5.23)	(-5.51)	(-4.70)	(-6.24)	(-5.98)
固定资产投资	-0.417***	-0.423***	-0.414***	-0.433***	-0.415***	-0.382***	-0.409***
	(-8.43)	(-8.58)	(-8.38)	(-8.49)	(-8.86)	(-8.54)	(-7.62)
能源消费结构	2.043***	1.963***	2.108***	2.178***	1.959***	2.473***	1.938***
	(3.11)	(3.28)	(3.03)	(3.36)	(3.50)	(3.12)	(3.86)
国有资产占比	-0.791	-0.866	-0.710	-0.878	-0.808	-0.587	-0.596
	(-1.00)	(-1.34)	(-1.41)	(-1.18)	(-1.49)	(-1.37)	(-0.99)
行业集中度	1.295**	1.390**	1.231*	1.416**	1.346**	0.885	1.090*
	(1.67)	(2.00)	(2.04)	(1.88)	(2.19)	(2.07)	(1.34)
政策×技术×重工业	0.00737						
			(0.46)				
政策×技术×国有化			-0.0165				
				(-0.82)			
政策×技术×高新技术				-0.0374**			
					(-2.20)		
政策×技术×高耗能					0.0201		
						(1.10)	
政策×技术×采掘业						-0.0756**	
							(-2.55)
政策×技术×水电气产供业							-0.0739**
							(-1.97)
常数项	-1.104	-1.020	-1.158	-0.953	-1.132	-1.550*	-1.142
	(-1.38)	(-1.33)	(-1.19)	(-1.39)	(-1.15)	(-1.36)	(-1.84)
观测值	350	350	350	350	350	350	350
R^2	0.736	0.736	0.737	0.740	0.737	0.742	0.740

注:tstatistics in parentheses; * p<0.1, * * p<0.05, * * * p<0.01。

模型的回归效果比较理想,调整后的拟合优度较高,7个回归均在0.7以上。(1)列的结果显示,环境规制的诱发技术创新效应显著地降低了SO_2的排放强度,环境规制政策的实施有效增强了技术进步对减排的作用,政策正是因为有效地诱发了技术创新推动了节能减排工作的进展,这验证了我们提出的假设3。(2)-(7)列的结果显示出行业间的异质性,说明环境规制的诱发技术创新效应在高新技术产业、采掘业和水电气产供业更加显著,而对重工业、国有化程度高的行业和高耗能产业的作用没有显著差别,这说明环境规制政策在这些行业中尚不能起到显著而积极的诱发技术作用,对其专门的政策制定和执行还有待进一步的改进。

五、结论与政策建议

(一)结 论

①环境规制和技术进步均有效降低了 SO_2 的排放强度,是控制 SO_2 排放的重要因素。②环境规制的诱发技术创新效应显著地降低了 SO_2 的排放强度,环境规制政策的实施增强了技术进步的减排效应。③环境规制对轻工业的减排作用效果更为明显,而技术进步对重工业的减排作用效果更为显著;国有企业是节能减排政策有效的传导渠道,但从事技术创新的动力有限;技术创新对高新技术产业的减排作用效果更加显著,而政策的减排作用效果没有显著差异;环境规制和技术进步对高耗能产业的减排效果没有显著差异,高耗能产业节能减排潜力巨大;技术进步对采掘业减排的影响更强,而政策则未带来显著差异;政策对水电气产供业的减排作用效果尤为突出,但技术进步反而驱动了水电气产供业 SO_2 的排放强度。④环境规制的诱发技术创新效应在高新技术产业、采掘业和水电气产供业更加显著,而对重工业、国有化程度高的行业和高耗能产业的作用没有显著差别。

(二)政策建议

在经济增速和能耗结构的刚性约束之下,如何控制中国 SO_2 的排放强度是一个十分严峻且亟待解决的现实问题。环境规制是促进环境保护和经济发展相协调的重要手段,技术进步是减少污染物排放、推进清洁生产的关键方式。本文的研究结论蕴含着较强的政策启示,为了实现环境保护和经济发展的"双赢",政府应重点采取以下措施,避免环境政策的"一刀切"。

(1)制定适宜的环境规制措施。目前,中国正处于经济转型和产业升级的机遇期,制定适宜的规制措施有益于技术创新活动的有效开展,也有利于环境保护和经济的可持续发展。环境标准、排放限额等"控制型"环境规制工具由于具有较强的强制性,对企业缺乏足够的激励;而排污权交易、环境补贴等"激励型"环境规制工具可为企业技术创新提供持续的激励,有利于提高企业的治污创新能力。环境规制应立足于长期,谨慎采用单纯的节能降耗这种行政命令式的短期策略,完善企业污染减排的长效激励机制和制度保障。

(2)加大创新研发的支持力度。环境规制可能会挤占企业的研发资金,政府应该给予技术创新更多的资金支持和政策扶持,为企业研究开发活动提供更多的税收优惠和融资渠道,因地制宜地采取针对性的激励政策,创造有利于企业环保技术创新的外部环境。加大技术进步和自主创新的投入,在技术创新政策方面对发明创造类的专利尤其是低环境污染的技术创新予以倾斜,将与新能源、资源高效利用、清洁生产、环境监测和污染综合治理等有关的技术优先一同列入技术研发和产业化计划。

(3)优化能源消费结构。积极鼓励构建多样、安全、清洁、高效的能源供应和消费体系,推进风能、太阳能等绿色能源的应用和普及。提高能源利用效率,特别是煤炭资源的利用效率,加快清洁煤、煤基多联产系统、煤炭地下气化等技术的推广和应用,更快地实现节能、降耗、治污、减排等多种目标。

(4)对于重工业和高耗能产业而言,环境规制强度的不足,使得这些高能耗、高污染企业忽视了环境问题,缺乏从事技术创新的动力,且由于技术水平的不足进一步加剧了企业 SO_2 的排放,形成了既不利于企业发展也不利于环境保护的恶性循环生产方式。要进一步提高重工业和高耗能产业的环境规制强度,把指标逐步落实到节能减排潜力大的重点行业与重点企业上,将高能耗与高排放行业的主要节能环保技术作为重点,让企业将环境保护的压力转变为技术创新的动力,从而促进产业结构的调整和工业生产方式清洁化。同时,严格落实环境规制政策,通过环境规制提高这类重污染企业进入市场的门槛,凡是达不到环境规制污染排放标准的企业就无法进入市场,进入企业如果无力承担相应的环境成本,就要面临退出市场的风险,从而形成一种由环境规制引导的企业优胜劣汰机制。

(5)对于国有企业而言,绩效考核、能耗限额标准、清洁生产标准、行业准入标准等政策措施已显著降低了 SO_2 的排放强度,下一阶段应继续严格执行现有的标准规范,加强环保监测与违规处罚力度,避免出现环境规制制度的软化。但国有企业从事技术创新的动力不足,应当通过市场化改革进一步推动工业所有制结构调整,提升更有活力的非国有经济所占比重,通过融资支持、财政补贴等手段鼓励非国有经济企业进入行业,特别是应该让有绿色技术研发实力的民营企业进入行业,通过引入竞争的方式刺激企业进行绿色技术创新。

(6)对于水电气产供业而言,生产结构性缺陷使得其对煤炭的依赖性较高,成为大气污染的主要贡献者,对环境保护产生了巨大压力,仍然需要进一步加强对水电气产供业的环境规制。更重要的是,采取激励措施引导企业使用更先进的节能减排技术和清洁能源,淘汰落后产能,从而降低对煤炭能源的需求,优化能源消费结构,实现从依靠末端治理到通过绿色技术创新的全过程减排模式。

参考文献

[1] Jaffe, A. B., Stavins, R. N. Dynamic Incentives of Environmental Regulations: The Effects of Alternative Policy Instruments on Technology Diffusion[J]. *Journal of Environmental Economics & Management*, 1995, 29(3): S43 - S63.

[2] Porter, M. E., Claas, V. D. L. Toward a New Conception of the Environment - Competitiveness Relationship[J]. *Journal of Economic Perspectives*, 1995, 9(4): 97 - 118.

[3] Jefferson, G. H., Tanaka, S., Yin W. Environmental Regulation and Industrial Performance: Evidence from Unexpected Externalities in China[J]. *Ssrn Electronic Journal*, 2013.

[4] Schou, P. When Environmental Policy is Superfluous: Growth and Polluting Resources[J]. *The Scandinavian Journal of Economics*, 2002, 104(4): 605 - 620.

[5] Sinn, H. W. Public Policies Against Global Warming: a Supply Side Approach[J]. *International Tax and Public Finance*, 2008, 15(4): 360 - 394.

[6] Grubb, M., Haduong, M., Chapuis, T. The Economics of Changing Course[J]. *Energy Policy*, 1995, 23(4 - 5).

[7] Gerlagh, R. Measuring the Value of Induced Technological Change[J]. *Energy Policy*, 2007, 35(11): 5287 - 5297.

[8] Acemoglu, D., Aghion, P., Bursztyn, L., et al. The Environment and Directed Technical Change[C]// *C. E. P. R. Discussion Papers*, 2011.

[9] Jaffe, A. B., Newell, R. G., Stavins, R. N. Environmental Policy and Technological Change[J]. *Environmental*

and Resource Economics, 2002, 22(1):41 - 70.

[10] 张成,陆旸,郭路,等. 环境规制强度和生产技术进步[J]. 经济研究, 2011(2):113 - 124.

[11] 李玲,陶锋. 中国制造业最优环境规制强度的选择——基于绿色全要素生产率的视角[J]. 中国工业经济, 2012(5):70 - 82.

[12] 韩超,胡浩然. 清洁生产标准规制如何动态影响全要素生产率——剔除其他政策干扰的准自然实验分析[J]. 中国工业经济,2015(5):70 - 82.

[13] 何小钢,张耀辉. 中国工业碳排放影响因素与 CKC 重组效应——基于 STIRPAT 模型的分行业动态面板数据实证研究[J]. 中国工业经济, 2012(1):26 - 35.

[14] 许广月. 碳排放收敛性:理论假说和中国的经验研究[J]. 数量经济技术经济研究, 2010(9):31 - 42.

[15] 邵帅, 杨莉莉, 曹建华. 工业能源消费碳排放影响因素研究——基于 STIRPAT 模型的上海分行业动态面板数据实证分析[J]. 财经研究, 2010, 36(11):16 - 27.

[16] 成艾华. 技术进步、结构调整与中国工业减排——基于环境效应分解模型的分析[J]. 中国人口·资源与环境, 2011, 21(3):41 - 47.

[17] 刘睿劼,张智慧. 中国工业二氧化硫排放趋势及影响因素研究[J]. 环境污染与防治, 2012(10):100 - 104.

[18] 金培振,张亚斌,彭星. 技术进步在二氧化碳减排中的双刃效应——基于中国工业 35 个行业的经验证据[J]. 科学学研究, 2014, 32(5):706 - 716.

[19] 李荔,毕军,杨金田,等. 我国二氧化硫排放强度地区差异分解分析[J]. 中国人口·资源与环境, 2010, v.20;No.115(S1):34 - 38.

[20] 魏巍贤,杨芳. 技术进步对中国二氧化碳排放的影响[J]. 统计研究, 2010, 27(7):36 - 44.

[21] 林伯强,蒋竺均. 中国二氧化碳的环境库兹涅茨曲线预测及影响因素分析[J]. 管理世界, 2009(4):27 - 36.

[22] 李斌,彭星,欧阳铭珂. 环境规制、绿色全要素生产率与中国工业发展方式转变——基于36 个工业行业数据的实证研究[J]. 中国工业经济, 2013(4):56 - 68.

知识产权保护强度对文化创意产业的影响
——基于浙江省2000—2015年数据的实证分析

文梓威
（武汉大学经济与管理学院）

［摘　要］本文的研究主要集中于分析知识产权保护强度对文化创意产业的影响。基于浙江省2000—2015年的时间序列数据，本文通过构建VAR模型，并进行脉冲响应分析，讨论了文化创意产业创新能力、集聚程度、产值绝对值与知识产权保护强度的关系。研究结论表明，知识产权保护强度会在长期对文化创意产业集聚程度产生正向影响，在短期内对文化创意产业产值有正向影响，对创新能力的影响不确定。最后基于研究结论，给出了从知识产权保护角度出发发展文化创意产业的政策建议。

［关键词］知识产权；文化创意产业；VAR模型；脉冲响应分析

一、引　言

文化创意产业是文化产业发展到新阶段的产物，是全球经济与发展的一个重要潮流，是文化产业中科技与资金密集度较高、投入—产出效益亦较高的高端产业，并具有现代服务业的高增长、高附加值、高知识性、强辐射、广就业、低能耗、低污染等特征。进入21世纪以来，作为文化、科技和经济深度融合的产物，文化创意产业凭借其独特的产业价值链、快速的成长方式以及广泛的产业渗透力、影响力和辐射力，正日益成为中国国民经济的重要组成部分和第三产业的支柱。党的十八大报告中提出了大力发展文化创意产业、建设文化强国的战略决策。总之，对文化创意产业的研究具有很强的理论和现实意义。

知识产权是指人们就其智力劳动成果所依法享有的专有权利，具有地域性、独占性、时间性等法律特征，为智力成果的推广应用和传播提供了法律机制和法律保障，使得智力成果能更好地转化为生产力，进而产生巨大的经济效益和社会效益。文化创意产业是知识经济的一个典型产物，故智力劳动是其最主要的生产力。此外，文化创意产业作为一种新兴产业，其在具有高附加值、高成长性的同时，也具有高风险性。因而知识产权保护强度是影响文化创意产业发展的关键，而文化创意产业的重要地位也使得知识产权保护变得尤为重要。与此同时，学术界和业界也存在是否应该不断加强知识产权保护来促进文化创意产业发展的争论，有人认为，只有高强度的知识产权才能有效保护智力劳动者的权益，调动其劳动生产的积极性，进而保障文化创意产业的有效运行；而也有人认为，社会需要更加开放的知识分享和更加宽松的许可制度,这样才能达到整体社会的最优水平。

浙江是文化大省,具有深厚的文化底蕴和悠远的文化传统,为浙江文化创意产业发展奠定了良好的基础。近年来,浙江的文化创意产业发展速度较快,已经形成了以工业设计、动漫游戏、现代艺术创作为代表的新兴优势产业;作为产业相应的载体,文化创意园区也发展迅速。但同时,浙江的文化创意产业发展中也存在产业管理体制尚不明确、缺乏创意创新人才、知识产权维权成本较高等问题。选择浙江作为研究省份,基于如下两点考虑:①浙江省的文化创意产业发展迅速,逐渐形成了较为完备的体系;②浙江是东部沿海经济大省,对浙江文化创意产业的研究对于东部沿海省份以及内陆省份的发展具有较高的参考价值。

二、文献综述

目前,国内外关于知识产权保护对文化创意产业发展的效应主要存在4种假说:其一,二者呈“倒U”型关系。Markus(2000)的研究表明知识产权保护与技术创新可能呈现非线性关系;Gary Dushnitsky(2005)认为,大专利保护宽度有利于信息披露,当专利保护宽度较小时,增强它会提高社会福利和技术进步率,当专利保护宽度已经很大时,再继续增加它反而会降低社会福利和技术进步率。其二,知识产权保护强度与文化创意产业集聚度正相关。近年来,我国有些学者关注到知识产权保护与产业集聚的内在联系,并展开了比较深入的研究。张杰、刘志彪(2007)基于人力资本介质流动和产品介质反向工程的特有技术溢出渠道来分析我国地方产业集群内模仿—套利行为盛行的原因,提出实施强知识产权保护政策和弱知识产权保护政策的有机平衡和适时转换能有效解决这一困境。杨梦泓(2011)利用1995—2008年中国28个省份的面板数据对知识产权与产业集聚之间的关系进行了实证研究,结果表明知识产权保护对产业集聚具有促进作用,知识产权保护政策的改变能够有效影响企业的空间分布。其三,知识产权保护强度与文化创意产业劳动生产率正相关。Eicher(2008)指出,有效的知识产权保护会提高劳动生产率;李平(2007)在对我国自主创新中研发资本投入产出绩效的实证分析中指出,知识产权保护程度的不当会大大降低我国国内研发资本投入产出绩效。其四,知识产权保护强度与文化创意产业增长存在间接效应。Thompson 和 Rushing(1996)利用112个国家1970—1985年的数据进行了实证研究,认为知识产权与经济增长之间存在某个分界点,高于此分界点的国家,知识产权保护与经济增长之间呈正向关系;Schneider(2005),Falvey 和 Foster(2006)等学者的研究表明,知识产权保护与经济增长在发达国家和不发达国家中呈明显的正向关系,而在发展中国家则不明显。

就目前的研究来看,主要存在以下几点不足:一是许多研究主要是对数据进行的描述统计和现象解读,缺乏实证分析;二是虽然关于知识产权保护与技术进步、经济增长关系的研究较多,但具体关于知识产权保护对文化创意产业影响的研究较少;三是从法律、制度建设两个角度入手的分析较多,而从经济学角度进行的分析较少;四是宏观研究较多,专门性、针对性研究较少。

本文在前人研究的基础上,构建了较为综合的衡量文化创意产业发展的指标,进而利用VAR模型和脉冲响应分析进行实证研究。本文选择浙江省的省级时间序列数据进行研究,在一定程度上更具有针对性。

三、数据与模型分析

(一)变量与数据说明

一般而言,考察单个产业的发展状况应该从产业发展的内在动力、产业的空间布局、产业的规模和效率等多方面进行分析,而不是仅仅关注某一方面如增长率。受黄蓉(2014)基于30个省份的面板数据的研究启示并加以调整改进,本文从如下3个方面对文化创意产业发展水平进行考量。

(1)创新能力。创新能力是文化创意产业的核心和内在发展动力,其大小可以从投入和产出角度进行衡量。本文从产出角度,选用专利授权量(*patent*)来衡量创新能力。

(2)集聚程度。文化创意产业集聚发展是其发展的必然趋势,这是由产业集聚原理以及文化创意产业本身的特殊性决定的。区位熵(LQ)是衡量产业集聚程度的一个重要指标,i 地区文化创意产业区位熵计算公式为

$$\mathrm{LQ} = \frac{q_i/Q_i}{q/Q} \tag{1}$$

其中,q_i 表示 i 地区文化创意产业就业人数;Q_i 表示 i 地区就业总人数;q 表示全国文化创意产业就业人数;Q 表示全国就业总人数。

(3)生产能力。产值的变化是衡量产业生产能力最主要且最为直观的指标,本文选用文化创意产业产值(culGDP)的绝对值。

目前,关于知识产权保护强度的测算,国内外学者的侧重有所差异。国外学者主要从立法的角度来量化知识产权保护强度,其中最具有代表性的是Ginarte和Park(2007)基于一个国家的知识产权立法文本创建的G-P指数。G-P指数已被大量的研究所采用,然而其存在忽视执法因素的问题,而对于司法体系正在不断完善的中国以及广大发展中国家而言,考虑执法因素是必要的。本文根据许春明、陈敏(2008)对中国知识产权保护强度的测定,从司法保护水平、行政保护水平、经济发展水平、社会公众意识以及国际监督制衡5个方面来衡量执法强度,采用Ginarte-Park方法来测定立法强度,综合考虑立法和执法因素构建起知识产权保护强度指标

$$P(t) = L(t) \times E(t) \tag{2}$$

式(2)中,$P(t)$ 表示 t 时刻的知识产权保护强度 inpro;$L(t)$ 表示 t 时刻的知识产权保护立法强度;$E(t)$ 表示 t 时刻的知识产权保护执法强度。其中,采用G-P指数衡量知识产权立法强度,采用司法保护水平、行政保护水平、经济发展水平、社会公众意识以及国际监督制衡5个经标准化后的指标的算数平均值来衡量知识产权执法强度。

数据来源主要为历年的《浙江统计年鉴》《中国统计年鉴》《中国律师年鉴》,以及中经网统计数据库。根据数据结构,对专利授权量(项)和文化创意产业产值(百万元)进行取自然对数的处理。得到的专利授权量对数、区位熵、文化创意产业产值对数和知识产权保护强度4个变量的描述性统计量如表1所示。

表 1　浙江省 2000—2015 年各变量的描述性统计

变量	观测数量	平均值	标准差	最小值	最大值
lnpatent	16	10.73307	1.237743	8.921991	12.36727
LQ	16	2.160344	0.238598	1.841943	2.448323
lnculGDP	16	6.345886	0.7087855	4.910889	7.245384
inpro	16	2.833714	0.5894926	1.906933	3.721886

为了解各变量随时间的变化，进而分析变量之间的关系，做出线图如图 1 所示。从图 1 中可以看出，2000—2015 年浙江的知识产权保护强度在不断上升，文化产业产值和专利授权量有较为显著的上升，而区位熵则保持相对稳定，有略微的上升。在 21 世纪初的 6 年中，专利授权量保持较低水平的增速；2006 年以后，专利授权量以较快的速度增长。文化创意产业产值在 2010 年以后也以更快的速度增长。这说明近年来浙江省的创新能力以及文化创意产业的生产能力有了进一步的提升。知识产权保护强度的缓慢上升也表明知识产权立法完善以及执法建设产生了一定的效果。区位熵的略微上升表明浙江文化创意产业的集聚程度有一定程度的提升。

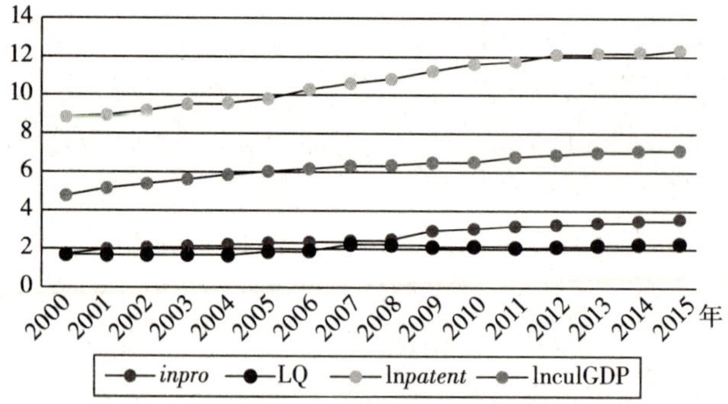

图 1　各变量的线图

（二）实证分析

由于本文采用的是时间序列数据，因而在进行回归之前，为了避免虚假回归，需要考虑变量的平稳性。为了获取正确的 ADF 单位根检验的方程形式，首先画出各变量的时间序列线图，如图 2 所示。

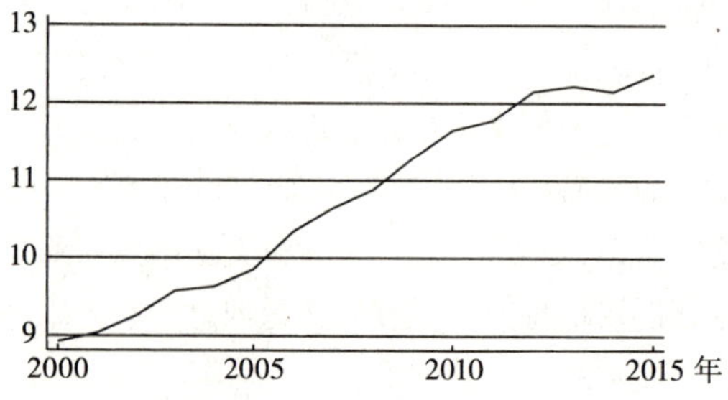

图 2　*lnpatent* 线图

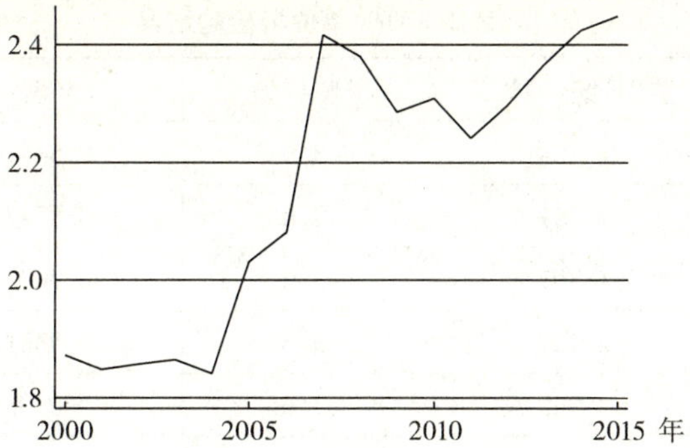

图3 LQ线图

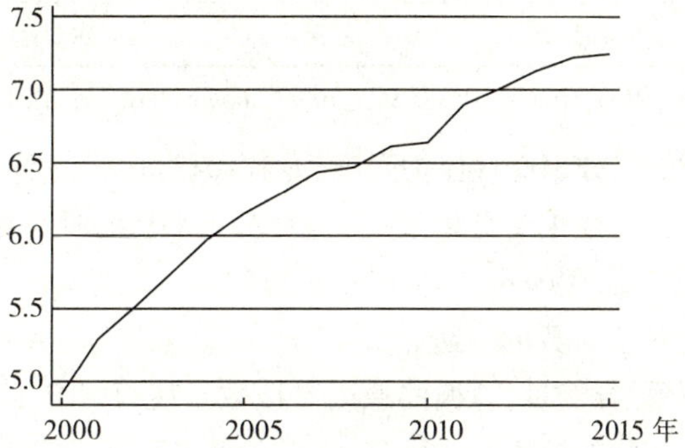

图4 lnculGDP线

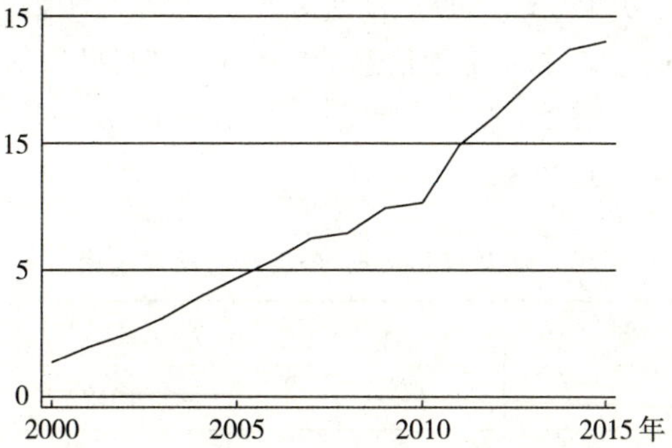

图5 *inpro*线

通过图2-图5的信息,可以发现,4个原始变量序列都是非平稳的,并且有着较为明显的时间趋势。故选择有常数项的、有确定时间趋势的DF检验方程形式

$$\Delta y_t = \alpha + \gamma y_{t-1} + \lambda_t + v_t \tag{3}$$

其中,Δy_t表示序列差分项;α表示常数项;γ表示序列系数;y_{t-1}表示滞后一期序列项;v_t表示误差项。在5%的显著性水平下检验原始变量序列的平稳性,如果某原始变量序列是非平稳的,则对该变量取一阶差分,进一步检验该变量差分序列的平稳性。ADF单位根检验的结果如表2所示。

表 2 ADF 单位根检验结果

变量	ADF 统计量	5%临界值	P 值	结论
inpro	-2.104	-3.6	0.5441	非平稳
ln*patent*	-1.351	-3.6	0.8747	非平稳
LQ	-1.791	-3.6	0.7091	非平稳
lnculGDP	-2.123	-3.6	0.5331	非平稳
D*inpro*	-3.945	-3.6	0.0105	平稳
Dln*patent*	-3.353	-3.6	0.0429	平稳
DLQ	-3.723	-3.6	0.0038	平稳
DculGDP	-4.149	-3.6	0.0015	平稳

注：D*inpro*，Dln*patent*，DLQ，DlnculGDP 分别是 *inpro*，ln*patent*，LQ，lnculGDP 的一阶差分变量。

根据表 2 的检验结果，知识产权保护强度、专利授权量、区位熵、文化创意产业产值都是非平稳的时间序列数据；上述 4 个变量的一阶差分都是平稳的时间变量数据。故可以利用知识产权保护强度的一阶差分 D*inpro*，专利授权量对数的一阶差分 Dln*patent*，区位熵的一阶差分 DLQ，文化创意产业产值对数的一阶差分 DlnculGDP 来建立 VAR 模型。我们需要决定在模型中加入多少期滞后差分变量，遵循的原则是该数量使得 ADF 回归的残差不自相关。因此，首先用不包含滞后变量的模型来进行 Dickey - Fuller 回归，并运用 LM 检验来检查回归中的残差是否自相关，其后逐步加入足够的滞后期数来消除残差的自相关影响。分别以 Dln*patent*，DLQ，DlnculGDP 为因变量，D*inpro* 为自变量，进行滞后阶数检验。VAR 模型滞后阶数检验结果如表 3 - 表 5 所示。根据赤池信息准则（AIC）和贝叶斯信息准则（SC），选择 AIC 或 SC 值最小的滞后阶数。由表 2 - 表 5 呈现的信息，对于 Dln*patent*，DLQ，DlnculGDP 3 个变量，AIC 和 SC 选择的滞后阶数均为 3。

表 3 Dln*patent* 滞后阶数检验结果

lag	df	p	AIC	SC
0	—	—	-1.40182	-0.836094
1	4	0.927	-1.65267	-1.41022
2	4	0.812	-1.11804	-0.713953
3	4	0.022	-2.24599*	-2.16518*

表 4 DLQ 滞后阶数检验结果

Lag	df	p	AIC	SC
0	—	—	-3.08491	-3.0041
1	4	0.291	-2.83178	-2.58932
2	4	0.000	-3.83219	-3.4281

续表

Lag	df	p	AIC	SC
3	4	0.040	-4.20986*	-3.43468*

表5　DlnculGDP 滞后阶数检验结果

lag	df	p	AIC	SC
0	—	—	-3.74565	-3.66483
1	4	0.163	-3.62252	-3.38007
2	4	0.000	-4.88502	-4.48093
3	4	0.000	-6.03789*	-5.47217*

注：*标注的数据为各滞后阶数的AIC，SC的最小值。

用AR根对VAR模型的平稳性进行判断，检验结果如图6－图8所示。

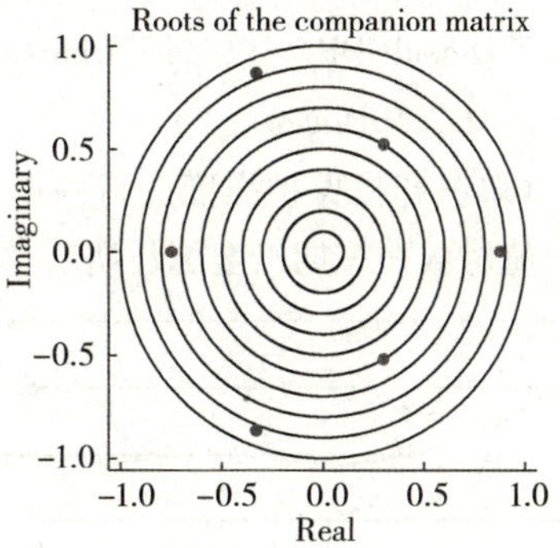

图6　*inpro* 对 Dln*patent* 的 VAR 平稳性检验

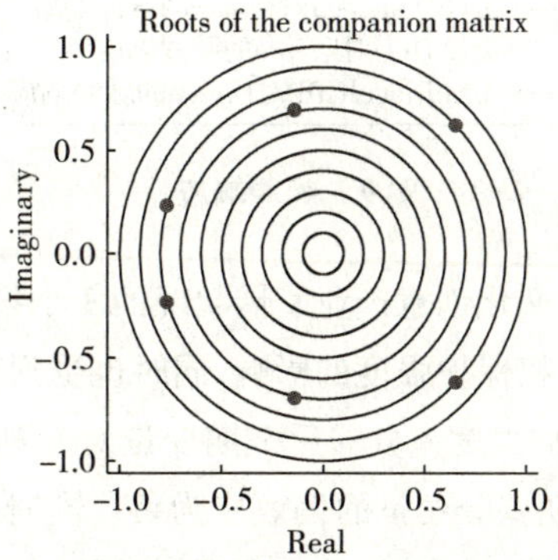

图7　*inpro* 对 DLQ 的 VAR 平稳性检验

从图6－图8的信息可知，3个模型的AR根都落在了单位圆内，故可以认为3个模型都是稳定的。进而分别构建 ln*patent*，LQ，lnculGDP 与 *inpro* 的三阶滞后模型如下：

$$\widehat{Dlnpatentt} = 0.0252 + 0.3123 Dlnpatentt - 1 - 0.1004 Dlnpatentt - 2 + 0.7339 Dlnpatentt - 3 + 0.0568 Dinprot - 1 - 0.3653 Dinprot - 2 - 0.0247 Dinprot - 3 \quad (4)$$

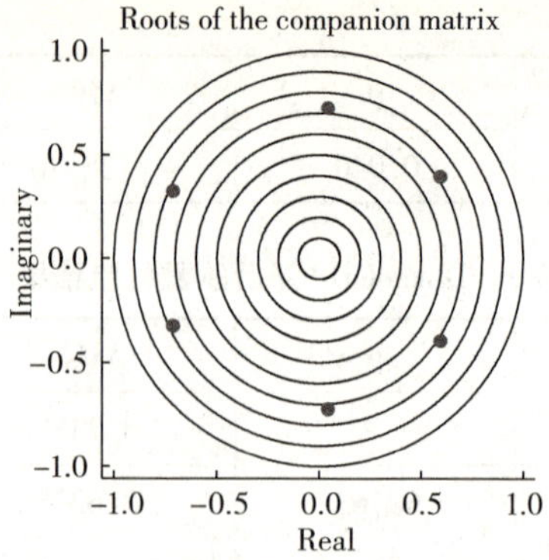

图8 *inpro* 对 DculGDP 的 VAR 平稳性检验

$$\widehat{DLQ_t} = 0.1803 - 0.0509DLQ_{t-1} - 0.1790DLQ_{t-2} - 0.8960DLQ_{t-3} + 0.4219\,Dinpro_{t-1} - 0.6798\,Dinpro_{t-2} - 0.4796\,Dinpro_{t-3} \tag{5}$$

$$\widehat{DlnculGDP_t} = -0.1161 - 0.2077DlnculGDP_{t-1} + 0.5937DlnculGDP_{t-2} + 0.4191DlnculGDP_{t-3} + 0.0783Dinpro_t - 1 + 0.5588Dinpro_{t-2} + 0.2650Dinpro_{t-3} \tag{6}$$

进一步进行脉冲响应分析，对知识产权保护强度进行一单位的正冲击，来观察专利授权量对数、区位熵、文化创意产业产值对数在三期以至更长期所产生的变化。

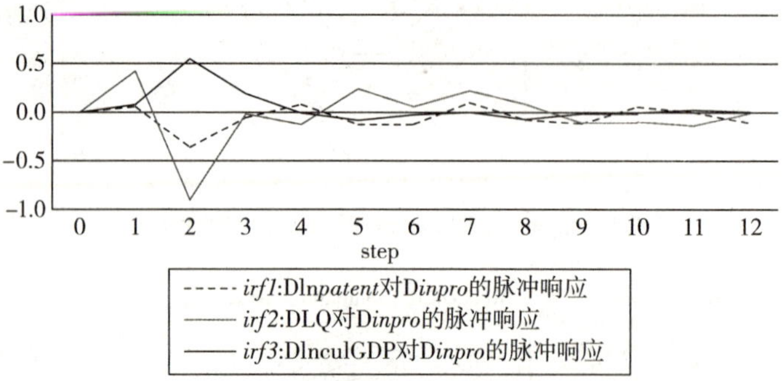

图9 脉冲响应

从三阶滞后模型来看，衡量文化创意产业发展状况的3个指标，即专利授权量对数、区位熵、产业产值对数都受到知识产权保护强度的影响，同时也受到自身滞后项的影响。

从式(4)来看，知识产权保护强度差分滞后一期变量对专利授权量对数一阶差分的偏效应为正，而其滞后二期、滞后三期差分变量的偏效应为负。同时，根据脉冲响应图中的 *irf*1 曲线，知识产权保护强度的提高在第一期会导致专利授权量的增加；而在第二期、第三期会使专利授权量减少。从更为长期的脉冲响应来看，*irf*1 围绕0水平轴上下波动，趋于稳定。这说明在第一期，知识产权保护强度的提高会提升文化创意产业的创新能力；而在第二期、第三期，知识产权保护强度的提高会抑制创新能力，这体现出了一定的矛盾，也在一定程度上说明了学术界和业界存在是否应该不断加强知识产权保护来促进文化创意产业发展的争论的原因。

从式(5)来看，知识产权保护强度差分变量对区位熵差分的偏效应与对专利授权量对数差分的偏效应相似。根据脉冲响应图中的 *irf*2 曲线，区位熵差分对知识产权保护强度的冲击的响应幅度更大。在短期内，知识产权保护强度的提高在一定程度上可提升区位熵；在第二期会更大程度地降低区位熵；而在第五期到第八期的较长期，知识产权保护强度的提高对区位熵的影响皆为正。这说明在以第二期为代表的短期内，知识产权保护强度的提高对文化创意产业集聚程度存在负向影响；而在长期内，知识产权保护强度的提高会提升文化创意产业的集聚程度并最终恢复到平稳状态。

从式(6)来看，知识产权保护强度差分变量对文化创意产业产值对数差分的偏效应则相对明确，因其滞后一期到滞后三期差分变量的系数均为正，故存在正的偏效应。根据脉冲响应图中的*irf*3曲线，知识产权保护强度的提升在第一期到第三期都会使文化创意产业产值增加；而从第四期开始，*irf*3围绕0水平轴以很小的幅度波动，系统恢复到平稳状态。这说明知识产权保护强度的提高对文化创意产业生产能力存在正向影响。这印证了Schneider(2005)，Falvey和Foster(2006)提出的知识产权保护强度与文化创意产业增长存在间接效应的假说，浙江的经济位居全国前列，高于分界点，属于经济较为发达的地区，故知识产权保护与产业增长正向相关。

四、结论与政策建议

本文基于浙江2000—2015年16年的时间序列数据，将文化创意产业发展状况分解为专利授权量、区位熵和文化创意产业产值3个变量，并利用前人加以完善的知识产权保护强度指标，构建VAR模型并进行脉冲响应分析，研究了知识产权保护强度对文化创意产业的影响，得出的主要结论有：①知识产权保护强度对文化创意产业创新能力随着时间的变化有着相反的影响，在短期内，知识产权保护强度的提高对创新能力有正向影响，而在较长的时期则为负向影响，本文没有得出统一的结论；②知识产权保护强度的提高在短期内对文化创意产业集聚程度有一定的负向冲击，但在长期内有利于提升其集聚程度；③知识产权保护强度的提高对文化创意产业生产能力有正向影响，对于经济较为发达的地区，知识产权保护与产业增长正相关。

基于上述研究和结论，本文给出如下几条政策建议：

第一，完善知识产权执法建设。本文在实证研究中以知识产权立法强度和执法强度的乘积来衡量知识产权保护强度，其中立法强度在20世纪90年代以来有了显著的提升，说明我国知识产权立法工作有了明显的进展；然而执法强度与西方发达国家还有较大的差距，这使得总体的知识产权保护强度偏低。为了有效地加强知识产权保护，在完善立法的同时，也要注重执法建设。

第二，注重知识产权的教育宣传，提升人们的知识产权意识。知识产权保护之所以可能对文化创意产业创新能力产生负向影响，其中最重要的原因之一就在于部分人们缺乏知识产权意识。在低强度的知识产权保护的状态下，存在非常开放的知识共享空间，这就为不合法的知识产权侵权行为提供了便利；而一旦提高知识产权保护强度，这些侵权行为的机会成本变大，一些研究便无法开展，从而在表面上降低了创新能力。在人们都具有较好的知识产权意识的前提下，知识产权保护会提升智力工作者的积极性和创造性，从而对创新能力产生正向影响。

第三,加强文化创意产业园区建设。产业集聚能利用知识外溢、劳动力市场共享等更好地提升文化创意产业生产效率,而产业园区是产业集聚的重要形式之一。浙江的文化创意产业园区建设走在全国前列,并取得了较好的效果,对于其他省份有一定的借鉴意义。同时,本文的实证研究表明,在长期,知识产权保护有利于促进文化创意产业集聚。将知识产权理念渗透到文化创意产业中,有利于实现文化创意产业的长足发展。

参考文献

[1]Eicher,T., Penalosa,C. G. Endogenous Strength of Intellectual Property Rights: Implications for Economic Development and Growth[J]. *European Economic Review*,2008,52(2).

[2]Falvey,R. E., N. Foster, D. Greenway. Intellectual Property Rights and Economic Growth[J]. *Review of Development Economics*,2006.

[3]Gary Dushnitsky, Michael J. Lenox. When Do Incumbents Learn from Entrepreneurial Ventures? Corporate Venture Capital and Investing Firm Innovation Rates[J]. *Research Policy*,2005.

[4]Maskus,K. E. *Intellectual Property Rights in the Global Economy*[M]. Institute for International Economics,2000.

[5]Thompson, M. A., Rushing, F. An Empirical Analysis of the Impact of the Patent Protection on Economic Growth: An Extension[J]. *Journal of Economic Development*,1999.

[6]Sehneider,P. H. International Trade, EconomicGrowth and Intellectual Property Rights: A Panel Data Study of Developed and Developing Countries[J]. *Journal of Development Economics*,2005.

[7]陈建军,葛宝琴.文化创意产业的集聚效应及影响因素分析[J].当代经济管理,2008(9).

[8]黄眷.知识产权保护对文化创意产业发展影响的实证研究——基于30个省市的面板数据[D].杭州:浙江大学,2014:6.

[9]李平,宫旭红,齐丹丹.中国最优知识产权保护区间研究——基于自主研发及国际技术引进的视角[J].南开经济研究,2013(3).

[10]李伟庆.浙江文化创意产业发展现状及对策研究[J].商场现代化,2013(31).

[11]李正锋,逯宇铎,叶娇.知识产权保护对江苏区域创新能力提升的影响——基于2000—2013年时间序列数据的实证分析[J].科技管理研究,2015(1).

[12]许春明,陈敏.中国知识产权保护强度的测定及验证[J].知识产权,2008(1).

[13]杨梦泓.知识产权保护、产业集聚与经济增长[D].杭州:浙江大学,2011.

[14]张杰.制度约束与地方产业集群发展——我国地方产业集群全球价值链嵌入与升级的互动研究[J].浙江学刊,2009(1).

[15]张蔷.中国城市文化创意产业现状、布局及发展对策[J].地理科学进展,2013(8).

基于因子分析的湖北省区域工业发展水平统计评价

张　苗

（武汉大学经济与管理学院）

［摘　要］本文选用湖北省17个地、市、州2015年的工业相关数据作为样本，构建了涵盖11个样本指标的工业竞争力评价指标体系，采用因子分析法对这17个地、市、州的工业发展规模、工业经营效益、工业增长潜力，以及工业增长综合竞争力进行测定及分析评价。实证结果表明，湖北省各地工业发展水平总体上分布均匀，但各地之间仍存在一定的明显差距。省域中心城市和副中心城市在工业发展规模上明显优于其他地区，在全省各地、市中明显占优。湖北省应坚持主体功能区规划，充分发挥中心城市的工业产业带动作用，发挥其他各地、市的比较优势，实现工业经济科学、协调的长足发展。

［关键词］湖北省；工业竞争力；因子分析法

一、引　言

工业是国民经济的主导产业，是实现地区经济增长最为重要的动力来源，工业化也是地区经济增长的必然趋势。近年来，湖北省工业发展迅速，2015年，全省工业产值达4.53万亿元，是2010年的2.15倍。工业规模持续扩大，结构调整步伐加快，创新能力显著提升，为实现湖北“中部崛起”，从“工业大省”转变为“工业强省”奠定了坚实的基础。“十三五”时期是湖北省发挥工业优势、率先实现经济转型的重要战略机遇期，为此，湖北省委省政府先后颁布实施了《湖北省国民经济和社会发展第十三个五年规划纲要》和《中国制造2025湖北行动纲要》，为湖北省实现“率先、进位、升级、奠基”的发展目标提供了政策支持。因此，在湖北省力促产业发力、努力实现跨越发展的关键时期，深入了解研究湖北省各地区工业发展水平，寻找各地区产业发展的优势与劣势，对“十三五”时期湖北省实现工业科学发展、提升工业总体水平、促进地方经济持续增长，有着重要的现实意义。

美国经济学家迈克尔·波特将亚当·斯密的“绝对优势理论”和“赫克歇尔—俄林”模型进行扩展，于1990年提出了“钻石模型”（Michael Porter Diamond Model），为分析国家和地区的整体优势劣势、评价国家和地区的竞争力发展水平提供了科学的研究体系，并在随后被广泛应用于各个行业的竞争力评价当中。在此基础之上演化而成的竞争力发展水平评估方法主要有层次分析（AHP）、因子分析以及主成分分析。层次分析因其在评分过程中不可避免地带有评分人的主观因素,逐渐被学者所摒弃;主成分分析主要作为一种探索性的技术手段,很少单独被使用,且因子含义及命名带有一定的模糊性,不及因子分析清晰、明确。基于此,因子分析法在对此类研究的研究中逐渐被学术界所广泛认可和接受。

国内对工业竞争力的评价始于2000年之后,在早期阶段,学者主要通过对各地区经济数据的描述性统计和简要对比,来分析各个不同地区的行业发展状况及差距。如聂辰席和顾培亮(2000)通过比较河北省各地区的工业产品市场占有率,来讨论河北省各地区工业发展状况的差异[1]。武义青和马银戌(2002)在比较各地区、各行业产品市场占有率的基础之上,构造了产品的市场竞争优势系数,从市场和竞争两方面来衡量地区与行业的发展水平,使这一问题的研究角度开始呈现多样化趋势。[2]为了在评价地区行业发展水平时能够综合考虑多方面因素,随后的研究者们在构建评价体系时视角逐渐全面。魏后凯和吴利学(2003)[3]构建了由市场影响力、工业增长力、资源配置力、结构转换力和工业创新力等五方面因素共同决定的地区工业竞争力的综合评价指标体系,分析了我国不同省份之间的工业发展水平差异。

总体而言,早期通过简单的指标对比或通过简单的指标计算来衡量地区之间行业发展差距的方法仍然过于简单,无法体现变量之间的内部联系。因此,随后的研究者们越来越多地采用因子分析的方法来对该问题进行评价。吴传清(2013)等为了研究湖北省服务业发展状况在全国的水平,通过因子分析法对全国31个省份服务业的竞争力进行了测度[4]。何师元(2015)选用全国各省份2013年的统计指标,分析了长江经济带各省份高新技术产业的发展水平[5]。邵蔚(2015)用2003—2011年的面板数据,分析了我国装备制造业各细分行业竞争力水平的时间变化趋势[6]。以上学者在从事同类研究时大多从国家和省级层面出发,分析省一级行业发展状况在全国的水平。但就目前湖北省内各地、市层面来看,尚未发现有全面、系统的工业发展水平和竞争力评测。本文在总结前文的基础之上,通过因子分析法对湖北省17个地、市、州的工业发展数据进行统计分析,对行业发展水平进行系统性评测,旨在为湖北省工业的长远发展提供参考和建议。

二、指标描述与数据来源

(一)评价指标描述

通过不同视角和不同的指标,对地区工业竞争力的评价也不尽相同。因此,为实现评价的综合性、全面性和合理性,结合现有可得数据,本文从如下3个方面着手,构建湖北省工业发展水平的综合评价体系。

1. 工业发展规模

工业发展规模一级指标体现了地区工业发展的总体态势和规模体量。该指标下包含主营业务收入、开发区个数、行业利润总额、行业缴纳税收、地区工业产值、地区出口交货值占全省比、行业总资产、地区工业企业数8个二级指标。

主营业务收入是地区工业企业经常性的主要经营业务所产生的基础性收入,是工业企业所生产的产品在市场上的现实货币回报,是工业部门价值实现的最主要方式。

行业利润总额是该地区工业企业经营收入扣减成本后的最终利润。利润总额的高低能够反映地区工业企业盈利能力的强弱，进而体现地区工业企业在市场竞争中所处的位置。

税收是企业在生产经营活动中向国家和社会所履行的义务。通过税收指标，可以间接体现企业当前的经营状况和总体实力。

地区工业产值能够反映地区工业部门的生产能力，是地区工业部门生产、加工能力和价值创造的体现。工业总产值是反映地区工业规模最显著和最重要的经济指标。

出口交货值反映了地区工业产品的出口价值。出口交货值在全省的比重反映了该地区工业产品出口价值在全省中所占的份额，反映了地区工业经济的外向型水平，从侧面体现了该地区在全省工业经济中的地位。

开发区是我国改革开放的成功实践。开发区的建设有助于地方改善投资环境、促进产业集聚，有助于形成工业规模，对地方工业发展有着重要的作用，是地方工业化发展的重要平台。

2. 工业经营效益

工业经营效益一级指标包括资产负债率和成本费用利润率两个二级指标，集中体现了工业生产企业的负债水平、风险程度以及企业的经济效益，集中体现了地区工业企业的运行状态。

3. 工业增长潜力

尽管湖北省内工业总体规模较大，但不可否认的是，与东南沿海发达省份相比，湖北省工业的现代化水平并不高，在过去一段时间里，湖北省工业的高速增长主要得益于劳动力、资源等传统优势[8]（邹薇，2014）。

基于湖北省在过去一段时间内工业发展主要得益于劳动力等传统优势的情况，通过衡量行业劳动力情况，能够在一定程度上评价当前工业发展的水平。行业劳动力人数的增减，可以从侧面反映出该地区工业对劳动力的吸纳程度的变化，反映出劳动力市场上对该行业的评价和预期，也能反映出该地区的工业发展规模的增减。因此，本文选取劳动力增长率指标，来衡量地区工业的发展潜力（见表1）。

表1 评价指标的选取

<table>
<tr><th></th><th>一级指标</th><th>二级指标</th></tr>
<tr><td rowspan="11">地区工业发展竞争力</td><td rowspan="8">工业发展规模</td><td>主营业务收入</td></tr>
<tr><td>地区开发区个数</td></tr>
<tr><td>行业利润总额</td></tr>
<tr><td>行业缴纳税收</td></tr>
<tr><td>地区工业总产值</td></tr>
<tr><td>地区出口交货值占全省比重</td></tr>
<tr><td>行业总资产</td></tr>
<tr><td>地区工业企业数</td></tr>
<tr><td rowspan="2">工业经营效益</td><td>资产负债率</td></tr>
<tr><td>成本费用利润率</td></tr>
<tr><td>工业增长潜力</td><td>工业劳动力增长率</td></tr>
</table>

（二）数据来源与描述

根据分析需要，本文选择了湖北省17个地、市、州（含副省级城市1个、地级市11个、自治州1个、省直辖副地级市3个、省直辖副地级林业管理区1个）2015年的工业相关数据作为样本（见表2）。

表2 变量的描述性统计结果

指　标	最大值	最小值	平均值	标准差
主营业务收入	11771.72	6.86	2539.954	2816.6
开发区个数	15	0	7.7	4.93
行业利润总额	481.75	0.87	144.47	149.77
行业缴纳税收	1525.34	0.09	270.53	368.59
地区工业总产值	12862.95	7.35	2694.68	3076.61
资产负债率	84.04	38.35	51.81	10.75
劳动力增长率	0.0274	-0.086	-0.019	0.0278
出口交货值占全省比	0.391	0	0.058	0.089
行业总资产	12740.05	43.3	2082.3	3010.2
地区工业企业个数	2588	10	965.47	653.11
成本费用利润率	9.75	-12.76	5.11	5.24

数据来源：根据2016年《湖北省统计年鉴》相关数据整理而得。

三、评价体系的实证构建

（一）适用性检验

本文运用SPSS 19.0软件，对所选数据进行分析。

KMO检验是通过比较指标样本间的相关系数和偏相关系数大小来判断变量间的相关性，通过计算得出的KMO值的取值范围在[0,1]，KMO值越接近于1，表明变量间相关性越强，越适合做因子分析。Bartlett检验的原假设是各指标变量之间相关系数矩阵为单位阵，即各变量之间并不相关。Bartlett指标越接近于0，说明各指标之间存在相关性，可以进行因子分析。

湖北省各市、州工业发展水平各变量的因子分析适用性检验结果如表3所示。检验结果表明，取样足够度的KMO度量值为0.728，球形度检验值为0，表明本文选取的湖北省各市、州工业发展变量非常适合，可以进行因子分析。

表3　KMO 和 Bartlett 球形度检验结果

取样足够度的 Kaiser - Meyer - Olkin 度量	0.728	
Bartlett 球形度检验	近似卡方	309.864
	Df	55
	Sig	0.000

(二)公因子的提取

本文通过主成分分析法提取公共因子,提取结果如表4所示。特征值大于1的公因子有3个,累计贡献率达到了93.361%,说明提取的公因子能够在93%的水平上概括原有11个变量的信息。非常好地代表了原有11个指标的经济内涵,能够有效地对各地工业发展水平作出评价。

表4　解释的总方差

成分	合计	初始特征值 方差的百分比	累计 百分比	合计	旋转平方和载入 方差的百分比	累计 百分比
1	7.002	63.659	63.659	6.882	62.568	62.568
2	2.071	18.827	82.486	2.094	19.038	81.606
3	1.196	10.875	93.361	1.293	11.755	93.361
4	0.405	3.684	97.044			
5	0.157	1.426	98.470			
6	0.098	0.888	99.358			
7	0.029	0.268	99.626			
8	0.020	0.184	99.810			
9	0.016	0.142	99.952			
10	0.005	0.044	99.996			
11	0.000	0.004	100.000			

(三)因子命名和体系构建

在明确因子提取的个数和各因子的解释程度后,需要探索各个公因子的内涵,将各原变量对应到公共因子当中。本文利用正交旋转法,对载荷矩阵进行了因子旋转,旋转在5次迭代后收敛。旋转后的载荷矩阵如表5所示。

表5 旋转成分矩阵

	成分		
	1	2	3
主营业务收入	0.991	-0.009	0.069
开发区个数	0.706	0.358	0.472
行业利润总额	0.994	-0.018	0.006
行业缴纳税收	0.902	0.210	0.134
地区工业总产值	0.993	-0.003	0.068
资产负债率	0.161	-0.924	0.187
劳动力增长率	-0.021	-0.236	0.910
出口交货值占全省比	0.915	-0.127	-0.237
行业总资产	0.979	-0.080	-0.041
地区工业企业个数	0.871	0.273	0.349
成本费用利润率	0.181	0.957	-0.203

第一个公共因子(*F*1)在主营业务收入、开发区个数、行业利税总额、行业缴纳税收、地区工业总产值、出口交货值占全省比、行业总资产、地区工业企业个数上有较高的荷载数,这8个指标主要体现了工业发展的规模,故将其命名为发展规模因子,发展规模因子对各指标的方差贡献率已经达到了62.568,是最具影响力的公共因子,也是影响各市工业竞争力的最关键因素;第二个公共因子(*F*2)在资产负债率和成本费用利润率上有较高的荷载,这两个指标集中体现了工业生产企业的负债水平、风险程度以及企业的经济效益,故将其命名为经营效益因子;第三个公共因子(*F*3)在劳动力增长率上有较高的荷载,这个指标体现了行业对劳动力的吸纳,体现了劳动力在该行业的增加,故将其命名为增长潜力因子。

表6 得分的参数估计

	成 分		
	1	2	3
主营业务收入	0.149	-0.040	0.024
开发区个数	0.058	0.172	0.347
行业利润总额	0.121	0.074	0.048
行业缴纳税收	0.155	-0.048	-0.077
地区工业总产值	0.149	-0.037	-0.025
资产负债率	0.046	-0.448	0.092
劳动力增长率	-0.067	-0.068	0.733
出口交货值占全省比	0.167	-0.110	-0.274

续表

	成 分		
	1	2	3
行业总资产	0.159	-0.080	-0.117
地区工业企业个数	0.097	0.117	0.229
成本费用利润率	-0.008	0.459	-0.016

为计算17市(州)工业竞争力的综合得分,将表4中3个公共因子各自的方差贡献率在累计贡献率中所占的比例作为权重进行加权计算,综合得分计算公式为

$$F=\left(\frac{62.568}{93.361}\right)F_1+\left(\frac{19.038}{93.361}\right)F_2+\left(\frac{11.755}{93.361}\right)F_3$$

利用上述公式,可以计算湖北各市、州工业发展总体水平值。

四、因子得分排名及分析

(一)因子得分排名

运用SPSS 19.0软件,计算并提取出各市、州各因子的得分,并根据上述综合得分计算公式,可得17市(州)的总得分及排名(见表7)。

表7 因子得分排名

F1		*F2*		*F3*		*F* 总	
排名	得分	排名	得分	排名	得分	排名	得分
武汉	3.333	十堰	0.870	荆州	1.551	武汉	1.966
宜昌	1.098	咸宁	0.844	孝感	1.105	襄阳	0.878
襄阳	0.931	随州	0.758	黄冈	1.054	宜昌	0.845
荆门	-0.103	襄阳	0.749	荆门	0.863	荆州	0.133
十堰	-0.114	仙桃	0.606	襄阳	0.801	荆门	0.105
孝感	-0.151	黄冈	0.474	恩施	0.463	黄冈	0.102
黄冈	-0.190	荆州	0.428	天门	0.279	孝感	0.059
黄石	-0.190	宜昌	0.417	宜昌	0.195	十堰	0.007
荆州	-0.222	荆门	0.322	神农架	0.166	咸宁	-0.066
咸宁	-0.312	恩施	0.174	黄石	0,055	随州	-0.211
随州	-0.375	孝感	0.110	咸宁	-0.233	黄石	-0.244
仙桃	-0.389	天门	0.039	鄂州	-0.369	恩施	-0.344
潜江	-0.542	潜江	-0.391	武汉	-0.556	天门	-0.444

续表

F1		F2		F3		F 总	
排名	得分	排名	得分	排名	得分	排名	得分
鄂州	-0.561	鄂州	-0.591	十堰	-0.744	仙桃	-0.446
恩施	-0.654	黄石	-0.607	随州	-0.909	鄂州	-0.543
天门	-0.728	武汉	-0.968	潜江	-1.270	潜江	-0.603
神农架	-0.826	神农架	-3.237	仙桃	-2.451	神农架	-1.193

(二)得分结果分析

*F*1 评估值反映了湖北省各地区的工业发展规模。武汉市的工业发展规模居全省之首,且大幅度地领先于其他地区。除武汉、宜昌、襄阳外的其他市(州)的工业发展规模得分均不高,这表明湖北省中心城市与其他地区之间的工业发展规模水平存在较为明显的差距。武汉作为湖北省省会及中部地区的中心城市,宜昌和襄阳分别作为湖北省域副中心城市,城市发展时间较早,发展程度相对更为成熟,发展工业的基础相对较好,拥有相对便利的交通体系,地区经济发展程度和对外开放程度都较高,在吸引工业企业聚集上具有一定的优势。

*F*2 得分反映了湖北省各地区的工业经营效益状况。由 *F*2 的得分可知,除神农架林区外,各市(州)工业经营效益得分整体差距不大。这说明湖北省全省各地的工业企业生产经营状况均较为稳定,不同地市的工业企业在生产经营状况上并不存在明显的差异。具体来看,各地区都有各自的比较优势。排在前三位的分别是十堰、咸宁、随州,三市相比发展更早的武汉、襄阳、宜昌等市,区域内地价、劳动力成本等各类经营成本较低使得地区工业企业资产负债率低,成本费用利润率高。而武汉市的地区经济发展水平较高、资金充足、融资途径多,许多工业企业通过大量贷款或发行股票进行生产,使得企业资产负债率高,同时地价高、经营成本高等因素使得成本费用利润率较低。

*F*3 的得分反映了湖北省各地区工业行业的增长与扩张。从得分情况来看,湖北省各地工业行业的增长情况整体分布较为均匀,但首尾差异较大。排名靠前的荆州、孝感、黄冈等地工业企业发展态势较好,速度较快,对劳动力的吸引能力和吸纳程度较高;反之,排名靠后的潜江和仙桃等地,工业企业的体量并未呈现出明显的扩大。

总而言之,当前湖北省除武汉、宜昌、襄阳和神农架以外的其他各市州工业发展总体水平分布较为均匀,但各市、州之间工业发展综合水平仍存在一定的差距,从得分情况上看,荆州、荆门、黄冈、孝感、十堰等地工业发展总体竞争力相对较高。发展规模因子在综合得分中所占权重较大,说明促进地区工业规模的增加有助于地区工业发展总体水平的显著提高,同时,地区内工业企业的良好经营和健康成长也有利于提升地区工业发展的总体竞争力。省会城市武汉和省域副中心城市宜昌和襄阳,因其重要的政治经济地位、较为完善的城市发展规划、相对便利的交通运输条件和成熟的工业发展基础,能够为地方工业发展提供稳定的政策和经济支持,使其地方工业经济能够实现持续地规模化发展。神农架林区因其主导产业为林业,工业发展起步较晚,基础相对薄弱,且山林地区的人口规模较小,政府财力相对较弱,对工业的支持能力有限,故其工业发展水平在省内处于落户位置。同时,工业发展竞争力较弱的天门、仙桃、鄂州、潜江等地，也恰是湖北省面积相对较小的地、市，其工业总体竞争力不及其他地区，与其相对较小的城市规模也不无关系。其他地区如荆州、荆门、黄冈、孝感等，由于自身的比较优势，工业发展都存在一定的后发优势，近年来地区工业稳步发展。

五、结论与政策建议

基于湖北省各地、市、州 2015 年的工业经济数据，本文构建了涵盖 11 个变量的工业竞争力评价指标体系，采用因子分析法对湖北省 17 个市、州的工业发展规模、工业经营效益、工业增长潜力及综合竞争水平进行了测定评价。实证结果表明，湖北省各地工业发展总体水平整体上分布均匀，但各地之间仍存在一定的明显差距。省域中心城市和副中心城市在工业发展规模上明显优于其他地区，在全省各地、市中明显占优。

根据以上分析结论，提出以下建议：其一，要坚持湖北省主体功能区规划。各地、市要明确自身在湖北省区域规划中的地位和作用，积极在产业升级、过渡和转型中找准自身定位，结合地区政治、经济、文化、环境、资源等特色，发挥比较优势，合理集约化发展。科学谋划，长远布局，密切区域间经济联系，实现不同地区之间的合作与互补。其二，省域中心城市和副中心城市要积极承担中心城市职能。湖北省的中心城市和副中心城市在政治地位、交通网络、工业基础和对外影响力方面有着十分明显的先发优势。要充分发挥以武汉为龙头，襄阳和宜昌为两翼的辐射带动作用，在园区建设、人才培养、外资引进、技术更新、产业转移方面发挥龙头和先导作用，为其他地市的工业发展提供必要的补充、协调和成功经验，为全省社会经济的全面发展提供有力的支持。其三，除武汉、襄阳、宜昌和神农架外的其他市、州要充分发挥后发优势，结合自身特色和比较优势，努力培育新的工业经济增长点，同时，进一步加大交通体系等基础设施建设与完善的力度，加强地区信息、能源、通关等方面的保障能力，适度加快推进现有产业园区的发展规模。神农架地区要在发挥林区生态功能的前提下，探索适合其自身特色和生态定位的生态化工业发展路径。其四，政府、企业要合理制订人才培养和人才引进计划。湖北省作为教育大省，高校、科研机构众多，人才优势明显，要加强地区与高校、科研机构的联系，制定合适的政策留住人才，为地区工业经济实现长期、稳定、科学的增长提供保障。

参考文献

[1]聂辰席，顾培亮. 河北省工业竞争力比较分析[J]. 中国工业经济，2000(10)：25－27.

[2]武义青，马银戌. 河北工业竞争力报告[J]. 河北经贸大学学报，2002(1)：71－85.

[3]魏后凯，吴利学. 中国地区工业竞争力评价[J]. 中国工业经济，2002(11)：54－62.

[4]吴传清，李绍滕，陈扬亚. 湖北省服务业发展水平的统计评价[J]. 统计观察，2013(23)：71－74.

[5]何师元. 长江经济带高技术制造业竞争力的统计评价[J]. 统计与决策，2015(16)：120－123.

[6]邵慰. 中国装备制造业竞争力分行业测度研究——来自 2003—2011 年面板数据的证据[J]. 经济学家，2005(1)：50－55.

[7]王伶. 湖北省区域农业竞争力的因子—聚类分析——基于湖北省 17 市(州、区)的样本数据[J]. 湖北社会科学，2015(11)：72－76.

[8]邹薇. 加快湖北工业结构升级构建现代产业发展新体系[J]. 政策，2014(4)：32－35.

“一带一路”倡议下区域贸易开放的创新模式研究
——基于第三批自贸区省份商贸大数据的实证分析

陈一诺
（西南财经大学经济学院）

［摘　要］自贸区规划和“一带一路”倡议是中国构建对外开放新体制的重要组成部分。第三批自贸区已正式统一挂牌，如何创新自贸区开放模式并找准对外开放着力点，成为当前我国亟待解决的重要问题。本文基于贸易网络研究视角，利用2007—2011年中国海关数据，综合构建了包含中国31个省份和63个“一带一路”国家的贸易网络，运用多模网络可视化和微观模体结构分析，考察自贸区省份在网络中的主要贸易行为、贸易模式及其演化趋势，并且通过指数随机图模型剖析了各地区间、各地区与“一带一路”国家以及两类多模网络形成的主要因素。研究表明：①中国同“一带一路”沿线国家的贸易整体结构失衡，其中出口占优、沿海地区优势突出，重点贸易合作伙伴集中在欧洲、中亚和东南亚地区；②第三批自贸区省份的贸易模式中普遍存在不对称的贸易转移和外贸行为，并且进口行为的不对称性更为突出；③沿边口岸在与“一带一路”沿线国家的贸易中发挥了重要的桥梁作用和辐射作用，且口岸的集聚效应正在逐渐形成；④运输成本、铁路运输能力、地理距离是影响国内贸易转移和与“一带一路”沿线国家发生贸易行为的主要原因。基于上述结果，本文分别从基础设施建设、优势口岸打造、自贸区功能定位和外贸开放创新体系等方面提出了相关政策建议。

［关键词］“一带一路”；自贸区；贸易网络；模体分析；指数随机图

一、问题的提出

21世纪以来，国际多边贸易发展停滞不前，贸易自由化进程受阻，尤其在后金融危机时期，世界货物贸易增长日渐萎缩，根据世界贸易组织的数据统计，2009—2015年国际贸易的年均增速已经从1990—2008年的7%降至3%①。而受国际贸易“寒冬”的影响，中国自2009年由金融危机带来的进出口负增长之后，2010—2015年进出口年均增长率约为4.8%，其中2015年同比下降8%②。然而，尽管中国贸易增长逐渐失速，但商务部公布的《2014年中国对

---

①　各年度贸易统计数据，世界贸易组织（WTO）（http://www.stat.wto.org/）。

②　笔者根据历年《中国对外贸易发展情况》（http://www.mofcom.gov.cn/）数据计算所得。

外贸易情况》中显示,2014 年中国对自贸伙伴的出口增长率为 10.6%,比重为13.4%;并且中西部地区整体进出口增量贡献率首次超过东部地区,增长趋势明显。可以认为,在加快构建中国对外开放新体制的进程中,创新开放模式、找准目标市场是当前的工作重点。

随着 2017 年 1 月《对外贸易发展"十三五"规划》文件的发布,中国外贸发展正在加快进入转型发展期,尤其是在国际经贸关系的深化合作以及新市场的开拓方面,强调了"以推进'一带一路'建设统领对外开放",并且要求"加快实施自贸区战略"。显然,自贸区的挂牌发展和"一带一路"经贸合作已然成为中国构建对外开放新体制的重要组成部分。日前,国务院印发《中国(辽宁、浙江、河南、湖北、重庆、四川、陕西)自由贸易试验区总体方案》,第三批 7 个自由贸易区已于 2017 年 4 月 1 日正式挂牌,自此,这 7 个自贸区加上此前设立的上海、天津、福建、广东 4 个自贸区,共同形成了东中西协调和陆海统筹的全方位、高水平对外开放新格局,从"齐头并进"进入"雁行阵"模式。随着中国第三批 7 个自贸区①的挂牌成立,中国自贸区发展战略正式进入 3.0 新时代,随之而来的问题是:这些地区应该怎样抓住开放发展的新机遇?如何较好地融入"一带一路"建设中?如何创新自贸区外贸发展模式,进而成为中国对外开放新时期的贸易"引擎"呢?

本文重点选取第三批挂牌的自贸区为对象,将复杂网络理论与社会网络分析方法相结合,构建基于经贸大数据的网络分析框架,并且分别从全局网络结构和微观网络结构入手,基于细化产品的贸易数据构建单模、二模以及多模的贸易网络进行特征事实可视化的同时,分别进行模体结构显著性检验和基于指数随机图的因素检验。本文运用 R 和 FANMOD 程序对数据进行地图可视化和复杂网络分析,并基于自贸区间、自贸区与海关地区以及"自贸区—地区海关—"一带一路"沿线国家等网络进行模体结构分析和 ERGM、STERGM 的检验,力图为自贸区试验区积极融入"一带一路"建设、创新开放模式以及自贸区未来发展提供经验支撑和政策参考。

二、文献综述

自党的十八届三中全会提出"一带一路"倡议(The Belt The Road Initiatives)以来,中国不断加深开放型经济新体制构建的探索与改革,中国内陆和沿边地区以及现有的自贸区都能够通过融入"一带一路"建设提升中国的开放水平(申现杰、肖金成,2014),然而在东西部省份间,"平台过多、规划过剩、定位重合"等问题逐渐暴露在"一带一路"的省际规划中(郑志来,2015)。此外,在产业层面,中国对外贸易的优势产业也能够抓住机遇找准贸易模式,并且地方政府能够通过调整贸易、金融和行政效能来助推优势产业出口(许和连、孙天阳,2015)。而薛伟贤和顾菁(2016)的研究认为,"一带一路"建设将向西开放的战略立足于内陆开放的基础之上,西部的高新技术产业也迎来了产业升级发展的契机。针对产品和口岸,已有研究发现中国针对"一带一路"沿线国家的贸易口岸分布差异较大,并主要以公路口岸为主(宋周莺等,2015)。而郑蕾等(2015)的研究则发现,中国西部地区同"一带一路"沿线国家的贸易主

① 注:国务院于 2016 年正式决定在辽宁省、浙江省、河南省、湖北省、重庆市、四川省和陕西省新设立 7 个自贸区。

要以出口机器电气设备、纺织品和化工制品等商品以及进口矿产品和机器电气设备等商品为主。总体而言,“一带一路”倡议为中国寻求进一步开放的契机提供了良好的平台,而针对不同地区、不同产业提出“因地制宜、因业成策”的配套规划是当下亟待解决的重要问题。与此同时,随着构建开放型经济新体制布局的加快,国内自由贸易试验区的发展步伐也在不断加快。自上海自贸区成立以来,其对地方经济增长和区域经济辐射的正向作用得以显现,并且已经传递出了可在全国范围内推广复制的有效经验(王利辉、刘志红,2017)。而项后军等(2016)的研究发现,上海自贸区的设立仅对货物贸易和服务贸易的净进口存在显著的正向作用。此外,任再萍等(2016)的研究则通过 Dendrinos - Sonis 模型验证第一批、第二批自贸区的成立带动了地区区位优势的提升和地区间的经济协同互补关系。结合“一带一路”建设来看,已有文献利用自贸区战略支点对“一带一路”建设的辐射(罗清和、曾婧,2016),利用自贸区打造同“一带一路”沿线国家贸易、投资的快速通道(姜睿,2015),以及利用自贸区辐射周边地区,进而对接“一带一路”建设推动区域特色经济形态发展(彭海阳等,2015),多方面开展了将自贸区发展同“一带一路”建设融合发展的相关探讨。但对于第三批自贸区,特别是中西部的川、渝、鄂地区的贸易开放创新的研究尚存空白;同时,已有研究普遍以定性讨论和经济变量检验研究为主,未能对已有的贸易关系形成和演化进行解释,对于贸易开放的选择和规划的制定缺乏科学、有效的事实支撑。

自金融危机发生以来,危机在世界范围内的广泛波及引发了学者对世界经济系统复杂特性的持续关注,借助复杂网络分析方法对世界贸易和世界经济系统等问题进行识别和分析已经成为新的前沿(Schweizter et al. ,2009)。已有研究已经针对贸易网络的度分布、中心性和产业结构等特征进行了识别(Serran,2003;Fagiolo,2010;Cerina et al. ,2014;Zhu et al. ,2015)。上述研究尽管在一定程度上拓展了对世界贸易格局宏观和中观层面的认识,但尚未对贸易网络的形成和演化以及不同网络结构间的交互式影响进行解释。此外,虽然已有研究已经尝试从网络的视角对“一带一路”建设中的经贸联系和经济联动关系(梁经纬等,2016)和中国与周边国家的地缘环境关系(潘峰华等,2015)进行研究,但其主要阐述了贸易网络的全局特性和统计特征,未对其内部形成机理和微观结构进行深入研究。随着现实网络集聚性的不断提升,任意节点间的联系都能产生一定的集群性。而这一特征恰好符合无标度网络对现实复杂网络的描述(Balabasi and Albert,1999),然而对比已有的网络结构,在复杂性达到较高水平时,网络的全局结构特性将趋于相似(陈倩,2008),但网络内的局部结构可能表现出异常迥异的特性。Milo et al. (2002)的研究首先定义了网络中的微观结构“网络模体”(Network Motifs)这一概念,即模体包含了在网络中反复出现的表征相互作用的模式。而 Davis 和 Leinhardt (1967)也在社会网络分析的范畴中加入了对网络二元结构和三元结构的统计。以上相关研究均为剖析“一带一路”沿线国家同中国自贸区主体间的贸易微观行为提供了新的思路和契机。此外,对于网络生成机制的研究逐渐从随机网络(Watts and Strogtz,1998;Barabasi and Albert,1999)向概率网络模型(Wasserman and Pattison,1996;Nowicki,2001)转移,尤其是新兴发展的指数随机图模型(Exponential Random Graph Model)(Hunter and Handcock,2006)。其中,ERGM 方法因为其对于不同因素检验的较强适用性得到了国内外学者的广泛关注(Lusher,2013;吴钢,2013;许和连、孙天阳,2015)。从全局视角来看,“一带一路”沿线国家同中国省份间的贸易网络正是由多个局部的微观结构组成的,这也使得采用 ERGM 方法对“一带一路”

沿线国家同自贸区间的贸易行为模式进行研究具有较强的理论支撑。

综上所述，尽管国内外学者从理论和实证的角度分别研究了自贸区发展和"一带一路"建设的相关问题，但对于第三批自贸区同"一带一路"建设如何协同发展、贸易主体间微观结构和行为选择的特征识别以及中国各省份与"一带一路"沿线国家贸易网络形成的内在机理和影响因素等问题尚未深入，尽管许和连和孙天阳(2015)的研究已经尝试使用指数随机图模型对"一带一路"沿线国家间的贸易网络形成进行分析，但其主要关注的是国家间的个体行为，未能细化到省际层面，并且其回归检验仅采用一个时间截面，未能深入探讨在不同时间截面上贸易网络形成的内在机制。此外，已有研究未对自贸区的流通能力进行深入探讨，即忽略了国内产品省际流转的特征。因此，本文的创新之处主要体现在：①将"地区—地区"的双边贸易网络拓展为"自贸区—海关—贸易国"的多模贸易网络进行研究。②运用模体分析，对不同贸易网络的微观结构进行识别和检验，明确了地区间贸易行为的一般模式和特点。③将时序可分的指数随机图模型和截面随机图模型相结合，检验个体异质性属性对贸易行为的影响，挖掘贸易关系形成的长期演化机理。通过上述研究，本文旨在把握自贸区各省份与"一带一路"沿线国家贸易的行为特征和形成机理，揭示不同地区间贸易的主要模式及其影响因素，从理论和实证的角度为推进第三批自贸区融入"一带一路"建设以及构建中国对外开放新体制提供参考。

三、数据来源与研究方法

1. 数据来源与说明

(1)商品贸易数据。为了充分研究第三批自由贸易试验区同"一带一路"沿线国家开展贸易的特征事实和细化结构，本文使用高度细化的海关数据进行研究。所采用的海关数据来自中国海关总署，包含的样本期间为2007—2011年，其中详细报告了与HS 8分位产品的消费地(或生产地)和进口(或出口)的来源国(或目的国)相对应的每笔订单交易，订单中包含了HS 8分位产品的价值量、单价、数量、贸易方式、经手海关以及企业的相关资料等信息。本文通过对月度数据进行年份的汇总后得到了HS 8分位产品在各年度的进出口贸易额数据，同时，由于本文主要对"自贸区—海关—贸易国"的多模结构进行研究，对数据中的海关(匹配字典包含924条字段记录)以及消费地(或生产地)(匹配字典包含724条字段记录)进行识别和匹配，并对两条标签中的空白记录进行了清洗，因此，本研究最终保留的有效数据记录共16379037条(约占数据记录总数的22.98%)。

(2)行为者属性与距离协变量。本文通过引入指数随机图模型，侧重对自贸区省份的国内贸易转移和"一带一路"沿线国家贸易开放选择的影响因素进行实证检验。因此，本文针对网络中所涉及的行为者进行了属性数据的整理①：第一，考虑到国内贸易转移的特征，本文根据数据包含的中国31个省份的基础设施情况和经济水平指标，结合数据的可得性和充足性，筛选了包含第二产业产值、运输业平均工资、规模以上工业企业数量、公路线路里程、铁路营

① 注：限于数据可得性，本文的研究仅包含31个省份(不包括港澳台地区)和63个"一带一路"沿线国家(见附录二)，其中东帝汶(TMP)因数据缺失已被剔除。

业线路里程和人均 GDP 在内的多个指标，以上指标均选取自《中国统计年鉴》和中经网统计数据库(http://db.cei.gov.cn/)。第二，考虑到同“一带一路”沿线国家的贸易情况，本文根据邹嘉龄等(2015)研究所涉的63个“一带一路”沿线国家整理了完整可得的人均 GDP(根据历年的汇率中间价转换为人民币计价)和工业产值数据。此外，为了考察地理距离对贸易选择的影响，本文选取了31个省份的省会城市以及“一带一路”沿线国家的首都进行基于经纬度的曲面距离计算①，并将其作为网络的协变量进行考察。

2. 研究方法说明

(1)基于贸易流的网络建模。贸易网络的建立一般是以国家和地区为网络节点，以地区间的双边贸易关系作为连边构成网络，据此可以将其抽象地表达为：由一个点集 V 和边集 E 组成的图 $G=(V,E)$。图 G 同时还可以被定义为4种网络形式(吴钢，2013)：按连边是否有向分为有向图和无向图；按连边是否有权重分为有权图和无权图。根据本文研究所需要的网络结构，可以将图 G 进一步拓展为以下3种一般形式：第一，国内省份间的一模网络图，记为 G^1，其表达为：假定 $G^1=(V^1,E^1,W^1)$，其中，节点、连边和边权集合分别满足：$V^1=\{v_i\}$，$(i=1,2,3,\cdots,31)$，$E^1=\{e_{i,i^*}\}$，$(i^*=1,2,3,\cdots,31)$，$W^1=\{w_{i,i^*}\}$。第二，各省份与“一带一路”沿线国家贸易的二模网络图，记为 G^2，表达为 $G^2=(V^2,E^2,W^2)$，满足条件：$V^2=\{v_i,v_j\}$，$(j=1,2,3,\cdots,63)$，$E^2=\{e_{i,j}\}$，$W^2=\{w_{i,j}\}$。第三，“自贸区—地区海关—贸易国”的多模网络图，记为 G^m，其可以表达为 $G^m=(V^m,E^m,W^m)$，其中参数满足条件：$V^m=\{v_i,v_j\}$，$E^m=\{e_{i,j},e_{i,i^*}\}$，$W^m=\{w_{i,j},w_{i,i^*}\}$。值得说明的是，针对图 G^m 中二模子图的构建，本文依据消费地(或生产地)和海关不同这一特征对贸易关系进行识别和匹配，试图探析贸易选择在不同省份间的差异及其演化特征。根据本文研究所选取数据的基本特性可以明确，本文所涉及的贸易网络均为加权有向的贸易网络，且网络的边权为节点间的贸易价值额。

(2)网络的微观结构探测。基于前述部分的讨论可以发现，根据节点间的连边的有向性特征，网络中不仅包含了描述节点间整体联系的全局结构，同时还包含了任意数量的节点间基于较短路径产生联系的“小集群”。这一集聚性特征可以沿用 Milo et al.(2002)提出的网络模体的概念进行表达，据此本文将重点考察上述3种一般网络中的微观结构。通过对图 G^m 的全局结构进行描述可以发现(见图1)，其局部结构中同时包含了对 G^2 的描述。

根据 Davis 和 Leinhardt(1967)，Milo et al.(2002)的研究，可以识别图1所示的贸易关系集合中主要包含大量的二元组(Dyads)和三元组(Triads)(相关分类见附录一)，因此，本文将重点从模体结构探测和基于随机网络仿真的模体结构检验，对自贸区省份同“一带一路”沿线国家间的直接和间接贸易关系进行分析。借鉴许和连和孙天阳(2015)的研究思路，本文首先对各节点的模体结构和数量进行探测分析，识别频数最大的模体结构所在的地区，并对其结构的演化趋势进行重点讨论；其次，将真实网络中的模体结构进行随机图仿真，判断该结构的存在是否显著，据此讨论自贸区贸易模式的突出特征。

(3)基于指数随机图模型(ERGM)的因素检验与网络仿真。在分析了自贸区贸易模式微观结构的基础上，本文进一步尝试探讨自贸区国内贸易转移和对“一带一路”沿线国家贸易

---

① 针对曲面距离的测算，本文沿用由 Sinott(1984)[14]发展的 Harversine 算法。

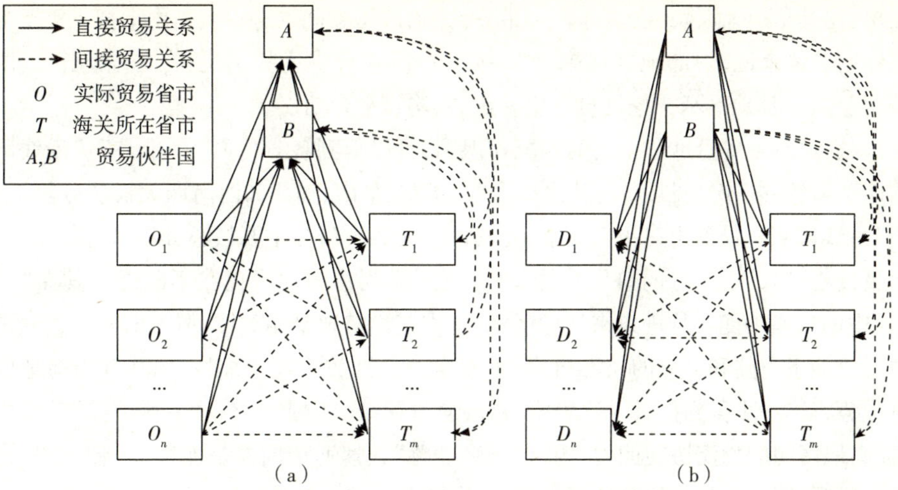

图1　基于"自贸区—海关—贸易国"的关系可行集

注:①图中(a)所示为出口方向的贸易关系可行集,(b)所示为进口方向的贸易关系可行集;②当满足 $\{O_i\} \cap \{T_j\} = \varnothing$,$\{D_i\} \cap \{T_j\} = \varnothing$ 时,图中所示关系为全局贸易转移关系,当满足 $\{O_i\} \equiv \{T_j\}$,$\{D_i\} \equiv \{T_j\}$ 时,图中所示关系为局部贸易转移关系。

开放选择的具体影响因素。基于前述所构建的贸易流网络模型,本文将主要采用指数随机图模型对影响贸易关系形成的异质性个体属性变量和协变量进行检验。指数随机图模型(ERGM)是目前广泛应用于针对关系型数据计量分析的社会网络前沿分析方法(Lusher et al.,2013),有别于传统的logit等计量模型,ERGM方法强调网络中的关系及其依赖性,尤其是在一系列学者的努力下,ERGM的模型形式得到了更为广泛的扩充(Pattison and Robins,2002;Snijders et al.,2006;Hunter and Handcock,2006),使其能够较好地估计在给定条件下网络中一条边出现的条件概率。值得说明的是,本文主要探讨自贸区贸易开放的行为选择和创新模式,ERGM方法通过将网络的纯结构效应、行为者属性和外部环境因素(协变量)纳入模型估计中,为本文的检验提供了科学的框架,然而根据Hancock(2008)的研究,在具有明显集聚特征的网络中,过多的三角结构统计量将导致模型的退化和估计参数的不收敛,因此,本文将主要针对异质性个体的特征属性和网络协变量进行识别和检验。

四、自贸区与"一带一路"沿线国家贸易的特征分析

1.基于国内贸易转移的单模特征分析

第三批自由贸易试验区包含的7个省份在经济发展程度上存在一定的差异,尤其在要素禀赋和区位条件上同样存在较大的不同,这使得7个地区在"一带一路"开放建设中的贸易潜力和开放度方面存在外生的异质性。通过对历年7个地区的产品贸易进行整理,并将消费地(或生产地)和进口(或出口)海关进行匹配后得到了7个地区间的贸易转移情况(见图2),可以发现:从出口层面来看,辽和浙发挥了主要的口岸作用,川、渝两地间存在较高的对称性,针对"一带一路"建设的内陆地区的口岸作用尚未显现;从进口层面来看,内陆地区的口岸功能

较为突出,尤其是川、渝、陕地区在同“一带一路”沿线国家间的进口贸易中承担了重要的口岸作用。然而总体来说,中部地区在融入“一带一路”建设中优势不足,在“东部出口、西部进口”的格局中,中部地区亟待挖掘自身贸易优势,构筑平台功能。

此外,通过对各省份进行全局的匹配和识别,可以得到各省份同“一带一路”沿线国家贸易的国内贸易转移情况(见图3):从出口来看,华东、华南、华北和西南四大板块分割了与“一带一路”沿线国家贸易的出口平台功能,尤其以沿海各省份为主要核心,以内陆豫、川、渝等地区为次级核心,形成了平行的口岸功能带;并且一系列边疆口岸正在不断提升其在“一带一路”建设中的口岸功能。从进口来看,其特征基本与出口贸易相类似,但突出的是边疆地区的进口主要依赖于内陆和沿海的核心口岸,随着自贸区开放步伐的加快,内陆和沿海地区的进口平台优势将进一步得到提升。这表明,物流通道和口岸功能始终是“一带一路”建设中的重点,而提高地区间的物流协同能力、构筑“一带一路”快速通道同样是加快“一带一路”建设的重要组成部分,同时也是加快各地区要素流动、产业转移的重要保证。

2. 基于各省份与“一带一路”沿线国家贸易的二模特征分析

为了进一步识别各省份“一带一路”沿线国家间贸易的直接特征,本部分分别将第三批自贸区省份和全部省份进行识别和匹配,分别刻画了2007年和2011年同“一带一路”沿线国家进出口贸易的二模特征。其中,图4所示为自贸区省份与“一带一路”沿线国家进出口贸易的事实特征,可以发现:整体而言,7个自贸区省份出口供给大于进口需求,并且其贸易伙伴主要集中在欧洲、中亚和东南亚等地区。而随着贸易关系的发展,7个自贸区省份同中亚和东南亚周边国家的进出口联系逐渐加强,但就国内而言,主要的贸易口岸仍然集中在辽、浙、川三地。具体来说,欧洲、中亚和东南亚地区吸纳了大部分自贸区省份的出口,而中东和东南亚地区则主要提供了进口产品,并且进口商品的分布随着贸易的发展正在逐渐均匀。

此外,本文同样识别了全国各省份同“一带一路”沿线国家间的贸易情况,尝试将7个自贸区省份的贸易特征与其他地区进行对比,结果如图5所示。可以发现,整体上主要的贸易关系来自京、冀、鲁地区、长三角和珠三角地区,而内陆和沿边地区的贸易联系整体落后(在设置贸易额的门槛后测算所得)。同时,整体的贸易情况表现为净出口,其中主要的出口伙伴集中在东南亚和欧洲地区,主要的进口伙伴来自中亚和东南亚地区,出口和进口的贸易关系分化较为明显。随着贸易的进一步发展,进口增长速度大于出口增长,尤其是同中亚和东南亚地区的进口贸易联系不断增强。这一结果也表明,第三批自贸区省份中,除浙江省外,其余地区仍然较其他沿海和贸易优势地区有一定的差距,在追赶的同时,应当从贸易结构入手,找准目标市场,提高自贸区口岸功能,扩大优势领域的合作和增强生产要素的互补性。

3. 基于“自贸区—地区海关—‘一带一路’”的多模特征分析

基于前述对多模网络结构的讨论,本文尝试通过分别匹配国内的贸易转移关系和“一带一路”沿线国家的贸易关系,并根据地区海关为索引将其结合,力图从多模网络的视角挖掘出7个自贸区省份在与“一带一路”沿线国家产生贸易关系的同时,具有哪些明显的全局行为特征。首先,图6给出了“自贸区—自贸区海关—‘一带一路’”多模网络的贸易特征事实,通过研究发现:①在与“一带一路”沿线国家产生贸易的过程中,口岸平台集中了主要的贸易关系,其中以浙、辽、川、渝等地区为主的开放口岸带动了与东南亚、欧洲地区的出口联系和与中亚、东南亚地区的进口联系,发挥了重要的平台作用。②随着贸易关系的加深,口岸平台的重心不断转移,内陆地区与中亚的出口联系以及与东南亚地区的进口联系正在不断增强。

其次,基于"自贸区—全局海关—'一带一路'"多模网络事实特征的识别和探测可以发现(见图7):整体而言,从结构上看,在与其他省份的贸易转移行为中,7个自贸区省份已经形成了一定的集聚效应,与前述所讨论的特征相符的是,东北、西南和华中地区与"一带一路"沿线国家的贸易联系逐渐以辽、川、渝、豫、陕为中心向周边进行辐散,而这一特征在贸易出口行为中较为突出,在进口行为中尚未显现。从区位作用来看,国内贸易转移的口岸作用集中在与欧洲和东南亚地区的贸易行为中,并且在进口和出口行为中存在较大差异。这一差异体现在,贸易进口中的转移行为主要集中在华东和华北地区,并且随着贸易程度的加深,这一"集聚区"不断扩大并主要吸纳来自东南亚和中亚地区的产品;而中西部地区在贸易进口中的口岸功能提升缓慢,尚未形成明显的协同优势。这表明,中西部自贸区省份应当在紧抓发展机遇、夯实平台功能的同时,积极寻求区域合作、打造协同平台,结合对贸易结构的优化设计,打造具有区域辐射力、国际吸引力的重点开放口岸。

五、"一带一路"沿线国家与第三批自贸区省份贸易的模式分析

1. 基于贸易网络的模体结构探测

为了进一步从网络内部微观结构的视角对贸易网络中主体的贸易行为进行探测,本部分分别选取2007年、2009年和2011年中第三批自贸区省份作为探测对象,并选择了出现频次最多的三种模体结构进行统计,结果如表1所示。可以发现,在任意的多模网络中,贸易行为最为活跃的地区分别是浙江、辽宁和四川,并且网络中出现频次最多的模体分别是021D,021C和111U。这说明:①自贸区省份同"一带一路"沿线国家的贸易存在明显的不对称。各省份在同"一带一路"沿线国家的贸易中始终处于主导地位,从整体贸易来看,互惠贸易尚未实现。②各省份间的贸易转移特征突出,不同口岸具有异质性的传递作用。从111U结构的探测来看,在与"一带一路"沿线国家的贸易行为中,重庆、河南、浙江、辽宁和四川发挥了重要的传递作用;同时,陕西在加快贸易发展的同时,也在积极融入"一带一路"建设中,传递作用日益突出。③各省份的贸易结构并不平衡。除浙江外,其他地区同"一带一路"沿线国家的贸易合作出现明显的"一边倒",即以贸易出口为主,贸易进口相对弱势。

表1 "一带一路"沿线国家与自贸区省份贸易的模体结构探测(Top3)

省份		2007年	2009年	2011年
"自贸区—自贸区海关—'一带一路'"网络				
四川	Motifs	021D,021C,111U	021D,021C,111U	021D,021C,111U
	Num.(EX,IM)	(2268,1215)	(2268,1316)	(2272,1320)
重庆	Motifs	021D,111U,021C	021D,111U,021C	021D,111U,021C
	Num.(EX,IM)	(2208,777)	(2208,943)	(2208,1032)

续表

省份		2007 年	2009 年	2011 年
陕西	Motifs	021D,021C	021D,021C	021D,021C,111U
	Num.(EX,IM)	(2211,741)	(2145,990)	(2277,819)
辽宁	Motifs	021D,021C,111U	021D,021C,111U	021D,021C,111U
	Num.(EX,IM)	(2263,1638)	(2263,1815)	(2331,1755)
浙江	Motifs	021D,021C,111U	021D,021C,111U	021D,021C,111U
	Num.(EX,IM)	(2331,2065)	(2331,2130)	(2331,2196)
河南	Motifs	021D,111U,201	021D,111U,201	021D,111U,201
	Num.(EX,IM)	(2210,1034)	(2275,1272)	(2275,1173)
湖北	Motifs	021D	021D,021C	021D,021C
	Num.(EX,IM)	(2145,741)	(2145,946)	(2211,946)
"自贸区—全局海关—'一带一路'"网络				
四川	Motifs	021D,111U,021C	021D,111U,021C	021D,111U,021C
	Num.(EX,IM)	(3502,2125)	(3502,2262)	(3588,2332)
重庆	Motifs	021D,111U,021C	021D,111U,021C	021D,111U,021C
	Num.(EX,IM)	(3053,1298)	(3204,1617)	(3204,1734)
陕西	Motifs	021D,021C,111U	021D,021C,111U	021D,021C,111U
	Num.(EX,IM)	(3534,1560)	(3492,1938)	(3663,1692)
辽宁	Motifs	021D,111U,021C	021D,111U,021C	021D,111U,021C
	Num.(EX,IM)	(3565,2730)	(3627,3025)	(3744,2970)
浙江	Motifs	021D,111U,021C	021D,111U,021C	021D,111U,021C
	Num.(EX,IM)	(3795,3441)	(3795,3528)	(3795,3616)
河南	Motifs	021D,111U,021C	021D,111U,021C	021D,111U,021C
	Num.(EX,IM)	(3300,1809)	(3441,2166)	(3441,2035)
湖北	Motifs	021D,111U,021C	021D,111U,021C	021D,111U,021C
	Num.(EX,IM)	(3311,1475)	(3375,1802)	(3458,1802)

注:表中 EX 表示出口方向的贸易网络,IM 表示进口方向的贸易网络。

2. 基于仿真网络的模体结构检验

在前述对网络中模体结构进行探测的基础上,本文进一步探究地区间微观贸易行为中反复出现的结构是否具有显著的特性。依据许和连和孙天阳(2015)的研究思路,本文同样基于现实贸易网络的零模型进行1000次随机图模拟检验①,通过对比现实网络中模体出现的频次和模拟网络中出现该模体的频次来判断模体结构的存在是否显著。通过对两种多模网络的模体结构进行检验可以发现(结果见表2)。

首先,从“自贸区—自贸区海关—‘一带一路’”网络的检验来看:①进出口贸易中不对称的贸易关系比较普遍。这是由于网络中包含了大量结构021U和120U,表明任意方向上单向的不对称贸易关系都占据了较大成分,其中进口网络的对称性优于出口网络。②国内贸易转移关系普遍存在于进出口贸易行为中。这是由于网络中包含了显著的结构300和111U,通过口岸实现出口和进口是自贸区贸易行为模式中的普遍结构。

其次,从“自贸区—全局海关—‘一带一路’”网络的结果来看:①出口网络的对称性程度高于前者。结构201和210的显著性表明已有的贸易口岸为自贸区省份融入“一带一路”中提供了良好的平台支撑,更多的互惠性贸易得到实现;但随着各地区贸易的发展,地区借助平台支撑的格局正在逐渐瓦解。②进口网络的不对称性更为突出。网络中结构210等互惠结构不断瓦解,结构012C的不断加强都表明,随着贸易发展的推进,进口关系的不对称结构正在不断加强。

表2 “一带一路”沿线国家与自贸区省份贸易的模体结构检验

三元组	2007年		2009年		2011年		2007年		2009年		2011年	
	出口	进口	出口	进口	出口	进口	出口	进口	出口	进口	出口	进口
	“自贸区—自贸区海关—‘一带一路’”网络						“自贸区—全局海关—‘一带一路’”网络					
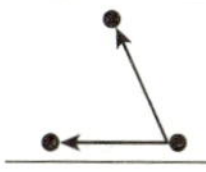	.8972 (.002)	.8374 (.761)	.8960 (.002)	.8492 (.514)	.8981 (.004)	.8532 (.052)	.5890 (.001)	.4391 (.913)	.5483 (.003)	.4311 (.211)	.5582 (.001)	.4510 (1.002)
	.0981 (.004)	.0923 (.765)	.0990 (.001)	.0972 (.511)	.0982 (.000)	.0819 (.054)	.0681 (.002)	.0490 (.953)	.0668 (.003)	.0531 (.434)	.0682 (.001)	.0519 (1.000)
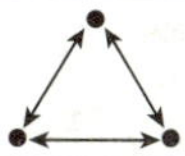	.0031 (.005)	.0390 (.000)	.0032 (.002)	.0390 (.001)	.0032 (.004)	.0022 (.002)	.0123 (.001)	.0181 (.004)	.0154 (.006)	.0211 (.009)	.0152 (.002)	.0192 (.952)
	.0022 (.001)	.0500 (.110)	.0012 (.001)	.0392 (.270)	.0013 (.000)	.0323 (.850)	.2662 (.000)	.0801 (.350)	.0521 (.004)	.3523 (.500)	.0492 (.004)	.3541 (.968)
		.0134 (.111)		.0081 (.274)		.0207 (.851)		.0083 (.012)		.0069 (.414)		.0010 (.993)
		.0352 (.764)		.0021 (.512)		.0042 (.050)		.0151 (.583)		.0200 (.432)		.0492 (.013)
		.0020 (.002)		.0123 (.002)		.0022 (.000)	.2121 (.001)		.0200 (.000)	.0278 (.000)	.0193 (.000)	.02823 (1.001)

① 1阶零模型要求模拟网络具有与现实网络相同的度分布和度序列,本文选用的是交换算法进行实现;本文采用FANMOD程序对模体进行(Significance Profile),与许和连和孙天阳(2015)所采用的方法不同的是,FANMOD采用随机枚举法(Randomized Enumeration)进行探测(Wernicke,2006),其计算更具效率。

续表

三元组	2007 年		2009 年		2011 年		2007 年		2009 年		2011 年	
	出口	进口	出口	进口	出口	进口	出口	进口	出口	进口	出口	进口
	“自贸区—自贸区海关—‘一带一路’”网络						“自贸区—全局海关—‘一带一路’”网络					
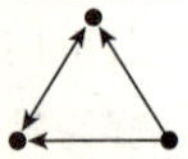		.0051 (.000)		.0033 (.000)		.0001 (.000)		.0032 (.552)		.0011 (.533)		.01324 (1.000)
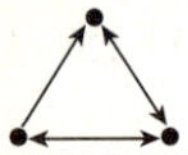						.0004 (.000)		.0022 (.003)		.0021 (.092)		.0191 (.992)
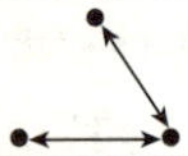							.0440 (.000)	.0803 (.353)	.0521 (.001)	.0762 (.530)		.0751 (.971)
								.0030 (.561)		0.008 (.273)		0.003 (.000)
								.0001 (.000)		0.001 (.091)		0.0001 (.000)
								0.001 (.872)				

注:①表中三元组的同构类可见附录一。②表中空白处表示该三元组同构类并未出现在该网络结构中。③因数值过小,表中小于0.01 的数值均以科学计数法表示。④碍于篇幅,括号中的数值仅保留小数位3 位。

六、“一带一路”倡议下自贸区开放的选择机制分析

1. 指数随机图模型构建与变量说明

(1)截面网络的指数随机图模型。基于 Hunter et al.(2008)和 Goodreau et al.(2009)的工作,本文构建截面网络的指数随机图模型的基本思路是:定义一个网络包含 N 个节点,$M = \{(i,j) \in V, i \neq j\}$ 表示任意两个节点间的可能关系。给定一个网络 G',其中边集 E 是 M 的一个子集,同时给定 Y 代表 M 中的元素,如果 $(i,j) \in E$,$y_{i,j} = 0$,从而得到随机邻接矩阵 $y = [y_{i,j}]$。在条件 θ 的情况下,用 $Pr(]Y = y | \theta)$ 表示 y 在可行集中出现的概率,得到模型的一般形式

$$Pr(Y = y | \theta) = \left(\frac{1}{\kappa}\right)\exp\left\{\sum_H \theta_H^T g_H(y)\right\} \tag{1}$$

其中,κ 为标准化常量;H 表示影响网络形成的所有可能因素,通常包括内生结构因素、行为者属性和其他变量等。当随机值 $y_{i,j}$ 从0 变化到1 时,整个体网络结构变化如式(2)所示

$$\text{logit}\left[\frac{\Pr(y_{i,j} = 1 | y^e)}{\Pr(y_{i,j} = 0 | y^e)}\right] = \sum_H \theta_H^T \Delta(g(y))_{i,j} \tag{2}$$

其中,y^e 表示除 $y_{i,j}$ 外的其余网络;$\Delta(g(y))_{i,j}$ 表示网络的变动量。此外,我们假定内生结构因素为 α;节点属性为 β;包括外部环境变量等因素在内的其余变量为 γ,且 $\alpha,\beta,\gamma \in H$。因此,可将式(1)细化分解为式(3)

$$Pr(Y = y \mid \theta) = \left(\frac{1}{\kappa}\right)\exp\{\theta_{\alpha}^{T}g_{\alpha}(y) + \theta_{\beta}^{T}g_{\beta}(y,x) + \theta_{\gamma}^{T}g_{\gamma}(y,g)\} \quad (3)$$

该方法沿用马尔可夫链蒙特卡洛极大似然估计法(MCMC MLE),通过不断修正和仿真模拟获得该模型的稳定参数。对于模型拟合效果的判断,一般采用赤池信息量(AIC)和贝叶斯信息流(BIC)来进行评价,本文将通过 R 软件中的 ergm 包完成该模型的估计。

(2)时序可分的指数随机图模型。尽管上述有关截面指数随机图模型构建的讨论已经给出了对静态网络关系形成影响因素的检验,但是针对不同时期的网络关系分布和动态结构的检验仍然缺乏解释。鉴于此,本文依据 Krivitsky 和 Handcock(2014)的研究框架,沿用时序可分的指数随机图模型对上述影响因素的检验进行稳健性的补充,该方法较之 ERGM 不同的是,采用条件极大似然估计(Snijders et al.,2002)对离散时间的截面网络进行多期检验(Krivitsky,2012),其主要思路是:假定 t 期的指数随机图 Y^t 向 $t+1$ 期的指数随机图 Y^{t+1} 过渡时,网络中关系的形成和消失在离散的时间节点中独立发生,指定两个网络中的关系集合 $y,y' \in \Omega$:当 y' 中的关系同样出现在 y 中时,定义关系形成的网络 $\Omega^+(y) = \left\{y' \in \Omega : y' \supseteq y\right\}$;同理,定义关系消失的网络 $\Omega^-(y) = \left\{y' \in \Omega : y' \subseteq y\right\}$,因此,在式(1)的基础上可以将形成网络 Y^+ 定义为

$$Pr(Y^+ = y^+ \mid Y^t;\theta^+) = \frac{\exp\left\{\theta^+ g^+(y^+,V)\right\}}{c[\theta^+,V,Y^+(Y^t)]}, y^+ \in Y^+(y^t) \quad (4)$$

其中,θ^+ 为形成网络中统计量的估计系数;$g^+(y^+,V)$ 为包含多种效应的网络统计量。同理可得

$$Pr(Y^- = y^- \mid Y^t;\theta^-) = \frac{\exp\{\theta^- g^-(y^-,V)\}}{c[\theta^-,V,Y^-(Y^t)]}, y^- \in Y^-(y^t) \quad (5)$$

式(5)中,θ^- 为消失网络中统计量的估计系数,$g^-(y^-,V)$ 为消失网络的统计量。据此,将 t 期的形成网络和消失网络加总可以得到 $t+1$ 期的截面网络:$Y^{t+1} = Y^t \cup (Y^+ - Y^t) - (Y^t - Y^-)$。本文将通过 R 软件中的 Network Dynamic 和 tergm 包完成对该模型的估计。

(3)变量的选取与说明。为了将不同省份间以及中国省份同"一带一路"沿线国家贸易行为的影响因素进行检验,同时碍于省际层面数据选取的可得性,本文重点考虑了省际层面的地理、运输条件和经济发展水平等重要因素,其中包括省际工业部门产值、人均 GDP、城镇单位运输业平均工资、规模以上工业企业数量以及省际公路里程数和铁路里程数等指标;针对"一带一路"沿线各国的影响检验中,由于整体数据的可得性较差,本文主要将各国的经济发展水平和地理因素纳入模型中,通过对地理距离、人均 GDP 和工业产业产值的检验,力图解释不同口岸和国家、地区间的贸易行为选择的影响因素。值得说明的是,在对 ERGM 和 STERGM 的分别估计中,地理距离在前者的模型中作为网络外部协变量进行检验;而在 STERGM 中,由于模型设定的限制(Krivitsky,2012),将地理距离转换为各地区间标准化后的协方差值。

表 3 ERGM 变量的设定及其假设检验说明

变量名称	变量含义	统计量形式	假设检验
Edges	网络的边数	$\sum_{i,j} y_{i,j}$	模型的常数项，一般只表征网络密度
Output	点协变量	$\sum_{i,j} y_{i,j}\delta_i$ 或 $\sum_{i,j} y_{j,i}\delta_i$	是否工业产值高的地区更倾向于贸易
Firms	点协变量	$\sum_{i,j} y_{i,j}\delta_i$ 或 $\sum_{i,j} y_{j,i}\delta_i$	是否工业企业数量多的地区更倾向于贸易
Road	点协变量	$\sum_{i,j} y_{i,j}\delta_i$ 或 $\sum_{i,j} y_{j,i}\delta_i$	是否公路里程长的地区更倾向于贸易
Railway	点协变量	$\sum_{i,j} y_{i,j}\delta_i$ 或 $\sum_{i,j} y_{j,i}\delta_i$	是否铁路里程长的地区更倾向于贸易
Wage	点协变量	$\sum_{i,j} y_{i,j}\delta_i$ 或 $\sum_{i,j} y_{j,i}\delta_i$	是否运输业平均工资高的地区更倾向于贸易
Gdp	点协变量	$\sum_{i,j} y_{i,j}\delta_i$ 或 $\sum_{i,j} y_{j,i}\delta_i$	是否人均 GDP 高的地区更倾向于贸易
Cov. dist	点协变量	$\sum_{i,j} y_{i,j}\delta_i$ 或 $\sum_{i,j} y_{j,i}\delta_i$	是否地理距离越远的地区更倾向于贸易
Distance	网络协变量	$\sum_{i,j} y_{i,j}g_{i,j}$	是否在地理网络中距离越远越倾向于贸易

注：表中 *Cov. dist* 为地理距离矩阵通过标准化协方差矩阵计算所得。

2. 指数随机图模型估计结果分析

（1）省际贸易转移影响因素检验。首先对省际贸易转移网络在 2007—2011 年的模型估计进行考察，结果表明（见表 4）：从出口来看，①工业产值较高、铁路通行条件较好、人均 GDP 较高以及与其他地区距离较远的地区间更倾向于产生贸易的国内转移行为，而工业企业越多、公路条件更为完善的地区则更倾向于不发生国内转移行为。这说明，工业发达的地区往往通过铁路运输将产品运至其他口岸向"一带一路"沿线国家进行出口，并且其与口岸间距离越远越需要进行国内转移；而企业众多、路网发达的地区，往往具有较好的区位条件，一般具有更良好的出口条件，倾向于不发生国内转移行为。②从长期来看，上述结果除铁路条件、运输成本和人均 GDP 等变量外保持稳健，其可能的原因是国内地区间铁路基础设施的建设加快、铁路运输能力不断提升，造成国内贸易转移的需求下降；同时，运输成本显著为负，表明从长期来看，促使地区间贸易转移的主要因素中应该包含对成本的考虑。从进口来看，铁路条件越好、运输成本越高、距离越远的地区，越容易发生贸易转移。这表明，由于与"一带一路"沿线国家的进口产品主要集中于机械器具、矿产品等大质量产品，较高的运输成本促使铁路运输成为主要的转移方式。长期来看，这一特征基本保持稳健，但运输成本的结果发生了改变，这可能是由于初级产品的进口是工业生产的基础，因此，运输成本的约束效应在长期来看并不明显。

表4 基于省际贸易转移网络的影响因素检验

变量	2007年	2008年	2009年	2010年	2011年	Formation	Dissolution
贸易出口							
Edges	-2.2100***	-4.5732***	-2.2789***	-2.2832***	-2.6383***	-3.0340***	-2.6860***
	(0.7679)	(0.8143)	(0.8072)	(0.7573)	(0.7947)	(0.4500)	(0.6739)
Output	0.0211**	0.0140**	0.0161**	0.0100**	0.0239***	0.0146***	-0.0027
	(0.0081)	(0.0062)	(0.0058)	(0.0052)	(0.0072)	(0.0041)	(0.0052)
Firms	-0.0082***	-0.0068***	-0.0052***	-0.0040**	-0.0131***	-0.0037***	0.0000
	(0.0027)	(0.0021)	(0.0018)	(0.0023)	(0.0029)	(0.0011)	(0.0009)
Road	0.0005*	0.0011***	-0.0010***	-0.0012***	-0.0010***	-0.0009***	-0.0000**
	(0.0003)	(0.0003)	(0.0003)	(0.0003)	(0.0003)	(0.0002)	(0.0003)
Railway	-0.0110	-0.0022	0.0332***	0.0262***	0.0242***	0.0252***	0.0305***
	(0.0082)	(0.0081)	(0.0069)	(0.0060)	(0.0065)	(0.0045)	(0.0064)
Wage	-0.0032	0.0020	0.0004	-0.0005	0.0019	-0.0057***	0.0106***
	(0.0031)	(0.0022)	(0.0022)	(0.0022)	(0.0023)	(0.0013)	(0.0018)
Gdp	0.7581***	0.7062***	0.1328	0.1871*	-0.0042	0.2743***	-0.3007**
	(0.1363)	(0.1231)	(0.1079)	(0.1045)	(0.0960)	(0.0876)	(0.1020)
Distance	-0.0302**	-0.0022	0.0511***	0.0561***	0.0511***	1.9663**	2.2160
(*Cov. dist*)	(0.0131)	(0.0119)	(0.0121)	(0.0112)	(0.0123)	(0.9783)	(1.4870)
AIC	875.7493	866.7842	924.7081	947.3163	915.4341	-14143	1036
BIC	914.4314	905.4651	963.3903	985.9981	954.1152	-14095	1074
贸易进口							
Edges	-3.4771***	-5.5792***	-2.9193***	-2.7710***	-3.0273***	-3.7917***	-2.0268***
	(0.5292)	(0.5951)	(0.5514)	(0.5502)	(0.5862)	(0.3457)	(0.5544)
Output	0.0330***	0.0109*	0.0020	0.0012	0.0091	0.0021	-0.0132**
	(0.0082)	(0.0058)	(0.0016)	(0.0050)	(0.0057)	(0.0038)	(0.0054)
Firms	-0.0073***	-0.0051***	-0.0004	-0.0010	-0.0052	-0.0000	0.0016
	(0.0019)	(0.0024)	(0.0012)	(0.0011)	(0.0031)	(0.0008)	(0.0014)
Road	-0.0013***	0.0002	-0.0012***	-0.0010***	-0.0012***	-0.0008***	0.0000
	(0.0003)	(0.0003)	(0.0003)	(0.0002)	(0.0002)	(0.0002)	(0.0003)

续表

变量	2007 年	2008 年	2009 年	2010 年	2011 年	Formation	Dissolution
Railway	0.0118 (0.0073)	-0.0062 (0.0070)	0.0268*** (0.0062)	0.0250*** (0.0061)	0.0140** (0.0062)	0.0198*** (0.0044)	0.0211*** (0.0062)
Wage	0.0082*** (0.0012)	0.0094*** (0.0011)	0.0041*** (0.0012)	0.0027** (0.0007)	0.0043*** (0.0010)	-0.0004 (0.0008)	0.0061*** (0.0009)
Gdp	0.0640 (0.0953)	0.5650*** (0.0892)	-0.0650 (0.0832)	-0.0551 (0.07412)	-0.0901 (0.0681)	-0.0425 (0.0568)	0.0224 (0.0799)
Distance (*Cov. dist*)	-0.0390*** (0.0130)	-0.0213* (0.0124)	0.0456*** (0.0113)	0.0490*** (0.011)	0.0412*** (0.0111)	2.5264*** (0.9180)	1.5528 (1.4911)
AIC	888.7102	865.3041	974.8331	980.4662	970.5122	-14058	1048
BIC	927.3923	903.9862	1013.5144	1019.1482	1009.1940	-14011	1086

注:①表中括号中数值为标准误。②＊＊＊、＊＊、＊分别表示估计系数在1%、5%和10%的水平下显著。③*Cov. dist* 表示 STERGM 模型中所采用的地理距离变量为点协变量而非网络协变量。④AIC和 BIC 的判断标准均是值越小则模型效果越好,包括负值。

(2)二模网络的影响因素检验。本文基于省份—“一带一路”沿线国家的二模网络,进一步挖掘各省份同“一带一路”沿线国家间贸易行为形成的影响因素,结果表明(见表5):从出口来看,人均 GDP 越高、地理距离越近的地区间更容易发生贸易行为,而这一结果在长期来看并不稳健,尤其是从长期来看,距离较近的地区间同样容易发生贸易行为,这说明同“一带一路”沿线国家产生出口联系的主要集中于华南和华东地区,而这也与前述网络特征所刻画的事实相符合。从进口来看,贸易进口的行为主要以地理距离为主导,尤其是地理距离越近的地区间更容易发生贸易,这一结果很好地解释了沿边和内陆地区口岸作用的形成机理。以上结果证实了中国各省份同“一带一路”沿线国家开展贸易合作的空间仍然较大,而沿边和内陆地区作为承接“一带一路”贸易的重要口岸,能够发挥其区位优势,构造新的开放通道。

表5 基于省份—“一带一路”沿线国家贸易网络的影响因素检验

变量	2007 年	2008 年	2009 年	2010 年	2011 年	Formation	Dissolution
贸易出口							
Edges	-1.9641*** (0.0982)	-1.9057*** (0.0984)	-1.9690*** (0.0990)	-1.9761*** (0.0991)	-1.9240*** (0.0982)	-11.0617*** (1.238)	7.6786*** (1.4473)
Output	-0.0010 (0.0070)	-0.0071 (0.0062)	0.0073 (0.0072)	0.00473 (0.0058)	-0.0020 (0.0052)	0.0416 (0.0270)	-0.9186 (0.8715)
Gdp	0.0740*** (0.0132)	0.0601*** (0.0107)	0.0501*** (0.0120)	0.0382*** (0.0101)	0.0309*** (0.0070)	0.0828* (0.0508)	2.0397 (1.9551)

续表

变量	2007 年	2008 年	2009 年	2010 年	2011 年	Formation	Dissolution
Distance (*Cov. dist*)	−0.0123*** (0.0021)	−0.0132*** (0.0021)	−0.0121*** (0.0020)	−0.0124*** (0.0022)	−0.0122*** (0.0023)	0.3384* (0.2065)	−0.4568 (0.2857)
AIC	2856.2034	2861.2330	2852.4762	2867.4321	2888.3560	−83712	94.97
BIC	2883.1341	2887.1633	1878.4070	2893.3631	2914.2859	−83681	116.8
贸易进口							
Edges	−2.1052*** (0.1143)	−2.0991** (0.1117)	−2.0253*** (0.1120)	−2.0572*** (0.1092)	−1.9710*** (0.1090)	−5.7778*** (0.1837)	1.6800*** (0.2212)
Output	0.0091 (0.0101)	0.0058 (0.0081)	0.0053 (0.0102)	0.0050 (0.0092)	0.0070 (0.0072)	0.0202* (0.0111)	−0.0171*** (0.0131)
Gdp	0.0104 (0.0251)	0.0173 (0.0194)	0.0161 (0.0207)	−0.0012 (0.0171)	−0.0033 (0.0114)	−0.0512* (0.0292)	0.0622** (0.0305)
Distance (*Cov. dist*)	−0.0158*** (0.0029)	−0.0151*** (0.0032)	−0.0152*** (0.0030)	−0.0138*** (0.0021)	−0.0172*** (0.0032)	−0.0367*** (0.0365)	0.0272 (0.0421)
AIC	2173.5931	2221.9107	2305.0991	2335.9955	2281.3312	−75895	1034
BIC	2199.2900	2247.6082	2330.7957	2361.6932	2307.0283	−75864	1054

注：同表 4。

（3）多模网络的影响因素检验。基于前述讨论，本文进一步考察影响多模网络中贸易行为发生的重要因素。首先，基于"自贸区—自贸区—'一带一路'"贸易网络的检验结果表明（见表 6）：从出口方向来看，经济越发达、地理距离越近的地区间更易发生贸易行为。这说明，贸易口岸的集聚效应为"一带一路"贸易的开展提供了有力的支撑。在结构和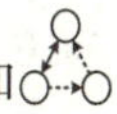中，集聚效应体现为开放口岸对周边地区的出口有着引导作用，尤其是经济水平较为相似的川、渝、陕地区。而从进口方向来看，地理因素主要解释了进口行为和进口转移行为的产生。这一结果证实，在现有的贸易模式下，中国沿边口岸开放对于同"一带一路"沿线国家贸易具有不可替代的重要作用。

表 6　基于"自贸区—自贸区—'一带一路'"贸易网络的影响因素检验

变量	2007 年	2008 年	2009 年	2010 年	2011 年	Formation	Dissolution
贸易出口							
Edges	−1.8602*** (0.0963)	−1.8181*** (0.0962)	−1.8490*** (0.0961)	−1.8357*** (0.0951)	−1.7879*** (0.0951)	−6.8803*** (0.3973)	4.2043*** (0.4587)
Output	−0.0004 (0.0057)	−0.0052 (0.0061)	0.0082 (0.0068)	0.0041 (0.0060)	−0.0030 (0.0051)	0.0050 (0.1612)	−0.0022 (0.0121)

续表

变量	2007 年	2008 年	2009 年	2010 年	2011 年	Formation	Dissolution
Gdp	0.0771*** (0.0130)	0.0629*** (0.0110)	0.0521*** (0.0117)	0.0392*** (0.0093)	0.0322*** (0.0072)	-0.0461* (0.0282)	0.0637** (0.0301)
Distance *Cov. dist*	-0.0141*** (0.0023)	-0.0141*** (0.0023)	-0.0141*** (0.0023)	-0.0141*** (0.0023)	-0.0141*** (0.0023)	-0.0221 (0.0324)	-0.0024 (0.0357)
AIC	2943.1872	2947.6882	2947.4480	2976.76316	2987.4724	-75249	1282
BIC	2969.1183	2973.6184	2973.3973	3002.6914	3013.4013	-75218	1303
贸易进口							
Edges	-1.9682*** (0.1103)	-1.9842*** (0.1078)	-1.8392*** (0.1071)	-1.8640*** (0.1053)	-1.7940*** (0.1052)	-5.4782*** (0.1610)	1.4527*** (0.1871)
Output	0.0040 (0.0104)	0.0021 (0.0080)	-0.0022 (0.0102)	-0.0012 (0.0091)	0.0033 (0.0072)	-0.0010 (0.0201)	0.1532 (0.2921)
Gdp	0.0154 (0.0242)	0.0193 (0.0182)	0.0211 (0.0202)	0.0040 (0.0172)	-0.0000 (0.0111)	0.0338 (0.0331)	-0.3432 (0.6461)
Distance *Cov. dist*	-0.0172*** (0.0030)	-0.0164*** (0.0021)	-0.0180*** (0.0021)	-0.0162*** (0.0018)	-0.0202*** (0.0031)	-0.1733** (0.0842)	0.0642 (0.1050)
AIC	2287.6704	2337.7420	2417.9663	2457.9764	2393.7860	-83361	353.1021
BIC	2313.3671	2363.4394	2443.6627	2483.6732	2419.4830	-83330	375.2241

注:同表4。

进一步针对"自贸区—地区海关—'一带一路'"多模贸易网络进行检验可以发现:从出口方向来看,工业产值较高、地理距离较近的地区间更易发生出口行为和出口转移行为。这一结果与前述多模网络的特征事实较为吻合,在结构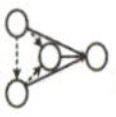中,集聚的沿边口岸利用工业发展优势,同地理邻近的"一带一路"沿线国家构建工业品贸易的快速通道,实现协同开放的平台功能。然而这一特征主要出现在华东地区,长江三角洲城市通过打造产业集聚和物流集聚,激发了产品流动的潜力,为融入"一带一路"沿线建设打下了坚实的基础。从进口方向来看,结合前述对多模网络贸易特征的分析可以发现,中国沿海地区同"一带一路"沿线国家的贸易联系占了较大比重,以第三批自贸区为起点的贸易关系在信息冗余的网络中无法得到充分的检验,尽管在经济水平不高的地区间进口贸易关系更易形成,但由于其贸易额占比较小,长期来看并不对全局网络结构的生成产生显著的影响。

表 7 基于"自贸区—地区海关—'一带一路'"贸易网络的影响因素检验

变量	2007 年	2008 年	2009 年	2010 年	2011 年	Formation	Dissolution
贸易出口							
Edges	-3.2300*** (0.0968)	-2.9190*** (0.0908)	-2.7131*** (0.0852)	-2.6900*** (0.0852)	-2.6900*** (0.0851)	-5.0081*** (0.1070)	2.0790*** (0.1691)
Output	0.1151*** (0.0071)	0.0371*** (0.0058)	0.0338*** (0.0061)	0.0282*** (0.0048)	0.0173*** (0.0042)	0.0411*** (0.0050)	-0.2352*** (0.0162)
Gdp	-0.1070*** (0.0172)	-0.1203*** (0.0209)	0.0210* (0.0120)	0.0132 (0.0086)	0.0128*** (0.0062)	-0.0122 (0.0100)	0.4867*** (0.0351)
Distance (*Cov. dist*)	0.0051*** (0.0022)	0.0079*** (0.0021)	0.0001 (0.0021)	0.0009 (0.0021)	0.0008 (0.0021)	-0.0752*** (0.0190)	-0.1071*** (0.0283)
AIC	4103.3468	4515.0649	4553.4112	4612.1090	4603.6663	-141162	2664
BIC	4131.6503	4543.3691	4581.7148	4640.4132	4631.9701	-141128	2687
贸易进口							
Edges	-2.8321*** (0.0962)	-2.9371*** (0.0970)	-2.5780*** (0.0912)	-2.6030*** (0.0890)	-2.6949*** (0.0910)	-5.0076*** (0.1071)	1.2105*** (0.1444)
Output	0.0240*** (0.0080)	-0.0142* (0.0070)	-0.0150 (0.0093)	0.0151** (0.0073)	0.0153*** (0.0050)	0.0048 (0.0055)	-0.0137* (0.0071)
Gdp	-0.0422** (0.0200)	0.0078 (0.0151)	-0.0150 (0.0164)	-0.0312** (0.0130)	-0.0193** (0.0090)	-0.0031 (0.0110)	-0.0161 (0.0144)
Distance (*Cov. dist*)	0.0011 (0.0022)	0.0057*** (0.0021)	-0.0009 (0.0019)	-0.0008 (0.0022)	-0.0008 (0.0019)	-0.0241 (0.0187)	-0.1104*** (0.0251)
AIC	3786.6340	3864.0641	4021.2972	4085.4449	3998.8601	-133885	2747
BIC	3814.7642	3892.1952	4049.4268	4113.5763	4026.9900	-133852	2770

注:同表 4。

七、结论与启示

本文通过运用较为前沿的网络分析方法,对第三批自贸区和"一带一路"沿线国家商品贸易的微观模式和全局网络结构形成机理进行了全面的解构。经过对贸易网络特征事实的可视化,对网络中微观模体结构进行探测检验,并分别对不同年限、不同贸易选择下的地区间贸易模式进行了识别和分析,以及对单模、二模和多模贸易网络的影响因素进行检验,揭示了自贸区省份同"一带一路"沿线国家进出口贸易网络形成的内在机理。研究发现:①中国各地区同"一带一路"沿线国家间的贸易整体结构失衡,其特征是"沿海独大、出口一边倒",即沿海地区贸易优势突出,而贸易整体表现为净出口;同时,中国的重点"一带一路"合作伙伴集中在欧洲、中亚和东南亚地区。②自贸区省份的贸易模式中普遍存在不对称的贸易转移和外贸行为，并且沿边口岸在与“一带一路”沿线国家贸易的过程中发挥了重要的“桥梁”作用，尤其是川、渝、陕地区的开放平台作用日益显现。③运输成本、铁路运输条件、地理距离均是影响国内贸易转移和与“一带一路”沿线国家发生贸易的重要影响因素。在国内贸易的转移中，铁路运输具有重要的战略地位，尤其是在口岸集聚效应的形成过程中，借助良好的铁路基础设施建设，能够加快贸易商品的区际流动。而在对外贸易中，具有产业集聚优势和地理集聚优势的地区间容易形成口岸的集聚效应，进而提升与“一带一路”沿线国家开展经贸合作的区位优势。

基于上述结论，本文提出以下4点政策建议。

1. 完善交通基础设施建设，促进区际要素流动

铁路运输作为当前中国客运和货运的主要途径，在经历了动车组提速、高铁网络建设的快速发展期后，已经具备了时效性的覆盖能力和辐射能力。七大新晋自贸区均承担了各个地区的主要通行责任。由中铁快运组织的高铁快运服务的出现，提升了铁路运输的时效性，为加快国内要素流动创造了新的基础。同时，自贸区根据区位特点特别强化了大通道和大口岸功能，因此，在自贸区省市辐射的四大区块（华北、华中、西南、华东）中，应当找准打造区块的核心综合交通枢纽，着力服务于“一带一路”建设，并且通过降低区际商品流通的运输成本，进一步加强区块核心口岸的辐射能力，对接更多的“一带一路”市场，打造“一带一路”经济的绵延带。以四川为例，凭借人口优势，其劳动力成本相对不高，但是长期以来的加工贸易使其承接的产业转移较少，智能化、产业化的国际品牌不多。究其原因，是口岸平台功能尚未成形，产品流通流转能力不足。因此，要创新自贸区开放模式和加快内陆地区“走出去”，首先，要进一步夯实交通基础设施建设，如重点建设“蓉欧铁路”，打造以成都为中心的贸易增长极；其次，优化提升长江干线航道登记和泸州港、宜宾港吞吐能力，能够与中东部省份及沿海、沿江大港建立更加紧密的合作关系。此外，空港是促进地区间人员流动和要素流动的重要途径，成都打造双机场、扩大双流航空枢纽的辐射能力都是帮助四川走出去的重要途径。

2. 加快沿边优势贸易口岸成形，助推口岸集聚效应成形

目前中国同“一带一路”沿线国家贸易的核心口岸仍然集中在沿海地区，内陆和沿边地区的口岸潜力尚未得到充分挖掘。一方面，利用挂牌自贸区的优势，打造自贸区的内部核心片区，尤其是找准对接“一带一路”市场的目标通道，实现口岸片区在交通、政策、服务、金融等方面的综合系统的构建。同时，借助铁路和航空枢纽的物流通道，积极打造如蓉欧快铁、“长安号”等特色运输通道，在加强口岸开放力度的同时，夯实配套的物流运输能力。另一方面，加强自贸区周边地区的经济联动。以川、渝、陕等地为例，作为内陆地区门户，应加强其对中西部其他城市资源与产品的吸引和调度能力，将自贸区优势进行辐散，形成口岸的集聚效应，促进贸易关系的发展；并且根据已有的贸易联系，强化同周边核心市场的贸易合作，如中西部对接中东、南亚和欧洲市场，南部对接东南亚市场，形成“点对点、块对块”的集中发展模式。以四川省自贸区为例，在带动效应方面，四川自贸试验区强调打造西部地区门户城市开放高地、打造内陆地区联通丝绸之路经济带的西向国际贸易大通道重要支点，以及建设成为重要区域性综合交通枢纽和成渝城市群南向开放、辐射滇黔的重要门户。

3. 协调自贸区功能化定位,打造区际贸易协同快车道

自贸区的创新建设不仅需要依靠基础设施的完善和配套政策的落实,同时还应找准自身功能的准确定位。第三批自贸区在区位上差异较为明显,大致可以将其分为四大块:川渝陕、豫鄂、辽和浙。从格局上看,辽宁省既沿海又沿边,是连接亚欧大陆桥的重要门户,地理位置优越,应当积极寻求提升老工业基地竞争力的发展机遇,深化与沿线国家的经贸合作与人文交流,着力推进国际产能和装备制造合作,加强国际综合交通运输体系建设,以参与中、蒙、俄经济走廊建设为重点,稳步推进丹东沿边重点开放试验区建设,主动参与京津冀协同发展等,以此走出一条老工业基地新的振兴之路。浙江省地处长三角地区,在拥有区位优势的同时也有着活跃的商品经济,结合"一带一路"建设,应当积极提升商品的配置能力,提高自由化水平,加快商品在区域内的流动。河南省和湖北省地处中部,具有较强的交通运输能力,在打造"十字"型交通枢纽的同时,应当积极承接来自北部、东部的产业转移,结合"一带一路"建设需求,打造一批目标产业基地。而四川、重庆和陕西则应重点打造城市门户,坚持向西、向南开放,并且借助交通枢纽的传输能力,积极与中部、东部连通,实现贯通东西的沿线协同开放带。同时,结合"一带一路"建设,加强重点国家、重要市场、特色产品的贸易开放合作,创新发展模式。

4. 定制外贸开放创新体系,实施多元化口岸开放政策

随着自贸区的落户,各大地区应积极作出响应,在政府职能转变、金融制度改革、服务体系打造等方面"因地制宜"地定制具有特色的开放创新体系。一方面,内陆地区紧抓自贸区合作机遇,创新和改革外资政策,创新市场监管和金融服务模式,提高自贸功能区内的服务效率。另一方面,中部和沿海地区应当积极构建沿线协同开放发展的合作框架,寻求和制定不同国家、不同市场、不同业态和不同产品的梯度开放政策,找准"一带一路"贸易合作伙伴,发挥地区的产业优势,通过技术创新、政策扶持等方式,帮助示范产业先开放,带动产业链相辅相成,最终实现产业基地和产业园区的加速开放。如四川自贸试验区,应考虑重点发展现代服务业、高端制造业、高新技术、现代医药、食品饮料等先进制造和特色优势产业,应同时根据区位特点特别强化大通道大口岸功能,着力建设联通世界的国际综合物流服务体系,形成有特色、有侧重、针对性强的试点格局。而重庆自贸试验区应当以产业金融、总部贸易、电子商务和文化旅游等现代核心服务业为主,抓住自贸区国际化机遇,推进创新创业基地建设,打造具有金融竞争力的离岸人才基地,并同四川形成优势互补的良性竞合发展局面。

参考文献

[1] Barabási, A., R. Albert. Emergence of Scaling in Random Networks [J]. *Science*, 1999, 286(5439): 509 - 512.

[2] Cerina, A, Z. Zhu, F. Chessa, G. Caldarelli, and M. Riccaboni. The Rise of China in the International Trade Network: A Community Core Detection Approach [J]. *Plos One*, 2014, 9(8): e105496.

[3] Davis, J., S. Leinhardt. The Structure of Positive Interpersonal Relations in Small Groups [J]. *Sociological Theories in Progress*, 1967, 2(54).

[4] Fagiolo, G. The International - Trade Network: Gravity Equations and Topological Properties [J]. *Journal of Economic Interaction and Coordination*, 2015, 5(1): 1 - 25.

[5] Goodreau, S. M., M. S. Handcock, R. H. David T. B. Carter., and Martina M.. A Statnet Tutorial [J]. *Journal of Statis-*

tical Software,2008(9):1 - 27.

[6]Hunter,D. R. ,M. S. Handcock. Inference in Curved Exponential Family Models for Networks [J]. *Journal of Computational & Graphical Statistics*,2006,15(3):565 - 583.

[7]Hunter,D. R. ,M. S. Handcock,C. T. Butts,S. M. Goodreau,and M. Morris. Ergm: A Package to Fit, Simulate and Diagnose Exponential Family Models for Networks [J]. *Journal of Statistical Software*,2008(3):nihpa54860.

[8]Krivitsky,P. N. Modeling of Dynamic Networks based on Egocentric Data with Durational Information [R]. Pennsylvania State University Department of Statistics Technical Report,2012,1.

[9]Krivitsky,P. N. Modeling Tie Duration in ERGM - based Dynamic Network Models [R]. United States: The Pennsylvania State University,2012.

[10]Krivitsky,P. N. ,M. S. Handcock. A Separable Model for Dynamic Networks [J]. *Journal of the Royal Statistical Society*, 2014,76(1):29 - 46.

[11]Lusher,D. ,J. Koskinen,and G. L. *Robins*,*Exponential Random Graph Models for Social Network: Theory*,*Methods and Applications* [M]. Cambridge: Cambridge University Press,2013.

[12]Milo,R. ,S. Shen - Orr, S. Itzkovitz, N. Kashtan, D. Chklovskii , and U. Alon. Network Motifs: Simple Building Blocks of Complex Networks [J]. *Science*,2002,298(5594): 824 - 827.

[13]Nowicki,K. Estimation and Prediction for Stochastic Block Structures [J]. *Journal of the American Statistical Association*,2001,96(455):1077 - 1087.

[14]Pattison,P. , G. Robins. Neighborhood-based Models for Social Networks [J]. *Sociological Methodology*, 2002,32(1):301 - 337.

[15]Schweitzer,F. ,G. Fagiolo,D. Sornette,Vega - Redondo F. ,and Douglas R. W. Economic Networks: What Do We Nnow and What do We Need to Know? [J]. *Advances in Complex Systems*,2009,12(4 - 5):407 - 422.

[16]Serrano,M. A. ,M. Boguna. Topology of the World Trade Web [J]. *Physical Review E Statistical Nonlinear & Soft Matter Physics*,2003,(2):015101.

[17]Snijders,T. A. B. ,M. A. J. Van Duijn. Conditional Maximum Likelihood Estimation under Various Specifications of Exponential Random Graph Models [J]. *Contributions to Social Network Analysis*,*Information Theory*,*and other Topics in Statistics*,2002: 117 - 134.

[18]Snijders,T. A. B. ,P. E. Pattison,and G. L. Robins,et al. New Specifications for Exponential Random Graph Models [J]. *Sociological Methodology*,2006,36(1):99 - 153.

[19]Sinnott,R. W. Virtues of the Haversine. Sky and Telescope [J]. *Sky & Telescope*,1984,68(2): 159.

[20]Wasserman,S. ,P. Pattison. Logit Models and Logistic Regressions for Social Networks: I. An Introduction to Markov Graphs [J]. *Psychometrika*,1996,61(3):401—425.

[21]Watts,D. J. ,SH. Strogatz. Collective Dynamics of "Small—World" Networks [J]. *Nature*,1998, 393(6684): 440—442.

[22]Wernicke,S. Efficient Detection of Network Motifs [J]. *Computational Biology & Bioinformatics IEEE/ACM Transactions on*, 2006, 3(4):347.

[23] Zhu, Z. , M. Puliga, F. Cerina, A. Chessa, and M. Riccaboni, Global Value Trees [J]. *Plos One*, 2015, 10(5): e0126699.

[24] 陈倩. 复杂网络模体研究[D]. 上海:上海大学,2008.

[25]姜睿. "十三五"上海参与"一带一路"建设的定位与机制设计[J]. 上海经济研究, 2015(1):81 - 88.

[26]梁经伟,文淑惠,杜洪燕. "一带一路"战略下中国与周边国家经济联动关系研究[J]. 地域研究与开发, 2016(3):5 - 10.

[27]罗清和,曾婧. "一带一路"与中国自由贸易区建设[J]. 区域经济研究,2016(1):40 - 46.

[28]潘峰华,赖志勇,葛岳静. 经贸视角下中国周边地缘环境分析——基于社会网络分析方法[J]. 地理研究,

2015(4):775-786.

[29]彭海阳,詹圣泽,郭英远.基于厦门前沿的福建自贸区对台合作新探索[J].中国软科学,2015(8):72-88.

[30]任再萍,田思婷,施楠.自贸区成立对其区位优势与协同互补性的影响研究:基于Dendrinos-Sonis模型的实证分析[J].中国软科学,2016(11):175-183.

[31]申现杰,肖金成.国际区域经济合作新形势与中国“一带一路”合作战略[J].宏观经济研究,2014(11):30-38.

[32]宋周莺,车姝韵,王姣娥,郑蕾.中国沿边口岸的时空格局及功能模式[J].地理科学进展,2015(5):589-597.

[33]王利辉,刘志红.上海自贸区对地区经济的影响效应研究——基于“反事实”思维视角[J].国际贸易问题,2017(2):3-15.

[34]项后军,何康,于洋.自贸区设立、贸易发展与资本流动—基于上海自贸区的研究[J].金融研究,2016(10):48-63.

[35]许和连,孙天阳.TPP背景下世界高端制造业贸易格局演化研究——基于复杂网络的社团分析[J].国际贸易问题,2015(8):3-13.

[36]薛伟贤,顾菁.西部高新区产业选择研究——基于“一带一路”建设背景[J].中国软科学,2016(9):73-87.

[37]郑蕾,宋周莺,刘卫东,刘毅.中国西部地区贸易格局与贸易结构分析[J].地理研究,2015(10):1933-1942.

[38]郑志来.东西部省份“一带一路”发展战略与协同路径研究[J].当代经济管理,2015(7):44-48.

[39]邹嘉龄,刘春腊,尹国庆,唐志鹏.中国与“一带一路”沿线国家贸易格局及其经济贡献[J].地理科学进展,2015(5):598-605.

附　录

附录一

表 8　二元组和三元组同构类及其标识符

同构类	标识符	同构类	标识符	同构类	标识符
二元组(3)					
	Non - existent		Asymmetric		Mutual
三元组(16)					
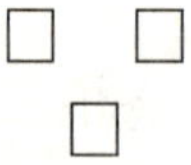	003	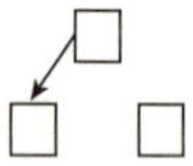	012	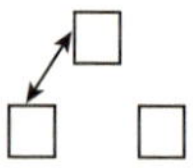	102
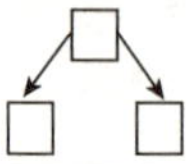	021D	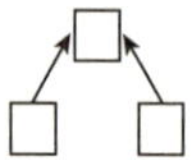	021U	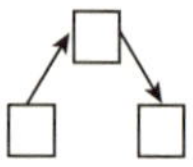	012C
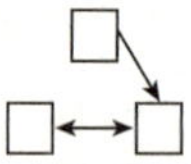	111D	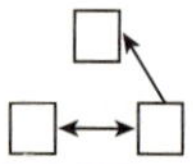	111U	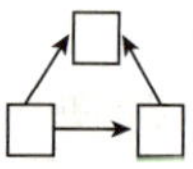	030T
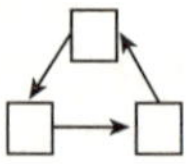	030C	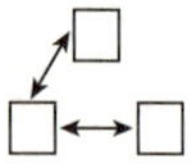	201	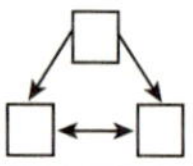	120D
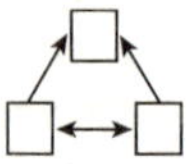	120U	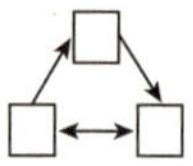	120C	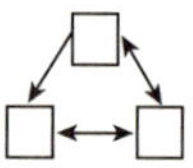	210
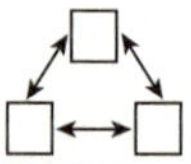	300				

附录二

表 9　“一带一路”沿线国家 ISO3 位国家代码

地理划分	ISO3 位国家代码
中国	CHN
蒙古	MNG
俄罗斯	RUS
东南亚十国	IDN, THA, MYS, VNM, SGP, PHL, MMR, KHM, LAO, BRN
独联体六国	UKR, BLR, GEO, AZE, ARM, MDA
南亚八国	IND, PAK, BGD, LKA, AFG, NPL, MDV, BTN
西亚北非十六国	SAU, ARE, OMN, IRN, TUR, ISR, EGY, KWT, IRQ, QAT, JOR, LBN, BHR, YEM, SYR, PSE

续表

地理划分	ISO3 位国家代码
中东欧十六国	POL,ROU,CZE,SVK,BGR,HUN,LVA,LTU,SVN,EST,HRV,ALB,SRB,MKD,BIH,MNE
中亚五国	KAZ,UZB,TKM,KGZ,TJK

注:①列表中已将东帝汶(TMP)剔除。②表中各国分别是中国、蒙古、俄罗斯、印度尼西亚、泰国、马来西亚、越南、新加坡、菲律宾、缅甸、柬埔寨、老挝、文莱、乌克兰、白俄罗斯、格鲁吉亚、阿塞拜疆、亚美尼亚、摩尔多瓦、印度、巴基斯坦、孟加拉国、斯里兰卡、阿富汗、尼泊尔、马尔代夫、不丹、沙特阿拉伯、阿联酋、阿曼、伊朗、土耳其、以色列、埃及、科威特、伊拉克、卡塔尔、约旦、黎巴嫩、巴林、也门共和国、叙利亚、巴勒斯坦、波兰、罗马尼亚、捷克共和国、斯洛伐克、保加利亚、匈牙利、拉脱维亚、立陶宛、斯洛文尼亚、爱沙尼亚、克罗地亚、阿尔巴尼亚、塞尔维亚、马其顿、波黑、黑山、哈萨克斯坦、乌兹别克斯坦、土库曼斯坦、吉尔吉斯斯坦、塔吉克斯坦。

精准扶贫与中国多维贫困测算：基于性别差异的视角
——利用 CFPS 2010—2014 年数据

何佩霖
（西南财经大学经济学院）

［摘　要］从多福利剥夺高低程度来测度现阶段中国的贫困，并探讨多维贫困的性别差异，能为政府制定精准扶贫政策提供重要的理论依据。借鉴 A－F 测算方法，分析多维贫困存在的性别差异。在不加入时间变量的情况下，女性主事家庭的多维贫困指数高于男性，女性面临更为严重的多维贫困剥夺。该性别差异存在区域性和地区性差别：东、中、西部地区各自的多维贫困性别差异存在但在不断缩小；在相同区域的前提下，纵向方面城市地区的多维贫困性别差异大于农村地区，横向方面女性主事家庭与男性主事家庭面临基本相同的城乡间多维贫困差异。加入时间变量后，男性的多维贫困剥削程度在长期高于女性，但男性主事家庭更易脱贫、返贫和中期脱贫。

［关键词］多维贫困；性别差异；精准扶贫

一、引　言

精准扶贫的思想最早于 2013 年 11 月提出，习近平总书记到湖南湘西十八洞村考察时作出了“实事求是、因地制宜、分类指导、精准扶贫”的重要指示。近年来，随着多轮扶贫攻坚政策的先后实施，我国的大规模扶贫已取得一定的成效。改革开放以来，按照 2010 年人均纯收入扶贫标准，农村贫困人口从 1978 年的 7.7 亿人减少到了 2015 年的 5575 万人，减少了 71464 万人①。但是，我国贫困问题现状依旧不容乐观。从贫困人口来看，截至 2016 年年底我国还存在 4335 万贫困人口②，贫困人口仍然较多；从贫困人口分布来看，目前的贫困人口主要分布在深山区、石山区、高寒山区和偏远山区，无论采取什么样的扶贫方式，扶贫难度都比以往大。同时，贫困人口的多样化、需求的差异化也亟待传统扶贫方式的转变。

精准扶贫主要包括 6 个方面的内涵：扶贫对象、扶贫目标、扶贫内容、扶贫方法、扶贫考评和扶贫保障的精准。为了实现精准扶贫，需要关注以下 3 个方面：一是对贫困的帮扶从单一收入标准向多维福利标准转变。近十年来，出台的扶贫政策已开始逐步涉及除收入维度以外

---

① 李培林，等．中国扶贫开发报告 2016［J］．经济学动态，2016（12）．

② 国家统计局，2016 年国民经济和社会发展统计公报［R］．2017．

的包括居住、教育和医疗在内的三大维度，这是新时期扶贫目标从单一指标向多个福利维度转变的初级阶段。二是对贫困地区贫困户的准确识别。这就要求准确把握贫困问题的人口特征和区域差异。在贫困的人口特征中，贫困的性别差异最容易受到忽略，在贫困问题中考虑性别差异有利于进一步深入认识和扩展贫困的内涵，并关系到政府是否需要采取性别敏感性的扶贫政策。三是不仅仅关注贫困的静态状况，应同样关注贫困状况的动态变化，将时间因素纳入贫困性别差异的分析中。

本文从测算不同性别的多维贫困指数出发，采用 Alkire 和 Foster(2011)提出的测算方法，分析二者之间存在的差异，包含该差异的大小和变化趋势，探讨其区域性和地区性特征。通过计算和分析，验证了不同性别之间存在多维福利剥夺程度的差异。在不加入时间变量的情况下，女性主事家庭的多维贫困指数高于男性，女性面临更为严重的多维贫困剥夺。同时，该性别差异存在区域性和地区性差别：不同区域多维贫困指数的性别差异在不断缩小；在相同区域的前提下，纵向来看，城市地区的多维贫困性别差异大于农村地区；横向来看，女性主事家庭与男性主事家庭面临基本相同的城乡间多维贫困差异。加入时间变量后，男性的多维贫困剥削程度在长期高于女性，男性多维贫困的变化概率高于女性，男性更易脱贫、返贫和中期脱贫。

本文的创新点在于：内容上，一是关注多维贫困的性别差异，利用样本异质性进行分组，研究了多维贫困性别差异在地区和区域之间存在的共通性和特殊性，以求深化对我国妇女所面临的多维贫困程度的认识，为制定相关特殊群体的扶贫政策提供理论支持，推动精准扶贫政策进行，促进性别平等和社会稳定发展；二是纳入时间因素，探讨长期多维贫困和贫困动态变化的性别差异。方法上，一是在现今广泛利用的收入、教育、健康和生活标准等 4 个维度之外，加入信息获取和通信能力维度，扩大多维贫困的内涵，以求更准确和贴近现实地衡量个体社会福利被剥夺程度；二是采取 3 种方法得到 5 种不同权重，在不同权重前提下测算多维贫困指数，以求结论更为准确和有说服力。

二、文献综述

阿玛蒂亚·森(1985,2001)提出的能力贫困理论反驳了传统贫困理论中用单一收入或者消费维度衡量贫困状态的论调，建立了以能力为核心的贫困衡量标准。阿玛蒂亚·森认为“能力剥夺”和“权利失败”是造成贫困的根本原因。该理论将对贫困的研究从单一的收入维度研究扩展到能力贫困和人类贫困，并发展成包含多维信息的贫困指数，从多维福利指标角度来测度贫困程度。

多维贫困研究方法的重点在于如何构建衡量多维贫困的标准。现阶段主要的方法有双界限法、投入产出效率方法、公理化方法、信息理论法和模糊集法(张全红等,2014)，其中应用最广泛的是 Alkire 和 Foster(2011)的双界限法。联合国开发计划署(UNDP)和牛津大学贫困与人类发展研究中心(OPHI)从 2010 年开始就采用 A - F 方法进行双重识别，推出了多维贫困指数 MPI，公布了通过 10 个指标进行测算的各国多维贫困指数。目前，国内外大多数学者以此方法为基础进行多维贫困的研究。Watts(1968)提出一个对分配敏感的贫困指数，在 Watts 的基础上，Chakravarty 和 Tsui(2003)结合功利化方法和福利经济学，把 Watts 指数从单一维度扩展到多个维度，确定多维贫困的识别方法，并计算出多维贫困指数的函数表达式。Chakravarty(2003)等对巴西城市的多维贫困进行了测算，并提出了将变量贫困线和单维贫困距整合成多维贫困的计算方法。

国内学者对多维贫困的研究也不在少数。高艳云(2012)利用MPI指数分析了我国城乡贫困状况的动态变化。林闽钢(2012)在使用CHNS 1989—2009年数据的基础上，探讨了多维贫困在农村家庭的代际传递。中国的多维贫困在不同省份之间存在差异(Yang & Pundarik，2017)，西部地区面临的多维贫困剥夺高于东部地区。支俊立(2017)利用双重识别法，通过子群分解发现贫困人口在收入和教育维度的贫困问题比非贫困人口更为普遍，他认为这两个维度是造成中国农村多维贫困的主要因素。在选取5个维度的基础上，李飞(2012)对省级层面的多维贫困进行了研究。郭建宇等(2012)则选择市、县一级作为研究单位，通过对比单一维度与多维度的贫困测算结果，发现多维贫困与单维度贫困存在相关性。

在贫困问题中深入分析性别差异有助于进一步认识和扩展贫困的内涵。贫困性别差异的研究包含两个方面的内容：一是贫困变动是否存在女性化趋势，二是政府是否需要采取性别敏感性的扶贫政策。运用随机占优方法，Quisumbing(1995)分析了印度等10个不同国家的贫困变动，没有发现女性贫困化的证据。Rajaram(2009)将财富积累和住房条件作为长期贫困的测算标准，得出了与之相同的结论。在加入教育消费指标后，测算短期贫困发现女性更容易致贫。国内对贫困问题的研究大多集中在地区差异、二元结构差异和职业隔离等方面，并未重视贫困的性别差异，但依然存在一些从时间和收入角度分析贫困性别差异的文献。在时间贫困上，董晓媛等(2007)发现，参与市场劳动机会的增加与家务劳动和照料活动的矛盾减少了女性的时间自主权，使她们更容易陷入时间贫困。焦若水(2006)则从制度和文化两个角度解释了特殊地区妇女贫困的原因。马东平(2011)从收入、参与社会能力、家庭和社会地位、主体缺失和生存健康5个维度论述民族地区妇女的贫困问题，发现这些特殊地区的妇女在上述5个维度遭受了严重的贫困剥夺。

在贫困的动态研究方面，学术界对长期贫困和短期贫困的测度方法还没有统一的认识。Ravallion(1988)根据个人或家庭在一段时间内经历贫困的时间长短来定义长期贫困和短期贫困，随后又提出根据家庭和个人在一定时间内的贫困纵向加总来划分长期贫困和短期贫困。Foster(2007)则提出通过定义贫困持续时间的临界值，来判断一个人或家庭在多长时间内为贫困才能被认定为长期贫困。Jalan和Ravallion(2000)利用广东、广西、贵州和云南四省1985—1990年的数据，发现短期贫困占全样本的33.4%，永久型贫困占6.2%，长期贫困占14.4%。Addabbo和Baldini(2000)利用意大利1991年的收入和消费数据研究得出，长期收入贫困和消费贫困的发生率分别为3%和2%，短期内二者的发生率分别为16%和12%。张全红、李博等(2017)借鉴Foster(2011)提出的长期多维贫困测算方法，研究发现经济发展水平较低的中西部地区的长期多维贫困程度明显高于东部和东北部地区。

三、研究思路

Alkire和Foster于2011年提出的A－F测度方法是被广为使用的多维贫困测度方法之一。英国牛津贫困与人类发展研究中心(OPHI)和联合国开发计划署(UNDP)利用该方法测算出的 MPI 指数(Multidimensional Poverty Index,也称 A－F 指数),体现了 100 多个发展中国家在教育、健康和生活水平等维度上的贫困情况。本文将 Alkire 和 Foster 提出的"双重识别"与 Foster(2007)提出的长期贫困测算方法相结合,测算中国多维贫困的性别差异。关键点在于:①单维度贫困的识别,即使用每一个福利指标的剥夺临界值来判断个体在该指标是否为贫困;②多维贫困的识别,设定临界值来衡量个体在多个指标共同测度的前提下多大程度上被剥夺才能够被判定为多维贫困;③长期贫困的识别:用时间临界值来判断个体是否属于长期贫困。

加入时间因素的多维贫困识别将包含 3 个临界值:指标临界值 K,剥夺临界值 Z 和持续时期临界值 τ。使用指标临界值 Z 来判断个体在任一福利指标上是否处于贫困状态;使用剥夺临界值 K 来综合判断个体在多个指标下是否是多维贫困;使用持续时间临界值 τ 来判断个体在一定时间界限内是否属于长期多维贫困。

(一)单维度贫困的识别

不失一般性,假设经济社会由 N 个个体构成,在 T 个不同时期内样本个体均不改变,其中存在 X_{ij}^t 个观测值,表示第 t 期第 i 个人在第 j 个指标上的取值,必然存在

$$X_{ij}^t \geqslant 0\ (i = 1,2,\cdots,N,j = 1,2,\cdots,d,t = 1,2,\cdots,T)$$

个体观测值包含了第 t 期所有个体在 d 个福利指标上的取值情况,用 n 行 d 列矩阵 X' 来表示,矩阵的第 i 行表示为 $x_{i.}^t = (x_{i1}^t,x_{i2}^t,\cdots,x_{id}^t)$,行数代表样本所包含的个体人数,列数代表福利指标的个数。对于每一个维度指标,均设置一个剥夺临界值 z,如果被调查的样本在某一指标上的福利值低于该临界值,则被认定为在该指标上被剥夺。假设各维度上被剥夺的临界值组成的向量为 $Z = (z_1,z_2,\cdots,z_d)^T$,如果 $x_{ij} < z_j$,那么认定该个体在第 j 个指标上处于贫困状态。由此,采用序数或二分变量,构建一个 $n \times d$ 维的被剥夺临界矩阵 G^t,该矩阵中的代表性元素为 g_{ij}^t,g_{ij}^t 代表第 i 个个体在第 t 期在第 j 个指标上是否被剥夺。当 $x_{ij} < z_j$ 时,$g_{ij}^t = 1$;反之,若 $x_{ij} \geqslant z_j$,则 $g_{ij}^t = 0$。

(二)多维度贫困的识别

为衡量多维贫困,利用"双重识别"的方法,需设置两个临界值。在上一个步骤中已实现测度个体在每一个指标上的被剥夺情况,接着将计算个体在所有 d 个维度上的总剥夺得分。在计算总体测度指标时,不同指标在多维贫困测度中的重要性不同,需设置不同的权重,权重越高说明该指标的重要性越高,由此构建一个权重向量 $W = (\omega_1,\omega_2,\cdots,\omega_d)$ 来表示第 j 维度的权重值。

假设向量 $N \times d \times T$,c_i^t 为其代表性元素,即 $c_i^t = \sum_{j=1}^{d} \omega_j g_{ij}^t$,表示第 t 期第 i 个人总福利指标的被剥夺得分。以该分值为基础,根据现实情况定义多维贫困二重判定标准,即样本的被剥夺分值达到多少时足够被视为多维贫困,需设定一个剥夺临界值 k,易知 $0 < k \leqslant 1$。当个体 i 的加权剥夺得分 $c_i^t \geqslant k$ 时,则被认定为多维贫困人口;反之,当 $c_i^t < k$,则该个体为非多维贫困人口。

在此基础上设置一个多维贫困人口的识别向量 P^t,其代表性元素 $\rho_i(k)$ 是一个二值变

量,当 $\rho_i(k) = 1$ 时,表示第 i 个人在剥夺临界值 z 、权重 ω 和临界值 k 的假设条件下被判定为多维贫困;相反,$\rho_i(k) = 0$ 则表示非多维贫困。

(三)长期多维贫困的识别

识别了样本中单一时期的多维贫困人口样本,下一步即识别长期多维贫困样本。主要的方法是由 Foster(2009)提出的持续时间分析方法。先设定一个时间临界值 τ ($0 < \tau \leqslant 1$),当样本个体 i 在所有观察期 T 内有 τ 比例以上的时期处于多维贫困状态,即被认定为长期多维贫困人口。

类似于之前的思路,用 $\frac{1}{T}\sum_{t=1}^{T}\rho_i^t(k)$ 表示个体在所有 T 时期内处于多维贫困状态的时期比例,如果 $\frac{1}{T}\sum_{t=1}^{T}\rho_i^t(k) \geqslant \tau$,则代表该个体 i 属于长期多维贫困;反之,如果 $\frac{1}{T}\sum_{t=1}^{T}\rho_i^t(k) < \tau$,表示该个体属于非长期多维贫困。构建一个 N 维列向量 P ,其中的代表性元素 $\rho_i(k,\tau) = 1$ 时,表明第 i 个人在剥夺临界值 z 、权重 ω 、临界值 k 和持续时间 τ 的假设条件下被判定为长期多维贫困人口;反之,当 $\rho_i(k,\tau) = 0$ 时,为非长期多维贫困人口。

综上,我们用 X 表示所有样本个体在总时期中包含的所有福利指标上的被剥夺状况, X 为 $N \times d \times T$ 的矩阵。

四、多维贫困指数的测算方法

依照前文的思路,多维贫困指数的计算公式如下

$$M = (X;z,W,k,\tau) = \frac{1}{N}P'\sum_{t=1}^{T} G^t W' \tag{1}$$

W' 是权重向量 W 的转置向量, W' 可以表示为 ($W_1, W_2, W_3, \cdots, W_{13}$) ;

$G^t W'$ 是 N 维列向量,其代表性元素为 $\sum_{j=1}^{d}\omega_i g_{ij}^t$;

P' 是 P 的转置向量, P 是一个 N 维行向量;

当 $T = 1$ 时,其代表元素为 $\rho_i(k)$ 。当 $\rho_i(k) = 1$ 时,表示第 i 个个体在剥夺临界值 z_j 、权重 ω_j 和贫困临界值 k 的假设条件下处于多维贫困, $\rho_i(k) = 0$ 则表示该个体为非多维贫困状态。式(1)可简化为

$$M = (X;z,W,k) = \frac{1}{N}P'GW' \tag{1a}$$

$$M = \frac{\sum_{i=1}^{N}\rho_i(k)}{N} \frac{\sum_{i=1}^{N}\sum_{j=1}^{d}\omega_j g_{ij}}{d\sum_{i=1}^{N}\rho_i(k)}$$

$$M = H \times A \tag{2}$$

其中, $H = \frac{1}{N}\sum_{i=1}^{N}\rho_i(k)$, H 表示多维贫困的人头指数,即多维贫困人口数占总人口的比例。

存在 $A = \frac{\sum_{i=1}^{N}\sum_{j=1}^{T}\omega_i g_{ij}}{d\sum_{i=1}^{N}\rho_i(k)}$,A 表示多维贫困人口的贫困剥夺份额,也称为贫困强度指数,可衡量贫困的深度。

当 $T > 1$ 时, P'的代表元素为 $\rho_i(k,\tau)$,同时可得长期多维贫困指数

$$M = (X;z,W,k,\tau) = \frac{1}{N}P'\sum_{t=1}^{T}G^t W'$$

$$M = \frac{\sum_{i=1}^{N}\rho_i(k,\tau)}{N}\frac{\sum_{i=1}^{N}\rho_i(k,\tau)\sum_{t=1}^{T}C_i^t}{\sum_{i=1}^{N}\rho_i(k,\tau)T}\frac{\sum_{t=1}^{T}\sum_{i=1}^{N}\rho_i(k,\tau)\rho_i^t(k)}{\sum_{i=1}^{N}\rho_i(k,\tau)T} \tag{1b}$$

其中, $M = H \times A \times D$ 。

同理可知

$$H = \frac{\sum_{i=1}^{N}\rho_i(k,\tau)}{N}$$

$$A = \frac{\sum_{i=1}^{N}\rho_i(k,\tau)\sum_{t=1}^{T}C_i^t}{\sum_{i=1}^{N}\rho_i(k,\tau)T}$$

$$D = \frac{\sum_{t=1}^{T}\sum_{i=1}^{N}\rho_i(k,\tau)\rho_i^t(k)}{\sum_{i=1}^{N}\rho_i(k,\tau)T}$$

D 反映了长期多维贫困人口平均的贫困持续时间,即长期多维贫困人口的平均贫困时期占所有观察期的比重。

五、实证分析

(一)数据说明

本文选用 CFPS 的数据,在常规分析和稳健性检验中,由于 CFPS 2012 年的数据中缺失信息获取和网络通信能力维度的数据,考虑到指标的可取性和完整性,只对 CFPS 2010 年和 2014 年的数据进行分析研究。在进行长期多维贫困分析过程中剔除了信息获取和网络通信能力维度,选取 CFPS 2010、2012 年和 2014 年的数据进行研究。CFPS 数据在样本抽样时充分结合我国的国情和复杂的社会经济文化背景,利用多个阶段、内隐分层等抽样形式,保证了样本的异质性,有利于多维贫困性别差异的研究。

(二)指标选取

1. 福利维度、指标及剥夺临界值

多维贫困的研究主要是以家庭为单位,因此,本文在分析多维贫困性别差异时也以家庭

为单位。因此,应选择家庭户主的性别作为关注点来研究多维贫困的性别差异,考察多维贫困是否有女性化趋势。但 CFPS 数据中没有明确指定家庭户主,本文选择一个家庭中重大事项决策者和主管财务的样本个体,以其性别作为研究的关注点,考察多维贫困的性别差异现状及其变化趋势。

(1)收入维度。MPI 指数中未将收入指标纳入多维贫困的衡量,但考虑到人均收入能够衡量基本衣食住行的消费需求和能力,本文选取家庭人均收入作为多维贫困收入维度的指标。以 2010 年为基准得到调整后的 2012 年和 2014 年家庭人均收入,将最新贫困线标准 2300 元(2010 年价格)作为剥夺临界值。

(2)教育维度。教育维度包含成人受教育年限和儿童失学率两个指标。家庭主事者为文盲、半文盲的样本视为在教育指标上被剥夺;家庭中 6 岁以上 15 周岁以下的儿童未上学视为被剥夺,家庭中只要有一个孩子失学即视为儿童失学指标被剥夺。

(3)健康维度。健康维度分为健康状况和医疗保险两个指标。健康状况中出现比较不健康、不健康、非常不健康,则被视为健康状况指标被剥夺;没有任一一种医疗保险被认为在医疗保险指标上被剥夺。

(4)生活水平维度。生活水平维度分为做饭燃料、清洁水源、住房条件、通电情况、卫生设施和资产状况等6 个指标。

其中,做饭燃料指标中,未使用天然气、液化气或者电的家庭视为被剥夺;未使用自来水、纯净水和过滤水作为饮用水的家庭视为被剥夺;在住房条件方面,存在包括 12 岁以上子女与父母同住一室、老少三代同住一室、12 岁以上异性子女同住一室、有床白天拆晚上架、客厅也有睡床以及其他困难中任意一项住房困难的情况,都视为被剥夺;通电情况方面,将不通电和经常断电视为被剥夺;拥有冲水设备的卫生设施的家庭被视为未被剥夺;在资产方面,2010 年的调查项与另外两年存在差异,故采取差异对照的方式,将家中最多拥有一项以下物件:彩色电视、洗衣机、冰箱、空调、缝纫机、录像机、电扇、计算机、微波炉、电饭煲、电话、手机、照相机、高压鼓、VCD/DVD,或电助力自行车、摩托车、汽车项等耐用品中任意一项都没有的家庭视为被剥夺。

(5)信息获取和网络通信维度:信息获取和网络通信能力维度包含手机使用情况和互联网使用情况量两个指标。互联网能促进包容、创新和效率①,能够降低信息成本,以透明的方式提供更多的信息,这些信息可能来自就业、衣食住行、信贷等方面。例如,那些居住在偏远地区或者边缘化的群体,如果能够使用互联网,就能够获得政府提供的一些服务,并得到信贷服务来获得发展资金,这有利于降低个体自身的多维度福利被剥夺状况。信息获取和网络通信能力上的差异也将导致贫富差距的进一步拉大。

① 世界银行. 世界发展报告 2016:数字红利[M]. 北京:清华大学出版社,2017.

表1 福利维度、指标及剥夺临界值 Z

维度	指标	剥夺临界值(赋值为1)
收入	人均收入	人均收入由家庭总收入除以家户人口数得到,分别以城市 CPI 指数调整到 2010 年,采用官方确立的最新贫困线 2300 元的标准①,低于此标准被视为收入贫困
教育	成人教育	家中主事者为文盲
	儿童失学	6~15 岁未入学
健康	健康状况	对自己的健康状况评价为不健康和非常不健康
	医疗保险	没有任何一种医疗保险
生活水平	做饭燃料	非电、液化气或天然气等清洁能源
	卫生设施(厕所)	厕所无冲水
	用电	不通电或经常断电
	住房条件	有任意一项住房困难
	清洁饮用水	不能使用自来水
	资产状况	家用电器:彩色电视、洗衣机、冰箱、空调、缝纫机、录像机、电扇、计算机、微波炉、电饭煲、电话、手机、照相机、高压鼓、VCD/DVD 最多只有一项;或交通工具:电助力自行车、摩托车、汽车项等耐用品中任意一项都没有
互联网及通信	手机使用情况	没有手机
	互联网使用情况	没有使用互联网

2. 单维度贫困发生率

首先,从表 2 中可以看出:①贫困发生率居于前三位的指标相同。以 2010 年为例,分别为卫生设施(62.99%)、清洁用水(59.35%)、互联网使用情况(88.81%)。4 个指标中有 3 个指标属于生活水平维度,说明我国居民在生活水平维度的贫困差异较为明显。贫困发生率最高的是互联网使用状况,2010 年和 2014 年分别达到 88.81% 和 79.34%。贫困发生率最低的是儿童失学率,我国近十几年来实行的九年义务教育制度在其中起到了很大的作用。②比较男性主事家庭和女性主事家庭的单维度贫困发生率可以看出,二者贫困发生率最高和最低的指标都是网络使用情况和儿童入学情况。男性主事家庭的单维度贫困发生率并不是所有指标都低于女性主事家庭。男性主事家庭在人均收入和做饭燃料方面的表现在两个时期均差于女性主事家庭。

① 中国目前贫困线以 2011 年 2300 元不变为基准,此基准可能不定期调整。

表 2 2010 年和 2014 年单维度贫困发生率(%)

维度	指标	2010 年贫困发生率			2014 年贫困发生率			相对变化率		
		总体	主事者为男性	主事者为女性	总体	主事者为男性	主事者为女性	总体	主事者为男性	主事者为女性
收入	人均收入	18.68	19.35	17.66 ***	14.91	15.86	13.88 ***	-20.18	-18.04	-21.40
教育	成人教育	28.70	25.60	33.41 ***	28.77	24.79	33.09 ***	-0.24	-3.16	-0.96
	儿童失学	2.19	2.27	2.06	1.21	1.24	1.18	-44.75	-45.37	-42.72
健康	健康状况	20.54	18.40	23.79 ***	19.40	16.41	22.64 ***	-5.55	-10.82	-4.83
	医疗保险	13.67	12.37	15.65 ***	7.27	6.78	7.81 ***	-46.82	-45.19	-50.10
生活水平	做饭燃料	50.48	54.92	43.76 ***	37.58	41.85	32.97 ***	-25.55	-23.80	-24.67
	卫生设施	62.99	65.55	59.11 ***	56.13	59.24	78.98 ***	-10.89	-9.63	33.62
	用电	4.21	4.57	3.65	2.54	2.45	2.64	-39.67	-46.39	-27.67
	住房条件	18.59	18.85	18.20	16.25	16.20	16.31	-12.59	-14.06	-10.38
	清洁用水	59.35	56.10	64.26 ***	30.89	33.64	27.90 ***	-47.95	-40.04	-56.58
	资产状况	58.50	56.17	62.03 ***	3.26	3.82	3.41	-94.43	-93.20	-94.50
信息获取和通信	手机使用情况	29.60	25.90	35.20 ***	13.83	11.19	16.71 ***	-53.28	-56.80	-52.53
	互联网使用情况	88.81	88.90	88.67	79.34	79.39	79.29	-10.66	-10.70	-10.58
样本量		10246	6169	4077	9007	4691	4316	NA①	NA	NA

注：***表示主事者为男性的家庭和主事者为女性的家庭贫困发生率差异在1%以上。

数据来源：根据2010年及2014年中国追踪调查数据(CFPS)计算整理而得。

其次，①从2010—2014年整体的变化情况来看，相比于2010年，各指标贫困发生率在2014年有明显下降，下降幅度最小的是教育维度中的成人教育指标，相比2010年下降了0.24%；下降幅度最大的是生活水平维度的资产状况，下降了94.43%。除了健康状况指标，其余各指标的下降幅度均超过10个百分比。②男性主事家庭各项指标的贫困发生率均呈下降的态势，改善最为明显的是资产状况指标，其次是医疗保险指标；而女性主事家庭中资产状况得到了明显的改善，其次是清洁用水方面，在卫生设施情况上却出现严重的恶化。相比于女性主事家庭，男性主事家庭在用电情况下改善程度最高，在人均收入、医疗保险、做饭燃料、清洁用水和资产状况上的改善略低于女性主事的家庭。

① “NA” = Not Available，即“无可利用数据”，下同。

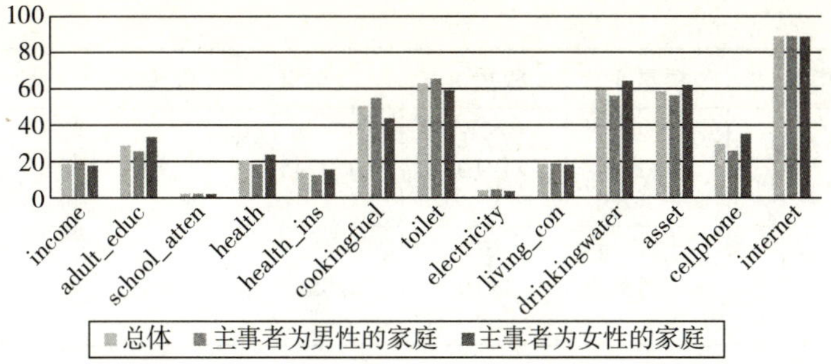

图 1 2010 年单维度贫困发生率

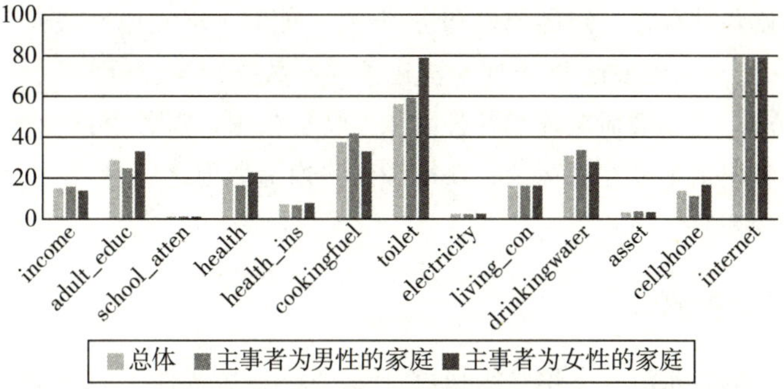

图 2 2014 年单维度贫困发生率

数据来源:根据 2014 年中国追踪调查数据(CFPS)计算整理而得。

(三)权重选取

表 3 各维度指标的不同权重

维度	指标	权重 I	权重 II	权重 III	权重 IV	权重 V
收入	人均收入	1/13	1/5	0.0888	1/4	0.0992
教育	成人教育	1/13	1/10	0.0634	1/8	0.0971
	儿童失学	1/13	1/10	0.0779	1/8	0.0645
健康	健康状况	1/13	1/10	0.0297	1/8	0.0793
	医疗保险	1/13	1/10	0.0799	1/8	0.1618
生活条件	做饭燃料	1/13	1/30	0.0677	1/24	0.0492
	卫生设施	1/13	1/30	0.0575	1/24	0.0934
	用电	1/13	1/30	0.0880	1/24	0.1579
	住房条件	1/13	1/30	0.0937	1/24	0.0326
	清洁用水	1/13	1/30	0.0909	1/24	0.1252
	资产	1/13	1/30	0.1313	1/24	0.0398

续表

维度	指标	权重Ⅰ	权重Ⅱ	权重Ⅲ	权重Ⅳ	权重Ⅴ
信息获取和网络通信	手机使用情况	1/13	1/10	0.0745	NA	NA
	互联网使用情况	1/13	1/10	0.0568	NA	NA

注：权重Ⅲ和权重Ⅴ根据2010年、2012年和2014年中国追踪调查数据（CFPS）计算整理而得。

如表3所示，权重Ⅰ在指标等权重的标准下得出，权重Ⅱ在维度等权重的标准下测算。这两种权重不可避免地存在一定的误差和主观性，不能完全准确地反映各个指标对个体福利的影响程度。由此，本文还根据PCA理论构建了样本数据矩阵，利用因子分析对上述数据进行处理，得出总方差、因子载荷矩阵和各公因子的特征根来计算各个指标相应的权重，如权重Ⅲ所示。权重Ⅳ和权重Ⅴ是在去掉信息获取和网络通信能力之后，分别利用维度等权重和主成分分析法进行的测算。

（四）多维贫困的测算

该节利用不同的权重测算多维贫困指数，比较在不同临界值上多维贫困的现状及其变化趋势，并判断多维贫困是否存在性别差异及其变化。

1. 指标等权重下的多维贫困（权重Ⅰ）

表4 2010年和2014年在权重Ⅰ下的多维贫困测算

时间	k	*H*（贫困发生率）			*A*（贫困深度）			*M*（多维贫困指数）		
		总体	男性	女性	总体	男性	女性	总体	男性	女性
2010年	0.1	0.9773	0.9741	0.9821	0.3574	0.3525	0.3596	0.3669	0.3434	0.3532
	0.2	0.8739	0.8651	0.8872***	0.3815	0.3776	0.3873	0.3334	0.3267	0.3436***
	0.3	0.6809	0.6659	0.7037***	0.4242	0.4215	0.4281	0.2887	0.2807	0.3013***
	0.4	0.2953	0.2799	0.3186***	0.5293	0.5284	0.5305	0.1563	0.1479	0.1690***
	0.5	0.1613	0.1540	0.1724***	0.5856	0.5832	0.5889	0.0945	0.0898	0.1015***
	0.6	0.0708	0.0648	0.0797***	0.6459	0.6446	0.6476	0.0457	0.0418	0.0516
	0.7	0.0049	0.0042	0.0059	0.7769	0.7751	0.7788	0.0038	0.0033	0.0046
	0.8	0.0005	0.0003	0.0007	0.8462	0.8462	0.8462	0.0004	0.0003	0.0006
	0.9	0	0	0	\	\	\	\	\	\
	1.0	0	0	0	\	\	\	\	\	\

续表

时间	k	H(贫困发生率)			A(贫困深度)			M(多维贫困指数)		
		总体	男性	女性	总体	男性	女性	总体	男性	女性
2014 年	0.1	0.7498	0.7604	0.7382***	0.3041	0.3016	0.3069	0.2280	0.2293	0.2266
	0.2	0.5890	0.6031	0.5773***	0.3451	0.3401	0.3508***	0.2033	0.2051	0.2025
	0.3	0.4118	0.4185	0.4045***	0.3943	0.3884	0.4010***	0.1624	0.1625	0.1622
	0.4	0.1319	0.1234	0.1411***	0.5093	0.5047	0.5137	0.0672	0.0623	0.0725***
	0.5	0.0552	0.0482	0.0628***	0.5758	0.5722	0.5788	0.0318	0.0276	0.0363
	0.6	0.0191	0.0156	0.0229	0.6462	0.6428	0.6488	0.0123	0.0100	0.0149
	0.7	0.0011	0.0009	0.0014	0.7923	0.7885	0.7949	0.0009	0.0007	0.0011
	0.8	0.0003	0.0002	0.0005	0.8462	0.8462	0.8462	0.0003	0.0002	0.0004
	0.9	0	0	0	\	\	\	\	\	\
	1.0	0	0	0	\	\	\	\	\	\

注:＊＊＊表示主事者为男性的家庭和主事者为女性的家庭贫困发生率差异在1%以上。

数据来源:根据2010 年及2014 年中国追踪调查数据(CFPS)计算整理而得。

首先,从表4 的贫困发生率中可以看出,随着临界值 k 的增加,由于越来越少的家庭在更多的维度上被剥夺,贫困发生率不断下降。直至 $k=0.9$ 时,贫困发生率为0,说明在该临界值上不存在多维贫困人口。当 $k=0.4$ 时,总体、女性主事家庭和男性主事家庭2010 年和2014 年的贫困发生率都迅速下降。从表4 中还可以看出,在权重Ⅰ的测算下,女性主事在任何临界值上的贫困发生率均高于相同临界值下的男性主事家庭所拥有的贫困发生率。在宽松和严格的多维贫困临界线($k=0.1$ 和 $k=1.0$)上,多维贫困的性别差异不明显。当 k 属于0.2~0.6 时,2010 年男性主事家庭与女性主事家庭的贫困发生率的差异大于1%;在2014 年期间,贫困发生率的性别差异大于1%的区间是[0.1,0.5]。说明在适当的临界值范围内,多维贫困的发生率存在明显的性别差异。从变化上来看,相同临界值下2014 年的贫困发生率都比2010 年低。

其次,在贫困深度上,随着临界值 k 的增加,由于更少的家庭在更多的指标上被剥夺,剥夺的深度呈上升趋势。与贫困发生率相同,女性主事家庭比男性主事家庭面临更严重的贫困剥夺状况,多维贫困深度存在明显的性别差异。但2014 年的贫困深度较2010 年存在明显的改善。

最后,在多维贫困指数上,随着临界值的增加,多维贫困指数呈下降趋势。表现出两个特征:①存在明显的性别差异。2010 年期间,在 $k\in[0.2,0.4]$ 的范围内,男性与女性的多维贫困差异均在1%以上,但是在2014 年期间,该情况有了明显的改善,仅在 $k=0.4$ 时大于1%。说明考虑在权重Ⅰ的情况下,多维贫困的性别差异得到了一定程度上的改善。②2014 年相对于2010 年在减少贫困上取得了较大成效。相同剥夺临界值上,2014 年多维贫困指数低于2010 年。

2. 维度等权重下的多维贫困(权重Ⅱ)

利用维度等权重方法衡量多维贫困,可以看出,随着临界值的增加,贫困发生率、贫困深度和多维贫困深度呈现出与使用权重Ⅰ所得结果相同的趋势:随着 k 的增加,贫困发生率不断下降,贫困深度不断加强,多维贫困指数则不断下降。

表 5 2010 年和 2014 年在权重Ⅱ下的多维贫困测算

时间	k	H(贫困发生率)			A(贫困深度)			M(多维贫困指数)		
		总体	男性	女性	总体	男性	女性	总体	男性	女性
2010 年	0.1	0.9377	0.9374	0.9382	0.3221	0.3136	0.3348 ***	0.3020	0.2940	0.3141 ***
	0.2	0.7133	0.6980	0.7363 ***	0.3755	0.3691	0.3846 ***	0.2678	0.2576	0.2832 ***
	0.3	0.4737	0.4518	0.5070 ***	0.4457	0.4428	0.4497	0.2111	0.2001	0.2280 ***
	0.4	0.2867	0.2746	0.3051 ***	0.5197	0.5153	0.5256 ***	0.1490	0.1415	0.1604 ***
	0.5	0.1602	0.1519	0.1727 ***	0.5935	0.5879	0.6008 ***	0.0951	0.0893	0.1038 ***
	0.6	0.0811	0.0736	0.0925 ***	0.6628	0.6588	0.6676	0.0538	0.0485	0.0618 ****
	0.7	0.0286	0.0235	0.0363	0.7661	0.7604	0.7604	00219	0.0179	0.0276
	0.8	0.0040	0.0031	0.0064	0.8187	0.8175	0.8197	0.0033	0.0025	0.0052
	0.9	0.0001	0	0.0002	0.9000	\	0.9000	0.0009	\	0.0018
	1.0	0	0	0	\	\	\	\	\	\
2014 年	0.1	0.8457	0.8472	0.8441	0.2694	0.2610	0.2743 ***	0.2278	0.2211	0.2315 ***
	0.2	0.5583	0.5442	0.5737 ***	0.3385	0.3333	0.3439 ***	0.1890	0.1814	0.1973 ***
	0.3	0.3316	0.3146	0.3501 ***	0.4138	0.4098	0.4178	0.1372	0.1289	0.1463 ***
	0.4	0.1724	0.1614	0.1844 ***	0.4932	0.4867	0.4994 ***	0.0850	0.0786	0.0921 ***
	0.5	0.0727	0.0711	0.0873 ***	0.5723	0.5623	0.5813 ***	0.0416	0.0400	0.0507 ***
	0.6	0.0249	0.0220	0.0364 ***	0.6505	0.6425	0.6565 ***	0.0162	0.0141	0.0239
	0.7	0.0051	0.0026	0.0107	0.7577	0.7578	0.7577	0.0039	0.0020	0.0081
	0.8	0.0009	0.0006	0.0005	0.8133	0.8083	0.8167	0.0007	0.0005	0.0004
	0.9	0	0	0	\	\	\	0	0	0
	1.0	0	0	0	\	\	\	0	0	0

注:* * * 表示主事者为男性的家庭和主事者为女性的家庭贫困发生率差异在 1% 以上。

数据来源:根据 2010 年及 2014 年中国追踪调查数据(CFPS)计算整理而得。

从贫困发生率上看,多维贫困发生率存在性别差异,男性主事家庭的发生率低于女性。在相同的临界值水平上,2014 年总体的贫困发生率远低于 2010 年的贫困发生率。当 $k = 0.9$ 时,2010 年的总体的贫困发生率为 0.0001 而 2014 年为 0。当 k 在 0.2 ~ 0.6 之间时,性别差异均大于 1%;当 $k = 0.9$ 时,男性的贫困发生率为 0,而女性的贫困发生率为 0.0002。

在贫困深度上,男性主事家庭比女性主事家庭的贫困剥夺程度低。2014 年的贫困深度相比 2010 年有明显的改善;在性别差异方面,当 $k = 0.6$ 时,2014 年表现出 2010 年所没有的 1% 以上的性别差异。

多维贫困指数也存在明显的性别差异。在 2010 年,当 $k = 0.9$ 时,男性的多维贫困指数为 0,女性的多维贫困指数为 0.0018,但是该情况在 2014 年得到明显的改善。总体而言,多维贫困的性别差异存在改善趋势。

3. 主成分分析法下的多维贫困（权重Ⅲ）

利用主成分分析法（PCA）计算出各指标权重如表 3 所示，得出的多维贫困测度结果与前两部分结果有些不同。但仍存在以下规律：一是贫困发生率随着临界值 k 的增加而降低；二是贫困深度随着临界值 k 的增加而增加；三是多维贫困指数随着临界值 k 的增加而降低。

从贫困发生率上看，与之前结果不同的是，男性主事家庭在部分临界值标准下贫困发生率高于女性家庭。在 2010 年 $k=0.7$ 以及 2014 年 $k=0.2$ 的情况下，女性的贫困发生率低于男性。在贫困深度上，2010 年期间，女性主事家庭被剥夺情况在 $k=0.2$，$k=0.3$，$k=0.5$ 和 $k=0.6$的情况下略低于男性主事家庭，但其差异不如之前男性低于女性情况那样显著，2014 年期间女性主事家庭的被剥夺状况又差于男性。在应用权重Ⅲ得到的多维贫困测度结果中可以看出，多维贫困的性别差异在 2014 年明显缩小。

表 6　2010 年和 2014 年在权重Ⅲ下的多维贫困测算

时间	k	H（贫困发生率）			A（贫困深度）			M（多维贫困指数）		
		总体	男性	女性	总体	男性	女性	总体	男性	女性
2010 年	0.1	0.9771	0.9742	0.9814	0.3546	0.3486	0.3636***	0.3465	0.3396	0.3668***
	0.2	0.8610	0.8407	0.8918***	0.3811	0.3790	0.3842	0.3281	0.3186	0.3426***
	0.3	0.5924	0.5677	0.6299***	0.4394	0.4397	0.4390	0.2603	0.2496	0.2765***
	0.4	0.3500	0.3181	0.3679***	0.5035	0.5022	0.5053	0.1762	0.1597	0.1859***
	0.5	0.1453	0.1373	0.1575***	0.5843	0.5844	0.5842	0.0849	0.0802	0.0920***
	0.6	0.0444	0.0408	0.0498	0.6673	0.6690	0.6685	0.0296	0.0273	0.0333
	0.7	0.0114	0.0118	0.0108	0.7411	0.7379	0.7465	0.0084	0.0087	0.0081
	0.8	0.0012	0.0010	0.0015	0.8181	0.8146	0.8216	0.0098	0.0008	0.0012
	0.9	0	0	0	\	\	\	\	\	\
	1.0	0	0	0	\	\	\	\	\	\
2014 年	0.1	0.7369	0.7506	0.7220***	0.2669	0.2660	0.2677	0.1967	0.1997	0.1933
	0.2	0.4959	0.5129	0.4775***	0.3241	0.3202	0.3286	0.1607	0.1642	0.1569
	0.3	0.2415	0.2411	0.2419	0.4455	0.4030	0.4078	0.1076	0.0972	0.0986
	0.4	0.1015	0.1004	0.1026	0.4863	0.4818	0.4900	0.494	0.0484	0.0503
	0.5	0.0320	0.0307	0.0334	0.5822	0.5728	0.5876***	0.0186	0.0176	0.0196
	0.6	0.0098	0.0083	0.0114	0.6720	0.6492	0.6770***	0.0066	0.0054	0.0077
	0.7	0.0027	0.0019	0.0035	0.7401	0.6627	0.7423***	0.0020	0.0013	0.0026
	0.8	0.0003	0.0002	0.0005	0.8396	0.8423	0.8383	0.0025	0.0017	0.0004
	0.9	0	0	0	\	\	\	\	\	\
	1.0	0	0	0	\	\	\	\	\	\

注：＊＊＊表示主事者为男性的家庭和主事者为女性的家庭贫困发生率差异在 1% 以上。

数据来源：根据 2010 年及 2014 年中国追踪调查数据（CFPS）计算整理而得。

综上我们可以看出，无论采用什么权重，都存在：①贫困发生率随着临界值 k 的增加而降低；②贫困深度随着临界值 k 的增加而增加；③多维贫困指数随着临界值 k 的增加而降低。

同时,根据使用不同权重的测算结果可以得到:①2010—2014 年,多维贫困状况总体上得到明显改善,多维贫困人口减少,扶贫政策取得了良好的成就。②男性主事家庭与女性主事家庭的多维贫困状况存在明显的性别差异。就贫困发生率而言,女性主事家庭的贫困发生率高于男性主事家庭;从多维贫困深度来看,女性主事家庭的贫困剥夺深度大于男性主事家庭;从多维贫困指数来看,男性主事家庭的多维贫困指数大体上低于女性主事家庭的多维贫困指数。③2010—2014 年,男性主事家庭贫困剥夺程度的改善优于女性主事家庭,后者面临比男性主事家庭更为严峻的福利剥夺。

(五)稳健性检验

1. 样本异质性检验($k=0.4$)

本部分对性别差异进行详细的分解,意在从区域差异(东部、中部和西部)和地区差异(城市与农村)两个角度探讨多维贫困的性别差异基本现状和变化趋势。本文选取 $k=0.4$ 作为多维福利剥夺的临界值。

(1)权重Ⅰ指标等权重的情况下

从整体上看,测算结果呈现出 3 个主要特征:①相比于 2010 年,各区域、各地区不同性别的贫困剥削程度在 2014 年呈不同程度的下降,下降最为明显的是西部农村地区;②西部区域贫困剥夺程度高于东部和中部区域,西部区域农村是多维贫困指数最高的地区,2010 年和 2014 年分别为 0.1990 和 0.0974;③城市地区的多维贫困指数低于农村地区,西部城市和农村之间受剥夺程度差距最大。测算结果中,2010 年和 2014 年均是西部农村地区的女性家庭多维贫困指数最高,东部区域城市的男性家庭受到的贫困剥夺最低。

表 7 指标等权重下的多维贫困稳健性检验

样本分类	时间 区域	2010 年			2014 年		
		整体	城市	农村	整体	城市	农村
总样本	总体	0.1563	0.0478	0.1084	0.0672	0.0128	0.0543
	东部	0.0500	0.0471	0.0689	0.0222	0.0110	0.0376
	中部	0.0433	0.0653	00867	0.0207	0.0185	0.0507
	西部	0.0630	0.0315	0.1907	0.0243	0.0114	0.0926
主事者为男性的家庭	总体	0.1479	0.0387	0.1092	0.0623	0.0093	0.0530
	东部	0.0392	0.0366	0.0691	0.0179	0.0078	0.0335
	中部	0.0396	0.0561	0.0879	0.0175	0.0133	0.0475
	西部	0.0693	0.0266	0.1869	0.0268	0.0075	0.0896
主事者为女性的家庭	总体	0.1690	0.0617	0.1073	0.0725	0.0166	0.0558
	东部	0.0665	0.0605	0.0789	0.0268	0.0118	0.0413
	中部	0.0490	0.0778	0.0850	0.0240	0.0239	0.0541
	西部	0.0536	0.0422	0.1990	0.0216	0.0178	0.0974

数据来源:根据 2010 年及 2014 年中国追踪调查数据(CFPS)计算整理而得。

对比主事者分别为男性和女性的家庭,女性主事家庭的贫困剥夺程度大体上高于男性主事家庭,多维贫困指数存在显著的性别差异。2010 年贫困剥夺程度在城市地区的性别差异明显高于农村地区存在的性别差异。主事者为男性的家庭在东中西部城市地区的多维贫困指数分别为 0.0366、0.5610 和 0.0266;相应的,以女性为主事者的家庭的多维贫困指数分别为 0.0605、0.0778 和 0.0422;男性家庭东、中、西部地区的农村多维贫困指数分别为 0.0691、0.878 和 0.1869,女性家庭东、中、西部地区农村多维贫困指数为 0.0789、0.0850 和 0.1990——东部区域城市地区的男性与女性之间多维贫困的差异为 0.0239,农村地区的性别差异为 0.0184;中部区域城市地区的男性与女性之间多维贫困的差异为 0.0217,相同区域的农村地区的性别差异为 -0.0028;同样,西部地区城市地区的性别差异为 0.0156,而农村地区为 0.0121,如图 4 所示。

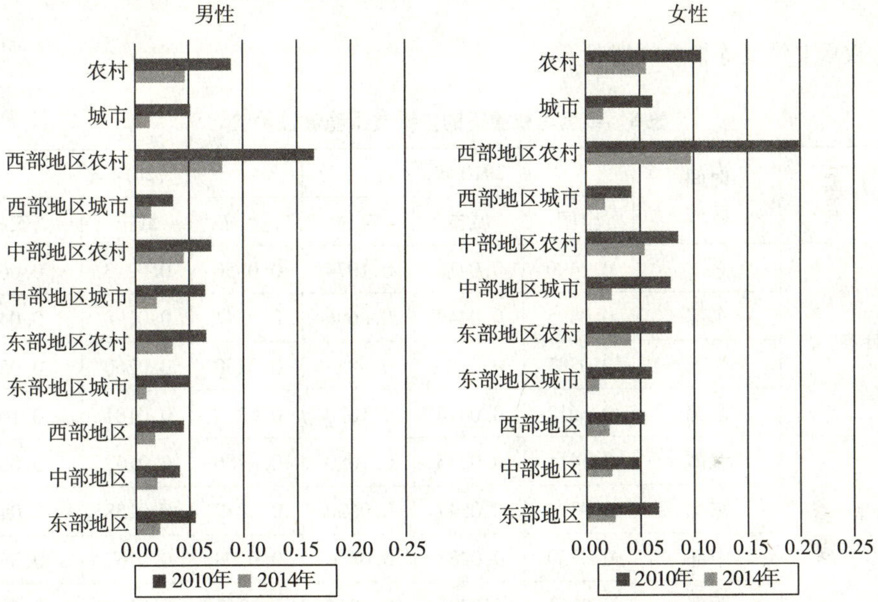

图 3 权重 I 下多维贫困指数的性别差异

数据来源:根据 2010 年及 2014 年中国追踪调查数据(CFPS)计算整理而得。

如图 3 所示,在权重 I 下,相同区域城市地区的男性主事家庭与女性主事家庭之间,二者多维贫困指数存在较大的差异;而农村地区男性主事家庭和女性主事家庭之间多维贫困指数的性别差异小于城市地区的性别差异。换言之,城市的多维贫困性别差异大于相同区域农村的性别差异。这种差异在 2014 年得到初步缓解,女性主事家庭在 2010 年面临的多维贫困状况在 2014 年得到了较大改善,改善程度大于同期同地区男性家庭。一个可能的原因是,女性主事家庭多维贫困人口的基数大、范围广,初期扶贫难度较男性主事家庭而言更小,因而政策实施后改善效果更好。但是随着扶贫难度的加大和对象识别越来越困难,准确把握男性和女性之间多维贫困的差异就变得至关重要。

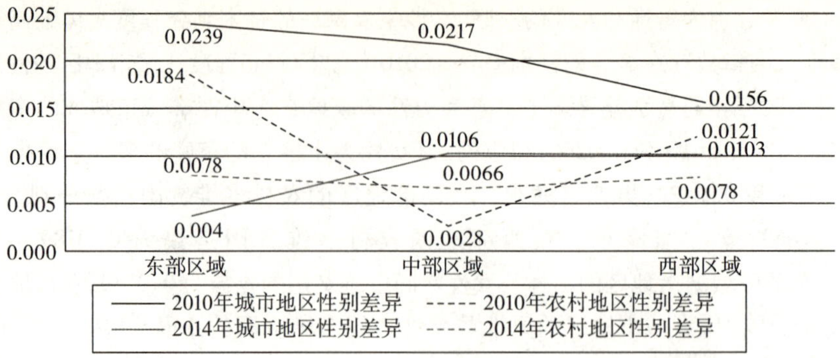

图 4 城市地区和农村地区多维贫困指数的性别差异

数据来源：根据2010年及2014年中国追踪调查数据(CFPS)计算整理而得。

(2)权重Ⅱ维度等权重的情况下

表 8 维度等权重下的多维贫困稳健性检验

样本分类	时间 区域	2010 年			2014 年		
		全国	城市	农村	全国	城市	农村
总样本	总体	0.1490	0.0416	0.1074	0.0850	0.0213	0.0638
	东部	0.0495	0.0447	0.0696	0.0311	0.0198	0.0467
	中部	0.0387	0.0281	0.0854	0.0250	0.0260	0.0580
	西部	0.0612	0.0416	0.1870	0.0289	0.0181	0.1054
主事者为男性的家庭	总体	0.1415	0.0335	0.1080	0.0786	0.0152	0.0634
	东部	0.0393	0.0347	0.0630	0.0257	0.0158	0.0435
	中部	0.0359	0.0433	0.0876	0.0208	0.0167	0.0557
	西部	0.0664	0.0237	0.1812	0.0317	0.0124	0.1028
主事者为女性的家庭	总体	0.1604	0.0539	0.1065	0.0921	0.0279	0.0642
	东部	0.0649	0.0576	0.0783	0.0368	0.0198	0.0473
	中部	0.0427	0.0594	0.0824	0.0295	0.0342	0.0571
	西部	0.0531	0.0386	0.2005	0.0258	0.0266	0.1089

数据来源：根据2010年及2014年中国追踪调查数据(CFPS)计算整理而得。

在使用权重Ⅱ的情况下，多维贫困稳健性检验结果呈现出与权重Ⅰ相同的3个特征：2010—2014年福利剥夺程度得到较大改善；西部区域贫困被剥夺程度高于东中部地区；城市地区多维贫困指数低于农村地区。2010年和2014年多维贫困指数最高的仍旧是西部区域农村地区的女性家庭，东部区域城市地区的男性家庭多维贫困指数最低。

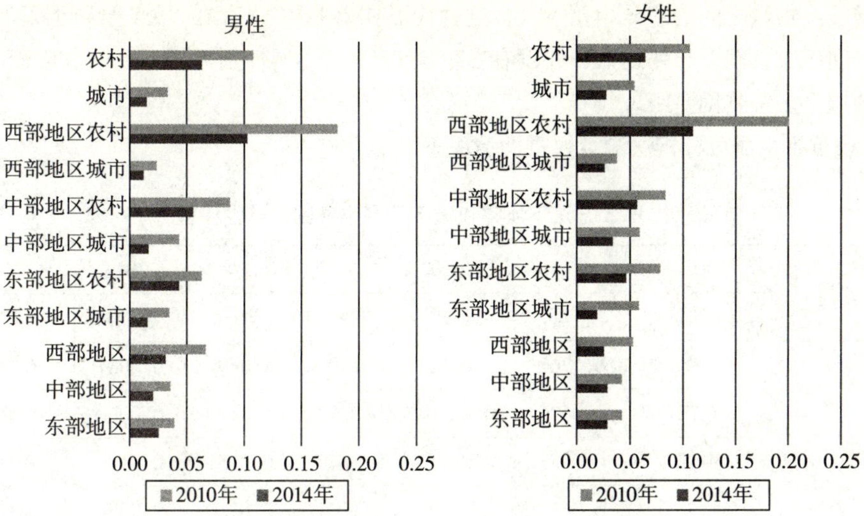

图 5 权重Ⅱ下多维贫困指数的性别差异

数据来源:根据 2010 年及 2014 年中国追踪调查数据(CFPS)计算整理而得。

对比男性主事家庭和女性主事家庭可以得到与运用权重Ⅰ类似的特征:相同区域城市地区多维贫困指数的性别差异明显高于同期同区域的农村地区。利用权重Ⅱ还可以发现,男性主事家庭和女性主事家庭各自面对的多维贫困城乡差距相差不大。男性主事家庭与女性主事家庭相比,2010 年东、中、西部区域男性家庭在多维贫困指数上存在的城乡差异分别为 0.0283、0.0443 和 0.1575;东、中、西部区域的女性家庭在多维贫困指数上存在的城乡差异分别为 0.0207、0.0230 和 0.1619。2014 年期间东、中、西部区域的男性家庭在多维贫困指数上存在的城乡差异分别为 0.0277、0.0278 和 0.0904;东、中、西部区域的女性家庭在多维贫困指数上存在的城乡差异分别为 0.0275、0.0229 和 0.0823。

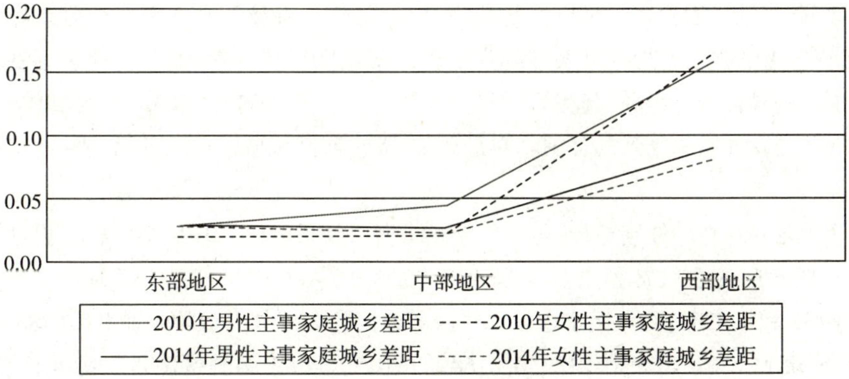

图 6 不同性别面临的多维贫困指数城乡差异

数据来源:根据 2010 年及 2014 年中国追踪调查数据(CFPS)计算整理而得。

利用权重Ⅱ可以发现,相同区域城乡间多维贫困差异不存在明显的性别差异。也就是说,以东部区域为例,东部城市地区的男性主事家庭和东部农村地区的男性主事家庭之间多维贫困指数之间的差异,与东部城市地区的女性主事家庭和东部农村地区的女性主事家庭之间的多维贫困指数之间的差异相差不大。这种情形在2014年也存在,城乡差异小幅度缩小。说明城乡间多维贫困差异在近几年并没有发生较大变化,不同性别为主事者的家庭面临着几乎相同的城乡多维贫困差距。

(3)权重Ⅲ主成分分析法测算权重的情况下

表9 PCA方法下所得权重下的多维贫困稳健性检验

样本分类	时间	2010年			2014年		
	区域	全国	城市	农村	全国	城市	农村
总样本	总体	0.1762	0.0657	0.1105	0.0494	0.0087	0.0406
	东部	0.0626	0.0716	0.0733	0.0162	0.0068	0.0279
	中部	0.0483	0.0815	0.0876	0.0151	0.0126	0.0381
	西部	0.0653	0.0408	0.1901	0.0180	0.0074	0.0695
主事者为男性的家庭	总体	0.1597	0.0551	0.1871	0.0484	0.0064	0.0421
	东部	0.0520	0.0603	0.0691	0.0143	0.0054	0.0276
	中部	0.0451	0.0683	0.0716	0.0135	0.0092	0.0370
	西部	0.0730	0.0357	0.1896	0.0207	0.0049	0.0699
主事者为女性的家庭	总体	0.1859	0.0817	0.1042	0.0503	0.0113	0.0387
	东部	0.0788	0.0858	0.0788	0.0183	0.0081	0.0282
	中部	0.0532	0.0962	0.0801	0.0168	0.0160	0.0388
	西部	0.0537	0.0520	0.4121	0.0152	0.0115	0.0689

数据来源:根据2010年及2014年中国追踪调查数据(CFPS)计算整理而得。

在本部分,多维贫困测算结果更为复杂,权重的细化和差异性导致剥夺得分差异随之变大,在一定程度上加强了各指标反映不同家庭多维贫困状况特殊性的能力,使多维贫困指数测算结果更具差异性和层级性,其测算结果基本满足上述3个特征。2010年和2014年西部区域农村地区的女性家庭受到的贫困剥夺最严重,而东部区域城市地区的男性家庭多维贫困指数最低。

关注区域之间存在的性别差异:与前两个权重所得结果相比,2010—2014年,男性主事家庭东、中、西部地区的多维贫困指数分别由0.0520、0.0451和0.0730下降到了2014年的0.0143、0.0135和0.0207;而女性家庭东、中、西部地区的多维贫困指数分别由0.0788、0.0532和0.0537下降到了2014年的0.0183、0.0168和0.0152。以上多维贫困指数的变化说明,在权重Ⅲ下,在不考虑城乡差异的总体情况下,不同区域的多维贫困存在性别差异,而该性别差异正在逐步缩小。

综合上述分析,不同权重情况下可以得出3条共通的特征:①贫困程度整体得到改善:相比2010年,2014年各地区和不同性别间,贫困剥削程度出现不同程度的下降,下降最为明显的是西部农村地区。②贫困程度存在区域差异:西部地区贫困剥夺程度高于东部和中部地区,多维贫困指数最高的地区为西部地区的农村。③贫困程度存在地区差异:城市地区的多维贫困指数低于农村地区,西部地区城市和农村间受剥夺程度差距最大,在2014年城乡差距得到一定缩小,但城乡差距依旧显著。2010年和2014年均是西部农村地区的女性家庭多维贫困指数最高,而东部区域城市的男性家庭受到的贫困剥夺最低。

接着详细分解多维贫困呈现的性别差异可以得到:①相同区域中,纵向来看,不同地区的多维贫困性别差异大,即城市地区多维贫困性别差异大,农村地区的性别差异小。该性别差异在2014年期间得到一定程度的缩小(详见表7,利用权重Ⅰ测算得出)。②相同区域中,横向来看,男性主事家庭和女性主事家庭面临相同的城乡间多维贫困差异。该差异在2014年期间小幅度缩小但变化不大(详见表8,利用权重Ⅱ测算得出)。③总体情况下,相同区域多维贫困存在性别差异,该差别正在逐步缩小(详见表9,利用权重Ⅲ测算得出)。

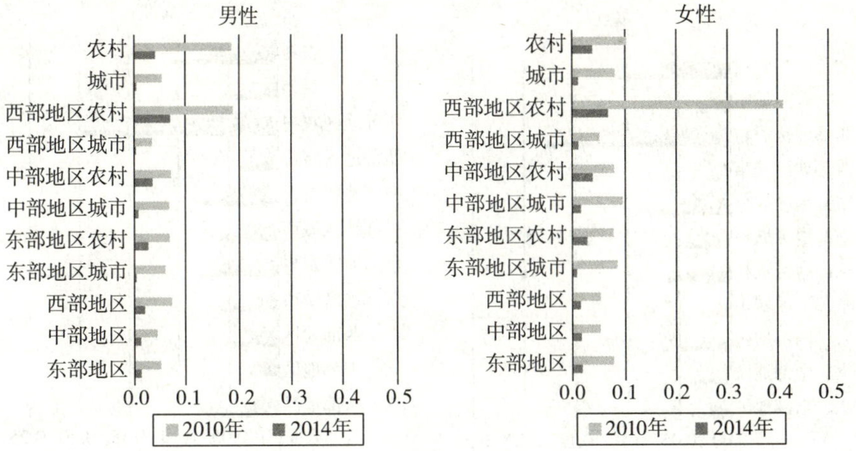

图7　维贫困指数的性别差异

数据来源:根据2010年及2014年中国追踪调查数据(CFPS)计算整理而得。

2. 指标变化

表10　去掉信息获取和网络通信能力维度后的多维贫困测算(权重Ⅳ)

样本分类	时间	2010年			2014年		
	区域	总体	城市	农村	总体	城市	农村
总样本	总体	0.0906	0.0216	0.0690	0.0538	0.0122	0.0416
	东部	0.0257	0.0181	0.0414	0.0171	0.0095	0.0270
	中部	0.0241	0.0321	0.0522	0.0166	0.1556	0.0391
	西部	0.0408	0.0162	0.1278	0.0201	0.0166	0.0740
主事者为男性的家庭	总体	0.0877	0.0175	0.0701	0.0499	0.0088	0.0411
	东部	0.0207	0.0141	0.0376	0.0148	0.0081	0.0261
	中部	0.0237	0.0284	0.0484	0.0135	0.0109	0.0358
	西部	0.0438	0.0126	0.1224	0.0215	0.0078	0.0703

续表

样本分类	时间	2010 年			2014 年		
	区域	总体	城市	农村	总体	城市	农村
主事者为女性的家庭	总体	0.0950	0.0277	0.0673	0.0581	0.0158	0.0422
	东部	0.0332	0.0231	0.0464	0.0195	0.0108	0.0279
	中部	0.0254	0.0376	0.0470	0.0200	0.0224	0.0426
	西部	0.0364	0.0243	0.1397	0.0185	0.0184	0.0800

数据来源:根据2010年及2014年中国追踪调查数据(CFPS)计算整理而得。

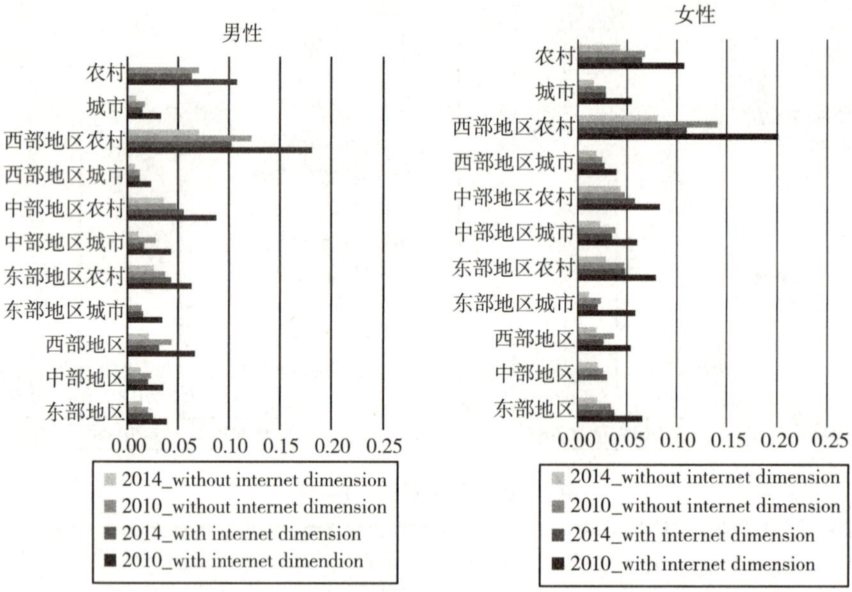

图 8 权重Ⅳ下多维贫困指数的性别差异

数据来源:根据2010年及2014年中国追踪调查数据(CFPS)计算整理而得。

本部分在去掉信息获取和网络通信能力维度的基础上测算多维贫困指数,以此衡量多维贫困的性别差异。之所以去掉信息获取和网络通信能力维度,是因为以往相关文献中并未将其纳入多维贫困指数的测算中。去掉信息获取和网络通信能力维度后利用维度等权重方法来计算相应指标的权重(详见表1)。

测算结果包含3个特征:①多维贫困人口总体下降。相比于2010年,2014年各地区和不同性别的多维贫困发生不同程度的下降,下降幅度最大的是西部农村地区。②多维贫困区域差异仍旧明显。西部地区贫困剥夺程度高于东部和中部地区,多维贫困指数最高地区为西部区域农村。③多维贫困的地区差异显著。城市地区的多维贫困指数低于农村地区,西部区域城市和农村间受剥夺程度差距最大,虽然2014年城乡差距得到一定程度的缩小,城乡差距依然存在。西部农村地区的女性家庭多维贫困指数最高,而东部区域城市的男性家庭受到的贫困剥夺最低。

多维贫困存在性别差异:首先,在总体情况下,相同区域的多维贫困指数存在性别差异,性别差异最大的是东部地区,该差异正逐步缩小;其次,相同区域男性主事家庭和女性主事家庭面临相似的城乡多维贫困差异。但在相同区域,城市地区的多维贫困性别差异和农村地区的多维贫困性别差异之间不存在明显的大小关系。

与前几个部分不同的地方在于:①去掉一个维度后多维贫困指数测算结果较未去掉时指数偏低,维度的减少代表对应维度贫困人口在新维度下可能不属于贫困人口,说明信息获取和网络通信能力是一个比较严格的维度,存在大量被剥夺的人群。

(六)长期贫困、脱贫与返贫

为了扩大研究范围,加入 CFPS 2012 年数据来研究长期贫困。由于 2012 年在网络通信指标上的缺失,本节就 4 个维度——收入、教育、健康和生活条件等进行多维贫困性别差异的探讨,利用主成分分析法(PCA)得出表 3 中的权重Ⅴ。

随着时间持续临界值的增加,由于在总人口中长期在多维度上受到贫困剥夺的人口相对减少,贫困发生率不断下降;贫困深度不断上升是因为越来越少的人口在越来越多的指标上被剥夺,其贫困强度必然上升;最终得到长期多维贫困指数不断下降的结果。

表 11 中国多维贫困指数测算结果($k=0.4$)

τ	H(贫困发生率)	A(贫困深度)	D(贫困持续时间)	M(多维贫困指数)
$\tau=\frac{1}{3}$	0.2907	0.3643	0.4742	0.0502
$\tau=\frac{2}{3}$	0.0927	0.4522	0.7546	0.0316
$\tau=1$	0.0256	0.5166	1	0.0132

数据来源:根据 2010 年及 2014 年中国追踪调查数据(CFPS)计算整理而得。

在 $\tau=\frac{1}{3}$ 时,贫困发生率为 29.07%,说明至少有 29.07% 的家庭一期多维贫困,平均的贫困持续时间占总所有考察年份的 47.42%。这些被视为长期贫困的家庭平均被剥夺指标为 4.00 个,贫困持续时约为 1.4 年。同理,当 $\tau=\frac{2}{3}$ 时,样本中有 9.27% 的家庭被视为长期多维贫困的家庭,其平均被剥夺 4.97 个指标,贫困持续时间约为 2.26 年。当 $\tau=1$,2.56% 个家庭被视为长期多维贫困时,其分别有约 5.68 个指标被剥夺,和 3 年的贫困持续时间。

鉴于上述测算结果,确定 $\tau=\frac{2}{3}$ 为长期贫困的持续时间临界值,同时在主成分分析法确定的权重Ⅴ下得到的测算结果如表 12 所示。

首先,长期多维贫困指数存在较大的性别差异。我国多维贫困集中在一期的短期贫困,在短期贫困中男性主事家庭贫困程度高于女性。本文前几个部分对多维贫困指数的测算是建立在五年两期均贫困的基础上,判定 2010—2014 年该家庭都处于多维贫困状态,与本部分三期均贫困的情况相类似,因此,能够得出上述一系列结论。

表 12 中国多维贫困指数测算结果(权重Ⅴ)(k=0.4)

		长期贫困	一期贫困	二期贫困	一期或者二期贫困	三期均贫困	脱贫	返贫	中期脱贫
总体	*H*	0.0927	0.1935	0.0716	0.2651	0.0256	0.0274	0.0314	0.0292
	A	0.4522	0.3201	0.4292	0.350	0.5166	0.4201	0.4369	0.3438
	D	0.7546	0.3333	0.6667	0.423	1	0.6667	0.6667	0.6667
	M	0.0316	0.0206	0.0205	0.0392	0.0132	0.0077	0.0091	0.0067
男性	*H*	0.1080	0.1927	0.0819	0.2746	0.0269	0.0325	0.0371	0.0335
	A	0.4495	0.3236	0.4276	0.3546	0.5181	0.4208	0.4351	0.3442
	D	0.7473	0.3333	0.6667	0.4327	1	0.6667	0.6667	0.6667
	M	0.0363	0.0416	0.0233	0.0421	0.0091	0.0091	0.0108	0.0077
女性	*H*	0.0803	0.1947	0.0554	0.2501	0.0249	0.0193	0.0224	0.0137
	A	0.4580	0.3146	0.4328	0.3407	0.5140	0.4183	0.4416	0.4387
	D	0.7700	0.3333	0.6667	0.4072	1	0.6667	0.6667	0.6667
	M	0.0283	0.0204	0.0160	0.0347	0.0128	0.0054	0.0066	0.0040

数据来源:根据2010年、2012年和2014年中国追踪调查数据(CFPS)计算整理而得。

但是加入更为详细的时间变量后,该结果发生了变化:男性主事家庭个数远远多于女性,贫困发生率表现更为突出的男性主事家庭受到多维贫困的剥夺程度在各个时期都大于女性。而且,从多维贫困动态变化来看,男性家庭变化更大。在可观测的范围内,男性家庭比女性家庭更易脱贫,男性的脱贫率达到3.25%,而女性仅为1.97%,女性家庭脱贫难度更高。返贫方面,男性主事家庭更可能返贫;男性家庭中期脱贫比例达到3.35%,女性只达到1.37%。

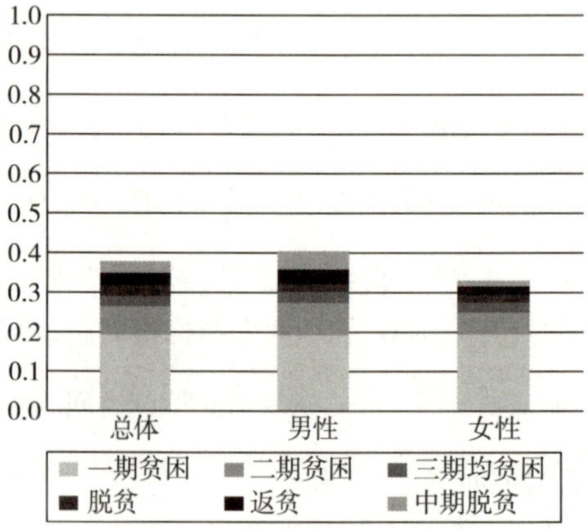

图9 多维贫困发生率

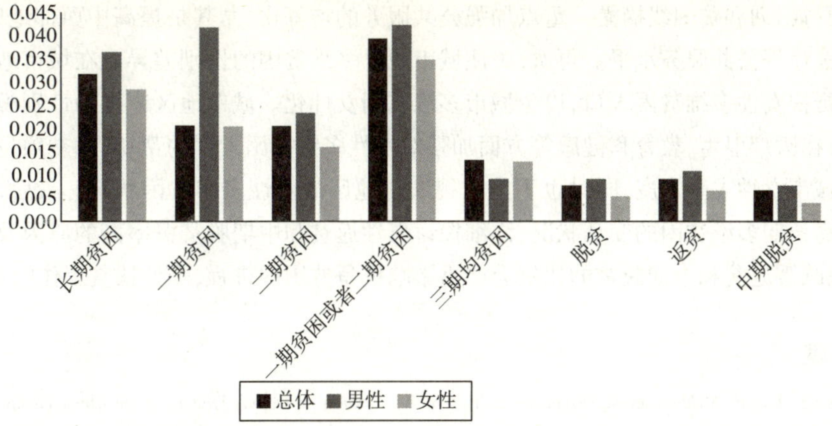

图 10 长期多维贫困指数测算结果

数据来源:根据 2010 年、2012 年和 2014 年中国追踪调查数据(CFPS)计算整理而得。

六、结论及政策建议

本文从多维贫困指数的测算出发,分析不同性别存在的多维贫困差异和变化趋势,探讨其区域性和地区性特征。本文的主要贡献在于,在采用 Alkire 和 Foster(2011)提出的测算方法的基础上,测算不同性别的 MPI 指数,验证了不同性别之间存在多维福利剥夺程度的差异。经过研究发现,在不加入时间变量的情况下,女性主事家庭的多维贫困指数高于男性,女性面临更严重的多维贫困剥夺。同时,该性别差异存在区域性和地区性差别:不同区域多维贫困指数的性别差异在不断缩小;纵向上,相同区域城市地区的多维贫困性别差异大于农村地区;横向上,相同区域女性主事家庭与男性主事家庭面临基本相同的城乡间多维贫困差异。加入时间变量后,男性多维贫困剥削程度在长期高于女性,男性多维贫困变化变动大于女性,男性更易脱贫、返贫和中期脱贫。

本文的创新点在于:内容上,一是重点关注多维贫困的性别差异,利用样本异质性进行分组,研究多维贫困性别差异在地区和区域间的共通性和特殊性,以进一步深化对我国妇女所面临的多维贫困现状的认识,为制定特殊群体扶贫政策提供一定的理论支持,促进性别平等,保证社会稳定发展;二是纳入时间因素分析不同性别间长期贫困状况及其动态变化。方法上,一是在现今广泛利用的收入、教育、健康和生活标准等 4 个维度之外,加入信息获取和通信能力维度,扩大多维贫困的内涵,以求更准确和贴近现实地衡量个体社会福利被剥夺程度;二是采取 3 种方法得到 5 种不同权重,在不同权重前提下测算多维贫困指数,以求结论更为准确和有说服力。

针对得出的结论,对我国当前的脱贫攻坚和精准扶贫提出以下政策建议:首先,将贫困识别和瞄准机制从单一收入维度调整到多维度。不仅仅以 2010 年设定的 2300 元贫困线来建档立卡识别贫困人口,精准扶贫应瞄准多维度指标贫困。在多维贫困的基础上识别贫困人口,提高精准扶贫的识别效果。其次,关注多维贫困城乡差异和区域差异。尤其是城乡差异做到尽量维持性别差异小的态势,在此基础上缩小城乡间差异。重点关注农村贫困人口脱贫、贫困村出列和贫困线摘帽。重点加强公共服务的均等化,尤其是提高中西部地区的教育、健康和医疗等公共服务水平。再次,关注城市地区多维贫困的性别差异。在城市地区内部加大力度帮扶女性多维贫困人口,以免城市多维贫困女性化。城市地区应推动性别敏感性政策的实施,在医疗卫生、教育和健康等方面加强对女性多维贫困人群的帮扶,减贫项目和政策更倾向于城市女性主事家庭,同时也不能忽视农村地区的女性多维贫困状况。最后,关注男性主事家庭长期多维贫困的变动状况,详细探讨男性返贫和中期脱贫概率高的原因及其影响机制,忽视减缓返贫和中期脱贫的比例会严重影响抗争贫困的进程,降低扶贫工作的效率。

参考文献

[1] Yang, J. & P. Mukhopadhaya. Disparities in The Level of Poverty in China: Evidence from China Family Panel Studies 2010[J]. *Soc Indic Res.*, (2017)132:411 - 450.

[2] Alkire, S. & Foster, J. Counting and Multidimensional Poverty Measurement[J]. *Journal of Public Economics*, 2011, 95(7 - 8):476 - 487.

[3] Foster, J. E. A Class of Chronic Poverty Measurement[R]. Working Paper, 2007.

[4] Alkire, S., Meinzen - Dick, R. Peterman, A., et al. The Women's Empowerment in Agriculture Index[J]. *World Development*, 2013(52):71 - 91.

[5] Jalan, J, Ravallion, M. Is Transient Poverty Different? Evidence for Rural China [J]. *Journal of Development Studies*, 2000, 36(6):82 - 99.

[6] Addabbo, T, Baldini, M. Poverty Dynamics and Social Transfors in Italy in The early 1990s [J]. *International Journal of Manpower*, 2000, 21(314):291 - 321.

[7]张全红,李博,周强. 中国多维贫困的动态测算、结构分解与精准扶贫[J]. 财经研究. 2017,43(4):31 - 40.

[8]支俊立,姚宇驰,曹晶. 精准扶贫背景下中国农村多维贫困分析[J]. 经济问题研究,2017(1):14 - 26.

[9]张全红,周强. 中国多维贫困的测度及分解 1989—2009 年[J]. 数量经济技术经济研究,2014(6):88 - 101.

[10]何雅菲. 中国贫困变动的再估算[J]. 统计与决策,2014(3)137 - 14.

[11]尚卫平,姚智谋. 多维贫困测度方法研究[J]. 财经研究,2005,31(12):88 - 94.

[12]陈立中. 转型时期我国多维贫困测算及其分解[J]. 经济评论,2008(5):5 - 10.

[13]蒋翠侠,许启发,李亚琴. 中国多维贫困的统计测度[J]. 统计与决策,2011(22):92 - 95.

[14]高艳云,马瑜. 多维框架下中国贫困的动态识别[J]. 统计研究,2013(12):89 - 94.

分税制改革对居民受教育和收入水平的影响
——基于断点回归设计的证据

郝劲挺
（中国人民大学经济学院）

［摘　要］1994 年分税制改革是中国改革开放以来财政领域最大的一次改革。深入分析其产生的影响可作为评价此次改革的重要依据。传统理论认为，财政分权有利于提高地方公共服务供给水平，但实际上，分税制改革开始后中国公立高等教育发展陷入了暂时停滞。本文利用中国综合社会调查 2011—2013 年数据，通过断点回归设计考察了分税制对居民受教育程度的影响，并进一步考察了居民收入水平的变化。结果表明，分税制改革降低了财政支出较低省份居民的受教育程度和收入水平，但是并未在全国层级识别出分税制改革对居民受教育程度的影响。因此，本文提出，一是加强对财政力量薄弱省份的转移支付；二是注重支持这些省份高等教育的发展，以缩小地区间差距；三是建立完整的转移支付制度体系。

［关键词］分税制；财政分权；断点回归；教育；居民收入

一、引　言

教育是后发国家追赶先进国家的重要手段之一，对经济增长具有很强的现实意义。教育经费在许多国家的财政预算中都占有重要位置，并在 *GDP* 中占有相当比例。但是中国的教育经费在 2012 年之前都没有达到 *GDP* 的 4%，低于国际平均水平。

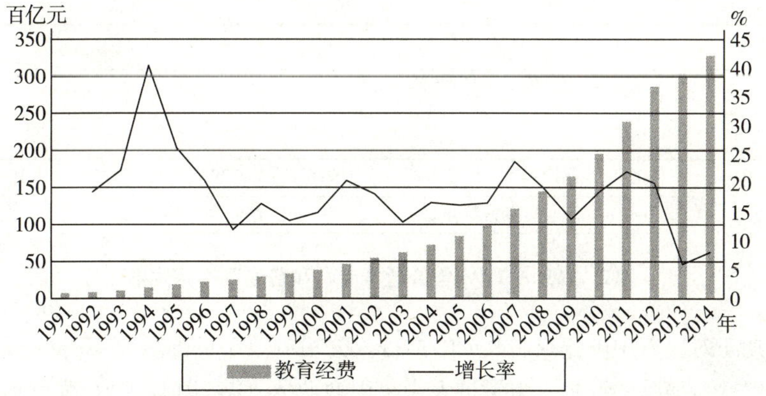

图 1　1991—2014 年全国教育经费及增长率变化

图1数据来源于国家统计局，可以很清楚地看到，与1991—1994年相比，1994—1996年全国教育经费的增长速度发生了大幅度下降，从最高的40%下降到15%左右，并长期维持在较低水平。而1994—2003年，中国财政收入年均增长17.4%，其中，中央收入增长16.1%，地方收入增长19.3%。同时，教育经费在地方政府财政支出中的比例也发生了下降。

表1 教育预算内拨款比重变化

时间	教育预算内拨款占总教育经费比重	教育预算内拨款占总财政支出的比重
1980	77.79%	8.78%
1985	73.33%	11.22%
1990	64.63%	14.40%
1995	54.76%	16.02%
2000	54.19%	13.80%

数据来源：乔宝云，等. 中国的财政分权与小学义务教育[J]. 中国社会科学，2005(6).

在20世纪90年代，财政性教育经费占全部教育经费的比例从1990年的86.44%下降到2000年的66.58%。同一时期，普通本专科教育的发展非常缓慢。在1993—1998年的5年时间里，普通本专科招生数仅增长了16万人，而1992—1993年就增加了17万人。相反的是，普通高中招生人数在1993—1998年保持了每年9%左右的增长。不难发现，在20世纪90年代，特别是1994—1998年，教育经费在地方财政支出中的重要性发生了下降。而且高等教育的发展也在这个时期放慢了脚步，更多学生放弃了继续深造，而是选择毕业后参加工作或接受职业教育。根据国家统计局公布的数字可以绘制图如图2所示。

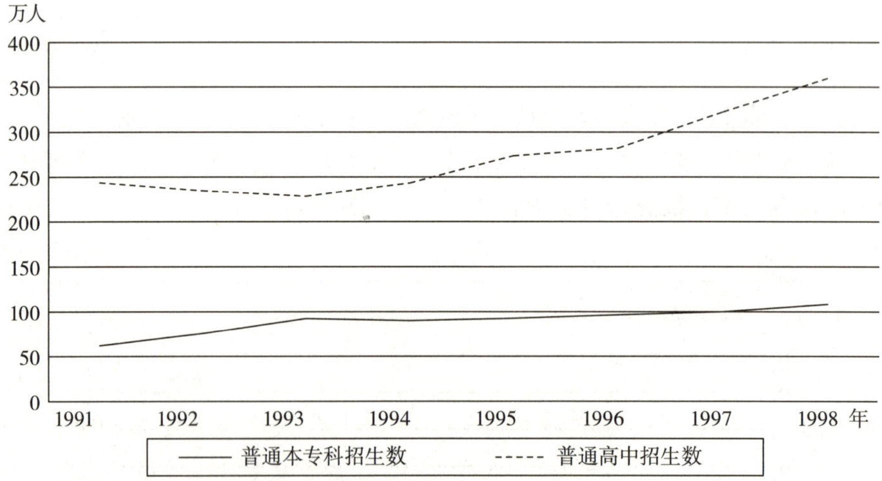

图2 1991—1998年普通本专科和普通高中招生数

这段时期正对应着中国分税制改革的推行。分税制改革的原因是20世纪80年代末90年代初中央财政所面临的危机。为了扩大中央财政收入、缓解财政压力，改革重新调节了中央政府与地方政府的事权和财权。中央政府负责国防、外交、转移支付、战略性开发等预算开支，而地方政府则负责提供普通教育、医疗等公共服务。改革后，中央与地方按照 75∶25 的比例分享增值税，通过转移支付激励地方增收。虽然地方财政收入增速更高，并且可以得到中央的转移支付，但是很多地方政府仍挣扎于财政赤字之中（阎坤，2003）。傅勇等（2007）指出，中国地方政府在支出安排上存在明显的偏向，即重基本建设、轻公共服务。人们很容易联想到，这种不均衡的财政支出安排是否会对居民的受教育程度以及进一步对收入水平产生影响。这就是本文的主要任务。

本文的研究着眼于两个方面。第一，估计分税制的实施对居民受教育年限的影响；第二，因为个体的受教育水平在很大程度上影响了其未来收入，所以还要估计分税制的实施对居民收入的影响。本文采用了断点回归设计（*Regression Discontinuity Design*）方法，该方法可以在没有随机性的情况下识别出政策的效果。本文的数据来自中国综合社会调查（*CGSS*）2011—2013 年的结果，*CGSS* 由中国人民大学调查与数据中心组织，是中国第一个全国性、综合性、连续性的大型社会调查项目。

二、文献回顾

分税制所带来的种种影响引起了广泛的讨论，这些讨论集中在“财政联邦主义”（*Fiscal Federalism*）的话题下。我们也可以把分税制改革看作更广义的财政分权改革的一种形态。改革的影响也是多方面的，从政府、家庭等不同的视角得到的结论也是各有侧重的。本文关注的重点在于分税制改革对居民受教育和收入水平的影响，本节分为三个部分：第一部分概述对财政联邦主义的主要研究。因为本文研究的出发点是居民，所以第二部分关注影响居民作出自己的教育投资决策和影响其在劳动力市场上回报的因素。第三部分集中介绍关于分税制和教育话题的实证研究。

（一）财政联邦主义理论回顾

所谓财政联邦主义，有时也被译作财政分权（郑浩生，2014），指的是分权的财政体制，但这里的分权特指地方政府或地方立法机关具有相对独立的税权（方晓利等，2001）。财政分权理论的提出是基于这样一个问题：如果按照新古典经济学的原理，中央政府能够完全根据居民的偏好、经济中的产品和服务总量以及资源禀赋供给公共品，从而实现社会福利最大化。这样多级政府就无法出现，但是现实中地方政府发挥着很大的作用。*Oates*（1972）基于存在偏好差异和中央政府等份供给的假设下，证明地方政府可以更有效率地提供公共品。后续研究通过改变假设，进一步证明了财政分权的重要性。可以将此总结为 3 个原因：第一，分权与地方政府之间对公共品的需求的差异和供给成本的差异有关；第二，地方政府与中央政府相比具有信息优势；第三，地方政府与选民联系直接，政治上的激励比中央政府大，供给更灵活。

然而财政分权并不必然带来最优的结果。虽然相比于中央政府统一计划，地方政府更接近居民的真实偏好，但是地方政府分别供给公共品有可能带来分配的不公平。为了解决这个问题，*Tiebout*（1956）提出了一个假说，认为只要居民可以选择社区，那么这种人口的流动性会迫使本地区地方政府提供不低于其他地区的福利水平。

不过，政府间竞争也可能带来一些问题，如外部性问题。一个地方政府进行了制度创新，那么相邻地方政府就会模仿,一旦预期到这一点,其制度创新的动力就会被减弱。此时需要中央政府通过转移支付来调节。

因此,财政分权后公共品的供给是否能达到更优的结果,受到两方面因素的影响:一是"推力",即地方政府在公共品供给上所具有的信息等优势;二是"拉力",即地方政府由于居民流动性不足和政府间竞争而产生了福利损失。

(二)关于个人教育投资决策的研究

作为人力资本投资的重要方式,教育是最常用也是最容易得到的人力资本变量(李汉通,2006)。教育投资的主体既包括个人的投入,也包括政府、企业等组织的投入。在这里,我们主要关注的是个人和政府两个主体。我们首先关注个人如何作出教育投资决策。

Mincer(1958)创立了经典的人力资本教育模型,他将个人受教育和不受教育状态下的收入统一折算为现值进行比较,结果表明,教育回报(用对数表示)差异与受教育年限成正比。通过进一步推导可以得到只有当教育投资的直接成本和间接成本之和小于完成教育投资后工资收益总和的情况下,个人教育投资者才会去投资。

这一论断实际上基于十分理想的设定,如劳动者面对的是没有分割且完全竞争的劳动力市场,劳动者有完全的进出自由。但事实上,这与现实存在很大的差距,制度等因素也影响着劳动者的收入。对于这一问题,学者们提出了对经典模型的修正,比较有代表性的是筛选理论和劳动力市场分割理论。筛选理论又称文聘理论,认为教育是一种信息,帮助雇主识别不同能力的求职者。劳动力市场分割理论的代表是双元结构论,将劳动力市场分为一级市场和二级市场,认为一级市场中的工资由劳动者所处地位决定,二级市场工资由供求决定,教育只是为进入一级市场提供一个信号。它们的共同点之一,就是降低了教育在形成人力资本回报过程中的重要性,开始重视其他遗漏因素的作用,因而取得了更强的现实解释能力。

对于个人而言,教育投资具有一定的风险,这些风险大多来自于个人不可控的社会和制度因素。实际上,最近几年已经有一些学者(杨娟,2008;刘泽双等,2009)开始从金融学的角度,利用期权模型描述个人如何作出教育投资决策。

(三)相关实证研究

对财政分权影响的讨论也衍生出很多实证研究。认为财政分权对公共品供给产生负面影响的观点大多从财政收支的面板数据出发进行分析。傅勇、张晏(2007)利用1994—2004年省际面板数据发现,地方政府公共支出结构存在"重基本建设、轻人力资本投资和公共服务"的扭曲。李祥云、陈建伟(2010)利用统计年鉴数据,借助非观测效应面板模型得出,分税制后县级义务教育投入不足的主要原因是县级义务教育财政支出激励不足。罗伟卿(2010)基于1996—2007年全国地级面板数据分析认为,过度的财政分权会减少教育供给。李成宇等(2014)利用空间面板模型,发现财政分权对教育支出的影响具有空间溢出效应,对相邻地区的影响是负向的;政府竞争也会对当地和相邻地区的教育支出产生负面影响,相邻地区政府规模的盲目扩张将会抑制当地的教育发展。

认为财政分权对公共品供给产生正面影响的学者也给出了实证证据。李勇刚等(2013)构建了公共品供给综合评价指数,运用*GMM*估计法,发现土地财政明显降低了公共品供给质量,而财政分权则促进了公共品供给质量的提高。龚锋等(2013)发现,地方政府财政资金中来自中央转移的部分比重越高,越有利于地方政府提高义务教育服务效率,要准确反映财政分权的影响,应评估不同类型的公共服务供给。

前述研究包括财政领域、人力资本领域等多方位的视角,提供了很多理论证据,无论从理论上还是实践上都为我们提供了坚实的理论基础,并为本文的研究提供了很多值得借鉴的地方。

但是这些研究也存在一些不足之处。第一,在一定程度上忽视了财政支出的影响。教育支出具有很多种类和多样化的结构,只关注总量是不全面的。而且很多研究将师生比作为被解释变量,这与学生获得的教育服务的质量之间也不能画等号。第二,忽视微观调查数据。基本上所有该话题下的实证研究都使用了来自财政年鉴和教育统计年鉴的数据,但是基本上没有使用微观调查数据或者将之结合。对于年鉴数据而言,由于当时统计工作的局限,1994年之前缺少县一级和县以下教育统计资料,因此,大多数学者使用的数据都是分税制改革后的,而鲜见之前的。这有可能产生一定的偏差。第三,对内生性的控制不足,因为自20世纪90年代起,不仅中央开始大规模对地方政府进行转移支付,同时民间资本也逐渐进入教育领域。这些都有可能影响教育支出变化所带来的结果。又如土地财政可能与财政分权起到相反作用,再如,经济发达的地区会集聚更优质的教育资源,从而降低了提高教育经费的压力。

因此,本文的创新之处在于,第一,关注居民的受教育水平和收入水平,而非从教育支出角度出发。传统上、研究分税制改革的文献主要是从财政支出的大小和结构出发,构建相应的指标体系,测量改革引起的变化。然而文献中所使用指标的有效性一般缺乏讨论。因此,我们认为直接从居民受教育年限和收入水平出发更有利于反映出政策的实际影响。第二,运用微观数据更加直接。本文使用的微观数据来自于对居民的实际调查,而以往研究使用的基本上是来自统计年鉴的数据。年鉴数据往往是官方机构统计,行政力量保障了数据的准确性,但是预算外统计数据难以获得(傅勇,2007),同时,统计口径的变化也产生了不利的影响。从政策评价的角度来看,使用微观调查数据具有一定的优势。第三,使用了断点回归设计。断点回归是一种评价政策实施效果的有效方法,可以在没有随机试验的情况下,控制估计的内生性。同时,国内尚无利用断点回归评估分税制改革实施效果的相关研究。

三、方　法

(一)断点回归方法简介

在评估一项政策实施后的效应时,最理想的办法是进行随机实验,比较处理组和对照组的结果。但是现实中由于种种原因,往往很难甚至无法利用随机实验来消除内生性。而断点回归由 *Thistle* 和 *Campbell*(1960)首次使用,但直到20世纪90年代末才引起经济学家的重视。*Hahn* 等(2001)提供了断点回归的计量经济学理论基础。*Lee*(2008)认为在随机试验不可得的情况下,断点回归能够避免参数估计的内生性问题,从而真实反映出变量之间的因果关系。目前,断点回归在教育经济学、劳动经济学、健康经济学、政治经济学以及区域经济学等领域的应用方兴未艾。

断点回归设计针对这种情况：样本是否接受处理完全由某连续变量是否超过断点（*Cut-off*）决定，而与其接受处理之后的结果等其他因素无关，这个连续变量被称作“驱动变量”“干预变量”或者“分组变量”。为了不引起误解，以下统称为驱动变量。因此，它的主要思想在于，控制研究的样本近似于随机分布在临界值附近，小于临界值的样本作为对照组（*Comparison Group*），大于临界值的样本作为处理组（*Treatment Group*），通过比较它们的差别来研究驱动变量和结果变量之间的因果联系。

对于断点附近的样本，可以认为它们在各方面都没有系统差异。样本是否跨越断点是由于随机因素的作用，因此，在围绕断点附近的一个很小的区间里，存在随机分组，故可视为准实验。如考试成绩分数线附近个体的成绩差异是由于一些随机因素的影响。因此，条件期望 $E(y_i \mid x)$ 在此处发生跳跃的唯一原因就是 D_i 的处理效应。

但在这里，我们选择以年龄为断点，因为教育支出受分税制改革影响而产生的变化，只对出生在一个时间点之后的学生产生影响，出生在该点之前的学生不受影响。然而年龄是一个确定性过程，个体无法控制，这也被 *Lee* 和 *Lemieux*（2010）称为“非随机断点设计”（*Nonrandomized Discontinuity Design*）。

对于非随机断点设计的内部有效性，应该考虑到：第一，个体能否预见到改革而改变自身行为。分税制是全国范围的改革，其影响也是全国范围的，个体无法预见到改革的实施从而调整自己是否受到政策的影响或者调整其他经济行为。第二，分税制改革的效应是否是立即体现的。分税制实施后，中央政府为了保护地方利益仍进行了大规模的转移支付，这可能会使分税制改革的影响在几年后才能体现。但从招生人数的变化来看，普通本专科招生人数的增长在当年就陷于停滞，这说明改革的影响很快就体现出来，而动态效应不明显。第三，个体虽然受到政策的影响，但能否通过其他渠道影响结果。1995 年，中国教育部评价验收了 1000 所示范性普通高中，这使得地方政府集中资源兴建了一批这样的“重点”中学。因此，个体可以通过考入重点中学获得高考中的优势，从而规避高等教育收缩的影响。但是本文认为，学校间办学质量的差距需要一定时间才能体现出来，而且这种差距在开始是难以迅速拉大的，对于我们选择的样本跨度而言，这种影响不够明显。

断点回归分为尖锐断点设计和模糊断点设计。尖锐设计的特征是在断点个体接受处理的概率从 0 跳跃到 1，即

$$D_i = \begin{cases} 1, & x_i \geqslant c \\ 0, & x_i < c \end{cases} \tag{1}$$

而模糊设计认为两侧接受处理的概率都在 0 和 1 之间，但变化是单调的，这意味着即使跨越断点，也有可能得不到处理，但是得到处理的概率发生了跳跃。这个跳跃可以表达为

$$P(D_i = 1 \mid x_i) = \begin{cases} \varphi_1(x_i), & x_i \geqslant c \\ \varphi_2(x_i), & x_i < c \end{cases} \tag{2}$$

且有 $0 < \lim_{x \to c^+} P(D_i = 1 \mid x_i) - \lim_{x \to c^-} P(D_i = 1 \mid x_i) < 1$。

对于模糊断点而言，用 *TSLS* 方法进行参数估计是标准做法（*Angrist & Lavy*, 1999；*Meng*, 2013）。一种可行的方程设定如下（*Cook*, 2008）

$$D_i = \beta_0 + \beta_1 Z_i + \beta_2 (x_i - c) + \beta_3 (x_i - c) Z_i + \mu_i \tag{3}$$

$$Y_i = \pi_0 + \pi_1 Z_i + \pi_2 (x_i - c) + \pi_3 (x_i - c) Z_i + v_i \tag{4}$$

其中，Z_i 在 $x_i \geqslant c$ 时为1，$x_i < c$ 时为0。两步回归后，处理对因变量的效应为：$\tau_{FRD} = \pi_1 / \gamma_1$。关于方程的设定，特别是围绕断点的多项式阶数，存在多种观点，*Lee* 和 *Lemieux*(2010)介绍了利用 *AIC* 信息法则确定多项式函数的阶数的方法。但是 *Gelman* 和 *Imbens*(2014)认为最多只有2次。另外，窗宽的选择也对多项式函数的阶数有一定的影响，如果窗宽比较窄，导致包含在窗宽内的样本量较少，就应当减少多项式函数的阶数。本文在这里使用断点回归时发现，根据 *IK* 方法得到的最优窗宽所包含的样本量比较少，因此本文计量模型中没有添加二阶项。

除参数估计外还存在非参数估计方法，这种方法实际上是在一个小邻域内进行加权最小二乘估计，此权重由核函数计算。如果都使用三角核(*Triangular Kernel*)，且选取相同的窗宽，并将目标函数设定为一阶，则其结果与 *TSLS* 参数估计是相同的。

无论是参数估计还是非参数估计，由于断点回归利用的是断点附近的数据，还需要规定回归所使用的样本范围，也就是规定窗宽(*Bandwidth*)。*Lee* 和 *Lemieux*(2010)介绍了 *CV* 法，同时还存在 *IK* 法和 *CCT* 法。另外，我们也可以手动设定窗宽。本文计量模型使用的是实践中使用比较广泛的 *IK* 法。窗宽的确定也会影响到结果，如果窗宽过小，那么估计越精确，但是包含的样本点就可能过少，导致方差变大。如果窗宽过大，那么方差会变小，但是由于包含了距离断点较远的点而导致偏误增加。

此外，还可以在方程中加入对被解释变量有解释力的其他协变量，由于断点回归基于局部随机实验，这些协变量并不影响断点回归估计量的一致性。加入协变量可以减少估计的方差，但是如果协变量不是外生的，那么就会破坏估计的准确性。

(二)计量模型

分税制实施后，受到影响的个体如果即时意识到继续深造的成本提高，那么就会重新权衡，并改变自己的选择。但事实上，个体往往不能预见到这一点而立即改变自己的决策，中国高中招生人数在1994—1998年增加了116.2万人，扭转了1993年的下降趋势。因此，我们在这里使用模糊设计。

对于断点的选择，由于1994年分税制改革主要影响了高等教育的发展，正常情况下参加高考前需要进行12年的学习，入学年龄是6周岁，而中国中小学的开学时间是9月，因此受到影响的是1976年9月后出生的个体。我们将断点选择在1976年9月。

方程中，我们将个体出生年月与1976年9月做差，并换算为月数，得到驱动变量，早于1976年9月为负，晚于1976年9月为正。

计量方程设定如下

$$\ln y_i = \gamma_0 + \gamma_1 Z_i + h(Birth_i) + w_i \tag{5}$$

$$Educ_i = \beta_0 + \beta_1 Z_i + g(Birth_i) + v_i \tag{6}$$

教育回报率方程的结构式即

$$\ln y_i = \alpha_0 + \alpha_1 Educ_i + f(Birth_i) + u_i \tag{7}$$

其中，$\ln y_i$ 是个体 i 的年度收入的自然对数；$Educ_i$ 是个体 i 的受教育年限；f, g, h 是驱动变量的平滑函数；Z_i 为虚拟变量，在个体 i 出生年月大于等于 1976 年 9 月时等于 1。关于驱动变量阶数的设定，一般来说，应该同时汇报一阶和二阶的情况，但是此处我们在实际应用时发现，根据 *IK* 方法得到的最优窗宽所包含的样本量比较少，因此，本文计量模型中没有添加二阶项。本文在估计时加入了一组协变量，包括性别、民族和婚姻状况，如果是否加入协变量对估计结果没有较大影响的话，那么也可以侧面证明模型的稳健性。

方程(7)中教育回报的工具变量估计系数是简化式方程估计系数的比值，即

$$\widehat{\alpha_1} = \frac{\widehat{\gamma_1}}{\widehat{\beta_1}} \tag{8}$$

此处需要注意的是，分税制的实施能否作为受教育水平的有效的工具变量，即(Ⅰ)它能否显著地解释受教育水平的变化；(Ⅱ)它与那些无法观测的同时影响受教育水平和收入的因素无关。(Ⅰ)在实证部分将得到说明，而对于(Ⅱ)，目前我们还没有相关资料证实分税制的实施与受教育水平和收入直接相关。因此，我们认为分税制的实施是受教育年限的合适的工具变量。

四、数据和变量

(一)数　据

本文使用的是中国综合社会调查(*CGSS*)2011—2013 年的调查数据，该调查始于 2003 年，由中国人民大学调查与数据中心组织，是中国第一个全国性、综合性、连续性的大型社会调查项目。该调查始于 2003 年，目的是通过定期、系统地收集中国人与中国社会各个方面的数据，总结社会变迁的长期趋势，探讨具有重大理论和现实意义的社会议题，推动国内社会科学研究的开放性与共享性，为政府政策决策与国际比较研究提供数据资料。

获得数据后，本文对数据作了如下的处理：第一，剔除拒绝回答或无法确定出生年月、性别、民族、婚姻状况、受教育程度、工作状况和上年收入(含上年收入为 0)的样本。第二，遵循一般做法，剔除失业和无业的样本。第三，由于分税制改革于 1993 年在浙江、辽宁、天津、新疆 4 个省级行政单位和重庆、武汉、青岛、沈阳、大连 5 座城市试点，删除了涉及这些地区的样本。第四，根据前述，与 1994 年分税制改革同一时期，发展陷于停滞的主要是高等教育，正常情况下参加高考前需要进行 12 年的学习，入学年龄是 6 周岁，而中国中小学的开学时间是 9 月，因此受到影响的是 1976 年 9 月后出生的个体。我们选取了 1971 年 1 月到 1981 年 12 月共十年的数据，因为 1971 年之前的样本没有受到 1986 年《义务教育法》颁布的影响，1981 年后的样本可能受到 20 世纪 90 年代末大学扩招政策的影响。经过上面的处理，我们一共得到 3248 个观测值，包括 2064 个城镇样本、1184 个农村样本。

(二)变　量

由于不同省份不同年份的个体收入不能直接对比，个体年度收入根据各省公布的的消费者价格指数按 2011 年不变价格进行调整。

由于 *CGSS* 数据中没有报告个体的受教育年限，我们参考刘生龙等(2016)的做法，划分

了以下的教育等级并据此赋予其受教育年限的估计值。

表 2 受教育年限赋值

单位:年

受教育程度	完成程度	受教育年限
没有受过任何教育		0
私塾		3
小学	辍学和中途退学	3
	毕业和肄业	6
初中	辍学和中途退学	6
	毕业和肄业	9
高中	辍学和中途退学	9
	毕业和肄业	12
中专、技校和职业高中	辍学和中途退学	12
	毕业和肄业	13
大专	辍学和中途退学	13
	毕业和肄业	15
大学本科	辍学和中途退学	15
	毕业和肄业	16
研究生以上	辍学和中途退学	16
	毕业和肄业	19

最后,个人特征变量包括民族、性别和婚姻状况,均设置为二值变量。其中,汉族为1,其他民族为0;男性为1,女性为0;初婚有配偶、再婚有配偶、同居和分居为1,其他为0。

五、实证结果

(一)描述性统计

表3给出了不同省份的样本分布和各个变量的定义以及分年份的描述性统计。

表 3 描述性统计

变量	变量的定义	(1)	(2)	(3)	(4)
		All	2011 = 1	2012 = 1	2013 = 1
		3248	654	1296	1298
		Mean	Mean	Mean	Mean
lny	对数收入(2011 年不变价格)	9.89(1.06)	9.63(1.07)	9.87(1.07)	10.04(1.02)
Educ	受教育年限	10.15(4.36)	9.63(4.23)	10.17(4.49)	10.39(4.26)
Gender	男性 = 1	0.54(0.50)	0.51(0.50)	0.55(0.50)	0.55(0.50)
Ethnic	汉族 = 1	0.92(0.26)	0.94(0.23)	0.92(0.27)	0.92(0.28)
Marriage	已婚 = 1	0.93(0.26)	0.93(0.26)	0.93(0.26)	0.93(0.25)

注:括号内的数值是标准误。

(二)断点回归估计

1. 分税制实施的局部平均处理效应(LATE)

我们在对全国样本进行观察的同时,还按照 1993 年全国各省、直辖市和自治区政府的财政支出,由高到低对样本中的省级行政单位进行排序,对前后 50% 分别进行观察。在实施断点回归之前,我们应该首先观察分税制实施前后的断点。我们绘制了 lowess 拟合曲线来直观地观察这种变化,箱体(*bin*)宽度设置为 20。图 3、图 4 和图 5 中的垂直线是 1976 年 9 月出生人群的分界线。可以看出,在断点处平均受教育年限有一个跳跃,图 3 的跳跃幅度约为 0.2,图 4 的跳跃幅度约为 -0.2,图 5 的跳跃幅度约为 0.4。这反映了分税制改革的局部处理效应(Local Average Treatment Effect)。其次,受分税制改革影响的样本的对数平均收入在断点处也有一定程度的跳跃,图 3 的绝对值小于 0.1,图 4 约为 -0.2,图 5 的绝对值也小于 0.1。教育和收入都存在明显的断点,这意味着因果关系的存在。这也意味着在断点附近,分税制改革所产生的处理效应是可观察的,下面的任务应该是通过局部线性回归来识别这种效应,并对其稳健性和有效性进行检验。

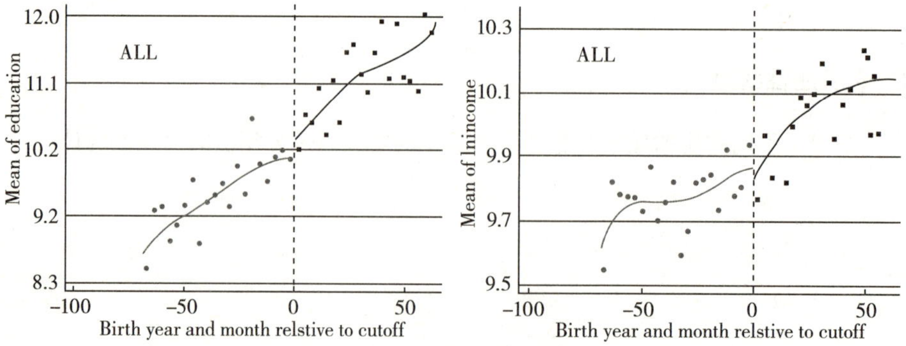

图 3 全国组实施分税制改革后的教育和收入断点

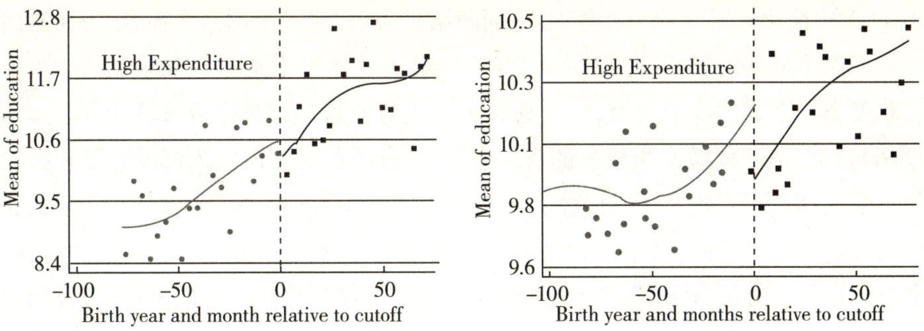

图 4　高财政支出组实施分税制改革后的教育和收入断点

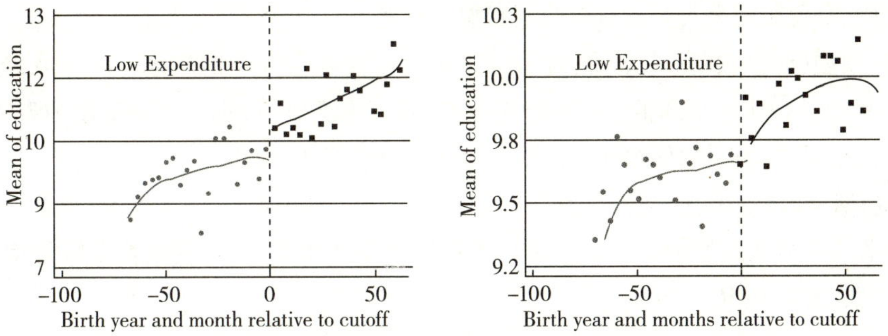

图 5　低财政支出组实施分税制改革后的教育和收入断点

2. 基于断点回归估计的回归结果

表 4 中是断点回归的估计结果。除了对全国所有样本进行回归，根据分税制改革前一年即 1993 年的省级财政支出数据，我们分别对前一半高支出组和后一半低支出组进行了回归。通过这种方式观察地方政府财政力量的大小对估计结果的影响。

表 4　断点回归的估计结果

	(1)	(2)	(3)	(4)	(5)	(6)	(7)	(8)	(9)
	全部			高支出组（前 50%）			低支出组（后 50%）		
Panel A：对数收入简化式方程									
Z_i	−0.987 (0.327)***	−0.987 (0.349)***	−0.827 (0.333)**	0.157 (0.585)	0.157 (0.721)	0.601 (0.718)	−1.793 (0.510)***	−1.793 (0.464)***	−1.780 (0.390)***
Panel B：教育简化式方程									
Z_i	−1.319 (1.277)	−1.319 (1.069)	−1.141 (1.148)	1.235 (2.377)	1.235 (1.985)	−0.515 (1.261)	−2.896 (2.035)	−2.896 (1.756)*	−3.180 (1.820)*
Panel C：对数收入结构式方程									
$Educ_i$	0.748 (0.620)	0.748 (0.460)	0.725 (0.565)	0.127 (0.313)	0.127 (0.335)	−1.168 (3.680)	0.619 (0.391)	0.619 (0.351)*	0.560 (0.309)*
聚类标准误	No	Yes	Yes	No	Yes	Yes	No	Yes	Yes
协变量	No	No	Yes	No	No	Yes	No	No	Yes

注：聚类标准误表示添加省级和时间聚类标准误，协变量包括性别、民族和婚姻状况。

Panel A 中简化式模型(1)到模型(3)回归结果表明,对于全国范围而言,分税制的实施对个人收入产生了显著的影响,并都在至少 5% 的显著性水平下通过。从模型(3)加入了所有协变量和聚类标准误的模型来看,分税制的实施使对数收入降低了 0.827 个单位。模型(4)到模型(6)表明,对于财政支出较高的省级行政区,分税制对居民收入都没有显著影响。

但是模型(8)和模型(9)说明,对于财政支出在排名后 50% 的省级行政区,分税制改革对个人收入的影响是显著的。模型(8)加入了省级聚类标准误,模型(9)加入了性别、民族和婚姻 3 个个人特征协变量,两者都在 1% 的显著性水平下通过检验。总的来说,分税制的实施降低了对数收入 1.78 个单位。

Panel B 中模型(1)到模型(6)也表明,在全国范围内或者财政支出在排名前 50% 的省级行政区域内,分税制对个人受教育年限的影响不够显著。

同样,模型(8)和模型(9)表明,对于财政支出在排名后 50% 的省级行政区域,分税制改革在 10% 的显著性水平下降低了其平均受教育年限,从模型(9)加入了协变量和省级聚类标准误的回归结果看,分税制使得居民的受教育年限降低了 3.18 年。

Panel C 估计结果中,模型(1)到模型(7)均不显著。从模型(8)、模型(9)来看,居民受教育年限对收入有着正的影响。当加入了个人特征的协变量后,居民受教育年限每增加 1 年,对数收入可以提高 0.56 个单位。

3. 最优窗宽和稳健性检验

断点回归是一种对模型设定比较敏感的研究设计,因此有必要对其基本假定进行检验。从本节开始,下文将针对模型(8)和模型(9),进行最优窗宽的估计、稳健性检验以及有效性检验。

本文采用 Imbens 和 Kalyanaraman (2012)提出的最优窗宽估计方法,对断点回归的最优窗宽进行估计,得到本文样本的最优窗宽是断点前后 3.24 个月。必须指出的是,设定窗宽的方法包括两类:一类是手动设定窗宽;另一类是根据所得数据计算窗宽,后者主要包括 IK 方法、CV 方法和 CCT 方法。本文选择的 IK 方法是 3 种方法中相对常见的一种。同时,我们进一步采用 Austin(2007)提出的非参数方法进行稳健性检验。

表 5 对带宽的依赖性

	±3.24months		±2.43months		±4.86months	
	(1)	(2)	(3)	(4)	(5)	(6)
$Educ_i$	0.619 (0.351)*	0.560 (0.309)*	0.767 (0.648)	1.936 (1.572)	0.551 (0.254)**	0.514 (0.244)**
协变量	No	Yes	No	Yes	No	Yes

注:此处均已添加省级和时间聚类标准误,协变量包括性别、民族和婚姻状况。

检验表明,估计结果在较小窗宽下的变化不大,但无论是否控制协变量均不显著,而对于较大窗宽而言是显著的,但估计值的变化不明显。总的来说,估计结果没有因窗宽的改变而发生实质性的变化。

4. 断点回归结果的有效性检验

断点回归的有效性取决于两方面的假设:第一,驱动变量不受人为操纵。第二,除驱动变量之外,其他影响结果变量的控制变量(也称作协变量)在断点两边应该不存在明显的跳跃。如果驱动变量受到人为操纵,即个体可以通过自身努力而决定是否会接受处理,那么就会产生内生性从而破坏断点回归的基本假设。如果协变量在断点附近发生了明显的跳跃,那么结果变量的跳跃就可能并不是处理效应造成的,从而导致断点回归的结果不可信。

对于第一点,我们利用 McCrary 检验,并图示给出了驱动变量的分布。McCrary 检验估计值 $\hat{\theta}=0.176$,小于其标准误 0.178,不能拒绝原假设,可以认为在断点处驱动变量没有出现明显的跳跃。从图 4 中也可以看出,断点两侧密度函数估计值的置信区间有很大重叠,故断点两侧的密度函数不存在显著差异。表明在断点附近驱动变量没有受到人为操纵,这也与我们的预计相符,即普通居民并不能预见到改革会对公共教育产生较大的影响而改变自己是否进入大学深造的决策。

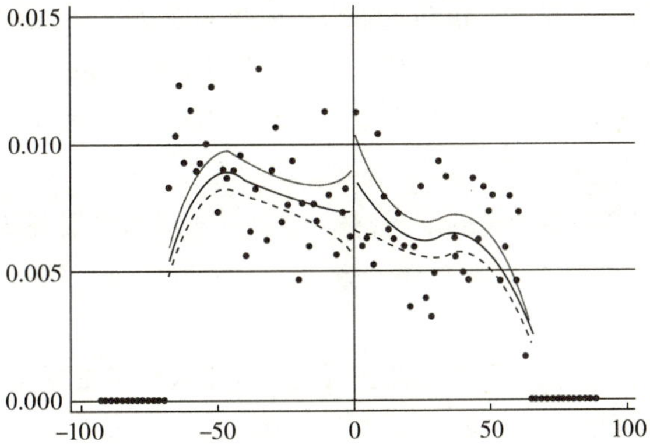

图 6 McCrary 检验报告

对于第二点,我们在表 6 中报告了协变量的连续性检验,估计方法为 Austin(2007)提出的非参数局部线性回归方法。

表 6 协变量的连续性检验

	Gender	Marriage	Ethnic
±3. 24months	0. 124 (0. 089)	0. 001 (0. 037)	0. 034 (0. 056)
±2. 43months	0. 233 (0. 211)	0. 006 (0. 055)	0. 088 (0. 106)
±4. 86months	0. 070 (0. 070)	0. 009 (0. 029)	0. 010 (0. 046)

注:此处已经添加了省级聚类标准误。

从表 6 中可以看出,对于我们所选的窗宽,所有协变量在断点两侧都没有跳跃,满足平滑性假设。

5. 对结果的进一步讨论

这一节分为两个部分,第一部分通过与以往研究的结合进一步阐释本文的结果,第二部分对回归结果所反映的事实进行探讨。

本文将再次证实分税制改革确实对居民受教育水平和收入产生了一定的负面作用。方福前(2014)认为,分税制改革之后的税收结构不利于居民收入的相对增长,其中个人所得税的税率设定不合理,工薪阶层的最高边际税率远高于其他职业;分税制改革还增加了新税种,扩大了政府增加税收的能力;地方财政被削弱之后,"乱收费、乱摊派"现象加重了居民的负担。这种负面影响对于财政支出水平较低的省份更加明显。

但是与以往研究不同的是,并没有显著的证据说明分税制改革在全国层级对居民受教育水平产生了影响。本文认为可能有以下几点原因:第一,分税制改革主要影响的是高等教育的发展,其次才是初中等教育。同时,中国在20世纪90年代推进普及九年义务教育,这在一定程度上消化了分税制的负面影响。第二,虽然财政性经费所占比例下降了很多,但是非财政性经费获得了一定的增长,尤其在民间资本力量较强的发达省份。第三,以往大多数研究仅仅着眼于改革对教育支出的影响,但是忽略了居民真正所接受到的公共教育服务。其中重要的一点在于效率因素,陈昕等(2014)研究发现,1997—2010年中国义务教育财政分权的绩效在各地区之间存在较大差异,经济水平较高的东部反而绩效最低。

从回归结果不难看出,财政力量的强弱,对于居民受教育水平受到的影响具有十分重要的意义。从分布来看,这些财政力量较弱的省份,除北京外,剩余的省份均分布在中部和西部。

对于这其中的原因,我们认为支出外部性可能在其中起到了重要作用,造成支出外部性的主要原因包括外溢效应和竞争效应(李世刚等,2012)。首先看竞争效应,这些省份往往面临着更大的地区竞争压力,但是财力有限,更倾向于投资回报率高、风险小的项目。同时,由于交通不便、收入水平低,这些省份的居民的迁移成本和风险更高,所以地方政府就有了更大的力量压缩教育支出在财政中的重要性。

除此之外,教育支出存在外溢效应,李世刚等(2012)利用县级财政的面板数据发现,相邻县的财政基础教育支出间呈显著的负相关关系。对于财政力量较强的省份而言,这种外溢在相邻县之间还可以接受,但是对于财政力量较弱的省份而言,这种影响将会产生更明显的作用。

第二部分我们将进一步利用本研究所获得的数据进行研究。前面的回归结果发现,分税制改革对居民受教育水平和收入水平产生了十分明显的影响。这种影响的明显程度超过了我们的预期,我们试图寻找一些原因来进一步解释这种变化。人力资本的形成除教育因素外,工作经验也是十分重要的,因此,我们首先想到可能是没有添加工作经验变量参与回归,于是我们在把工作经验加入协变量参与回归之前,先观察了其解释能力。

接下来我们进行一个简单的OLS回归,以对数收入为被解释变量,对于接受过教育的人群,工作经验 = 年龄 - 受教育年限 - 6;对于没接受过教育的人群,工作经验 = 年龄 - 16。表7给出了我们的回归结果。但是回归结果表明,工作经验对年度对数收入的影响并不显著,模型中不管添加哪些控制变量,工作经验均不显著且系数小于0,其他显著的变量系数基本没有变化,比较稳定。这表明工作经验不是居民收入的决定因素,没有必要将其添加到断点回归的协变量中。然而工作经验作为人力资本形成的关键因素早已得到证实,这说明在本文已考虑的因素之外,还有一些遗漏因素起到了作用。从理论层面分析,筛选理论和劳动力市场分割理论认为劳动力市场的制度因素是影响劳动者工资的重要决定因素。因此,我们推测劳动力市场在20世纪90年代末至今所发生的转型可能放大了分税制改革所产生的影响。

表7 回归结果

	(1)	(2)	(3)	(4)	(5)
Educ	0.093 (0.009)***	0.086 (0.008)***	0.086 (0.008)***	0.086 (0.008)***	0.086 (0.008)***
Exp	-0.004 (0.007)	-0.006 (0.007)	-0.006 (0.006)	-0.006 (0.006)	-0.008 (0.035)
Gender		0.470 (0.072)***	0.476 (0.070)***	0.477 (0.071)***	0.477 (0.071)***
Marriage			0.156 (0.064)**	0.157 (0.065)**	0.157 (0.063)**
Ethnic				0.059 (0.204)	0.058 (0.204)
Exp2					0.000 (0.001)
Province	Yes	Yes	Yes	Yes	Yes

注:Province表示是否添加省级聚类标准误。

六、结 论

本文利用中国综合社会调查(2011—2013年)数据,采用断点回归方法分析了中国分税制改革对居民受教育水平和收入水平的影响,结合其他学者的贡献进一步分析了其作用机制,并进一步讨论了本文的实证结果。本文的实证研究主要得到了以下几点结论:第一,分税制改革在全国层面明显降低了居民收入水平,但没有对居民受教育水平产生明显的影响。第二,对于财政支出较高的省级行政区,分税制改革的影响不够明显。第三,对于财政支出较低的省级行政区,分税制改革明显影响了这些地区居民的受教育水平和收入水平,其中,个体的受教育年限下降了3.18年。

需要指出的是,断点回归方法本身是具有局限性的。由于断点回归基于局部平均的处理效应(LATE),研究对象主要集中于刚好受到政策影响前后几年的样本,并非全体劳动者,其外部有效性是受到限制的。同时,我们进一步讨论了本文的实证结果,分析发现,20世纪90年代至今中国劳动力市场的转型有可能放大了分税制改革的作用。

最后本文基于以上研究提出三点政策建议:第一,中央政府应适当增加对中西部地区的转移支付以提高地方公共服务供给水平。中西部地区财政支持能力普遍较弱,由于地方公共支出的外溢效应和竞争效应,这些地区的地方政府将有限的财政力量分配到教育等公共服务的激励不足。通过有效的转移支付,可以缓解这些地区发展公共服务的压力。第二,更加注重支持中西部地区高等教育的发展。分税制改革后高等教育的发展陷入了较长时间的停滞,这与改革后事权与财权的重新分配有关。非中央直属的地方高校相对于中央直属高校而言,财政依赖地方保障,从而不利于其在未来的发展,同时也进一步导致了地区间教育资源分布的不公平。因此,我们建议中央和地方政府能够联合起来扶持地方高校,提高受高等教育居民所占比例。第三,为了能够实现前述两条建议,还应当建立中央对地方转移支付的长效机制,对转移支付资金的用途和去向进行严格的管理。

参考文献

[1] Angrist, J. D., Lavy, V. Using Maimonides' Rule to Estimate the Effect of class Size on Scholastic Achievement [J]. *Quarterly Journal of Economlcs*, 1999, 114(2): 533 - 575.

[2] Break, G. F. [Besprechung von:] Oates, Wallace E. Fiscal federalism. New York 1972[J]. *Journal of Economic Literature*, 1973, 11(2): 571 - 574.

[3] Gelman, A., Imbens, G. Why High - order Polynomials Should not be Used in Regression Discontinuity Designs [R]. NBER Working Paper, 2014(No. 20405).

[4] Hahn, J. Y., Todd, P, Van der Klaauw W. Identification and Estimation of Treatment Effects with A Regression - discontinuity Design[J]. *Econometrlca*, 2001, 69(1): 201 - 209.

[5] Imbens, G., Kalyanaraman, K. Optimal Bandwidth Choice for the Regression Discontinuity Estimator[J]. *Review of Economic Studies*, 2012, 79(3): 933 - 959.

[6] Lee, D. S. Randomized Experiments from Non - random Selection in US House Elections[J]. *Journal of Econometrics*, 2008, 142(2): 675 - 697.

[7] Lee, D. S., Lemieux, T. Regression Discontinuity Designs in Economics[J]. *Journal of Economic Literature*, 2010, 48(2): 281 - 355.

[8] Meng, L. Evaluating China' s Poverty Alleviation Program: A Regression Discontinuity Approach[J]. *Journal of Public Economics*, 2013(101): 1 - 11.

[9] Mincer, J. Investment in Human Capital and Personal Income Distribution[J]. *Journal of Political Economy*, 1958, 66.

[10] Nichols, A. Causal Inference with Observational Data[J]. *Stata Journal*, 2007, 7(4): 507 - 541.

[11] Thistlethwaite, D. L. N. U. Regression - discontinuity Analysis: An Alternative to The Ex Post Facto Experiment [J]. *Journal of Educational Psychology Regression - discontinuity Analysis: An Alternative to the Ex Post f*, 1960, 51(6): 309 - 318.

[12] Tiebout, C. M. A Pure Theory of Local Expenditures[J]. *Journal of Political Economy*, 1956, 64(5): 416 - 425.

[13] 陈昕,史建民. 义务教育财政分权绩效测度的时空演化研究[J]. 中国海洋大学学报(社会科学版),2014(4): 81 - 87.

[14] 方福前,曹欣玮. 分税制、收入分配与居民消费——基于省级面板数据的经验证据[J]. 当代经济研究,2014(10): 14 - 22.

[15] 方晓利,周业安. 财政分权理论述评[J]. 教学与研究,2001(3): 53 - 57.

[16] 傅勇,张晏. 中国式分权与财政支出结构偏向:为增长而竞争的代价[M]. 管理世界,2007(3): 4 - 12.

[17] 龚锋,卢洪友. 财政分权与地方公共服务配置效率——基于义务教育和医疗卫生服务的实证研究[J]. 经济评论,2013(1): 42 - 51.

[18] 李成宇,史桂芬,聂丽. 中国式财政分权与公共教育支出——基于空间面板模型的实证研究[J]. 教育与经济,2014(3):8-15.

[19] 李世刚,尹恒. 县级基础教育财政支出的外部性分析——兼论"以县为主"体制的有效性[J]. 中国社会科学,2012(11):81-97.

[20] 李祥云,陈建伟. 财政分权视角下中国县级义务教育财政支出不足的原因分析[J]. 教育与经济,2010(2):51-56.

[21] 李勇刚,高波,任保全. 分税制改革、土地财政与公共品供给——来自中国35个大中城市的经验证据[J]. 山西财经大学学报,2013(11):13-24.

[22] 刘生龙,周绍杰,胡鞍钢. 义务教育法与中国城镇教育回报率:基于断点回归设计[J]. 经济研究,2016(2):154-167.

[23] 刘泽双,章丹. 基于实物期权的人力资本投资模型研究[J]. 科研管理,2009(2):179-183.

[24] 罗伟卿. 财政分权是否影响了公共教育供给——基于理论模型与地级面板数据的研究[J]. 财经研究,2010(11):39-50.

[25] 乔宝云,范剑勇,冯兴元. 中国的财政分权与小学义务教育[J]. 中国社会科学,2005(6):37-46.

[26] 阎坤,陈昌盛. 中国财政分权的实践与评析[J]. 广东社会科学,2003(5):39-46.

[27] 杨娟. 不确定条件下的最优教育选择——基于期权模型的实证研究[J]. 北京师范大学学报(社会科学版),2008(4):117-128.

[28] 郑浩生,叶子荣,查建平. 中央对地方财政转移支付影响因素研究——基于中国县级数据的实证检验[J]. 公共管理学报,2014(1):18-26.

新常态下主要矛盾的阶段性变化

崔浩博
（西北大学经济管理学院）

［**摘　要**］党的十八大报告明确强调我国的社会主要矛盾没有变。这并不等于说我国社会主次要矛盾没有发生任何变化，也没有否定当前我国社会主次要矛盾所具有的阶段性特点。现有的文章大多数是在马克思主义理论体系的范畴内论述和解释主要矛盾的"变"与"不变"，缺乏应用现实的经济数据帮助大众加强对新常态下主要矛盾和次要矛盾的"阶段性特点"的理解。本文通过应用近年的经济数据，不仅仅从基本理论上，也从其他方面多角度地对这一问题进行了阐述和分析。

［**关键词**］党的十八大；主要矛盾；阶段性变化；矛盾理论

党的十八大报告指出："我们必须清醒地认识到，人民日益增长的物质文化需要同落后的社会生产之间的矛盾这一社会主要矛盾没有变。"正是这一主要矛盾，决定了我们必须始终坚持以经济建设为中心，不断解放和发展社会生产力。

社会主要矛盾是在一定社会历史时期占支配地位的矛盾，它随着内外部环境的变化而变化。97年来，中国共产党成立、发展、壮大的历史，同时也是一部不断认识、认清并破解社会主要矛盾的历史。中国共产党诞生后，以马克思主义矛盾原理为指导，通过对中国国情及阶级关系的分析，逐步认清了人民大众与帝国主义、封建主义和官僚资本主义之间的矛盾是当时中国社会的主要矛盾①，并且这对矛盾在不同阶段和特定时期又在某一方面表现突出。对此，中国共产党也分别制定了相应的革命纲领和策略，最终使中国共产党在解决这一主要矛盾中不断发展壮大，夺取了新民主主义革命的胜利。新中国成立后，社会主要矛盾已不再是人民大众与"三座大山"的矛盾。在过渡时期，党把无产阶级与资产阶级的矛盾作为社会主要矛盾②，实施社会主义改造，巩固了社会主义制度和政权，恢复并发展了国民经济。在社会主义建设全面展开时期，随着社会主义革命和改造的基本完成，党着力解决先进社会制度同落后生产力之间的矛盾，但认识的天平逐渐向阶级斗争倾斜。"文化大革命"结束以后，中国共产党在实事求是思想的指引下，对社会主要矛盾问题进行了新的审视，在党的十一届三中全会

---

① 1956年9月15日，刘少奇作《中国共产党第八次代表大会政治报告》中指出。

② 同于1956年9月15日，刘少奇作《中国共产党第八次代表大会政治报告》中指出。

上作出把党和国家的工作重心转移到经济建设上来的伟大决策①，再次提出了“人民日益增长的物质文化需要与落后的社会生产之间的矛盾”为社会主要矛盾的科学论断。1992 年，党的十四大正式把现阶段社会主要矛盾的论断写入党章，使之成为党的重要指导理论。以后党的历次代表大会，包括党的十七大、十八大都强调和重申。

虽然中国的主要矛盾仍是不发达的生产力造成的不发达的经济与不能满足人民所需的矛盾，但除去主要矛盾后都为次要矛盾，随着生产力的逐步发展，次要矛盾很有可能转化为主要矛盾。如经济发展与人口、资源、环境的矛盾、社会主义制度与市场经济的矛盾、收入差距悬殊导致阶层对立的矛盾等的变化，都应引起我们的高度重视。

本文第一部分回顾了我党对于矛盾理论的理论认识和实践探索的不断深化发展的历史。第二部分具体分析了主要矛盾的“不变”与“阶段性变化”。第三部分强调了要重视主次要矛盾之间的关系，处理好次要矛盾。第四部分是结语，总结了全文，提出了建议。

一、我党对中国特色社会主义矛盾理论的认识不断深化

社会主义社会的矛盾问题是社会主义发展过程中的重大理论与现实问题。因为围绕社会主义历史和现实所展开的矛盾以及解决这些矛盾的实践与阶级社会迥然不同。社会主义社会的主要矛盾，是一个国家在对国情认识的基础上，关于制约该国经济社会发展全过程并起支配作用的矛盾的判断与概括。能否准确判断与把握社会主次要矛盾及其发展变化，是一个国家制定正确方针政策的理论依据，是化解矛盾、实现经济社会全面协调可持续发展的理论前提。实践表明，能否正确地认识和把握社会主义社会的主要矛盾，并以此来确定工作重心和根本任务，事关社会主义的前途和命运。新中国成立以来，无论是所取得的辉煌成就，还是所遭受的挫折代价，无不与我党对社会主义社会主次要矛盾的认识和把握紧密相连。

（一）在国际社会主义运动发展史上，毛泽东首创社会主义社会的矛盾理论，并对社会主义社会的主要矛盾进行了探索

社会主义社会作为人类历史上一种崭新的社会形态，就其本质而言，具有全新的社会内容。在以私有制为基础的阶级社会中，社会是“建立在级别、等级和阶级的对抗上，建立在积累的劳动和直接的劳动的对抗上”。与剥削社会相比，以公有制为基础的社会主义社会使社会基本矛盾和主要矛盾的性质、发展趋势以及解决的方式方法都发生了质的变化。正确认识主要矛盾是谋划发展的关键，也是解决矛盾的前提。毛泽东很重视矛盾理论问题，在其经典文章《矛盾论》中写道：“在复杂的事物的发展过程中，有许多的矛盾存在，其中必有一种是主要的矛盾，由于它的存在和发展规定或影响着其他矛盾的存在和发展……党内如果没有矛盾和解决矛盾的思想斗争，党的生命也就停止了。”毛泽东突破了长期以来国际共产主义运动中流行的否认社会主义社会存在矛盾的形而上学的观点，吸取了苏联的教训，第一次科学地创立了社会主义社会的矛盾理论。毛泽东指出：“社会主义社会的基本矛盾仍然是生产力和生

---

① 1978 年 12 月 22 日，在中国共产党第十一届中央委员会第三次全体会议通过的《中国共产党第十一届中央委员会第三次全体会议公报》中指出。

产关系、经济基础和上层建筑的矛盾；其特点是生产关系和生产力又相适应又相矛盾，上层建筑和经济基础又相适应又相矛盾；其性质和资本主义社会不同，它不是对抗性的矛盾，可以经过社会主义制度本身不断地得到解决。”这就是说，在社会主义社会中，对抗不再是社会的主要形式，对抗性矛盾已不占社会的主导地位，非对抗性矛盾成为整个社会的基本矛盾和主要矛盾，并规定着整个社会的发展方向，成为社会主义社会发展的主要动力。

之后，毛泽东和党中央对新形势下的国内阶级状况、国内主要矛盾及党的主要任务，进行了深入的分析和探索，并有了初步的认识。在党的八大上对社会主义社会主要矛盾作出较为完整的论述：“社会主义的社会制度在我国已基本上建立起来了，无产阶级同资产阶级之间的矛盾已经基本上解决，我们国内的主要矛盾，已经是人民对于建立先进的工业国的要求同落后的农业国的现实之间的矛盾，是人民对于经济文化迅速发展的需要同当前经济文化不能满足人民需要的状况之间的矛盾。”由此确定把党和国家的工作重点转向社会主义建设。

主要矛盾决定事物的本质。在社会主义初级阶段，我国经济、政治、文化、生态和社会生活各方面存在着种种矛盾，但社会的主要矛盾是人民日益增长的物质文化需要同落后的社会生产之间的矛盾，这个主要矛盾贯穿于我国社会主义初级阶段的整个过程和社会生活的各个方面。这是党对矛盾理论的首次较为正规的表述。

（二）改革开放以来，党对社会主义初级阶段矛盾理论的认识逐步成熟

十一届三中全会以来，邓小平在对国际社会主义运动和中国社会主义实践的反思中，特别是在总结毛泽东在社会主义社会主要矛盾经验教训的基础上，结合新的实践，拨乱反正，从理论上重申了党的八大关于主要矛盾的正确思想，重新思考了社会主义社会的主要矛盾问题。1979 年 3 月 30 日理论工作务虚会上，邓小平明确指出：“我们的生产力发展水平很低，远远不能满足人民和国家的需要，这就是我们目前时期的主要矛盾，解决这个主要矛盾就是我们的中心任务。”这是改革开放后我们党对社会主义矛盾理论探索的最初完整表述。社会主义的根本任务不仅在于发展生产力，更在于解放生产力，即破除阻碍生产力发展的体制机制因素，使上层建筑以及生产关系更加适应生产力发展的要求。因此，在实现社会主义现代化的实践中，党逐渐将改革经济体制和其他各方面体制作为一项基本国策长期坚持，以扫除不利于实现现代化的诸多障碍，促进生产力的发展，进而促进初级阶段主要矛盾的解决。

之后，我们党在继续重申和坚持主要矛盾规范表述的同时，又根据时代的发展对矛盾的理论进行了补充和完善。党的十三大报告中指出：“社会主义初级阶段是很长的历史发展过程，”明确肯定了初级阶段及其主要矛盾的长期性；党的十四大、十五大旗帜鲜明地强调“无论在什么情况下都不能动摇这个中心”。十五大报告中同时指出：“这个主要矛盾贯穿我国社会主义初级阶段的整个过程和社会生活的各个方面，”进一步深化了对主要矛盾地位和作用的认识；党的十六大将主要矛盾与全面建设小康社会的奋斗目标相联系；在对国情和形势的基本判断上，党的十七大报告中提出了“两个没有变”。

（三）党的十八大报告中提出“三个没有变”

“计熟事定，举必有功”。运筹帷幄，才能决胜千里。提前谋划、科学规划是党执政兴国的重要举措和成功经验。党的十八大以来，以习近平总书记为核心的党的第五代领导集体进一

步重申了“人民日益增长的物质文化需要同落后的社会生产之间的矛盾这一社会主要矛盾没有变”，并将初级阶段主要矛盾作为建设中国特色社会主义的总依据。社会主义初级阶段的基本国情没有变。我国仍处于并将长期处于社会主义初级阶段，这是从社会性质和社会发展水平上对我国国情作出的总体判断。我国是世界上最大发展中国家的国际地位没有变。虽然我国经济总量已居世界第二位，但人均水平仍比较靠后；虽然我国居民生活水平总体达到了小康水平，但仍有很多人生活在贫困线以下；虽然国际金融危机之后国际力量对比出现“南升北降”态势，但发达国家在国际社会的主导地位没有改变；虽然我国的国际地位和国际影响力有了较大提升，但发达国家在经济、科技上占优势的局面没有根本改变。并且以习近平为核心的新一代党中央领导集体在多个场合强调了矛盾理论的重要性。

2015 年 1 月 23 日，习近平同志在中央政治局第二十次集体学习时强调：“要学习掌握事物矛盾运动的基本原理，不断强化问题意识，积极面对和化解前进中遇到的矛盾。”我们要认真贯彻这一要求，学会运用唯物辩证法这一根本方法，着力化解经济社会发展中的矛盾和问题，为协调推进“四个全面”营造环境、做出贡献。

2015 年 12 月，在国务院发布的“十三五”规划纲要中明确指出：“我国仍处于并将长期处于社会主义初级阶段，基本国情和社会主要矛盾没有变，这是谋划发展的基本依据。”

2016 年 7 月 1 日，习近平总书记在庆祝中国共产党成立 95 周年大会上指出：“我国仍处于并将长期处于社会主义初级阶段的基本国情没有变，人民日益增长的物质文化需要同落后的社会生产之间的矛盾这一社会主要矛盾没有变，我国是世界上最大发展中国家的国际地位没有变。这是我们谋划发展的基本依据。”习近平同志指出，面对复杂形势和繁重任务，首先要有全局观，对各种矛盾做到心中有数，同时又要优先解决主要矛盾和矛盾的主要方面，以此带动其他矛盾的解决。这就要求党员领导干部努力培养全局观，注重整体谋划，善于抓住和化解主要矛盾。并且不仅在经济建设中要始终立足于初级阶段，而且在政治、文化、社会、生态建设中也要始终牢记初级阶段；不仅在经济总量低时要立足于初级阶段，而且在经济总量提高后仍然要牢记初级阶段；不仅在谋划长远发展时要立足于初级阶段，而且在日常工作中也要牢记初级阶段。

认清社会主要矛盾，目的是通过解决社会主要矛盾来确定主要任务、推动发展进步。我国社会的主要矛盾，决定了我们必须始终坚持以经济建设为中心，不断解放和发展社会生产力。只有大力发展生产力，才能持续满足人民不断增长的新需求。习近平总书记十分重视把握好社会主义的主要矛盾并且立足于现实提出了新的认识。党的十八大以来，以习近平同志为总书记的党中央从坚持和发展中国特色社会主义全局出发，提出并形成了全面建成小康社会、全面深化改革、全面依法治国、全面从严治党的战略布局，确立了新形势下党和国家工作的战略目标和战略举措，为实现“两个一百年”奋斗目标、实现中华民族伟大复兴的中国梦提供了理论指导和实践指南。习近平总书记指出，我们提出要协调推进全面建成小康社会、全面深化改革、全面依法治国、全面从严治党，这“四个全面”是当前党和国家事业发展中必须解决好的主要矛盾。这就是社会主义的“大道理”，也是“硬实力”，这是以习近平同志为总书记的党中央对社会主义社会主要矛盾的认识和把握的进一步深化和升华。

从党的八大到十八大，我们党对社会主要矛盾的认识和判断具有两方面特点：一方面，自觉维护对主要矛盾判断的严肃性、权威性和稳定性，使之不随领导人或领导人意志的改变而改变;另一方面,坚持从实际出发,结合新情况,不断完善和发展新时期正确处理和解决社会主要矛盾的举措。历史和现实表明,正确把握社会主要矛盾,必须从中国的基本国情出发,与时俱进,才能形成对社会主要矛盾的正确认识和判断。

二、主要矛盾的"不变"与"阶段性变化"

(一)主要矛盾的"不变"

为准确把握我国的主要矛盾,就要从矛盾对立的一面,即"落后的社会生产入手",分析为什么认为我国还是"落后的社会生产"。

显然,党的八大以来关于"落后的社会生产"的论断,是根据我国社会生产力发展水平较低、社会物质财富和文化产品匮乏的实际,相对于发达资本主义国家而作出的。经过了近40年的改革开放和社会主义现代化建设,不可否认,我国社会生产力、综合国力都有了快速的增长,"落后的社会生产"有了较大幅度的改善;在此基础上,我国经济实力大增,物质文化产品日趋丰富,人民生活也有了较大的改善,总体上达到了小康水平。生产领域甚至还出现某些产品需求不足,短缺经济让位给"过剩经济",卖方市场转向买方市场。但我国社会生产仍然没有完全摆脱落后的现状,主要矛盾仍然"不变",具体表现在:

首先,从马克思的矛盾理论上看。改革开放近40年来,受经济社会快速发展和全球化的影响,我国的社会矛盾日趋多样化和复杂化,如社会阶层分化带来了不同阶层之间的利益矛盾,城镇化带来了城乡矛盾,全球化带来了控制与反控制、渗透与反渗透、干涉与反干涉等矛盾,经济快速发展与资源供给紧缺的矛盾、工业化与保护生态环境的矛盾等。在社会矛盾日趋多样化和复杂化的今天,判断我国社会主要矛盾是否发生了改变,必须依据马克思主义关于矛盾的理论。马克思主义唯物辩证法认为,在复杂事物之中,存在着许多矛盾,主要矛盾在事物发展过程中处于支配地位,起决定作用。主要矛盾和次要矛盾相互联系,相互影响,在一定条件下可以相互转化。按照马克思主义这一基本原理,虽然改革开放近40年来,我国社会矛盾日趋多样化和复杂化,各种矛盾对社会的影响也越来越大,需要我们高度重视和正确处理。但是,这些矛盾在整个经济社会发展过程中并不处于支配地位,也不起决定作用,与人民日益增长的物质文化需要同落后的社会生产之间的矛盾相比,其影响是局部的、有限的、第2位的。

在经济增长上,尽管2016年我国经济总量达744127亿元[①],名列世界第2位,仅次于美国。但人均国内生产总值仅有55412元,换算为美元是8866美元,同美、德、英等发达国家4万美元以上的水平相比,相距甚远,排在世界第69位。我们不得不承认,我国仍然是一个发展中的大国。

从人民生活水平上看,尽管我国人民生活总体上达到了小康水平,但是,"现在达到的小康还是低水平的、不全面的、发展很不平衡的小康"。从总体上看,我国人民群众的收入和消

---

① 第二部分的数据来源于国家统计局网站(http://data.stats.gov.cn)和国家统计局发布的各年份的《中国统计年鉴》。

费水平还比较低，就业、教育、医疗、养老等方面享有的公共服务还很不足；集中在农村和中西部地区约1/4的人口还没有达到小康生活标准，按照农民年人均纯收入2300元（2010年不变价，相当于每天1美元）的扶贫标准，到2016年年底，我国农村贫困人口仍有4335万人；按世界银行每天生活费1.25美元的标准，我国农村贫困人口大约还有2亿人。并且去年刚刚脱贫的1240万人的可持续生计能力差，因灾、因病、因学、因婚、因房返贫情况时有发生，新的贫困人口还会出现。而未脱贫人口大多数贫困程度更深、自身发展能力较弱，脱贫攻坚成本更高、难度更大。

在收入分配上，虽然改革开放近40年来，我国社会生产有了巨大发展，人民生活水平大为改善，尤其是大中城市和东南沿海经济发达地区更是走在前列。但就全国整体和全局而言，社会生产发展不平衡，呈多层次性，整体水平相对落后，人民需要还未能得到充分满足，虽然绝对贫困已基本消除，但相对贫困仍然在较大范围内存在。2016年全国居民收入基尼系数为0.465，仍然超过国际公认的“0.4”这一贫富差距警戒线。同时，东、西部居民收入差距较大，根据国家统计局公布的数据，2016年东部地区居民人均可支配收入达到28223元，中部地区为18442元，西部地区则为16868元。东部地区由于自身的区位优势以及国家政策的倾斜，成为先富起来的地区，相比之下，中、西部居民收入虽有提升，但与东部相比差距明显。地理人文环境的差异条件、区域发展的政策性变化等均是导致不同地区收入差距的原因。城乡收入差距有所减小，但相对差距依然很大。我国城乡居民收入差距自1990年起呈波浪式上升，2009年城乡居民收入倍差达到3.33倍，此后逐年下降，2016年缩小为2.73倍，但仍处于较高水平。我国长期存在的城乡二元经济结构、户籍制度的差别，社会保障制度的差异，以及政策的倾斜等诸多原因，都在某种程度上拉大了城乡收入差距。行业间收入差距较大。而且不同行业员工、不同岗位员工的收入差距仍在继续扩大。垄断行业的存在、政府监管的不到位、偷税漏税、非法收入等现象，则加剧了行业间收入的不平等。所以说，社会生产的发展与满足人民日益增长的物质文化需要之间还有较大距离，生产落后于人民需要的现状没有根本改变。

在生产效率上，虽然我国30多年来保持了较高的增长速度，但我国经济增长主要建立在高耗能、高污染的基础上。据世界经济论坛发布的《2016—2017全球竞争力报告》，我国的竞争力名列第28位，与上年持平，与我国国内生产总值的世界排名和负责任的大国的国际形象差距较大。美国耶鲁大学发布的《2016年环境绩效指数报告》，对180个国家的空气质量做了一个排名，我国环境绩效在180个参加排名的国家和地区中，位居第179位，环境保护形势严峻。

从促进就业来看，近几年，中央多次强调把扩大就业摆在经济社会发展更加突出的位置，不遗余力地促进就业，但每年城镇劳动力供求缺口仍在1000万人左右。同时，随着城镇化水平的不断提高和易地移民搬迁政策的不断推进，未来将有大量农村富余劳动力需要安置转移，并且搬迁农户也没有随着搬迁时间的增加而提高其适应力①，仍面临严峻的就业挑战。这也反映出对更加全面的高素质的教育需求和当前的相对落后的教育供给水平不匹配，因此导致大量的劳动力在劳动技能和个人综合素质上与我们社会的生产和需要存在严重的结构性矛盾。可见，我国社会生产（包括文化教育、劳动力技能培训等）还远未能满足广大人民群众的需要。

---

① 黎洁.陕西安康移民搬迁农户的生计适应策略与适应力感知[J].中国人口·资源与环境,2016,26(9).

从生产技术水平来看，一是我国的研发投入在国家层面与GDP的比例为2.1%，比北欧一些先进国家的3%~3.5%还差得比较远。相对来说，企业研发投入更加不足，我国规模以上企业经济投入占销售比例为0.9%，而发达国家一般平均都在2%，或者是2%以上。在统计的36个工业行业里，其中高于平均值0.9%的仅占1/3，与国际优秀同行相比仍然有差距。二是科技成果转化不够，贡献率有待提升。我国在核心技术、关键技术上对外依存度高达50%，高端产品开发70%的技术要靠外援技术，重要零部件的80%需要进口，一些关键的芯片甚至是100%需要进口，其花费远超过原油进口。落后的生产技术与实现全面建设小康社会、日益增长的人民生活需求的迫切要求还不相适应，进一步说明了我国社会生产与发达资本主义国家相比仍存在较大的差距。

从供需关系看，人民日益增长的"需要"，是指生理上和心理上的欲望，还是指有购买能力的需求？如果是前者，即主观欲望，那么，社会生产总是赶不上欲望的需要，由此推动社会的发展和人类的进步。那就是这一矛盾永远是推进社会生产进步的矛盾，不单纯是社会主义初级阶段的矛盾。如果"需要"是指后者，即有购买能力的需求，现阶段的突出问题就是现有的生产结构性地与人们的支付能力不相称。具体来看，在供给侧结构性改革的背景下，为了解决产能过剩、楼市库存大、债务高企这3个问题，中央推行出"三去一降一补"的政策，即"去产能、去库存、去杠杆、降成本、补短板"五大任务。这不禁产生疑问，多个领域生产过剩、供大于求，怎么还存在"落后的社会生产"的论断？事实上，这正是主要矛盾在当前新常态的背景下具体形式发生的阶段性变化。改革开放之初，我国物质资料匮乏，社会消费品供不应求，社会生产力的落后性与人民物质文化需要的矛盾，突出地表现在双方量的关系上。近年来，社会生产力迅猛发展，社会消费品非常丰富，供不应求的局面发生了根本改变，甚至有些领域出现严重的产能过剩问题，当前我国社会生产总体上已经改变了数量不足的状况，但是质量不高的问题还比较突出，无法满足人民日益增长的对产品品质、质量和性能的多样化、个性化需求。我国经济面临转型发展的严峻挑战，下行压力大。然而在国内经济状况不景气、消费市场不旺盛的状况下，2016年我国出境游却达到1.22亿人次，旅游花费高达1098亿美元（约7600亿元人民币），近年来，部分消费者赴海外扫货已成为一种常见现象。这一现象突出反映出供给明显不适应需求结构的变化。一是无效和低端供给过多；一些传统产业产能严重过剩，产能利用率偏低。二是有效和中高端供给不足；供给侧调整明显滞后于需求结构升级，居民对高品质商品和服务的需求难以得到满足，出现到境外大量采购日常用品的现象，造成国内消费需求外流。其实，这并非国内供给不足，而是有效供给不足。虽然海外扫货具有一定的盲目性、从众性、非理智性，但在一定程度上说明了目前我们社会生产力不是在量上，而是在质上无法满足人民的物质文化需要。所以说，"落后的社会生产"仍然存在。

可见，经过新中国成立以来特别是改革开放以来的不懈努力，我国已取得了举世瞩目的发展成就，从生产力到生产关系、从经济基础到上层建筑都发生了意义深远的重大变化；但是，我们不得不承认，总体来看，我国社会生产的落后面貌还没有发生根本性的改变。如果一厢情愿地认为我国社会生产的落后面貌已经发生根本性的转变，是不符合实际的。

（二）主要矛盾的"阶段性变化"

当然，主要矛盾理论也在随着社会发展不断地深化和补充，其具体内容和表现形式出现了许多不容忽视的新情况、新特征、新变化。我们对社会主要矛盾内容的把握一定要从实际出发，与时俱进，而不能一成不变、凝固化、模式化。具体表现在如下几个方面。

“落后的社会生产”的内涵发生了新变化。无论是1956年党的八大，还是1981年党的十一届六中全会《决议》，都将我国社会主要矛盾中的一方表述为“落后的社会生产”。而这一表述和判断，主要是指当时我国社会生产力水平还比较低、物质和文化产品还较为匮乏的实际。“落后的社会生产”有两层含义：一是指生产本身落后，包括生产规模狭小、生产工具简陋、生产方式落后等；二是指社会生产落后于社会需要，相对于人们的需要而言，社会生产总是落后的。

解决和处理主要矛盾的方法和途径发生了新变化。一是从过去片面强调发展社会生产转向全面推进整个现代化建设，尤其从单纯注重做大“蛋糕”转向重视分好“蛋糕”。如果企业只增利润、不长工资，劳动者收入长期偏低，即使是社会财富剧增、经济过剩，劳动群众日益增长和拓宽的需要也会由于购买力不足而得不到很好的满足。因此，从满足需要与分好“蛋糕”看，正确处理和解决社会主要矛盾，要在基本经济制度上始终坚持公有制和按劳分配的主体地位，才能从根本上保证社会主义生产目的的实现，保证劳动群众共享国家现代化建设成果和当家做主的权利，保证“蛋糕”的公平分配。否则，即使是“蛋糕”做大了，人民群众的需要仍无法很好地满足，社会主要矛盾仍得不到合理解决。二是从以往的提法主要是“经济现代化”的局部的不大协调的现代化，逐步地拓展到“五位一体”的全面协调的现代化。当我们的国家处在生产落后、经济短缺、物质匮乏、人民群众尚未解决温饱的阶段，解决社会主要矛盾的根本途径是用大力发展生产力的办法，改变“落后的社会生产”，扩大物质基础，增强经济实力。过去我们正是这样走过来的，取得了辉煌的成就，较好地满足了人民群众的需要，较好地处理了社会主要矛盾。现如今，我们对社会主义现代化建设的认识，从只强调以经济建设为中心，逐步拓展到以五大发展理念为指导的“五位一体”的现代化建设总体格局，文化建设、政治建设、社会建设和生态文明建设也成为满足人民日益增长的需要的重要途径。

物质文化的需求结构发生了新变化。物质需求大大改善，精神文化生活需求逐步提升，社会和谐、政治清明、安全保障、环境优雅、生态良好等需求越来越强烈。表现为：一是改革开放近40年来，人民群众的物质生活大大改善，从温饱型向小康型提升，恩格尔系数大大下降。所以在精神文化生活需求发生了新变化。一方面，用于教育消费的时间和费用大大增加；另一方面，文化生活需求日趋多样化。二是对安全保障的需求日趋强烈。按照马斯洛的需求层次理论，当人们的基本生理需要得到满足后对安全的需要就会与日俱增。安全需要人皆有之，人人都需要躲避危险与贫穷，得到安全与福利。三是公民权利意识的“觉醒”。知情权、参与权等民主政治方面的需求与日俱增。随着民主意识的增强，人民群众越来越希望参与社会事务管理，注重知情权、选举权、参与权、监督权，要求民主决策、民主管理，以行使当家做主权利，维护自身权益，追求自我价值的实现。四是生态文明需求逐渐凸显。随着生活条件的改善，人民群众越来越向往山清水秀、鸟语花香、蓝天、白云、碧水的生态环境，追求绿色、低碳、环保的品质生活，希望远离环境污染、交通拥堵、城市噪声、有害辐射等。

总之，随着我国经济社会的发展和国家现代化建设的快速推进，虽然社会主要矛盾的基本性质没有改变，但在人民群众的需求不断增长、拓宽和多样化的当今时代，人民群众的需求已从物质需求向精神文化生活需求提升，从经济生活需求向民主政治需求拓展，从对私人产品的需求向公共产品、社会福利需求延伸，从生存需求向发展与享受需求提升，从满足生存生活需求向成就事业、实现价值、当家做主、提高幸福感转变。怎样才能更好地适应和满足人民群众的需要，显然光用改变“落后的社会生产”单一手段或途径已明显不够了，只有通过全面加快整个国家现代化建设，即物质文明建设、精神文明建设、政治文明建设、社会文明建设和生态文明建设，全方位、宽领域、高质量地满足人民群众日益增长的物质文化需要、民主政治需要、社会和谐需要、生态环保需要和安全保障需要等多种需要，才能满足人民群众不断增长的日益多样化的需要，较好地处理社会主要矛盾。

三、处理好主次要矛盾之间的关系

社会基本矛盾运动是一个整体，是通过生产力与生产关系、经济基础与上层建筑之间的作用和反作用表现出来的。虽然主要矛盾在社会主义的初级阶段长期不变，但不可否认的是，随着经济的发展，人民生活水平的不断提高，越来越多的其他方面的矛盾涌现出来并且不断发展。传统观点认为，主要矛盾在事物发展中起主导和支配作用，非主要矛盾对主要矛盾和事物发展只起一定的影响作用。然而主要矛盾和次要矛盾相互联系、相互影响，在一定条件下甚至有可能相互转化。从我国发展的阶段性特征来看，虽然主要矛盾的地位和作用没有变，但非主要矛盾对主要矛盾的影响和制约作用越来越突出，甚至可能会出现次要矛盾转化为主要矛盾的状况。在新常态下要想处理好当前的社会主要矛盾，就必须打破旧思维，同时要重视解决好次要矛盾。要突破传统单一的、局部的、阶段性的改革，转向全面性的改革。现阶段，随着社会各领域之间融合、关联、协同度的明显提高，任何一个领域的改革都需要其他领域改革相配合，也会影响其他领域。因此，要全面深化改革，坚持协同推进，统筹谋划全面深化改革的各个方面、层次、要素，注重改革的系统性、整体性、协调性，破除“单打一”[①]的改革思维。

为了处理好当前的社会矛盾，党的十八大以来，以习近平同志为总书记的新一届中央领导集体执政伊始，就显示出推进改革的强大决心和勇气。党的十八届三中全会发布的《中共中央关于全面深化改革若干重大问题的决定》，进一步昭示了党中央推进全面深化改革的决心，制定了我国在新的发展阶段全面推进改革开放事业的宏伟蓝图，提出了到 2020 年全面深化改革的指导思想、总体思路、主要任务、重大举措。以此为基础，中国的改革事业在战略布局上获得了一些重大突破。以供给创新的供给侧结构性改革激发需求潜力的重要性日益上升。在增加有效供给的基础上，不断激发需求潜力，激活和释放有效需求，实现消费与投资的良性互动、需求升级与供给升级协调共进的高效循环，是当前推动经济深入发展的内在要求。之后李克强总理又提出了“大众创业、万众创新”的理念，这不仅是就业和创新的范畴，也是对供给的有效优化、对需求的有效激发和满足。同时，国务院印发了《中国制造 2025》，推动中国由“制造大国”向“制造强国”转变。之后发布的“十三五”规划也明确指出要“以提高发展

---

① “单打一”：集中力量做一件事或只接触某一方面的事物，而不顾及其他方面。1957 年 1 月 27 日，毛泽东在《在省、市、自治区党委书记会议上的讲话》中指出：“这样的政策是危险的政策。它将引导人们思想衰退，单打一，见不得世面。”

质量和效益为中心，以供给侧结构性改革为主线，扩大有效供给，满足有效需求，加快形成引领经济发展新常态的体制机制和发展方式”。在党的十八届五中全会上，习近平同志又系统论述了创新、协调、绿色、开放、共享的五大发展理念，强调实现创新发展、协调发展、绿色发展、开放发展、共享发展，并指出牢固树立并切实贯彻这五大发展理念，是关系我国发展全局的一场深刻变革，攸关“十三五”乃至更长时期我国的发展思路、发展方式和发展着力点。

四、结　语

总之，现阶段我国社会的主要矛盾没有变，这是党中央立足于社会主义初级阶段这个最大的实际，从全局和总体上对我国国情和历史方位的科学把握，其实质是指主要矛盾没有发生质变和根本性转移，其目的就是要我们始终保持清醒头脑，坚持把以经济建设为中心，同四项基本原则、改革开放这两个基本点统一于发展中国特色社会主义的伟大实践，任何时候都不能动摇。但是，现阶段我国社会的主要矛盾没有变，并不是说主要矛盾没有发生任何变化，更没有否认主要矛盾在发展阶段上的新特点、新变化。因此，我们要坚持以历史唯物主义和辩证唯物主义的科学思想为指导，准确地认识当前我国社会的主要矛盾，正确认识和把握社会主要矛盾的表现形态，使我们在纷繁复杂的形势变化中，呼应人民群众的现实需要，适应先进生产力发展的具体要求，确定符合实际的现实纲领、近期目标和任务，制定切实可行的方针、政策和策略，采取恰如其分的方式、方法和措施，以此指导我们实现中国梦的伟大实践，增强我们的道路自信、理论自信、制度自信，锐意进取，攻坚克难，谱写改革开放伟大事业历史新篇章，推动实现“两个一百年”的伟大奋斗目标！

参考文献

[1][德]马克思，恩格斯. 马克思恩格斯选集：第1卷[M]. 北京：人民出版社，1972.

[2]毛泽东. 毛泽东选集：第1卷[M]. 北京：人民出版社，1991：281.

[3]邓小平. 毛泽东选集：第4卷[M]. 北京：人民出版社，1991.

[4]邓小平. 邓小平文选：第2卷[M]. 北京：人民出版社，1994.

[5]邓小平. 邓小平文选：第3卷[M]. 北京：人民出版社，1993.

[6]江泽民. 全面建设小康社会，开创中国特色社会主义事业新局面[M]. 北京：人民出版社，2002.

[7]胡锦涛. 高举中国特色社会主义伟大旗帜为夺取全面建设小康社会新胜利而奋斗[M]. 北京：人民出版社，2007.

[8]胡锦涛. 坚定不移沿着中国特色社会主义道路前进为全面建成小康社会而奋斗——在中国共产党第十八次全国代表大会上的报告[M]. 北京：人民出版社，2012.

[9]习近平. 习近平谈治国理政[M]. 北京：外文出版社，2014.

[10]本书编写组. 深入学习习近平同志系列讲话精神[M]. 北京：中共中央党校出版社，2014.

[11]习近平. 完善和发展中国特色社会主义制度推进国家治理体系和治理能力现代化[J]. 人民日报，2014－02－18.

[12]中共中央宣传部. 科学发展观读本[M]. 北京：学习出版社，2008.

[13]中共党史参考资料[M]. 北京：人民出版社，1980.

[14]中共中央关于全面深化改革若干重大问题的决定[J]. 人民日报，2013－11－16.

[15]中华人民共和国国民经济和社会发展第十三个五年规划纲要[M]. 北京：人民出版社，2016.

[16]中国共产党第十八届中央委员会第五次全体会议公报[R].新华社,2015.

[17]国务院中国制造2025,国发〔2015〕28号。

[18]国家统计局.2016年中国统计年鉴[EB/OL].http://www.stats.gov.cn/tjsj/ndsj/2016/indexch.htm.

[19]吴丰华,白永秀.改革主体、改革战略及其关联因素的宏观情境[J].宏观经济,2012(2).

[20]谭劲松,姚菲菲.正确把握社会主要矛盾不变与变的辩证关系[J].观察与思考,2014(3).

[21]潘云成.第二次国内革命战争时期我国社会的各种矛盾及其表现[N].重庆理工大学学报(社会科学),2013(6).

[22]翁礼成,高岳仑.准确把握我国社会主要矛盾的"变"与"不变"——实现我国经济社会科学发展的理论前提[N].西南民族大学学报(人文社科版),2009(4).

[23]何敬文.我国社会主要矛盾的变与不变——新中国成立后中国共产党与理论界的三次思想互动[J].中共中央党校学报,2010(2).

[24]谢文模.全面理解毛泽东关于近代中国社会主要矛盾的基本原理——与陈先源同志商榷[J].中山大学学报(社会科学版),1995(2).

[25]昝剑森.中国社会主要矛盾新特点与全面深化改革新理念[J].当代世界与社会主义,2014(4).

[26]昝剑森.社会基本矛盾与全面深化改革[J].理论探索,2015(4).

[27]古世平.清醒把握社会主要矛盾表现形态的变化[J].重庆理工大学学报(社会科学),2015,29(11).

[28]牛先锋.社会主要矛盾新特征与科学发展新理念[J].毛泽东邓小平理论研究,2012(9).

[29]谢地,刘佳丽.中国社会主要矛盾转型与经济发展方式转变[J].四川大学学报(哲学社会科学版),2010(6).

[30]黎洁.陕西安康移民搬迁农户的生计适应策略与适应力感知[J].中国人口·资源与环境,2016,26(9).

马克思主义视阈下的美国资本主义改良理论与实践研究

刘兰蕙

（西北大学经济管理学院）

[摘　要] 美国资本主义改良是在以私有制为基本经济制度、以市场机制为经济运行基本方式的前提下，为适应生产力发展要求、巩固资本主义统治而对生产关系进行的局部调整。本文介绍了美国资本主义改良的背景和实践方法，分析了改良的实质与弊端，指明了美国资本主义改良只不过是在资本主义制度范围内进行的局部调整，不能改变资本主义社会的基本矛盾，也不能改变资本主义终将被社会主义取代的命运。

[关键词] 美国；马克思主义；资本主义改良

一、引　言

资本主义的发展历程总体上分为4个阶段：原始资本主义、自由竞争资本主义、垄断资本主义和当代资本主义[4]。美国资本主义虽然经历了多次经济危机和金融危机，但其资本主义不但没有趋于消亡，反而在不断的发展与改良中显示出资本主义特有的优越性。马克思虽然得出了资本主义必然灭亡的结论，但也曾指出："无论哪一种社会形态，在它所能容纳的全部社会生产力发挥出来之前，是绝不会灭亡的；而新的更高的生产关系，在它的物质存在条件在旧社会的胎胞里成熟以前，是绝不会出现的。"①当代美国资本主义发达的生产力正是其不断进行自我改良与完善的结果。本文通过对资本主义改良的原因和实践的分析，探讨资本主义改良的实质，得出美国资本主义改良是在资本主义制度范围内进行的局部调整，不能改变资本主义社会的基本矛盾和资本主义终将被社会主义取代的命运的结论。

本文接下来的部分结构安排如下：第二部分是美国资本主义改良的背景，分析美国资本主义改良的原因和必要性；第三部分是美国资本主义改良的方法与实践，介绍了二战后美国资本主义在生产力、生产关系、上层建筑等方面的积极调整；第四部分分析了美国资本主义改良的实质，揭示了资本主义改良的局限性；第五部分为本文的结论与启示。

---

① [德]马克思，恩格斯．马克思恩格斯选集：第2卷[M]．北京：人民出版社，1995：33.

二、美国资本主义改良的背景及原因

美国进行资本主义改良是对自身进行自我调节、完善和发展的过程,反映出特定历史条件下美国资本主义针对自身发展的问题采取的相应对策。

(一)生产力发展的客观要求

一定的生产力需要一定的生产关系与之适应。在18世纪、19世纪,两次科学技术革命带来了工业化大发展,解放了美国资本主义的社会生产力,使其经济得到迅速发展,从而领先于其他国家;二战以后,同样是科学技术进步使美国资本主义的社会生产力有了飞跃性的进步,在一定程度上避免了20世纪30年代经济大危机的周期性作用;90年代的新经济给美国带来了相对繁荣,同样离不开科技的突破性进展,从而使其得以摆脱低迷滞涨的经济增长状态。但是,生产力的快速发展使得资本主义生产关系越来越不能适应社会生产力的发展要求,因而资本主义生产关系需要进行相应的变革,否则,资本主义将因生产关系的不适应而出现各种各样的发展问题乃至危机、灭亡。因此,美国资本主义不得不对其生产关系的某些环节进行调整,以适应生产力发展的需要。在目前社会生产力快速发展的条件下更是如此。

(二)稳定社会、维护统治的现实要求

美国资本主义同样具有发达国家资本主义的一般属性。由资本主义的内在发展规律所决定,资本主义无法改变其剥削压迫工人阶级、榨取工人阶级剩余价值的本性,因而不可避免地存在阶级矛盾和阶级斗争。随着资本主义社会的发展,这种矛盾和斗争日益尖锐和激化,如果不能得到一定程度的缓解,最终将危及资本主义统治。因此,美国等资本主义国家不得不采取相应的政策来缓解阶级矛盾。例如,改变工资决定形式,缓和劳资矛盾;建立失业保障制度,防止产业后备军队伍的扩大;建立社会福利制度,减小社会冲突,缓和社会矛盾等。通过采取一系列措施维护社会稳定,从而巩固了统治基础。

(三)对抗社会主义的需要

社会主义一直以来都是资本主义的强劲对手。为了能够与社会主义抗衡,冷战时期以美国为首的资本主义阵营和以苏联为首的社会主义阵营相互较量,在新世纪的和平年代,虽然贸易规则逐渐完善,但美国仍然千方百计地对中国等社会主义国家进行“围剿”,妄图“和平演变”。不过,美国也不得不对自身的发展进行调整,以适应当前形势变化的需要,甚至借鉴社会主义的主张为己所用,以维持自己的世界霸主地位[16]。

三、美国资本主义改良的实践与方法

二战后,美国资本主义对国家经济生活的干预逐渐展开。这种自我调节和改良广泛介入生产、分配、交换和消费等再生产的各个阶段,并遍布于生产力、生产关系和上层建筑等各个领域[10]。下文对美国资本主义改良的实践从6个角度进行分析。

(一)宏观调控的加强

美国资本主义的经济发展最初基本上是遵循亚当·斯密的市场经济理论,即一切经济行为由市场调节,经济完全由一只“看不见的手”在操控。但是,随着资本主义的发展和生产的社会化,这种完全由市场调节经济运行的机制逐渐显露出其弊端和局限性。市场机制并不能总是自动地调节宏观经济运行,也不能保证全部社会资源的有效配置。此外,单一的市场竞争容易导致两极分化,而且市场机制本身不能自动调节社会分配和再分配。随着生产的社会化与资本主义私人占有之间的矛盾越发突出,资本主义经济也不断陷入周期性的经济波动之中,经济危机也就不可避免。美国的多次经济危机充分反映了资本主义周期性经济规律的作用,1929—1933 年的经济大危机更使得这种市场机制的弊端充分暴露。因此,需要政府的宏观调控,运用财政政策和货币政策干预市场经济的运行。例如,经济危机时期临危受命的罗斯福总统实施了新政,颁布了《整顿金融法》《全国产业复兴法》和《农业调整法》,对工农业生产和金融系统进行了一系列的社会调节;领导了反对企业垄断的运动,颁布了《反托拉斯法》;提出抵押保险、失业救济财政与货币政策来稳定经济。

同样,2008 年美国金融危机全面爆发后,美联储加大了货币政策力度,前后三次大幅度下调联邦基准利率和贴现利率;采取“定量宽松”的非传统政策手段,进一步加大公开市场操作力度;收购高达 3000 亿美元的长期美国国债,并将旨在降低抵押贷款利率的贷款项目规模进一步提高;宣布向存款准备金支付利息,降低法定存款准备金利率和超额准备金利率;先后推出新的非常规流动性管理工具,进一步提高货币市场的流动性。财政政策方面,大规模的经济刺激计划成为这一时期美政府救市的主旋律:布什政府的“金融救援计划”、奥巴马政府出台“金融稳定计划”、签署《美国复苏与再投资法案》、“房屋所有者负担能力和稳定性计划”等。刺激了消费,推动了实体经济恢复[5]。

可见,政府宏观调控将市场调节和计划调节相结合,利用财政、货币金融等经济手段调节着资本主义经济的运行,使经济危机趋于缓和。

对美国当代资本主义经济的生存和发展而言,国家宏观调控已经成为市场经济正常运行的必不可少的内在条件,国家干预必须以市场经济为基础,而现代市场经济又必须要有国家干预。

(二)科技进步与人才培养

美国国家干预促进了第三次科技革命的形成和发展。伴随着生产的社会化,科学活动由个体研究发展为主要由国家统一协调,国家对科技革命具有直接促进作用。一是国家成为科研经费的主要提供者。美国政府的科研拨款在 1940 年为 7400 万美元,1956 年为 48.6 亿美元,1957 年以后以每年 14% 的速度增加,1965 年达到 130 多亿美元,占全国公私科研经费的 65% ,2016 年已达到 1460 亿美元。同时,国家对私人企业实行研究和发展支出的纳税优惠以及新投资的纳税优惠。二是国家直接出资主持庞大的科研项目。二战期间,美国科研与发展局直接主持制造原子弹的“曼哈顿计划”,耗资 20 多亿美元;20 世纪 60 年代,美国宇航局主持“阿波罗登月计划”,耗资 300 亿美元,动员了两万家大公司与 120 多所大学和实验室共 40 多万人参加;80 年代,里根政府又宣布实行“星球大战计划”;国防部 2005 年资助 9 亿美元用于乳腺癌、前列腺癌、糖尿病、白血病、肌肉萎缩等疾病的研究。三是根据经济战略目标，制定相应的科技政策，并投资建立新的生产部门，改造旧的生产部门。四是加强对科技人才的培养。美国科研机构中的科技人员在1955—1980年由24.83万人增加到65.9万人；工程师和工人的比例1930年为1∶230，1970年达到1∶50。在某些新型工业部门，科技人员的比重更大[1]。

（三）企业组织结构的改变

美国资本主义市场经济的微观基础是以生产资料私人占有为基础的企业制度。这种制度在二战后发生了较大的变化。国家通过对企业股权进行分散化的调整，使之出现了资本社会化的趋势，这在一定程度上适应了资本主义生产社会化的要求，从而在一定程度上缓解了资本主义社会化大生产与私人占有之间的矛盾。

此外，法人资本所有制崛起并逐渐成为占主导地位的资本所有制形式，这使得资本所有权与控制权发生了分离。一些企业被授予实施雇员持股计划，并以实质性的税收补贴推行雇员持股，资本主义企业由以股东为中心转移到兼顾利害相关者，从而逐步调整了私有制的实现形式。

（四）管理机制的调整

传统的企业管理体制比较单一，实际上是资本主义剥削工人的工具。二战后美国对这种管理机制进行了调整。例如，实施职工参与制和职工持股，重视和利用工会的力量等。通过让工人组织工会、选派代表同雇主谈判和签订集体合同、建立劳资之间互相协商的机制，把工人阶级的阶级斗争纳入改良主义的轨道中去。美国从20世纪30年代起就强调要在政府的监督下，实行劳资合作、经济民主，协调国家、企业与劳工之间的关系，并通过法案明确规定工人有权组织起来，选派代表与雇主谈判和签订集体合同，而雇主不得以工人参加哪种工会作为雇佣条件，必须遵守最高工时和最低工资限额。从而缓和了劳资关系，使企业管理更适应新时代的要求。

（五）财政政策的运用

财政政策如今已经成为美国等资本主义国家实行宏观调控和国民收入再分配的重要手段。在经济繁荣时期，国家一般会采取增加税收、节减开支的办法抑制经济的过热增长和通货膨胀；在经济衰退时期，则采用减少税收、增加财政支出的办法以刺激经济增长。另外，实行累进税制，将高收入者的一部分收入集中到国家手中，通过财政支出特别是社会福利支出转移到低收入者手中，以缩小贫富差距。这样，一方面促进了经济的稳定发展；另一方面在一定程度上缩小了收入差距，避免了社会矛盾的过度激化，有利于维护美国资本主义的统治秩序。

（六）收入分配和福利制度的完善

第二次世界大战以来，美国的工资形式趋于多元化，企业经营者也改变了激励形式。在工资支付上，不再是单一的劳动报酬，还给予必要的假期，以及政府规定以外的多种福利，如医疗保险、人寿保险、供职年限奖励和带薪旅游等，工资激励由外部激励转变为内部激励。这样的结果是,大大缓解了劳资矛盾,改善了劳资关系。通过建立一套比较健全的社会福利制度,扩大了市场的消费需求,减轻了经济危机的程度,改善了劳动者的生活状况,提高了劳动者的素质,维护了社会的稳定[16]。

综合来看,美国资本主义通过在经济运行、组织机构、管理体制、财政政策、收入分配与福利制度等方面进行的一系列的自我调节和改良,在一定程度上缓解了私有制对生产力的束缚,使资本主义生产关系不仅能够容纳现实的生产力,还促进了生产力的发展,并使资本主义社会下的阶级矛盾和社会矛盾得到了暂时缓解,从而在50~70年代获得了资本主义经济发展的"黄金时期",二战以来能够保持世界经济的霸主地位。

四、美国资本主义改良的实质与局限

美国经过资本主义改良,使资本主义生产关系得到了一定的改善,更好地顺应了社会生产力的发展要求。然而值得注意的是,这不仅没有使国家、地区之间的贫富差距缩小,反而有所扩大,两极分化仍然严重存在于当代资本主义社会中。另外,虽然美国资本主义的改良符合社会发展的潮流,在一定程度上促进了经济的全球化,但是,这并不能改变资本主义的性质,也不能改变资本主义的基本矛盾,不能改变资本主义的历史命运。

(一)美国资本主义社会的基本矛盾没有发生改变

资本主义赖以生存的基础是资产阶级私有制,它在资本主义改良中没有改变,改变了的只是它的具体结构和实现形式。资本主义社会固有的基本矛盾在资本主义改良的范围内没有也不可能得以解决,变化的只是其基本矛盾的表现特点和暂时的局部的缓和。

(二)美国资本主义政权始终代表着资产阶级的利益

尽管美国在资本主义经济运行机制、企业组织结构、管理体制、财政政策和税收政策、收入分配与社会福利等方面进行了大幅度的改良,但是这些改良措施都是为了缓和工人阶级与资产阶级的矛盾,纯属无奈之举。美国虽然一向宣扬自由与民主,但是这种所谓的自由民主不过是少数人的,统治国家的依然是资产阶级。美国资本主义的最主要职能仍然是维护资本家等少数人的根本利益[8]。

(三)美国资本主义奉行的霸权主义和强权政策没有改变,对外扩张仍然是美国资本主义的基本政策

战后,美国虽然对发展中国家的资本扩张和操纵不再以公开的武力掠夺和血腥镇压为主要手段,而是采取了更隐蔽、更具有欺骗性的方式,甚至有时带有表面上的友好与和平。但是,资本的本性没有改变。

东欧剧变、苏联解体后,美国成为世界上唯一的超级大国。资本扩张的本性迅速膨胀,它已不能满足于自己目前在世界上的地位和影响,妄图获得更大的势力范围、控制更多的国家和地区,以防止再次出现一个能与它相抗衡的国家。于是,美国和以美国为首的北约集团悍然空袭南联盟、轰炸伊拉克、发动海湾战争,增加了诸多不和平因素。

（四）不能从根本上克服美国资本主义经济的周期性危机

国家对经济生活的干预增强了计划指导的效力，但无法从根本上克服市场机制的缺陷，也不能从根本上避免美国资本主义经济的周期性危机。

随着资本主义经济从传统商品经济向金融化、信息化、国际化的现代商品经济转变，随着私人垄断向国家垄断和国际垄断转变，美国资本主义体系内潜伏着更加严重的经济危机和金融危机。信息手段、金融手段的普及和网络规模的扩大，以及金融自由化政策的使用等刺激了投机活动，大量资本从实物生产和贸易领域转向金融和房地产投机场所，使金融资本高度虚拟化。虚拟经济和实物经济严重分离，经济泡沫化的危险加重，这些因素都极大地增加了美国的金融风险。在这种新的更严重的经济危机面前，美国资本主义的政府干预与调节将会显得微不足道。

五、结论与启示

可以看到，美国资本主义改良对经济、政治、社会等各个领域都采取了一系列的调节措施，结果使得国家没有陷入周期性经济危机的恶性循环，并且在一定程度上克服了危机的影响，促进了经济社会不断发展，缓解了社会矛盾。

应当承认，美国资本主义进行的自我调节和改良是有一定成效的，不仅改善了生产关系，从而较好地适应了社会生产力的发展要求，而且使国家的经济社会发展水平持续领先于其他国家。从某种意义上说，这种自我调节和改善符合当今社会发展的历史趋势，并且对推动全球化的进程也有一定的意义。

但是，通过对美国资本主义改良的实践与实质的分析，可以发现，美国资本主义改良只不过是在资本主义制度范围内进行的局部调整，是建立在资本主义私有制基础上的，并不能改变资本主义社会的基本矛盾，不能改变美国资本主义始终代表资产阶级利益的性质，也不能改变资本主义终将被社会主义取代的命运。

无论是凯恩斯主义，还是新自由主义，它们都是治理资本主义市场经济的具体举措，都只能缓解而不能从根本上拯救资本主义的制度危机。美国资本主义社会基本矛盾的不断加剧，将决定当代资本主义的最终命运。

参考文献

[1] Andrew Kliman. A crisis for the centre of the system[J]. *International Socialism*, 2008 (120).

[2] John Bellamy Foster & Fred Magdoff. Financial Implosion and Stagnation – Back to the Real Economy[J]. *Monthly Review*, 2008(12).

[3] Peter Gowan. Crisis in the heartland[J]. *New Left Review*, 2009(55).

[4] Ramaa Vasudevan. Finance, Imperialism, and the Hegemony of the Dollar[J]. *Monthly Review*, April, 2008.

[5] Robert Wade. Financial Regime Change? [J]. *New Left Review*, 2008(53).

[6] 北京市邓小平理论研究会课题组. 论发达资本主义国家的自我调节、改良和改善[J]. 中国特色社会主义研究，2001(2):11 – 15.

[7] 陈周旺. 美国霸权衰落了吗——基于马克思主义对金融资本主义政治的分析[J]. 中共浙江省委党校学报，

2011,27(5):84 - 87.

[8][美]费希拜克,等.美国经济史新论:政府与经济[M].张燕,等,译.北京:中信出版社,2013.

[9]李江,马静波,陈海瑾.试析资本主义的自我调节与改良[J].上海理工大学学报(社会科学版),2002(2):60 - 63.

[10]刘尚希.大国财政[M].北京:人民出版社,2016.

[11]刘兴波.金融—经济危机视野下的美国资本主义变革问题研究[D].济南:山东大学,2012.

[12][德]马克思,恩格斯.马克思恩格斯选集:第2卷[M].北京:人民出版社,1995:33.

[13]沈鑫雨.刍议当代资本主义改良的实质[J].经济研究导刊,2013(18):18 - 19.

[14]卫兴华.如何正确认识资本主义发展的进程[N].北京日报,2000 - 09 - 18(009).

[15]徐崇温.论发达资本主义国家的自我调节[J].求是,2001(10):60 - 63.

[16]闫希伦.从四个“依然”看当代资本主义的本质[J].理论学习,2003(2):23 - 24.

[17]杨春葆.如何认识当代西方资本主义国家进行的自我改良和完善[J].中央社会主义学院学报,2001(5):30 - 33.

[18]赵峰,马慎萧.金融资本、职能资本与资本主义的金融化——马克思主义的理论和美国的现实[J].马克思主义研究,2015(2):33 - 41,158 - 159.

[19]周敏凯.改良而非质的变化——当代资本主义生产方式新变化评析[J].党政论坛,2000(12):13 - 15.

[20]周青.当代资本主义正处于不断自我调适发展的新阶段——正确认识资本主义发展历史进程论纲[J].上海社会科学院学术季刊,2002(1):47 - 56.

[21]朱国宏.正确认识发达资本主义国家的自我调节、改良和改善[J].毛泽东邓小平理论研究,2000(6):24 - 32.

[22]资本主义的自我调节及其局限性——三论资本主义发展的历史进程[J].求是,2001(5):12 - 17.

马克思主义视阈下冰岛资本主义改良理论与实践研究

杨佳琦

（西北大学经济管理学院）

[摘　要] 20 世纪三四十年代，为了拯救资本主义垂危的生命不被日趋成长的社会生产力所抛弃，世界大部分资本主义国家开始走上资本主义改良的道路。冰岛作为典型的北欧小国，2008 年的金融危机给其造成了重创，而其走出危机开始新发展的过程，恰恰就是资本主义改良的过程。本文从马克思主义出发，立足于冰岛的金融危机与高福利的社会保障制度分析冰岛的资本主义改良在其自救中的巨大作用，并从其改良的经验中得出一些对中国社会发展的启发。

[关键词] 资本主义改良；冰岛金融危机；冰岛社会保障制度

一、引　言

资本主义经济产生于 14 世纪，在 16 世纪世界进入资本主义时代。随着资本主义势力不断发展壮大，资本主义社会的局限性也渐渐暴露出来。马克思主义政治经济学揭示出资本主义各种矛盾的根源在于私有制，并且指出资本主义的局限性必将使资本主义社会走向灭亡。但是纵观整个近代资本主义发展史，我们发现，从 20 世纪开始各个资本主义国家虽然遇到过多次危机，但总是能化险为夷。之所以出现这种情况，并不是因为马克思对资本主义发展规律的分析错了，而是因为资本主义不断对自身进行改良和改善，从而缓和了社会矛盾，给资本主义社会赋予了新生命。马克思说过“无论哪一种社会形态，在它所能容纳的全部社会生产力发挥出来之前，是绝不会灭亡的”①。所以，当代资本主义改良绝对是符合马克思主义对资本主义前景的预测的。而研究资本主义改良，就是研究当代资本主义社会的新发展、新出路。

冰岛位于大西洋和北冰洋的交汇处，是北欧一个以渔业和旅游业为主要经济支柱的小岛国。在金融危机发生之前，冰岛与欧洲许多国家一样，走的是“小国、高福利、大金融”的发展模式。“小国”，就是指人口、资源少，除渔业、铝矿、地热和旅游等有限资源外，冰岛几乎没有其他资源。“高福利”，众所周知，北欧国家的社会福利水平在世界范围内都是遥遥领先的，冰岛的社会福利不仅范围广而且时效长，可以说冰岛政府几乎负责了冰岛全体公民从摇篮到坟

---

① [德]马克思. 政治经济学批判：序言[M]. 北京：人民出版社，1971.

墓每个人生阶段的全部问题，这种高额花费意味着政府必须扩大财政收入才能满足其社会福利需求。“大金融”，在自然资源约束条件下，要满足其巨大的财政支出需求，最好的办法就是大力发展金融业。于是，在全球金融发展热潮的推动下，冰岛弃实业而走上金融化的发展道路，大部分社会资源被投入金融业中。而资源缺失却导致传统实体产业持续萎缩。冰岛发展模式的基本要义是，利用高利率、低管制的开放金融环境吸引海外资金，然后投向高收益的金融项目，进而在全球资本流动增值链中获利。这种依赖国际信贷市场的高杠杆式发展，具有高风险和高收益的特征。当2008年美国爆发次贷危机并迅速蔓延引发全球性金融海啸时，泡沫经济高度发达却几乎没有实体业支撑的冰岛毫无抵抗力地被危机击败。危机爆发后，冰岛艰难度日，并意识到了自身发展的弊端，随即采取了一系列应对措施，冰岛政府一方面积极寻求外援，获得了国际帮助，在一定程度上减轻了本国内部的经济压力；另一方面从本国经济入手，一改之前宽松自由的经济政策，开始对经济进行管控，有效遏制了由于过度自由放任带来的经济混乱，同时开始重塑传统实体经济、改进生产力、调整产业结构，改善了本国的经济结构。最终使冰岛逐渐从金融危机的“泥潭”中脱身。

无论是度过危机还是冰岛作为北欧国家的高福利社会制度，都是资本主义改良的典型表现。所以，以冰岛为对象对研究资本主义新发展具有十分重要的意义。

本文接下来的结构安排如下：第二大部分，资本主义改良的基本理论：分别概括了资本主义国家改良的几种类型、方式以及资本主义改良的实质；第三部分，冰岛金融危机，详尽描述了冰岛危机的起因、发展以及应对措施；第四部分，冰岛的社会保障制度，概括了冰岛社会保障制度的情况与特点；第五部分，启示，从冰岛摆脱危机以及建立社会保障体系的经验中得出对中国建设社会主义的有益经验。

二、资本主义改良的基本理论

1933年，美国爆发经济危机，银行、工厂倒闭，工人失业，经济一片萧条，美国总统罗斯福采取政府干预的手段对资本主义进行改良，并取得了显著的效果，美国渐渐从经济危机的“泥潭”中脱身。自此，各资本主义国家开始走上改良的道路，它们扩大政府投资，增加就业，进行各种社会救济和社会保障等措施，使危机逐步得到改善，延缓了资本主义的灭亡。二战以后，资本主义的生产力又有了新的更高程度的发展。新的技术革命使当代资本主义生产力进入自动化、信息化时代。生产力的革命强有力地推动着当代资本主义的进一步发展，要求资本主义进一步改变生产资料所有制的传统模式，推行包括国有经济、私人经济等多种经济成分并存的混合经济模式。

（一）资本主义改良的类型

当代资本主义进行改良的方式和方法较多，但总的来说主要有以下3种典型代表：

1. 以英国为代表的“第三条道路”发展模式

第三条道路指的是一种走在自由放任资本主义和传统社会主义中间的政治经济理念。简单来说，它既不主张纯粹的自由市场，也不主张纯粹的社会主义，其核心是折中与妥协，以英国为代表的第三条道路发展模式主要包括两方面:经济方面是积极应对全球化,加强国际合作,在注重经济发展速度的同时兼顾经济安全问题,尽量平衡市场与政府的作用;政治方面是重视社会的包容性与开放性,提出“民主制度的民主化”,着力加强政治民主化以提高国民对政治的信任度与国家凝聚力。

2. 以德国为代表的“德国模式”

德国模式主张实行国家调控下的市场经济,借助国家力量实现自主公平竞争,充分发挥市场机制与国家干预的优越性,把市场经济的效率最大化。在企业发展战略上,德国模式更加看重企业的长期利益而不是股东的短期利益,企业十分重视对员工的培训,力图提高员工素质。在此基础上,德国模式还十分注重社会保障与社会公正平等,可以说,在公平与效率的问题上,德国模式更加注重公平。

3. 以瑞典为代表的“瑞典模式”

瑞典模式相较于前两种模式,更加注重对劳动市场的管制,保证劳动者的合法权益。它侧重于对市场分配的结果进行强有力的国家干预。建立完善的社会保障制度,强调政府的服务职能,坚持公平公正、取信于民。在经济方面,瑞典模式重视创新在发展中的推动作用,用技术、管理创新等手段增强国家在经济全球化中的优势。

(二)资本主义改良的方式

总的来说,西方发达资本主义国家的自我调节改良主要是围绕国家在经济基础与上层建筑中的调节作用而展开的。它具体体现为以下3个层次的调整。

1. 生产力的调整

马克思主义经济学指出生产力是社会基本矛盾运动中最基本的动力,是人类社会发展与进步的最终决定力量。当代资本主义改良首先是从社会生产领域进行的。资本主义国家在自我调整中清楚地认识到了科学技术在促进生产力中的重要作用,大幅增加了科研经费,支持鼓励科技创新,并以国家名义开发科研项目,加强对科技人才的培养。

2. 社会生产关系的调整

随着资本主义改良的开展,国家垄断资本主义日益成熟完善,国家力量已然成为资本主义社会生产关系中不可或缺的重要部分。同时面对之前资本主义暴露出来的一系列问题,西方资本主义国家建立起完善的社会保障制度,从国家层面干预分配问题,在一定水平上提高了底层人民的生活质量,缓解了失业带来的社会不稳定的压力。另外,致力于通过对教育、医疗卫生和其他公共事业的投入而为更多的人提供教育机会和基本的医疗保证,由此而普遍提高了劳动者的素质。此外,西方资本主义国家在私有制不变的前提下,对财产的所有形式进行了调整,出现了资本的社会化和国际化的趋势。国家资本所有制呈现出股份制、合作制等多种形式,在国家的参与和推动下,资本已逐步国际化。在全球化趋势的推动下,跨国公司快速地发展起来,并已成为资本国际化的重要标志和组织形式。

3. 上层建筑的调整

在上层建筑的调整中,资本主义国家致力于政治的民主化与法律健全化。一方面,公民的权力更为广泛、更为全面，从法律上明确消除歧视问题；另一方面，表明资本主义民主的选举制度、政党制度等基本定型。更进一步的是，西方资本主义国家意识形态派别淡化，文化朝着多元化、自由化方向发展。

（三）资本主义改良的实质

资本主义的改良实际上是资本主义国家在面临经济危机、社会矛盾激化等一系列问题时，在不改变原有的私有制的条件下所进行的一次自我完善改良运动，它并没有动摇资本主义的根本，资本主义的基本矛盾仍旧存在。所以，在这种改良下资本主义本身固有的一些问题如经济危机无法被真正消灭，只能通过改良措施减少其危害。也正是因为这一点，资本主义改良绝不会停止，所以直到现在，资本主义国家仍在不断调整社会生产关系以掩盖资本主义的弊端。但是，马克思主义及其历史发展趋势告诉我们，社会主义以其独有的优越性终会取代资本主义。

三、冰岛金融危机

冰岛一直以其高水平的社会福利和淳朴自然的民风闻名于世，长期居于世界上最幸福的国家排名前十，在2007年更是被称为"全球最适合居住国家"。但是在2008年金融风暴来临时，这个美丽而安详的小岛国却陷入了前所未有的艰难困境中。2008年10月6日，冰岛总理表示，受美国和欧洲银行业危机冲击，冰岛正面临全国性破产的风险。10月24日，IMF宣布将向冰岛提供21亿美元的贷款支持，以助冰岛渡过难关。11月19日，IMF执董会批准了对冰岛的贷款计划，冰岛成为30年来第一个接受IMF救援的西方国家。冰岛金融危机是由多重因素造成的，危机的发生让冰岛付出了巨大代价，冰岛政府开始采取各种措施挽救崩溃的经济，这次事件使冰岛对其原有的金融业发展模式进行了反思，也给世界各国敲响了警钟。

（一）金融危机产生的原因

1. 金融业发展过快，实体经济与虚拟经济严重失衡

冰岛作为一个小岛国，渔业捕捞与加工业一直是其主要产业。但从20世纪90年代开始，冰岛开始信奉自由市场经济，采取了一系列推动市场化的措施，如国有企业私有化、加入欧洲经济区（EEA）、推动贸易自由化、减少税收等，这些举措大大增加了冰岛经济的自由度与灵活性，而随之慢慢展开的银行私有化更是给金融业的发展铺平了道路。开放的经济环境令冰岛经济快速发展，虚拟经济的杠杆效应更是让冰岛尝到了甜头，金融业逐渐取代传统渔业成为冰岛经济的支柱。

2005—2007年，冰岛金融业发展迅猛，银行业向私人部门提供的信贷增长额占GDP比重在全球排名第1位。2006年，金融、地产及与之相关的建筑业上升至经济中的主导地位，在GDP中占比高达37%。与此同时，渔业这一传统主导实体产业却持续萎缩，在GDP中占比从1996年的13.8%下降到6.6%。图1中冰岛股票交易额变化趋势体现出了这一时期冰岛金融业的爆发式发展。在这种金融业高度发达，实体经济薄弱、极度不均衡的产业结构下，面对

来势汹汹的金融风暴,冰岛毫无抵抗之力。

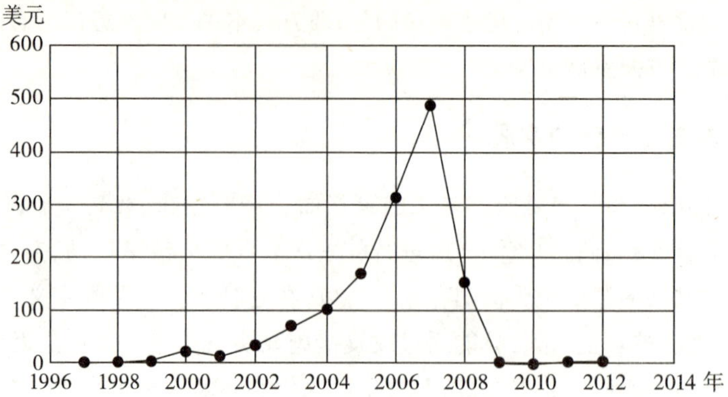

图 1 冰岛股票交易总额

数据来源:世界银行。

2. 信用体系下的高额外债与对外依赖

冰岛政府为了促进金融业发展,打造出了一个高利率、低管制的开放金融环境,利用国际信贷市场,吸引大量海外资金再投入到高收益的金融项目中,依靠资本增值获利,可以说信用体系是冰岛金融赖以发展的基础。马克思主义的信用理论中提到,信用经济隐藏着危机。信用会助长投机行为,当信用被过度使用,就会形成泡沫虚假经济,而一旦泡沫破裂、债务链断裂,就会产生经济危机。过度依赖外资,使冰岛经济丧失了自我调节功能,当美国发生次贷危机时,由于国际资金的连锁性,冰岛的金融业迅速崩溃并蔓延至其他行业。

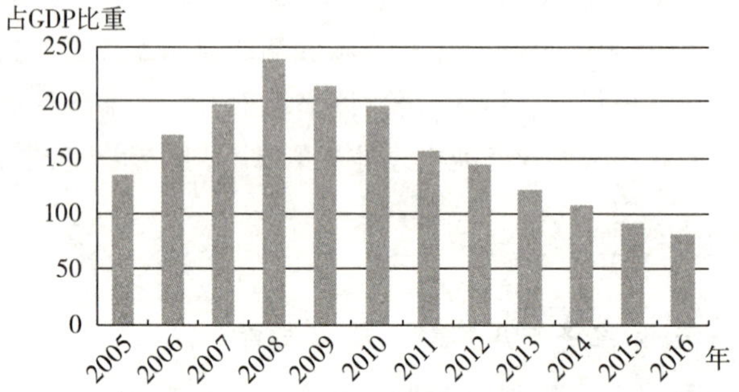

图 2 冰岛政府债务

数据来源:冰岛政府门户网站 www. stjr. is

3. 未加入欧盟,无法获得组织援助

由于冰岛担心欧盟的共同渔业和农业政策会影响本国渔业的发展,一直没有加入欧盟,这就造成了冰岛在面对危机时无法获得欧盟帮助而孤立无援的局面。

(二)危机产生的影响

来势汹汹的金融危机影响到了冰岛社会的各个方面,主要总结为以下几种:

第一,国家债务累累,信用下降。冰岛在国际资金市场上吸引的大量外资是其金融体系运营的资金基础,当全球金融风暴来临时,冰岛资金链断裂,无力偿还在国际资金市场上的欠款,政府债务甚至高达 GDP 的 200% 多,国家信用严重受损。

第二,经济遭受重创。受金融危机的影响,冰岛三大银行纷纷宣布破产。2007 年,冰岛 GDP 排名为世界第 5 位,金融危机导致冰岛 GDP 首次呈负增长趋势。

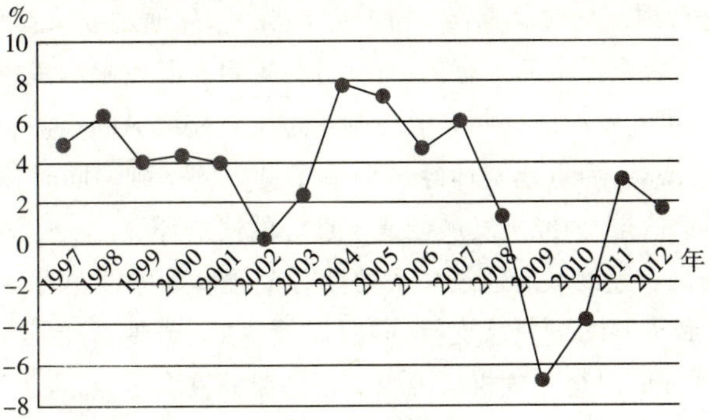

图 3　冰岛 GDP 年增长率

数据来源:世界银行。

第三,社会不稳定因素增加。货币大贬值、通货膨胀和失业率的上升、国民收入大幅度下降等一系列问题,导致社会不稳定因素在一定时期内急剧增加,冰岛全国都处于萧条与凄凉之中。

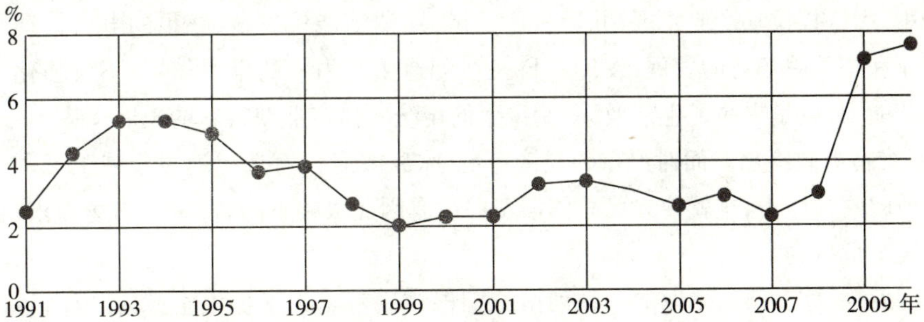

图 4　冰岛总失业率

数据来源:世界银行。

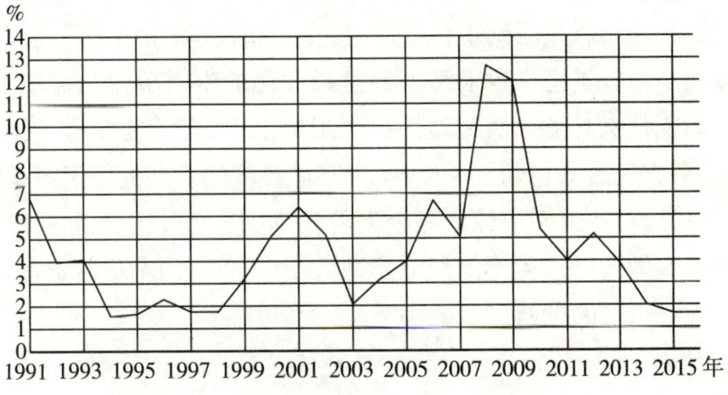

图 5　冰岛按 CPI 计通胀年增率

数据来源:世界银行。

(三)冰岛采取的措施

冰岛政府为了渡过危机,采取了一系列有效措施。

(1)政府开始进行国有化改革,对经济加强管制。冰岛通过立法授权并到货币管理当局接管任何银行,冰岛三大银行全部国有化,对其进行重组。开始限制境内外汇交易,任何资本进入冰岛必须获取认可。政府的管制有效控制了过于宽松放纵的经济,在一定程度上弥补了资本主义市场经济的缺点,为重建实体经济创造了良好的基础。同时,对银行的管理推进了债务重组,提高了国家信誉,为经济发展创造了良好的信贷环境。

(2)寻求外部援助。冰岛政府通过一系列针对金融体系的改革和政策调整,以及积极地寻找外部援助,申请到了 IMF 的贷款支持,同时向俄罗斯、瑞典、丹麦等国家寻求帮助。有效的国际援助缓解了冰岛面对金融危机后国内市场崩溃的巨大压力,也为冰岛政府重建国内经济提供了一定的资金支持。

(3)政府开始重新建设传统工业,同时,利用较强的服务产业优势发展旅游业,调整了产业结构,缓解了就业压力,增加了国内生产总值。产业结构的优化强化了国内生产力并创造了大量就业机会,从根本上疏通了生产环节和消费环节,为冰岛重塑国内经济环境、建设实体经济打下了良好基础。

(4)冰岛政府开始重视科技创新。冰岛地热资源丰富,冰岛政府开始鼓励清洁能源的开发与使用,用科技拉动产业发展,并延长产业链,用清洁能源发电,充足的电力带动了能源密集型产业和相关服务业的发展,发挥了科技在创造生产力中的重要作用,不仅强化了国内产业的生产能力,更是提高了生产效率,使重生的传统实体产业获得新的发展优势。

(5)维持财政支出。面对严重的经济打击,冰岛政府没有选择通过削减工资和社会福利方式来缓解财政压力,这就使人民总体消费并没有因此大幅下降,稳定了市场需求,在很大程度上减轻了危机的危害。

我们发现,冰岛政府采取的一系列措施归根结底就是为了扩大生产力、提高生产效率和稳定国内需求。马克思主义认为社会生产力是决定社会发展的根本性因素,并且强调了科学技术在生产活动中的作用,反复强调科技是重要的生产要素,“生产力中也包括科学”①“生产力是随着科学和技术的不断进步而不断发展的。”②冰岛在对抗经济危机的过程中之所以如此强调科技的创新与使用就是看到了科技对生产巨大的推动作用。马克思指出,资本主义经济危机的根本原因是由资本主义追求私人利益最大化的本质引起的需求不足和生产相对过剩。冰岛政府在面临危机时十分明智地保持了工资水平,有效地保持了国民消费能力,稳定了社会需求,消费需求反过来也刺激了生产,为实体经济的发展提供了需求保障。

经过这次危机,冰岛认识到单纯依靠金融业拉动国家经济是不可取的,就像冰岛的诺贝尔奖得主哈德尔所说的那样,“人世间的喧嚣终将停止,所有的荣华富贵都如过眼烟云。当这一切过去你会发现最重要的东西仍是咸鱼”。

---

① [德]马克思,恩格斯. 马克思恩格斯文集:第 8 卷[M]. 北京:人民出版社,2009.

② [德]马克思. 资本论:第 1 卷[M]. 北京:人民出版社,2004.

四、冰岛的社会保障制度

冰岛作为典型的北欧国家,高福利一直是其一大特点。在冰岛,孩子直至大学的教育费用都是由政府负责的,国民的医疗费用几乎政府全包。贫富差距非常小。除此之外,冰岛人十分长寿,2005 年人均寿命达到 81.15 岁。生活在冰岛被认为是幸福的。2005 年、2006 年、2007 年三年经济增长分别为 7.5%、4% 左右、4% 左右,远高于欧盟国家。2007 年,国内生产总值为 193.7 亿美元,人口约 32 万,人均 6 万多美元,居于世界第 4 位。当年,冰岛被联合国评为"最适宜居住的国家"。冰岛人安逸、幸福的生活离不开冰岛高福利高保障的社会保障制度,冰岛的福利保障体系主要包括以下几个方面:

1. 医疗保险

冰岛的社会医疗保险在很大程度上都是由中央和地方政府负责的,并且覆盖至全部居民。这就意味着冰岛居民可以毫无压力地享受医院免费治疗和低廉的卫生保障服务。

2. 失业金

冰岛的失业金和失业者之前的工资挂钩,和失业者的财产无关,不满 18 岁居民还能领取补助。为了促进就业,冰岛政府部门还设立了培训中心,为失业者免费提供技能培训服务。

3. 养老金

冰岛居民的退休年龄一般是 67~70 岁。养老体系分为三大部分,即社保基金、职业养老金和个人养老金。工薪族和个体经营者被强制缴纳职业养老金,而社保养老金来源于国家税收。

其实,冰岛的社会福利文明不仅体现在社保政策上,更是渗透在社会的各个方面。值得一提的是,冰岛整个社会都格外注重人权平等,普遍具有非常强烈的男女平等的现代意识,女性就业率在 80% 以上,为全球各国在实现女性加入社会生产、争取女性权益方面做出了榜样。其实,恩格斯早就意识到了女性的解放对整个社会生产的重要意义:"妇女的解放,只有妇女可以大量地、社会规模地参加生产,而家务劳动只占她们极少的工夫的时候,才有可能。而这只有依靠现代大工业才能办到,现代大工业不仅容许大量的妇女劳动,而且真正要求这样的劳动……"①女性从家庭的桎梏中走出、进入职场、加入社会化生产,具有解放女性促进性别平等和推动社会生产力的双重意义。

当下冰岛的社会福利制度体系大致有以下特点:

1. 福利体系法治化

福利制度实际上是社会财富的分配制度,涉及税、费的收取和资金的使用,按照法治国家的要求,必须有坚实的法律依据,依法行政。在冰岛,福利制度的所有工作都是根据法律规定进行的,绝大部分社会福利通过立法加以保障,包括预算、经费的安排,人员的雇用、工作的程序和监督等,都是依法进行的。

---

① [德]恩格斯. 家庭、私有制和国家的起源[M]. 北京:人民出版社,2003.

2. 特惠普惠一体化

冰岛普遍注重对弱势群体提供特惠型福利。与纯粹的特惠型福利政策不同,冰岛坚持普惠原则,实施国民待遇一体化,让社会福利制度覆盖全体公民(甚至居民)。

3. 地方作用更大化

在冰岛,福利供给都由政府承担主要责任。过去主要靠中央政府承担责任,但近年来出现了新的变化。由于特惠普惠一体化的社会福利制度需要大量的财政资金支持,为了紧缩福利社会支出,降低中央财政负担,冰岛近年来致力于进一步强化地方政府在福利社会建设中的作用,谋求充分发挥地方政府的积极性,让拥有征税权的地方政府扮演更重要的角色。

4. 市场、社会协同化

近年来,冰岛、瑞典的社会福利制度改革的一个显著特征是,开始强调形成政府、市场与社会的协同合作关系,以更好地保障社会福利的供给。

对于社会福利问题,马克思指出应当建立社会保险与福利基金,为社会弱势群体提供相应的生活保障,还要提供面向全体社会成员的公共福利服务。他在《哥达纲领批判》中提到,社会总产品在分配之前,应进行一定的扣除:"第一,用来补偿消费掉的生产资料的部分。第二,用来扩大生产的追加的部分。第三,用来应付不幸事故、自然灾害等的后备基金或保险基金。"扣除后的部分就是消费资料,但这部分消费资料在进行个人分配之前还应从中扣除:"第一,和生产没有关系的一般管理费用。第二,用来满足共同需要的部分,如学校、保健设施等。第三,为丧失劳动能力的人等设立的基金。"他强调这部分扣除在经济上是必需的,至于扣除多少,应当根据现有的资料和力量来确定。① 冰岛的社会保障体系在满足了全体居民医疗、教育等的共同需要的同时,兼顾了弱势群体的特殊需求,并开始逐渐实现中央、地方与市场协同合作,共同负责,一方面减轻了中央政府的财政压力,另一方面也保证了福利的落实,使社会保障制度更加灵活有效。这种多方面、多家度的福利体系对其他国家尤其是中国具有非常大的借鉴意义。

五、启　示

资本主义与社会主义二者之间虽然存在本质区别,但是资本主义发展中的一些失误与经验能够给社会主义国家的发展带来警示与启发。对于冰岛的金融危机我们要引以为戒,同时也要借鉴冰岛在建设社会保障时的一些有益经验。

第一,金融业的发展要以实体经济所能承受的限度为界,金融杠杆的扩张作用必须得到一定程度的遏制。冰岛金融危机之所以能够产生这么大的影响主要是因为虚拟经济与实体经济失衡,没有及强大的实体经济支撑以致在美国次贷危机袭来时迅速垮塌。近年来,随着经济开放程度的不断提高,中国的金融行业蓬勃发展,大大激发了社会经济潜力。但是冰岛的教训告诉我们,一定要谨防泡沫经济过剩潜在的危机,必须要使实体经济与虚拟经济保持一致。

---

① [德]马克思.哥达纲领批判[M].北京:人民出版社,1997.

第二,重视政府在经济发展中的宏观调控,发挥好政府的经济职能。冰岛能够走出危机,政府发挥了不可忽视的作用。中国是个经济大国,各种经济体的关系错综复杂,没有政府强有力的宏观调控,仅仅依靠市场自身的调节是无法解决社会的各种矛盾的。

第三,健全社会保障制度,提高社会福利水平。冰岛之所以能够被称为世界上最幸福的国家,很大程度上是因为它的高福利水平。目前来说,我国的社会保障还是有很大缺陷的,覆盖面不够全面,农村的福利无法保障。社会福利水平的提高能够大大提升民众的安全感,扩大消费需求,从而促进经济水平的提升。

参考文献

[1][德]马克思. 政治经济学批判:序言[M]. 北京:人民出版社,1971.

[2][德]马克思,恩格斯. 马克思恩格斯文集:第8卷[M]. 北京:人民出版社,2009.

[3][德]马克思. 资本论:第1卷[M]. 北京:人民出版社,2004.

[4][德]恩格斯. 家庭、私有制和国家的起源[M]. 北京:人民出版社,2003.

[5][德]马克思. 哥达纲领批判[M]. 北京:人民出版社,1997.

[6]齐守智. 冰岛:冰火交融的世界[J]. 世界有色金属,2008(8):80-81.

[7]曾青松. 冰岛——国家破产[J]. 经营管理者,2011(12):10-10.

[8]张敏. 冰岛:国家破产?[J]. 世界知识,2008(21):32-33.

[9]赵晖. 冰岛: 国家破产? [J]. 宁波经济, 2008 (12): 48-49.

[10]金兰. 冰岛[J]. 世界知识, 1958(1): 11.

[11]刘小敏, 杨明, 周联合. 冰岛, 瑞典社会福利制度调研报告[J]. 新经济, 2013 (29): 3-5.

[12]王海. 冰岛:"咸鱼" 改变了经济模式[J]. 新理财, 2016 (8): 19-19.

[13]钱婧, 朱新光. 冰岛北极政策研究[J]. 国际论坛, 2015 (3): 58-64.

[14]成卓, 袁润松. 冰岛从欧洲主权债务危机中率先复苏的启示[J]. 中国高新技术企业, 2013 (32): 161-163.

[15]陈明. 冰岛国际债务危机分析[D]. 长春:吉林大学, 2011.

[16]姚大庆. 冰岛危机, 货币脆弱性与东亚货币合作[J]. 世界经济研究, 2009(8): 20-25.

[17]赵宁宁, 欧开飞. 冰岛与北极治理: 战略考量及政策实践[J]. 欧洲研究, 2015, 33(4): 114-125.

[18]沈鑫雨. 刍议当代资本主义改良的实质[J]. 经济研究导刊, 2013 (18): 18-19.

[19]王学东. 当代资本主义改良评析[R]. 纪念北京市国际共运史学会成立20周年论文集, 2000.

[20]忻华. 解读冰岛金融危机: 演进历程, 结构特征与形成机理[J]. 世界经济研究, 2009 (6): 80-86.

[21]马骁茵. 金融危机时期冰岛政府经济职能研究[D]. 长春:吉林大学, 2011.

[22]宋超英, 王宁. 论虚拟经济与实体经济的关系—由冰岛破产与迪拜债务危机引发的思考[J]. 金融经济, 2010, 2010(3B): 12-14.

[23]姜菲菲, 刘牧茜. 中国与冰岛经贸合作: 环境分析及决策建议[J]. 国际经济合作, 2014 (12): 61-65.

[24]敖汀. 北欧国家社会福利制度的税收保证[J]. 山东税务纵横,1998(8):63-64.

[25][冰]斯泰因格里米尔·西格富松. 冰岛金融危机的启示[J]. 经济导刊,2012(6):4.

[26]忻华. 解读冰岛金融危机:演进历程、结构特征与形成机理[J]. 世界经济研究,2009(6):80-86,89.

[27]吴友法. 三十年代经济危机与战后资本主义的发展——兼论资本主义社会的"自我调节"[J]. 史学月刊,1989(2):92-98.

[28]肖爱民. 论德国模式——当代资本主义经济发展模式的新变化、新特点[J]. 湖南城市学院学报,2007(1):10-13.

[29]周敏凯. 改良而非质的变化——当代资本主义生产方式新变化评析[J]. 党政论坛,2000(12):13-15.

[30]刘凤义. 新自由主义、金融危机与资本主义模式的调整——美国模式、日本模式和瑞典模式的比较[J]. 经济

学家,2011(4):86-95.

[31]沈文玮,刘凤义.金融危机与瑞典模式调整[J].教学与研究,2010(7):57-64.

[32]徐崇温.论发达资本主义国家的自我调节[J].求是,2001(10):60-63.

[33]朱国宏.正确认识发达资本主义国家的自我调节、改良和改善[J].复旦学报(社会科学版),2000(6):11-18.

[34]贺长年.金融危机视角下的“德国模式”及其解读[J].商业时代,2011(25):56-57.

[35]臧秀玲,孙晓燕.当代资本主义的自我调节及其内在矛盾[J].理论探讨,2003(2):25-27.

[36]王家强.冰岛金融危机的起因、教训与启示[J].中国货币市场,2008(12):44-48.

技术进步的偏向性对劳动收入份额的影响

闫佳敏

(西北大学经济管理学院)

[摘　要] 当前劳动收入份额的持续下降已引发社会各界的广泛关注,大量文献更多地从产业结构、制度和劳动者谈判力等角度展开分析,相关观点对某一特定经济体的劳动收入份额变化有着较强的解释力,却无法诠释世界范围内劳动收入占比的下降并且忽视了技术进步方向的变化对劳动收入分配的影响。为此,本文在劳动收入份额定义的基础上,构建了一个考虑技术偏向因素的生产模型,重新考察了转型期中国劳动收入份额的影响与决定机制。结果表明,技术偏向性是决定劳动收入份额长期运行水平的关键因素。中国劳动收入份额近年来持续下降的主要原因是占有大量资源的国有企业选择了资本偏向型技术从而降低了经济增长的就业吸纳能力,恶化了劳动收入份额状况。

[关键词] 劳动收入份额;技术偏向;CES 生产函数;要素产出弹性

一、引　言

改革开放近 40 年来,中国经济始终保持着高速增长的态势,取得了举世瞩目的成绩。但是在成绩的背后,中国经济还面临十分严峻的挑战:经济增长的速度放缓、内在需求不足、贫富差距不断拉大等。在这些挑战中,最为严重的应该是贫富差距的不断拉大,这将直接影响社会的稳定和中国未来的经济发展。近年来,在国民收入的初次分配中,劳动收入占国民收入的比重出现了大幅度的持续下降。数据显示,20 世纪 80 年代中期至今,资本收入份额不断上升而劳动收入份额下降,劳动收入份额已从 1986 年的 53.57% 下降到 2004 年的 42.99%,下降了 10.58 个百分点。一方面,劳动收入份额下降会降低消费需求能力,而较高的资本回报率则会引起高的资本投资倾向,形成"低消费—高投资"的扭曲结构,而这样的结构不利于中国经济的长期发展。另一方面,劳动收入份额的不断下降将进一步拉大社会的贫富差距,从而激化社会矛盾,不利于社会的稳定。因此,劳动收入份额下降无论是对社会政治稳定还是对经济持续发展都构成了严峻的威胁。

针对中国劳动收入份额的持续下降,国内外学者从产业结构、劳动者谈判力等视角作出解释。本文尝试从技术进步的偏向性视角来对劳动收入份额的下降作出解释,首先,从技术偏向的角度出发,结合经济学理论构建数理模型框架,从理论上揭示劳动收入份额的决定机制;其次,对中国劳动收入份额在1993—2007年的变化做出初步的统计描述。

二、文献综述

在卡尔多提出要素分配份额为常数是经济增长中一个典型的事实后,许多宏观经济模型都假设经济中的要素分配份额为常数并将其广泛应用,如Cobb-Douglas生产函数、增长模型等。但经验研究的发现使得这一基本稳定的性质逐渐受到了质疑。例如,在20世纪80年代之后,OECD国家的劳动收入份额多在下降(Blanchard,1997;Krueger,1999;Harrison,2005;Glyn,2007);中国的劳动收入份额也经历了显著的下降(白重恩、钱震杰,2009;李稻葵等,2009;罗长远、张军,2009;方文全,2011)。

劳动收入份额持续下降的状况近年来引起了中国经济学界和政府的高度关注,对于引起劳动收入份额持续下降的原因,已是众说纷纭。总结起来,国内文献中给出的原因主要有以下4种:

第一,产业结构的转型与变化。该理论认为,中国正处于工业化转型时期,第一产业的劳动收入份额明显高于第二、第三产业,因而在产业结构调整过程中必然会出现劳动收入份额下降的趋势。其中,白重恩和钱震杰(2009)的研究发现,1995—2003年中国劳动收入份额降低了5.48个百分点,其中产业结构的转型所带来的影响大约为3.36[1]个百分点,占总体效应的61.3%。同时,罗长远和张军(2009)的产业分解研究也得到了类似观点。他们认为,1996—2003年劳动收入占比下降的主要原因是产业间效应,解释力为64%[2]。李稻葵等(2009)则从理论上探讨了经济发展与劳动收入份额之间的关系,认为劳动收入份额的变化存在一种"U"型规律。他们的研究思路是,在产业结构从农业部门向工业部门转移过程中,存在农村劳动力的大量过剩供给,此时工业部门的工资被设定在农业劳动力的边际产出水平上,小于工业部门劳动力的真实贡献;但是随着农村劳动力的不断转移,农业部门的边际生产率将逐渐提高,并最终与工业部门的边际生产率一致。因此,在产业转型的过程中,存在一个转折点,在转折点之前,劳动收入份额会下降,而过了这个转折点之后,劳动收入份额将会逐渐上升,由此形成了劳动收入份额变化的"U"型曲线。

从产业结构的转型与变化的角度来解释劳动收入份额的下降的逻辑是清晰的,但是也有一定的局限性。这一理论可以解释经济从第一产业向第二、第三产业转移过程中劳动收入份额的下降现象,但却无法解释劳动收入份额的上升机制。

第二,资本与劳动力谈判地位的差异导致了利润对工资的侵蚀。该说法认为,企业管理者掌握着分配决定权,他们的收入同利润有着直接的正相关关系,减少工资意味着增加利润,从而增加管理者的收入,这种利益机制是驱动利润侵蚀工资的内在动因。除此之外,目前中国城乡二元经济结构处于转型之中,农村数以亿计的剩余劳动力向城镇转移,城镇每年也有大量新增就业人口,形成激烈的城镇就业竞争,这是工资受利润侵蚀的社会原因。郑志国(2008)通过对1990—2006年中国工业部门人均工资、利润和折旧年增长速度的比较发现,如果按当年价格计算,15年间人均工资增长了7.76倍,利润总额增长了33.84倍,利润和折旧之和增长了24.21倍;其中,人均工资年平均增长14.47%,利润年平均增长24.85%,相差10.38[3]个百分点。关于劳动力的谈判地位,李稻葵等(2009)认为工资水平和工会可在一定程度上代表劳动力的谈判能力;而白重恩和钱震杰(2009)则持有相反的观点,他们认为中国的劳动力不存在谈判能力,没有谈判的地位;罗长远和陈琳(2011)的研究则表明,在企业受信贷约束时劳动力的谈判能力微乎其微。

第三,市场偏离完全竞争的程度。该理论认为,如果市场偏离完全竞争发生扭曲,劳动收入份额也会受到影响。钱晓烨和迟巍(2011)认为国有企业有容纳过多劳动力、维护社会稳定的责任,研究发现这些偏离企业利润最大化的目标会使劳动力收入份额上升。但邵敏和黄玖立(2010)认为国有企业的盈利能力可能较其他企业低,可降低劳动收入份额。资本市场的发育程度也会影响要素的收入份额:罗长远和陈琳(2011)从微观的角度指出,当企业的流动资本出现周转困难时,会降低劳动力的投入和工资水平,从而减轻企业的负担,他们采用了"资产负债比"这个指标来衡量企业融资的容易程度,在考察了容易受到信贷约束的私人企业后,发现"资产负债比"会降低劳动收入份额。此外,还有其他因素可以通过扭曲市场的作用影响劳动的收入份额,方文全(2011)认为,地方政府为创造经济绩效,会更加偏好于资本性质的支出,于是资本在分配中处于更加有利的地位,从而地方分权的程度将促使劳动收入份额下降。

第四,技术进步的资本偏向性。持这种观点的学者认为,技术的进步可以通过两种渠道提高劳动生产率:一是同比例地提高资本和劳动的边际生产率,二是改变资本和劳动的边际替代率,即改变资本和劳动的相对投入比例,从而影响要素生产率和产出水平。前者可以判定为中性技术进步的作用,后者则归结于偏向型技术进步效应。由于劳动收入分配份额并没有与资本报酬变化同向,这表明并非是技术的中性进步所引发,而是技术进步使资本生产效率提高更快,引致资本报酬更高和劳动收入份额下降。

中国的劳动力资源较为丰富,本应优先选择劳动密集型的技术,这样既可以在经济增长的同时带来更多的就业机会,也可以提高收入分配中劳动收入所占的比重。但是,由于片面的 GDP 绩效考核等原因,中国在技术选择方面反而呈现出"资本偏向"的趋势(周其仁,1997;林毅夫等 1999)。同时,蔡昉等(2004)指出,在由政府主导的产业结构调整中,投资的重点领域主要是农林水利、交通通信、环境保护、城乡电网改造、粮食仓库和城市公用事业等就业吸纳能力较弱的资本密集型行业。

然而,关于技术进步的偏向性是否是影响要素收入分配的决定因素,存在争议。白重恩(2008)等利用中国工业年报数据,发现技术进步对工业部门劳动收入份额并无显著影响。相反,陈宇峰(2013)等通过将资本产出弹性设定为资本偏向系数,发现国有企业倾向于使用资本偏向型技术从而影响其吸收就业的能力,是工业部门劳动收入份额下降的关键原因。黄先海和徐圣(2009)将影响劳动收入份额下降的因素分解为资本深化、乘数效应和技术偏向,并通过对 1990—2006 年中国制造业部门数据的分析,论证了资本偏向型技术进步是制造业部门劳动收入份额下降的主要原因。董直庆等(2013)结合我国省际和行业时间序列数据检验结果发现,1979—2010 年我国省际和行业技术进步以年均 2.6% ~13.3%[4] 的速度偏向于资本,在样本期内累计降低劳动收入占比约为 27 个百分点,剔除资本供给对降低资本报酬的影响,技术进步偏向性使劳动收入占比从 1978 年的近 60% 降至 2010 年的 42%。

本文将从技术进步的偏向性出发,结合经济学理论构建数理模型框架,以揭示经济发展过程中决定劳动收入份额变化的因素及其作用机制,并对中国劳动收入份额在 1993—2007 年的变化做出初步的统计描述。

三、数理分析

（一）技术偏向性的定义

本文借鉴 Hicks(1932)和 Acemoglu(2007)的研究思路构建技术进步偏向性指数。首先将生产函数设定为 CES 形式

$$Y_t = [\alpha_l (E_{l,t}L_t)^{\frac{\delta-1}{\delta}} + \alpha_k (E_{k,t}K_t)^{\frac{\delta-1}{\delta}}]^{\frac{\delta}{\delta-1}},\ \alpha_l + \alpha_k = 1,\ 0 < \delta < +\infty \tag{1}$$

其中，Y_t，K_t 和 L_t 分别为总产出、资本和劳动要素投入；α_l 和 α_k 分别为资本和劳动的产出弹性；E_k 和 E_l 分别为资本增进型和劳动增进型参数，也称为资本和劳动增进型技术效率；δ 为劳动与资本的替代弹性（如果替代弹性 $\delta = \infty$，则两种生产要素具有完全的替代性，此生产函数就变成线性生产函数；如果替代弹性 $\delta = 1$，此生产函数就退化成柯布—道格拉斯生产函数；如果 $\delta = 0$，则两种生产要素不可替代，此生产函数就退化为列昂梯夫固定比例生产函数）。

由式(1)可以推导出资本与劳动的边际产出分别为

$$F_k = \frac{\partial Y_t}{\partial K_t} = \alpha_k E_{k,t}^{\frac{\delta-1}{\delta}} \left(\frac{Y_t}{K_t}\right)^{\frac{1}{\delta}} \tag{2}$$

$$F_l = \frac{\partial Y_t}{\partial L_t} = \alpha_l E_{l,t}^{\frac{\delta-1}{\delta}} \left(\frac{Y_t}{L_t}\right)^{\frac{1}{\delta}} \tag{3}$$

则由式(2)和式(3)可知，资本与劳动的边际产出之比为

$$\frac{F_k}{F_l} = \frac{\alpha_k}{\alpha_l} \left(\frac{K_t}{L_t}\right)^{-\frac{1}{\delta}} \left(\frac{E_{k,t}}{E_{l,t}}\right)^{\frac{\delta-1}{\delta}} \tag{4}$$

根据 Hicks(1932)关于“技术偏向”的判断标准，在资本—劳动比（K/L）保持不变的情况下，如果技术变动导致资本—劳动的边际产出比（F_k/F_l）保持不变（从而要素收入比 F_kK/F_lL 保持不变），那么技术变动是中性的；如果资本—劳动的边际产出比增大，那么技术变动是资本偏向型的；反之，则是劳动偏向型的。

在生产函数式(1)中，技术变动主要体现为两组参数：资本和劳动增进型参数 E_k，E_l；资本和劳动产出弹性参数 α_k，α_l。要素的产出弹性与技术的要素偏向性正相关，如式(4)所示，如果资本产出弹性 α_k 增大，将会导致资本—劳动边际产出比（F_k/F_l）增大，此时的技术变动是资本偏向型的。反之，如果劳动的产出弹性 α_l 增大，那么技术变动是劳动偏向型的。要素增进系数对技术偏向的影响和替代弹性 δ 有关：当资本增进系数相对于劳动增进系数变大时（E_k/E_t），如果替代弹性大于1，技术进步是资本偏向型的；如果替代弹性小于1，技术进步是劳动偏向型的；而当替代弹性等于1时，技术进步是中性的。显然，相对于要素产出弹性而言，要素增进系数对技术偏向的影响是不明确的；同时，许多研究也表明现实经济的要素替代弹性接近于1（白重恩等，2008），由此可以看出要素增进系数对技术偏向的影响力是比较弱的。因此，在本文中我们集中关注要素产出弹性对技术偏向的影响。为了简化表述，我们将资本产出弹性 α_k 称为技术偏向系数：α_k 增大，则技术变动是资本偏向型的；反之，技术变动是劳动偏向型的。

(二)资本、劳动的收入份额与技术偏向性

我们假设企业生产经营的目标是利润最大化。由微观经济学的厂商理论,企业利润最大化的一阶条件为要素的报酬率与要素的边际产出相等。在这个理论中,排除了政府的存在。虽然不考虑政府的存在会简化分析,但是由于任何国家都不是无政府的,企业的产出不可能只在资本和劳动二者之间分配,所以不考虑政府的存在或许在理论分析中可行,可是在具体的分析中将会引起较大的偏差。因此,为了实际分析的需要,必须推导出政府税收存在条件下的企业利润最大化的一阶条件。资本的租金率为 r_t ,折旧率为 θ_t ,劳动的工资率为 w_t ,生产过程中政府所征收的生产税税率为 τ_t ,则企业的利润 π_t 可以用以下式子表达

$$\pi_t = Y_t - r_t K_t - \theta_t K_t - w_t L_t - \tau_t Y_t \tag{5}$$

将利润函数式(5)对资本 K_t 和劳动力 L_t 分别求导,可得到企业利润最大化的一阶条件为

$$\frac{\partial \pi_t}{\partial K_t} = (1 - \tau_t) F_K - (r_t + \theta_t) = 0 \tag{6}$$

$$\frac{\partial \pi_t}{\partial L_t} = (1 - \tau_t) F_L - w_t = 0 \tag{7}$$

将资本的边际产出式(2)代入式(6),同时,将劳动的边际产出式(3)代入式(7),于是可以得到资本报酬率和劳动报酬率的表达式分别为

$$r_t + \theta_t = \alpha_k (1 - \tau_t) E_{k,t}^{\frac{\delta-1}{\delta}} \left(\frac{Y_t}{K_t}\right)^{\frac{1}{\delta}} \tag{8}$$

$$w_t = \alpha_l (1 - \tau_t) E_{l,t}^{\frac{\delta-1}{\delta}} \left(\frac{Y_t}{L_t}\right)^{\frac{1}{\delta}} \tag{9}$$

由式(8)和式(9),容易推导出在社会总产品中的资本收入份额和劳动的收入份额分别为

$$sk_t = \frac{(r_t + \theta_t) K_t}{Y_t} = \alpha_k (1 - \tau_t) E_{k,t}^{\frac{\delta-1}{\delta}} \left(\frac{Y_t}{K_t}\right)^{\frac{1-\delta}{\delta}} \tag{10}$$

$$sl_t = \frac{w_t L_t}{Y_t} = \alpha_l (1 - \tau_t) E_{l,t}^{\frac{\delta-1}{\delta}} \left(\frac{Y_t}{L_t}\right)^{\frac{1-\delta}{\delta}} \tag{11}$$

由式(10)和式(11)可以看出,资本收入份额的变化取决于产出资本比即资本产出率的变化和资本增进型技术进步的速率,而劳动收入份额的变化则取决于劳动生产率的变化和劳动增进型技术进步的速率,并且二者都随着政府生产税税率的上升而下降。

为了消除政府生产税税率变化的影响,专注考察两种生产要素收入相对份额的变化,用式(11)除以式(10)可得劳动与资本收入相对份额为

$$\frac{sl_t}{sk_t} = \frac{(r_t + \theta_t) K_t}{w_t L_t} = \frac{\alpha_1}{\alpha_k} \left(\frac{K_t / L_t}{E_{k,t} / E_{L,t}}\right)^{\frac{1-\delta}{\delta}} \tag{12}$$

结合式(12)以及上面的讨论,我们可得出的假说为:技术偏向型是决定要素收入份额的关键因素。

四、统计描述

(一)对劳动收入份额的描述

在中国的收入法国民经济核算体系中,GDP 被分解为劳动者报酬、营业盈余、固定资产折旧和生产税净额 4 个部分。一般把劳动者报酬视为对劳动的回报,而把营业盈余与固定资产折旧之和视为对资本的回报。因而可将"劳动者报酬占 GDP 份额"称为"劳动收入份额",即有:

$$\frac{\text{劳动者报酬}}{\text{劳动者报酬} + \text{营业余额} + \text{固定资产折旧} + \text{生产税净额}} = \text{劳动收入份额} \qquad (13)$$

但在理论分析中,一般认为生产税净额只是政府对国民收入的一种分享,并不涉及 GDP 的创造。因此,可以把生产税净额从 GDP 中消去,用式(15)来定义劳动收入份额:

$$\frac{\text{劳动者报酬}}{\text{劳动者报酬} + \text{营业余额} + \text{固定资产折旧}} = \text{劳动收入份额} \qquad (14)$$

为了便于区分,我们将式(13)称为"GDP 法劳动收入份额",将式(14)称为"要素法劳动收入份额",并在不致引起混淆的情况下简称为"劳动收入份额"。

如图 1 和图 2 所示,中国劳动收入份额从 20 世纪 90 年代中期开始出现大幅下降。具体而言,"GDP 法劳动收入份额"从 1995 年开始下降,从 1995 年的 51.4% 下降到 2007 年的 39.7%,下降了约 11.7 个百分点,下降幅度达22.8%;而"要素法劳动收入份额"从 1998 年开始下降,从 1998 年的 59.3% 下降到 2007 年的 46.6%,下降了 12.7 个百分点,下降幅度达21.4%。

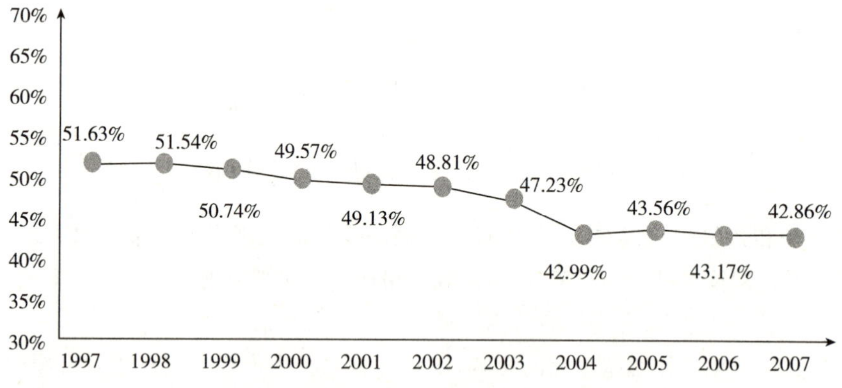

图 1 1993—2007 年中国劳动收入份额(GDP 法)

数据来源:1993—2004 年来自《中国国内生产总值核算历史料:1952—2004》,2005—2007 年来自《中国统计年鉴》。

同时,从图 1 和图 2 中也可看出,中国劳动收入份额在 2004 年突然下滑,这主要是由于 2004 年统计口径变动造成的。2004 年的统计口径变动主要包括以下两个方面:将个体经营户的收入由劳动者报酬改为营业盈余;将国有和集体农场的营业盈余改为劳动者报酬(国家统计局国民经济核算司,2007、2008)。相对于 2004 年之前的统计口径,前一种调整减少了劳

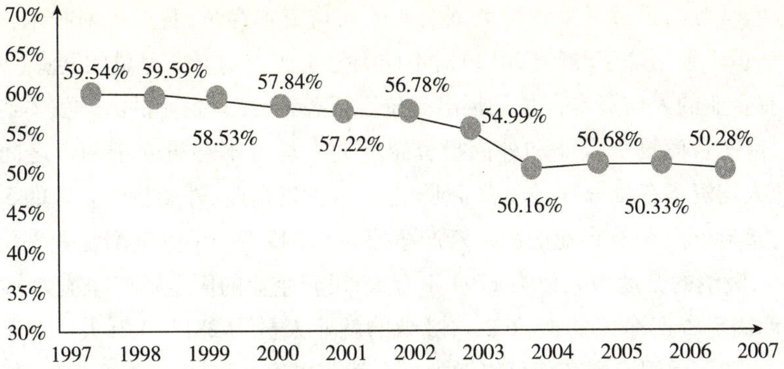

图2 1993—2007 年中国劳动收入份额(要素法)

数据来源:1993—2004 年来自《中国国内生产总值核算历史资料:1952—2004》,2005—2007 年来自《中国统计年鉴》。

动收入份额,而后一种调整增加了劳动收入份额。根据白重恩和钱震杰(2009)对这一统计口径变动的影响所做的估计,他们推测个体经营户核算方法的调整使 2004 年(要素法)的劳动收入份额减少了 7.1 个百分点,国有和集体农场核算方法的调整使劳动收入份额增加了 0.8 个百分点,即统计口径的变动使得劳动收入份额降低了 6.3 个百分点。进一步地,白重恩和钱震杰(2009)将劳动收入份额下降分解为两部分:一是结构影响,即当各部门劳动收入份额保持不变时,产业结构变化对总体劳动收入份额的影响;二是产业影响,即当产业结构保持不变时,各部门自身劳动收入份额变化对总体劳动收入份额的影响。结果表明,1995—2003 年中国的要素法劳动收入份额共下降了 5.48 个百分点,其中,结构影响为 3.36 个百分点(比重为 61.3%),产业影响为 2.12 个百分点(比重 38.7%)。

此外,根据现有的研究,中国劳动收入份额在 1995 年之后开始了长时间的下降(白重恩、钱震杰,2009;李稻葵等,2009;罗长远、张军,2009;方文全,2011)。张车伟和张士斌(2010)在调整了农民和城镇个体户的营业性收入后认为,劳动收入份额依然处于较低的水平,并且未改变下降的趋势。

关于劳动收入份额在地区之间的差异,罗长远和张军(2009)、钱晓烨和迟巍(2011)等发现,相对于经济发展较为发达的省份,经济发展较为落后省份的劳动收入份额较高,李稻葵等(2009)提出的劳动收入份额随经济水平而呈现出“U”型规律。但钱晓烨和迟巍(2011)的研究发现北京的劳动收入份额在 2003 年由下降转为上升,但在 2005 年后又出现下降,这表明“U”型变化似乎不稳定。除此之外,罗长远和张军(2009)的研究表明,“U”型规律的转折点为人均 GDP 4416 美元,远远低于李稻葵等(2009)的计算结果。

另外,有的研究表明,基于微观数据的研究通常会得到更加低水平的劳动收入份额。白重恩等(2008)采用大量的工业企业数据研究显示,工业部门的劳动收入份额普遍低于国民收入中的劳动力份额。常进雄和王丹枫(2011)认为,上市公司(不含金融公司)的工资份额在 1998—2009 年的平均值仅为 28.7%[5]。

(二)对工业部门人均资本存量的描述

由式(13)所示,采用资本偏向型技术的企业具有较强的资本使用偏好,从而具有较高的人均资本存量。因此,通过考察各种类型企业的人均资本存量,我们可对技术偏向性有一个更为深入的认识。根据陈宇峰等(2013)对不同类型企业人均资本存量的测算(见图3),我们可以看出国有企业的人均资本存量呈现出高位运行态势,民营企业的人均资本存量则运行在较低水平上,港澳台商投资企业和外商投资企业的人均资本存量介于两者之间。其中2008年,国有企业人均资本存量分别是民营企业、港澳台投资企业、外商投资企业的5.2倍、4.2倍和2.4倍[6]。2008年,国有企业的固定资产净值为62545亿元(占全部工业部门固定资产净值的50.1%),吸纳的劳动力人数为1794.1万人;民营企业的固定资产净值为19272亿元(占全部工业部门固定资产净值的15.6%),吸纳的就业人员为2871.9万人。对于民营企业来说,平均增加6.7万元固定资产就可以增加一个就业岗位;而对于国有企业来说,需要增加35万元的固定资产才能增加一个就业机会。

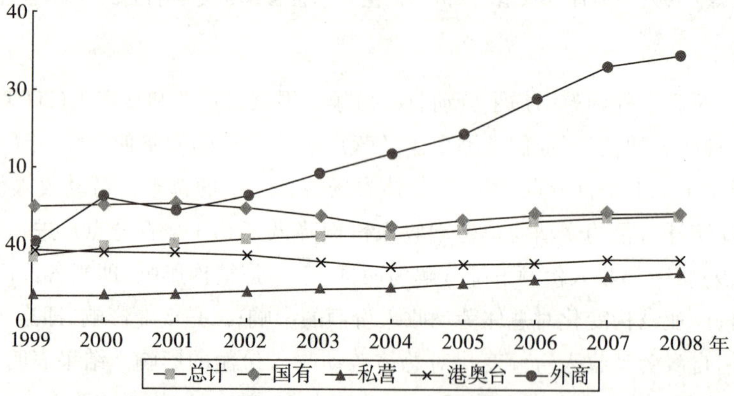

图3 1999—2008年工业部门的人均资本存量

参考资料:陈宇峰,等.技术偏向与中国劳动收入份额的再考察[J].经济研究,2013(6).

进一步地,如果我们将国有企业的固定资产拿出20%(12500亿元)转移到民营企业,国有企业只减少359万个就业机会,而民营企业则可增加1864万个就业机会,总体可增加1505万个就业机会,几乎相当于国有企业的全部就业人数。由此可以看出,占有大量资源的国有企业选择资本偏向型技术,大大抑制了国内就业机会的增加,是导致中国劳动收入份额近年来持续下降的关键因素。

五、结论及政策建议

本文从技术进步的偏向性出发,结合经济学理论构建数理模型框架,认为技术进步的偏向性是决定劳动收入份额的主要因素。由此,若要有效地抑制劳动收入份额的下降,应当关注技术进步方向的作用。

基于上述研究,我们提出如下政策建议:①积极引导企业承接劳动偏向型技术,提升劳动收入份额;②通过提高劳动者素质和劳动生产率的方式抑制劳动收入份额旳下降;③加速要素市场(资金市场和劳动力市场)改革,积极促进民营企业和第三产业的发展,扭转总体技术过度资本化的偏向,有效提升劳动收入份额;同时,充分利用民营企业和第三产业的强大就业吸纳能力,减轻中国目前严峻的就业压力。

参考文献

[1]白重恩,钱震杰.国民收入的要素分配:统计数据背后的故事[J].经济研究,2009(3).

[2]罗长远,张军.经济发展中的劳动收入占比:基于中国产业数据的实证研究[J].中国社会科学,2009(4).

[3]郑志国.中国企业利润侵蚀工资问题研究[J].中国工业经济,2008(1).

[4]董直庆,戴杰,陈锐.技术进步方向及其劳动收入分配效应检验[J].上海财经大学学报,2013(5).

[5]常进雄,王丹枫.初次分配中的劳动份额:变化趋势与要素贡献[J].统计研究,2011(5).

[6]陈宇峰,贵斌威,陈启清.技术偏向与中国劳动收入份额的再考察[J].经济研究,2013(6).

[7]李稻葵,刘霖林,王红领.GDP中劳动份额演变的"U"型规律[J].经济研究,2009(1).

[8]周其仁.机会与能力———中国农村劳动力的就业和流动[J].管理世界,1997(5).

[9]蔡昉,都阳,高文书.就业弹性,自然失业率和宏观经济政策[J].经济研究,2004(9).

[10]白重恩,钱震杰,武康平.中国工业部门要素分配份额决定因素研究[J].经济研究,2008(8).

[11]黄先海,徐圣.中国劳动收入下降的成因分析———基于劳动节约型技术进步的视角[J].经济研究,2009(7).

[12]伍山林.劳动收入份额决定机制:一个微观模型[J].经济研究,2011(9).

[13]罗长远,陈琳.融资约束会导致劳动收入份额下降吗?——基于世界银行提供的中国企业数据的实证研究[J].金融研究,2012(3).

[14]钱晓烨,迟巍.国民收入初次分配中劳动收入份额的地区差异[J].经济学动态,2011(5).

[15]邵敏,黄玖立.外资与我国劳动收入份额[J].经济学(季刊),2010(4).

[16]方文全.中国劳动收入份额决定因素的实证研究:结构调整抑或财政效应?[J].金融研究,2011(2).

[17]张车伟,张士斌.中国初次收入分配格局的变动与问题[J].中国人口科学,2010(5).

[18]姚毓春,袁礼,王林辉.中国工业部门要素收入分配格局—基于技术进步偏向性视角的分析[J].中国工业经济,2014(8).

[19]王晓霞,白重恩.劳动收入份额格局及其影响因素研究进展[J].经济学动态,2014(3).

[20]王林辉,赵景,李金城.劳动收入份额"U形"演变规律的新解释:要素禀赋结构与技术进步方向的视角[J].财经研究,2015(10).

[21]王林辉,赵景.技术进步偏向性及其收入分配效应:来自地区面板数据的分位数回归[J].求是学刊,2015(4).

[22]雷钦礼.技术进步偏向、资本效率与劳动收入份额变化[J].经济与管理研究,2012(12).

[23]郭庆旺,吕冰洋.论要素收入分配对居民收入分配的影响[J].中国社会科学,2012(12).

家庭特征、区域性差异与信息消费

——基于分层线性模型的研究

李和煦

（西北大学经济管理学院）

［摘　要］本文基于2014年的CFPS数据和地区宏观数据，利用分层线性模型，详细讨论了家庭特征和区域差异影响信息消费的途径与机制，分析结果显示，在家庭信息消费支出的整体差异中，有8.0%的差异是由区域差异性造成的，教育程度、城市户口和人均收入对信息消费都有显著的正向影响效应，家庭规模对信息消费的影响效应为负。区域特征不仅可以直接影响信息消费水平，还可以通过跨层级的交互效应来影响居民的信息消费倾向，故在不同地区具有相同特征的家庭，信息消费水平并不相同。根据此结果，本文最后为提升信息消费水平、扩大有效需求提供了相应的政策建议。

［关键词］家庭特征；区域差异；信息消费；分层线性模型

一、问题的提出

我国进入经济新常态后，投资增速回落，经济低迷，消费拉动增长显得尤为重要。在中国经济转型的背景下，最终消费支出对GDP的拉动作用逐步提升（见图1），2014年，消费对GDP的拉动作用超过投资对GDP的拉动作用，并呈上升趋势，截至2015年年底，净出口对GDP增长仍为负拉动，投资对经济增长的拉动率约在2.9%，最终消费支出对GDP的拉动率约为4.1%。近年来，虽然我国最终消费率在不断上升，然而居民消费率却持续走低，2015年年底，只有37%左右，远远低于世界平均60%以上的水平（见图2）。伴随着中国整体宏观经济增速的下行，未来中国宏观经济的低增速将成为常态走势，预计中国整体消费市场规模的低增速成长亦将成为新常态①。根据Ramsey（1928）－Cass（1965）－Koopsmans（1965）模型，经济要沿着均衡增长路径运行的必要条件之一就是投资不能过高、消费不能过低，否则经济将最终发散至一个资本存量无穷大的非理性点。因此，要实现我国经济的稳定增长，就必须扩大最终消费支出，尤其是扩大居民消费支出。

2016年《社会蓝皮书》指出，新常态下，居民的消费特征从模仿型、排浪式转为个性化、多样化，新的消费活力不断释放，信息消费、网购消费、旅游休闲消费等正在成为新的消费热点。

---

① 来源于2017年《中国产业信息网》的报道。

据测算,2016年中国信息消费规模达3.9万亿元,同比增长22%,对GDP增长直接贡献0.26个百分点,并有望在2020年达到6万亿元的规模。同时,信息产业已经全面渗透至中国社会生活的各个领域,2015年,新型移动应用在金融、交通出行、生活服务、健康医疗等领域新型移动应用的渗透率分别达到60%、27.7%、33.3%、10.1%[1]等。有关数据表明,进入21世纪,全球范围内,信息消费每增加100亿元,能带动国民经济增长300多亿元。但是,美国、日本的人均信息消费支出分别为3400美元和2400美元,而我国只有631美元。另外,我国信息消费层次偏低,不少消费者重物质消费,轻精神消费;重享受型消费,轻发展型消费。所以,在经济转型时期,巩固扩大传统消费、积极培育信息消费、提升信息消费空间,对于稳定经济增长、促进消费结构升级有着重要的意义。

如何挖掘信息消费潜力、提升信息消费层次、扩大有效消费需求、实现社会经济的可持续增长是急需研究的理论和现实问题。信息消费的命题在20世纪90年代中期被提出,随着时代的发展、科学技术的进步,信息产业迅猛发展,信息消费受到普遍关注。通过对现有文献的梳理发现,国外学者对于信息研究的起步较早,在信息消费差异性研究方面,Pippa Norrish(2000)针对数字鸿沟问题,探讨了在信息消费年代这个时间段发生的深层次原因和影响,同时对其带来的不良后果进行了相关分析。Tracy Kennet,Barry Wellman,Kristine Klement(2003)也通过具体分析得出了信息消费方面的确存在性别方面的差异。Eszter Hargittai(2003)认为信息消费在各个阶层具有不同的特点,出现了一定的分化,这也是贫富差距出现的原因之一。Lorin Hitt,Prasanna Tambe(2007)采用面板数据分析方法分析了信息消费的内容以及一系列在数量方面存在的变化,得出了各种用户在网络消费方面存在的一系列差异。Josephine(2000)的研究表明,信息服务质量、信息质量和语言限制都会限制农民的信息服务消费,并提出应对农村相关专业人员进行外联工作,以实现信息获取的平等和改变信息寻求行为。Peter O Siyao(2012)发现,接受教育程度、拥有电子通信设备与否等都会影响到农民对农业信息服务的接受以及对相关信息的使用。Utkarsh(2017)运用结构方程模型,考察了在信息搜寻行为中个体差异对服务体验的影响,发现追求品牌的消费者在决策前更加倾向于搜寻丰富的信息。

国内文献在2013年之前,基本上是对信息消费理论层面的研究,而在2013年之后,因为信息产业的快速发展以及《国务院关于促进信息消费扩大内需的若干意见》的出台,引发了信息消费的关注高潮并且集中在对信息消费的实证研究层面。在信息消费理论研究方面,郑英隆(1994)最早提出了信息消费的概念,沙勇忠(2001)考察了信息环境对信息消费的影响,马哲明(2007)提出了信息消费外部性理论,朱红(2006)研究了信息消费主体、信息消费客体、信息消费保障因素三方面活动的水平测度方法。何炼成(2007)从可持续的角度提出了信息消费有利于可持续消费的发展,并对信息消费领域存在的问题进行了探讨。在实证研究方面,主要分为两大方向:一类是对信息消费与经济增长进行研究,另一类是对信息消费的差异及影响因素进行研究。在信息消费与经济增长研究方面,杨春立(2014)通过构建信息消费率和信息消费贡献率,研究了2010年以来我国信息消费对经济增长的影响,提出信息消费是拉动内需增长的重大领域。钟玲玲(2016)在分析信息消费促进经济增长途径的基础上,基于2002—2015年我国信息消费水平的样本数据,建立回归模型,得出信息消费水平的增长对GDP增长的作用强度和信息消费与信息产业发展的内生增长关系。在信息消费的区域差异方面，丁志帆（2014）构建了量化信息消费增速变动的福利效应模型，从总体和结构视角就信息消费增速变动对中国城镇居民的福利影响展开数值模拟分析，研究发现，信息消费增速变动的社会福利效应相当大并且信息消费增速变动的福利效应具有明显的群体差异性。郑丽、唐守廉（2015）使用省际面板数据建立了静态和动态面板模型，对区域居民信息消费与区域经济增长之间的关系进行了研究。结果表明，我国居民信息消费水平与经济增长之间的关系存在明显的区域差异。张红历（2016）基于2000—2012年中国31个省域城镇居民的信息消费数据，采用空间统计分析和空间计量模型，对中国省域城镇居民信息消费差异进行了实证分析。结果表明，中国城镇居民信息消费稳步增长且我国信息消费具有显著的空间集聚性和异质性。张肃（2017）运用面板协整理论，对2002—2013年中国城乡居民信息消费的差异性展开讨论，得出城乡居民在边际消费倾向、棘轮效应两方面存在差异，并且东部地区的城乡居民差异不大，中、西部地区城乡居民差异显著。在信息消费影响因素方面，张慧芳（2016）运用2003—2012年的省级面板数据，实证研究了城镇居民收入与信息消费结构演变的关系，结果表明，城镇居民收入增长对信息消费结构演变的影响显著且具有明显的区域差异性。岳琴（2016）以“一带一路”枢纽省市为研究对象，从居民可支配收入、信息设备拥有量、居民文化教育水平等方面具体分析各省市的信息消费变化情况，通过构建“一带一路”枢纽省市信息消费水平的影响因素模型，探讨了导致信息消费水平差异的影响因素。

综合上述研究文献，目前，在信息消费的实证研究方面，对信息消费与经济增长和信息消费区域差异的研究较多，但对信息消费的影响因素研究较少，并且大部分学者都是分别对影响消费的宏观因素（张肃，2017；张慧芳，2016）或者微观因素（岳琴，2016）进行实证研究，主要采用传统的回归分析方法。如果只对微观个体层次的变量进行回归分析，由于居民个体嵌套于不同地区，而不同地区的居民个体层次的变量又受到地区特征变量的影响，很难保证回归的独立性；如果只对地区特征变量进行回归分析，又会丢失微观个体的大量信息，甚至产生方差非齐性。因此，本文综合考虑外部经济环境、政策环境及家庭特征，结合宏观与微观层面的影响因素，运用分层线性模型，深入分析家庭特征和区域性差异对信息消费的影响，为扩大信息消费、促进经济中高速增长提供有价值的政策建议。

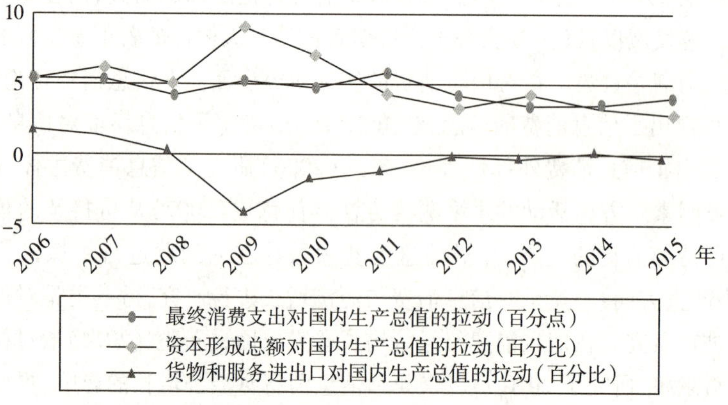

图1 三大需求对国内生产总值的拉动率

数据来源：2006—2015年《中国统计年鉴》。

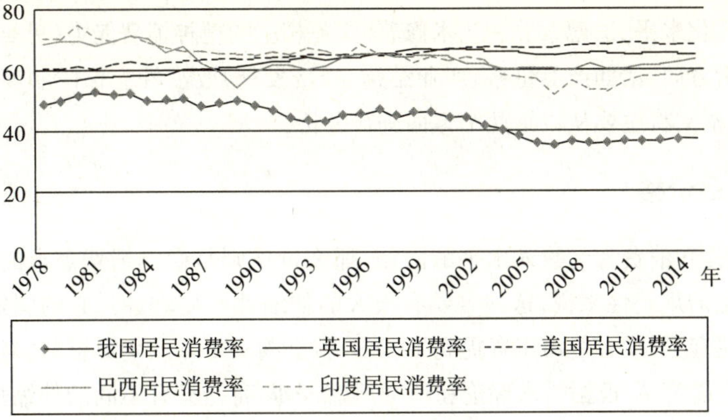

图 2　各国居民消费率

数据来源:1978—2015 年《世界银行数据库》。

二、理论分析与研究假说

国内外有很多学者都从不同的方面研究了影响消费水平的因素,可以归纳为两类,即微观层面的因素和宏观层面的因素。微观因素决定了消费需求的物质基础,宏观因素则对消费者行为产生复杂的综合性影响。微观层面,影响家庭消费的因素主要包括收入水平、教育程度、家庭规模、城乡位置等。

(一)收入水平

收入是影响消费的最主要因素。凯恩斯最早提出了消费函数的概念,提出了绝对收入假说,他认为总消费是总收入的函数,总消费量主要取决于总收入量,而消费倾向是一个相当稳定的函数,在通常情况下,它的变化是次要的(Keynes,1936)。弗里德曼提出了持久收入假说,把收入分为持久性收入和暂时性收入,认为只有持久性收入才能影响人们的消费(Friedman,1956)。马克思认为收入水平和消费水平正相关,它不仅决定着消费者的购买能力,还影响到消费者的消费预期,这直接影响了现期消费的增长。

(二)家庭规模

人口数量对消费需求的总量影响极其明显,在其他条件不变的情况下,人口越多,人均国民收入越少,居民收入也相对减少,消费需求也就越低。从单个家庭来看也是如此,家庭的规模取决于家庭人口数量,影响家庭负担系数。在家庭就业人口一定的情况下,家庭人口老龄化及小孩出生率高,则家庭负担系数大,每一家庭成员的需求较低(尹世杰,2003)。

(三)教育状况

信息消费具有共享性、参与性、增值性的特点,所以信息商品是智能化的商品,对其消费者要有一定的脑力劳动与之对接契合,因而信息消费对消费者的素质要求较高。信息商品的精神文化本质，使得信息消费不仅要有一定的购买能力，还要有消费它的能力，即要求消费者有一定的科学文化水平、道德素养和艺术修养，具备相应的精神消费能力（尹世杰，2003）。

在宏观因素方面，诸如产品价格、产业结构、经济发展状况、社会保障制度等都会对消费行为产生影响，本文将主要从以下几个方面进行分析：

（一）消费品价格

在一定时间内，消费者受收入水平的限制，那么价格则是影响消费需求的重要因素。马克思指出："从量的规定性来说，这种需要有很大的伸缩性和变动性。它的固定是一种假象。如果生活资料便宜了，或者货币工资提高了，工人就会购买更多的生活资料，对这些商品就会产生更大的社会需要。"根据需求理论和消费理论，不同商品具有不同的伸缩性和变动性，即需求弹性。在其他条件不变的情况下，价格降低，需求增加；同时，需求变化幅度受商品需求弹性的影响，必需品需求弹性小，变化幅度也相对较小，奢侈品需求弹性大，变化幅度也相对较大（赵萍，2011）。

（二）产业结构

已有的生产结构决定消费结构。马克思指出："生产媒介消费，它创造出消费的材料。没有生产，消费就没有对象。"生产的内容决定了消费的内容，已经形成的产业结构在很大程度上决定了消费结构。国内学者从产业结构视角出发分析消费需求发现，产业结构失衡是当前我国消费需求不足的根源，要扩大消费需求必须对产业结构进行调整和优化，实现产业结构与消费结构的协调（潘文轩，2009）。

（三）国民生产总值

国民生产总值是按市场价格计算的一国所有常住单位在报告期内原始收入初次分配的结果。国民生产总值总规模越大，在支出分配比例不变的条件下，总消费就会越大；若人口一定，人均消费水平则越高（姜彩芬，2009）。

（四）社会保障

社会保障作为一项社会制度，对居民消费的影响机制主要包括政策导向机制和收入机制。制度本身的特点与消费者个人对制度的适应性等主观因素会通过对人们的心理感知的影响而引起消费行为的改变。从行为经济学的角度，制度本身会影响消费者的满意度、信任感，并最终影响人们的幸福感。这种主观的感受会对消费者的偏好、习惯产生影响。具体而言，如果社会制度存在缺陷而难以让消费者产生幸福感，他们就会因从消费当中获得满足感降低而减少消费。同时，消费行为的另一影响因素即为不确定性，社会保障制度本身作为抵御风险的工具，其制度的完善性会降低不确定性的影响，促进消费。

社会保障通过收入对居民产生的影响是一种支付效应。其中，菲尔德斯坦的社会保障模型将社会保障收入影响机制分为资产替代效应和引致退休效应。消费者在以退休前后作为划分标准的两个阶段，进行效用最大化的消费储蓄决策。社会保障收入作为资产形式对储蓄进行代替，同时，与未参与社会保障制度的人相比，参与社会保障制度的人通过工作期的费用缴纳,最后在退休期间得到了收入。这部分退休收入可能诱使职工将退休期延长,提前退休。在这种情况下,理性经济人会选择增加工作期间的储蓄,引起消费的减少,最终使得二者净效应不确定。而社会保障收入的不确定性预防作用,则是指无法预测的因素会造成消费者的储蓄动机增强,其主要的不确定性风险来自健康与工作。社会保障则会为这种风险提供收入保障作用,促进居民的消费(Feldstein,1974)。

基于以上分析,可以发现,微观因素和宏观因素可以通过影响消费者的信息消费需求和信息消费行为进而影响信息消费水平(见图3),因此,本文将从家庭特征的微观角度和区域差异的宏观角度出发,考察影响信息消费的因素和路径,并提出以下假说:

假说一:在其他条件不变的情况下,信息消费需求与价格负相关,价格下降可以刺激消费需求。

假说二:教育水平对信息消费有正向的促进效应,在其他条件不变的情况下,教育水平越高,信息消费能力越强。

假说三:地区第三产业的发展可以促进信息消费需求的增加,同等条件下,消费者所在地区的第三产业占比越高,其信息消费支出越高。

假说四:社会保障制度的完善可以间接提升居民的消费水平。

假说五:地区人均生产总值越大,信息消费水平越高。

假说六:家庭城乡位置差异对信息消费有明显的影响。

假说七:家庭人均收入越高,信息消费水平越高。

假说八:家庭规模的增大会降低信息消费水平。

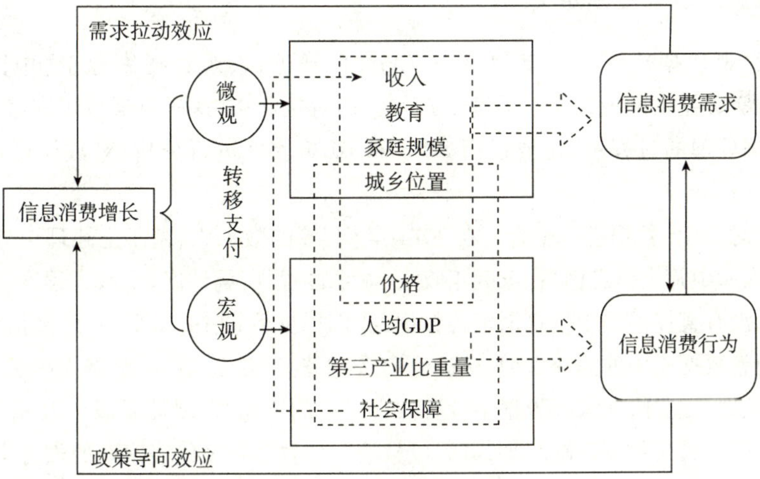

图3　信息消费增长机制

三、计量方法与数据选取

(一)计量方法

在一般的社会科学的横断面研究中,很难做到完全简单随机抽样,往往会出现集群抽样或者嵌套设计。在家庭抽样调查中,家庭往往属于不同的地区,这样所获得的数据具有嵌套设计的性质,在这样的性质下,由于设计效应(Smith,2004),家庭个体观测值的信息会有所减少。为了充分考虑家庭因素和地区因素对信息消费水平的影响,本文采用家庭—地区的分层数据,结合两层面的因素进行分析。在传统的回归分析中,若同时关注两个层次的信息,可以采用聚合法或者解构法。聚合法,即将家庭层次提升到地区层次,但因分析单位和总体单位不一致,以小推大,这样会遭遇原子谬误。解构法,即将属于地区的特征属性一一指定到家庭层级作为个体层次的变量,这样以样本群体的结果推论总体个体的结论,则犯了生态谬误,由于个体层次之间存在相似性,独立性假设和方差齐性假设则可能被违反。为避免上述问题,本文利用分层线性模型进行分析。

分层线性模型分析法与回归分析法最大的不同就是它能够将不同层级的误差项都考虑进来,可以同时处理不同层级、跨层级变量间的关系。分层线性模型第一层为对个体层次的结果变量和因变量进行回归而建立的回归方程,第二层以第一层回归方程的系数作为因变量,分别对总体层级的自变量进行回归分析。这样结果变量的数据特性已经将不同层级的特性考虑进来,它的条件方差可以容纳不同结构的误差项变异。因此,分层线性模型更贴近实际数据特性,更符合本文研究主题的适切性。

建立模型如下:

微观层面:$Y_{ij} = \beta_{0j} + \sum_{i=1}^{n} \beta_{ij} X_{ij} + \varepsilon_{ij}$

宏观层面:$\beta_{ij} = \gamma_{i0} + \sum_{j=1}^{m} \beta_{ij} Z_j + \mu_{ij}$

其中,X_{ij} 为家庭层面的因素;Z_j 为地区因素;Y_{ij} 表示信息消费水平。

(二)数据选取与变量定义

本文的微观数据选取的是 2014 年的 CFPS 的数据,宏观数据来源于《中国统计年鉴 2015》。以两类数据中的地区作为关键变量将它们对接起来,这样就形成了家庭—地区两层数据。在数据处理的过程中,主要运用 SPSS 和 HLM 软件进行分析,对数据处理分为以下步骤:

第一步,对 CFPS 数据进行整合。在 2014 年 CFPS 的数据中,基于上述理论分析,在家庭经济库和成人库中筛出信息消费、家庭年收入、城乡位置、所属地区、受教育程度、家庭规模等信息。其中,没有直接的关于信息消费的数据,我们根据尹世杰(2003)对广义信息消费的定义,将家庭问卷数据库中的医疗保健、交通通信、娱乐教育文化三项年消费支出加总作为家庭年信息消费额度。此外,在家庭数据中没有教育程度的数据,这就需要以个人 id 作为关键变量,将家庭数据和成人数据匹配起来,家庭成员的平均教育程度代表家庭的教育水平,变量处理方法如表 1 所示。

表 1　变量选取

变量名称	变量定义	计算方法
家庭层次的变量		
Lnc	人均信息消费支出	人均信息消费总支出取对数
Lni	人均年收入	人均家庭年总收入取对数

续表

变量名称	变量定义	计算方法
familysi	家庭规模	家庭人口数
Urban	城乡与否	城市为1,农村为0
Edu	平均教育程度	“硕士”为20,“本科”为17,“大专”为15,“中专/高中/技校”为12,“初中”为9,“小学”为6,“小学以下”为1。取所有家庭成员的教育水平算术平均数
地区层次的变量		
lngdp	人均地区生产总值	人均地区生产总值取对数
P3	地区第三产业占比	地区第三产业增加值与地区生产总值之比
Exp	人均地方就业、社会保障支出	人均地方社会保障支出取对数
CPI	居民信息消费价格指数	根据国家统计局计算居民价格指数的权重,将娱乐文化、交通通信、医疗保健三项消费价格指数加权平均所得

第二步,对CFPS家庭调查数据库中的数据进行预处理。共有13946个原始样本,首先删除了属于无效回答和具有缺失值的样本($n=2215$);接下来删除了家庭收入和信息消费支出不合理的情况,本文认为家庭年收入在800元以下、信息消费支出在60元以下属于不合理的数据,因而删除了相应的样本($n=2046$),经过处理过后剩下9685个样本,分别属于25个省份。在家庭层面上,使用的变量包括人均信息消费支出、人均年收入、家庭规模、城乡与否、受教育程度;在地区层面上,使用的变量包括人均地区生产总值、地区第三产业占比、人均地区就业、社会保障支出,以及居民信息消费消费价格指数。

第三步,将这两层数据处理后,代入HLM软件中,进行描述性分析,描述性统计结果如表2所示。

表2 变量的描述性统计

Variable	Obs	Mean	Std. Dev	Min	Max
ln*c*	9685.00	7.78	1.06	3.75	11.78
ln*i*	9685.00	10.38	1.12	6.71	15.30
familysi	9685.00	3.65	1.74	1.00	14.00
Urban	9685.00	0.48	0.50	0.00	1.00
Edu	9685.00	7.67	3.24	3.00	20.00
lng*dp*	25.00	10.78	0.42	10.18	11.55
*P*3	25.00	44.44	9.36	35.39	77.95
ln*Exp*	25.00	4.74	0.36	4.22	5.47
CPI	25.00	101.19	0.38	100.60	102.10

图4描述的是25个地区的信息消费水平状况，从图中信息消费支出（取对数）平均数、中位数以及离散程度，我们可以看出，25个地区的信息消费水平并不一致，而是存在明显的差异性。图5则反映了样本数据中城乡居民教育水平的差异，可以看出农村居民的受教育程度明显低于城市居民的受教育程度。

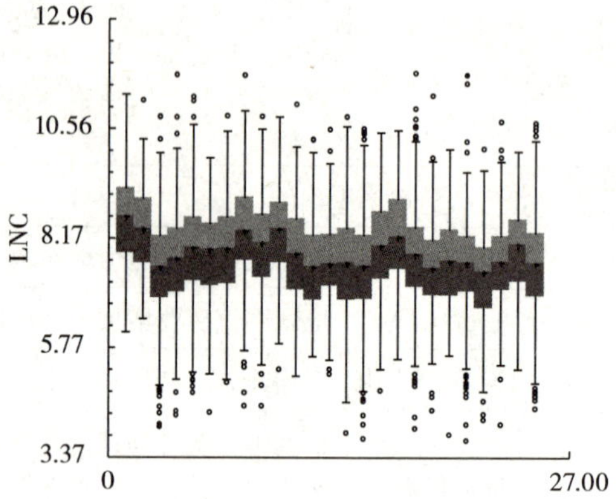

图4　各地信息消费支出

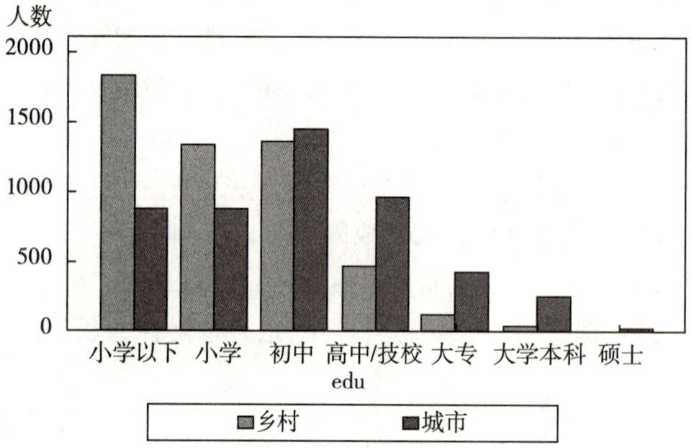

图5　2014年城乡教育状况对比

四、实证分析

本文通过依次建立零模型、协方差模型、以平均数为结果的回归模型、情景模型和完整模型，分析各层因素与信息消费的关系，对其回归结果进行比较，选取能够充分反映各个变量之间关系的模型，并对实证结果加以评价。对零模型的可行性进行检验是运用分层线性模型的前提，其他模型形式是在零模型的基础上分别或同时加入自变量，对自变量的显著性以及模型整体的契合度进行比较分析。

（1）可行性分析

分层线性模型可以将家庭信息消费整体差异分解到不同的层级，建立零模型可以帮助我们通过考察家庭信息消费支出(对数)进行组内相关系数来对模型的可行性进行分析。如果数据的组内相关系数不显著,那么可以运用传统的回归分析方法;反之,则考虑运用分层线性模型。零模型形式设定如下:

第一层:$\ln c_{ij} = \beta_{0j} + \varepsilon_{ij}$

第二层:$\beta_{0j} = \gamma_{00} + \mu_{0j}$

混合模型为:$\beta_{0j} = \gamma_{00} + + \varepsilon_{ij} + \mu_{0j}$

从回归结果(见表3)可以看出,截距项为7.829,在1%的显著性水平下显著,表明家庭人均信息消费水平是7.829。在方差分析中,居民家庭人均信息消费的组内变异为1.048,组间变异为0.091,计算组内相关系数ρ_I(ICC),用来说明地区间差异可以解释消费方差的程度

$$\rho = \frac{\hat{\tau}_{00}}{\hat{\tau}_{00} + \hat{\sigma}^2} = \frac{0.091}{1.048 + 0.091} = 0.080$$

算出的组内相关系数ρ_I(ICC)为0.080,代表地区间差异占总差异的8%,根据Cohen(1988)的建议,是属于中度关联程度,算是不可忽略的组间差异,所以我们不能只用一般的回归模型来进行分析,必须考虑到组间差异的特性。

表3 零模型的参数估计与检验结果

	参数估计	零模型
固定效应		
地区平均信息消费	β_0	
截距项	γ_{00}	7.829*** (0.061)
方差成分		
第二层地区间	τ_{00}	0.091***
第一层地区内	σ^2	1.048
离异数(-2LL)		28026.014

注:这里的***代表$p < 0.01$,**代表$p < 0.05$,*代表$p < 0.1$。括号内为标准误。

(2)信息消费影响因素分析

为了研究影响信息消费水平的因素,我们将依次引入各层次的变量,建立不同的模型,来考察家庭层面的因素和地区层面的因素对信息消费水平的影响。特别地,在以下模型中,将每个观测值都减去该观测值所属组别的平均数,在HLM里称为"中心化",这样的变量变换,一来使得变量的数值变小、容易计算、使变量间的共线性机会变小;二来会减少一个自由度,在未来估计误差项方差时,会有无偏性的特征产生。

模型一:具有随机效应的协方差模型。协方差模型主要考察家庭层次的变量对信息消费的影响,它在零模型的基础上,对第一层引入人均家庭年收入、城乡位置、受教育程度、家庭规模等变量,并让各个变量对于信息消费的水平是固定的,建立模型如下:

第一层:

$$\ln c_{ij} = \beta_{0j} + \beta_1 \times familysi + \beta_2 \times urban + \beta_3 \times \ln i + \beta_4 \times edu + \varepsilon_{ij}$$

第二层：

$$\beta_{0j} = \gamma_{00} + \mu_{0j}$$
$$\beta_1 = \gamma_{10}$$
$$\beta_2 = \gamma_{20}$$
$$\beta_3 = \gamma_{30}$$
$$\beta_4 = \gamma_{40}$$

混合模型：

$$\ln c_{ij} = \gamma_{00} + \gamma_{10} \times familysi + \gamma_{20} \times urban + \gamma_{30} \times \ln i + \gamma_{40} \times edu + \mu_{0j} + \varepsilon_{ij}$$

其中，i 表示家庭；j 表示地区；$\beta_1, \cdots, \beta_4$ 分别表示家庭层次的自变量对模型的偏回归系数；$\gamma_{00}, \cdots, \gamma_{40}$ 分别表示各方程的固定效应。运用 HLM 软件进行分析，将模型一与零模型的结果整理如表 4 所示。

表 4 零模型与协方差模型的比较

		零模型	协方差模型
固定效应			
平均人均信息消费	β_0		
截距项	γ_{00}	7.829*** (0.061)	7.829*** (0.061)
家庭规模斜率模型	β_1		
截距项	γ_{10}		-0.088*** (0.009)
城乡与否斜率模型	β_2		
截距项	γ_{20}		0.144*** (0.035)
人均收入斜率模型	β_3		
截距项	γ_{30}		0.174*** (0.019)
教育状况斜率模型	β_4		
截距项	γ_{40}		0.068*** (0.005)
方差成分			
第二层地区间	τ_{00}	0.091***	0.092***
第一层地区内	σ^2	1.048	0.910
离异数（-2LL）		28026.014	26686.867

注：这里的***代表 $p < 0.01$，**代表 $p < 0.05$，*代表 $p < 0.1$。括号内为标准误。

比较表4零模型和协方差模型的回归结果可以发现,两个模型所估计出来的截距项 γ_{00} 都一样,在固定效应的回归系数方面,协方差模型的斜率都在1%的显著性水平下显著。另外,在随机效应方差检验方面,零模型的 $\widehat{\tau_{00}}$ 为0.091,协方差模型的 $\widehat{\tau_{00}}$ 为0.092,没有太大变化。至于第一项层误差项的方差,零模型的 $\widehat{\sigma^2}$ 为1.048,而协方差模型的 $\widehat{\sigma^2}$ 为0.910,减少了13.17%,所以相比较之下,协方差模型的数据匹配度要优于零模型。

从协方差模型的回归结果可以看出,收入对家庭消费的影响显著,截距项的回归系数为0.174,说明收入的消费弹性为正且小于1,家庭信息消费随着收入的增加而增加,收入每增加1%,信息消费增加0.174%左右。城市户口和教育对家庭信息消费均有正向的影响,回归系数分别为0.144、0.068,在1%的显著性水平下显著,表明城市家庭信息消费水平明显高于农村家庭信息消费水平,教育对信息消费水平的提高有着明显的促进作用,居民的受教育程度越高,信息消费水平越高,这正好验证了假说二。家庭规模的斜率为负(-0.088***),表明家庭人口数量越多,信息消费水平越低,说明在一个家庭中,人口数量的增长会抑制高层次的消费,结果与理论部分相符。

模型二:以平均数为结果的模型。以平均数为结果的模型假设没有第一层家庭因素的影响,只根据第二层的变量,即仅从各个地区的特性来解释居民信息消费水平的差异。建立模型如下

第一层:$\ln c_{ij} = \beta_{0j} + \varepsilon_{ij}$

第二层:$\beta_{0j} = \gamma_{00} + \gamma_{01} \times P_3 + \gamma_{02} \times \ln gdp + \gamma_{03} \times \ln Exp + \gamma_{04} \times CPI + \mu_{0j}$

混合模型:$\ln c_{ij} = \gamma_{00} + \gamma_{01} \times P_3 + \gamma_{02} \times \ln gdp + \gamma_{03} \times \ln Exp + \gamma_{04} \times CPI + \varepsilon_{ij} + \mu_{0j}$

运用HLM软件进行分析,模型二与零模型的结果如表5所示。

表5 零模型与以平均数为结果变量模型的比较

		零模型	以平均数为结果变量模型
固定效应			
平均人均信息消费	β_0		
截距项	γ_{00}	7.829*** (0.061)	7.830*** (0.031)
第三产业比重	γ_{01}		0.006 (0.004)
人均地区生产总值	γ_{02}		0.382*** (0.092)
人均就业、社会保障支出	γ_{03}		0.321*** (0.109)
居民信息消费价格指数	γ_{04}		0.220* (0.114)

续表

		零模型	以平均数为结果变量模型
方差成分			
第二层地区间	τ_{00}	0.091***	0.026***
第一层地区内	σ^2	1.048	1.048
离异数(-2LL)		28026.014	28011.080

注:这里的***代表 $p < 0.01$,**代表 $p < 0.05$,*代表 $p < 0.1$。括号内为标准误。

在固定效应方面,以平均数为结果的模型 γ_{00} 估计值为7.830,比零模型的7.829稍大一点,但相差非常小。第二层总体变量第三产业比重的系数并不显著,说明依据此模型拟合的结果可以推测第三产业比重的提升对于信息消费并没有明显的影响。人均地区生产总值的回归系数为0.382,在1%的显著性水平下显著,说明人均生产总值对信息消费具有显著的正向影响效应。人均就业、社会保障的回归系数为0.321,在1%的显著性水平下显著,说明地方政府在人均就业、社会保障的支出可以提升居民的信息消费水平,验证了假说四。在随机效应方面,因为各地区居民的平均信息消费有着明显差异,所以将区域差异作为第二层回归模式的因变量,在各区域差异解释后,其平均居民信息消费的残差项方差 τ_{00} 由零模型的0.091降为0.026,下降了71.4%,说明引入第二层的自变量对第一次层的截距项的变异程度具有相当的解释力。

下面将通过建立情境模型和完整模型来共同考察家庭特征和区域差异对居民信息消费水平的综合影响,结果报告在表6中显示。

模型三:情境模型。情境模型是将HLM模型的第一层设为完整模型,第一层的自变量是所有的家庭特征,但在第二层的回归模式设定上,假设第一层各自变量的斜率具有随机效应,将第一层回归线的截距项作为第二层的结果变量,然后选择区域差异作为第二层回归截距项的自变量,模型设定如下

第一层:$\ln c_{ij} = \beta_{0j} + \beta_1 \times familysi + \beta_2 \times urban + \beta_3 \times \ln i + \beta_4 \times edu + \varepsilon_{ij}$

第二层:$\beta_{0j} = \gamma_{00} + \gamma_{01} \times P_3 + \gamma_{02} \times \ln gdp + \gamma_{03} \times \ln Exp + \gamma_{04} \times \mathrm{CPI} + \mu_{0j}$

$$\beta_1 = \gamma_{10} + \mu_1$$

$$\beta_2 = \gamma_{20} + \mu_2$$

$$\beta_3 = \gamma_{30} + \mu_3$$

$$\beta_4 = \gamma_{40} + \mu_4$$

混合模型:

$$\ln c_{ij} = \gamma_{00} + \gamma_{01} \times P_3 + \gamma_{02} \times \ln gdp + \gamma_{03} \times \ln Exp + \gamma_{04} \times \mathrm{CPI} + \gamma_{10} \times familys + \gamma_{20} \times urban + \gamma_{30} \times religion + \gamma_{40} \times edu + \mu_0 + \mu_1 \times familysi + \mu_2 \times urban + \mu_3 \times \ln i + \mu_4 \times edu + \varepsilon_{ij}$$

模型四:完整模型。完整模型的第一层为完整模型,第二层的模式也是完整模型。在这里,我们选用情境变量作为第二层回归模式的自变量,除了分析组内、组间特征对信息消费水平的影响外,同时考察跨层级自变量的交互作用对信息消费水平的影响。模型设定如下:

第一层：

$$\ln c_{ij} = \beta_{0j} + \beta_1 \times familysi + \beta_2 \times urban + \beta_3 \times \ln i + \beta_4 \times edu + \varepsilon_{ij}$$

第二层：

$$\beta_{0j} = \gamma_{00} + \gamma_{01} \times P_3 + \gamma_{02} \times \ln gdp + \gamma_{03} \times \ln Exp + \gamma_{04} \times \text{CPI} + \mu_{0j}$$

$$\beta_1 = \gamma_{10} + \gamma_{11} \times P_3 + \gamma_{12} \times \ln Exp + \mu_1$$

$$\beta_2 = \gamma_{20} + \gamma_{21} \times \text{CPI} + \mu_2$$

$$\beta_3 = \gamma_{30} + \gamma_{31} \times \ln gdp + \gamma_{32} \times \text{CPI} + \mu_3$$

$$\beta_4 = \gamma_{40} + \gamma_{41} \times P_3 + \mu_4$$

混合模型：

$$ln\ c_{ij} = \gamma_{00} + \gamma_{01} \times P_3 + \gamma_{02} \times \ln gdp + \gamma_{03} \times \ln Exp + \gamma_{04} \times \text{CPI} + \gamma_{10} \times familysi + \gamma_{11} \times familys \times P_3 + \gamma_{12} \times \ln Exp \times familys + \gamma_{20} \times urban + \gamma_{21} \times \text{CPI} \times urban + \gamma_{30} \times \ln i + \gamma_{31} \times \ln gdp \times \ln i + \gamma_{32} \times \text{CPI} \times \ln i + \gamma_{40} \times edu + \gamma_{41} \times P_3 \times edu + \mu_0 + \mu_1 \times familysi + \mu_2 \times urban + \mu_3 \times religion + \mu_4 \times edu + \mu_5 \times \ln i + \varepsilon_{ij}$$

从分析结果来看，第一层斜率项具有随机效应的情境模型与协方差模型相比，在随机效应方面，组内的方差下降了 1.1%，组间方差下降了 68.48%，说明情境模型比协方差模型更具解释力。两个模型的最大差别在于情境模型引入区域间的差异成分作为情境变量，从回归结果上看，第三产业比重、人均地区生产总值、人均就业、社会保障以及居民信息消费价格指数的情境效应显著，且明显为正，说明它们可以解释信息消费水平的差异，并且和居民信息消费水平正相关。

通过完整模型与情境模型的比较来看，两个模型的结果非常相似，整体来看完整模型组间方差与组内方差的值最小，说明完整模型在所有模型中对信息消费水平最具解释力。另外，完整模型回归结果也表明总体层次的人均地区生产总值、人均社会保障支出、信息消费价格指数及第三产业比重具有明显的跨层级交互作用。

下面将分别讨论家庭特征和区域差异对于信息消费的影响效应。

表 6 协方差模型、情境模型与完整模型的比较

		协方差模型	情境模型	完整模型
固定效应				
平均人均信息消费	β_0			
截距项	γ_{00}	7.8290*** (0.061)	7.830*** (0.033)	7.830*** (0.031)
第三产业比重	γ_{01}		0.008** (0.004)	0.006* (0.003)
人均地区生产总值	γ_{02}		0.437*** (0.078)	0.369*** (0.077)
就业、社会保障支出	γ_{03}		0.313*** (0.091)	0.3 50*** (0.083)

续表

		协方差模型	情境模型	完整模型
居民信息消费价格指数	γ_{04}		0.292** (0.132)	0.229* (0.115)
家庭规模斜率	β_1			
截距项	γ_{10}	-0.088*** (0.009)	-0.089*** (0.010)	-0.088*** (0.008)
第三产业比重	γ_{11}			-0.002** (0.000)
人均就业、社会保障支出	γ_{12}			0.053*** (0.018)
城乡与否斜率	β_2			
截距项	γ_{20}	0.144*** (0.035)	0.150*** (0.031)	0.161*** (0.027)
居民信息消费价格指数	β_3			0.182***
	γ_{30}			(0.054)
				(0.022)
人均收入斜率	β_3			
截距项	γ_{30}	0.174***	0.179***	0.188***
		(0.019)	(0.019)	(0.015)
人均国民生产总值	γ_{31}			0.098*** (0.020)
居民信息消费价格指数	γ_{32}			0.062** (0.029)
平均教育斜率	β_4			
截距项	γ_{40}	0.068*** (0.005)	0.067*** (0.005)	0.065*** (0.004)
第三产业比重	γ_{41}			0.0014*** (0.000)
方差成分				
第二层地区间	τ_{00}	0.092***	0.029***	0.026***
家庭规模斜率	τ_{10}		0.001***	0.000**
城乡与否斜率	τ_{20}		0.010**	0.008
家庭人均收入斜率	τ_{30}		0.006***	0.000**

续表

		协方差模型	情境模型	完整模型
教育程度斜率	τ_{40}		0.0002*	0.000
第一层地区内	σ^2	0.910	0.900	0.900
离异数(-2LL)		26696.867	26622.452	26634.118

注:这里的***代表 $p<0.01$,**代表 $p<0.05$,*代表 $p<0.1$。括号内为标准误。

(1)地区间的平均信息消费

从回归结果来看,对于平均信息消费项,第三产业比重的提升可以促进信息消费水平的提高(证实假说三),但影响幅度较小。经济发展较好的地区,信息消费水平也较高(证实假说五)。社会保障支出对于信息消费有着明显的促进作用,人均社会保障支出越高,该地区的信息消费水平也越高(证实假说四)。然而,出乎意料的是,居民信息消费价格指数的系数为正(否定假说一),这表明信息消费品价格的上涨并没有影响居民信息消费,反而提高了地区信息消费水平。按照供需理论,商品的消费数量和均衡价格由供给和需求决定,说明对于信息消费品而言,其供给弹性大于需求弹性,所以使得信息商品价格上涨幅度越大,居民的信息消费支出越大。

(2)个体特征对信息消费的影响

第一层自变量下截距项的回归系数代表个体特征对于信息消费的影响效应,结果表明,各个自变量的截距项均显著,表明收入、家庭人口数量、城乡与否和教育程度对于信息消费都有着显著的影响作用。具体地,和以前的研究一致,收入是决定信息消费的主要因素,收入越高,信息消费水平越高(证实假说七)。城乡位置对家庭信息消费的影响程度是不可忽视的,图7反映了城市家庭的信息消费水平明显高于农村家庭的信息消费水平(证实假说六)。并不意外的是,信息消费支出随着教育水平的提高而增加,如图6所示,证实假说二。而家庭规模的回归系数则明显为负,说明家庭人口数量的增加降低了家庭整体的信息消费水平,从图7中可以明显看出家庭人均信息消费支出随着家庭人数的增加而下降。

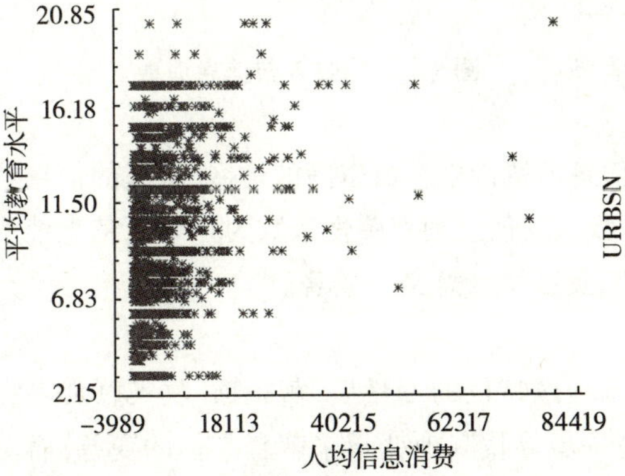

图6 教育程度与信息消费

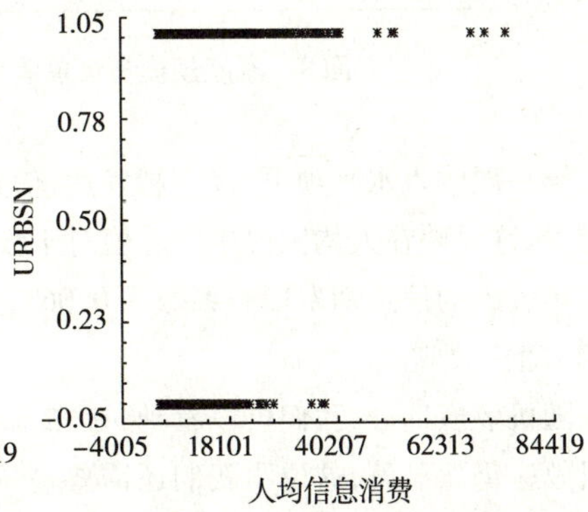

图7 城乡位置与信息消费

(3)地区特征调整个体特征的信息消费倾向

阶层线性模型可以描述跨层级的交互作用对信息消费的影响,这种影响效应通过模型中嵌套于第一层自变量下的第二层自变量的回归系数来显示。

第一层家庭规模项的回归系数为负,在家庭规模项下,第二层第三产业比重和社会保障支出对家庭规模、信息消费回归系数都产生了显著影响,第三产业比重每上升 1 个百分点,可以使家庭规模对应的回归系数减少 0.002,社会保障支出使家庭规模对应回归系数的增加 0.053。这说明,在第三产业占比较高的地区,随着单位家庭人口数量的增加,信息消费水平下降的幅度相对较小,而在社会保障支出较高的地区,随着单位家庭人口数量的增加,信息消费水平下降的幅度要相对大得多(见图 7)。从图 8 中可以看出,在相同的家庭规模下,社会保障支出越高的地区,信息消费支出也越高。

第一层城乡位置项的回归系数为正,在城乡位置项下,居民信息消费价格指数越高的地区,城乡位置对信息消费的影响越明显,城乡信息消费差距也就越大。

在第一层教育水平项下,第三产业占比越高的地区,教育水平对信息消费的促进效应就越大,但第三产业比重的影响效力很小,因为其回归系数近乎等于零,从数值上看,在其他条件不变的情况下,第三产业比重每增加 10 个百分点,那么每增加一年的教育水平,信息消费水平则会提高 0.067[exp(0.065 + 0.00014) - 1]个百分点。

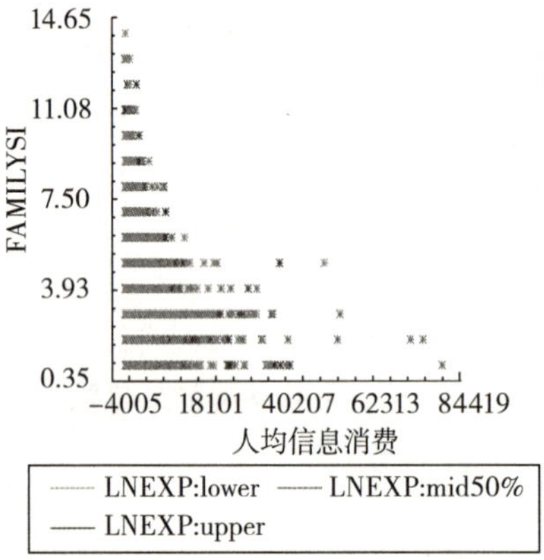

图 8 家庭规模与信息消费

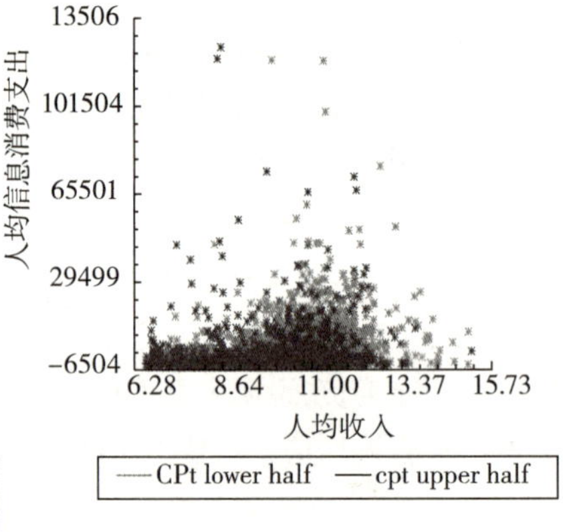

图 9 人均收入与信息消费

在第一层收入水平项下,经济越发达、信息消费价格指数越高的地区,家庭的信息消费倾向就越大,这反映在人均国民生产总值对于收入的信息消费弹性系数为 0.093,信息消费价格指数对于收入的信息消费回归系数为 0.062,且在统计意义上显著。

(4)随机效应

在随机效应部分,我们可以看到,在加入地区特征的变量后,截距项、收入以及家庭规模的随机效应仍然显著,这说明我们还需要进一步寻找其他变量来解释它们的变差,而对于城乡位置和教育水平而言,它们在地区层面的变异得到了很好的解释,无须寻找其他的解释因素。

五、结论性评述

本文将家庭追踪调查数据和地区数据对接起来,构成多层嵌套的数据,深入分析了影响信息消费的家庭因素和地区因素,并且实现了对信息消费决定因素的跨层级交互作用的分析。本文研究发现,地区之间的信息消费水平有着明显的差异,地区特征可以通过两种途径影响信息消费:一是地区特征直接导致地区间信息消费的差异;二是地区特征也导致了个体特征信息消费弹性的差异。个体特征对信息消费支出有着显著的影响,然而,由于地区特征可以通过交互效应对信息消费产生影响,相同的个体特征在不同地区的信息消费水平并不相同。具体结论如下:

首先,区域的异质性导致了信息消费水平的差异性。从分析结果上看,地区间的信息消费水平差异占总体家庭信息消费差异的8%,这种差异是不能忽略的,这表明即使个体特征相同,但由于所处地区不同,信息消费水平也不同。

其次,除平均数为结果的模型的第三产业占比项的回归系数不显著外,其他模型回归结果所反映的区域特征,包括第三产业比重、人均国民生产总值和就业、社会保障支出的提高对地区平均信息消费都有显著的促进作用。

最后,从完整模型来看,个体特征对信息消费的决定作用相当显著。具体地,从变量的回归系数来看,教育程度、城乡位置和人均收入对信息消费都有显著的正向促进效应,家庭规模对信息消费的影响效应为负。更多的是,个体特征对信息消费的决定作用往往会受到地区特征的约束与调整,并且这种调整方向与个体特征对信息消费的影响方向可能并不一致。

以上研究分析具有以下含义:一是为扩大内需,提高信息消费水平,最根本的途径是提高居民收入,政府除了提供就业机会、制定相应措施直接提高居民在一次分配中的收入外,还要完善社会保障、医疗保险等制度,通过二次分配间接增加居民收入。二是城镇化可以吸收农村剩余劳动力,统筹城乡发展,加快城镇化步伐,注重城镇化质量将会大大提高农村家庭的信息消费水平。三是增加人力资本的投资,延长教育年限,提高居民的受教育程度可以有效提升居民信息消费倾向。从图4中可以看出,农村家庭的教育水平要远远低于城市居民的教育水平,所以政府要特别加大对农村基础教育的投资力度,教育的公共资源应该向农村倾斜,以弥补长期农村教育投资不足。四是在供给侧方面,第三产业的发展有利于扩大居民的高层次消费,然而上述结果显示,我国各地区第三产业比重的上升虽然会提高信息消费水平,但是其贡献率却比较小,所以在促进各地区产业结构升级的过程中,要提高第三产业的生产效率,克服“鲍莫尔成本病①”问题,促进地区经济的均衡增长。

参考文献

[1] Champa Bati Dutta, Debasish Kumar Das. What Drives Consumers' Online Information Search Behavior? Evidence from England[J]. *Journal of Retailing and Consumer Services*, 2016, :317 - 334.

① 鲍莫尔成本病是美国经济学家在1967年中一篇研究经济增长的论文中提出来的,他认为进步部门(制造业)的生产率的相对快速增长将导致停滞部门(服务业)出现相对成本的不断上升。

[2]Utkarsh. Individual Differences in Consumer Information Search for Services: A Multiple Mediation Study[J]. *Journal of Retailing and Consumer Services*, 2017, :323 - 351.

[3]Sangl, J. A., Wolf, L. F. Role of Consumer Information in Today's Health Care System. [J]. *Health Care Financing Review*, 1997, 18(1):210 - 223.

[4]H. A. Maurer, W. D. Rauch, I. Sebestyen. Some Remarks on Energy and Resource Consumption of New Information Technologies[J]. *Information Services and Use*, 1982, 2(2):422 - 448.

[5]Jing Cao. Industrial and Aggregate Measures of Productivity Growth in China, 1982 - 2000[R]. 清华大学中国与世界经济研究中心研究报告(总第20期), 2008:45.

[6]Kathleen Mortimer, Andrew Pressey. Consumer Information Search and Credence Services: Implications for Service Providers[J]. *Journal of Services Marketing*, 2013, 27(1):182 - 211.

[7]Isabelle Gallant, Manon Arcand. Consumer Characteristics as Drivers of Online Information Searches[J]. *Journal of Research in Interactive Marketing*, 2017, 11(1):407 - 421.

[8]Dorsch, J. L. Information Needs of Rural Health Professionals: A Review of the Literature. [J]. *Bulletin of the Medical Library Association*, 2000, 88(4):13 - 22.

[9]Peter O. Siyao. Barriers in Accessing Agricultural Information in Tanzania with a Gender Preservative: the Case Study of Small Sugar Cane Grower in Kilombero District [J]. *EJISDC*, 2012, 51 (6):1 - 19.

[10]数据根据2016年《中国IT产业发展报告》所得。

[11]安宝洋,蔡东伟. 关于"信息消费"生态的哲学思考[J]. 前沿,2009(10):124 - 126.

[12]陈建宝,李坤明. 收入分配、人口结构与消费结构:理论与实证研究[J]. 上海经济研究,2013(4):74 - 87.

[13]陈立梅. 基于扩展线性支出系统模型的我国农村居民信息消费结构分析——来自1993—2009年的经验数据[J]. 管理世界,2013(9):180 - 181.

[14]崔海燕. 习惯形成对我国农村居民信息消费的影响[J]. 情报科学,2014(3):76 - 80.

[15]邓碧侠. 信息消费的影响因素研究[J]. 情报探索,2012(2):30 - 32.

[16]丁志帆. 城镇居民信息消费的差异化福利效应研究——基于1993—2011年经验数据的数值模拟分析[J]. 财经科学,2014(2):51 - 61.

[17]高静,尹徐念,汪恒,唐旭茂,邓芳芳. 城镇居民消费价格指数的空间相关性研究[J]. 价格理论与实践,2015(12):89 - 91.

[18]郭妍,张立光. 我国居民信息消费函数的实证研究[J]. 当代财经,2007(8):16 - 19.

[19]贾小玫. 健全农村社会保障制度与拉动农村消费需求增长[J]. 财经科学,2004(5):84 - 87.

[20]刘妮娜,张汝飞. 新生代流动人口家庭消费水平与消费结构研究[J]. 消费经济,2013(6):31 - 34.

[21]娄策群,王颖. 文娱类信息消费的边际效用分析[J]. 情报科学,2009(5):754 - 757,782.

[22]马哲明,李永和. 我国农村居民信息消费与其收入关系研究[J]. 情报科学,2011(11):1701 - 1704.

[23]孟迪云,黄容. 文化消费增长的动力机制研究——基于省级面板数据模型[J]. 消费经济,2016(4):26 - 31.

[24]莫靖林,黎旭. 少数民族自治区居民信息消费成长差异性研究[J]. 特区经济,2015,(11):81 - 84.

[25]潘文轩. 我国消费需求不足的成因与对策——基于产业结构失衡视角[J]. 河北经贸大学学报,2009(6):28 - 33.

[26]尚昀,臧旭恒. 家庭资产、人力资本与城镇居民消费行为[J]. 东岳论丛,2016(4):30 - 41.

[27]沈小玲. 关于信息消费的理论探讨[J]. 图书情报知识,2006(5):81 - 84.

[28]沈小玲. 影响信息消费的主体因素分析[J]. 情报理论与实践,2008(6):849 - 853.

[29]谭永生. 经济发展、居民消费价格指数与我国居民收入增长[J]. 中国物价,2012(8):13 - 16.

[30]汪卫霞. 我国居民信息消费核算及其特征分析[J]. 情报理论与实践,2010(8):47 - 51.

[31]王平,陈启杰. 基于ARMA模型的我国城乡居民信息消费差距分析[J]. 消费经济,2009(5):3 - 6.

[32]王天夫,崔晓雄. 行业是如何影响收入的——基于多层线性模型的分析[J]. 中国社会科学,2010(5):165-180,223.

[33]韦春伊,赵静,王玉平. 西部农村群体信息消费能力现状与引导[J]. 图书馆论坛,2008(3):155-157,173.

[34]吴丰华,刘瑞明. 产业升级与自主创新能力构建——基于中国省际面板数据的实证研究[J]. 中国工业经济,2013(5):57-69.

[35]杨春立. 加强信息消费对经济增长促进作用的对策研究[J]. 经济纵横,2015(2):7-12.

[36]杨春立. 信息消费:拉动内需增长的重大领域——信息消费发展特征及政策建议[J]. 中国科学院院刊,2014(2):223-230.

[37]尹世杰. 略论扩大消费需求与改善民生[J]. 消费经济,2011(2):3-9.

[38]尹世杰. 消费需求与经济增长[J]. 消费经济,2004(5):3-7.

[39]岳琴,葛继平,张凤海. "一带一路"枢纽省市信息消费水平影响因素实证研究[J]. 云南民族大学学报(哲学社会科学版),2016(3):142-148.

[40]张东华,刘名福. 信息消费环境下的档案信息服务研究[J]. 档案,2010(2):9-11.

[41]张红历,梁银鹤. 中国省域城镇居民信息消费差异分析[J]. 情报科学,2016(2):9-14.

[42]张慧芳,艾天霞. 城镇居民收入增长与信息消费结构演变——基于省级面板数据的实证研究[J]. 经济问题探索,2016(12):82-89.

[43]张龙,葛晶. 人力资本、行业特征与行业收入差距——基于中国家庭追踪调查数据的研究[J]. 山西财经大学学报,2015(11):65-76.

[44]张思航. 信息消费系数测算方法及信息消费影响因素研究[D]. 北京:北京邮电大学,2015.

[45]张肃. 中国城乡居民信息消费差异性的面板协整分析[J]. 统计与决策,2017(1):127-130.

[46]章学周. 江苏省城乡居民网络信息消费水平研究[J]. 信息化研究,2012(3):5-9.

[47]郑英隆,王勇. 我国城乡居民信息消费的结构差异成长[J]. 经济管理,2009(1):152-159.

[48]钟玲玲,徐春燕,王战平. 2002-2015年我国信息消费对经济增长促进作用的实证研究[J]. 情报科学,2016(11):80-85.

[49]周弘. 家庭金融视角下人力资本与家庭消费关系的实证研究——来自CFPS的调查[J]. 经济经纬,2011(6):16-20.

[50]朱琛,蒋南平. 20世纪90年代以来中国城镇居民信息消费问题研究——基于1993—2008年经验数据的实证检验[J]. 当代财经,2011(3):22-28.

我国杠杆率的测度及宏观经济影响因素分析

李梦雪
（西北大学经济管理学院）

［摘　要］自2007年次贷危机以来，各国都高度关注债务风险。杠杆率作为衡量债务风险的工具之一也成为监测宏观经济状况的重要指标。为应对次贷危机的影响，我国在基础设施等方面进行了4万亿元投资等举措。虽对经济增长有一定的拉动作用，但杠杆率不断上升，积累了风险。经济进入新常态后，提出供给侧结构性改革，将“去杠杆”作为五大任务之一，以降低债务风险。在此背景下，就杠杆率的基础理论、我国宏观和部门杠杆率的现状及其影响因素进行分析。通过数据分析和机制考察，发现我国宏观杠杆率偏高。虽引发危机的可能性较小，但仍亟待有效防范。宏观经济周期以及通货膨胀是影响宏观杠杆率的重要因素，需要注重其关联机制。

［关键词］杠杆率；测度；影响因素

一、引　言

债务是一把“双刃剑”。适当的债务可以使人们获得超前的消费，可以促进投资、加快经济增长速度，但过高的负债则会起到相反的作用。自步入20世纪以来，世界经济危机频繁发生。1929年的经济大萧条、20世纪70年代的石油危机，以及之后的2008年美国金融危机、欧洲主权债务危机，都对世界经济产生了巨大的打击。经济危机的频繁发生引发了社会各界人士的思考。经有关研究后发现，2008年次贷危机的爆发，主要原因在于金融衍生产品的滥用及其导致的不良贷款[1]。最终，大量无法偿还的不良负债引发了影响全球的金融危机。不仅是次贷危机，Garry（2010）的研究表明，大部分发生在20世纪的经济危机，其爆发前都伴随有负债快速增加的现象[2]。因此，加强对债务的监督和管理，成为政府政策制定的首要任务。作为衡量债务水平的杠杆则成为金融监管中的重要检测指标。另外，“去杠杆”成为深陷金融危机泥潭的各个国家走出困境的重要途径。

我国为应对2008年金融危机的冲击，曾经开展过对基础设施等项目的4万亿元投资。投资之后，我国的债务不断增加，宏观杠杆率也相应不断攀升，伴随而来的还有产能过剩等一系列宏观问题。为此，习近平总书记在2015年11月10日的中央财经领导小组会议上首次提出了“供给侧改革”，着重指出“在适度扩大总需求的同时，着力加强供给侧结构性改革，着力提高供给体系质量和效率,增强经济持续增长动力”。在 2015 年 12 月 18—21 日召开的中央经济工作会议上更是进一步明确了“去杠杆”作为当前供给侧改革的五大重点任务之一。

无论是国内还是国外,杠杆率都成为宏观经济监管的重要监测指标。关于杠杆率相关问题的研究,对宏观经济的健康稳定运行具有重要的实际意义。世界各国和组织也从各个方面陆续展开有关于杠杆问题的一系列研究。本文在此背景之下,就杠杆率的基础理论、我国宏观和部门杠杆率的现状进行分析,并利用 VAR 模型对影响我国宏观杠杆率的宏观经济因素进行探讨。问题选择的原因在于,目前关于我国宏观杠杆率的研究较少,且其影响因素多为中观和微观层面,宏观层面因素较少。

二、文献综述

国内外目前已有较多学者对与杠杆率相关的问题展开研究。Cecchetti,Mohanty,Zampolli(2011)利用 18 个 OECD 国家 1980—2010 年的相关数据,按照机构部门进行研究,得出了政府部门、居民部门以及非金融企业部门的杠杆率阈值,分别为居民部门 85%、非金融企业部门 90%、政府部门 85%[3]。任泽平、冯赟(2016)运用政府部门、非金融部门、金融部门、居民部门的债务和 GDP 数据,以债务与 GDP 之比衡量各部门的杠杆率。对各部门的杠杆率现状进行分析,并进行国际比较,提出高杠杆的原因和“去杠杆”的对策[4]。马建堂、董小君、时红秀、徐杰、马小芳(2016)对中国总体杠杆率以及分部门杠杆率进行了估计,并据此对我国杠杆现状进行了分析,阐述了高杠杆可能带来的风险并提出了解决方法[5]。

随着杠杆率的重要性日益提升,研究主题开始关注杠杆率的影响因素,以寻找“去杠杆”的方法。Corcoran(1977)得出了通货膨胀会引起负债增加的结论[6]。苏冬蔚、曾海舰(2009)认为宏观经济状况是影响公司杠杆率的重要因素,发现我国上市公司的杠杆率呈显著的反经济周期变化[7]。

本文在已有的研究之上,重新梳理杠杆率的内涵界定,从统计视角对杠杆率的度量指标、口径以及测度方法进行考察,分析各部门杠杆率的现状,并利用 VAR 模型对杠杆率的影响因素进行计量分析。文章的主要结构为:第一部分为引言,第二部分为文献综述,第三和第四部分为杠杆率研究的理论基础以及我国宏观和部门杠杆率现状分析,第五部分为影响因素计量分析及实证结果。

三、杠杆率研究的理论基础

(一)杠杆率的内涵界定

关于杠杆率的定义,可以根据研究层面的不同给予不同层面的界定。

1. 宏观层面

从宏观层面,杠杆指的是某一经济主体在某个时点以某一经济指标所承担的负债总额;与此对应,杠杆率是指这一负债总额与这一经济指标的比率[8]。为进一步对宏观杠杆率的结构进行分析,也可在机构部门层面进行定义。在我国,机构部门包括居民部门、非金融企业部门、金融企业部门以及政府部门。由于非营利组织部门在我国占比很小,且统计资料不全面,因此一般仅就四部门进行讨论。因此,杠杆化可以是指居民、非金融企业、金融机构和政府积累负债的过程,相对应地,去杠杆化就是降低负债率、增加资本充足率的过程[9]。

2. 微观层面

从微观层面,典型意义上的杠杆率是指商业银行持有的一级资本与调整后的表内外资产余额的比率。一般意义上的杠杆率是指经济主体的资产负债数量关系[5]。或者说是指经济主体(企业或家庭)通过负债实现以较小的资本金控制较大的资产规模的比例[10]。

研究前需弄清研究的杠杆率的概念界定。不同层面的杠杆率定义在结论指向上存在明显分化[11]。本文研究的主要是宏观杠杆率,其原因在于宏观杠杆率在2008年金融危机之后已经成为预防金融危机的重要指标。因此,下文中分析时所采用的杠杆率概念均为宏观杠杆率。

(二)杠杆率的理论推进

1. 杠杆率的理论来源

与杠杆相关的基础理论最早来源于有关于资本结构的MM理论。该理论认为,在不考虑公司所得税,且企业经营风险相同而只有资本结构不同时,公司的资本结构与公司的市场价值无关。或者说,当公司的债务比率由零增加到100 %时,企业的资本总成本及总价值不会发生任何变动,即企业价值与企业是否负债无关,不存在最佳资本结构问题。最初的MM理论之后,又产生了修正的MM理论。在考虑公司所得税的情况下,由于负债的利息是免税支出 ,可以降低综合资本成本,增加企业的价值。因此,公司只要通过财务杠杆利益的不断增加,而不断降低其资本成本负债越多,杠杆作用越明显,公司价值越大。当债务资本在资本结构中趋近100%时,才是最佳的资本结构,此时企业价值达到最大。最初的MM理论和修正的MM理论是资本结构理论中关于债务配置的两个极端看法。在此之后,又发展了如权衡理论、优序融资理论等相关结论。

2. 现代杠杆率理论

现代关于杠杆率的研究从微观领域逐渐扩展到宏观领域。且在金融危机、主权债务危机之后,宏观债务风险的相关研究显得更为重要。其中较为重要的是杠杆率的标准,即关于杠杆率的阈值的研究。统一的标准,方便进行国际比较和政策制定,便于对高杠杆与否进行判断。在对政府部门杠杆率进行研究时,欧盟将公共债务/GDP达到60%作为警戒线,以此为标准进行政策的制定和研究。对居民部门杠杆率进行研究时,Cecchetti, Mohanty, Zampolli(2011)利用18个OECD国家1980—2010年的数据进行研究,以债务水平为度量指标,给出了居民部门杠杆率警戒值是85%、非金融企业部门是90%、政府部门为85%的结论[3]。虽然有不少研究根据以往的实际案例和数据进行实证研究得出了杠杆率以及分部门杠杆率的阈值,但目前这些标准尚未得到统一的认可,仍然存在争议及相关证明。

最初采用杠杆率这一概念的目的,是为了对债务风险进行度量,以防止由于债务无法清偿所引起的债务危机。杠杆率能够较好地度量债务风险,但需要说明的是,高债务并不是衡量潜在金融危机的唯一指标[12]。同时,债务风险的度量不能仅依靠杠杆率,还需考虑研究对象的偿债能力,因此,这就需要在杠杆率的基础之上再考虑储蓄率。此外,也需要考虑债务结构。中国人民银行杠杆率研究课题组在杠杆率的基础之上就储蓄率提出了相关标准。其标准主要从宏观经济的平衡条件 $I=S$ 出发,看一国的投资率是否小于储蓄率,即 $I<S$。当储蓄率高于投资率时,虽然其杠杆率较高或者在一定时期内快速增长,但仍会处于安全地带,因为有较高的储蓄能够保证债务的偿还,因此不会陷入因外部系统风险而爆发崩盘状态[10]。

(三)杠杆率的衡量指标及其统计界定

根据杠杆率有宏微观的界定,衡量杠杆率的指标也有宏微观之分。其指标的含义、口径等也会有所不同。

1. 宏观杠杆率的衡量指标及其统计界定

宏观杠杆率的衡量指标通常有两个:一个是资产负债率;另一个是负债水平。

(1)资产负债率

资产负债率的定义是总资产与总负债之比。资产负债率的概念最初来源于微观财务指标,后将其概念运用到宏观层面上。资产负债率数据来源于资产负债表。目前我国的资产负债表由社科院统计核算,数据年份为2007—2014年的年度数据。资产负债率的优点在于:第一,宏微观领域都可采取办法进行统计,使用具有普遍性;第二,微观领域长时间的使用证明,资产负债率能够较好地反映债务情况与债务风险;第三,其为存量与存量之间的直接对比,符合指标构建原理。缺点在于,目前各国总资产和总负债的统计口径并不相同,我国也没有国家统计局正式公布的数据,因此不适合用于国际比较。

(2)负债水平

负债水平的定义是总负债与总收入之比,即总负债与国民收入之比。其优点在于:第一,不仅能够衡量企业的负债情况,也可反映出未来对于负债的偿还能力;第二,相比于资产负债率,由于数据的可取得性以及可比性,其在研究中较常被使用;第三,可作为衡量经济增长动力的指标之一,辅助判定未来增长趋势[11]。缺点是:总负债多以存量指标衡量,收入多以流量指标衡量。以债务存量为分子、流量为分母进行直接对比,既缺乏最基本的经济金融机理,也难以说清经济金融运行中的相关问题[8]。

2. 微观杠杆率的衡量指标及其统计界定

微观杠杆率的常见指标为资产负债率和资产权益比率。

(1)资产负债率

微观资产负债率的定义与宏观层面的相同,依然是总资产与总负债之比,口径上仅在于宏观资产负债与微观资产负债的区别。另外,宏观资产负债率的缺点在微观层面上并不存在。目前,微观会计方面有关资产负债的核算已基本达成国内外一致。

(2)资产权益比率

资产权益比率定义是总资产与净资产之比。其优点在于,能较好地反映负债情况。缺点是其无法衡量长期与短期负债偿还能力,仅能衡量总体的偿债能力[13]。

具体研究时,根据不同需要选择不同层次的不同指标进行研究。

(四)杠杆率的测度方法

衡量杠杆率的指标具有不同的测度方法。由于本文研究的主要为宏观杠杆率,仅就宏观杠杆率展开。微观杠杆率在企业资产负债表中已有较为成熟的核算方式,在此不再重复。

1. 宏观资产负债率

我国的宏观资产负债率目前仅能通过社科院编制的资产负债表进行计算获得。其编制时的核算方法为

资产 = 国有经营性资产 + 国有非经营性资产 + 政府所拥有的资源性资产 + 对外主权资产 + 全国社会保障基金国有资产 + 政府在中央银行的存款

负债 = 中央政府的债务 + 准国债 + 地方政府债务 + 国有企业债务 + 金融不良资产及其转化形式存在的或有负债 + 以隐性养老金债务为主的社会保障基金缺口[14]

2. 债务水平

负债水平是总负债与总收入的比值。由于 GDP 是衡量国民收入的常用指标,其中的收入常用 GDP 衡量。由于总负债的数据较难核算,且不利于国际比较,因此常用 M2、信贷替代总负债进行衡量。即

$$债务水平 = \frac{总负责}{总收入} = \frac{M2}{\mathrm{DGP}} = \frac{信贷}{\mathrm{GDP}}$$

四、我国宏观与部门杠杆率现状分析

(一)宏观杠杆率现状分析

我国宏观杠杆率随着经济的增长而不断增加,在 2008 年金融危机之后,杠杆率的上升速度更是加快。根据马建堂、董小君、时红秀、徐杰、马小芳(2016)等所推算的中国宏观杠杆率如图 1 所示[5],我国宏观经济杠杆率呈现出不断上升的趋势。虽然 2011 年的数据缺失,但自 2008 年金融危机之后,杠杆率上升速度加快,到 2014 年已经达到 241%。1996—2014 年一共上升了 125%。

按照国际清算银行 BIS 统计口径衡量的信贷余额与 GDP 之比作为杠杆率的指标,也能得到相同的不断上升的结论,结果如图 2 所示。选取 2016 年年末部分国家的数据进行对比,结果如图 3 所示。中国在 2016 年年末的杠杆率已经达到了很高的水平。

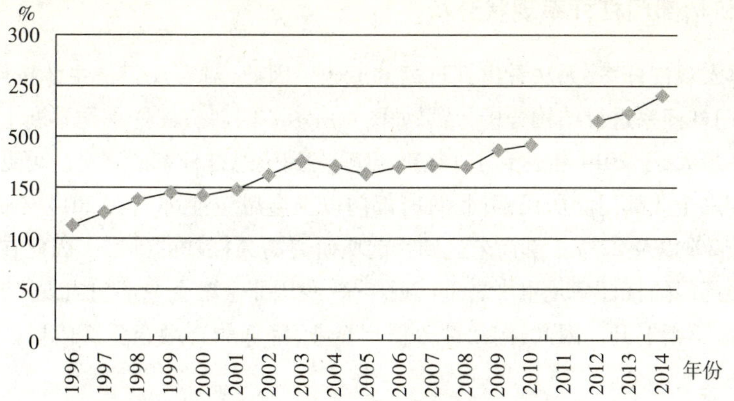

图 1　1996—2014 年我国宏观杠杆率

数据来源：马建堂、董小君、时红秀、徐杰、马小芳的《中国的杠杆率与系统性金融风险防范》[5]。

注：2011 年数据由于计算所需数据的缺失而缺失。

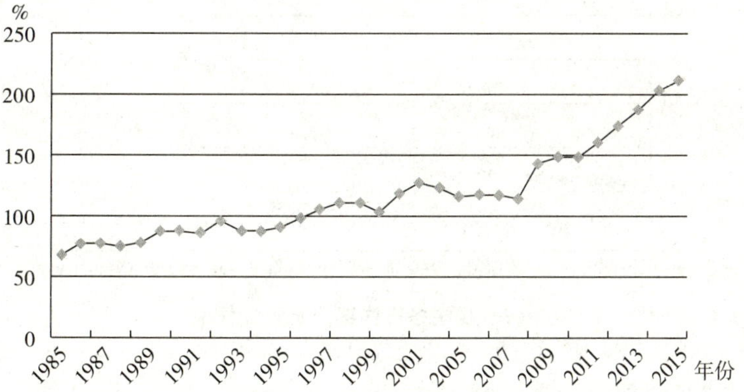

图 2　BIS 口径下我国宏观杠杆率变化趋势

数据来源：国际清算银行 BIS 数据库。

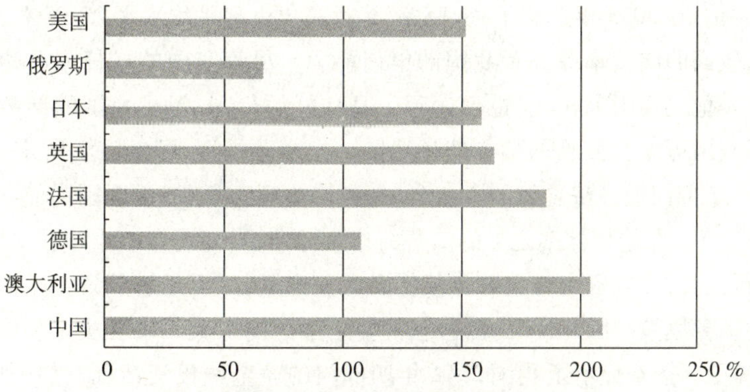

图 3　部分国家 2016 年年末宏观杠杆率

数据来源：国际清算银行 BIS 数据库。

(二)分机构部门杠杆率现状分析

仅从总体宏观杠杆率,无法看出其过高的原因。因此,对宏观经济主体按照机构部门分类,考察各部门杠杆率进行结构分析,结果如图4所示。四部门杠杆率均不断上升,其中非金融部门杠杆率最大,于2014年达到了121%,几乎占到了总杠杆率的一半。可见,去杠杆应着重对象于非金融企业部门。居民部门、政府部门以及金融企业部门在2014年的杠杆率分别达到了36%、62%以及22%。都尚未达到目前所研究的高杠杆的标准。因此在四部门中,降低非金融企业部门的杠杆率是重中之重。近年来,我国非金融企业部门出现了产能过剩等问题,以致杠杆率不断上升。因此,淘汰部分僵尸企业,降低非金融企业部门杠杆,将是供给侧结构性改革的重要部分。

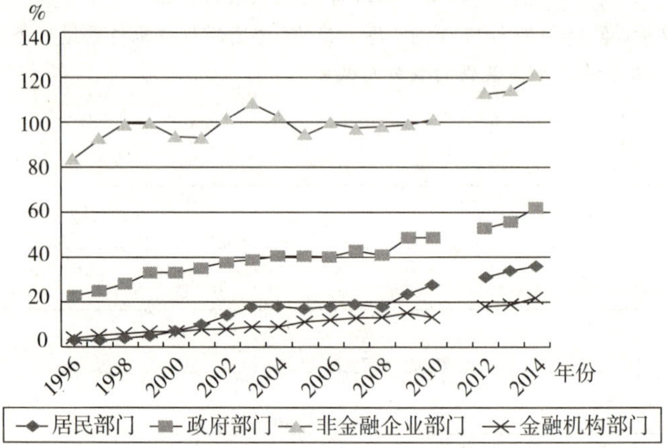

图4 我国各机构部门宏观杠杆率

数据来源:马建堂、董小君、时红秀、徐杰、马小芳的《中国的杠杆率与系统性金融风险防范》[5]。

注:2011年数据由于计算所需数据的缺失而缺失。

根据前述理论,衡量债务风险时,除了考虑杠杆率之外,还需考虑储蓄率与投资率。图5显示了我国与世界上几个主要国家在2015年的储蓄占GDP的比重。我国的储蓄比重几乎是其余国家的两倍,在2015年达到了48.35%,远远高出世界平均水平25.05%。我国是一个高储蓄的国家,较高的储蓄率提高了我国的偿债能力。尽管我国的杠杆率已达到了较高的水平,与世界上其他主要国家相比,也已达到了高杠杆的行列,但是我国的储蓄远高于其他国家,这降低了我国可能会面临的债务偿还风险。净金融投资,即经济学所定义的“储蓄投资差”,表达了一个部门或经济总体的资金余缺,当该差额为负时,说明国内储蓄不足以支持国内的投资需求[15]。根据杠杆率之上的储蓄的相关标准,当部门储蓄小于投资时,为保证有足够的资金进行投资,金融资产与金融负债将会大量产生,且无足够的资金来源保证债务的偿还,将会产生债务风险。因此,部门储蓄和投资之间的高低关系将会决定相同杠杆率之下的不同的偿债风险。图6显示了我国2014年四部门的净金融投资情况。如图所示,除金融企业部门之外,其余各部门的储蓄均大于投资。非金融企业部门的储蓄缺口较大,需要依靠大量金融交易弥补投资资金缺口。因此,解决非金融企业部门的高杠杆问题,是解决宏观高杠杆问题的首要任务。

综合以上情况来看，我国的杠杆率已经处于较高的水平，其中最为严重的部门为非金融企业部门。但是我国的内外债务结构，以及我国高储蓄的特点，为我国降低债务风险提供了保障，到目前为止并不必陷入高杠杆的恐慌，但是去杠杆依然是目前的棘手问题，亟待我们寻找办法解决。

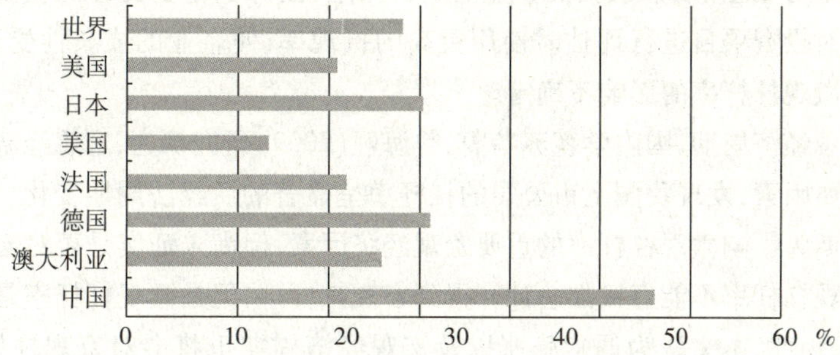

图5　部分国家2015年储蓄占GDP比重

数据来源：世界银行。

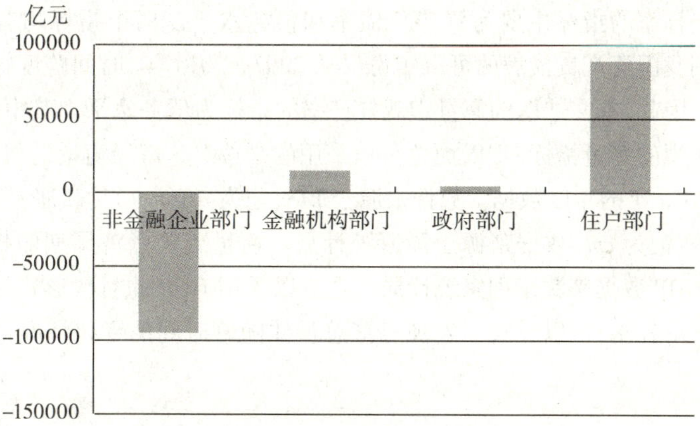

图6　我国2014年各机构部门净金融投资

数据来源：国家统计局。

五、基于VAR模型的宏观经济影响因素分析

（一）影响因素的选择依据

杠杆率是目前宏观经济监测的重要指标之一，其与宏观经济的其他重要指标共同承担起监督宏观经济安全的重要作用。宏观经济因素相互影响、相互作用。杠杆率既会影响其他宏观经济变量，也会受到其他宏观经济变量的影响。目前已有较多的研究对杠杆率的影响因素得出了结论。对杠杆率的影响因素的研究目前主要限于微观层面的杠杆率，所得出的影响因素既包括宏观经济因素，也包括行业因素和公司自身因素，但关于宏观杠杆率的影响因素研究较少。

在微观杠杆率影响因素的研究中，宏观经济因素最主要的为通货膨胀以及宏观经济周期。Corcoran 已于 1977 年从理论上进行了研究，得出通货膨胀的增加会引起公司负债增加的结论[6]。其原因在于，通货膨胀会降低公司的负债成本，从而导致更多的负债、杠杆率上升。但是我国学者龚光明、米钦州 2010 年的研究认为，杠杆率会随着通货膨胀率的上升而下降[16]。其原因在于，通货膨胀会提高企业的经营风险，提升了企业丧失税收收益的可能性而且迫使企业在对投资项目进行评估时使用更高的折现率，使企业的成长性受到损害。因此，通货膨胀率对微观杠杆率的影响不确定。

而关于宏观经济周期，国内学者苏冬蔚、曾海舰(2009)研究认为，宏观经济状况是影响公司杠杆率的重要因素，发现我国上市公司的杠杆率呈显著的反经济周期变化[7]。通货膨胀以及宏观经济周期为影响微观杠杆率的重要宏观经济因素，但尚未证实是否对宏观杠杆率产生影响。虽然微观杠杆率不能直接加总计算得到宏观杠杆率，但是微观杠杆率是宏观杠杆率计算的重要基础，因此，本文认为通货膨胀以及宏观经济周期也将会对宏观杠杆率产生影响。在此基础之上，本文选择 VAR 模型，对宏观杠杆率的影响因素进行分析。

(二)变量定义及数据来源

衡量宏观杠杆率的指标主要为资产负债率和债务水平。两个指标均有各自的优缺点。但是本文考虑到我国资产负债表的可得年份仅从 2007—2014 年，时间跨度较小，不利于进行时间序列分析。因此，本文选取的衡量宏观杠杆率的指标为债务水平。其中的收入采用的是国民收入最为常用的衡量指标 GDP，而总负债采用的是按 BIS 口径衡量的债务余额。采用的样本为 1985—2015 年的年度数据。数据来源于 BIS，记为 *debt*。通货膨胀率采用的指标为居民消费价格指数，记为 *cpi*，数据来源于国家统计局。衡量宏观经济周期的指标为 GDP 的对数，记为 ln*gdp*，GDP 数据来源于国家统计局。之所以采用 GDP 的对数形式，主要是其关于时间的导数为经济增长率，可以反映出宏观经济总量体随着时间的变化情况，即宏观经济周期的基本内涵。

(三)模型检验

对于宏观杠杆率的影响因素分析所采用的模型为 VAR 模型。其原因在于，宏观经济因素通常相互影响、互为因果。单独的回归仅能确定其中的一对因果关系，而较难反映其中复杂的相互作用关系。VAR 模型能较好地反映多个变量之间的复杂性，且通过 Granger 因果检验以及正交化的脉冲响应函数可以检验变量之间的因果关系以及一个变量对另一变量冲击的反映程度。因此，本文采用 SAS 软件以及 stata13，通过建立 VAR 模型进行分析。

VAR 模型是将变量放在一起，作为一个系统来预测，以使预测相互自洽。由 Sims 于 1980 年提出。假设有两个时间序列$\left\{\gamma_{1t},\gamma_{2t}\right\}$分别作为两个回归方程的被解释变量；而解释变量为这两个变量的 p 阶滞后值，构成了一个二元的 VAR(p)系统：

$$\begin{cases}\gamma_{1t}=\beta_{10}+\beta_{11}\gamma_{1,t-1}+\cdots+\beta_{1p}\gamma_{1,t-p}+\gamma_{11}\gamma_{2,t-1}+\cdots+\gamma_{1p}\gamma_{2,t-p}+\varepsilon_{1t}\\ \gamma_{2t}=\beta_{20}+\beta_{21}\gamma_{1,t-1}+\cdots+\beta_{2p}\gamma_{1,t-p}+\gamma_{21}\gamma_{2,t-1}+\cdots+\gamma_{2p}\gamma_{2,t-p}+\varepsilon_{2t}\end{cases}$$

其中，$\left\{\varepsilon_{1t}\right\}$与$\left\{\varepsilon_{2t}\right\}$均为白噪声，但允许两个方程的扰动项之间存在“同期相关性”[17]。模型

初步建立之后需要对其中的变量进行 Granger 因果检验，检验其因果关系，并对单个方程以及模型的显著性进行检验。在模型经过检验之后，可进行脉冲响应分析，分析变量之间的相互影响关系。

对 3 个指标分别进行平稳性检验，其时间序列如图 7 所示。左边为 *debt* 和 *cpi* 的取值，而右边为 ln*gdp* 的取值。3 个指标均呈现出向上增长的趋势，因此初步判定 3 个变量均为非平稳时间序列。为进行更为准确的判断，进行 ADF 平稳性检验。检验结果显示，3 个指标均为非平稳时间序列。因此，对其分别进行一阶差分后再进行平稳性检验。差分后的序列均为平稳时间序列。检验结果如表 1 所示。

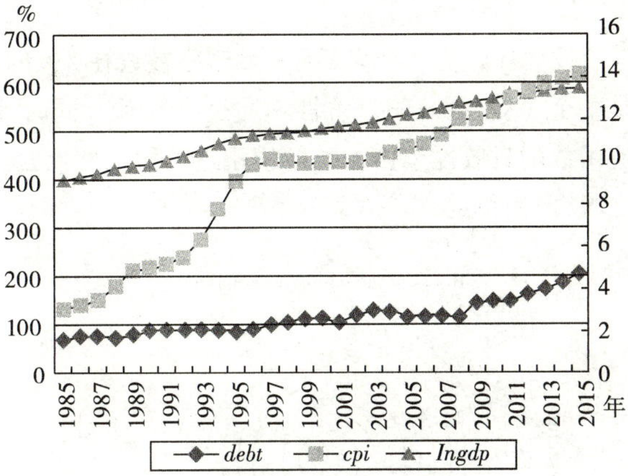

图 7　三个指标时序

表 1　ADF 平稳性检验结果

序列名称	检验形式(c,t,p)	检验统计量取值	P 值	检验结果
debt	(1,0,1)	1.60	0.9992	非平稳
cpi	(0,0,2)	1.50	0.9638	非平稳
ln*gdp*	(0,0,2)	1.98	0.9863	非平稳
dirs	(0,0,2)	-3.51	0.0011	平稳
ddebt	(1,0,1)	-3.91	0.0057	平稳
dcpi	(1,0,1)	-3.33	0.0224	平稳

注：① $c=1$ 表示带常数项，$c=0$ 表示不带常数项；$t=1$ 表示带趋势项，$t=0$ 表示不带趋势项；p 表示滞后阶数[17]。②名称前加“*d*”表示经过差分后的数据。

将上述差分后的指标建立 VAR 模型并进行参数估计。首先通过各项准则考虑滞后阶数。各项准则均选择最优滞后阶数为一阶，因此考虑 VAR(1)模型。最优滞后阶数结果如表 2 所示。

表 2 最优滞后阶数结果

lag	FPE	AIC	HQIC	SBIC
0	23.3252	11.6631	11.7049	11.8082
1	1.77002*	9.07723*	9.24444*	9.65789*
2	2.26458	9.2902	9.58282	10.3064
3	3.86563	9.74066	10.1587	11.1923
4	3.06932	9.33925	9.88268	11.2264

注：*表示相应准则选择的最优滞后阶数。

对 VAR(1)模型进行参数估计。估计结果显示，大部分参数在 5% 的显著性水平之下显著。无论是单个方程还是整个 VAR 系统的显著性均通过了检验。同时，随机扰动项不存在自相关。为确保脉冲响应函数的有效性，对VAR(1)模型进行稳定性检验。结果如图 8 所示，所有特征根均在单位圆之内，模型稳定。

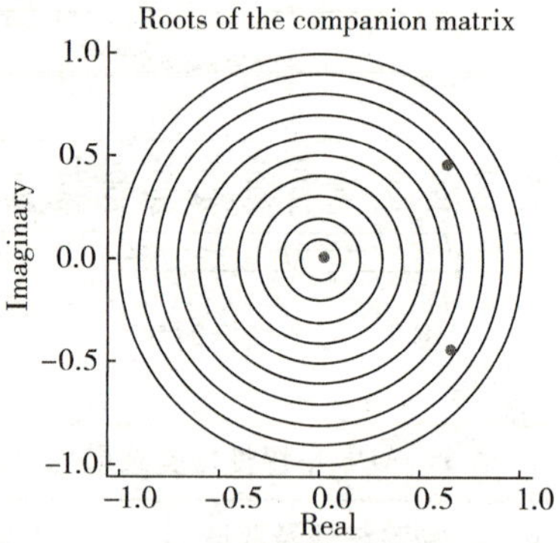

图 8 模型稳定性检验

(四)结果分析

在 VAR(1)稳定的基础之上，进行 Granger 因果关系检验。以 5% 的显著性水平作为 granger 因果检验的标准。检验结果 p 值分别为：杠杆率与通货膨胀0.003，杠杆率与宏观经济周期 0.001。检验结果表明，通货膨胀、宏观经济周期是杠杆率的 Granger 原因，同时，杠杆率也为通货膨胀、宏观经济周期的 Granger 原因。

检验之后进行脉冲响应分析。如图 9 所示，通货膨胀在短期内对杠杆率产生正向冲击，于滞后 2 期时达到最高点后逐渐下降。之后影响减弱，慢慢收敛至 0 处。而给予宏观经济周期一个冲击，其会对下期的杠杆率产生较大的负向冲击。而在之后的长期中会产生略微的负向影响，之后逐渐趋近于 0。其结果如图 10 所示。

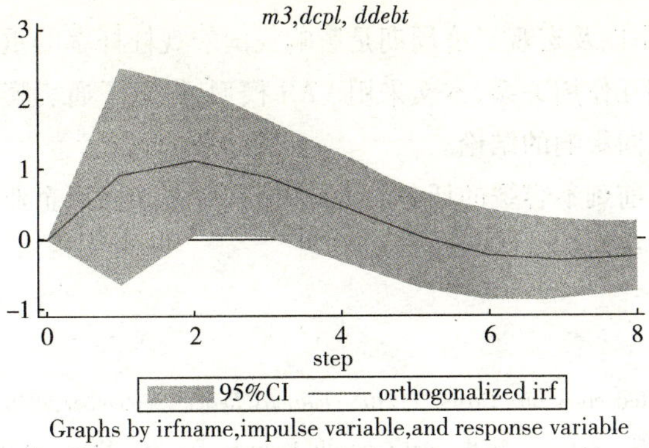

图 9 通货膨胀脉冲响应

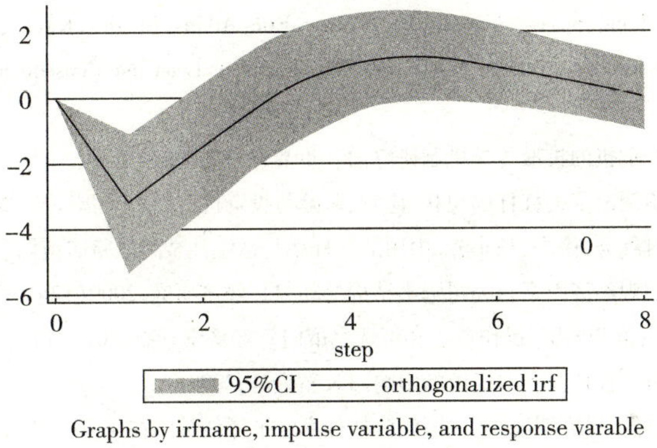

图 10 宏观经济周期脉冲响应

六、结 论

在我国杠杆率问题日益突出的背景之下，本文就杠杆率的定义、衡量指标、指标的测度方法、相关研究结论进行梳理，就我国宏观杠杆率的现状及其宏观经济影响因素进行分析。主要结论为：

第一，杠杆率根据不同的层面可以分为宏观杠杆率和微观杠杆率。宏观杠杆率常见的衡量指标为资产负债率以及债务水平。微观杠杆率常见的衡量指标为资产负债率以及资产权益比率。各个指标有其各自的优缺点和测度方法。有关杠杆率的相关理论，最早起源于资本结构理论中的 MM 理论。之后又在此基础之上，发展出了修改 MM 理论等一系列理论。而近年来有关杠杆率的理论主要是关于宏观杠杆率阈值的研究。

第二，通过对我国宏观杠杆率的现状进行分析，发现我国宏观杠杆率相较其他世界上主要国家处于较高的水平。但我国的储蓄率较高，偿债能力较强。在我国的 4 个机构部门中，非金融企业部门的杠杆率较高，是引起我国高杠杆的主要原因。因此，虽然引起危机的可能性较小，但我国较高的宏观杠杆率仍需引起重视，且“去杠杆”要着重降低非金融企业部门的杠杆率。

第三,通货膨胀率以及宏观经济周期是影响我国宏观杠杆率的重要因素。考虑到宏观经济变量之间复杂的相互作用关系,本文采用VAR模型,得出了通货膨胀率对杠杆率有正向影响时宏观经济周期反向影响的结论。

降低杠杆率是目前刻不容缓的任务。为此,应采取去除僵尸企业、淘汰落后产能等措施,稳步解决我国的杠杆率问题。

参考文献

[1]Tang,Garry. Debt Reduction after Crises[J]. *BIS Quarterly Review*,September,2010.

[2]Cecchetti,Stephen G. ,Mohanty,M. S. ,and Zampolli,Fabrizio. The Real Effects of Debt[J]. *BIS Working Paper*,No. 352,2011.

[3]Corcoran. Inflation,Taxes and Corporate Investment Incentives[J]. *Federal Reserve Bank of New York*,*Quarterly* Review2,1977.

[4]Roxburgh,Charles,Lund,Susan,Wimmer,Tony,Amar,Eric,Atkins,Charles,Kwek,Ju - Hon,Dobbs,Richard,and Manyika,James. Debt and Deleveraging: The Global Credit Bubble and Its Economic Consequences[J]. *McKinsey Global Institute*,January,2011.

[5]张明,付立春.次贷危机的扩散传导机制研究[J].世界经济,2009(8).

[6]任泽平,冯赟.供给侧改革去杠杆的现状、应对、风险与投资机会[J].发展研究,2016(3).

[7]马建堂,董小君,时红秀,徐杰,马小芳.中国的杠杆率与系统性金融风险防范[J].财贸经济,2006(1).

[8]苏冬蔚,曾海舰.宏观经济因素与公司资本结构变动[J].经济研究,2009(12).

[9]王国刚."去杠杆":范畴界定、操作重心和可选之策[J].经济学动态,2017(7).

[10]杨金梅.美国经济去杠杆及其对我国的影响[J].新金融,2009(4).

[11]中国人民银行杠杆率研究课题组.中国经济杠杆率水平评估及潜在风险研究[J].金融监管研究,2014(5).

[12]郭磊,周君芝.中国经济:分化的宏微观杠杆率[R].2017.

[13]吴尚宗.企业长期负债偿债能力指标探讨[J].财会通讯,2001(2).

[14]李扬,张晓晶,常欣,汤铎铎,李成.中国主权资产负债表及其风险评估上[J].经济研究,2012(6).

[15]高敏雪,李静萍,许健.国民经济核算原理与中国实践[M].北京:中国人民大学出版社,2013.

[16]龚光明,米钦州.基于分位数回归的资本结果影响因素研究[J].求索,2010(12).

[17]陈强.计量经济学及stata应用[M].北京:高等教育出版社,2015.

西北地区经济增长中的内外需协调发展关系研究

周桂芝
（西北大学经济管理学院）

[摘　要] 本文通过对西北地区三个省、两个自治区2004—2015年的消费、投资、出口及西北地区生产总值等数据进行处理，利用内外需求对一个地区总需求的贡献、内外需求对该地区生产总值的贡献及内外需求对该地区生产总值增长率的贡献3个测算方法来进行测算，最后通过协整检验证明：从总体上看，西北地区在整个经济增长过程中以内部需求为主，其内需占总需求比重高达93.31%，即投资和消费是西北地区经济增长的最主要动力，西北地区的外需仅占到总需求的5.69%左右；而内外需间的共同作用也对西北地区的生产总值起到了重要作用。

[关键词] 西北地区；内部需求；外部需求；经济增长

一、引　言

西北地区地处我国内陆，在行政区划分上包括陕西省、甘肃省、青海省、宁夏回族自治区和新疆维吾尔自治区共三省两区，其总占地面积为我国陆地面积的31.7%，人口约为我国总人口数的7%，从发展条件来看，西北地区拥有丰富的矿产和能源资源，但自然条件差，大部分地区干旱缺水，在过去的很长一段时间经济发展都受到了自然条件的很大限制。直到1999年，“西部大开发”战略的实施使得西北地区的经济增长速度有了显著的提高。1999—2015年，其平均增速高达11.07%，高于同期全国平均增速9.48%。按照这样的发展速度，未来西北地区的经济发展是能够赶上甚至超过全国经济发展平均水平的。

那么，西北地区经济的高速增长究竟是由什么因素引起的？其主要动力又是什么？凯恩斯主义认为，需求是一国经济发展的根本性动力，而需求是由内需和外需两部分构成的，其中内需包括消费和投资，外需主要为外贸出口。由于每个地区在地理环境、经济发展水平等方面存在差异，内需和外需在各地区经济增长中的贡献程度也是有差异的。要了解一个地区的经济发展情况，就必须对这个地区的内需和外需进行客观测度和评价，但同时，这两者之间并不是相互孤立存在的，他们之间相互影响、相辅相成。因此，探究西北地区内外需对其经济增长的贡献程度、内外需间谁起主要作用以及内外需的协调关系对西北地区经济增长的贡献作用，对于西北地区经济的持续发展、为我国经济增长提供新动力有着重要的意义。

二、研究现状

关于中国经济发展的动力问题研究，国内外学者主要有以下三种观点：第一种观点认为，中国是出口导向型发展模式，通过实行重商战略，维持低汇率，低估资源、环境和劳动力成本，高度依赖庞大的国际市场，获得高速的经济增长。Biswajit Banerjee(2017)等在"The Impact of the Exchange Rate and Trade Composition on China's Trade Balance Vis – à – Vis Selected Partner Countries"一文中认为中国大量的持续的贸易顺差反映了中国非价格竞争力的事实[1]。在此之前，巴曙松(2010)也认为只要大力发展资本和技术密集程度较高的出口行业，提高产品生产中的附加值，实现出口结构的升级，就有可能保证我国在国际贸易中的优势地位[2]。同时，戴翔(2010)在《中国"出口导向型"模式的可持续性辨析》一文中通过分析指出中国"出口导向型"模式具有可持续性，中国在后危机时代继续奉行这一战略，不仅必要而且可行[3]。而赵陵、宋少华、宋泓明 (2001)也在《中国出口导向型经济增长的经验分析》一文中得到了短期内中国的出口增长确实对经济增长有明显的拉动作用的结论[4]。

第二种观点则认为，中国是内需为主的增长模式，每一阶段经济增长的引擎切换都是沿着居民消费结构升级路径展开的，每一次主导产业升级与经济增长都是在居民从"衣食"到"耐用品"再到"住行"的消费结构升级带动下实现的。比如，沈利生(2009) 同时测算了消费、投资和出口作为 "三驾马车"对中国经济增长的拉动作用，其中消费和投资的拉动作用始终高于70%[5]，出口即外需的拉动作用虽比不过内需，但其占比却在上升，这也说明外需的作用越来越不可忽视。

而本文更倾向于第三种观点：我国经济发展想要可持续，必定是内外需双引擎驱动的发展模式。而我国地域辽阔、地形复杂，不同地区经济发展状况也各不相同，其经济发展动力可能存在不同。任泽平、张宝军(2011)在《我国经济增长模式比较：内需与外需》一文中认为，在需求主体方面，我国在整个经济增长过程中以内部需求为主，在动力结构方面，中国经济增长模式具有双轮驱动的典型特征[6]。随后李智(2014)在《中国经济发展内外需动力协调机制研究》一文中提出中国经济发展具有典型的内需为主体、外需有潜力、内外需双引擎驱动特征的观点[7]。而李杏和刘博(2013)在《中国经济增长中的内需与外需之间的互动关系研究》一文中，利用对中国1978—2011年的数据进行测算和检验，也验证了以上观点，同时发现城镇居民消费的趋势与整个中国经济增长趋势更为符合，而居民消费对中国经济增长的作用是逐步减弱的，内需和外需之间也是相互影响、相互依赖的[8]。

但还未有学者对我国西北地区的内外需对经济增长的贡献进行测算分析，而本文正是基于第三种观点对西北地区经济增长中的内外需协调发展进行分析研究。

三、西北地区内外需对经济增长贡献度的测算

本文对于内外需对经济增长贡献度的测算分为3个方面，分别为：

一是从内需和外需对总需求的贡献角度进行测算，即根据"总需求 = 内需 + 外需 = 消费 + 投资 + 出口"来计算最终消费和资本形成占总需求的比重，以大致反映内需对总需求的

贡献，计算出口占总需求的比重，来大致反映外需对总需求的贡献。西北地区内外需对总需求的占比虽然有效地反映了内外需对总需求的贡献程度，却不能直接衡量内外需与国民经济间的关系。

二是以支出法核算的地区生产总值衡量内外需对西北地区生产总值的贡献。按照支出法核算地区生产总值，地区生产总值 = 最终消费支出 + 资本形成总额 + 货物和服务的净流出。从形式上看，最终消费支出和资本形成总额之和大致反映了西北地区生产总值的内需，货物和服务的净流出反映了西北地区生产总值的外需。具体计算方法是利用公式

$$Y_{xb} = X_{in} + X_{out} + C + I + \mathrm{NX} = C_{pc} + C_{pa} + C_g + I + \mathrm{NX} \quad (1a)$$

来衡量内外需对国民经济存量的贡献。其中，Y_{xb} 表示西北地区生产总值；X_{in} 表示西北地区的内需，即消费和投资；X_{out} 表示西北地区的外需，即净出口；C 表示西北地区的最终消费；C_{pc} 表示西北地区城镇居民消费；C_{pa} 表示西北地区农村消费；C_g 表示西北地区政府消费，即政府支出；I 表示西北地区总投资；NX 表示西北地区净出口。随后，再对内外需在西北地区生产总值中的占比进行计算，即用 X_{in}/Y_{xb} 表示西北地区内需占西北地区生产总值的比重，X_{out}/Y_{xb} 表示西北地区外需占西北地区生产总值的比重，C_{pc}/Y_{xb} 表示西北地区城镇居民消费占西北地区生产总值的比重，C_{pa}/Y_{xb} 表示西北地区农村居民消费占西北地区生产总值的比重，C_g/Y_{xb} 表示西北地区政府支出占西北地区生产总值比重，C/Y_{xb} 表示西北地区总最终消费占西北地区生产总值的比重，I/Y_{xb} 表示西北地区总投资占西北地区生产总值的比重，NX/Y_{xb} 表示西北地区净出口占西北地区生产总值的比重，由此得到西北地区内外需求对西北地区生产总值的贡献。但这样的度量方法还是难以衡量西北地区内外需求对西北地区生产总值增长率的贡献。

三是利用内外需的增长对西北地区生产总值增长率的贡献率来衡量内外需对西北地区经济增长的贡献，而内外需的增长对生产总值增长的贡献率用内外需增长率与其占生产总值比重的乘积表示。即将式(1a)转换为以增长率形式，得到各需求因素对生产总值增长的方程

$$\hat{Y}_{xb} \equiv (C_{pc}/Y_{xb}) \times \hat{C}_{pc} + (C_{pa}/Y_{xb}) \times \hat{C}_{pa} + (C_g/Y_{xb}) \times \hat{C}_g + (I/Y_{xb}) \times \hat{I} + (\mathrm{NX}/Y_{xb}) \times \hat{\mathrm{NX}} \quad (1b)$$

其中，$\hat{Y}_{xb}$ 表示西北地区生产总值的增长率，$\hat{C}_{pc}$ 表示西北地区城镇居民消费的增长率，$\hat{C}_{pa}$ 表示农村居民消费的增长率，$\hat{C}_g$ 表示政府消费的增长率，$\hat{I}$ 表示投资的增长率，$\hat{\mathrm{NX}}$ 表示货物和服务净出口的增长率，则式(1b)表示西北地区生产总值的增长率等于各需求因素的增长率与其占西北地区生产总值比重的乘积之和。

四、数据及指标选取说明

在本文的测算中，西北地区总需求及生产总值是通过对陕西省、甘肃省、青海省、宁夏回族自治区及新疆维吾尔自治区各省区的总需求及生产总值进行简单加总得到的。虽然投资与资本形成、消费与最终消费支出的统计方法并不完全相同，但内涵相近，故本文以资本形成代替投资，以最终消费支出代替消费，不作明确区分。

为了消除价格因素的影响，本文选用的数据是利用价格指数(以 2004 年为基期)将名义

值折算为实际值计算得出的,即实际城镇居民最终消费为城镇居民最终消费除以城镇居民消费价格指数;实际农村居民最终消费为农村居民最终消费除以农村居民消费价格指数;实际政府最终消费为政府最终消费除以全国消费物价指数;实际投资为投资除以工业品出厂价格指数;净出口通过消费物价指数进行平减。由于西北地区 2014 年净出口的数据缺失,本文的解决办法是利用 Eviews7 对缺失的数据进行趋势预测估算。

五、西北地区内外需对经济增长的贡献

(一) 从 3 个方面衡量西北地区内外需对经济增长的贡献

1. 内外需对总需求的贡献

图 1 表示我国西北地区消费、投资、出口在西北地区总需求中的占比情况。

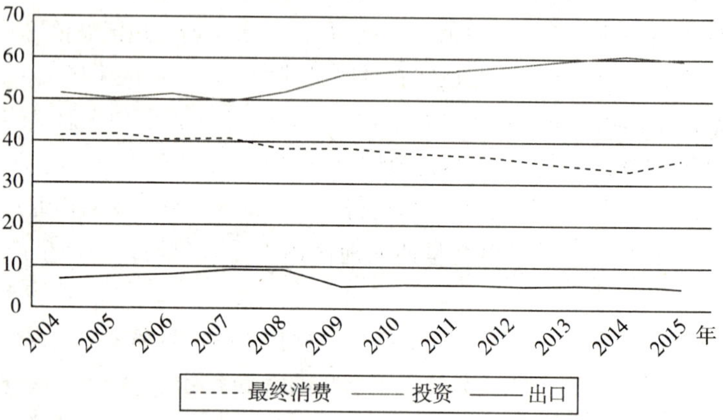

图 1 西北地区内外需对总需求占比情况

数据来源:根据 2004—2015 年《中国统计年鉴》相关数据整理而得。

由图 1 可得,2004—2015 年,我国西北地区最终消费、投资及出口的占比基本保持稳定,其中,投资在总需求中占比最高,自 2007 年起投资占比有逐渐上升的趋势,而最终消费基本保持稳定,波动很小,2008—2014 年有缓慢的下降趋势;出口占总需求的比重一直小于 10%,没有明显的增长趋势。由此可以看出,西北地区经济增长的动力结构一直以内需驱动为主,而对外贸易即外需的贡献率较小。但这样的计算方法只能看到三大需求在总需求中的占比情况,只能大致对内外需的作用进行说明,难以明确得到内外需求对西北地区生产总值增长作用的大小。

2. 从国民经济核算角度衡量西北地区内外需对经济增长的贡献

图 2 表示我国西北地区消费、投资、净出口在西北地区生产总值中的占比,消费和投资为内需,净出口为外需。

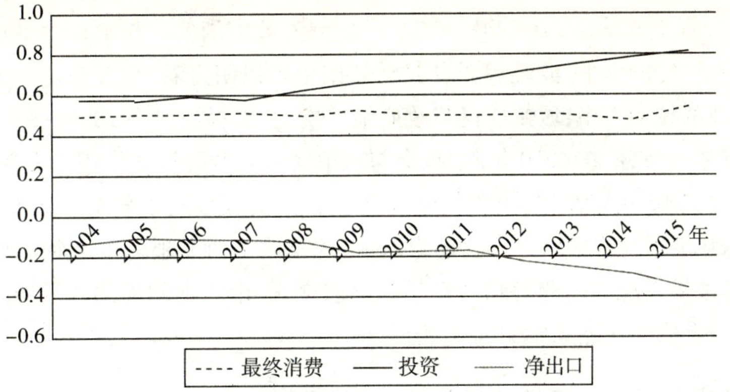

图 2 西北地区分因素对生产总值占比趋势

数据来源：根据 2004—2015 年《中国统计年鉴》相关数据整理而得。

从图 2 中可以看出，2004—2015 年，我国西北地区最终消费、投资及净出口的占比基本保持稳定，最终消费在西北地区生产总值中占比基本保持稳定，直到 2014 年相对有了较大幅度的增长；我国西北地区的货物与服务净流出一直表现为负值，即货物和服务的流入大于流出且 2004—2015 年呈增长趋势，增长速度较为稳定。由此可以看出，西北地区经济增长的动力结构一直以内需驱动为主，而对外贸易贡献率太小，但由于在式（1a）中把用于消费和投资的进口一并从出口中扣除，低估了出口对西北地区经济增长的贡献，这一方法对于衡量地区经济增长外向型程度有一定的误差。但各因素在地区生产总值中的占比情况同样难以反映内外需对拉动经济增长的贡献程度。

3. 内外需对西北地区生产总值增长率的贡献

图 3 表示我国西北地区的生产总值增长率及消费、投资、进出口的增长率和它们对实际西北地区生产总值增长的贡献率。

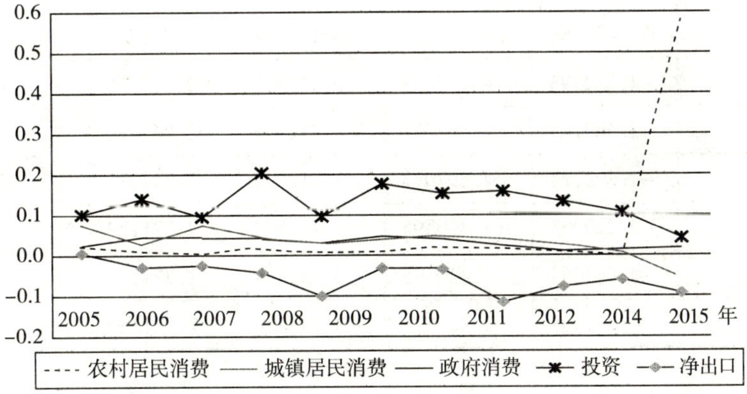

图 3 西北地区内外需对经济增长率的贡献

数据来源：根据 2004—2015 年《中国统计年鉴》相关数据整理而得。

由图 3 可得，我国西北地区农村居民最终消费对拉动西北地区生产总值增长的贡献率在

2005—2014 年基本保持稳定，在 2015 年有了明显的大幅度提升；而城镇居民最终消费在 2005—2010 年一直在波动，2010—2015 年呈下降趋势；政府消费对拉动西北地区经济增长的贡献一直保持在稳定的水平，波动很小；同样，从图中可以明显看出，投资对西北地区的经济增长起了最主要的拉动作用，城镇居民与政府消费次之，农村居民在 2004—2014 年贡献率较低，净出口贡献率为负，但自 2010 年起，投资与城镇居民消费的拉动作用也在逐年减弱，且从图 3 中可以看出，2005—2010 年，投资拉动经济增长的贡献率与消费的贡献率呈反向变化。净出口 2006—2015 年的贡献率一直表现为负值，这是因为西北地区的货物和服务表现为流入大于流出，其波动情况与消费贡献率几乎为同向变化，由此推测外部需求即净出口与内部需求即消费和投资间存在相互影响的关系。

（二）内外需和西北地区经济增长的协整分析

1. 单位根检验

对西北地区内外需求与西北地区经济增长的协整分析首先要对西北地区内需（ q_{in} ）、西北地区外需（ q_{out} ）、西北地区生产总值（ GDP ）这 3 个时间序列变量进行平稳性检验，即对自变量和因变量进行单位根检验。为了消除数据中存在的异方差，对两个自变量及因变量取对数，分别记为 $\log q_{in}$ ，$\log q_{out}$ 和 logGDP ，其相应的一级差分序列和二级差分序列分别记为 $\Delta\log q_{in}$ ，$\Delta\log q_{out}$ ，ΔlogGDP ，$\Delta^2\log q_{in}$ ，$\Delta^2\log q_{out}$ 及 Δ^2logGDP 。然后利用 Eviews7 软件，对 $\log q_{in}$ ，$\log q_{out}$ 和 logGDP 的单位根进行 ADF 检验，检验结果如表 1 所示：

表 1 单位根 ADF 检验结果

变量	ADF 检验值	各显著性水平下的临界值			检验结果
		1%	5%	10%	
$\log q_{in}$	-2.074780	-4.200056	-3.175352	-2.728985	不平稳
$\log q_{out}$	-1.800675	-4.200056	-3.175352	-2.728985	不平稳
logGDP	-2.409456	-4.200056	-3.175352	-2.728985	不平稳
$\Delta\log q_{in}$	-1.892393	-4.297073	-3.212696	-2.747676	不平稳
$\Delta\log q_{out}$	-3.467143	-4.297073	-3.212696	-2.747676	平稳
ΔlogGDP	-1.392723	-4.297073	-3.212696	-2.747676	不平稳
$\Delta^2\log q_{in}$	-5.220065	-4.420595	-3.259808	-2.771129	平稳
$\Delta^2\log q_{out}$	-4.663069	-4.420595	-3.259808	-2.771129	平稳
Δ^2logGDP	-4.221308	-4.420595	-3.259808	-2.771129	平稳

从表 1 中可以看出，$\log q_{in}$ ，$\log q_{out}$ 和 logGDP 均为非平稳序列，故应对其分别进行一阶差分，再对其进行单位根检验，结果表明，$\Delta\log q_{out}$ 不存在单位根，为平稳时间序列，而 $\Delta\log q_{in}$ 和 ΔlogGDP 仍存在单位根，故需对序列 $\log q_{in}$ 和 logGDP 进行二阶差分，得到 $\Delta^2\log q_{in}$ 及 Δ^2logGDP 。表 1 显示，这两个序列不存在单位根，即 $\Delta^2\log q_{in}$ 和 Δ^2logGDP 为平稳时间序列。

单位根检验结果显示，非平稳序列 $\log q_{out}$ 在经过一阶差分后平稳，故 $\log q_{out}$ 为一阶单整，而非平稳序列 $\log q_{in}$ 和 logGDP 也在经过二阶差分后平稳，所以 $\log q_{in}$ 和 logGDP 为二阶单整。从表 1 中可以看出，虽然 $\log q_{in}$，$\log q_{out}$ 和 logGDP 都是非平稳序列，但由于其二阶差分都是平稳的，这三者的线性组合有可能是平稳的，故可以对 $\log q_{in}$，$\log q_{out}$ 和 logGDP 进行协整估计。

2. 西北地区内外需的协整估计

构造模型如下

$$\log GDP_t = \beta_0 + \beta_1 \log q_{in_t} + \beta_2 \log q_{out_t} + \mu_t \ (t = 2004, 2005, \cdots, 2015)$$

其中，GDP_t 为不同年份的西北地区生产总值，q_{in_t} 为该年的内需总额，q_{out_t} 为该年的外需总额。

用 Stata 对该模型进行实证检验。使用 OLS（即 EG - ADF 两步法）估计变量间的长期均衡关系，得到的结果如表 2 所示。

表 2 参数估计结果

logGDP	系数	方差	t 检验统计量	P > |t|
$\log q_{in}$	0.871916	0.040096	21.74573	0.0000
$\log q_{out}$	0.035692	0.051226	0.696757	0.5036
_cons	0.907156	0.142998	6.343838	0.0001

则，得模型为

$$\log GDP_t = 0.907156 + 0.871916 \log qin_t + 0.035692 \log qout_t$$

在统计规律上，自变量每变动 1 个单位，因变量就会同方向变动 0.907608 个单位，即在经济含义上，西北地区的内需和外需每增加 1 个单位，西北地区生产总值就会增加 0.907608 个单位，该结论符合经济预期。

六、主要结论及建议

（一）结　论

综合以上所有分析，可以得到以下结论：

（1）从内外需对总需求的贡献来看，西北地区经济发展的主要动力是投资和消费，平均占到西北地区总需求的 93%；其中，政府消费最为稳定，城镇居民消费对拉动西北地区经济增长的贡献有下降趋势，而农村居民消费有了大幅提升。这也就说明了西北地区经济增长最重要的动力在于内部需求，平均高达 93% 以上，而外部需求在总需求占比较小，且外需对生产总值的拉动作用小；净出口对生产总值的贡献为负，因此，西北地区的经济增长属于内需拉动型的经济增长。

（2）从内外需对西北地区经济增长推动作用的角度来看，当西北地区外需（出口）不变时，内需每增加 1 个单位，西北地区生产总值增加 0.725401 个单位；当内需（消费和投资）不变时，外需每增加 1 个单位，西北地区生产总值增加 0.846031 个单位。

（3）从内外需之间的协调关系来看，西北地区的内需和外需每增加 1 个单位，西北地区生产总值就会增加 1.571 个单位。

(二)建　议

西北地区资源丰富,但消费水平较低,无论是内需还是外需发展都不理想,这是制约西北地区经济发展的一个重要原因,但从反面来看,也为西北地区经济发展甚至全国经济发展提供了巨大空间。西北地区应从扩大内需、扩大外需及使内外需协调发展 3 个方面进行政策调整,具体建议为:①从消费需求来看,在居民消费水平持续提升的前提下,着重提升居民消费意愿,强化居民消费信心,提高市场消费满足力,即可以从健全社会公共服务、完善社会保障和创造消费热点、优化商品结构等方面落实政府的政策及工作;从投资需求来看,我国未来几年投资需求将来自城镇化,所以我国必须通过政策引导和投资推动保持我国城镇化的稳步进行。②对于西北地区,外需具有相当大的潜力,西北地区应抓住"一带一路"及"西部大开发"的政策机遇,打通与欧亚国家及经济带沿线国家的对外贸易,全面优化升级西北地区产业体系,扩大外需。③在内需和外需能够平衡发展的前提下,西北地区应平等对待内需和外需的满足,同时也要适度控制内需和外需的膨胀,引导适度、健康的发展模式,使西北地区的经济得以健康、持续发展。

参考文献

[1]Biswajit Banerjee, Haiyan Shi, Jan Radovan, Yingying Sheng, X Li. The Impact of the Exchange Rate and Trade Composition on China's Trade Balance Vis – à – Vis Selected Partner Countries [J]. *Comparative Economic Studies* ,2017.

[2]Casey, J. Patterns in U. S. – China Trade Since China's Accession to the World Trade Organization[R]. U. S. – China Economic and Security Review Commission Staff Research Report, 2012 November.

[3]Paul Krugman. Chinese New Year[J]. *The New York Times*, 6. January. 2010.

[4]Stephen Roach . 中国增长模式缺陷[J]. 财经,2009(11).

[5]Marquez J. and Schindler, J. Exchange – rate Effects on China's Trade [J]. *Review of International Economics*, 2007, 15(5).

[6]巴曙松,沈姗姗. Research on China's Export Structure to the US: Analysis Based on the US Economic Growth and Exchange Rate[J] . *Front. Econ.* China ,2010, 5.

[7]戴翔. 中国"出口导向型"模式的可持续性辨析[J]. 现代经济探讨,2010.

[8]赵陵,宋少华,宋泓明. 中国出口导向型经济增长的经验分析[J]. 世界经济,2001.

[9]沈利生. 三驾马车的拉动作用评估[J]. 数量经济技术经济研究,2009(4).

[10]任泽平,张宝军. 我国经济增长模式比较:内需与外需[J]. 宏观经济,2011(2).

[11]李智. 中国经济发展内外需动力协调机制研究[J]. 价格理论与实践,2014(12).

[12]李杏、刘博. 中国经济增长中的内需与外需之间的互动关系研究[J]. 现代管理科学,2013(2).

[13]李智. 新常态下中国经济发展态势和结构动向研究[J]. 价格理论和实践,2014.

[14]耿修林. 投资、消费、进出口对宏观经济政策目标的影响分析[J]. 现代管理科学,2009(7).

[15]林毅夫,李永军. 必要的修正——对外贸易与经济增长关系的再考察[J]. 国际贸易,2001(9).

[16]西北地区各省统计年鉴 2004—2015 年。

附 录

附表 1 西北地区三大需求额及比重

年份	内需					外需		总需求额	
	最终消费/亿元	比重/%	资本形成/亿元	比重/%	合计/亿元	比重/%	出口/亿元	比重/%	合计/亿元
2004	3748.02	41.5328445	4652.12	51.55142624	8400.14	93.08427074	624.091412	6.915729257	9024.231412
2005	4570.27	41.9725254	5481.14	50.3377892	10051.41	92.3103146	837.3081711	7.689685397	10888.71817
2006	5331.09	40.43602514	6778.14	51.41181999	12109.23	91.84784513	1074.780995	8.152154875	13184.011
2007	6556.18	41.18696822	7893.16	49.58608977	14449.34	90.77305799	1468.753232	9.226942012	15918.09323
2008	7786.98	38.56287317	10486.71	51.93254223	18273.69	90.4954154	1919.255597	9.504584598	20192.9456
2009	8309	38.71000207	12020	55.99882355	20329	94.70882562	1135.736646	5.291174379	21464.73665
2010	9947.1	37.2832726	15199.3	56.9693323	25146.4	94.2526049	1533.393123	5.747395101	26679.79312
2011	12124.76	37.10832472	18676.15	57.15989238	30800.91	94.26871709	1872.61198	5.731282906	32673.52198
2012	14214.05	36.29372911	22811.54	58.24630231	37025.59	94.54003142	2138.338172	5.459968578	39163.92817
2013	15633.57	34.70624433	26860.1	59.62893909	42493.67	94.33518342	2551.739844	5.664816577	45045.40984
2014	16793.312	33.41020288	30523.14	60.725621	47316.452	94.13582388	2947.570824	5.864176121	50264.02282
2015	19033.15	35.33336629	32117.18	59.62271537	51150.33	94.95608166	2717.025422	5.043918345	53867.35542

附表 2 支出法计算西北地区生产总值

年份	地区生产总值/亿元	农村居民消费支出/亿元	农村居民消费占比	城镇居民消费支出	城镇居民消费占比	政府消费支出/亿元	政府消费支出占比	总消费占地区生产总值比重	资本形成总额/亿元	投资占比	货物和服务净流出/亿元	净出口占比
2004	8076.42	1092.45	0.135264139	1660.09	0.205547755	1256.24	0.155544164	0.496356058	4652.12	0.576012639	-1092.23	-0.1352369
2005	9627.82	1273.02	0.132223079	2190.39	0.227506331	1456.5	0.151280352	0.511009762	5481.14	0.569302293	-1037.86	-0.107798027
2006	11439.97	1355.95	0.118527409	2506.71	0.219118582	1859.35	0.162531021	0.500177012	6778.14	0.592496309	-1302.11	-0.113821103
2007	13699.31	1414.55	0.103257025	3314.58	0.241952332	2325.55	0.169756725	0.514966082	7893.16	0.576172085	-1583.68	-0.115602903
2008	16887.15	1652.77	0.097871458	3921.22	0.232201408	2873.7	0.17017081	0.500243676	10486.71	0.620987556	-2117.35	-0.125382317
2009	18268.99	1777.7	0.097306967	4410	0.241392655	3355.5	0.183671894	0.522371516	12020	0.657945513	-3294.2	-0.180316482
2010	22721.78	1976.5	0.086987023	5246.7	0.230910606	4202.5	0.1849547	0.502852329	15199.3	0.668930867	-3903.2	-0.171782316
2011	27915.37	2462.53	0.088214127	6361.07	0.227869808	5115.42	0.183247437	0.499331372	18676.15	0.669027493	-4699.8	-0.168358865
2012	31844.02	2892.36	0.090828985	7483.51	0.235005191	5783.05	0.181605526	0.507439702	22811.54	0.716352395	-7126.44	-0.223792097
2013	35679.61	3223.58	0.090347961	8358.94	0.234277785	6140.03	0.172087924	0.49671367	26860.1	0.752813722	-9243	-0.259055522
2014	38855.64	3174.115333	0.081689951	8641.935333	0.22241135	6657.882667	0.171349196	0.475450497	30523.14	0.785552368	-11166.7	-0.287389424
2015	39465.8	10276.58	0.260392036	3836.5	0.09721075	7306.53	0.185135738	0.542738524	32117.18	0.813797769	-14070.99	-0.356536292

附表 3　西北地区三大需求增长率

年份	地区生产总值增长率	农村居民消费支出增长率	农村居民消费贡献率	城镇居民消费支出增长率	城镇居民消费贡献	政府消费支出增长率	政府消费贡献	投资增长率	投资贡献	净出口增长率	净出口贡献
2005	0. 19209006	0. 165289029	0. 021855024	0. 319440512	0. 072674739	0. 159412214	0. 024115936	0. 178202626	0. 101451163	-0. 049778893	0. 005366066
2006	0. 188220179	0. 065144303	0. 007721385	0. 144412639	0. 031643493	0. 27658771	0. 044954083	0. 236629606	0. 140202168	0. 254610448	-0. 028980042
2007	0. 197495273	0. 043216933	0. 004462452	0. 322282992	0. 077977122	0. 250732783	0. 042563576	0. 164502356	0. 094781665	0. 216241331	-0. 024998126
2008	0. 232700771	0. 168406914	0. 01648223	0. 18302168	0. 042497892	0. 235707682	0. 040110567	0. 328581962	0. 204045309	0. 336980956	-0. 042251453
2009	0. 081827899	0. 075588255	0. 007355264	0. 124649981	0. 03008959	0. 167658419	0. 030794139	0. 146212683	0. 096199978	0. 55581269	-0. 100222189
2010	0. 243734875	0. 111829893	0. 009727749	0. 189727891	0. 043810182	0. 252421398	0. 046686524	0. 264500832	0. 176932771	0. 184870378	-0. 031757462
2011	0. 228573202	0. 245904376	0. 02169224	0. 212394457	0. 048398284	0. 2172326	0. 039807317	0. 228750666	0. 153040485	0. 204088953	-0. 034360184
2012	0. 140734298	0. 174548127	0. 015854029	0. 17645459	0. 041467745	0. 130513233	0. 023701924	0. 221426258	0. 15861923	0. 516328354	-0. 115550205
2013	0. 120449303	0. 114515482	0. 01034624	0. 116981203	0. 027406097	0. 061728673	0. 010622759	0. 177478592	0. 133608319	0. 297001027	-0. 076939756
2014	0. 089015267	-0. 015344638	-0. 001253503	0. 033855409	0. 007529827	0. 084340413	0. 014451662	0. 136374772	0. 107129525	0. 208125068	-0. 059812943
2015	0. 015703254	2. 237620225	0. 582658485	-0. 556060089	-0. 054055018	0. 097425468	0. 018036936	0. 052223985	0. 042499762	0. 260084895	-0. 092729704